Müller · Wissen für den Hof

MÜNSTERSCHE MITTELALTER-SCHRIFTEN

Herausgegeben von

G. ALTHOFF · K.GRUBMÜLLER · K. HAUCK
P. JOHANEK · H. KELLER · CH. MEIER-STAUBACH
J.-D. MÜLLER · F. OHLY · R. SCHMIDT-WIEGAND
UND J. WOLLASCH

Band 67

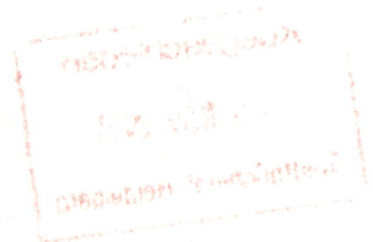

WILHELM FINK VERLAG · MÜNCHEN

JAN-DIRK MÜLLER (HRSG.)

WISSEN FÜR DEN HOF

Der spätmittelalterliche Verschriftungsprozeß am Beispiel
Heidelberg im 15. Jahrhundert

1994
WILHELM FINK VERLAG · MÜNCHEN

Für Joachim Bumke zum 31. 3. 1994

Die Deutsche Bibliothek – CIP-Einheitsaufnahme

Wissen für den Hof: der spätmittelalterliche
Verschriftlichungsprozeß am Beispiel Heidelberg im
15. Jahrhundert / Jan-Dirk Müller (Hrsg.). – München: Fink, 1994
  (Münstersche Mittelalter-Schriften; 67)
  ISBN 3-7705-2880-8
NE: Müller, Jan-Dirk [Hrsg.]; GT

ISBN 3-7705-2880-8
© 1994 Wilhelm Fink Verlag, München
Herstellung: Ferdinand Schöningh GmbH, Paderborn

Diese Arbeit ist im Sonderforschungsbereich 231 „Träger, Felder, Formen pragmatischer Schriftlichkeit im Mittelalter" in Münster entstanden und wurde auf seine Veranlassung unter Verwendung der ihm von der Deutschen Forschungsgemeinschaft zur Verfügung gestellten Mittel gedruckt.

Inhalt

Einleitung	7
UTE VON BLOH, *Hostis Oblivionis et Fundamentum Memoriae.* Buchbesitz und Schriftgebrauch des Mathias von Kemnat	29
JAN-DIRK MÜLLER, Naturkunde für den Hof. Die Albertus-Magnus-Übersetzungen des Werner Ernesti und Heinrich Münsinger	121
THERESIA BERG – UDO FRIEDRICH, Wissenstradierung in spätmittelalterlichen Schriften zur Kriegskunst: Der ‚Bellifortis' des Konrad Kyeser und das anonyme ‚Feuerwerksbuch'	169
UTE VON BLOH – THERESIA BERG, Vom Gebetbuch zum alltagspraktischen Wissenskompendium für den fürstlichen Laien. Die Expansion einer spätmittelalterlichen Handschrift am Beispiel eines Manuskripts in Wien, ÖNB, Cod. Vat. Pal. 13428	233
JAN-DIRK MÜLLER, Rede und Schrift. Peter Luders Panegyrikus auf Friedrich d. S., die Chronik des Mathias von Kemnat und die Pfälzer Reimchronik des Michel Beheim	289
WOLFGANG ROHE, Zur Kommunikationsstruktur einiger Heidelberger Regimina sanitatis: Heinrich Münsinger, Erhard Knab, Conrad Schelling	323
JAN-DIRK MÜLLER, Hans Lecküchners Messerfechtlehre und die Tradition. Schriftliche Anweisungen für eine praktische Disziplin	355
Bildtafeln	385
Abkürzungsverzeichnis	393
Literaturverzeichnis	394
Abbildungsverzeichnis	398
Namenregister	399
Handschriftenregister	405

JAN-DIRK MÜLLER

Einleitung

Zum Programm des Forschungsprojektes

Der vorliegende Band entstand aus der Arbeit des Sonderforschungsbereiches 231 ‚Träger, Felder, Formen pragmatischer Schriftlichkeit im Mittelalter' an der Universität Münster. Die Beiträge wurden im Rahmen des Teilprojektes ‚Pragmatische Schriftlichkeit im Umkreis des Hofes' erarbeitet, das die kurpfälzische Residenz im 15. Jahrhundert zu seinem Gegenstand hat. Ziel des Teilprojektes ist es, „ein gebrauchsorientiertes Schrifttum [...], begrenzt auf eine bestimmte Institution und soziale Gruppe"[1] zu untersuchen. Dazu wurden zunächst – unter Ausgrenzung des administrativen und diplomatischen Tagesschrifttums – diejenigen Texte ermittelt, die für den Hof oder einzelne Mitglieder entstanden, von ihnen verfaßt oder in Auftrag gegeben wurden, ihnen gewidmet sind oder sich in ihrem Besitz befanden. So hob sich ein Corpus ‚hoforientierten' Schrifttums heraus, in dem sich einige der Gebrauchsinteressen und der sozialgeschichtlichen Voraussetzungen des spätmittelalterlichen Verschriftlichungsprozesses abbilden. Dieses Schrifttum wurde zunächst in Listen zusammengefaßt, die Überlieferung und Beziehung auf den Hof verzeichnen. Es stellte sich freilich heraus, daß diese Listen angesichts der Überlieferungslage in vielen Fällen nur auf wahrscheinlichen Annahmen beruhen können.

Die Untersuchung wird vor allem durch das Schicksal der Heidelberger Bibliothek erschwert. 1623 wurden die verschiedenen Heidelberger Büchersammlungen, unter ihnen die der Heiliggeistkirche, nach Rom gebracht. Herzog Maximilian von Bayern hatte sie Papst Gregor XV. nach der Eroberung Heidelbergs durch Tilly zum Geschenk gemacht. Leo Allacci, der die Überführung der Bücher nach Rom im päpstlichen Auftrag leitete, ließ zur Erleichterung des Transportes die alten Einbände der Handschriften abnehmen, so daß damit Besitzeinträge, Signaturen und andere Vermerke vernichtet wurden, die sich auf den Innenseiten der Einbände befunden haben könnten. In Rom erhielten die Handschriften dann neue

---

[1] Der Münsterer Sonderforschungsbereich 231 ‚Träger, Felder, Formen pragmatischer Schriftlichkeit im Mittelalter', in: FMST 24, 1990, S. 430–458, hier S. 455.

Einbände.² Damit sind die – in mittelalterlicher Überlieferung ohnehin nicht eben reichlichen – Spuren des Gebrauchs noch spärlicher als gewöhnlich. Der Versuch, das literarische Leben am Heidelberger Hof des 15. Jahrhunderts zu rekonstruieren, kann sich nur zum Teil auf überlieferungsgeschichtlich eindeutige Belege stützen. Bei der Einschätzung, was damals schon zum Bestand der Palatina gehörte und was erst im 16. Jahrhundert dazukam, schwanken die Zahlen zwischen der extremen Skepsis Burdachs³ und den großzügigen Zuweisungen vor allem einiger Kunsthistoriker.⁴

Insbesondere bei der volkssprachlichen Dichtung gehen die Annahmen weit auseinander. Einerseits weiß man aus indirekten Nachrichten, etwa dem Zeugnis des bayrischen Ritters Püterich von Reichertshausen oder des schwäbischen Adligen Hermann von Sachsenheim, daß die Pfälzer Wittelsbacher, zuvörderst Mechthild von Rottenburg, die Schwester Friedrichs d. Siegreichen, über größere Bestände volkssprachlicher Epik verfügt haben müssen.⁵ Andererseits lassen sich nur wenige in Heidelberg überlieferte

---

² WILKEN, Geschichte; THEINER, Schenkung; KARL PREISENDANZ, Aus den Schicksalen der Bibliotheca Palatina, in: Badische Heimat 26, 1939, S. 207–218. DERS., Alte Versuche zum Wiedergewinn der Palatina, in: Neue Heidelberger Jahrbücher NF 1954, S. 90–115; EWALD JAMMERS, Zur Geschichte der Heidelberger Universitätsbibliothek und ihrer Quellen, in: Aus der Geschichte der Universität Heidelberg und ihrer Fakultäten (Ruperto–Carola, Sonderband) Heidelberg 1961, S. 112–133; ILSE SCHUNKE, Die Einbände der Palatina in der Vatikanischen Bibliothek 1, Città del Vaticano 1962, besonders S. 9f.; JOHANNES EMIL GUGUMUS, Erforschung; HANS-OTTO KEUNECKE, Maximilian von Bayern und die Entführung der Bibliotheca Palatina nach Rom, in: Archiv für Geschichte des Buchwesens 19, 1978, Sp. 1401–1446; DERS., Die Vorbereitung der Heidelberger Bücherentführung 1622/1623 durch den Vatikan und die Rolle Maximilians von Bayern, in: Um Glauben und Reich, Ausstellungskatalog 2,1, München 1980, S. 408–425; WALTER BERSCHIN, Bilder einer Ausstellung. Die Bibliotheca Palatina auf den Emporen der Heiliggeistkirche, in: Philobiblon 30, 1986, S. 210–237.
³ KONRAD BURDACH, Die pfälzischen Wittelsbacher und die altdeutschen Handschriften der Palatina. Eine Studie über Püterich von Reichertshausen, die Anfänge des pfälzisch-schwäbischen Humanismus und die literarhistorischen Aufgaben der Handschriftenkunde, in: DERS., Vorspiel. Gesammelte Schriften zur Geschichte des deutschen Geistes 1,2: Reformation und Renaissance (DVjs, Buchreihe, 2) Halle/Saale 1925, S.70–99.
⁴ WEGENER, Verzeichnis; FROMMBERGER-WEBER, Buchmalerei.
⁵ Zu Püterich vgl. KLAUS GRUBMÜLLER, Püterich, Jakob, von Reichertshausen, in: ²VL 7, Sp. 918–923. – Die Bibliothek Mechthilds, die ihre letzten Lebensjahre in Heidelberg verbrachte, wurde vermutlich der Palatina einverleibt. PHILIPP STRAUCH, Pfalzgräfin Mechthild in ihren literarischen Beziehungen. Ein Bild aus der schwäbischen Litteraturgeschichte des 15. Jahrhunderts, Tübingen 1883; BERNHARD THEIL, Literatur und Literaten am Hof der Erzherzogin Mechthild in Rottenburg, in: Zeitschrift für württembergische Landesgeschichte 42, 1983, S. 125–144. Die auf die pfalzgräflichen Geschwister Mechthild und Friedrich bezogene Widmung am Ende von Hermanns von Sachsenheim ‚Mörin' lautet:
Aim edeln fürsten hochgeborn
Und ainer werden fürstin gůt –
Sie syend beid von ainem blůt,
Uß Bayerlant pfalczgrǎf by Rin,
Zů Österrich ain herczogin –
Hon ich dis red zů dienst gemacht.
(Hermann von Sachsenheim, Die Mörin. Nach der Wiener Handschrift ÖNB 2946, hg. u. komm. v. HORST DIETER SCHLOSSER [Deutsche Klassiker des Mittelalters NF 3] Wiesbaden 1974, S. 249, V. 6042–6047).

Texte sicher mit dem kurfürstlichen Hof verbinden. Eine nüchternere Bestandsaufnahme liegt erst mit der Dissertation von Martina Backes vor.[6]

Die volkssprachliche Dichtung macht aber nur einen Teil des im Umkreis des Hofs entstandenen und rezipierten Schrifttums aus. Hinzukommen unmittelbar für den praktischen Gebrauch bestimmte Texte in Latein und in der Volkssprache, schließlich Werke der von den Kurfürsten Friedrich dem Siegreichen und Philipp dem Aufrichtigen an den Hof gezogenen humanistischen Gelehrten. Sind bei den letzteren die Adressaten und die intendierte Funktion in der Regel besser bezeugt, so gilt, was über die Schwierigkeiten der Zuschreibung volkssprachlicher Dichtung gesagt wurde, a forteriori für die oft in anspruchslosen Gebrauchshandschriften überlieferten Texte der ersten Gruppe.

So einschneidend die Katastrophe von 1622/23 für die Bildungs- (und hier vor allem: die Bibliotheks-) Geschichte nämlich war, so ist sie doch nicht das einzige Hindernis einer gesicherten Rekonstruktion von Überlieferungs- und Gebrauchsverhältnissen. Die Palatina wurde seit Beginn des 16. Jahrhunderts, vor allem dann unter Kurfürst Ottheinrich (1556–1559) und seinem Nachfolger Friedrich III. (1559–1576), erheblich erweitert, u. a. um Bestände aus der Fugger-Bibliothek (1567/8), und diese Erweiterung setzte sich bis zur Katastrophe am Beginn des Dreißigjährigen Krieges fort, zumal sich seit der zweiten Hälfte des 16. Jahrhunderts einige herausragende Bibliothekare ihrer annahmen.[7] Seit Ende des 15. Jahrhunderts scheinen nicht nur Bestände aus dem Besitz einzelner Mitglieder des kurfürstlichen Hauses (Johann von Pfalz-Mosbach, Mechthild von Rottenburg [?]) der Bibliothek einverleibt worden zu sein, sondern auch Bücher aus Adelsbesitz aus dem Pfälzer Einflußbereich. Gerade beim Gebrauchsschrifttum (Pferde-, Kriegs-, medizinische Bücher) zeugen Doppelexemplare für eine derartige Erweiterung. Anderseits ist der Buchbesitz von Personen, die im Umkreis des Hofes wirkten oder sogar seine geistige Physiognomie prägten – wie etwa die Bücher der Kämmerer von Dalberg – über viele Bibliotheken verstreut. Erst recht gilt das für Schriften Heidelberger Universitätslehrer und ehemaliger Heidelberger Studenten, die sich nicht durchweg auf universitäres Schrifttum beschränkten, oder für Abschriften von Epigrammen, Lobschriften, Traktaten, poetischen Mustertexten usw., die überregional im Kreis humanistisch gebildeter Hofleute kursierten. Was am Ende des 15. Jahrhunderts bei Hof tatsächlich zur Verfügung stand, ist also nurmehr ausschnittsweise zu rekonstruieren.

---

[6] BACKES, Das literarische Leben. Backes übernimmt freilich in der Regel bisherige Forschungsmeinungen, soweit sie nicht explizit bestritten wurden. Skeptisch ist sie, was den Verbleib der Sammlung Mechthilds und deren Vermittlung niederländischer Versepen nach Heidelberg betrifft, da die Heidelberger Exemplare der letzteren nicht die von Püterich erwähnten sein können (S. 165f.; 176).
[7] PAUL LEHMANN, Eine Geschichte der alten Fuggerbibliotheken, 2 Bde., Tübingen 1956 u. 1960; MITTLER – WERNER, Mit der Zeit, S. 34–37.

Eine weitere Schwierigkeit kommt hinzu. Durch die enge Verbindung des Hofes zur Universität ist nicht immer leicht zu bestimmen, welche Texte der einen, welche der anderen Institution zuzuweisen sind und was an den Heidelberger Sammlungen von Anfang an der Universität gehörte, was von den Kurfürsten der Universität aus eigenem Besitz zur Verfügung gestellt wurde (zuvor also in der Umgebung des Fürsten wirken konnte) und was in ihrem Besitz blieb. Das Kriterium der lateinischen Sprache reicht nicht aus, da die Interessen der Kurfürsten und einzelner ihrer Räte sich offensichtlich nicht auf die Volkssprache beschränkten. Ludwig III. z. B. verfügte über eine umfangreiche Sammlung gelehrter Schriften.[8] Friedrich d. S. wie Philipp d. A. sind Adressaten lateinischer Werke, und zwar nicht nur humanistischer Panegyriken. Erst recht schwierig ist die Abgrenzung bei einigen einflußreichen Mitgliedern des Hofes oder des fürstlichen Regiments, soweit sie sich aus der Universität rekrutierten, mindestens zeitweise dort wirkten oder wenigstens über eine akademische Ausbildung verfügten. Der Mediziner Erhard Knab z. B. war nachweislich an der Universität und am Hof tätig; aus seinem Buchbesitz sind volkssprachliche und lateinische Texte überliefert; der Arzt Heinrich Münsinger interessierte sich auch für humanistisches Schrifttum.[9] Bei den Juristen scheint die Verbindung von Hofamt und Universitätslaufbahn sogar die Regel gewesen zu sein.[10] Bei den Medizinern war sie nicht selten, und auch die Artisten stellten ihre rhetorischen oder fachlichen Fertigkeiten häufig in den Dienst des Hofes.[11]

Die ältere literaturgeschichtliche Forschung hat auf die Karrieren und Ämter der Literaten – bei Hof, an der Universität, in der Stadt – wenig geachtet, sie allenfalls als Verhinderung der eigentlichen wissenschaftlichen oder poetischen Interessen gewürdigt. Doch ist gerade die Kombination sehr unterschiedlicher Tätigkeitsbereiche für eine Gruppe typisch, die ihre schriftsprachliche Kompetenz in den Dienst des Hofes stellt. Ein Hofmann wie z. B. der Musiker Johann von Soest[12] scheint zwar nicht an der Universität gelehrt zu haben, doch studierte er während seiner Anstellung bei Hof als Musiker dort Medizin; sein Fürstenspiegel für Philipp d. A. ist ohne den

---

[8] Zu Ludwigs Buchlegat: COLETTE JEUDY, Manuscrits achetés à Paris en 1420 par Louis III, Comte Palatin du Rhin, in: Bibliothek und Wissenschaft 16, 1982, S. 31–40.

[9] JEUDY – SCHUBA, Knab; SCHUBA, Fakultät, S. 171–178 (zu Knab); SCHUBA, Handschriften, S. XXXIV (zu Münsinger).

[10] PETER MORAW, Heidelberg: Universität, Hof und Stadt im ausgehenden Mittelalter, in: BERND MOELLER – HANS PATZE – KARL STACKMANN (Hgg.), Studien zum städtischen Bildungswesen des späten Mittelalters und der frühen Neuzeit, Göttingen 1983, S. 524–552; DERS., Beamtentum; DERS., Kanzlei.

[11] Einige Namen: Peter Luder, Stephan Hoest, der junge Wimpfeling. Oft schloß sich ein Studium in eine der höheren Fakultäten an. Zu den Tätigkeiten der Ärzte vgl. den Beitrag von Rohe im vorliegenden Band.

[12] Vgl. vorläufig: GESA BONATH, Johann von Soest, in: ²VL 4, Sp. 744–755. Studien über seinen für Kurfürst Philipp bestimmten Fürstenspiegel und die ‚Kinder von Limburg' (mit Nachträgen zu seiner Biographie) werden für den Folgeband zur Heidelberger Hofliteratur vorbereitet.

Hintergrund einer Gelehrtenbibliothek schwerlich vorstellbar. Der Arzt Münsinger nahm an kriegerischen Unternehmungen der Kurfürsten Ludwig IV. und Friedrich I. teil,[13] der Jurist und Rhetor Petrus Antonius Finariensis diente Friedrich in den Weißenburger Händeln, und von administrativen, diplomatischen, gutachterlichen u. a. Tätigkeiten für den Hof wird bei den Literaten, die dieser Band vorstellt, immer wieder zu sprechen sein.

Allerdings zeigen diese Beispiele letztlich nur, wie wenig sinnvoll es für das Spätmittelalter schon ist, mit streng gegeneinander abgeschlossenen Rezeptionsgemeinschaften zu rechnen: Gerade der intensive Austausch von Hof, Stadt und Universität untereinander und mit anderen Städten, Höfen und Universitäten zeichnet im Gegenteil um 1500 Heidelberg als kulturelles Zentrum aus. Bei dieser Sachlage ergeben sich Zuordnungen von unterschiedlicher Dichte und unterschiedlicher Plausibilität: Nicht jede Widmung sagt auch etwas über den tatsächlichen ‚Gebrauch' eines Textes aus. Die Zugehörigkeit einiger Personen zu unterschiedlichen Lebenskreisen (z. B. Hof / Universität; Hof / Stadt) macht es fraglich, welche der ihnen zuzuweisenden Schriften auch zugleich dem Hof zuzuordnen sind. Buchbesitz und Schriftgebrauch müssen weit über das durch die Überlieferung Gesicherte hinausgegangen sein. Einiges, was heute wieder in Heidelberg liegt, dürfte schon Ausgang des 15. Jahrhunderts dort gewesen sein, ohne daß sich das endgültig beweisen ließe.

Fallstudien im Vorgriff auf den literarhistorischen Überblick

Beim Umfang des Materials und der Notwendigkeit, seine Zuordnung zum Hof in jedem einzelnen Fall zu überprüfen und zu sichern, endlich bei der oft völlig unzulänglichen wissenschaftlichen Erschließung des hoforientierten Schrifttums im Spätmittelalter setzt das Fernziel, eine regionale und institutionengebundene literaturgeschichtliche Darstellung, lange Vorbereitungen voraus: Handelt es sich doch überwiegend um Texte, die der Germanistik oft nur dem Titel nach bekannt sind, daher überlieferungs- und bildungsgeschichtlich, inhaltlich und in ihren Strukturen und Gebrauchsfunktionen erst noch aufgearbeitet werden müssen. So wurden die dem Heidelberger Hof zuweisbaren Schriften zuerst listenmäßig erfaßt und nach Rezipientengruppen geordnet. Dieses Corpus wird typologisch aufgeschlüsselt, um einen Überblick über die wichtigsten Praxisfelder zu gewinnen, die schriftsprachlich erschlossen werden.

Um jedoch schon vorher Arbeitsergebnisse vorlegen zu können, faßte die Arbeitsgruppe den Entschluß, anstelle einer überblickshaften Darstellung des hoforientierten Schrifttums im Heidelberg des 15. Jahrhunderts zunächst eine Reihe von Fallstudien vorzulegen. Die erste müßte notwendig

---

[13] BACKES, Das literarische Leben, S. 119.

lückenhaft sein und würde in Teilen auf plausiblen, aber nicht mit völliger Sicherheit beweisbaren Annahmen, die Zuschreibung betreffend, beru-hen. Die Fallstudien gehen von gut dokumentierbaren Einzelbeispielen aus, an denen überdies die sozial- und bildungsgeschichtlichen Voraussetzungen des spätmittelalterlichen Verschriftlichungsprozesses an einem mittleren Hof, wichtige Gebrauchsinteressen und -möglichkeiten, die an die Schrift herangetragenen Erwartungen und ihre Einlösung, die Interferenz von mündlichen und schriftlichen Praktiken weit genauer untersucht werden können, als dies in einem literaturgeschichtlichen Überblick der Fall wäre. Der hier vorliegende erste Band soll Studien zum Fachschrifttum enthalten, der Folgeband wird pragmatische Interessen, die sich vor allem an fiktionale Texte knüpfen, thematisieren. Größere Zusammenhänge können vorläufig nur angedeutet werden.

Der vorliegende Band vereinigt Fallstudien zu Schriften aus der Regierungszeit Ruprechts III. (1398–1410), Ludwigs III. (1410-1436), Friedrichs d. S. (1449–1476) und Philipps d. A. (1476-1508), das Untersuchungsfeld erstreckt sich also über das ganze 15. Jahrhundert. Bewußt werden sehr unterschiedliche Gegenstände thematisiert: eine Sammelhandschrift im Gebrauch des Fürsten und der rekonstruierte Buchbesitz eines Mitglieds des Hofes; Texte zur Kriegstechnik und zum Zweikampf und solche zur Haltung von Tieren, zumal für die Jagd; Regimina, Festrede, Chronik in Prosa und Vers. Einige vorläufige Ergebnisse wurden anderwärts veröffentlicht, so zwei Arbeiten des Projektleiters zu Fechtbüchern[14] und eine zu den Anfängen des höfischen Humanismus in Heidelberg,[15] so ein Kommentar zur Heidelberger ‚Herpin'-Handschrift,[16] so die Rekonstruktion eines von einer Forschergeneration zur nächsten fortgeschleppten Irrtums, einen angeblichen Heidelberger Frühdruck betreffend,[17] so ein Beitrag zum Büchervermächtnis Friedrichs des Siegreichen.[18]

Nimmt man die andernorts publizierten Beiträge hinzu, dann wird der Fragehorizont des Forschungsprojektes erkennbar, und es zeichnen sich einige allgemeinere Erkenntnisse über Komplexität und Widersprüchlich-

---

[14] MÜLLER, Bild – Vers – Prosakommentar; DERS., Anweisung.
[15] MÜLLER, Fürst.
[16] UTE VON BLOH, Historie von Herzog Herpin. Übertragen aus dem Französischen von Elisabeth von Nassau-Saarbrücken. Heidelberg. Universitätsbibliothek, Cod. Pal. Germ. 152 (Codices illuminati medii aevi 17) München 1990.
[17] THERESIA BERG, Editum Heidelbergae 1466. Korrektur eines Mißverständnisses der Heidelberger Druckgeschichte, in: Bibliothek und Wissenschaft 22, 1988, S. 144–156. Es geht dort um eine Schrift des Bartholomaeus Facius, die angeblich noch unter Friedrich dem Siegreichen in Heidelberg gedruckt wurde. Dieser Druck hätte sich vorzüglich in eine Reihe bei Hof überlieferter Schriften zum Thema Glück / Schicksal eingefügt. Doch handelt es sich bei dem angeblichen Beleg um eine Kontamination zweier unterschiedlicher bibliographischer Angaben aus dem 18. Jahrhundert. Die thematische Nachbarschaft zu Heidelberger Schriften erklärt vielleicht die Hartnäckigkeit des Irrtums, der bis ins Jubiläumsschrifttum zur Universitätsgründung hinein verbreitet wurde, zuletzt noch: MITTLER – WERNER, Mit der Zeit, S.29.
[18] BERG – BODEMANN, Buchbesitz.

keit des Verschriftlichungsprozesses ab: Im Umkreis Ludwigs III. findet sich eine eher traditionelle Gelehrsamkeit, in enger Anlehnung an die Universität. Der Kurfürst hatte an ihr offenbar teil. Er ließ sich vornehmlich lateinische Werke beschaffen und vermachte einen großen Teil seines Buchbesitzes der Universitätsbibliothek. Seine privaten Interessen scheinen stark religiös geprägt gewesen zu sein; Ausdruck findet dies u. a. in der Rolle, die er beim Konstanzer Konzil spielt.[19]

Bei Friedrich d. S. wird Literatur – lateinisch wie in der Volkssprache – zum Mittel fürstlicher Politik, wie sie sich aus der prekären Erbfolge ergibt.[20] Doch scheinen sich Friedrichs literarische Interessen nicht auf diesen Typus von Schriften beschränkt zu haben. Sein Arzt empfiehlt ihm als diätetisch- therapeutisches Mittel das Anhören von Historien.[21] Hermann von Sachsenheim kennt ihn als Liebhaber von Ritterromanen. Das Legat der Bücher, die er seinem natürlichen Sohn Ludwig vermacht, weist ein breites Spektrum von Interessen an Fachschrifttum wie auch an lateinischen Klassikern auf.[22] Direkt in seinem Besitz nachweisbar ist relativ wenig, so etwa ein kostbares Schachbuch (Cpl 961).

Unter Philipp dem Aufrichtigen wird Heidelberg für einige Jahre zum Zentrum des frühen Humanismus.[23] Doch lassen sich auch eine ganze Anzahl volkssprachlicher Schriften auf das Interesse oder sogar einen Auftrag des Fürsten zurückführen: von der Astrologie bis zur Geschichtsschreibung, von der ständischen Didaxe oder der Beichtlehre bis zum Ritterroman.[24]

Aufs Ganze gesehen nimmt das volkssprachliche Schrifttum im Laufe des 15. Jahrhunderts erheblich zu, doch verschieben sich die Relationen nicht grundlegend, indem seit den Anfängen des Heidelberger Frühhumanismus neue Typen lateinischer Texte entstehen, die auch in nicht-gelehrte Kreise vordringen. Verschoben hat sich die Funktionsdifferenzierung zwischen Volkssprache und Latein in der Laiengesellschaft: Während zuvor ‚Wissen' (sofern nicht in einer vorschriftlichen Praxis weitergegeben) ganz überwiegend lateinisch vermittelt war, dringt seit dem 14., verstärkt dann im 15. Jahrhundert die Volkssprache in diese Domäne ein. Das volkssprachliche Fachschrifttum ist dabei zumeist noch durch einen geringeren Grad an Komplexität gekennzeichnet gegenüber dem lateinischen, das an den Universitäten weiterhin dominiert. Dagegen findet lateinische Poesie oder rhetorisch ambitionierte Prosa vielleicht nicht durchweg Verständnis, wohl aber Interesse außerhalb kirchlicher oder akademischer Zirkel. Die

---

[19] BACKES, Das literarische Leben, S. 107–114; zu seinen Vorgängern: S. 99–105.
[20] Zur Instrumentalisierung vor allem der humanistischen Gelehrsamkeit: MÜLLER, Fürst.
[21] Vgl. ROHE in diesem Band.
[22] BERG – BODEMANN, Buchbesitz; vgl. GERHARD KATTERMANN, Ein Büchervermächtnis des Kurfürsten Friedrich I. von der Pfalz, in: ZGO 89, 1937, S. 44–57. Zu der Friedrich zuweisbaren Literatur BACKES, Das literarische Leben, S. 114–134.
[23] Jüngste Dokumentation jetzt in: Jakob Wimpfeling, Briefwechsel 1, eingeleitet, kommentiert und hg. von OTTO HERDING u. DIETER MERTENS (Jacobi Wimpfelingi Opera selecta 3,1), München 1990 (mit den Briefen 1470–1505).
[24] BACKES, Das literarische Leben, S. 136–171.

Volkssprache erscheint angesichts einer an der Antike geschulten literarischen Norm als defizitär, dient vor allem der Vermittlung von Inhalten (so bei den Theoretikern der Sinn-aus-Sinn-Übersetzungen), oder aber sie ordnet sich dem lateinischen Muster unter (Niklas von Wyle). Wenn an spätmittelalterlichen Höfen wie Heidelberg die volkssprachliche Dichtung des Hochmittelalters auch weiter rezipiert wird, so bleibt sie ihrem literarischen Anspruch nach hinter der neuen lateinischen Poesie und Redekunst zurück; sie ist nicht mehr theoriefähig.

So stehen am Jahrhundertende weit mehr Gebrauchstexte in der Volkssprache zur Verfügung als zu seinem Beginn, auch dürfte die volkssprachliche Dichtung erst jetzt durch immer neue Abschriften ihre größte Verbreitung gefunden haben, doch befindet sich wissenschaftlich[25] wie literaturgeschichtlich die Volkssprache schon wieder auf dem Rückzug. Unter Beteiligung von Mitgliedern des Hofes kann in Heidelberg die erste Humanistensodalität auf deutschem Boden gegründet werden.

Textauswahl und Forschungsinteresse

Die Textauswahl spiegelt die Schwerpunkte der bisherigen Arbeit. Diese galt vorwiegend Texten, die abseits des literaturwissenschaftlichen Kanons liegen: Notizsammlungen, historischen Aufzeichnungen, Regimina für Menschen und Tiere, Astrologica, Schriften zur Waffenkunde und zum Waffengebrauch. Dem gemeinsamen Forschungsziel des SFB wurde also durch Eingrenzung auf Texte Rechnung getragen, die auch im landläufigen Sinne als Gebrauchstexte gelten können. Das war für die erste Arbeitsphase nützlich, weil es den programmatischen Zusammenhang mit den anderen Teilprojekten auch inhaltlich absicherte, doch wäre es auf Dauer, wenn das Textcorpus nicht erweitert würde, eine Einschränkung des Begriffes ‚pragmatisch' im Sinne neuzeitlicher Gattungsdifferenzierung (also etwa auf Grund des Gegensatzes zur fiktionalen, ‚unterhaltenden', ‚schönen' Literatur). Eine solche Abgrenzung ist bekanntlich für das Mittelalter unsinnig, denn unmittelbar ‚pragmatische' – normative, handlungsorientierende, verhaltenssteuernde, wissensvermittelnde, weltdeutende – Funktionen haben ja auch Epen und Ritterromane, Minnelieder, Allegorien usw. Die hier vorgestellten Texte zeichnen sich demgegenüber durch ihre unmittelbare lebenspraktische Funktion aus. Insofern erscheint in ihnen nur ein Ausschnitt aus dem literaturwissenschaftlichen Forschungsprogramm des Projektes.

Was die Mediävistik unter dem weiten und daher wenig brauchbaren

---

[25] Sieht man von einigen stärker technisch oder praktisch ausgerichteten Disziplinen wie der Botanik, der Meßkunst, dem Bergbau, dem Kriegswesen ab (vgl. hierzu die Arbeiten von GIESECKE) oder von Gestalten wie Paracelsus, dann wird das wissenschaftliche Monopol der lateinischen Sprache zunächst nicht ernsthaft gefährdet.

Begriff der ‚Fachliteratur' zusammenfaßt[26] (der gleichfalls eingebürgerte der ‚Fachprosa' ist zu eng), ordnet sich zwei Wirkungsbereichen zu: auf der einen Seite dem wissenschaftlichen Betrieb – im Spätmittelalter vor allem konzentriert an den Universitäten –, der zwar von Gebrauchsmöglichkeiten nicht absieht, aber doch primär die Weitergabe und Vermehrung von Wissensbeständen ohne Ansehen ihrer praktischen Brauchbarkeit zum Ziel hat, und auf der anderen Seite einer zunehmend Schrift gebrauchenden Laiengesellschaft, für die die Anwendbarkeit von Wissen im Vordergrund steht. Medium ist im ersten Fall das Latein, im zweiten in der Regel, doch durchaus nicht ausschließlich die Volkssprache.

Diese beiden Textgruppen sind von der Forschung unter unterschiedlichen Perspektiven thematisiert worden. Bei der lateinischen Fachliteratur steht zumeist der disziplinäre Zusammenhang im Vordergrund; sie ist Gegenstand der Wissenschaftsgeschichte, deren Erkenntnisziel in der Regel die Herausbildung moderner Problemkonstellationen ist. Im Falle der volkssprachlichen Fachliteratur ist die Frage nach Wissenstraditionen, -institutionen und Erkenntnisfortschritt meist weniger sinnvoll (sieht man von Wissensgebieten ab, die außerhalb des universitären Kanons liegen und erst allmählich im Spätmittelalter wissenschaftlichen Status erringen), denn die Texte bleiben häufig hinter dem Standard der Universitätsdiziplin zurück. Wichtig sind hier nicht die Wissensinhalte selbst, sondern ihr Gebrauch und ihre Verflechtung in eine historische Alltagspraxis.

Das Interesse des vorliegenden Bandes konzentriert sich auf diesen zweiten Aspekt. Es geht also nicht um Beiträge zur mittelalterlichen Fachliteratur oder Bibliotheks-, Universitäts- und Überlieferungsgeschichte. Vielmehr wurden die Gegenstände so ausgewählt, daß an ihnen exemplarisch Teilaspekte der Probleme erörtert werden können, die im Zentrum des SFB insgesamt standen: Probleme des Verschriftlichungsprozesses, der ihn fördernden Gruppen und Interessen, der Felder, die er sukzessive erfaßt, der Organisation von schriftsprachlicher Kommunikation und der Ausbildung einer Schriftsprache. An die jeweiligen Texte anknüpfend, stellen sich Fragen nach dem Verhältnis von Latein und Volkssprache, von Prosa, Vers und Bildmedien, von schriftsprachlicher und mündlicher Kommunikation und nach dem Verhältnis einer Literatur für ‚Laien' zu einer für Gelehrte. Der Begriff des Laien[27] erweist sich als besonders vielschichtig, indem ja im Spätmittelalter die Opposition zu *clericus* (im Sinne von ‚Geistlicher', ‚Priester', und insofern auch ‚Studierter') längst nicht mehr zu seiner Bestimmung ausreicht, indem einmal die Opposition gelehrt – nicht-gelehrt den alten Gegensatz zwischen Priester und Nicht-Priester überlagert und zum anderen zwar nicht im zeitgenössischen Wortgebrauch, wohl aber der

---

[26] PETER ASSION, Fachliteratur.
[27] STEER, Stellung; DERS., Begriff; DERS., Der Laie als Anreger und Adressat deutscher Prosaliteratur im 14. Jahrhundert, in: WALTER HAUG – TIMOTHY R. JACKSON – JOHANNES JANOTA (Hgg.), Zur deutschen Literatur und Sprache des 14. Jahrhunderts, Heidelberg 1983, S. 354–367.

Sache nach der Oppositionsbegriff zu Laie auch ‚Fachmann' (in jeder, d. h. auch in einer praktischen Disziplin) sein kann.

Diese Entwicklung wird durch eine andere überlagert. Das humanistische Bildungsideal bestimmt die ‚richtige' Verteilung von Wissen neu, indem es den nicht durch Spezialisierung auf eine Disziplin festgelegten Gebildeten entwirft, der auf verschiedenen Gebieten dilettieren kann, als ‚Laie' gegenüber Berufs- und Standesrollen dabei aber das höhere Prestige genießt. Dieses Leitbild aber ist an die Gelehrtensprache gebunden. Die Diffusion schriftsprachlichen Wissens an ‚Laien', die auf die eine oder andere Weise Thema aller Beiträge ist, ist also jeweils in seinem besonderen bildungsgeschichtlichen Kontext zu bedenken.

‚Laikaler' und ‚gelehrter'/‚fachlicher' Verwendungszusammenhang lassen sich nicht völlig trennen. Selbst was die Verfasser betrifft, ist die Abgrenzung schwierig. Es gibt den Gelehrten, der ohne allzugroße fachliche Kompetenz ein wissenschaftliches Werk für Praktiker übersetzt (Ernesti), den Wissenschaftler mit praktischen Interessen (Münsinger), den Praktiker, der auch über schriftsprachliche Kompetenz verfügt (Lecküchner), den nahezu universell einsetzbaren Kleriker (Mathias von Kemnat), den humanistischen *litteratus*, der seine Fähigkeiten in den Dienst praktischer Politik stellt (Luder).

Die Tendenz zur ‚Pragmatisierung' war eine – im Laufe der Untersuchung bestätigte – Arbeitshypothese. Allerdings versteht sich, daß der den Texten eingeschriebene Gebrauch in sehr unterschiedlichem Grade realisiert wird. Bestimmung zum Gebrauch ist mit tatsächlichem Gebrauch nicht zu verwechseln. Was aus der Perspektive entwickelter Schriftlichkeit als unbrauchbar erscheint (wie Ernestis Übersetzungen aus Albertus Magnus oder manche Anleitungen zum Fechten) oder was neben instrumentellen Aufgaben noch eine ganze Anzahl anderer Funktionen erkennen läßt (wie Kyesers ‚Bellifortis'), kann deshalb durchaus in die Geschichte einer ‚Pragmatisierung' von Wissen gehören. Die Einrichtung für den Gebrauch kann unzweckmäßig sein; Darstellungsstrategien müssen erst noch entwickelt werden; schriftliche Anweisungen können Gebiete erfassen, in denen auf Dauer die Schrift nicht das wichtigste Instruktionsmedium sein wird, wie sie sich ja in einigen Bereichen bis heute als dysfunktional, d. h. als ungeeignet, mündliche Rede und direkte Interaktion zu ersetzen, erwiesen hat.

Doch ist der Nachweis der ‚Unbrauchbarkeit' kein Argument gegen die Einsicht, daß Gebrauchsinteressen den Prozeß der Verschriftlichung vorantreiben. Im 15. Jahrhundert glaubt man sich in Deutschland zur Realisierung von Handlungszielen, zur Einübung regelgeleiteten Handelns und zur Vermittlung von Kenntnissen aller Art zunehmend auf die Schrift angewiesen. Dieser Prozeß ist bekanntlich einer der wichtigsten Faktoren bei der Entstehung der modernen europäischen Zivilisation, denn er setzt sie gegenüber den anderen Weltkulturen ab. Mit seinem Fortschreiten gibt es immer weniger Lebensbereiche, die ganz ohne Schrift auskommen, wobei das Vordringen der Schrift allmählich die mit Mündlichkeit verbundenen traditionalen Lebensformen verschwinden läßt.

Die allgemeinen Vorstellungen von diesem Prozeß sind freilich zu grobschlächtig, um die vielfältigen Möglichkeiten des Schriftgebrauchs und die vielfältigen Überlagerungen mündlicher und schriftvermittelter Kommunikation in der entscheidenden Phase des Übergangs im Spätmittelalter zu erfassen. Der ‚Übergang' ist dabei nur aus großer Distanz als zielgerichteter Prozeß erkennbar, während im einzelnen scheinbar unkoordiniert nebeneinander die unterschiedlichsten, aus globaler Perspektive ‚ungleichzeitigen' Formen des Schriftgebrauchs nebeneinander auftreten und sich gegenseitig beeinflussen. So wird etwa zu zeigen sein, wie neben der im engeren Sinne ‚pragmatischen' Funktion der Schrift, bei der die Schrift Kommunikationsmittel ist, ihr noch andere – z. B. magische, erinnerungsstützende – Aufgaben zugewiesen werden, die gar nicht auf Kommunikation angelegt sein müssen.[28]

Nur in begrenzten Kommunikationszusammenhängen und ausgewählten Textgattungen sind die Verflechtungen derart ungleichzeitiger Tendenzen hinreichend deutlich darzustellen. Nur in solch begrenztem Rahmen läßt sich aber auch mit hinreichender Genauigkeit der Wandel in Bedingungen und Funktionen des Schriftgebrauchs angeben. Auch kann nur so die Ausdifferenzierung von Gebrauchsfunktionen und damit diejenige von Typen des Schriftgebrauchs präzise dargestellt werden. Ein Text wie der ‚Bellifortis' oder auch die Chronik des Mathias von Kemnat[29] schließen eine ganze Anzahl von Wissens- und Diskurstypen und insofern auch von Gebrauchsfunktionen ein; eben in dieser Polyfunktionalität sind sie ein Übergangsphänomen. Fecht- oder Büchsenmeisterbücher z. B. dagegen sind weit enger auf einen bestimmten Gebrauch zugeschnitten; nicht anders die einzelnen Textsorten, die die Chronik sekundär zusammenführt (Lobrede und -carmina, Ehedidaxe, Rechtsschrifttum usw.). Der auf lange Sicht sich abzeichnende Prozeß der Ausdifferenzierung gebrauchsspezifischer Textsorten verläuft also im einzelnen keineswegs zielstrebig.

Beim Folgeband wird die Beschränkung auf die Gebrauchstexte im landläufigen Sinn aufzuheben sein: Die Forschung zu fiktionalen Texten des Mittelalters hat gezeigt, daß diese gleichfalls mannigfachen Gebrauchsinteressen dienen, angefangen von der Konditionierung standesgemäßen Verhaltens bis hin zur Vermittlung einzelner Kenntnisse über Gott und die Welt. Zunächst kam es darauf an, den Blick dafür zu schärfen, wie schriftliche Überlieferungen die Alltagspraxis verändern. Wenn die den Verschriftlichungsprozeß steuernden Bedürfnisse genauer umrissen sind, wird auch die ‚pragmatische' Funktion fiktionaler Texte oder einzelner ihrer Elemente besser einzuschätzen sein.

Das 15. Jahrhundert steht im Zentrum. Zwar lassen sich die wesentlichen Tendenzen des Verschriftlichungsprozesses seit dem 13. Jahrhundert

---

[28] Hierzu auch MICHAEL GIESECKE, Überlegungen zur sozialen Funktion und zur Struktur handschriftlicher Rezepte im Mittelalter, in: LiLi– Zeitschrift für Literaturwissenschaft und Linguistik 13, 1983, S. 167–184.
[29] Vgl. jetzt STUDT, Fürstenhof.

beobachten, doch sind in Deutschland erst aus dem 15. in hinreichender Dichte und Breite schriftliche Überlieferungen auf nahezu allen Feldern der Alltagskommunikation überliefert. Auch scheinen bestimmte dieser Felder erst damals vom Verschriftlichungsprozeß erfaßt worden zu sein. Nicht also um seinen Beginn geht es, sondern um seine Breitenwirkung in den Jahrzehnten, die der Erfindung des Buchdrucks vorausgehen und dessen Anfänge begleiten, um die „Explosion" (Hugo Kuhn) laikaler Schriftlichkeit im Spätmittelalter.[30]

Fürstenhof im 15. Jahrhundert

Diese „Explosion" erzwingt Beschränkung: auf eine bestimmte Institution zu einer enger umgrenzten Zeit. Die Wahl eines der traditionell als ‚literarisches Zentrum' geltenden Höfe trägt dem Rechnung. Die ungeprüft von Goethes Weimar auf das Mittelalter zurückprojizierte Vorstellung vom ‚Musenhof' muß dabei freilich verabschiedet werden. Hierbei wirkt schon die Auswahl des Textcorpus als Korrektiv. Stattdessen zeigt sich, daß der Hof, anders als globale Vorstellungen von der höfischen ‚Dekadenz' im Spätmittelalter es wollen, weiterhin als politischer und kultureller Mittelpunkt einen erheblichen Teil von Schriftproduktion und -gebrauch auf sich zieht. ‚Literarische' Texte in einem neuzeitlichen Sinne bilden nur den kleineren Teil.[31]

Allerdings gilt eine Abgrenzung der Institution Hof von ihrem territorialen und sozialen Umfeld: von Universität, Stadt, oberdeutscher Städtelandschaft, Hochstiften, kirchlichen Institutionen und Adelsherrschaften usw. nur relativ. Personelle und institutionelle Verbindungen sind eng. Jeder dieser Kommunikationskreise ist selbst wiederum auf vielfältige Weise mit den anderen Kreisen verknüpft. Es zeichnet die Situation des Spätmittelalters ja gerade aus, daß Kirche, Politik, Wirtschaft, Bildungswesen in ein immer dichteres Netz wechselseitiger Beziehungen eingebunden werden und daß die weithin isoliert nebeneinander bestehenden Zentren und Lebenskreise des frühen und noch des hohen Mittelalters in intensive-

---

[30] KUHN, Versuch, S. 78.
[31] Neuere Arbeiten zur spätmittelalterlichen Hofkultur (REINHARD HAHN, ‚Von frantzosischer zungen in teütsch'. Das literarische Leben am Innsbrucker Hof des späteren 15. Jahrhunderts und der Prosaroman ‚Pontus und Sidonia (A)' [Mikrokosmos 27] Frankfurt am Main u. a. 1990, S. 66–73; RENATE KRUSKA, Mechthild von der Pfalz im Spannungsfeld von Geschichte und Literatur, Frankfurt a. M. u. a. 1989, S. 115–121) stellen häufig heraus, daß ‚literarische' Interessen eine weitaus geringere Rolle, als in älterer Forschung angenommen, spielten. Das ist richtig, wenn man ‚literarisch' im neuzeitlichen Sinne bestimmt und einen ‚Musenhof' erwartet, wie er erst seit der italienischen Renaissance entsteht. Ein ‚Musenhof' – wo also Kunst und Literatur um ihrer selbst willen gefördert werden – wäre aber im deutschen Spätmittelalter ein Anachronismus. So untermauern gewiß HAHNS sorgfältige Untersuchungen seine Kritik an dieser Vorstellung, aber sie stellen zugleich eindrucksvoll dar, wie vielfältige Impulse für eine pragmatisch orientierte Schriftproduktion und für einen elaborierten Schriftgebrauch vom Tiroler Hof Siegmunds ausgingen.

ren Austausch treten: eine Voraussetzung für die Entstehung größerer sozialer Einheiten in der Frühen Neuzeit ('Gesellschaft', 'Nation').

Das tradierte Wissen kann mit zunehmender Verschriftlichung mindestens innerhalb der politischen und sozialen Führungsschichten beschleunigt zirkulieren, und nicht, wie im früheren Mittelalter, nur zwischen einzelnen Inseln elaborierter Schriftlichkeit (z. B. Klöstern, Domschulen) ausgetauscht werden. Schon vor der Erfindung des Buchdrucks werden die Grenzen institutionell oder gruppenabhängig verwalteten Wissens immer durchlässiger für weitere Rezipientengruppen.[32] Erst diese Verflechtung schafft die Bedingungen für das neue technische Medium des Buchdrucks und die Entstehung einer literarischen Öffentlichkeit in wenigen Jahrzehnten, die, wenn sie auch zunächst auf die oberen Schichten eingeschränkt ist, den Umgang mit Schrift und schriftlich tradierten Wissensbeständen revolutionieren wird.[33]

Doch schon die immer weiter gespannten Verkehrsbeziehungen des späten Mittelalters, die Fluktuation zwischen den großen Universitäten, die Kirchenversammlungen, nicht zuletzt eine weit ausgreifende dynastische und – damit oft verknüpft – militärische Politik sind Frühformen dieses Verflechtungsprozesses. Weit schneller und weit regelmäßiger als zuvor werden Schriften, die für eine besondere Institution oder Personengruppe bestimmt waren, über den ursprünglichen Kommunikationsrahmen hinaus verbreitet und übernehmen andere als die ihnen ursprünglich eingeschriebenen Funktionen. Die Handschriftenproduktion des späten Mittelalters ist zwar noch gebunden an bestimmte Zentren und bezogen auf bestimmte Adressatenkreise, doch tendiert sie immer auch schon dazu, solche Grenzen zu überschreiten. Jede Grenzziehung in forschungspraktischer Absicht ist daher in Gefahr, das auseinanderzureißen, was eben erst sich zu größeren Einheiten zusammenfügt.

Trotzdem ist die Konzentration auf ein Zentrum wie den Heidelberger Hof legitim, indem sich dort Beziehungen kirchlicher, politischer, ökonomischer und bildungsgeschichtlicher Art verdichten und sich mindestens zu heuristischen Zwecken von denen an anderen Zentren abheben lassen. Es sollen gewissermaßen Cluster schriftsprachlicher Kommunikation beschrieben werden, ohne damit Grenz- und Übergangsbereiche zu durchtrennen.

---

[32] Was WEINMAYER an der Offizin des Anton Sorg beschreibt, läßt sich im Kern schon in der vorausgehenden Phase handschriftlicher Verbreitung beobachten: daß begrenzte Kommunikationsgemeinschaften zwar meist einleitend noch als der Wirkungskontext einer Schrift benannt werden, aber nur noch prototypisch für einen sehr viel weiteren und unbestimmteren Rezipientenkreis stehen (BARBARA WEINMAYER, Studien zur Gebrauchssituation früher deutscher Druckprosa. Literarische Öffentlichkeit in Vorreden zu Augsburger Frühdrucken [MTU 77] München – Zürich 1982). WEINMAYER grenzt diese Beobachtung zuunrecht auf den Druck ein.

[33] Hierzu jetzt MICHAEL GIESECKE, Der Buchdruck in der frühen Neuzeit. Eine historische Fallstudie über die Durchsetzung neuer Informations- und Kommunikationstechnologien, Frankfurt a. M. 1991.

Daß ein Hof als Zentrum gewählt wurde, mag überraschen, weil doch lange Zeit zwischen dem 13. und dem 17. Jahrhundert eher die Stadt und nicht der Hof als Zentrum und Motor kulturgeschichtlicher Prozesse galt. Bei dem hartnäckigen Vorurteil vom ‚bürgerlichen' Charakter des Spätmittelalters handelt es sich freilich um ein Klischee der liberalen Bourgeoisie des 19. Jahrhunderts, die sich gegen ein eben überwundenes Ancien Régime in der altdeutschen Vergangenheit ihre historischen und literarischen Ahnen suchte. Noch wo diese Auffassung kritisiert wurde im Namen einer nach wie vor überlegenen höfischen Kultur, an der ein sozialer Aufsteiger aus dem Stadtbürgertum sich weiterhin orientiert habe, blieben häufig die Verhältnisse des 19. statt des 14. und 15. uneingestanden die Ausgangsbasis. Längst ist, zumal von der Geschichtswissenschaft, herausgearbeitet worden,[34] daß die neuzeitliche Entgegensetzung von ‚Bürgertum' vs. ‚Adel' / ‚Hof' unangemessen ist: Lebens- und Erwerbsformen, gesellschaftlicher und juristischer Status decken sich durchaus nicht; durch den Bürgereid sind nicht alle Bewohner einer Stadt gebunden, wohl aber Personen, die durch Konnubium, Feudalrechte und Grundherrschaft dem Landadel außerhalb der Stadt gleichgestellt sind. ‚Bürgerliche' Hantierung wie Handel oder Unterhalt von Gewerbebetrieben läßt sich auch bei einigen Adelsgeschlechtern im Land feststellen, während stadtbürgerliche Geschlechter sich teils von ihr zurückgezogen haben. ‚Ritterlich' ist immer auch eine Funktionsbezeichnung, sagt also möglicherweise nichts über den Stand aus. Und so ließen sich weitere Tatsachen geltend machen, die die Unangemessenheit der Rede vom ‚bürgerlichen' Spätmittelalter belegen.

Ähnlich ungenau war lange Zeit der Gegenbegriff des ‚Höfischen' und das Klischee von der ‚höfischen' Kultur: auch sie, wie zuerst Peter Ganz gezeigt hat, Wunschprojektionen einer späteren Epoche, nachträglich dann angereichert um Lesefrüchte aus der ‚höfischen' Lyrik und Epik,[35] die sich, z. B. bei Alwyn Schultz, zum kulturgeschichtlichen Panorama zusammenschlossen, dem dann der Maßstab dafür entnommen wurde, was innerhalb

---

[34] HEINZ LIEBERICH, Rittermäßigkeit und bürgerliche Gleichheit. Anmerkungen zur gesellschaftlichen Stellung des Bürgers im Mittelalter, in: Festschrift für Hermann Krause, hg. von STEN GAGNÉR u. a., Köln – Wien 1975, S. 66–93; OTTO BRUNNER, Zwei Studien zum Verhältnis von Bürgertum und Adel, in: Neue Wege der Verfassungs- und Sozialgeschichte, Göttingen ³1980, S. 242–280; URSULA PETERS, Literatur in der Stadt. Studien zu den sozialen Voraussetzungen und kulturellen Organisationsformen städtischer Literatur im 13. und 14. Jahrhundert (Studien und Texte zur Sozialgeschichte der Literatur 7) Tübingen 1983; vgl. auch JAN-DIRK MÜLLER, Melusine in Bern. Zum Problem der „Verbürgerlichung" höfischer Epik im 15. Jahrhundert, in: GERT KAISER (Hg.), Literatur – Publikum – historischer Kontext (Beiträge zur Älteren Deutschen Literaturgeschichte 1) Bern 1977, S. 29–77 und die dort angegebene Literatur.

[35] PETER GANZ, Der Begriff des „Höfischen" bei den Germanisten, in: Wolfram-Studien 4, 1977, S. 16–32; DERS., curialis/hövesch, in: GERT KAISER – JAN-DIRK MÜLLER (Hgg.), Höfische Literatur, Hofgesellschaft, höfische Lebensformen um 1200 (Studia humaniora 6) Düsseldorf 1986, S. 39–56; DERS., ‚hövesch'/ ‚hövescheit' im Mittelhochdeutschen, in: JOSEF FLECKENSTEIN (Hg.), Curialitas. Studien zu Grundfragen der höfisch-ritterlichen Kultur (Veröffentlichungen des Max-Planck-Instituts für Geschichte 100) Göttingen 1990, S. 39–54.

von Literatur und Kunst als ‚höfisch' einzustufen sei oder nicht.[36] Das Zirkuläre dieses Vorgehens ist längst erkannt, doch erst seit Joachim Bumkes ebenso souveräner wie nüchterner Bestandsaufnahme der höfischen Kultur um 1200 verblaßt das Klischee langsam.[37]

Allerdings besteht die Gefahr, daß sich ein anderes an seine Stelle setzt: Einer durch Literatur und Kunst entworfenen höfischen ‚Ideal'-Welt wird die feudale ‚Wirklichkeit' konfrontiert. Während das ‚Ideal' in den Jahrzehnten um 1200 die Köpfe beherrschte, soll dann im Laufe des 13. Jahrhunderts und bis zum Ausgang des Mittelalters jene ‚Wirklichkeit' immer stärker seinen illusionären Charakter entlarvt haben. Daher gilt die ‚höfische' Literatur des späten Mittelalters nicht mehr als ‚höfisch'. Ist sie es doch, dann spricht man von ‚höfischer Romantik'.[38]

Dabei bieten gerade Bumkes Ergebnisse die Möglichkeit, die Bedeutung der Schrift und der Schriftproduktion am Hof des späten Mittelalters präziser zu fassen. Der Anspruch des Hofes, herausgehobene soziale Institution und, damit verknüpft, Lebensform zu sein, verschwindet ja nicht einfach. Er äußert sich in Empfängen, Turnieren, diplomatischen Missionen, kirchlichen Ritualen usw., daneben in Herrschaftszeichen, Bauten, der Erforschung der Vergangenheit des Herrscher- oder Dynastengeschlechts, schließlich auch im Interesse an schöneren Bildern der eigenen Welt, wie sie z. B. die höfischen Epen des 13. Jahrhunderts zurückspiegeln. Doch ist der Hof auch politisches und ökonomisches Zentrum, an dem sich seit dem 12. Jahrhundert große Kanzleien ausbilden und die Ressourcen von Wissen konzentrieren,[39] zumal seit im 15. Jahrhundert die größeren Territorien durch Universitätsgründungen die Intelligenz ins Land zu ziehen suchen. Seit dem 13. Jahrhundert entsteht am Hof und für den Hof ein breites Schrifttum zur Regierungspraxis (Kanzleiwesen), zur politischen Theorie (z. B. Fürstenspiegel), zur Verhaltenslehre (z. B. Tischzucht), zur Kriegskunst (z. B. Vegetius-Rezeption), zur Jagd (z. B. Traktate über Hunde, Pferde oder Falken), zur Prognostik (z. B. astrologische Traktate, zur Diätetik (Regimina), zur Landwirtschaft (Gottfrieds ‚Pelzbuch') usw.

Nur zum geringen Teil nehmen diese Schriften unmittelbar Bezug auf den Geltungsbereich des Hofes und seine Mitglieder, etwa in Arengen oder in Widmungen, gelegentlich auch durch die Thematik (Fürstenspiegel). Oft

---

[36] ALWYN SCHULTZ, Das höfische Leben zur Zeit der Minnesinger, Leipzig ²1889.

[37] JOACHIM BUMKE, Höfische Kultur. Literatur und Gesellschaft im hohen Mittelalter, 2 Bde., München 1986; DERS., Höfische Kultur: Versuch einer kritischen Bestandsaufnahme, in: PBB 114, 1992, S. 414–492.

[38] PETER STROHSCHNEIDER, Ritterromantische Versepik im ausgehenden Mittelalter. Studien zu einer funktionsgeschichtlichen Textinterpretation der ‚Mörin' Hermanns von Sachsenheim sowie zu Ulrich Fuetrers ‚Persibein' und Maximilians I. ‚Teuerdank' (Mikrokosmos 14) Frankfurt a. M. – Bern – New York 1986 (zu Geschichte und Bedeutungsaspekten dieses Klischees).

[39] JOACHIM HEINZLE, Wandlungen und Neuansätze im 13. Jahrhundert (1220/30–1280/90) (Geschichte der deutschen Literatur von den Anfängen bis zum Beginn der Neuzeit II,2) Königstein/Ts. 1984.

sind sie zwar ursprünglich für den Alltagsgebrauch des Hofes bestimmt, aber von vornehere in auch anderwärts brauchbar (und tatsächlich gebraucht). In ihrer Ausstattung zeigt sich dann hier so wenig wie dort ein spezifisch höfisches „Anspruchsniveau".[40] Sie sind schlicht aufgemacht, eben ihrer praktischen Funktion entsprechend, nicht aber Repräsentationsinteressen dienend, selbst wenn sie diese durch schriftliche Instruktion (zur Jagd, zum Zweikampf, zum Verhalten bei Hof) fördern. Auch Schriften, die ihrem Thema nach für den Hof bestimmt sind wie Fürstenspiegel, können wegen ihres umfassenden (in diesem Fall universalethischen) Geltungsanspruchs auch anderwärts (also etwa als generelle Anleitung für ein gerechtes Regiment) gelesen werden. Was für den Hof entsteht, strahlt über den Hof hinaus, so wie umgekehrt bei Hof Schriften rezipiert werden, die für religiöse Gemeinschaften, Stadtbürger und Gelehrte primär bestimmt waren.

Für dieses hoforientierte Schrifttum möchte ich den Terminus ‚Hofliteratur' vorschlagen, der weniger mit falschen Konnotationen vorbelastet ist. Gemeint ist das Corpus von Texten, das für eine höfische Laiengesellschaft entsteht oder von ihr gebraucht wird. Der Typus ‚pragmatischer' Hofliteratur nimmt im Spätmittelalter ganz außerordentlich zu, bis hin zu den ebenso umfangreichen wie hybriden Bücherplänen des Kaisers Maximilian I., die auf charakteristische Weise beides: Repräsentation von Hof und königlicher Herrschaft einerseits und praktische Gebrauchsinteressen aller Art andererseits miteinander zu verbinden trachten.[41]

Der Begriff ist notwendig unscharf. ‚Hofliteratur' ist, selbst wo ihr Entstehungsrahmen und ihre Wirkung rekonstruierbar sind, nicht umstandslos als ‚höfisch' auch im ständischen oder institutionellen Sinne, etwa im Gegensatz zu ‚bürgerlich', zu verstehen. Die fürstliche Regierung und der fürstliche Haushalt bedürfen in ähnlicher Weise schriftlicher Anweisung wie städtische oder kirchliche Institutionen, und der Hof verfügt über die Ressourcen, die Verfasser oder Abschreiber solcher Anleitungen zu unterstützen und an sich zu binden. Doch ist der Geltungsbereich derartiger Schriften keineswegs auf den Hof beschränkt. Nicht einmal bei den im eigentlichen Sinne ‚ritterlichen' Disziplinen läßt sich eine standes- oder institutionenspezifische Zuweisung vornehmen.

Auch von seinen Trägern her ist ein solches Schrifttum nicht ‚höfisch', im Sinne von adelig-exklusiv. Schon um 1200 rekrutiert der Hof ja seine

---

[40] Zum Begriff: NORBERT H. OTT, Typen der Weltchronik-Ikonographie. Bemerkungen zu Illustration, Anspruch und Gebrauchssituation volkssprachlicher Chronistik aus überlieferungsgeschichtlicher Sicht, in: Jahrbuch der Oswald-von-Wolkenstein-Gesellschaft 1, 1980/81, S. 29–55, hier S. 34; DERS.: Überlieferung, Ikonographie – Anspruchsniveau, Gebrauchssituation. Methodisches zum Problem der Beziehungen zwischen Stoffen, Texten und Illustrationen in Handschriften des Spätmittelalters, in: Literatur und Laienbildung, S. 356–386.

[41] JAN-DIRK MÜLLER, Kaiser Maximilian I., in: ²VL 6, Sp. 204–236. Maximilian hat noch teil an der alten höfischen Manuskriptkultur (das Beispiel in diesem Band: Rancks Abschrift der Albertus-Übersetzung Heinrich Münsingers), aber er plant die dort tradierten Gehalte durch den Druck zugänglich zu machen. Wären seine Pläne ans Ziel gekommen, dann hätten sich die Texte von der Institution Hof abgelöst.

Helfer nicht nur aus Adel und Ministerialität, sondern vor allem auch aus dem Klerus, bei dessen Kompetenz für schriftsprachliche Kommunikation die soziale Herkunft sekundär ist. Die Diskussionen um den Status dieses oder jenes ‚höfischen' Autors haben meist nur gezeigt, daß die Herkunftsfrage gegenüber dem Wirkungskreis von sekundärer Bedeutung ist. Wichtiger scheint die Zugehörigkeit zur ‚Intelligenz' oder wenigstens zur Gruppe der ‚Schreiber' zu sein, ob mit oder ohne universitäre Ausbildung. Diese Gruppen bilden ihre eigenen Denk- und Lebensformen aus, die querstehen zur Alternative ‚adelig-höfisch' und ‚stadtbürgerlich'. Universitätsangehörige, zunächst noch ganz überwiegend geistlichen Standes, treten als Funktionselite in den Dienst außeruniversitärer Institutionen, und als frühe Vertreter einer Funktionselite lassen sich auch die Schreiber unterschiedlichen Standes und unterschiedlicher Aufgabenbereiche verstehen. Man mag diese funktionale Differenzierung mit Niklas Luhmann als protobürgerlich einstufen, denn sie bleibt ein Fremdkörper innerhalb der stratifikatorischen Differenzierung der spätfeudalen Gesellschaft.[42] ‚Bürgerlich' im ständischen Sinne aber ist sie nicht.

Was ein Werner Ernesti, ein Heinrich Münsinger, ein Mathias von Kemnat dem Hof an Wissen zur Verfügung stellt, ist geprägt von pragmatischen Interessen dieses Hofes, nicht aber von einer angeblichen Gruppenideologie.

Die Beiträge

Im Zentrum der ersten Arbeitsphase innerhalb des SFB 231 stand das Schrifttum am Heidelberger Hof Friedrichs des Siegreichen. In den folgenden Jahren wurden die Untersuchungen auf Vorgänger und Nachfolger ausgedehnt. In Friedrichs Regierungszeit gehören die Anfänge des Frühdrucks, doch hat sie ihr Schwergewicht noch in der Handschriftenproduktion. Auf diese Periode beziehen sich zwar die meisten Beiträge, aber die Frage nach einer allmählichen Wandlung von Kommunikationsbedingungen läßt sich nicht auf einen – überdies zufällig herausgeschnittenen – Zeitraum von gut 25 Jahren einschränken. Daher greifen die Beiträge auf das ganze 15. Jahrhundert aus.

Vorangestellt wurde eine Untersuchung über den Bücherbesitz des Mathias von Kemnat, des Hofkaplans Friedrichs d. S., der für seinen Fürsten eine Chronik des Landes und der Dynastie schrieb (von Bloh).[43] Mathias ist eine Mittlerfigur zwischen Universität, humanistischen Gelehrtenzirkeln und einer adeligen Laienwelt, die nur zögernd die Bedeutung der Schrift für Herrschaft, Lebensführung und Legitimation entdeckt. An seinem Buchbesitz und dessen Ausbeutung in anderen Schriften ist das neue Interesse an

---

[42] NIKLAS LUHMANN, Gesellschaftsstruktur und Semantik. Studien zur Wissenssoziologie der modernen Gesellschaft 1, Frankfurt a. M. 1980, S. 7f.
[43] Hierzu jetzt STUDT, Fürstenhof.

schriftlicher Überlieferung ablesbar: an den Sammlungen zu unterschiedlichen Wissensgebieten, die er sich anlegt, wie an der Weitergabe dieses überwiegend lateinischen Wissens an ein nur der Volkssprache mächtiges Publikum. Seine Bibliothek ist nicht mehr eine spätmittelalterliche Gelehrtenbibliothek, wenn sich auch spezifische Schwerpunkte in einzelnen Disziplinen durchaus erkennen lassen (Astrologie, Mathematik), vielmehr scheint er einen Teil der Schriften aus praktischen Interessen zusammengetragen zu haben, um sie seinem fürstlichen Herrn und dessen Umgebung verfügbar zu machen. Daneben hat er sich um Teilhabe an den neuen litterae bemüht, indem er sich Werke klassischer und humanistischer Autoren, auch Übersetzungen aus dem Griechischen, zusammenstellte und dabei nicht nur Werke, aus denen er bei seiner historiographischen Arbeit schöpfen konnte, berücksichtigte, sondern auch solche, in denen er das neue, humanistische Latein für seine gebildete Korrespondenz lernen konnte. Es gibt nicht viele Sammlungen aus dem Spätmittelalter, an denen – angefangen von der Einrichtung der Codices bis hin zur Zusammenstellung und Kommentierung der Texte – der bildungsgeschichtliche Umbruch im Umkreis eines Hofes nördlich der Alpen so gut ablesbar ist.

Weiter zurück führt der folgende Beitrag, zu Übersetzungen aus ‚De animalibus' des Albertus Magnus vom Jahrhundertbeginn bzw. aus der Regierungszeit Ludwigs III. (Müller). Es handelt sich um Ausschnitte aus Alberts Kompilation, die für die Tierhaltung bei Hof – Falken, Habichte – besondere Bedeutung haben. Zuerst machte sich der Kirchenrechtler Werner Ernesti ans Werk, das er dem späteren Kurfürsten Ludwig (III.) 1404 widmete. Einige Jahrzehnte später war es der Arzt desselben Kurfürsten, Heinrich Münsinger, der eine vollständigere Übersetzung vorlegte und den württembergischen Verwandten Ludwigs III. widmete. Die beiden Übersetzungen sind freilich nicht, wie meist üblich, in ihrer Sachgemäßheit und ihrer Handhabung der Volkssprache gegeneinander auszuspielen, vielmehr ist zu zeigen, wie sie jeweils unterschiedliche Stadien im Verhältnis von gelehrtem Wissen und Wissen für Laien repräsentieren. Bei Ernesti ist die Geltung des Latein noch unangefochten, wenn er die wichtigsten Termini unübersetzt läßt oder nur alternativ eine Übersetzung anbietet, während Münsinger schon völlig selbstverständlich sich für alle Sachverhalte der Volkssprache bedient. Die beiden Übersetzungen lassen sich daher als Stadien im Prozeß der Entwicklung einer Fachsprache interpretieren.

Der Ausdifferenzierung von Wissensgebieten ist der Beitrag über die Kriegskunst gewidmet (Berg – Friedrich). Dargestellt werden ihre Anfänge in Deutschland, ihre Träger und deren Verhältnis zum Hof (aber auch zur Stadt), dann zwei besonders verbreitete Schriften, von denen die eine – Konrad Kyesers ‚Bellifortis' – mit König Ruprecht I. (Kurfürst Ruprecht III.) aus dem Hause Pfalz-Wittelsbach sich verbindet, die andere – das sog. ‚Feuerwerksbuch' – zwar keinen engeren Bezug zu den Pfälzer Wittelsbachern hat, jedoch am Heidelberger Hof mehrfach überliefert ist. Der ‚Bellifortis' repräsentiert noch einen alten Typus des Wissenskompendiums, indem er zwar ein umfangreiches Bildverzeichnis von Kriegsgerät enthält, dieses jedoch nicht beschreibt, geschweige zu seiner Herstellung anleitet, sondern es in lateinischen Versen rühmt. Die Schrift ist noch so wenig auf ein begrenztes Wissensgebiet ausgerichtet, daß die für Ruprecht bestimmte Kyeser-Handschrift mit den Waffen auch andere Gerätschaften, ob für den Hof oder für andere Zwecke, zusammenstellt und den Waffenkatalog in den Rahmen von Kosmologie und Herrscherethik stellt. Dieser umfassende, noch nicht fachspezifische Anspruch trifft im 15. Jahrhundert aber schon nicht mehr die Erwartungen der Benutzer. Die Rezeption des Werks zeigt zu einem Teil Konzentration auf die wirklich kriegstauglichen Informationen; in den meisten Handschriften fehlt der höfisch- repräsentative, natur- und moralphilosophisch tingierte Rahmen, und es fehlen die Hinweise auf den Autor, seine Ausbildung und seine Intention.[44] Erst recht rückt wenig später das in volkssprachlicher Prosa verfaßte ‚Feuerwerksbuch' das praktisch-handwerkliche Interesse ins Zentrum. Hier wird ausdrücklich die Schrift als Voraussetzung für die Ausübung der Kunst genannt. Die Grenzen der Praxis des Büchsenmeisters fallen freilich noch nicht mit denen der Disziplin Kriegskunst zusammen, sondern schließen alle Verrichtungen ein, die bei der Ausübung seines Amtes notwendig sind, vom Herstellen bis zum Kaufen von Salpeter. Ein weiterer Schritt ist das mathematisch fundierte Fachbuch des (zeitweilig in Heidelberger Diensten stehenden) Martin Merz.

Wie schriftlich fixiertes Wissen und Selbstdarstellung des Fürsten mittels der Schrift auch hergebrachte Typen laikaler Schriftlichkeit veränderten, ist am Stundenbuch Friedrichs d. S. abzulesen (von Bloh – Berg). Stundenbücher sind gewiß die am häufigsten erhaltenen Handschriften des späten Mittelalters. Dasjenige Friedrichs ist von eher unspezifischer Gestalt, keineswegs ganz besonders eng auf die Bedürfnisse des Besitzers zugeschnitten, nicht einmal genau auf die Diözesen abgestimmt, in denen Friedrichs wichtigste Besitzungen liegen, auch nicht von herausragender künstlerischer Bedeutung: ein wohl professionell in Süddeutschland hergestelltes Durchschnittsprodukt. Ungewöhnlich scheint dagegen die Benutzung zu sein, für die der Hofkaplan Mathias Horarium und Kalendarium durch Erweiterungen und Zusätze herrichtete. Durch diese Zusätze nämlich – astrologische Berechnungen, Notizen zur Genealogie Friedrichs und zur Geschichte seines Territoriums, lateinische Lobgedichte auf ihn – lagern sich ganz andere Gebrauchsfunktionen an, die mit der ursprünglich intendierten Frömmigkeitsübung bestenfalls lose verknüpft sind. Der überlieferte Typus einer Handschrift für den ‚privaten' Gebrauch explodiert gewissermaßen unter dem Druck pragmatischer Interessen. Dabei handelt es sich nicht, wie oft im Spätmittelalter, um beliebige Eintragungen auf

---

[44] Zur Verschiebung von Gebrauchsinteressen zwischen den beiden Fassungen des Werks und ihrer Rezeptionsgeschichte vgl. UDO FRIEDRICH, Herrscherpflichten und Kriegskunst. Zum intendierten Gebrauch einiger früher ‚Bellifortis'-Handschriften, in: Der Codex im Gebrauch, hg. von HAGEN KELLER, erscheint 1993.

zufällig freien Seiten, sondern um eine – ausweislich einer Widmung – durchaus planvolle Erweiterung des ursprünglichen Inhalts.

Ein Beitrag ist dem Verhältnis von mündlicher Rede und Schrift gewidmet (Müller). Untersuchungsgegenstand ist eine humanistische Lobrede, die schriftlich überreicht wird, später als Rede in die Volkssprache übersetzt, als Einleitung einer volkssprachlichen Prosachronik abgeschrieben und schließlich in einer Reimchronik noch einmal paraphrasiert wird. Ausgangspunkt ist in diesem Fall also eine mündliche Gattung. Zu zeigen ist jedoch, wie auf allen Stufen dieses Rezeptionsprozesses Schriftlichkeit vorausgesetzt ist, gerade auch dort, wo mündliche Rede simuliert wird, wie aber andererseits die schriftsprachliche Kommunikationssituation mindestens in der Volkssprache nicht grundsätzlich von einer mündlichen unterschieden wird, so daß – ohne Eingriff des Kompilators – die unterschiedlichen Sprecherinstanzen mündlicher Rede in der Schrift nebeneinander auftreten können.

Den Übergang von gelehrtem Schulwissen zu einem anwendungsbezogenen Wissen für Laien beleuchtet der Aufsatz über volkssprachliche Regimina, wie sie gelehrte Mediziner für Mitglieder des Heidelberger Hofes und seine Umgebung verfassen (Rohe). Zwar lassen sich die alten Organisationsmuster akademisch-medizinischen Wissens in diesen Schriften nachweisen, doch werden diese anders gefüllt und praktischen Bedürfnissen entsprechend anders dargeboten. Es stellt sich die Frage, inwieweit hier die Schrift als selbständiges Kommunikationsmedium gelten darf und inwieweit sie auf die mündliche Information durch den Fachmann weiter angewiesen bleibt. In dieser Hinsicht lassen sich charakteristische Verschiebungen zwischen einem für Friedrich d. S. verfaßten Hustenregimen und gedruckten Pestregimina um 1500 feststellen.

Das Ineinandergreifen schriftlich-ikonisch vermittelter, mündlicher und enaktiv-imitatorischer Lernprozesse ist Gegenstand einer Untersuchung der Messerfechtlehre des Hans Lecküchner (Müller), die anderwärts veröffentlichte Überlegungen weiterführt.[45] Sie greift zu Beginn über den engeren Heidelberger Rahmen hinaus, wenn sie zeigt, wie ‚Verschriftlichung' keineswegs immer mit einer immer rationaleren und kompetenteren Organisation der Wissensvermittlung einhergeht, sondern daß es Sackgassen gibt, Bereiche, in denen die Schrift dysfunktional bleibt. Sie stellt dann an der ‚Messerfechtlehre' Lecküchners, die Kurfürst Philipp zugeschrieben ist, die Strategien dar, mit denen eine zunehmende Ausdifferenzierung der einschlägigen Anweisungen aufgefangen und verarbeitet werden. Da Lecküchners Text in einer unbebilderten und einer bebilderten Handschrift vorliegt, die übrigens beide in den Umkreis des Heidelberger Hofes gehören, kann hier die zusätzliche Leistung des Bildmediums untersucht werden.

Die Auswahl der Fallbeispiele könnte willkürlich scheinen. Ergänzungen wären zu wünschen. So fehlt ein Beitrag zur Frömmigkeit und zur theologi-

---

[45] MÜLLER, Bild – Vers – Prosakommentar; DERS., Anweisung.

schen Gebrauchsliteratur. Das hat nichts mit einem eingeschränkten Begriff von ‚pragmatisch' zu tun, unterstellt auch keinerlei Präferenzen oder Antipathien in der angesprochenen Rezipientengruppe. Im Gegenteil läßt sich, wie ja auch anderwärts, religiöses Schrifttum seit Kurfürst Ruprecht I. und seiner Frau Elisabeth als Kern des von einem ‚weltlichen' Hof geförderten Schrifttums ausmachen. Dies ist allerdings wenig auffällig. Die Tradition reicht hier viel weiter zurück, und die Veränderungen, um die es hier geht, sind weit weniger spektakulär. Es fehlen aber auch juristische Texte oder Sammelhandschriften juristischen Inhalts. Es fehlt eine Reihe der in Heidelberg gleichfalls bezeugten naturkundlichen, geographischen oder ps.-geographischen Schriften und vieles andere noch. Unter den Fragestellungen dieses Bandes hätte ihre Untersuchung nicht wesentlich anderes (oder anderwärts Unbekanntes) hinzufügen können.

Die Beiträge basieren auf umfangreichen philologischen und überlieferungsgeschichtlichen Untersuchungen, die nicht ganz in sie eingehen können, vor allem im Falle des ‚Bellifortis' auch fortsetzungs- und ergänzungsbedürftig sind. Einiges davon soll bei späterer Gelegenheit in anderem Rahmen zur Diskussion gestellt werden. Hier waren solche Untersuchungen vornehmlich Mittel zum Zweck, um Organisation volkssprachlicher Schriftlichkeit, ihre Rückbindung an mündliche und gelehrt-schriftliche Tradition, die Verbreitung von Wissen und den schriftsprachlichen Entwurf von Kommunikationsprozessen zu erforschen. Derartige Fragen gehören noch nicht zum methodisch gesicherten Repertoire der mediävistischen Literaturwissenschaft.[46] So können auch die Antworten manchmal nur ein Versuch sein, der – ausgehend von anderem Material – vielleicht korrigiert oder ergänzt werden muß. Doch war es ein Ziel unter anderen zu zeigen, welche Informationen über historische Kommunikationsprozesse Text- und Überlieferungsgeschichte enthalten, wenn man sich einmal von einer anderen Seite ihnen zu nähern sucht.

Zur Zitierweise

Die Zitate folgen in der Regel den Handschriften. Liegen gedruckte Ausgaben vor, dann wurden Nachweise nach diesen der leichteren Auffindbarkeit wegen angegeben. Über die Wahl der Textvorlage informieren die einzelnen Beiträge. Die Wiedergabe der Handschriften ist buchstabengetreu, doch unter Beachtung der folgenden Regeln:
– Segmentierung von Versen erfolgt durch senkrechten Strich (|).
– Die unterschiedlichen Formen der Abgrenzung von Abschnitten werden einheitlich durch das Alinea-Zeichen ¶ wiedergegeben.
– Satzzeichen wurden nicht ergänzt; wo die Handschriften einen Punkt setzen, wurde er immer auf Linie gebracht.

---

[46] Vgl. aber die linguistischen Untersuchungen von GIESECKE, ‚Volkssprache'.

- Wo für den Rubrikator Raum für Majuskeln gelassen war, sind sie stillschweigend als Majuskeln ergänzt, gleich ob sie fehlen oder durch Minuskeln angegeben sind.
- Die Buchstaben v, j und alle übrigen Buchstaben, deren Form nicht eindeutig zwischen Majuskel und Minuskel unterscheidet, sind nur am Abschnittsanfang als Majuskeln wiedergegeben, sonst als Minuskeln.
- Kürzel in volkssprachlichen Texten sind stillschweigend aufgelöst.
- Kürzel in lateinischen Texten sind gleichfalls aufgelöst, doch sind dort, um die Interpretation der komplizierten Abbreviaturen und Ligaturen überprüfbar zu halten, die Auflösungen durch Unterstreichung gekennzeichnet.
- Nicht unterschieden wurden rundes und Schaft-s, ebenso die – je nach Stellung im Wort – unterschiedlichen Formen des r sowie ij und ÿ; sz erscheint, wo es sich eindeutig um die Ligatur handelt, als ß.
- Diakritische Zeichen wurden auch über Vokalen, über denen sie heute ungebräuchlich sind, und über Konsonanten (w) wiedergegeben, doch wurden die Varianten vereinfacht: Punkte wurden stets auf gleiche Höhe gesetzt. Über y wurden nie Striche, nur Punkte gesetzt. In volkssprachlichen Texten wurde die Bezeichnung des Umlauts in unklaren Fällen als e interpretiert (ů, å, ŏ).
- Hinzuzufügende Buchstaben wurden in spitze, zu tilgende in eckige Klammern gesetzt.

UTE VON BLOH

Hostis Oblivionis et Fundamentum Memoriae.
Buchbesitz und Schriftgebrauch des Mathias von Kemnat

Der Buchbesitzer – Zum Aufbewahrungsort der Handschriften – Besitzeinträge und Ausleihvermerke – Die Bibliothek des Mathias von Kemnat – Mathias von Kemnat, ein Büchersammler des 15. Jahrhunderts – Zu den Interessenschwerpunkten in den Büchern des Mathias von Kemnat – Schriften, die Lehrstoffe des universitären Unterrichts bildeten – Aufzeichnungen zu aktuellen Rechtsfragen in Cpl 870 – Schriften, die innerhalb des Heidelberger Frühhumanistenkreises rezipiert wurden – Autorität und Zitat in mittelalterlicher Tradition und humanistische Zitierweise – Die ‚Rekonstruktion' der Antike – Der *mathematicus* Friedrichs I. – Schriftgebrauch und Organisation von Schrift: Register und Glossen – Volkssprachliche Textelemente in den lateinischen Sammelhandschriften – Deutsche Interlinear- und Randglossen – Lateinisch-deutsche Mischtexte – Aufzeichnungen eines Textes in lateinischer und deutscher Sprache – Selbständige volkssprachliche Texte – Selbständige volkssprachliche Abhandlungen in den Quadrivium-Handschriften – Notizen und Nachträge – Blattfragmente und einzelne, nachträglich beigefügte Schriftstücke – Notizsammlungen – Vereinzelte Nachträge – Eigenständige Texte und abgeschlossene Mitteilungen – Schluß

„Sammelt die Reste, damit sie nicht verderben" (Joan. 6,12), diese Worte, die Christus von den Brotkrumen sagte und die Hartmann Schedel auf einem Vorsatzblatt seiner Bücher notierte,[1] könnte man auch den Büchern des Mathias von Kemnat voranstellen. Die ‚Reste' oder ‚Fragmente' (*fragmenta*) hatte Hartmann Schedel aus dem biblischen Kontext gelöst verstanden und auf das Sammeln von alten Büchern und Bildern aus dem Beginn des 15. Jahrhunderts übertragen. Bei Mathias könnte man dieses Motto ebenfalls auf das Zusammentragen alter Handschriften des 10. und 11. Jahrhunderts, meist aus dem Kloster in Lorsch stammend, und auch auf den Erwerb und Erhalt älterer Faszikel und Textfragmente beziehen, die gelegentlich sogar von ihm selbst oder auf seine Veranlassung hin um die fehlenden Teile vervollständigt wurden. Doch können sich seine Bücher weder dem Umfang noch der Bedeutung nach mit der Schedelschen Biblio-

---

[1] *Colligite (quae superaverunt) fragmenta, ne pereant.* Vgl. DONAT DE CHAPEAUROUGE, „Das Auge ist ein Herr, das Ohr ist ein Knecht". Der Weg von der mittelalterlichen zur abstrakten Malerei, Wiesbaden 1983, S. 55 und Anm. 189.

thek messen, und zu den exponierten Gestalten des Humanismus im ausgehenden 15. Jahrhundert ist Mathias wohl auch nicht zu rechnen. Seine Bücher und Schriften weisen ihn noch als einen spätmittelalterlichen Gelehrten aus, der aber bereits – wie noch zu erweisen ist – den Übergang von mittelalterlicher Bildung zu den Anfängen des Humanismus am Heidelberger Hof markiert.

Der Buchbesitzer

Urkundlich bezeugt ist der Name des Mathias von Kemnat erstmals in der Matrikel der Universität Heidelberg.[2] Dort ist er 1447 als *pauper* verzeichnet, der 1449 den akademischen Grad eines Baccalaureus artium erwarb. Sichere Daten für die nachfolgende Zeit sind erst wieder in Urkunden aus den Jahren 1462 und 1463 belegt. Sie informieren über die Bepfründung des Mathias, der zu dieser Zeit bereits als Hofkaplan in Diensten des in Heidelberg residierenden Kurfürsten Friedrich I. stand.[3] Über das Jahr des Amtsantritts und seine Tätigkeit in den Jahren vor 1447 sowie zwischen 1449 und 1459/60 können nur Mutmaßungen angestellt werden.

Schon in den Sechziger Jahren des 19. Jahrhunderts versuchte Wilhelm Wattenbach[4] einige Etappen aus dem Leben des Mathias zu rekonstruieren, und seine Argumentation blieb für alle nachfolgenden Untersuchungen verbindlich, die sich mit dem in mehreren Funktionen bei Hof zu vermutenden Gelehrten oder seinen Büchern beschäftigten.[5] Die Überlegungen Wattenbachs gründen auf verschiedenen Briefen, die in einer Handschrift in Wien (ÖNB, Cod. 3244) aufgezeichnet sind und einige Anhaltspunkte für die Zeit nach 1449 enthalten.

Einer dieser Briefe wurde von einem nicht näher bestimmten Mathias geschrieben und ist an den Abt von Reichenbach gerichtet; abgeschickt wurde er *ex plassenburg* (bei Kulmbach), wo sich der Schreiber damals offenbar aufhielt. Im Februar 1457 sandte dann ein gewisser Arriginus, der sich in einem weiteren Brief als zeitweilig in Italien lebender Gelehrter mit humanistischer Orientierung erweist, einen Brief an Kurfürst Friedrich I.,

---

[2] TOEPKE, Matrikel 1, S. 253 und Anm. 5.

[3] Karlsruhe, GLA, 67/817, Bl. 1^v–2^r; hier ist ausgeführt, daß Mathias im Jahr 1462 ein Kaplanat an der Heidelberger Schloßkapelle erhielt. 1463 bekam er außerdem eine Pfarrpfründe in Untergrießheim (Diözese Würzburg). Zu den Pfründen des Mathias vgl. MENZEL, Regesten, Nr. 183 und 208, S. 388 und 404.

[4] WATTENBACH, Luder, S. 33–127, besonders S. 36 und S. 45. Die Briefe, auf die seine Überlegungen gründen, sind abgedruckt S. 92–94 (Nr. IV, V und VI). LUDWIG SCHUBA vermutet in jüngerer Zeit außerdem, daß Mathias in eines seiner Bücher sein eigenes Geburtshoroskop notiert habe (Cpl 1370, Bl. 154^v). Demzufolge wäre er am 23. Februar 1429 um 16 Uhr geboren. Eine Angabe zu der Person, für die diese Berechnungen angestellt wurden, fehlt allerdings in der Handschrift. Vgl. SCHUBA, in: Bibliotheca Palatina, S. 28.

[5] BIRGIT STUDT – FRANZ JOSEF WORSTBROCK, Matthias von Kemnat, in: ²VL 6, Sp. 186–194. Außerdem vgl. die ausführliche Darstellung bei STUDT, Fürstenhof, S. 15–20.

in dem er ihm einen „N" empfiehlt.⁶ Als Ort der Niederschrift ist ebenfalls die Plassenburg angegeben. Der dritte, für Wattenbachs Argumentationsgang wichtige Brief wurde wieder von einem Mathias geschrieben. Er ist an eben diesen Arriginus gerichtet, und da der Brief *Marcii 1457* datiert ist und in dem Schriftstück zugleich von Peter Luder berichtet wird, wie sehr sich dieser über die von Mathias überbrachten Briefe des Arriginus gefreut habe, muß der Brief aus Heidelberg abgeschickt worden sein, denn in diesem Jahr lehrte Peter Luder an der Heidelberger Universität.

Den Absender der Briefe an den Abt von Reichenbach und an Arriginus sowie den von Arriginus empfohlenen „N" interpretierte Wattenbach als Mathias von Kemnat, der sich dieser Rekonstruktion zufolge zeitweilig auf der Plassenburg aufgehalten und überdies mit dem Kloster in Reichenbach in Kontakt gestanden haben muß. Arriginus, dessen Schüler folglich Mathias gewesen sein könnte, avancierte in Wattenbachs Untersuchung zu dem einzigen namentlich bekannten Lehrer einer Schule auf der Plassenburg, die Markgraf Johann von Brandenburg eingerichtet habe, um für den fürstlichen Dienst bessere Stilisten und Redner auszubilden.⁷ Auf diese Überlegungen griffen dann die nachfolgenden Humanismus-Studien zur Markgrafschaft Ansbach-Bayreuth zurück, wenn es galt, Arriginus als Lehrer dieser „ersten humanistischen Schule" auszuweisen.⁸

Auch wenn der Absender des Briefes an Arriginus Mathias heißt, so bietet dies vorerst nur einen recht unsicheren Anhaltspunkt für die Identität mit Mathias von Kemnat und damit für einen Aufenthalt auf der Plassenburg. Doch lassen sich einige der Vermutungen Wattenbachs durch Hinweise in den Briefen und Handschriften des Mathias erhärten. Zunächst einmal war Peter Luder einer der Briefpartner des Mathias, und die Annahme, Mathias sei auf Empfehlung des Arriginus nach Heidelberg gekommen, erhält durch einen von ihm selbst vorgenommenen Nachtrag in einer Handschrift aus seinem Besitz (Cpl 1381, Bl. 89ᵛ) größere Wahrscheinlichkeit. Diese Notiz teilt mit, daß sich ein Johannes Boser 1452 im Hause eines Johannes Stublinger aus Kulmbach aufgehalten habe und dort zum Notar kreiert worden sei. Damit ist noch nicht belegt, daß Mathias sich auch auf der Plassenburg aufgehalten hat, doch haben Beziehungen zu Personen dieser Stadt offenbar bestanden.

Ein wichtiges Indiz für die Identität mit Mathias von Kemnat enthält ein erst jüngst veröffentlichter Brief, den Mathias an Petrus Antonius Finarien-

---

⁶ Vgl. WATTENBACH, Luder, Anlage VI, S. 93f. Weitere Briefe von oder an Arriginus sind abgedruckt ebd. S. 90–95.

⁷ WATTENBACH, Luder, S. 35. Für BACKES, Das literarische Leben, S. 115, gilt Mathias als „Schüler des italienischen Humanisten Arriginus auf der Plassenburg" als „bezeugt".

⁸ So KURT EISENMANN, Studien über Voraussetzungen und Rezeption des Humanismus in den fränkischen Territorien Würzburg, Bamberg und der Markgrafschaft Ansbach-Bayreuth, Diss. Würzburg [1953], S. 25; GEORG VOIGT, Die Wiederbelebung des classischen Alterthums oder das erste Jahrhundert des Humanismus 2, Berlin 1881, S. 296f.; HERMANN JORDAN, Reformation und gelehrte Bildung in der Markgrafschaft Ansbach–Bayreuth. Eine Vorgeschichte der Universität Erlangen 1, Leipzig 1917, S. 9f.

sis gerichtet hat.⁹ Dieser Brief ist nicht datiert. Da Mathias den Adressaten jedoch mit *doctor legum* anspricht, muß der Brief um 1465, dem Jahr der Promotion des Petrus Antonius, abgefaßt worden sein.¹⁰ Hier und auch in dem Brief an den Abt von Reichenbach wird eine identische Stelle aus der ‚Aeneis' des Vergil zitiert¹¹ und mit den gleichen Worten eingeleitet: [. . .] *Virgilianum illud decantare compellar: Tuus o regina quod optas Explorare labor, michi iussa capescere phas est.*¹² Da solche Übereinstimmungen nicht zufällig sind, kann es nunmehr als recht gesichert gelten, daß Mathias von Kemnat zumindest den Brief schrieb, der an den Abt von Reichenbach gerichtet ist.

Aus dem Briefkontakt mit dem Abt von Reichenbach schloß bereits Wattenbach, daß Mathias im Anschluß an seinen ersten Aufenthalt in Heidelberg einige Zeit im Kloster in Reichenbach verbrachte,¹³ das unter Abt Johann Falkensteiner, etwa seit der Mitte des 15. Jahrhunderts, „für einige Jahrzehnte zu einem Zentrum astronomischer Studien"¹⁴ avancierte. Diese Annahme stützen außerdem einige Aufzeichnungen in den Büchern des Mathias. Die zahlreichen Berechnungen der Planetenbewegungen in Cpl 1381¹⁵ und Cpl 1370¹⁶, die für das Kloster in Reichenbach vorgenommen wurden, lassen annehmen, daß Mathias seine Kenntnisse über die großen arabischen Astronomen und Ptolemaeus in diesem Kloster erwarb. Legt man die Datierungen der astrologisch-astronomischen Sammelhandschrift Cpl 1381 zugrunde, die größtenteils in dieser Zeit entstanden ist, dann hat Mathias sich in den Jahren zwischen 1452 und 1456 in Reichenbach aufgehalten.

Aus dem Jahr 1460 ist dann ein Brief von Peter Luder an Mathias von Kemnat bezeugt, in dem er ihn als Kaplan des Kurfürsten anspricht.¹⁷ Spätestens seit diesem Zeitpunkt wird Mathias sich demnach als Kaplan des Kurfürsten in Heidelberg aufgehalten haben. Dafür, daß Mathias schon ein Jahr früher am Heidelberger Hof vermutet werden darf, spricht die Widmung an Friedrich den Siegreichen, die sich in der von Mathias von Kemnat zusammengestellten und zum Teil auch geschriebenen Wiener

---

⁹ Erlangen, UB, Ms. 659, Bl. 101ʳ. Der Brief ist abgedruckt bei Franz Fuchs – Veit Probst, Zur Geschichte des Heidelberger Frühhumanismus: Neue Briefe des Matthias von Kemnath († 1476), in: Wolfenbütteler Renaissance Mitteilungen 15,2, 1991, S. 49–61; 15,3, S. 93–103; hier S. 52.

¹⁰ Vgl. Probst, Petrus Antonius, S. 6.

¹¹ Vergil, Aen. 1, 76f.; vgl. Fuchs – Probst (wie Anm. 9), S. 52.

¹² Vgl. den Abdruck bei Wattenbach, Luder, Anlage IV, S. 92.

¹³ Wattenbach, Luder, S. 36.

¹⁴ Mittelalterliche Bibliothekskataloge Deutschlands und der Schweiz. Bearbeitet von Christine Elisabeth Ineichen-Eder 4, 1: Bistümer Passau und Regensburg, München 1977, S. 481–487, hier S. 482. Zum Kloster in Reichenbach und zur Reichenbacher Bibliothek vgl. Heribert Batzl, Kloster Reichenbach am Regen. Gründung, Wirtschafts- und Geistesgeschichte eines oberpfälzischen Benediktinerklosters, Diss. masch. phil. Würzburg 1958.

¹⁵ Cpl 1381, Bl. 66ᵛf., Bl. 72ʳff., Bl. 91ʳff.

¹⁶ Cpl 1370, Bl. 1ʳff.

¹⁷ Der Brief ist abgedruckt bei Wattenbach, Luder, Anlage XVI, S. 112.

Sammelhandschrift Cod. 13428 befindet und das Jahr 1459 angibt. Möglicherweise ist dieser Codex anläßlich des Dienstantritts des Mathias für den Kurfürsten entstanden.[18]

Zu dieser Zeit war Mathias, der 1453 in Bamberg die Diakonats- und Presbyterweihen empfangen hatte, vermutlich bereits Kleriker der Diözese Bamberg.[19] In der Zeit nach 1459 setzte Mathias offenbar seine Studien an der Heidelberger Universität fort, denn dort wurde er am 24. September 1465 zum Baccalaureus im kanonischen Recht promoviert. Dies geht aus der Promotionsrede (*repetitio*) hervor, die in Cpl 870 aufgezeichnet ist und deren Vorrede Mathias selbst geschrieben hat.[20] Das letzte Datum aus dem Leben des Mathias ist in den *acta facultatis artium* der Heidelberger Universität überliefert. Hier ist festgehalten, daß der Hofkaplan am 1. April 1476 gestorben sei und der Fakultät einen Gulden vermacht habe.[21]

Schriften, die von Mathias selbst verfaßt wurden, enthält der größere Teil der Bücher aus seinem Besitz nicht. Sein Nachlaß, von dem im folgenden die Rede sein soll, besteht vielmehr aus etlichen, schon zu seinen Lebzeiten mehrere Jahrhunderte alten Codices, aus humanistischen Übersetzungen antiker Autoren und außerdem aus Handschriften, in denen er Abschriften bekannter Autoritäten zusammenstellte oder zusammenstellen ließ. Wenig ist überliefert, was als Ergebnis seiner Studien angesehen werden könnte. Als eine Art Synthese seiner langjährigen Beschäftigung mit Büchern ist vielleicht die für Kurfürst Friedrich I. entstandene deutschsprachige Chronik mit ihren zahlreichen, zum Teil von Mathias selbst verfaßten lateinischen Gedichten anzusehen. Und als ‚Hofpoeten' (*Palatinae poeticae expertus*) bezeichnet ihn daher in einem Brief der Eichstätter Kanzler Johann Mendel.[22] Von dieser Auftragsarbeit abgesehen, sind lediglich einige von

---

[18] Zu dieser Handschrift vgl. den Aufsatz von VON BLOH – BERG in dem vorliegenden Band.

[19] Die Matrikel der Geistlichkeit des Bistums Bamberg 1400–1556, hg. von JOHANNES KIST (Veröffentlichungen der Gesellschaft für fränkische Geschichte IV, 7) Würzburg 1965, S. 435, Nr. 6613, verzeichnet einen Widmann Mathias als Mesner am Marienaltar in der Pfarrkirche zu Bayreuth, der 1453 in Bamberg die Diakonats- und Presbyteriatsweihen empfing. Dieser Kleriker ist mit einiger Wahrscheinlichkeit mit Mathias von Kemnat identisch, da er in einer Urkunde in Karlruhe (GLA, Hs. 67/817, Bl. 1^v–2^r) als Priester der Diözese Bamberg bezeichnet wird. Ob es sich bei dem *Mathis*, der den Baurechnungen zufolge Bücher für die Kirche St. Maria Magdalena zu Bayreuth beschafft hat, ebenfalls um Mathias von Kemnat handelt, ist unklar. Vgl. dazu FUCHS – PROBST (wie Anm. 9) S. 57, Anm. 12.

[20] Cpl 870, Bl. 132^r–140^r.

[21] Der Eintrag befindet sich auf Bl. 88^v. Er ist abgedruckt bei KARL HARTFELDER, Analekten zur Geschichte des Humanismus in Südwestdeutschland 3: Mathias von Kemnat, in: Vierteljahresschrift für Kultur und Literatur der Renaissance 1, 1886, S. 494–499, hier S. 499.

[22] Vgl. dazu STUDT – WORSTBROCK (wie Anm. 5) Sp. 187. Der Brief ist überliefert in Cod. 3244, Bl. 78^v, der ÖNB in Wien. – Einige der von Mathias verfaßten Gedichte sind auch unabhängig von der Chronik überliefert, etwa in einer humanistischen Sammelhandschrift mit klassischen und zeitgenössischen lateinischen Texten (Rom, Bibl. Vat., Cpl 884, beschrieben bei PELLEGRIN, Manuscrits, S. 60f.) oder in der genannten Wiener Handschrift Cod. 3244, die ebenfalls klassische und humanistische Autoren sowie rhetorische Mustertexte überliefert, vgl. Tabulae 2, S. 241f. Zahlreiche Abschriften aus dem 16. bis 18. Jahrhundert zeugen auch

Mathias geschriebene Briefe (in Wien, ÖNB, Cod. 3244 und Erlangen, UB, Ms. 659),[23] zwei ihm zugeschriebene Prognostiken (München, Clm 959 und 1817),[24] eine Universitätsrede (Cpl 870) und ein wohl von ihm konzipierter Computus (Cpl 1370) bezeugt.[25] Außerdem wäre es möglich, daß Mathias die in einem seiner Bücher (Cpl 870) aufgezeichnete Lobrede Peter Luders auf Friedrich I. in die deutsche Sprache übersetzt sowie etliche lateinische Carmina verfaßt hat,[26] um sie dann, ohne den wirklichen Autor kenntlich zu machen, in seine Fürstenchronik zu inserieren.

Zum Aufbewahrungsort der Handschriften

Die Inhalte der 22 bekannten Bücher und Fragmente aus dem Besitz des Mathias von Kemnat, die heute zum größeren Teil in der Vatikanischen Bibliothek in Rom aufbewahrt werden, sind noch nicht vollständig katalogisiert und damit weitgehend unbekannt. Zwei Bücherverzeichnisse – eines von Johannes Virdung von Haßfurt, das andere von einem der Rektoren der Universität – informieren darüber, an welchem Ort die Handschriften etwa um 1500 in Heidelberg, also vor der Überführung der Palatina nach Rom im Jahr 1623, aufgestellt waren; über ihren Aufbewahrungsort zu Lebzeiten des Mathias ist nichts bekannt.

In Cpl 1439 (Bl. 203ᵛ) hat Johannes Virdung von Haßfurt, der am 7. Oktober 1492 in Heidelberg immatrikuliert worden war und zur Zeit Phil-

---

von einem andauernden Interesse an der Chronik. Dazu STUDT, Überlieferung, S. 275–308. Zur Chronik und den von Mathias verwendeten Materialen, die u. a. aus den hier zu erörternden Handschriften stammen, vgl. STUDT, Fürstenhof, besonders S. 21–35, 300–351.

[23] Die Briefe im Wiener Codex 3244 sind zum größeren Teil abgedruckt bei WATTENBACH, Luder. Eine Beschreibung des Erlanger Codex 659 gibt HANS FISCHER, Die lateinischen Papierhandschriften der Universitätsbibliothek Erlangen (Katalog der Handschriften der Universitätsbibliothek Erlangen 2) Erlangen 1936 (Neudruck Wiesbaden 1971), S. 393–396. Der Wiener Codex 3244 wird dort, wie noch bei HUGO HOLSTEIN als Handschrift aus dem Besitz des Mathias von Kemnat vermutet. Vgl. HOLSTEIN, Gelehrtengeschichte, S. 7, Anm. 2. Der Ersatz zahlreicher Namen aus der Heidelberger Umgebung durch ein „N" läßt allerdings eher vermuten, daß es sich um eine Abschrift handelt. Die nicht mit Namen gekennzeichneten Texte sollten möglicherweise als stilistische Muster gelten, oder dem Abschreiber waren die Namen nicht vertraut. Codex 3244 stammt aus dem Zisterzienserkloster in Fürstenfeld, wohin er möglicherweise durch Leonhard Egenhofer gelangte, der in Heidelberg studiert hat und von 1480 bis 1496 Prior des Klosters war. Dazu vgl. Mittelalterliche Bibliothekskataloge Deutschlands und der Schweiz 4,2: Bistum Freising, bearbeitet von GÜNTER GLAUCHE; Bistum Würzburg, bearbeitet von HERMANN KNAUS, München 1979, S. 651–654. Zu den Briefen im Erlanger Codex vgl. FUCHS – PROBST (wie Anm. 9).

[24] Die Prognostik in Clm 959 liegt in einer Abschrift vor. Sie befindet sich in einem Buchfragment aus dem Besitz Hartmann Schedels. Vgl. Catalogus codicum latinorum Bibliothecae Regiae Monacensis I,1 Catalogus codicum manuscriptorum Bibliothecae Monacensis (III,2) München 1892, S. 216. Die Prognostik ist in diesem Katalog allerdings nicht als von Mathias verfaßt identifiziert. Einen Hinweis auf den Verfasser gibt ERNST ZINNER, Verzeichnis der astrologischen Handschriften, München 1925, S. 184.

[25] Zur Chronik und zu einigen Briefen vgl. STUDT – WORSTBROCK (wie Anm. 5).

[26] RUDOLF KETTEMANN, in: Bibliotheca Palatina, S. 193–195 und vor allem STUDT, Fürstenhof, u. a. S. 311–325.

ipps des Aufrichtigen als Astrologe und Bombardista in Diensten des Heidelberger Hofes stand, verschiedene Bücher verzeichnet, die er in der Camera inferior der Universität Heidelberg und in der Heiliggeistkirche benutzt hat.[27] Unter den in der Heiliggeistkirche benutzten Büchern nennt Virdung einige Titel, die mit denen in verschiedenen Handschriften aus dem Besitz des Mathias identisch sein könnten: *Hermes de stellis herbis lapidibus et figuris* enthält Cpl 1438 (Bl. 44^r-50^v), *Formacio horalogii Achas*. *De sinibus multa in vno libro* wird eine Abhandlung in Cpl 1381 bezeichnen, die Johannes Virdung, wie die Notiz in Cpl 1381 (Bl. 207^v) von seiner Hand bezeugt, mit Sicherheit benutzt hat, und das auf Bl. 203^r erwähnte *Kalendarium astrologicum gentium ebreorum et christianorum* ist in Cpl 1370 verzeichnet.

In der Heiliggeistkirche befand sich die Bibliothek der Universität.[28] Die dort befindlichen Bücher, die getrennt für die Artistenfakultät und die oberen Fakultäten aufgestellt waren, wurden 1466 gemeinsam mit den Büchern der Universität katalogisiert.[29] Einige der Nachträge von 1503 im Handexemplar des Rektors (Heidelberg, UB, Hs. 47a) bestätigen die Aufstellung etlicher Bücher aus dem Besitz des Mathias in der Heiliggeistkirche nach seinem Tod im Jahr 1476. Dort befinden sich eine ganze Reihe von Titeln, die sich zum größeren Teil mit den Inhalten von Handschriften aus dem Besitz des Mathias in Verbindung bringen lassen. Obgleich die Titelnennungen im Verzeichnis recht allgemein sind, ist aufgrund der Häufung der Identifizierungsmöglichkeiten auf Bl. 104^r davon auszugehen, daß hier die Zusammenstellung einiger Bücher aus der Bibliothek des Mathias vorliegt.[30] In das Verzeichnis des Rektors sind allerdings nur Schriften astrolo-

---

[27] Diesen Hinweis verdanken wir Ludwig Schuba. Die Hand, die in einem Buch des Mathias von Kemnat, in Cpl 1381, Bl. 207^v, oberhalb einer Abhandlung: *Est instrumentum Albionis* notierte, konnte Herr Dr. Schuba als die des Johannes Virdung von Haßfurt identifizieren. Damit kann als gesichert gelten, daß Johannes Virdung die Bücher des Mathias tatsächlich in der Heiliggeistkirche benutzt hat. Das als ‚Albion' bezeichnete astronomische Instrument wurde vermutlich von Richard Wallingford im 14. Jahrhundert entwickelt. Dazu THORNDIKE, History 3, S. 119. Zu Johann Virdung von Haßfurt, dem Astrologen am Heidelberger Hof während der Regierungszeit Philipps des Aufrichtigen (Kurfürst seit 1476), und seinen Schriften und Tätigkeiten vgl. MAX STEINMETZ, Johann Virdung von Haßfurt, sein Leben und seine astrologischen Flugschriften, in: Flugschriften als Massenmedium der Reformationszeit. Beiträge zum Tübinger Symposion 1980, hg. von HANS-JOACHIM KÖHLER (Spätmittelalter und Frühe Neuzeit 13) Stuttgart 1981, S. 353–372.
[28] Ruprecht I. (gest. 1390) etablierte die Bibliothek in Heidelberg anläßlich der Gründung der Universität im Jahr 1386. Die Büchersammlung der Heiliggeistkirche begründete Ludwig III. dann mit Beständen der Schloßbibliothek, die er der Universität zur Nutzung übergab. Vgl. COLETTE JEUDY, Manuscrits achetés à Paris en 1420 par Louis III, Comte Palatin du Rhin, in: Bibliothek und Wissenschaft 16, 1982, S. 31–40.
[29] Zur Geschichte der Heidelberger Bibliotheken vgl. GUGUMUS, Erforschung, S. 124–141 und Bibliotheca Palatina, Textband, S. 1f.
[30] Von den 36 genannten Titeln, unter denen nicht nur ganze Bände, sondern gelegentlich auch einzelne Werke der in einem Band enthaltenen Schriften ausgewiesen sind, lassen sich etwa zwei Drittel zu den Inhalten der Bücher des Mathias in Beziehung setzen. Demnach haben sich folgende Codices in der Bibliothek der Heiliggeistkirche befunden: Cpl 870, 887,

gischen, mathematischen oder juristischen Inhalts, außerdem solche antiker Autoren aufgenommen. Die alten Codices, die sich Mathias aus der Bibliothek des Klosters in Lorsch beschaffte, fehlen insgesamt.[31] Die in dem Inventar nachgewiesenen Bücher waren vermutlich nach dem Tod des Besitzers der Heiliggeistkirche übergeben worden.

Durch Ankäufe und bedeutende Schenkungen von fürstlicher und privater Seite wurde die Bibliothek in der Heiliggeistkirche ständig vergrößert und durch die Aufhebung pfälzischer Klöster kamen vor allem im 16. Jahrhundert weitere Bücher hinzu. Unter diesen Klöstern war auch das Benediktinerkloster Lorsch an der Bergstraße. Es wird vermutet, daß die Lorscher Bibliothek im Jahr 1479 zunächst nach Ladenburg gebracht worden sei, wo der kurpfälzische Kanzler Johann von Dalberg eine Bibliothek einrichtete, der er dann die Lorscher Bestände einverleibt haben soll. Wenige Jahre später sei diese Bibliothek mit der Heidelberger vereinigt worden.[32] Das spätere Schicksal der Heidelberger Bibliothek[33] erschwert die Identifikation früherer Buchbesitzer, da Besitzeinträge, Signaturen und sonstige Vermerke auf den Einbänden verloren gingen. Während die volkssprachlichen Handschriften im 19. Jahrhundert von Rom nach Heidelberg zurückgebracht wurden, blieben die lateinischen Codices, mithin auch der größte Teil der Handschriften, die sich Mathias zuweisen lassen, in Rom.[34]

1370, 1381, 1389, 1400, 1401, 1581, 1680, 1720, 1814. Nicht nachweisen lassen sich unter den Büchern des Mathias die ebenfalls auf Bl. 104ʳ angeführten Titel: *C belial / D Jus canonicum cum ceteris* (evtl. Cpl 870 / *E Historia ecclesiastica / F Vocabularius* (evtl. Cpl 1769) 7 I *textus Institucionum / K De lapide minerali / L P[etrarca] de remedio vtriusque fortuitorum / V Sedulius Iuuencus / X Confessorium / Z Asinus Luciani de Sancto Ieronimo comedia / aa Terra sancta Quinta vill.* [?] *marcus paulus / aurea verba egidy / bb Donatus super terencio / cc Elegancie Laurency valla / dd fabularius poeticus / ee Emilius probus de vita excellencium / ff Valerius maximus / mm Speculum vite humane.*

[31] Möglicherweise wurden die aus Lorsch entliehenen Bücher der Klosterbibliothek zurückgegeben. Zu dieser Frage und den Handschriften, die im Kloster in Lorsch vermutet wurden, ohne daß sich Hinweise darauf in den Codices finden ließen, vgl. den nachfolgenden Abschnitt.

[32] Unter welchen Rechtstiteln die Überführung geschah, ist noch ungeklärt. So WOLFGANG SELZER, Die Geschichte des Klosters Lorsch von 1232 bis zum Jahre 1803, in: Laurissa Jubilans. Festschrift zur 1200-Jahrfeier von Lorsch 1964, Mainz 1964, S. 153–158, hier S. 155; DERS., Die Lorscher Bibliothek. Wissenschaftliche Bestrebungen und Leistungen im Kloster Lorsch, in: ebd. S. 91–97, hier S. 97; KARL MORNEWEG, Johann von Dalberg, ein deutscher Humanist und Bischof (geb. 1455, Bischof von Worms 1482, gest. 1503), Heidelberg 1887, S. 308, bezweifelte, daß Dalbergs Bibliothek um die Lorscher Bücher erweitert wurde und GUGUMUS, Erforschung, S. 125, teilt mit, daß die Überführung der Lorscher Bibliothek erst zur Zeit Pfalzgraf Ottheinrichs im 16. Jahrhundert erfolgte. Die genannten Autoren geben für ihre Mitteilungen keine Quellen an.

[33] Vgl. Einleitung.

[34] Die deutschen Handschriften und einige wenige lateinische wurden 1816 nach Heidelberg zurückgegeben und 1887 von KARL BARTSCH zum ersten Mal beschrieben. Vgl. GUGUMUS, Erforschung, S. 133; THEINER, Schenkung; WILKEN, Geschichte; BARTSCH, Handschriften.

Besitzeinträge und Ausleihvermerke

Die Mehrzahl seiner Bücher hat Mathias mit Hilfe bestimmter, in vielen Codices wiederkehrender Einträge als seinen Besitz gekennzeichnet; in die übrigen Bücher hat er seinen Namen geschrieben und oft auch festgehalten, in welchem Jahr er die Handschrift benutzt hat. In nur drei Codices (Cpl 1368, 1389 und 1401) fehlen solche Vermerke.[35] Register und Aufzeichnungen von der Hand des Mathias lassen jedoch annehmen, daß er auch diese Handschriften besessen hat. Da jedoch Einträge, die sich ursprünglich auf den Schutzblättern befunden haben könnten, möglicherweise bei der Umbindung der Handschriften vernichtet wurden, etliche Bücher wohl auch verlorengegangen sein dürften und Mathias seine Bücher an andere auslieh und wohl nicht in jedem Fall zurückerhielt,[36] ist zu vermuten, daß nur ein Teil der Handschriften des kurpfälzischen Kaplans bekannt ist. Die Zitate aus Briefen des Arriginus, Petrus Antonius Finariensis und vor allem des Peter Luder, die Mathias in seinen Briefen wieder verwendete, setzen z. T. voraus, daß er entweder Zugang zu einer dem Briefcorpus in Wien (Cod. 3244) vergleichbaren Sammlung hatte oder die Briefe sogar selbst besaß. Das gleiche gilt für die in seinen Briefen zitierten Stellen aus Werken des Ovid (‚Metamorphosen'), Vergil (‚Aeneis', ‚Eklogen'), Terenz (‚Heautontimorumenos', ‚Phormio'), Plautus (‚Persa', ‚Amphitruo'), Valerius Maximus und Livius.[37] Diese Werke hat Mathias zumindest gekannt, möglicherweise hat er das eine oder andere sogar im Besitz gehabt.

In vielen Büchern hat Mathias seinen Namen in Form eines Monogramms hinterlassen, zu dem er durch den Codex Laureshamensis[38] angeregt worden sein könnte. Dem M – Monogramm sind alle Buchstaben einbeschrieben, die benötigt werden, um den Namen ‚Mathias Kemnatensis' zu bilden. Den Monogrammen hat Mathias vielfach Jahreszahlen hinzugesetzt, die wiederum Auskunft darüber geben, daß er seine Bücher in den Jahren 1467 (Cpl 870, 1010), 1469 (Cpl 1400, 1720), 1472 (Cpl 1370, 1382), 1473 (Cpl 1814) und 1474 (Cpl 1381, 1438; Abb. S. 38 und S. 96) auf

---

[35] Die Kenntnis der beiden Codices Cpl 1389 und 1401 verdanken wir Ludwig Schuba.
[36] Bei dem heute in Montpellier aufbewahrten Cod. 125 scheint es sich um solch einen Fall zu handeln. Dazu s. u.
[37] Vgl. die Stellennachweise bei FUCHS – PROBST (wie Anm. 9). Nur der ‚Amphitruo' des Plautus läßt sich heute noch unter den Büchern des Mathias nachweisen (Cpl 1769).
[38] Zu dieser Vermutung vgl. BERNHARD BISCHOFF, Lorsch im Spiegel seiner Handschriften (Münchener Beiträge zur Mediävistik und Renaissance–Forschung. Beiheft) München 1974, S. 87f., Anm. 91. Mit dem Codex Laureshamensis ist das Lorscher Briefbuch gemeint, das in Rom aufbewahrt wird (Cpl 930). Ein vergleichbares Monogramm ist abgebildet bei KARL GLÖCKNER, Codex Laureshamensis 3: Kopialbuch 2, Darmstadt 1936, Schriftprobe Bl. 22,1. Möglicherweise handelt es sich bei dem Monogramm um das Kanzleizeichen des Mathias. Das Monogramm als Zeichen der Unterschrift erwähnt HARRY BRESSLAU, Handbuch der Urkundenlehre für Deutschland und Italien 2, Nachdruck der 2. Aufl., Berlin 1968 (zuerst Berlin 1931) S. 546.

Rom, Bibl. Vaticana, Cpl 1381, Bl. 1ʳ: Inhaltsverzeichnis mit Monogramm und Besitzvermerk des Mathias von Kemnat

diese Weise als seinen Besitz gekennzeichnet hat.[39] Das Monogramm befindet sich mehrfach in unmittelbarer Nähe eines von Mathias geringfügig abgewandelten Bücherspruchs aus karolingischer Zeit, den er – meist nachträglich – mit zwei Zeilen kombinierte, die das alte Exlibris Lorscher Handschriften nachbilden (Cpl 1010, 1370, 1381, 1400, 1680, 1720, 1769, 1814; Abb. S. 38):

Reddere mathie lector me care memento.
Alterius domini iusz quia nolo pati;[40]
Qui cupit hunc librum sibimet contendere priuum
Hic flagetontheas paciatur sulfure flammas[41]

In metrischer Form hat Mathias in dem karolingischen Distichon sein Besitzrecht festgehalten, während dem potentiellen Dieb in den anschließenden Versen eine fürchterliche Strafe angedroht wird. Die Besitzeinträge sind oftmals oberhalb eines nachfolgenden Registers notiert, dem gelegentlich ebenfalls eine Jahreszahl hinzugefügt ist. Diese Daten informieren darüber, daß Mathias seinen Büchern in den Jahren 1467 (Cpl 870) und 1474 (Cpl 1370, 1381, 1438) von eigener Hand Register hinzugefügt hat, und das geschah gelegentlich im Anschluß an ihre Neubindung zu eben dieser Zeit.

In denjenigen Handschriften allerdings, die Mathias aus dem Kloster in Lorsch entliehen hatte, finden sich die Bücherverse und das Monogramm nicht. Bei diesen Handschriften handelt es sich vor allem um Werke antiker

---

[39] BISCHOFF (wie Anm. 38) S. 87f., Anm. 91, vermutet, daß Mathias sich das M - Monogramm mit dem Buchstaben S(ignum) gebildet habe. Das Monogramm läßt jedoch auch die Buchstaben E, A, I, K, N, T erkennen, so daß das S den fehlenden Buchstaben darstellen könnte, den Mathias zur vollständigen Namensbildung benötigte. Andererseits könnte die Interpretation BISCHOFFS dafür sprechen, daß es sich tatsächlich um das Kanzleizeichen des Mathias handelt.

[40] „Denk daran, lieber Leser, mich dem Mathias zurückzugeben, weil ich den Besitzanspruch eines anderen Herrn nicht dulden will." Die Verse finden sich z. B. in Cpl 1381, Bl. 1ʳ. Die Lorscher Verse sind abgedruckt bei BISCHOFF (wie Anm. 38) S.19:
Reddere Nazario me, lector kare, memento,
Alterius domini ius quia nolo pati.
S. 73, Anm. 9, weist BISCHOFF darauf hin, daß die Verse sich in Cpl 246, Bl. 1ʳ, aus dem 9./10. Jahrhundert, in Cpl 198, Bl. 1ᵛ, aus dem 10. Jahrhundert und Cpl 834, Bl. 1ʳ, aus dem 10./11. Jahrhundert befinden. Albert Krauel, genannt Münsinger, der am 2.3.1465 den Magistergrad in der Artistenfakultät in Heidelberg erlangte, übernahm die Lorscher Verse später in leicht abgewandelter Form ebenfalls in eines seiner Bücher (Cpl 1143, Bl. 1ʳ). Dazu SCHUBA, Handschriften, S. 94f.

[41] Cpl 1381, Bl. 1ʳ. „Jeder, der sich dieses Buch anzueignen begehrt, der soll schwefelige Flammen der Hölle zu spüren bekommen". Diese beiden letzten Verse wurden mehrfach, wie der veränderte Schriftduktus und die andersfarbige Tinte nahelegen, zu einem späteren Zeitpunkt nachgetragen. Mathias entnahm sie möglicherweise einer karolingischen Handschrift, jetzt Montpellier, Bibl. Univ., Cod. Méd. 125, Bl. 80ᵛ, die sich in seinem Besitz befand und deren Schriftheimat ebenfalls Lorsch ist:
Qui cupit hunc librum sibimet contendere priuum
Hic flegetonteas patiatur sulphure flammas.
Dazu auch PELLEGRIN, Manuscrits, S. 341f.

Autoren in Codices des 9. bis 11. Jahrhunderts, deren Schriftheimat nach den Untersuchungen Bernhard Bischoffs in einigen Fällen Lorsch ist.[42]

Bernhard Bischoff führt in seiner Übersicht über die Lorscher Handschriften[43] neun Bücher aus dem Besitz des Mathias von Kemnat auf.[44] In diese Übersicht hat Bischoff allerdings alle Bücher aufgenommen, die in früheren Publikationen – aus unterschiedlichen Gründen – in der Lorscher Bibliothek vermutet wurden. Für die Aufnahme der Bücher war für Bischoff maßgeblich, daß Theodor Gottlieb, Franz Falk und Paul Lehmann,[45] wohl aufgrund des Alters der Bücher, auch für diejenigen Handschriften aus dem Besitz des Mathias auf Lorscher Provenienz schlossen, die in Wirklichkeit keinen Hinweis darauf enthalten. Nicht zu belegen ist die Zuweisung im Fall von vier Codices (Cpl 887, 1547, 1577, 1581), und deshalb ist anzunehmen, daß Mathias nicht nur in Lorsch nach alten Büchern geforscht hat, sondern sich solche auch auf anderem Wege beschafft haben muß. Zu diesen Codices gehört vermutlich auch Cpl 1581, in den Mathias zu einem sehr späten Zeitpunkt sein Monogramm eingetragen und den er mit der Jahreszahl 1473 versehen hat.[46] Unter den Codices, die im frühen Mittelalter geschrieben wurden, enthält er als einziger einen derartigen Besitzvermerk.

Mathias, den Bischoff als den ersten humanistischen Entdecker der Bibliotheca Laureshamensis bezeichnet,[47] hat mindestens seit 1465 Bücher aus der Lorscher Bibliothek entliehen.[48] Dies ist jedenfalls das früheste

---

[42] Vgl. BISCHOFF (wie Anm. 38). Weitere Lorscher Handschriften, die unabhängig von denen aus dem Besitz des Mathias von Kemnat in die Palatina gelangt sind und heute in Rom aufbewahrt werden, nennt BISCHOFF S. 22f.

[43] BISCHOFF (wie Anm. 38) S. 94–121.

[44] PELLEGRIN, Manuscrits, S. 64f. gibt, BISCHOFF folgend, für Cpl 887 deshalb Lorsch als Herkunftsort an. Cpl 887 führt BISCHOFF (wie Anm. 38) S. 114f., zwar unter den Lorscher Handschriften auf, doch vermag er dessen Schriftheimat nicht zu bestimmen. Einträge in den Lorscher Katalogen, die eine Zuweisung an Lorsch rechtfertigen würden, fehlen überdies. Nach BISCHOFFS eigener Aussage war dieser Codex im 15. Jahrhundert in italienischem Besitz (ebd. S. 87, Anm. 89).

[45] THEODOR GOTTLIEB, Wer ist der im Cod. Montepessulanus 125 genannte Mathias?, in: Eranos Vindobonensis 1893, S. 145–152; FRANZ FALK, Beiträge zur Rekonstruktion der alten Bibliotheca fuldensis und Bibliotheca laureshamensis, Leipzig 1902; PAUL LEHMANN, Johannes Sichardus und die von ihm benutzten Bibliotheken und Handschriften, München 1911, S. 133–139.

[46] Vgl. BISCHOFF (wie Anm. 38) S. 94–121, der als Schriftheimat nicht Lorsch, sondern Deutschland angibt (hier S. 116).

[47] BISCHOFF (wie Anm. 38) S. 62.

[48] Die Verpfändung der Bergstraße mit dem Benediktinerkloster Lorsch an die Pfalz bildet möglicherweise den Grund dafür, daß Mathias sich Bücher aus der Klosterbibliothek beschaffen konnte, denn die Bergstraße mit dem Benediktinerkloster Lorsch war Mainzer Gebiet und stand seit 1462 als verpfändetes Gut unter pfälzischer Herrschaft. Das Kloster kam zu diesem Zeitpunkt erstmalig in weltliche Hände. Wohl bestand das Kloster noch weiter, doch „ist diese kurpfälzische Zeit von Lorsch durch einen stetigen Abbau des Vorhandenen gekennzeichnet." Vgl. dazu HOFMANN, Quellen 1, S. 35, 85, 86 und ebd. 2, S. 91 im Zusammenhang mit der Mainzer Fehde. Der Mainzer Erzbischof Dieter von Isenburg mußte Friedrich I. als Gegenleistung für die Hilfe des Pfalzgrafen das Kloster in Lorsch und die anderen Mainzer Besitzungen an der Bergstraße für 100 000 Gulden verpfänden. Dazu ANTON BRÜCK, Lorsch und Mainz im

Datum, das sich in den Codices belegen läßt (Cpl 1341, Bl. 62ʳ; Montpellier, Cod. 125, Bl. 1ʳ),[49] die sicher aus dem Kloster in Lorsch stammen. Doch könnte Mathias schon einige Jahre früher mit seinen Recherchen nach alten Büchern begonnen haben, denn in Cpl 887, der aus Faszikeln des 11. und 13. Jahrhunderts besteht und, wie bereits erwähnt, nicht im Kloster Lorsch geschrieben wurde,[50] hat Mathias die Jahreszahl 1460 notiert.

In einigen dieser Handschriften aus früheren Jahrhunderten befindet sich statt der oben genannten Besitzeinträge ein anderer Vermerk von der Hand des Mathias: *Mathias praesentavit*. Paul Lehmann hat diese Notiz als einen Hinweis darauf interpretiert, daß Mathias die betreffenden Handschriften Friedrich I., und damit der kurfürstlichen Bibliothek, übergeben habe.[51] Nun befinden sich diese Vermerke keineswegs nur in Büchern, die sicher aus der Lorscher Bibliothek stammen, und außerdem bleibt fraglich, ob Mathias eine solche Übergabe nicht in respektvoller Anrede formuliert hätte. Der Eintrag läßt eher vermuten, daß es sich lediglich um einen Ausleihvermerk handelt, der denjenigen, der sich das Buch ausgeborgt hatte, an den Besitzer Mathias von Kemnat erinnern sollte, der es ‚übergeben' hatte. Mathias hat drei seiner Handschriften mit diesem Vermerk versehen. Die Einträge befinden sich in Cpl 886 (Bl. 125ʳ), Cpl 1547 (Bl. 1ʳ) und Wien, ÖNB, Cod. Vind. 962 (Folio vor Bl. 1). Die Tatsache nun, daß einer der Codices heute nicht in der Palatina in Rom verwahrt wird, scheint die Annahme, es handele sich um Ausleihvermerke, zu bestätigen: Wie die Handschrift in Montpellier (Cod. 125) wurde vermutlich auch der Wiener Codex 962 von Mathias verliehen und zu Lebzeiten nicht mehr an ihn zurückgegeben; über ihre Benutzer gelangten diese Handschriften dann in andere Sammlungen. Von Cod. 125, der neben den Satiren des Juvenal auch die des Persius enthält, ist sogar belegt, daß er vorübergehend im Besitz des Stephan Hoest, des zeitweiligen Hofpredigers und zweimaligen Rektors in Heidelberg († 1472), gewesen ist.[52] In einem Brief an Mathias teilt Stephan Hoest mit, daß er den Persius nicht wiederfinden könne. Stattdessen wolle er ihm aber den ‚Remigiusband' zurückschicken. Dieser Band ist dann tatsächlich an Mathias zurückgegeben worden, wenn mit ‚Remigius' Remigius von Auxerre gemeint ist, dessen Kommentar gemeinsam mit ‚De consolatione philosophiae' des Boethius in Cpl 1581 überlie-

---

Mittelalter, in: Laurissa Jubilans (wie Anm. 32) S. 145–152; weiteres zur Mainzer Fehde vgl. in dem Beitrag von VON BLOH – BERG zur Wiener Sammelhandschrift Cod. Vind. 13428 in dem vorliegenden Band.

[49] So auch BISCHOFF (wie Anm. 38) S. 63.

[50] Vgl. Anm. 44. Daß Mathias sich auch auf anderem Wege alte Bücher beschafft haben könnte, blieb in den älteren Forschungsbeiträgen unberücksichtigt.

[51] LEHMANN (wie Anm. 45) S. 133f.; BISCHOFF (wie Anm. 38) S. 63 schließt sich dieser Vermutung an, ebenso STUDT, Fürstenhof, S. 32. Mathias könnte mit *praesentare* auch gemeint haben, daß er seinen Schülern als Lehrer den Inhalt der Handschrift dargeboten habe. Wir wissen allerdings nicht, ob Mathias als Lehrer überhaupt tätig gewesen ist.

[52] Der Brief ist abgedruckt bei FRANK BARON, Stephan Hoest. Reden und Briefe. Quellen zur Geschichte der Scholastik und des Humanismus im 15. Jahrhundert (Humanistische Bibliothek 2/3) München 1971, S. 116f.

fert ist. Einen derartigen Ausleihvermerk enthält dieser Codex allerdings nicht – oder nach seiner Neubindung nicht mehr.

Die übrigen Lorscher Codices enthalten nur den Namen, gelegentlich verbunden mit kurzen Inhaltsvermerken von der Hand des Mathias und einem anderen Eintrag. In Cpl 1341 und 1579 hat Mathias: *ad laurissam* notiert und damit festgehalten, daß die Bücher nach Lorsch gehören. Wenn es sich nicht nur um einen Provenienzhinweis handelt, dann könnte diese Notiz sogar darauf hindeuten, daß Mathias beabsichtigte, der Klosterbibliothek die beiden Bücher zurückzuerstatten.[53] Dafür, daß Mathias die Bücher tatsächlich an die Klosterbibliothek zurückgegeben hat, könnte die Tatsache sprechen, daß sich unter den Titeln in dem oben erwähnten Nachtrag des Verzeichnisses aller Bücher der Universitätsbibliothek (Heidelberg, UB, Hs. 47a), die sich zu den Inhalten der Bücher des Mathias in Beziehung setzen lassen, keine einzige Handschrift aus Lorsch befindet. Auch das Vorhandensein knapper Inhaltsangaben von seiner Hand würde sich in diese Überlegungen fügen. Es ist nicht unwahrscheinlich, daß der Inhalt deshalb angemerkt wurde, um danach die Empfangsbestätigung aufzusetzen.[54] Ob die Rückgabe der Bücher an die Klosterbibliothek in Lorsch dann noch zu Lebzeiten des Mathias erfolgt ist, läßt sich heute kaum mehr rekonstruieren. Wenn es richtig ist, daß die Lorscher Bibliothek 1479 zunächst nach Ladenburg, und, wenige Jahre später, nach Heidelberg gebracht wurde, wo man sie mit der Heidelberger Bibliothek vereinigte,[55] dann wären Mathias' Bücher auf diesem Wege wieder zurück nach Heidelberg gekommen, und dort befanden sie sich bis zur Überführung der Bibliothek nach Rom.

Die Bibliothek des Mathias von Kemnat

Den bisher aus dem Besitz des Mathias von Kemnat bekannten Codices können einige hinzugefügt werden (Cpl 1382, 1389, 1401[56]), eine Hand-

---

[53] Da sich dieser Vermerk nicht in allen Handschriften befindet, die Mathias sich aus Lorsch beschafft hat, könnte es sich auch in diesem Fall um einen Hinweis für denjenigen handeln, der sich das Buch von Mathias ausgeliehen hatte.

[54] KARL SCHOTTENLOHER, Reichenbacher Handschriften der Münchener Staatsbibliothek, in: ZBB 48, 1931, S. 245–247, nennt einen ähnlich gelagerten Fall. SCHOTTENLOHER berichtet von Mathias Flacius, der im 16. Jahrhundert Reichenbacher Bücher entliehen hatte und in sämtliche Handschriften „Inhaltsverzeichnisse geschrieben" habe, „um danach die Empfangsbestätigung aufzusetzen" (S. 246).

[55] Mathias hat, wie andere Codices aus Lorsch beweisen, nicht jede Handschrift mit einem Provenienzvermerk versehen. Auch welche Bücher aus Lorsch entliehen wurden, ist heute vermutlich nur teilweise rekonstruierbar.

[56] Ludwig Schuba danken wir für seine Hilfe bei der Identifizierung der sehr unterschiedlichen Schrift des Mathias von Kemnat, ebenso dafür, daß er uns seine Manuskripte kurz vor der Drucklegung zur Verfügung gestellt hat. – Ein besonderer Problemfall ist die astrologische Sammelhandschrift Rom, Bibl. Vat., Cpl 1368. Ob Mathias dort die *Canones* (Bl. 11^{r-v}), die zu den nachfolgenden Planetentafeln notiert wurden, aufgezeichnet hat, mochte auch Herr Dr.

schrift dagegen, die bislang in seinem Besitz vermutet wurde, muß ausgeschieden werden, da die Zuweisung auf einem Irrtum beruht, der, zurückgehend auf eine Information Franz Falks,[57] auch in neuere Arbeiten noch Eingang fand. Es handelt sich um den Heidelberger Cpl 894 aus dem 9. Jahrhundert, der die ‚Epitoma de Tito Livio' des Florus und ‚Ab Urbe condita' des Livius enthält und Falk zufolge den Namenseintrag des Mathias und außerdem seinen Bücherspruch aufweisen soll – was aber nicht der Fall ist.

Die nachfolgende Übersicht über die Bücher des Mathias von Kemnat soll eine Vorstellung von der Textzusammenstellung vermitteln, von den Auswahlprinzipien und übergeordneten Interessenschwerpunkten, den Anlässen für die Verschriftlichung und der Art und Weise, wie Sachverhalte schriftlich – sowohl optisch wie inhaltlich – umgesetzt werden. Die Handschriften, die als solche aus dem Besitz des Mathias identifiziert werden konnten, sind geordnet nach:

A. Handschriften aus Lorsch
B. Ältere, von Mathias von Kemnat möglicherweise erworbene Handschriften.
C. Handschriften mit Faszikeln aus dem Besitz des Mathias von Kemnat
D. Von Mathias von Kemnat zusammengestellte Textsammlungen
E. Textsammlungen aus dem 15. Jahrhundert mit Besitzeinträgen des Mathias[58]

Ludwig Schuba nicht entscheiden. Diese Handschrift besteht aus zwei Faszikeln des 15. und 16. Jahrhunderts, die im 17. Jahrhundert zu einem Band zusammengefügt wurden. Der Text Bl. 11ʳ⁻ᵛ wäre das einzige Indiz dafür, daß dieser Teil der Handschrift im Besitz des Mathias gewesen ist. In die nachstehende Übersicht ist die Handschrift wegen der bestehenden Zweifel nicht aufgenommen. Eine Beschreibung des Inhalts gibt SCHUBA, in: Bibliotheca Palatina, S. 32. Hier sind die *Canones* noch Mathias zugeschrieben.

[57] FALK (wie Anm. 45) S. 54. Der Autor hat Cpl 894 offensichtlich mit Cod. 125 aus Montpellier verwechselt, denn seine Angaben stimmen mit den in Cod. 125 enthaltenen Besitzeinträgen überein. LEHMANN (wie Anm. 45) S. 134, führt Cpl 894 ebenfalls als Codex des Mathias an, und auch BISCHOFF (wie Anm. 38) S. 65 und S. 88, Anm. 92, übernimmt unter Berufung auf LEHMANN diese Zuweisung. In seiner Übersicht über die Lorscher Handschriften (S. 96) hat BISCHOFF die Schriftheimat Lorsch mit einem Fragezeichen versehen.

[58] Die Ordnung beabsichtigt keine Unterscheidung zwischen Sammelhandschriften, Kompendien oder Textsammlungen. Die Termini werden so weit gefaßt, wie es in der Handschriftenpraxis üblich ist: Sie besagen nur, daß verschiedene Schriftstücke in einem Handschriftencorpus aufgezeichnet und ggf. mit zeitlich früheren oder späteren zusammengebunden wurden. Für Textzusammenstellungen, die das Interesse einer bestimmten Person erkennen lassen und deutsche und lateinische Texte unterschiedlicher Gebrauchszusammenhänge vereinen, schlägt KUHN, Entwürfe, S. 59 den Terminus der ‚Miscellenhandschrift' vor, der sich auf etliche Bücher aus dem Besitz des Mathias ebenfalls anwenden ließe. Auf eine detaillierte Inhaltsbeschreibung jeder einzelnen Handschrift wurde außerdem im folgenden verzichtet, da einige Codices vollständig, andere auszugsweise von PELLEGRIN, Manuscrits, katalogisiert wurden. Für den größeren Teil der übrigen Handschriften wird in Kürze der Katalog der Quadriviums-Handschriften der Heidelberger Palatina von LUDWIG SCHUBA zur Verfügung stehen.

A. HANDSCHRIFTEN AUS LORSCH

1. Rom, Bibl. Vaticana, Cpl 1341. Deutschland. 9. und 10. Jahrhundert. Zwei Faszikel. 109 Bll. Pergament. Lateinisch.[59]

Mathematische, komputistische und naturkundliche Schriften: Isidor von Sevilla, ‚De arithmetica' [Etym. lib. III, 1-9] als ‚Praefatio' zu Boethius, ‚De institutione arithmetica'; Macrobius, ‚Commentarius in Somnium Scipionis'; Cicero, ‚Somnium Scipionis'; Helperich von Auxerre, ‚Liber de Computo'; Verse über die Elemente, das Osterfestdatum, mit Schemata und Lehrfiguren, Wort- und Begriffserklärungen; außerdem kurze theologische Texte: Brief eines Diakons *Theotroch* an einen Presbyter Ootbert über die Meßfeier in Fulda; das ‚Halleluja' und ‚Kyrie Eleison', mit Neumen.

Inhaltsvermerke, Name mit Datum (1465, Bl. 62^r) und *Ad laurissam* (Bl. 1^r) von der Hand des Mathias von Kemnat.

2. Montpellier, Bibl. Univ., Cod. Méd. 125. Deutschland. 9./10. Jahrhundert. I + 80 Bll. Pergament. Lateinisch.[60]

Satiren des Persius Flaccus und des Juvenal.

Bl. 1^r Namenseintrag mit Jahreszahl (1465),[61] ein leoninischer Hexameter und Randglossen von der Hand des Mathias von Kemnat.

3. Wien, ÖNB, Cod. Vind. 962. Deutschland (Lorsch). 9. Jahrhundert. I + 138 Bll. Pergament. Lateinisch.[62]

Caecilius Cyprianus, Epistolae.

Auf der Rectoseite des ungezählten Blattes vor Bl. 1 der Eintrag des Mathias: *mathias praesentavit*, dazu die Jahreszahl ‹14›74.

Zu den Handschriften Cpl 886 und 1579, die einzelne, in Lorsch geschriebene Faszikel enthalten, vgl. den Abschnitt C.

B. ÄLTERE, VON MATHIAS VON KEMNAT MÖGLICHERWEISE ERWORBENE HANDSCHRIFTEN

4. Rom, Bibl. Vaticana, Cpl 887. Deutschland. 11. und 13. Jahrhundert. II + 66 Bll. Pergament. Lateinisch.[63]

Sallust, ‚De coniuratione Catilinae' und ‚Bellum Iugurthinum'.

---

[59] BISCHOFF (wie Anm. 38) S. 116f, PELLEGRIN, Manuscrits, S. 107f.

[60] BISCHOFF (wie Anm. 38) S. 98. RUDOLPHUS BEER, Spicilegium Iuvenalianum, Leipzig 1885, mit einer Beschreibung der Handschrift.

[61] Auf dem Mikrofilm ist die Jahreszahl nicht zu erkennen. BISCHOFF (wie Anm. 38) S. 63 und S. 87, Anm. 89 hat 1465 gelesen; GOTTLIEB (wie Anm. 45) S. 145 und BEER (wie Anm. 60) S. 20 meinten 1464 zu erkennen.

[62] BISCHOFF (wie Anm. 38) S. 120f. Eine kurze Beschreibung der Handschrift in den Tabulae 1, S. 166.

[63] BISCHOFF (wie Anm. 38) S. 114f. und PELLEGRIN, Manuscrits, S. 64f., die als Schriftheimat des Codex irrtümlich Lorsch angibt.

Die Blätter 63^r bis 64^v sind von einer Hand des 13. Jahrhunderts um die fehlenden Teile des ‚Bellum Iugurthinum' ergänzt worden. Die Handschrift befand sich im 15. Jahrhundert in italienischem Besitz.[64]

Bl. 66^v hat Mathias das Buch als seinen Besitz gekennzeichnet (*Mathias kemnatensis*) und die Jahreszahl 1460 festgehalten.

5. Rom, Bibl. Vaticana, Cpl 1389. Deutschland. 2. Hälfte des 14. Jahrhunderts. 181 Bll. Papier. Lateinisch.

Sammlung astronomischer und mathematischer Schriften, u. a. eine aus verschiedenen Quellen kompilierte Abhandlung, die Grundkenntnisse zur Astronomie und Geometrie zusammenfaßt, etwa zum Berechnen von Winkeln, dem Bau eines Astrolabs, Komputistisches; außerdem chronologische Tabellen, Schriften zum Bau und Gebrauch verschiedener astronomischer Instrumente und unkolorierte Federzeichnungen der Sternbilder nach Ptolemaeus.

Das ausführliche Register (Bl. 1^r-4^r) ist von der Hand des Mathias, ebenso eine Notiz auf Bl. 52^r und die Jahreszahl 1461 (Bl. 117^r). Besitzeinträge fehlen.

6. Rom, Bibl. Vaticana, Cpl 1400. Frankreich (?). 13. Jahrhundert. I + 54 Bll. Pergament. Lateinisch.[65]

Mathematische, komputistische und astronomische Schriften, vor allem von Johannes de Sacrobosco (‚Algorismus de arte numerandi', ‚De sphaera mundi', ‚Computus ecclesiasticus') und ein Traktat über den Quadranten von Johannes Campanus de Novarra.

Von der Hand des Mathias sind die Bücherverse, das Monogramm, zwei Datierungen (Bl. A neben dem Monogramm: 1469; am oberen Blattrand: 1465) und Randglossen zum Computus (Bl. 39^r).

7. Rom, Bibl. Vaticana, Cpl 1547. Oberitalien. 9. Jahrhundert. 148 Bll. Pergament. Lateinisch.[66]

Seneca, ‚De beneficiis' und ‚De clementia'.

Bl. 1^r befinden sich Inhaltsvermerke und der Ausleihvermerk (*mathias praesentavit*) von der Hand des Mathias von Kemnat.

8. Rom, Bibl. Vaticana, Cpl 1577. Deutschland (?). 11. Jahrhundert. 83 Bll. + I. Pergament. Lateinisch.[67]

Auszüge aus verschiedenen naturwissenschaftlichen Schriften: Martianus Capella, ‚De nuptiis Philologiae et Mercurii', Buch VI (De Geometria), VII (De Arithmetica), VIII (De Astronomia); Macrobius, ‚Commentarius in Somnium Scipionis'

---

[64] Vgl. BISCHOFF (wie Anm. 38) S. 87, Anm. 89. BISCHOFF führt die Handschrift zwar in seiner Zusammenstellung Lorscher Handschriften auf (S. 114f.), vermag die Schriftheimat jedoch nicht zu benennen. Bischoffs Hinweis auf die Stelle, an der dieser Codex innerhalb seiner Untersuchung diskutiert wird (S. 85), führt ins Leere.

[65] SCHUBA, in: Bibliotheca Palatina, S. 17.

[66] BISCHOFF (wie Anm. 38) S. 116f.; PELLEGRIN, Manuscrits, S. 203.

[67] BISCHOFF (wie Anm. 38) S. 116f.; PELLEGRIN, Manuscrits, S. 235–237.

(Auszüge aus den Büchern I und II, in denen die mathematische Seite der Weltseele erörtert wird); Plinius maior, ‚Naturalis Historia'[68] (Auszüge aus Buch II, d. h. Kosmologie und Planetentheorie).

Der Besitzeintrag (*Mathias Kemnatensis*)[69] und summarische Inhaltsangaben von der Hand des Mathias sind auf Bl. 1^r notiert.

9. Rom, Bibl. Vaticana, Cpl 1581. Deutschland. 10. Jahrhundert. 70 Bll. + I. Pergament. Lateinisch.[70]

Boethius, ‚Consolatio philosophiae', ergänzt um ein Gebet und zwei Lehrschemata.

Bl. 1^r hat Mathias sein Monogramm und eine Jahreszahl (1473) aufgezeichnet. Von seiner Hand stammen auch die ergänzten Textzeilen der nur fragmentarisch erhaltenen Blätter 14 und 15.

10. Rom, Bibl. Vaticana, Cpl 1720. Deutschland. 13./14. und 15. Jahrhundert. XI + 70 Bll. Papier und Pergament. Lateinisch.

Walter von Châtillon, ‚Alexandreis'; fragmentarisch.

Der Faszikel, der erst Buch I, Z. 370[71] beginnt, wurde im 15. Jahrhundert um die fehlenden Verse ergänzt (Bl. 1-6).

Bl. B^r hat Mathias die Verse mit der Aufforderung zur Rückgabe des Buches notiert (*Reddere mathie* [...]). Wie dem Monogramm ist dem Bücherspruch die Jahreszahl 1469 beigegeben. Am Blattrand der ‚Alexandreis' (Bl. 2^v-14^v, Buch I, II) befinden sich außerdem Glossen von der Hand des Mathias.

C. HANDSCHRIFTEN MIT FASZIKELN AUS DEM BESITZ DES MATHIAS VON KEMNAT

11. Rom, Bibl. Vaticana, Cpl 886. Deutschland und Frankreich. 8., 9., 11., 13., 14. und 15. Jahrhundert. Faszikel unterschiedlicher Provenienz. I + 187 Bll. Pergament und Papier. Lateinisch.[72]

Im siebten und achten Faszikel Auszüge aus: Macrobius, ‚Saturnalia', Spartian, ‚Historia Augusta' und Fabius Claudius Gordianus Fulgentius, ‚De aetatibus mundi et hominis'; im 9. Jahrhundert in Lorsch geschrieben.

---

[68] Zur Abhängigkeit der Exzerpte von anderen Überlieferungen vgl. VALERIE M. LAGORIO, Excerpts from Pliny's ‚Natural History' in Codex Pal. Lat. 1577, in: American Journal of Philology 94, 1973, S. 289-292.

[69] So PELLEGRIN, Manuscrits, S. 237. Der Eintrag ist nur fragmentarisch erhalten.

[70] BISCHOFF (wie Anm. 38) S. 116f.

[71] Vgl. Verskonkordanz zur Alexandreis des Walter von Châtillon, hg. von HEINZ ERICH STIENE und JUTTA GRUB (Alpha – Omega, Reihe B, 3) Hildesheim – Zürich – New York 1985, S. 810. Der Faszikel aus dem 13./14. Jahrhundert bricht außerdem Buch X, Z. 385 ab. Die fehlenden Schlußverse hat der Schreiber des 15. Jahrhunderts allerdings nicht ergänzt.

[72] PELLEGRIN, Manuscrits, S. 62-64 beschreibt nur den ersten, zweiten, siebten und achten Faszikel. Die Beschreibung bei STEVENSON, Codices, S. 315-317 ist ebenfalls unvollständig. Es fehlt z. B. der gesamte letzte Faszikel (Bl. 164^r-187^v). Sehr kurz zu dieser Handschrift BISCHOFF (wie Anm. 38) S. 114f. und S. 30.

Nur diese beiden letzten Faszikel (Bl. 125^r-187^v) der vermutlich erst im 17. Jahrhundert in Rom zu einem Band zusammengefügten Handschrift[73] tragen Vermerke von der Hand des Mathias (Inhaltsangaben und Einträge, Bl. 125^r, Bl. 164^r; Bl. 125^r: *mathias praesentavit*). Die ‚Historia Augusta' hat Mathias am Blattrand mit zahlreichen Nota-Vermerken, außerdem mit Hinweisen auf Namen und *versus* versehen.

12. Rom, Bibl. Vaticana, Cpl 1382. Deutschland und Italien. 13., 14. und 15. Jahrhundert. Faszikel unterschiedlicher Provenienz. II + 213 Bll. Pergament und Papier. Lateinisch und deutsch.[74]

Im sechsten Faszikel (Bl. 117^r-191^v) Ps.-Albertus Magnus, ‚De secretis mulierum cum commento'; Arnaldus de Villanova, ‚De vinis'; ders., ‚De conservatione vini' und ders., ‚Subtilitates pro sustentatione et regimine domus'; am Schluß kurze Dialoge zu naturkundlichen Fragen.

Vermutlich war allein dieser Faszikel im Besitz des Mathias. Die Handschrift hat wohl der spätere Besitzer Martinus Rentz, Ordinarius der Medizin an der Heidelberger Universität, zu einem Band zusammenbinden lassen.[75]

Der Besitzvermerk des Mathias (Monogramm, Jahreszahl: 1472) ist auf Bl. 190^r notiert.

13. Rom, Bibl. Vaticana, Cpl. 1579. Deutschland und Frankreich (?). 9./10. und 13. Jahrhundert. Zwei Faszikel. III + 64 Bll. + III. Pergament. Lateinisch.[76]

Im ersten Faszikel: Fulgentius, ‚*expositio uirgiliane. filosofos moralis,,* ein Blattfragment (Bl. 16^r) mit einem Auszug aus den ‚Dialogi' Gregors des Großen.

Die Handschrift wurde vermutlich erst im 17. Jahrhundert zu einem Band zusammengefügt.[77]

Schriftheimat des ersten Faszikels ist Lorsch, und nur hier befinden sich Notizen von der Hand des Mathias von Kemnat (Bl. 1^r eine Inhaltsangabe und der Hinweis: *Ad laurissam. 1465. mathias. kemnatensis*, auf Bl. 8^r-14^r außerdem Randglossen).

D. VON MATHIAS VON KEMNAT ZUSAMMENGESTELLTE TEXTSAMMLUNGEN

14. Rom, Bibl. Vaticana, Cpl 870. Deutschland. Zwischen 1458 und 1469. II + 214 Bll. + I. Papier. Lateinisch und deutsch.[78]

---

[73] Zu den unterschiedlichen Signaturen, die Allacci den Handschriften anläßlich ihrer Überführung nach Rom gab, vgl. PELLEGRIN, Manuscrits, S. 63.

[74] Nur im zweiten Faszikel, der Mathias wohl nicht gehörte, ist ein kurzes deutschsprachiges Rezept (Bl. 18^r) notiert.

[75] Auf Bl. a^r befindet sich ein Inhaltsverzeichnis von der Hand des Martinus Rentz. Zu Rentz vgl. SCHUBA, Handschriften, S. XXXIII. Martinus Rentz war von 1480 bis 1503 Ordinarius der Medizin an der Universität Heidelberg.

[76] PELLEGRIN, Manuscrits, S. 238f. und BISCHOFF (wie Anm. 38) S. 43, 116f.

[77] Dafür sprechen die unterschiedlichen Signaturen, die Allacci den Handschriften gab. Vgl. PELLEGRIN, Manuscrits, S. 238f.

[78] STEVENSON, Codices, S. 310–312. Zur Lobrede auf Pfalzgraf Friedrich I. vgl. RUDOLF KETTEMANN, in: Bibliotheca Palatina, S. 193–195.

Textsammlung mit komputistischen, kanonistischen, universitären und humanistisch-rhetorischen Schriften, u. a.: ‚Goldene Bulle'; Johannes Andreae, Kommentar zum 4. Buch der ‚Dekretalen'; ders. ‚Arbor consanguinitatis'; Hermannus Zoest, Traktat über die Korrektur des Kalenders und Beschluß über die Berichtigung; Briefe (Peter Luder an Johannes Wenck; Petrus Antonius Finariensis an Mathias Ramung); Promotionsrede des Mathias, die er 1465 in Anwesenheit Friedrichs I., Philipps und des Bruders Friedrichs, Ruprecht, des Erzbischofs von Köln, an der Heidelberger Universität gehalten hat;[79] die Lobrede Peter Luders auf Friedrich I. in einer Übersetzung; der Johann I. von Cleve gewidmete Fürstenspiegel des Petrus Antonius Finariensis; außerdem texterschließende Aufzeichnungen (Autorenverzeichnisse, Alphabetische Register), Universitätsreden, Abschriften von Notariatsurkunden und ‚De claris mulieribus' von Giovanni Boccaccio. Der einzige moraltheologische Text in dieser Handschrift behandelt die ‚Vita contemplativa'. Die beiden Eidesformeln (Bl. 157^v) und die Lobrede Peter Luders auf den Kurfürsten sind als einzige Texte in deutscher Sprache aufgezeichnet.

Der Codex enthält Schriften, die ursprünglich selbständige Hefte gebildet haben, wie die angeschmutzten Blätter zu Beginn und am Schluß (etwa Bl. 158^r und Bl. 166^v: Lobrede Peter Luders auf Friedrich den Siegreichen) vermuten lassen, dazu etliche, wohl zu einem späteren Zeitpunkt beigebundene Zettel oder Einzelblätter (u. a. Bl. 137 eine Ergänzung zur Promotionsrede des Mathias; Bl. 197 der Brief Peter Luders an Johannes Wenck, der noch die Faltung erkennen läßt). Eine Reihe dieser Texte stammt von der Hand des Mathias.

Ebenfalls von seiner Hand sind Register (*Registrum 1467*) und Monogramm (beides auf Bl. a^r) sowie zahlreiche Randglossen und Textkorrekturen (etwa Bl. 158f.).

15. Rom, Bibl. Vaticana, Cpl 1370. Deutschland. 14. und 15. Jahrhundert. Faszikel verschiedener Herkunft. XI + 177 Bll. Papier. Lateinisch und deutsch.[80]

Vorwiegend astronomische und astrologische Kurztraktate (zur Position, Bedeutung und den Qualitäten der Planeten und Tierkreiszeichen, zum Gebrauch des Astrolabs, Prognostiken, Horoskopschemata, astromedizinische Regeln), verbunden mit Tafeln, Lehrbildern, Kalendarien; außerdem komputistische Abhandlungen und Merkverse und eine Zeitklage in Versen (*Planctus de corrupto seculi et ecclesie statu*, Bl. 59^v).[81] Volkssprachliche Texte auf Bl. 50^v, 142^r, 155^v-162^r, 163^v-168^r und Einzelaufzeichnungen.

Der Codex besteht aus mehreren, ursprünglich selbständigen Teilen. Die Hefte sind von Mathias vermutlich ungebunden gekauft worden, und später hat er sie dann mit Texten von seiner Hand und anderen Teilen zusammenbinden lassen. Die im 14. Jahrhundert geschriebene Abhandlung ‚De iudiciis astrologiae' (I, 1-4) des Hali Abenragel (Bl. 65^r-77^r) bildet z. B. ein solches, ursprünglich selbständiges Heft, das Mathias 1456 erworben haben könnte (der Text bricht im 4. Kapitel ab und wurde von Mathias selbst ergänzt und datiert). Auch bei dem in der Straßburger

---

[79] Dazu MÜLLER, Fürst, S. 30 und Anm. 32.
[80] HILGERS, Kometen-Strophen. SAXL, Verzeichnis.
[81] Vgl. WALTHER, Initia, Nr. 16346.

Werkstatt des Kaspar Engelsüß[82] entstandenen, illustrierten deutschsprachigen Planetenbuch (Bl. 78^r-153^v) handelt es sich um einen eigenständigen Faszikel, in den Mathias kurze Titel, Randglossen und Inhaltsangaben nachgetragen hat.

Auf Bl. 1^r und 64^r befinden sich Besitzeinträge und Register von der Hand des Mathias (Bücherspruch, Monogramm, Jahreszahlen: 1472, 1474), außerdem der *Computus utilis* (Bl. 31^v-36^v), den er, wie am Schluß ausgeführt ist, unter Verwendung des Computus von Johannes de Sacrobosco konzipierte (vgl. Cpl 1400). Das bereits erwähnte Doppelhoroskop (Bl. 154^v) ist ebenfalls von seiner Hand.

16. Rom, Bibl. Vaticana, Cpl 1381. Deutschland. 14. und 15. Jahrhundert. Faszikel unterschiedlicher Provenienz. 244 Bll. Papier. Lateinisch und deutsch.[83]

Sammelhandschrift mit astrologischen, astronomischen, mathematischen und komputistischen Texten, u. a. Prognostiken, Berechnungen zur Stellung der Planeten, verbunden mit Tafeln, einem Rechenbuch (Algorismus), Traktaten zur Geometrie und zum Bau und Gebrauch astronomischer Instrumente; außerdem Daten zu Geburt, Tod oder Regierungsantritt von Mitgliedern der kurfürstlichen Familie (Bl. 2^r und 14^r). Der Kurztraktat *De vocibus musicalibus* (Bl. 226^v) gehört wie die vorangehenden Abhandlungen ebenfalls zu den Lehrinhalten des Quadriviums, nicht aber der isoliert stehende Rhetoriktraktat, die *Ars menciendi* (Bl. 68^r).

Einige Abhandlungen sind in deutscher Sprache aufgezeichnet (Bl. 70^r-71^v, 83^v, 84^r-85^v, 87^v, 178^{r-v}, 184^v).

Die Handschrift besteht aus verschiedenen, ursprünglich z. T. wohl ungebundenen Lagen und Faszikeln, die später zu einem Band vereinigt wurden.

Von der Hand des Mathias sind die Besitzeinträge (Monogramm, Bücherverse, Jahreszahl: 1474, Bl. 1^r; Bl. 170^r: 1452), das Register (ebd.), Nachträge mit Berechnungen aus Heidelberg, der in deutscher Sprache in die Chronik übernommene Traktat *Errores gazariorum* (Bl. 190^r-192^r),[84] die Geburts- und Todesdaten von Mitgliedern der kurfürstlichen Familie (Bl. 2^r, 14^r), die nachgetragene Ankündigung einer Vorlesung über Theorie und Praxis der mathematischen Wissenschaften (Bl. 123^r), die auf einen Freitag um 12 Uhr festgesetzt war, und verschiedene andere Texte (u. a. Bl. 1^r-30^r, 43^v-58^r usw.).

17. Rom, Bibl. Vaticana, Cpl 1401. Deutschland und Polen. 12., 14. und 15. Jahrhundert. Faszikel unterschiedlicher Herkunft. I + 112 Bll. Pergament. Lateinisch.[85]

---

[82] Zu den Handschriften aus dieser Werkstatt vgl. MARIE-LOUISE SYLER, Kaspar Engelsüß, in: ^{2}VL 2, Sp. 564f. Später hat die Hagenauer Werkstatt des Diebolt Lauber das Planetenbuch weiterverbreitet. Die Handschrift aus dem Atelier Laubers wird in der Universitätsbibliothek Salzburg unter der Signatur M II 180 aufbewahrt. Vgl. ANNA JUNGREITHMAYR, Die deutschen Handschriften des Mittelalters der Universitätsbibliothek Salzburg (Veröffentlichungen der Kommission für Schrift- und Buchwesen des Mittelalters III, 2) Wien 1988, S. 166-173.
[83] SCHUBA, in: Bibliotheca Palatina, S. 26f.; ERNST ZINNER, Aus alten Handschriften, in: 39. Bericht der Naturforschenden Gesellschaft Bamberg, 1964, S. 7-34, hier S. 15f. summarische und z.T. falsche Inhaltsangaben.
[84] Ausgabe HOFMANN, Quellen 1, S. 113-117. Die deutsche Fassung ist auch abgedruckt bei JOSEPH HANSEN, Quellen und Untersuchungen zur Geschichte des Hexenwahns und der Hexenverfolgung im Mittelalter, Bonn 1901, Nachdruck Hildesheim 1963, S. 231-235.
[85] Nur auf Bl. 47^v ist ein Intervallspruch in deutscher Sprache notiert, dem ein Auflösungsschlüssel in lateinischer Sprache nachgestellt ist.

Astronomische, astrologische und astromedizinische Texte, vor allem zur *astrologia iudiciaria*; so u. a. Albumasar, ‚De modo eligendi'; Hali Imrani, ‚De electionibus horarum'; Albumasar, ‚De modo eligendi'; Rogerius de Herford, ‚De tribus generalibus iudiciis astronomiae; Ps.-Hippocrates, ‚Astronomia seu de iudicio aegritudinum per astronomiam'; verbunden mit Kalendarien, komputistischen Aufzeichnungen und Tafeln.

Das Register auf Bl. 1^r, Datierungen (Bl. 27^v: 1470; Bl. 113^r: 1460), wenige Randglossen (etwa auf Bl. 106^r), ein nachgetragener Titulus (Bl. 60^r) und drei Horoskopschemata (Bl. 111^r) sind von der Hand des Mathias. Die von Mathias nachgetragenen Nativitäten sind für König Ladislaus von Böhmen, Herzog Ludwig den Reichen von Baiern-Landshut und Friedrich I. erstellt. Besitzeinträge fehlen in dieser Handschrift.

18. Rom, Bibl. Vaticana, Cpl 1438. Deutschland. Ende 14. und 15. Jahrhundert. Faszikel unterschiedlicher Provenienz. I + 193 Bll. + I Papier. Lateinisch und deutsch. Mit einer Inkunabel.

Sammelhandschrift mit astronomischen, astrologischen und komputistischen Texten. Neben Prognostiken, die den größeren Teil der Aufzeichnungen ausmachen (vor allem Jahresprognostiken, Aderlaßregeln, Electiones, Nativitäten), auch Kalendarien und eine Abhandlung des Kaspar Engelsüß (*Practica tabularum magnarum*, Bl. 155^r-157^r), eine Anleitung zum Gebrauch des nachstehenden Almanachs Bl. 176^r-193^v),[86] außerdem Universitätsreden wie die Disputatio über Kometenerscheinungen von Rudolf von Rüdesheim[87] und Quaestionen über die Planetenkonstellationen und die zwölf Häuser des Himmels; daneben ein Textfragment (Bl. 162^{r-v}) mit kurzen theologischen Texten (Hymnus auf Hieronymus, Privatgebete).

In deutscher Sprache sind allein die Unheilsprognostik von Hieronimus Aleph (von Erfurt), eine Nachricht über den gerichtlichen Zweikampf zwischen Heinrich von Speier und *Paul perenhainer* (Bl. 104^r und 71^v) und ein Planetengedicht (Bl. 149^v) aufgezeichnet. Die Unheilsprognostik und der Bericht vom Zweikampf sind auch in lateinischer Sprache notiert (Bl. 99^v und 117^r).

Das Buch setzt sich aus Lagen und Faszikeln verschiedener Zeiten und unterschiedlicher Herkunft zusammen.

Von der Hand des Mathias sind die Unheilsprognostik, der Zweikampfbericht, Horoskope für Mitglieder der kurfürstlichen Familie[88] und Personen aus dem Umkreis des Hofes, ebenso die Berechnungen der Aszendenten (Bl. 124^v) für Mathias Ramung, Kaiser Friedrich III. und Kurfürst Friedrich I. sowie die Aufzeichnungen

---

[86] Bl. 155^r ist notiert: *Assit in principio sancta maria meo 1433 Jaspar engelsüsz presbyter argentinensis*. In der Werkstatt des Kaspar Engelsüß ist auch das volkssprachliche Planetenbuch in Cpl 1370 entstanden.

[87] Zu Rudolf Fabri von Rüdesheim, der seit 1450 als mag. art. et lic. theol. an der Heidelberger Universität und 1455 als disputator de quolibet nachweisbar ist, vgl. TOEPKE, Matrikel 3, S. 156 (Register) und zukünftig LUDWIG SCHUBA, Katalog der Palatina-Handschriften aus dem Lehrgang des Quadriviums.

[88] Die Horoskopschemata für Friedrich I. mit ihren in deutscher Sprache notierten Daten hat Mathias in die Wiener Sammelhandschrift (ÖNB, Cod. 13428, Bl. 293^v, 294^r) übertragen, die dem Kurfürsten gewidmet ist, hier allerdings in lateinischer Sprache und ergänzt um die fehlenden Daten. Vgl. dazu VON BLOH – BERG in dem vorliegenden Sammelband.

zu den Geburtsdaten verschiedener Personen aus der kurfürstlichen Familie und Notizen auf Bl. 71ᵛ. Schriftliche Angaben zur Geburt einzelner Personen dienten vermutlich als Datengerüst für die Erstellung eines Horoskops.[89] Das Gedicht über die unheilvolle Wirkung von Kometen und die an zwei Stellen (Bl. 68ᵛ und 41ᵛ) nachgetragenen Zitate von Prudentius, Lucanus, Vergil und Statius hat Mathias ebenfalls geschrieben und auch in seine Chronik übernommen.[90] Besitzeinträge mit Monogramm und Jahreszahl befinden sich auf Bl. 1ʳ (1474) und Bl. 125ʳ (1466).

19. Rom, Bibl. Vaticana, Cpl 1769. Deutschland. 14. und 15. Jahrhundert. Zwei Faszikel. V + 260 Bll. Papier. Lateinisch.[91]

Sammelhandschrift, u. a.: Jacobus Alpoleus seu Ps. Francesco Petrarca, ‚Ars Punctandi'; ‚Ars memorativa'; Guarinus Veronensis, ‚Glossarium' (*Vocabula ex Servio super Vergilium*); dazu alphabetische Verzeichnisse und Zusammenstellungen von Abkürzungen und Interpunktionszeichen; Plato ‚Epistolae' und ‚Phaedrus', übersetzt von Leonardo Bruni Aretino; Johannes Pfeffer de Weydenberg, ‚Summa brevissima orationis dominice et bona'; Peter Luder, ‚Laudatio philosophiae'; Plautus, ‚Amphitruo' und eine, wohl im 14. Jahrhundert geschriebene ‚Ars amandi' (‚Facetus' [*Moribus et vita*]).

Register, Besitzeinträge (Bl. IIʳ), außerdem einige Randglossen, Texte und Nachträge von der Hand des Mathias (u. a. Bl. 1ʳ-45ᵛ, 102ᵛ-108ᵛ, 202ʳ-244ʳ).

E. TEXTZUSAMMENSTELLUNGEN AUS DEM 15. JAHRHUNDERT

20. Rom, Bibl. Vaticana, Cpl 1010. Deutschland (?). 15. Jahrhundert. I + 164 Bll. Papier. Lateinisch.

Moralphilosophische Schriften: Aristoteles, ‚Ethica nicomachea'; Ps.-Aristoteles, ‚Oeconomica', beide Texte in der Übersetzung des Leonardo Bruni Aretino.

Auf Bl. aʳ hat Mathias sein Monogramm, einen der beiden Bücherverse (*Reddere mathie* [. . .]) und die Jahreszahl 1467 sowie kurze Inhaltsangaben notiert, außerdem auf Bl. aᵛ resümierende Überlegungen zur Vorrede des Leonardo Bruni Aretino. Die Vorrede selbst weist zahlreiche Randglossen von Mathias' Hand auf.

21. Rom, Bibl. Vaticana Cpl. 1680. Deutschland. 15. Jahrhundert. II + 155 Bll. + XI. Papier. Lateinisch.[92]

---

[89] In einzelnen Fällen sind die anschließend erfolgten Berechnungen in Form von Schemata sogar in dieser Handschrift überliefert. So enthalten die Notizen auf Bl. 71ᵛ zur Geburt Friedrichs, eines Sohnes Friedrichs I., genau die Angaben, die auch oberhalb des entsprechenden Horoskopschemas auf Bl. 75ᵛ notiert sind. Bl. 71ᵛ: *Item Anno domini 1462 natus est fridericus principis Ipsa die walpurgis qui erat dies satturni circa septimam ante meridiem et c erat littera dominicalis*, und im Vergleich dazu die Angaben oberhalb des Horoskopschemas auf Bl. 75ᵛ: *figura friderici Natus anno 1462 hora .7. walpurgis*. Die Angabe des Sonntagsbuchstabens ist für die Berechnung des Horoskops entbehrlich.
[90] Als Beweis für die Wahrheit seiner Aussagen über die Kometen von 1469 und 1477 führt Mathias Bl. 41ᵛ die Zitate in identischer Reihenfolge wie auf Bl. 68ᵛ an. Einzige Abweichung bildet das Zitat des Prudentius. Zur Chronik vgl. die Ausgabe von HOFMANN, Quellen 1, S. 88.
[91] PELLEGRIN, Manuscrits, S. 407–409.
[92] PELLEGRIN, Manuscrits, S. 340–342.

Auszüge aus den ‚Glosule super Lucanum' des Arnulfus Aurelianensis (nur die einleitenden Sätze aus Buch 2 bis 10), ein Epitaph auf Lucanus und dessen ‚De bello civile'.

Auf Bl. II^r hat Mathias die Bücherverse und einen Inhaltsvermerk notiert. Am oberen Blattrand von 1^v befindet sich ein Namenseintrag: *Johannes Ernst.*[93]

22. Rom, Bibl. Vaticana, Cpl 1814. Deutschland. 15. Jahrhundert. I + 174 Bll. Papier. Lateinisch und deutsch. Mit zwei Inkunabeln.[94]

Den handschriftlichen Texten (Adhelmus, ‚De calculatoria et metrica arte'; Glossen zu den Briefen des Horaz; Cicero, ‚De officiis', deutsch) sind zwei Drucke vorgebunden (Phalaris-Briefe in der lateinischen Übersetzung von Franciscus Aretinus, verbunden mit dem Brief des Aeneas Silvio an Kaiser Sigismund vom 13. Dez. 1443; außerdem Lukian, ‚Navigatio' ['Charon']).

Das Monogramm des Mathias ist auf Bl. 1^r (mit der Jahreszahl 1473) und auf Bl. 48^r (mit der Jahreszahl 1470) notiert; der erste Teil der Bücherverse (*Reddere Mathie* [...]), das Register (Bl. 1^r), ein Teil der nachgetragenen Überschriften und die Korrekturen der Übersetzung von Ciceros ‚De officiis' sind ebenfalls von seiner Hand.

Mathias von Kemnat, ein Büchersammler des 15. Jahrhunderts

Die Datierungen der von Mathias gesammelten Schriften belegen einen Zeitraum von etwa 1452 bis 1474. Die Bücher wurden zum Teil in den Jahren geschrieben, bevor Mathias endgültig nach Heidelberg übersiedelte, zum anderen Teil, als Mathias bereits in Diensten Kurfürst Friedrichs I. stand. Die Buchbeschaffungen und Ankäufe fallen den in den Büchern vorhandenen Datierungen zufolge in der Mehrzahl in die Heidelberger Jahre. Unter den Büchern des Mathias befinden sich vorwiegend Handschriften, doch gibt es auch einige Frühdrucke, die den Handschriften beigebunden wurden.[95] Der größere Teil der Bücher besitzt Formate, wie sie für mittelalterliche Handschriften am gebräuchlichsten gewesen sind (ca. 20 x 15);[96] Folioformat haben zwei Lorscher Codices (Wien, Cod. 962

---

[93] Johannes Ernst war Rektor an der Universität Heidelberg (Wahl am 20. 12. 1440 art. [theol.]). Vgl. HERMANN WEISERT, Die Rektoren und die Dekane der Ruperto Carola zu Heidelberg 1386–1985, in: Semper apertus 4, S. 299–405, hier S. 305 und RITTER, Universität, S. 203, 313, 340. Peter Luder korrespondierte mit Johannes Ernst. In einer Handschrift in Wien, ÖNB, Cod. 4323, Bl. 71^r–76^r ist ein Brief überliefert, ebenso in einer weiteren Handschrift in Wien, ÖNB, Cod. 3244, Bl. 163^v. Vgl. WATTENBACH, Luder, S. 54 und BARON (wie Anm. 52) S. 86.

[94] BARTSCH, Handschriften, S. 198.

[95] Cpl 1438: Kometentraktat (Rom, 2. Jan. [1472]; Hain 9468); Cpl 1814: die lat. Übersetzung der Phalaris-Briefe durch Franciscus Aretinus (Köln: Johannes Koehlhoff [1472], Hain 12888); Cpl 1814: Lukian, ‚Charon'. (o.O. und o.J., Hain 10271).

[96] Montpellier Cod. 125: 29, 3 x 27; Cpl 870: 20, 5 x 29; Cpl 886: 21, 3 x 16; Cpl 887: 21, 3 x 16; Cpl 1010: 21, 6 x 30, 5; Cpl 1341: 26 x 21; Cpl 1370: 28 x 21; Cpl 1381: 20 x 14; Cpl 1382:

und Montpellier, Cod. 125), außerdem die Textzusammenstellungen in Cpl 870, 1370, 1577 und zwei Handschriften des 15. Jahrhunderts, u. a. mit Übersetzungen von italienischen Humanisten (Cpl 1680, 1814).

Die Handschriften sind in der Regel anspruchslos eingerichtet; sie sind teilweise flüchtig geschrieben (etwa Teile in Cpl 1370 oder 1381), mit zahlreichen Nachträgen versehen und weisen, abgesehen von Rubrizierungen, Lombarden oder farbigen Initialen, kaum dekorative Elemente auf. In ihnen wird das gesamte Inventar der Gliederungsmittel genutzt, das dem Spätmittelalter zur Verfügung stand: Einteilung einzelner Werke in gezählte Abschnitte, Untergliederung durch Initialen oder Paragraphenzeichen, Kapitelüberschriften, Inhaltsregister.[97] Eine einheitliche Einrichtung weisen nur Codices auf, die wenige Schriften enthalten und von vorne herein als ein Ganzes angelegt wurden. In den Sammelhandschriften dagegen können die Gliederungsmittel von Werk zu Werk wechseln – oder auch fehlen. Besonders in diesen Codices befinden sich immer wieder Nachträge, die, z. T. dicht gedrängt, eine einheitliche mise-en-page zerstörend, in verbliebene Schrifträume notiert sind und deren Beginn nicht eigens hervorgehoben ist. Die Ausnutzung des Schriftspiegels wechselt entsprechend; weder gibt es hier gleichmäßig vorbereitete Linienschemata mit gleichbleibender Zeilenzahl noch eine durchgängig eingehaltene Spaltenzahl. Den jeweiligen Erfordernissen gemäß wird die Verteilung von Schrift und Freirändern gehandhabt und einspaltig beschriebene Blätter sind mit zweispaltig angelegten Heften zu einem Band zusammengefügt.

Tabellen und Schemata zur Veranschaulichung der gebotenen Sachverhalte sind in den astrologisch-astronomischen Sammelhandschriften besonders häufig, Illustrationen dagegen sind selten und kostbarer Initialschmuck fehlt ganz. Zeichnungen befinden sich allein in zwei Handschriften (Cpl 1370 und 1389). Die professionell ausgeführten kolorierten Federzeichnungen in Cpl 1370 gehören zu einem Faszikel, der in Straßburg um 1450 in der Werkstatt des Kaspar Engelsüß abgeschrieben und illustriert wurde. Sie sind dem deutschen Planetenbuch beigegeben, das ursprünglich wohl für einen interessierten ‚Laien' angefertigt wurde, und das Mathias später einem seiner Bücher beibinden ließ. Die unkolorierten Zeichnungen in Cpl 1389 dienen dagegen weniger dekorativen Zwecken, sondern veranschaulichen den Inhalt der Abhandlung. Von offenkundig ungeübter Hand wurden hier die Sternbilder nach Ptolemaeus, vermutlich nach einer Vorlage übertragen.

---

21 x 15; Cpl 1400: 16 x 9, 5; Cpl 1438: 21 x 14, 5; Cpl 1547: 24, 5 x 16, 4; Cpl 1577: 27 x 21; Cpl 1579: 15–16 x 11,5; Cpl 1581: 20 x 15, 2; 2; Cpl 1680: 28, 8 x 21; Cpl 1720: 19 x 14, 9; Cpl 1769: 20, 5 x 14, 2; Cpl 1814: 20, 2 x 28, 5; Wien Cod. 962: 26–27,3 x 22,6–23,6. Die angegebenen Abmessungen sind nicht exakt, da die Handschriften vielfach aus mehreren Faszikeln bestehen und auch die einzelnen Blätter oftmals voneinander abweichende Maße besitzen.

[97] Die Entwicklung der Gliederungsmittel von der Antike bis zum Spätmittelalter skizziert NIGEL F. PALMER, Kapitel und Buch. Zu den Gliederungsprinzipien mittelalterlicher Bücher, in: FMSt 23, 1989, S. 43–88.

Ein Sammler wie z. B. Petrarca, der Bücher und Texte, die er schon besaß, ein zweites oder drittes Mal erwarb, war Mathias nicht,[98] und als prächtige Buchobjekte lassen sich seine Handschriften – von den großformatigen alten Lorscher Pergamentcodices abgesehen – auch nicht bezeichnen. Die zahlreichen Korrekturen, Kommentare und Notizen in den Handschriften lassen vermuten, daß die Bücher auch von Mathias nicht als kostbare Objekte eingeschätzt wurden; sie stellten offensichtlich Materialsammlungen bereit, die er zusammentrug, um einzelnes in neuen Zusammenhängen wiederzuverwenden, weiterzugeben oder aber nur, um wichtige Schriften in Besitz und damit verfügbar zu haben. Seine Einträge belegen außerdem, daß er sich fortdauernd mit seinen Büchern beschäftigte, denn er schrieb beständig neue Bemerkungen hinzu oder korrigierte und erweiterte den Wissensbestand. So entstanden zu einzelnen Wissenskomplexen (etwa in Cpl 1814 Cicero, ‚De officiis') gewissermaßen neue vermehrte Auflagen, und durch Verknüpfung und Neugestaltung konnten neue Werke geschaffen werden (Chronik). Das in den Textsammlungen fixierte Wissen war offensichtlich ständig abrufbar und konnte je nach Bedarf in anderen Situationen eingesetzt werden (z. B. auch in der dem Kurfürsten gewidmeten Handschrift in Wien, ÖNB, Cod. 13428).

Der Buchbesitz legt aber auch Zeugnis davon ab, daß der Erwerb der Bücher oder gar die Anlage einer Bibliothek auch im 15. Jahrhundert noch ein äußerst schwieriges Unternehmen war. Bücher waren selten, wurden noch seltener zum Verkauf angeboten und kosteten viel Geld. Die Bitten um Rückgabe eines Buches, um Recherchen nach bestimmten Büchern oder darum, den Zugang zu einer besonderen Bibliothek zu ermöglichen, die in den Briefen der Heidelberger Frühhumanisten wiederholt geäußert werden,[99] bestätigen diese Schwierigkeit ebenso wie die zahlreichen Bücher, die Mathias sich aus verschiedenen Faszikeln zusammengestellt hat. Die Handschriften und Drucke lassen nicht erkennen, auf welchem Wege Mathias sie sich beschaffte, auf welche Vorlagen er sich bei der Planung der Textzusammenstellungen stützen konnte und woher er sie bekam. Sammelhandschriften wie Cpl 1370, 1381 oder 1438 lassen jedoch vermuten, daß er sich einen Teil seiner Schriften von Pecienschreibern der Universität anfertigen ließ, einiges selbst aufgezeichnet und sich wieder anderes an verschiedenen Stellen beschafft hat oder beschaffen ließ.

---

[98] Wohl gibt es gelegentlich in einer Handschrift mehrfach aufgezeichnete Texte, meist naturwissenschaftliche Traktate, zu einem Thema (etwa zum Nutzen und Bau eines Astrolabs) oder auch identische Texte, die in deutscher und lateinischer Sprache aufgezeichnet sind, doch geht es ihm dann offenbar um den Vergleich mit der Tradition oder um die Erschließung eines möglicherweise komplizierten Sachverhalts mit Hilfe der Volkssprache.

[99] Das zeigen auch die von WATTENBACH, Luder, z.T. edierten Briefe in Wien, ÖNB, Cod. 3244, Bl. 1ʳ, 3ʳ, 82ᵛ (Edition bei WATTENBACH, S. 111) und Bl. 83ʳ. Zum Inhalt der Briefe vgl. WATTENBACH S. 47. Den Austausch von Büchern belegt auch der bereits erwähnte Brief des Stephan Hoest an Mathias von Kemnat. Vgl. BARON (wie Anm. 52) S. 116f.

Zu den Interessenschwerpunkten in den Büchern des Mathias von Kemnat

Wie im gesamten Mittelalter üblich, handelt es sich bei der Mehrzahl der Bücher um solche, in denen mehrere Schriften, zum Teil sogar aus unterschiedlichen Zeiten und nicht selten verschiedener Provenienz, gesammelt sind. Was die Textzusammenstellungen allerdings von vielen anderen mittelalterlichen unterscheidet, ist die angestrebte thematische Geschlossenheit des jeweils gesammelten Wissens; denn obwohl sich in den Büchern meist mehrere Themenschwerpunkte rekonstruieren lassen, sind die Handschriften in der Regel planvoll angelegt. Nicht nur die Neubindung der Bücher, die vor allem in den Jahren 1467 und 1474 erfolgte, wurde unter deutlich thematischen Gesichtspunkten vorgenommen, sondern Mathias wählte sogar für seine zahlreichen Textnachträge vielfach den jeweils geeigneten Ort aus. Texte, die außerhalb der übergeordneten Themenschwerpunkte liegen, finden sich nur sehr selten in den Büchern.[100]

Das Sammeln von Schriften konzentriert sich bei Mathias vor allem auf naturwissenschaftliche Abhandlungen, auf antike Autoren, teils in Übersetzungen von Humanisten, auf zeitgenössische humanistische Dichtungen und Historiographisches. Schriften des Quadriviums sind am breitesten dokumentiert. Astrologie, Astronomie und Mathematik, oftmals verbunden mit Abhandlungen zur Komputistik und gelegentlich auch mit Universitätsreden, die entsprechende Sachverhalte zum Inhalt haben, sind als zusammengehörend erachtete Bereiche in Cpl 1370, 1381, 1389, 1400 und 1401 überliefert. Die Anlage dieser oftmals umfangreichen Codices (Cpl 1370, 1381) folgt einem additiven Prinzip. Sie setzen sich in der Regel aus mehreren, ursprünglich wohl ungebundenen Lagen und Faszikeln zusammen. Verschiedene Schriften aus einem vergleichbaren Umfeld, teilweise aus verschiedenen Zeiten sind hier zu größeren Textsammlungen zusammengefügt. Tatsächlich handelt es sich vielfach um Texte, die Mathias während seiner Studienzeit geschrieben, gekauft und benutzt haben könnte. In den älteren Handschriften, die Mathias sich u. a. aus dem Kloster Lorsch beschafft hat, sind innerhalb des naturwissenschaftlichen Schrifttums nur die Bereiche der Mathematik/Komputistik und der Naturphilosophie gemeinsam überliefert (Cpl 1341, 1577); astrologische Texte finden sich in diesen Handschriften nicht.

Das zweite große Feld wird von antiken Klassikern und frühchristlichen Autoren gebildet. Bei einzelnen Schriften handelt es sich um Werke griechischer Autoren (Cpl 1010), die Leonardo Bruni erneut in die lateinische Sprache übersetzt hatte. Die Handschrift in Montpellier (Cod. 125) überliefert die Satiren des Persius und Juvenal; Schriften antiker und frühchristli-

---

[100] Dazu gehört der Rhetoriktraktat in Cpl 1381 („Ars menciendi'), also in einer Handschrift mit überwiegend astrologischen und mathematischen Abhandlungen; ebenso z. B. in Cpl 1381 der Nachtrag auf Bl. 2ʳ: *Tais amore caret iuueni non praestat amorem.*

cher Autoren befinden sich außerdem in Textzusammenstellungen des 15. Jahrhunderts (Cpl 1010, 1769, 1814) und in älteren Codices wie Cpl 1547, 1579 und 1581. In Cpl 1769 ist eine Komödie des Plautus dann mit Schriften verbunden, die elementare Kenntnisse zur Rhetorik vermitteln, wie auch mit zeitgenössischen Dichtungen von Humanisten. Texte antiker oder spätantiker Autoren fehlen zwar in einer anderen Handschrift, in Cpl 870, aber Rhetoriktexte und zeitgenössische humanistische Dichtungen enthält auch dieser Codex. Hier sind sie allerdings zusammen mit Universitätsreden und Rechtsschrifttum überliefert.

Ein dritter größerer Bereich wird von Geschichtswerken abgedeckt. Schriften zur römischen Historie sind in Cpl 886, 887 und 1680 aufgezeichnet, die ‚Alexandreis' des Walter von Châtillon befindet sich in Cpl 1720.

Die einzige größere Schrift, die den Theologica zuzurechnen ist, enthält der Wiener Codex 962. Dieser Bereich ist im übrigen nur durch wenige Augustin-Zitate (Cpl 1389), Privatgebete, Hymnen und Zeitklagen (Cpl 1438, 1370), und zwar im Überlieferungsverbund mit astrologischen Schriften belegt. Medizinisches Schrifttum ist in den Büchern des Mathias ebenfalls selten. Abgesehen von den astromedizinischen Prognostiken in den astrologischen Sammelhandschriften enthält allein Cpl 1382 größere Abhandlungen, die Anleitungen zur Pflege der Gesundheit bieten.

Schriften, die Lehrstoffe des universitären Unterrichts bildeten

Die Übersicht läßt bereits erkennen, daß Schriften, die sich zu den Lehrinhalten der Universität in Beziehung setzen lassen, unter den Büchern des Mathias besonders zahlreich sind. Gleichwohl sind nicht alle diese Texte nur in diesem Kontext benutzt worden, denn in einigen Büchern läßt die Datierung darauf schließen, daß sie erst im Anschluß an die Studienzeit des Mathias angeschafft wurden, und andere Texte übergreifen den universitären Bereich insofern, als sie auf aktuelle politische Ereignisse Bezug nehmen. Für die Bücher des Mathias gilt grundsätzlich, daß sich die Interessen des gelehrten Kaplans immer wieder mit den Aufgaben überschneiden, die er bei Hof innehatte.

Zu den Lehrschriften, die im Bereich der *Mathematica* als Vorlesungen dienten, gehörte etwa der in Cpl 1381 und 1400 aufgezeichnete ‚Algorismus'. Das gleiche gilt für die weiteren Inhalte von Cpl 1400. Die ‚Sphaera mundi' des Johannes de Sacrobosco und die ‚Theoretica planetarum' (Gerhard von Cremona zugeschrieben) gehören ebenfalls zu den in den Lehrplänen vertretenen Werken. Beide Schriften wurden auch in Heidelberg für das Magisterexamen gefordert.[101] Unter den Zulassungsbedingungen für

---

[101] Dazu Sönke Lorenz, Libri ordinarie legendi. Eine Skizze zum Lehrplan der mitteleuropäischen Artistenfakultät um die Wende vom 14. zum 15. Jahrhundert, in: Argumente und Zeugnisse, hg. von Wolfram Hogrebe (Studia Philosophica et Historica, 5) Frankfurt a. M. – Bern – New York 1985, S. 204–259, hier S. 232.

das Magisterexamen ist in den Heidelberger Lehrplänen ferner der ‚Tractatus proportionum' genannt, der 1328 von Thomas Bradwardine verfaßt worden war.[102] Eine anonyme Abhandlung, die mit *In cognicione proporcionum* überschrieben ist, befindet sich als siebter Teil der großen Kompilation in Cpl 1389. Mit dem Traktat Bradwardines ist sie nicht identisch, doch scheint sie denselben Lehrstoff abzudecken.[103]

Nicht im Heidelberger, aber im Prager Lehrplan vertreten ist der ‚Almagest' des Ptolemaeus, den Gerhard von Cremona in die lateinische Sprache übersetzt hat.[104] Die beiden oben genannten Werke, die ‚Sphaera mundi' und die ‚Theoretica planetarum', sind ebenfalls Bearbeitungen des ‚Almagest'.[105] Eine Version des Sternenkatalogs im VII. (Kap. 5) und VIII. Buch (Kap. 1) des ‚Almagest' befindet sich außerdem in Cpl 1389.

Gegenstand von Vorlesungen waren an verschiedenen Universitäten auch der Computus und der Kalender.[106] Kalendarien und komputistische Merkverse, oft verbunden mit tabellarischen Darstellungen, sind in nahezu jeder astrologisch-astronomischen Sammelhandschrift verzeichnet, und überhaupt nehmen Zeitrechnungsfragen in den Handschriften des Mathias großen Raum ein. Die während der Ausbildung in Reichenbach aufgezeichneten Canones und Tabulae in Cpl 1381 gehören ebenso in diesen Kontext wie die in der gleichen Handschrift, ebenfalls in Reichenbach verfertigten Schriften über den Bau und Gebrauch astronomischer Instrumente, die eine kalendarische Berechnung überhaupt erst ermöglichten. Abhandlungen zu einer während des Basler Konzils angeregten, aber nie durchgeführten Korrektur des Kalenders[107] befinden sich sogar in einer Sammelhandschrift mit vorwiegend juristischem und universitärem Schrifttum (Cpl 870). Auch die Computi sind mehrfach überliefert. Der aus dem 13. Jahrhundert stammende Cpl 1400 enthält den ‚Computus ecclesiasticus' des Johannes de Sacrobosco, Cpl 1381 einen anonymen ‚Computus ecclesiasticus' sowie ein Fragment am Schluß der Handschrift (Bl. 229^{r-v}), und in Cpl

---

[102] Vgl. dazu JAMES A. WEISHEIPL, Repertorium Mertonense, in: Mediaeval Studies 31, 1969, S. 174–224, hier S. 177–183.

[103] Die Incipits der Abhandlungen weichen voneinander ab. Vermutlich handelt es sich um einen der zahlreichen anonymen Proportionen-Traktate, denen in der Mehrzahl die Lehre Bradwardines zugrundeliegt. Zu Bradwardine und den anonymen Traktaten vgl. ANNELIESE MAIER, Die Vorläufer Galileis im 14. Jahrhundert. Studien zur Naturphilosophie der Spätscholastik (Storia e letteratura 22) Rom ²1966, S. 86–100; das Incipit des Traktates von Bradwardine ist abgedruckt S. 87.

[104] Dazu LORENZ (wie Anm. 101) S. 223.

[105] WILLY HARTNER, Al-Battani, Abu'Abd Allah Mohammad ibn Jabir ibn Sinan Al-Raqqi Al-Haarrani Al-Sabi', also Albatenius, Albategni or Albatgenius, in: Dictionary of Scientific Biography 1, ed. by CHARLES COULSTON GILLISPIE, New York 1970–1978, S. 507–516 und A. I. SABRA, Al Farghani, Abu'L' Abbas Ahmad ibn Muhammad ibn Kathir, in: ebd. 4, S. 541–545.

[106] LORENZ (wie Anm. 101) S. 225.

[107] Vgl. dazu FRIEDRICH ZURBRONSEN, Hermannus Zoestius und seine historisch-politischen Schriften. Nach handschriftlichen Quellen des fünfzehnten Jahrhunderts, in: Beilage zum Programm des Königl. Gymnasiums zu Warendorf, Warendorf 1884, S. 1–33.

1370 ist ein vermutlich von Mathias verfaßter Computus notiert, den er, dem Nachsatz zufolge, Konrad Menckler von Meuchingen, dem zeitweiligen Dekan und Rektor der Artistenfakultät in Heidelberg übergeben hat.[108] Ludwig Schuba teilt mit, daß die Fakultät wohl „eine solche Arbeit als Voraussetzung für die Promotion des Matthias zum Baccalaureus in iure canonico verlangen konnte", da Mathias zu dieser Zeit schon nicht mehr an der Universität studierte.[109]

Für etliche Texte einer ganzen Reihe anderer Handschriften läßt sich zwar ebenfalls eine Nähe zu den Lehrinhalten der Universität konstatieren, ob die Schriften allerdings tatsächlich während der Studienjahre des Mathias Verwendung gefunden haben, ist eher zweifelhaft. So gehört etwa die deutschsprachige Übersetzung in Cpl 1370, der ebenfalls der ‚Almagest' zugrunde liegt, gewiß nicht in den Unterrichtskontext. Weitreichende Kenntnisse des Lateinischen setzen sämtliche Texte des deutschsprachigen illustrierten Planetenbuches, dem die Abhandlung integriert ist, nicht voraus. Den wenigen lateinischen Angaben sind in der Regel Erklärungen in deutscher Sprache beigegeben, in einem Fall schließt sich sogar eine Übersetzung unmittelbar an. Das Planetenbuch, das durch die Neubindung nun mit Texten aus dem universitären Kontext verbunden ist, wurde ursprünglich wohl für Nichtfachleute hergestellt.

Der dem Cpl 1769 beigebundene, im 14. Jahrhundert geschriebene ‚Facetus' (*Moribus et vita*) ist seit dem 13. Jahrhundert in Deutschland ebenfalls als Unterrichtstext eingeführt.[110] Als solcher ist diese Schrift im 14. Jahrhundert vermutlich auch benutzt worden, denn der Text überliefert eine Interlinear-Glossierung aus dieser Zeit, anhand derer die Syntax rekonstruiert werden kann: Buchstaben als Konstruktionszeichen kennzeichnen jedes Wort in seiner Stellung innerhalb des Satzgefüges in der Weise, daß zusammengehörige Satzglieder verbunden werden (Substantive mit ihren Attributen, Verben mit ihrem Objekt usw.) und somit die prosaische Folge der Wörter einer Verszeile angegeben ist. Mathias führt diese Schrift in seinem Register auf Bl. II^r als *Totleta in arte amandj* an.[111] Der ‚Facetus',

---

[108] Konrad Menckler war im zweiten Halbjahr 1463 Dekan der Artistenfakultät. Zu Konrad Menckler vgl. TOEPKE, Matrikel 3, S. 316 (Register) und SCHUBA, in: Bibliotheca Palatina, S. 28. Im September 1465 wurde Mathias von Kemnat an der Heidelberger Universität zum Bacc. decr. promoviert. Vgl.: TOEPKE, Matrikel 2, S. 516. Die Schlußverse, die hier geringfügig variiert wurden, hat Mathias schon 1459 in der Wiener Sammelhandschrift Cod. 13428 für seine Dedikation an Friedrich den Siegreichen verwendet (Bl. 41^r). HILGERS, Kometen-Strophen, hält den Computus wegen seiner zahlreichen Korrekturen (ebenfalls von der Hand des Mathias) für eine „erste Diktat-Niederschrift" (S. 416) und SAXL, Verzeichnis, vermutet einen „Entwurf zu einer geplanten Edition" (S. 22), von der aber nichts bekannt ist.

[109] SCHUBA, in: Bibliotheca Palatina, S. 28. Ein Jahr nach seiner Promotion erhielt Mathias dann ausdrücklich die Bewilligung, die Bibliothek der oberen Fakultät benutzen zu dürfen und leistete den vorgeschriebenen Eid. Vgl. den Eintrag in den Acta facultatis artium, Bl. 129^r.

[110] Vgl. NIKOLAUS HENKEL, Deutsche Übersetzungen lateinischer Schultexte. Ihre Verbreitung und Funktion im Mittelalter und in der frühen Neuzeit. Mit einem Verzeichnis der Texte (MTU 90) München – Zürich 1988, hier S. 248.

[111] Ähnlich auch die Überschrift des 14. Jahrhunderts Bl. 249^r: *Autor huius tractatuli de amore Totleta*.

dem im Anschluß an die Verhaltensregeln für verschiedene Stände eine Liebeslehre integriert ist, „die sich sprachlich und inhaltlich an Ovids ‚Ars amatoria' anlehnt",[112] ist also als eine Liebeslehre nach ovidianischem Vorbild rezipiert worden. „Ihr folgen, in gleicher Weise ovidisch geprägt, ‚Remedia amoris' [. . .]. Sie belehren, wie man sich vor Liebe und Frauen (zu deren Erringung der vorangehende Abschnitt Lehren erteilt hatte) schützt und den Schmerz der Liebe überwindet. Durch einen Musenanruf markiert, setzt ein neuer Abschnitt mit allgemeiner Belehrung ein [. . .], dem vier weitere folgen, die sich an *judex, medicus, miles, senex* wenden".[113] Schon die Inhaltsskizze verweist darauf, daß der Text auch unabhängig von der Unterrichtspraxis in praktischen Lebensfragen unterweist, und die gesonderte Überlieferung der pseudo-ovidianischen Teile in zahlreichen Handschriften und Drucken bis ins 16. Jahrhundert hinein scheint dies zu bestätigen. Die gemeinsame Überlieferung des ‚Facetus' (*Moribus et vita*) im Cpl 1769 mit Elementarschriften zur Rhetorik, humanistischen Übersetzungen antiker Autoren und zeitgenössischen Dichtungen Heidelberger Humanisten läßt hier also eher an die Textzusammenstellung eines humanistisch orientierten Gelehrten denken, als an den Universitätsunterricht.

Nicht in den Heidelberger, aber in den Prager, Wiener und Erfurter Statuten ist ‚De consolatione philosophiae' von Boethius (Cpl 1581), das mittelalterliche Elementarbuch zur Ethik, unter den *libri ordinarie legendi* erwähnt, eine Schrift, die sich unter den Büchern des Mathias in Cpl 1581 befindet. Auch dieses Werk gehört also zu den Schriften, die einem Studenten gehört haben mußten.[114] In die Handschrift, die aus dem 10. Jahrhundert stammt, hat Mathias das Jahr 1473 notiert, als er sein Studium längst beendet hatte, so daß sich das Interesse an dem Werk auch in diesem Fall seinen humanistisch-gelehrten Ambitionen verdanken könnte.

Zur Philosophia moralis gehörte auch die Ethik des Aristoteles. Sie war Pflichtlektüre für die Magisterkandidaten in der philosophischen Fakultät und zugleich Gegenstand des Lehrprogramms der *studia humanitatis*, wobei sie die einzige Schrift des Aristoteles war, welche an humanistisch orientierten italienischen und deutschen Universitäten in die Lehrprogramme aufgenommen wurde, gelegentlich sogar unter Hinweis auf die Notwendigkeit, die neue Übersetzung Brunis zu benutzen.[115] Diese und Brunis Übersetzung der pseudo-aristotelischen ‚Oeconomica' befinden sich in Cpl 1010. Der Besitzvermerk aus dem Jahr 1467 spricht allerdings ebenso gegen eine Verwendung als Unterrichtshandschrift wie im Fall von

---

[112] Zitat HENKEL (wie Anm. 110) S. 248. Über Ovids ‚Ars amandi' und ‚Remedia amoris' hat Peter Luder in Heidelberg Vorlesungen gehalten. Vgl. BARON, Beginnings, S. 62.

[113] Vgl. HENKEL (wie Anm. 110) S. 248 und RÜDIGER SCHNELL, ‚Facetus', in: ²VL 2, Sp. 700–703, hier Sp. 700–701.

[114] In Cpl 1581 ist der Text zusammen mit dem Kommentar des Remigius von Auxerre überliefert, und daher ist, wie bereits erwähnt, zu vermuten, daß es sich um den Remigius-Band handelt, den Stephan Hoest von Mathias ausgeliehen hatte. Der Brief ist abgedruckt bei BARON (wie Anm. 52) S. 116f.

[115] Dazu BARON (wie Anm. 52) S. 67.

Cpl 1581, denn zu dieser Zeit dürfte Mathias, der zuletzt 1465 in den Universitätsakten nachweisbar ist, nicht mehr studiert haben.

In Schultextsammlungen begegnet sogar die ‚Alexandreis' des Walter von Châtillon (Cpl 1720).[116] Mathias hatte jedoch eine Pergamenthandschrift des 13. Jahrhunderts in seinem Besitz, die aufgrund ihrer Einrichtung, ihres Alters und der Datierung von seiner Hand (1469) nicht als Universitätslektüre benutzt worden sein wird. Die Verwendung der ‚Alexandreis' in universitären Zusammenhängen sagt, wie in anderen Fällen auch, noch nichts über die Erwerbsgründe oder ihren wirklichen Gebrauch aus.

Ließe sich nachweisen, daß Mathias an der Heidelberger Universität nicht nur studiert, sondern dort sogar gelehrt hat, dann würden sich einige Handschriften als Lehrbücher für den Unterricht erklären. Für seine Lehrtätigkeit könnte die nicht genau datierte Ankündigung einer Vorlesung in Cpl 1381 sprechen, die Mathias selbst in den verbliebenen Schriftraum von Bl. 123^r – allerdings auch ohne Angabe eines Ortes – nachgetragen hat.[117] Eine solche Vorlesung wäre etwa im Rahmen der zweijährigen Lehrverpflichtung denkbar, die jeder Baccalaureus nach Erwerb des Magistergrades hatte.[118] Die Vorlesung kündigt u. a. Themen aus der Mathematik, Lectiones zu den alphonsinischen Tafeln und dem Bau und Gebrauch astronomischer Instrumente an, Kenntnisse also, die auch die in Cpl 1381 verzeichneten Schriften vermitteln. Dafür, daß der Einführungskurs in Heidelberg gegeben wurde, spricht die Tatsache, daß Erhard Knab in Cpl 1878 (Bl. a^v) eine Contentaliste notiert hat, in der sieben, auch in der Vorlesungsankündigung genannte Texte angeführt sind (von denen einer auch in der Handschrift des Erhard Knab enthalten ist).[119] Andererseits wird man nicht ausschließen dürfen, daß Mathias sich diese Vorlesungsankündigung nur deshalb notiert hat, weil er beabsichtigte, selbst an der Vorlesung teilzunehmen. Der Einführungskurs bietet tatsächlich nur die gewöhnlichen Lehrinhalte des Quadriviums an, die auch andere Universitäten vermittelten, und die entsprechenden Texte der Handschrift, die z. T. genau diese Stoffe abdecken, wären dann als Mitschriften und Materialzusammenstellungen für das Studium zu interpretieren. Für diese Annahme spricht dazu die Tatsache, daß Mathias die Mehrzahl der Texte zwischen 1452 und 1455 aufgezeichnet hat, als er sich, wie vermutet wird, zum Studium im Kloster in Reichenbach aufhielt. Eine Lehrtätigkeit des Mathias bleibt somit fraglich.

Ihrem Inhalt offenbar angemessen, präsentieren sich die meisten Bücher, in denen vorwiegend universitäres Schrifttum gesammelt ist, dem äußeren

---

[116] Vgl. HENKEL (wie Anm. 110) S. 12f.

[117] Unter Bezug auf SCHUBA, in: Bibliotheca Palatina, S. 26 interpretiert STUDT, Fürstenhof, S. 20 und Anm. 25 diesen Nachtrag als Ankündigung der eigenen Vorlesung. SCHUBA schränkt allerdings zurecht ein, daß Mathias sich die Lehrankündigung in seinen letzten Studienjahren auch aufgeschrieben haben könnte.

[118] Vgl. HERMANN WEISERT, Universität und Heiliggeiststift. Die Anfänge des Heiliggeiststifts zu Heidelberg (Schluß), in: Ruperto Carola 33, 1981, S. 72–87, hier S. 82.

[119] Für diesen Hinweis danken wir Ludwig Schuba.

Erscheinungsbild nach als anspruchslos. Läßt die Einrichtung einzelner Texte, etwa durch ihre Glossierung oder die flüchtigen Niederschriften, auf einen Gebrauch im Unterricht schließen, so ist man geneigt, derartige Manuskripte als ‚Studienhandschriften' zu bezeichnen. Die Bücher des Mathias zeigen jedoch, daß ihr tatsächlicher Gebrauch keineswegs nur an den Unterricht gebunden blieb, denn er nimmt sogar Prüfungsaufgaben zum Anlaß, die Anforderungen, die an ihn gestellt waren, mit seinen Interessen und denen des Kurfürsten zu verbinden. So übergreift etwa seine Rede, die er 1465 an der Heidelberger Universität anläßlich seiner Promotion zum Baccalaureus gehalten hat (Cpl 870, Bl. 132^r-140^r), den universitären Rahmen insofern, als er hier aktuelle politische Fragen mit ihr verknüpft, die möglicherweise auf einen jüngst geschlossenen Vertrag des Kurfürsten im Jahr 1464 Bezug nehmen. Darauf und auf die kanonischen Rechtstexte, die ebenfalls in dieser Handschrift verzeichnet sind und außerdem in engem Bezug zur kurpfälzischen Politik stehen, wird noch einmal zurückzukommen sein.

Wieder andere Schriften, die sich zu den Lehrinhalten einer Universität in Beziehung setzen lassen, erweisen sich von allgemeinerem alltagspraktischem oder gesellschaftspolitischem Wert. Das gilt besonders für den grossen Bereich der prognostizierenden Astrologie, aber auch z. B. für die pseudo-aristotelische Hauswirtschaftslehre, in deren Kommentar der Übersetzer philosophische Argumente zur Rechtfertigung des Reichtums der Florentiner Bourgeoisie bietet. Mit der Übersetzung verfolgte Leonardo Bruni vor allem ein gesellschaftspolitisches Anliegen. Die Vorrede zeigt, daß es ihm auch darum ging, „einen normativen Ansatz für das Verständnis der eigenen Gesellschaft und des eigenen Staates zu gewinnen".[120]

Auch der von Mathias aufgezeichnete Computus in Cpl 1370 ist offenbar Teil des Prüfungsverfahrens im universitären Lehrbetrieb gewesen, doch war dieses Wissen gleichfalls im Alltag von praktischem Nutzen. Das gilt ebenso für die Traktate über den Bau und die Anwendung astronomischer Instrumente, von denen Mathias eine größere Anzahl gesammelt hat. Bei den Instrumenten (Astrolab, Quadrant) handelt es sich um Winkelmeßgeräte, mit denen die Höhe eines Gestirns bestimmt werden kann und dessen Koordinaten im ekliptikalen und äquatorialen System. In Verbindung mit Rechenscheiben oder Tabulae ist es möglich, jede gesuchte Tages- und Nachtstunde zu ermitteln. Angaben zur Stunde des Sonnen- und Mondaufgangs oder -untergangs benötigte Mathias u. a. für seine kalendarischen

---

[120] Zitiert nach HERMANN GOLDBRUNNER, Leonardo Brunis Kommentar zu seiner Übersetzung der pseudo-Aristotelischen Ökonomik: Ein humanistischer Kommentar, in: Der Kommentar in der Renaissance, hg. von AUGUST BUCK und OTTO HERDING (Kommission für Humanismusforschung. Mitteilung I) Boppart 1975, S. 99–118, Zitat S. 116. Die philosophische Rechtfertigung von Wohlstand und Reichtum begründet vermutlich auch die weite Verbreitung der Ökonomik in bürgerlichen Kreisen. Dazu JOSEF SOUDEK, Leonardo Bruni and his Public: A statistical and interpretative Study of his annotated latin Version of the (Pseudo-) Aristotelian Economics, in: Studies in Medieval and Renaissance History 5, 1968, S. 49–136, hier S. 66–85.

Berechnungen. Einige seiner Aufzeichnungen zu Zeitrechnungsfragen hat Mathias etwa in das bereits mehrfach erwähnte, ca. 1459, wohl anläßlich seines Amtsantritts, entstandene Gebetbuch übernommen, das er dem Kurfürsten widmete (Wien, ÖNB, Cod. 13428). Auch die in Cpl 1381 überlieferten Berechnungen des Volumens von Hohlgefäßen (Bl. 86^v- 87^v), denen von der Hand des Mathias eine Abhandlung über den Bau und Nutzen der Visierrute in deutscher Sprache folgt (Bl. 87^v), vermitteln Kenntnisse von hohem alltagspraktischen Wert, insofern diese Aufzeichnungen – die im Mittelalter übrigens Teil der Mathematikvorlesungen waren – dazu befähigten, das Gefäßvolumen von Handelsgütern, besonders von Weinfässern oder auch von Kanonen zu bestimmen. Das Ausmessen des Gefäßvolumens bildete die Grundlage für die Besteuerung. Die zunehmende Bedeutung, die der Visierkunst mit dem Ausbau der Handelsbeziehungen seit dem Spätmittelalter zukam, bezeugt neben den vermehrten Aufzeichnungen von Visiertraktaten seit etwa 1450 auch der neue Berufsstand der Visierer, die von größeren Städten zur Überwachung des Weinhandels eingestellt wurden, um an Markttagen gegen Gebühr die Fässer mit Hilfe von Visierruten auszumessen, die wiederum von den Städten ausdrücklich zugelassen werden mußten.[121]

Eine außeruniversitäre Gebrauchssituation könnten schließlich auch die Textzusammenstellungen selbst nahelegen, denn sogar diejenigen Handschriften, deren Inhalte die Lehrstoffe des Quadriviums widerspiegeln, enthalten ausnahmslos Texte sowohl in deutscher wie in lateinischer Sprache. In seiner Untersuchung der lateinischen Schultexte aus dem Lehrgang des Triviums hält Nikolaus Henkel fest, daß dieses Nebeneinander für Handschriften des lateinischen Schul- und Universitätsbetriebs ganz untypisch sei. Er kommt zu dem Ergebnis, daß „der Typ der aus selbständigen lateinischen u n d deutschen Teilen zusammengesetzten sogenannten Mischhandschrift'[122] im Bereich von Schule und Universität fehle."[123] Vertreten seien in den typischen Unterrichtshandschriften allein lateinische Texte mit unmittelbar folgender Parallelübersetzung. Die finden sich zwar in den Büchern des Mathias ebenfalls, aber in seinen Handschriften gibt es immer auch selbständige deutschsprachige Texte und sogar größere Komplexe wie das Planetenbuch in Cpl 1370. Als ‚Studienhandschriften' sollten

---

[121] Die Organisation des Weinhandels, die soziale Stellung der Visierer und die Verbreitung der Visierbücher stellt dar: MENSO FOLKERTS, Die Entwicklung und Bedeutung der Visierkunst als Beispiel der praktischen Mathematik der frühen Neuzeit, in: Humanismus und Technik, hg. von der Gesellschaft von Freunden der Technischen Universität Berlin, 18,·1974, S. 1–41. Die Faßmessung ist nachweislich an den Universitäten in Wien und Erfurt gelehrt worden (ebd. S. 35).

[122] HENKEL (wie Anm. 110) S. 156.

[123] Diese Beobachtung deckt sich auch mit den Forschungsergebnissen des Nachbarprojektes C im SFB 231 unter Leitung von Klaus Grubmüller, das sich ebenfalls mit den mittelalterlichen Schulhandschriften des Triviums beschäftigt. Den Kolleginnen und Kollegen haben wir für die Materialien, die uns zur Verfügung gestellt wurden, ebenso zu danken wie für die hilfreichen Gespräche.

demzufolge also nicht einmal diejenigen Bücher des Mathias bezeichnet werden, in denen sich nachweislich Texte befinden, die während seiner Studienzeit aufgezeichnet worden sind.

Eine hinreichende Erklärung für das Vorhandensein selbständiger volkssprachlicher Texte bietet auch die Tatsache nicht, daß Mathias seine Bücher in den Jahren 1467 (Cpl 870) und 1474 (1370, 1381, 1438) neu binden ließ. Wohl wurden die ursprünglichen Arbeitshefte, die als Vorlesungsmitschriften oder Abschriften unter den Studenten kursierten und auch erworben werden konnten, erst zu einem späteren Zeitpunkt in Sammelhandschriften integriert und offenbar weniger zur Benutzung im Unterricht zu einem Band zusammengefügt, als vielmehr zu ihrer Bewahrung, doch befinden sich die volkssprachlichen Texte auch in Faszikeln, die unzweifelhaft dem Unterricht entstammen.

Die Betrachtung der volkssprachlichen Elemente in den Handschriften des Mathias wird an späterer Stelle zu einer erneuten Überprüfung dieser Frage Anlaß geben, und erweisen – das sei bereits vorweggenommen –, daß die Beobachtung Henkels für das Quadrivium nicht gelten kann.

Vorerst unabhängig davon, ob selbständige volkssprachliche Texte auch im Unterricht eine Rolle spielten oder nicht, bleibt festzuhalten, daß die Stoffe, mit denen Mathias sich beschäftigte, und die Lehrinhalte, mit denen er sich auseinanderzusetzen hatte, sich vielfach mit seinen persönlichen gelehrten Interessen oder seinen Ämtern bei Hof überschneiden, und nicht zuletzt entstanden mit der Neubindung der Handschriften Bücher, die veränderten Interessen und Erfordernissen entsprachen. Auch wenn der Ort der Verwendung eines Textes auf der Hand zu liegen scheint, so läßt sich doch – wenn überhaupt – immer nur im Einzelfall rekonstruieren, in welchen Lebensbereichen er jeweils benutzt wurde.

Aufzeichnungen zu aktuellen Rechtsfragen in Cpl 870

Die Aufzeichnungen des Cpl 870 zeigen die Verbindung von Theorie und Praxis besonders gut. Sie veranschaulichen die Allianz von literarischen und öffentlichen Interessen, die den Frühhumanismus am Heidelberger Hof in ähnlicher Weise charakterisiert wie den italienischen Humanismus in Florenz um 1400.[124] Erst die Interventionen des Kurfürsten hatten zur Etablierung der *studia humanitatis* an der Heidelberger Universität geführt und dies geschah, wie die im Umkreis des Hofes entstehende humanistische Literatur vermuten läßt, die von den neuen, vom Kurfürsten protegierten humanistischen Lehrern und Dichtern verfaßt wurde und die Regierung und Splendor des Kurfürsten in zahlreichen Reden und Gedichten rühmt, nicht ohne die Überlegung des Kurfürsten, damit Rhetoren und

---

[124] Dazu HANS BARON, Leonardo Bruni Aretino. Humanistisch–philosophische Schriften. Mit einer Chronologie seiner Werke und Briefe, Leipzig 1928, Nachdruck Stuttgart 1969.

Poeten an sich zu binden, die eine weitere Verbreitung der humanistischen Propaganda sicherten.[125]

Auch Mathias, der Hofkaplan des Kurfürsten, verknüpft in seinem Prüfungsvortrag aus dem Jahr 1465 den neuen Bildungsgedanken mit praktisch-politischen Fragen, wenn er ihm zwei Reden *in genere demonstrativo* als Einleitung voranstellt: die Lobrede auf das kanonische Recht einerseits und die auf Kurfürst Friedrich I., in dessen Anwesenheit Mathias den Vortrag hielt, andererseits. Den aktuellen politischen Hintergrund für die Themenwahl seines Prüfungsvortrags könnte der zwischen den vier Kurfürsten (Graf Adolf II. von Nassau [Erzbistum Mainz], Johann von Baden [Erzbistum Trier], Pfalzgraf Ruprecht I. [Erzbistum Köln] und Friedrich I. [Pfalz]) 1464 geschlossene Vertrag gebildet haben, fortan gemeinsame Münzen zu schlagen. Prägungen, Gewicht und Bestandteile von Gulden, Pfennig und Heller werden in diesem Vertrag in allen Einzelheiten festgelegt.[126] In seinem Prüfungsvortrag setzt sich Mathias mit der Zuständigkeit des Herrschers im Bereich des Münzwesens auseinander, denn dieser war dazu verpflichtet, den Wert der Münzen zu garantieren. An einzelnen Rechtsfällen erörtert er u. a. Probleme der Münzverschlechterung und der Einführung neuer Münzen.

An dieser Handschrift zeigt sich exemplarisch, wie wenig sich Schriften, die die Universität betreffen, von solchen trennen lassen, die das humanistische Interesse des Mathias zu erkennen geben, oder auf die Aufgaben verweisen, die er bei Hof zu erfüllen hatte. Neben den bereits erwähnten Schriften, von denen nicht nur die Lobrede Peter Luders später in die im fürstlichen Auftrag verfaßte Chronik des Mathias integriert wurde,[127] sind in Cpl 870 auch solche Schriften verzeichnet, die in Beziehung zu den fortgesetzten Versuchen des Kurfürsten stehen dürften, seine Herrschaft rechtsgültig zu machen.

Die Sammlung von Rechtsschriften, die auf den ersten Blick Texte und texterschließende Schriften zum kanonischen Recht zu repräsentieren scheint, die ein Baccalaureus des kanonischen Rechts zu kennen hatte, enthält neben den Tituli einzelner Bücher (Bl. 21^v-50^r) auch einen Kom-

---

[125] Zur Berufung Peter Luders und seines Nachfolgers, Petrus Antonius Finariensis, vgl. BARON, Beginnings, S. 47f. und PROBST, Petrus Antonius, S. 23. Die Lobrede Peter Luders auf Friedrich den Siegreichen hat Mathias dem zweiten Buch seiner Chronik vorangestellt. Vgl. die Edition bei HOFMANN, Quellen 1, S. 5-23 und zur Rede STUDT, Fürstenhof. Zu den Prägungen vgl. VON BLOH – BERG, S.'''.

[126] Der Münzvertrag ist abgedruckt bei GÜNTER FELKE, Die Goldprägungen der Rheinischen Kurfürsten 1346-1478, Köln 1989, S. 283.

[127] Dazu WILHELM WATTENBACH, Peter Luders Lobrede auf Pfalzgraf Friedrich den Siegreichen, in: ZGO 23, NF 3, 1871, S. 21-28. Auch die in Cpl 870 verzeichneten Quästionen über die Ketzer und Betrüger (Bl. 144^r-147^r) gingen in bearbeiteter Form in die Chronik ein. Vgl. GERHARD RITTER, Zur Geschichte des häretischen Pantheismus in Deutschland im 15. Jahrhundert. Mitteilungen aus einer vatikanischen Handschrift, in: Zeitschrift für Kirchengeschichte 43, 1924, S. 150-159, der Cpl 870 erstmals als Vorlage für die Chronikkapitel identifizierte; vgl. nun auch STUDT, Fürstenhof, S. 337-345; dort auch weiterführende Literatur. Zur Lobrede vgl. MÜLLER, Sprecher-Ich, im vorliegenden Band.

mentar zu einer Passage des römischen Rechts (Bl. 50^v auf einem eingelegten Blatt, der Schluß des Kommentars folgt auf Bl. 52^r),[128] außerdem Zusammenstellungen von Rechtstermini (Bl. 52^v-72^v), kürzere Traktate und Verhandlungsprotokolle (Bl. 73^r-75^v; 112^r-119^v), die ‚Goldene Bulle' (Bl. 120^r-126^v) und die ‚Arbor consanguinitatis' (Bl. 87^r-107^v) des Johannes Andreae. Um die Bedeutung, besonders der letztgenannten Rechtstexte in dieser Handschrift zu ermessen, ist es geboten, kurz die Umstände zu rekapitulieren, die es Friedrich dem Siegreichen erlaubten, für sich die Kurfürstenwürde in Anspruch zu nehmen.

Friedrich, der von 1449 bis 1452 zunächst nur die Regentschaft für seinen unmündigen Neffen Philipp übernommen hatte, mußte sich, um die Regierung übernehmen zu können, über die Erbfolgeregelungen der ‚Goldenen Bulle' hinwegsetzen, als er 1452 mit Hilfe einer umstrittenen und unüblichen Form der Adoption (*arrogatio*) die Vaterschaft über den legitimen Nachfolger Philipp, den Sohn Ludwigs IV., des Bruders Friedrichs, übernahm und sich auf diesem Wege selbst die Kurwürde aneignete.[129] Unter den Vormundschaftsregeln in Kap. VII der ‚Goldenen Bulle', das die kurfürstliche Erbfolge reichsgesetzlich regelte, ist der Fall einer *arrogatio* nicht vorgesehen.[130] Obwohl bald darauf zunächst der Papst (1453) und in den nachfolgenden Jahren alle Kurfürsten Friedrich I. als Kurfürsten offiziell anerkannten, wurde von seinen Gegnern „das – bei der pfälzischen Arrogation ziemlich offen zutage tretende – Bestreben, die Arrogation vornehmlich als Mittel einzusetzen, um sich die Rechtsstellung und das Vermögen des Arrogierten zu verschaffen",[131] ausdrücklich mißbilligt. Diese Kritik entspricht auch klassischer römischer Rechtsauffassung, auf die

---

[128] Seit der Universitätsreform 1452/55, die maßgeblich von Friedrich I. betrieben wurde, war die Legistik in Heidelberg fest institutionalisiert; vgl. GÜNTER DICKEL, Die Heidelberger Juristische Fakultät. Stufen und Wandlungen ihrer Entwicklung, in: Aus der Geschichte der Universität Heidelberg und ihrer Fakultäten, hg. von GERHARD HINZ, Heidelberg 1961, S. 163–225, hier S. 167–169.

[129] Dieser Akt war mit den Zugeständnissen verbunden, sein persönliches Erbe in die Kurlande einzubringen, die Pfalzgrafschaft nicht trennen, teilen oder sonstwie zersplittern zu wollen und außerdem keine standesgemäße Ehe einzugehen, um nach seinem Tod die Nachfolge Philipps zu sichern. Vgl. dazu ROLF, Kurpfalz, S. 33. Wie die umstrittene Erbfolge in der humanistischen Propaganda zu einem idealen Verhältnis geistiger Vaterschaft uminterpretiert wurde, beschreibt MÜLLER, Fürst.

[130] In Kap. VII ist nur von der Vormundschaft die Rede, die der älteste Bruder des verstorbenen Kurfürsten für dessen Erstgeborenen bis zum 18. Lebensjahr übernehmen solle, um dem legitimen Nachfolger dann Erzamt, Recht, Stimmen und Befugnis zu übergeben. So auch in der in Cpl 870 verzeichneten ‚Goldenen Bulle', Bl. 123^r.

[131] Zitiert nach KARL-FRIEDRICH KRIEGER, Der Prozeß gegen Pfalzgraf Friedrich den Siegreichen auf dem Augsburger Reichstag vom Jahre 1474, in: Zeitschrift für historische Forschung 12, 1985, S. 257–286, hier S. 265. Auch nach klassischer römischer Rechtsauffassung gilt die *arrogatio* des eigenen Mündels oder Pflegekindes als unzulässig (ebd.). Dieser Akt sollte lediglich dazu dienen, „beim Fehlen leiblicher Kinder mit Hilfe einer rechtlichen Fiktion ein Kindschaftsverhältnis zu anderen Personen herzustellen" (S. 264).

diese Rechtsfigur zurückgeht. Die Anerkennung durch den römischen König, um die Friedrich I. sich fortgesetzt bemühte, und die in der ersten Urkunde noch explizit als unbedingt erforderlich formuliert ist – dieser Passus fehlt dann in der zweiten, kurze Zeit später ausgestellten Urkunde –, hat der Kurfürst nie erhalten.[132]

Auf welche Rechtsquellen sich diese römisch-rechtliche Form der Adoption stützte und mit welcher Begründung die Pfälzer Juristen außerdem glaubten, aus diesem Akt für Friedrich I. einen legitimen Anspruch auf die kurfürstliche Herrschaft und damit die kaiserliche Belehnung ableiten zu können, darüber geben die verfügbaren Quellen keinen Aufschluß.[133] Dem Umstand, „daß der Adoptionsakt in den Quellen nie mit ‚adoptio‘, sondern stets mit dem in Deutschland höchst ungebräuchlichen Begriff der ‚arrogatio‘ umschrieben wird", möchte Karl-Friedrich Krieger ableiten, daß die Pfälzer Juristen versucht hätten, „das römische Recht in den Dienst der Territorialpolitik zu stellen".[134] Eine kanonistische, römische Rechtsauffassungen vermittelnde Schrift, die ‚Arbor consanguinitatis‘ des Johannes Andreae, ein Text, den Mathias von Kemnat selbst abgeschrieben und auch glossiert hat, könnte Kriegers Annahme stützen, und das führt zurück zu Cpl 870, in dem unter der *Materia legalis* der ‚Arbor‘ ein auf 1466 datierter Abschnitt zur *adoptio* und *arrogatio* aufgezeichnet ist (Bl. 106ᵛ–107ᵛ). Geht es in diesem Abschnitt um Fragen, die über das eigentliche Thema der legitimen verwandtschaftlichen Verbindung (hier die mit einem/r Adoptierten bzw. Arrogierten) hinausgehen, dann verweist der Text auf einzelne Abschnitte in den ‚Institutiones‘, und unter Verwendung römisch-rechtlicher Adoptionsterminologie werden die *adoptio* und *arrogatio* in ihren besonderen Voraussetzungen und Rechtsfolgen definiert. Auch die Begründung für den Rückgriff der Pfälzer Juristen auf diese Rechtsfigur ist formuliert: auf Bl. 106ᵛ ist ausgeführt, daß der Arrogierende bei der *arrogatio* neben der *patria potestas* über den Arrogierten auch die volle Verfügungsgewalt (über dessen Vermögen kraft eigenen Rechts) erlange. Am Blattrand hält Mathias von Kemnat auf Bl. 107ʳ in Ergänzung des Textes dann einen wichtigen Punkt fest, der bei der pfälzischen Rechtskonstruktion ignoriert worden war: *Imperatoris auctoritate adoptare possit quis eos easve qui quaeve sui iuris sunt quae species adopcionis dicitur arrogacio*. Ob diese Sätze, die mit denen in Kapitel XI (*De adoptionibus*) der ‚Institutiones‘ wörtlich übereinstimmen,[135] dem Original oder einer Florilegiensammlung entnom-

---

[132] Die erste Urkunde ist abgedruckt bei Hofmann, Quellen 1, S. 226–229, zur Anerkennung durch Kaiser Friedrich III. vgl. S. 227.

[133] So Krieger (wie Anm. 131) S. 263.

[134] Ebd.

[135] Vgl. Corpus Iuris Civilis 1, hg. von Theodor Mommsen und Paul Krüger, Berlin 1954, S. 5 (Kap. XI, 1). Mathias bedient sich außerdem in seiner Glosse auf Bl. 106ᵛ einer weiteren Formulierung aus den ‚Institutiones‘ (*adoptio naturam imitatur*, fol. 106ʳ: *naturam ÿmitans*), wenn er den Inst. XI, 4, ausgeführten Sachverhalt resümiert, daß die *adoptio* die Natur, d. h. ein natürliches Kindschaftsverhältnis, nachahme, in Fällen, in denen keine leiblichen Kinder vorhanden sind. In den ‚Institutiones‘ wird dann weiter ausgeführt, daß der/die Arro-

men sind, das läßt sich heute kaum mehr entscheiden. Wichtig ist jedoch, daß Mathias offensichtlich die Quelle für die Rechtskonstruktion kannte und sie möglicherweise sogar zur Verfügung hatte, die Pfälzer Juristen also tatsächlich auf römisches Recht zurückgegriffen haben, und daß ein weit verbreiteter kanonistischer Rechtstext wie die ‚Arbor consanguinitatis‘ den Weg dorthin zu weisen vermochte. In seinem Kommentar hält Mathias außerdem die Bedingung fest, daß es sich bei dem/der Arrogierten, im Unterschied zur Adoption, um eine *persona sui iuris* handeln müsse, also um eine solche, die nicht unter der *patria potestas* eines *pater familias* stand. Auch nach römischen Rechtsvorstellungen war das Vorgehen Friedrichs I. folglich nicht zulässig, denn sein Neffe Philipp war minderjährig und zudem das eigene Mündel des Kurfürsten.[136] Schließlich weist Mathias auch darauf hin, daß die Einwilligung des Kaisers nötig sei, und das vermerkt er auch in weiteren Glossen (Bl. 106^v, 107^r).[137]

Im Jahr der Niederschrift (1466) war Philipp gerade volljährig geworden,[138] und auch den 1464 und 1465 erneut zum Kaiser geschickten Gesandtschaften war es nicht gelungen, den Arrogationsakt durch die kaiserliche Zustimmung endlich rechtsgültig zu machen.[139] So wurde im Januar 1467 eine weitere Urkunde aufgesetzt, in der Philipp noch einmal, nun nach Eintritt in die Volljährigkeit, in die *arrogatio* einwilligte[140] und um kaiserliche Bestätigung bat.

Die Aufzeichnung des Textes in Cpl 870, in dem die wichtigen Voraussetzungen und Rechtsfolgen des Arrogationsaktes formuliert und kommentiert sind, ausgerechnet zu der Zeit, da das Problem noch einmal besonders aktuell wurde, legt nahe, daß dem Bemühen um Anerkennung eine erneute Überprüfung der Rechtslage vorangegangen ist. Mathias von Kemnat, der juristisch gebildete Hofkaplan des Kurfürsten, war an der Überprüfung offensichtlich beteiligt. Wie die auf grundsätzliche Probleme verweisenden Glossen und die nie ausgesprochene Anerkennung erweisen, vermochte allerdings auch er neue Gesichtspunkte, die zum Erfolg hätten führen können, nicht beizubringen.

---

gierte/Adoptierte daher auch auf keinen Fall älter als der Adoptivvater sein dürfe, der Vater außerdem mindestens 18 Jahre alt sein müsse.

[136] Im römischen Recht ist verankert, daß die Arrogation nicht dazu dienen durfte, dem Arrogierenden das Vermögen des anderen zu verschaffen, was zu besonderer Vorsicht bei Arrogation des eigenen Mündels verpflichtete. Vgl. dazu KRIEGER (wie Anm. 131) S. 264, und MAX KASER, Das Römische Privatrecht. Erster Abschnitt. Das altrömische, das vorklassische und klassische Recht (Rechtsgeschichte des Altertums, T. 3, Bd. 3) München ²1971, S. 347. KASER macht aber auch darauf aufmerksam, daß der „Kreis der arrogierbaren Personen [...] von Antoninus Pius auf die *impuberes* erweitert" wurde (ebd.) und verweist Anm. 37 auf Inst. I, II, 3.

[137] So auch Inst. XI, 3.

[138] KRIEGER (wie Anm. 131) S. 284, Anm. 116, gibt als Jahr der Volljährigkeit irrtümlich 1470 an. Vgl. dagegen die erneute Einwilligung Philipps in die Arrogation nach vollendetem 18. Lebensjahr am 8. Januar 1467 bei MENZEL, Regesten, S. 433.

[139] Dazu ROLF, Kurpfalz, S. 48–50.

[140] Schon 1464 hatte Friedrich I. Vermittler zum Kaiser geschickt, die eine Einwilligung Philipps mitnahmen. Dazu ROLF, Kurpfalz, S. 49.

Schriften, die innerhalb des Heidelberger Frühhumanistenkreises rezipiert wurden

Seit 1456 konnten an der Heidelberger Universität auch Vorlesungen über die antiken Dichter, Redner und Historiker gehört werden. Dafür hatte Friedrich I. als ersten Lehrer den humanistisch gebildeten Peter Luder nach Heidelberg berufen, und dies sicher nicht zuletzt, um auf diesem Wege einen eloquenten Rhetoriker an sich zu binden, der die kurfürstliche Regierung im Medium der Literatur zu rühmen und zu bestätigen verstand und gleichzeitig in der Lage war, künftige Diplomaten und Beamte sprachlich auszubilden. Wenn Peter Luder in seiner Vorlesungsankündigung über Horaz aus dem gleichen Jahr das Interesse des Kurfürsten an den *studia humanitatis* damit begründet, daß dieser nun mit seiner Hilfe die schon fast in Barbarei versunkene lateinische Sprache an seiner Universität zu restaurieren gedenke,[141] so spricht sich hier wohl die Haltung italienischer Humanisten wie Lorenzo Valla aus, denen Luder sich zugehörig fühlte und nach deren Ansicht jede geistige und sittliche Erneuerung von der Sprache auszugehen hatte, wobei der Verfall der Sprache als Indiz für eine allgemeine Barbarei gewertet wurde.[142] Tatsächlich aber war der Kurfürst auf Literaten angewiesen, die daran mitwirkten, die kurpfälzische Regierung im Medium poetischer und historiographischer Literatur zu dokumentieren, und ausserdem zog Friedrich I. zunehmend mehr Universitätslehrer zu diplomatischen, gutachterlichen oder juristischen Diensten heran, die die kurpfälzische Politik auf Fürstenversammlungen und Gesandtschaftsreisen zu vertreten hatten. Zu diesen Gelehrten gehörte neben Mathias vermutlich auch Peter Luder selbst, der sich später Friedrichs Sekretär nannte und 1445 in Venedig zum kaiserlichen Notar kreiert worden war,[143] und sicher auch Petrus Antonius Finariensis, der neben seiner literarischen Tätigkeit für den Hof auch diplomatische Missionen im Auftrag des Kurfürsten übernahm.[144] Nicht in diplomatischer Funktion, aber als humanistisch gebildeter Universitätslehrer und Hofprediger in Heidelberg war Stephan Hoest tätig,[145] der Nachfolger Peter Luders, der deshalb genannt sei, weil auch er zu dem Kreis der Briefpartner des Mathias gehört, mit dem er in engerem Kontakt gestanden hat. Anhand dieser Briefe und einiger Schriften in den Büchern des Mathias lassen sich nun etliche Autoren rekonstruieren, deren Schriften von dem Heidelberger Frühhumanistenkreis besondere Beach-

---

[141] Die Ankündigung ist abgedruckt bei WATTENBACH, Luder, Anlage X, S. 99f.: *Dominus Frydericus [...] senatus sui saniori usus consilio latinam linguam iam pene in barbariem versam atque perlapsam restaurare suo in gymnasio cupiens [...]*.

[142] Vgl. AUGUST BUCK, Die humanistische Tradition in der Romania, Bad Homburg v.d.H. – Berlin – Zürich 1968, S. 10.

[143] Eine Abschrift dieser Urkunde hat Mathias in Cpl 870, Bl. 198ʳ–199ʳ aufbewahrt. Zur Verbindung von Hofamt und Universitätslaufbahn vgl. die Einleitung, insbesondere Anm. 11.

[144] Vgl. dazu MÜLLER, Fürst, S. 27f. Dort auch weitere Beispiele für die unterschiedlichen Tätigkeiten, die einige Personen für Friedrich I. ausübten.

[145] Zu Stephan Hoest vgl. BARON (wie Anm. 52).

tung erfuhren und, wie die Briefe mit ihren Bitten um Rücksendung oder Beschaffung bestimmter Bücher nahelegen, auch innerhalb dieses Kreises kursierten.[146]

An erster Stelle sind hier Seneca und Cicero zu nennen, die in den Briefen, Reden und Werken derjenigen Humanisten im Umkreis des Hofes immer wieder angeführt wurden, mit denen Mathias korrespondierte und gesellschaftlichen Umgang pflegte. So zitiert Stephan Hoest etwa Seneca in seinen Reden, die er anläßlich der Magisterpromotion Gregors von Rapolswiler hielt, in der Lobrede auf die Patronin der philosophischen Fakultät, Katharina, oder in seiner Predigtanleitung.[147] Auch Petrus Antonius Finariensis, der vergeblich versucht hat, mit Unterstützung Friedrichs I. als humanistischer Lehrer an der Heidelberger Universität angestellt zu werden,[148] beruft sich verschiedentlich in seinem Friedrich I. gewidmeten Fürstenspiegel ‚De dignitate principum'[149] auf Seneca, und Peter Luder hat in Heidelberg nachweislich eine Vorlesung über die Tragödien des Seneca gehalten.[150] Die bevorzugte Stellung, die den Werken Senecas in den Reden und Briefen des Heidelberger Humanistenkreises zukommt, macht es recht wahrscheinlich, daß etwa Hoest oder Luder auch die moralphilosophischen Werke Senecas in ihren Vorlesungen behandelt haben. Eine Handschrift aus dem Besitz des Mathias, die ausschließlich Schriften des Seneca (‚De beneficiis', ‚De clementia') enthält, ist mit Codex 1547 überliefert.

Zitate aus den Werken Ciceros, der bei den Humanisten als *fons eloquentiae* den höchsten Rang einnahm, fehlen in kaum einem Brief des Petrus Antonius Finariensis an Mathias.[151] Und auch Stefan Hoest rühmt in der oben erwähnten Lobrede auf die Patronin der philosophischen Fakultät die Rhetorik Ciceros, zitiert ihn mehrfach und sammelte die Schriften des Autors.[152] Wie Stephan Hoest besaß auch Mathias eine Abschrift von Ciceros ‚De officiis', im Unterschied zu Stephan Hoest allerdings in einer Übersetzung (Cpl 1814).

---

[146] Vgl. etwa den bereits mehrfach erwähnten Brief von Stephan Hoest an Mathias von Kemnat bei BARON (wie Anm. 52) und die Briefe Peter Luders bei WATTENBACH, Luder, S. 62. Die humanistischen Gelehrten, die sich in Heidelberg unter der Protektion der Kurfürsten aufhielten, standen auch noch nach einem Ortswechsel miteinander in Kontakt. So schreibt Peter Luder Briefe aus Ulm, Erfurt und Padua an Mathias. In einem Brief aus dem Jahr 1461 läßt Peter Luder einen Magister Stephan grüßen. Hier handelt es sich vermutlich um Stephan Hoest.

[147] Abgedruckt bei BARON (wie Anm. 52) S. 106, 118, 180.

[148] Dessen Bemühungen sind auch den Briefen des Mathias an Petrus Antonius abzulesen. Vgl. FUCHS – PROBST (wie Anm. 9), etwa S. 51 und den Brief Nr. 1.

[149] PROBST, Petrus Antonius, S. 137.

[150] Die Humanisten neigten seit Boccaccio und Salutati dazu, eine einheitliche Autorschaft für die Tragödien und die philosophischen Schriften zu bestreiten. Zu den unterschiedlichen Einschätzungen vgl. MANLIO PASTORE-STOCCHI, Un chapitre d'histoire littéraire aux XIVe et XVe siècles: „Seneca poeta tragicus", in: JEAN JACQUOT (Hg.), Les tragédies de Sénèque et le théâtre de la Renaissance, Paris 1964, S. 11–36, bes. S. 33f. BARON, Beginnings, S. 62. Peter Luder hat außerdem Vorlesungen über Valerius Maximus, Horaz, Ovids ‚Ars amandi' und ‚Remedia amoris' gehalten.

[151] Vgl. die Edition der Briefe bei PROBST, Petrus Antonius, S. 117–126.

[152] Vgl. BARON (wie Anm. 52) S. 15f.

Über die Episteln des Horaz hat Peter Luder 1456, wie eingangs erwähnt, eine Vorlesung an der Heidelberger Universität gehalten, und Glossen zu den Episteln des Horaz besitzt Mathias in Cpl 1814. Außerdem läßt eine Stelle im nicht edierten ersten Teil seiner Fürstenchronik die Kenntnis der Oden des Horaz annehmen.[153] Es ist also zu vermuten, daß Mathias außer den Briefen auch andere Werke dieses Autors besaß oder benutzen konnte. Unter seinen Büchern sind sie heute nicht mehr nachweisbar.

Plautus gehört zwar nicht zu den bevorzugten Dichtern des Heidelberger Humanistenkreises, doch darf die Kenntnis einiger Werke ebenfalls vorausgesetzt werden. In einem der Briefe an Mathias[154] spielt Petrus Antonius auf den ‚Miles gloriosus' an und in seinem Traktat ‚De principatus conservacione', mit dem Petrus Antonius sich im Auftrag Friedrichs I. an Karl den Kühnen wendete,[155] zitiert er einen Vers aus dem ‚Pseudolus' von Plautus. Unter den Büchern des Mathias befindet sich in Cpl 1769 der ‚Amphitruo', doch wird Mathias, wie bereits gesagt, auch den ‚Persa' gekannt haben, aus dem er in einem Brief an Petrus Antonius zitiert.[156] Unter den acht Komödien des Plautus, deren Titel sich Mathias in Cpl 1769 notiert hat (Bl. 201^v), ist der ‚Persa' allerdings nicht aufgeführt. Er gehört zu den Komödien des Plautus, die bis zu ihrer Entdeckung durch Nikolaus von Kues im Jahr 1426 noch unbekannt waren. Wie Frank Baron mitteilt, war der neu entdeckte Codex (Codex Orsianus), der insgesamt zwölf bislang unbekannte Komödien enthält und den Nikolaus von Kues für Kardinal Orsini nach Italien brachte, im 15. Jahrhundert die einzige Quelle für diese ‚neuen' Komödien.[157] Mathias muß folglich nach einer der Abschriften zitiert haben, denn daß er diesen Codex kannte, ist kaum anzunehmen.

Aus den Satiren des Juvenal, die im Cod. 125 aufgezeichnet waren, zitiert Petrus Antonius in seinen Briefen an Mathias dagegen häufiger.[158] Diesen Text hat Mathias, wie an anderer Stelle zu zeigen ist, nicht allein wegen der Sittenlehre, sondern auch wegen der Stilfiguren gelesen. Cod. 125 enthält auch die Satiren des Persius, die sich wiederum Stephan Hoest,

---

[153] Die Vorlesungsankündigung von Peter Luder ist in Wien, ÖNB, Cod. 3244, Bl. 1^r überliefert. Abgedruckt ist sie bei WATTENBACH, Luder, Anlage X, S. 99. – Die Reminiszenz aus den Oden des Horaz ist im nicht edierten Teil der Chronik in Heidelberg, UB, Hs. 3599, Bl. 3^r (*Quem Noricus decoquit ensis. Quos noricus deterret ensis*) verzeichnet und in der Münchener Handschrift (BSB, Cgm 1642) auf Bl. 3^r. Zur Textstelle vgl. die Ausgabe von WALTHER KILLY und ERNST A. SCHMIDT, Q. Horatius Flaccus. Oden und Epoden, Zürich – München 1981, S. 96, Carm. lib. I, Ode 16, V. 9f.

[154] Vgl. den Abdruck bei PROBST, Petrus Antonius, S. 121–123.

[155] Der Traktat ist überliefert in München, BSB, Clm 10454, Bl. 171^r–192^v. Er ist abgedruckt bei PROBST, Petrus Antonius, S. 179–209.

[156] Vgl. FUCHS – PROBST (wie Anm. 9) S. 53, Anm. 42. Die Quellenhinweise, die die Autoren geben, enthalten weitere Werke, die sich zu den im Heidelberger Frühhumanistenkreis rezipierten in Beziehung setzen lassen. Unter den Büchern des Mathias sind sie allerdings nicht nachweisbar. Vgl. dazu den Abschnitt zu den Besitzeinträgen und den Ausleihvermerken.

[157] Vgl. FRANK BARON, Plautus und die deutschen Frühhumanisten, in: Studia humanitatis. Ernesto Grassi zum 70. Geburtstag, hg. von EGINHARD HORA und ECKHARD KESSLER, München 1973, S. 89–101, hier S. 90f.

[158] Die Briefe sind abgedruckt bei PROBST, Petrus Antonius, S. 117–126.

wie oben erwähnt, von Mathias ausgeliehen hatte. Die lateinische Übersetzung der Nikomachischen Ethik von Leonardo Bruni fand sehr bald nach ihrem Erscheinen im Jahr 1417 weite Verbreitung, und schon 1469 wurde sie „als die erste gedruckte Ausgabe der Ethik in Straßburg veröffentlicht".[159] Mathias hat sich seine Handschrift (Cpl 1010) im Jahr 1467 beschafft, und auch sein Briefpartner Petrus Antonius Finariensis kannte offensichtlich eine lateinische Übersetzung.[160]

An der Verbreitung der fälschlich Petrarca zugeschriebenen ‚Ars punctandi' in Heidelberg war wiederum maßgeblich Peter Luder beteiligt; im Jahr 1457 hat er in Heidelberg eine Vorlesung über die Interpunktionslehre gehalten.[161] Diese Abhandlung hat Mathias in Cpl 1769 vermutlich selbst notiert.

Wohl unabhängig von dem jeweiligen Anlaß, vielmehr wegen ihrer vorbildlichen Sprache hat Mathias von Peter Luder auch Reden und Briefe gesammelt. In Cpl 870 (Bl. 197ʳ) befindet sich u. a. das Original eines Briefes von der Hand Peter Luders, der an den Heidelberger Theologen, Stadtpfarrer, Lehrer und zuletzt Rektor der Universität, Johannes Wenck von Herrenberg,[162] gerichtet ist. Johannes Wenck, von dem in Cpl 1381 auch ein Berechnungsmodus des Osterfestdatums verzeichnet ist,[163] war einer der Befürworter der Universitätsreform im Jahr 1452, die maßgeblich auf das Betreiben des Kurfürsten, Friedrich I., hin durchgeführt werden konnte. Auf Wencks Unterstützung humanistischer Bestrebungen[164] spielt Luder an, wenn er ihn in dem Brief als *restaurator* der *studia humanitatis* apostro-

---

[159] Vgl. BARON (wie Anm. 52) S. 67.

[160] Vgl. PROBST, Petrus Antonius, S. 131.

[161] Die ‚Ars punctandi' hat Anfang des 15. Jahrhunderts Jacopo Alpoleius de Urbe salia verfaßt. Literaturhinweise, Überlieferungszeugen und ein Abdruck der Vorlesungsankündigung Peter Luders finden sich bei LUDWIG BERTALOT, Humanistische Vorlesungsankündigungen in Deutschland im 15. Jahrhundert, in: Zeitschrift für Geschichte der Erziehung und des Unterrichts 5, 1915, S. 1–24, hier S. 5 und Anm. 6. In einigen Basler Handschriften befindet sich die Abhandlung ebenfalls (Basel, UB, Cod. F III 2, Bl. 162ᵛ, mit einem Hinweis auf Peter Luder; Cod. F V 44, Bl. 48ʳ–49ᵛ; Cod. F VI 16, Bl. 189ᵛ–192ʳ). In Basel hat Peter Luder seit 1464 gelehrt. Vgl. dazu auch BARON, Beginnings, S. 65 und S. 137.

[162] Johannes Wenck von Herrenberg war Theologe, zeitweilig auch Rektor (1435, 1444, 1451) an der Heidelberger Universität. Vgl. TOEPKE, Matrikel 1, S. 210, 244, 267. Er war außerdem Zeuge bei der testamentarischen Abfassung des Buchlegats Ludwigs III. für die Heiliggeistkirche. Vgl. EDUARD WINKELMANN, Urkundenbuch der Universität Heidelberg 1, Heidelberg 1886, S. 118 und RITTER, Universität, S. 503 und BERG – BODEMANN, Buchbesitz. Teilabdruck des Briefes bei GERHARD RITTER, Aus dem Kreise der Hofpoeten Pfalzgraf Friedrichs I.. Mitteilungen aus vatikanischen Handschriften zur Charakteristik des Heidelberger Frühhumanismus, in: ZGO NF 38, 1923, S. 109–123, hier S. 117. Der Brief ist auch in Cpl 149 der Bibl. Vat. in Rom überliefert. Eine Beschreibung dieser Handschrift gibt STEVENSON, Codices, S. 24; der Besitzer der Handschrift ist unbekannt.

[163] Bl. 3ᵛ unterhalb eines Kalenders: *Regula doctoris Wenck Nach der heyligen Epiphaney/ ganczer newer man drej/ dar nach von dem suntag uber acht tag/ ist der heylig ostertag.* Die tatsächlich eher fragwürdige Art der Berechnung ist zu irgendeinem Zeitpunkt durchgestrichen worden. Diesen Nachtrag hat Mathias nicht selbst vorgenommen.

[164] Seine Unterstützung hatte Wenck im Zusammenhang mit der Freigabe der *via antiqua* an der Heidelberger Universität bewiesen. Dazu RITTER, Universität, S. 384f.

phiert, dessen Ruhm sogar bis zu dem derzeit sich in Italien aufhaltenden Peter Luder gedrungen sei. Wenck, der zum Zeitpunkt der Niederschrift des Briefes (23. 8. 1456) schon recht betagt gewesen sein muß, wird in diesem Brief mit einer ganzen Reihe gelehrter Greise der Antike verglichen: so mit Gorgias, der noch im Alter von 107 Jahren studiert habe, mit Sokrates, der mit 94 Jahren den ‚Panathenus' verfaßt haben soll, mit Cato Maior, der mit 80 Jahren angefangen habe, Griechisch zu lernen, mit Plato, der mit 81 Jahren beim Schreiben starb und schließlich mit Solon,[165] Augustinus und Hieronymus. Luder stellt diese Vergleiche an, um dann in der Tradition der Auffassung vom Alter, wie sie in Ciceros ‚Cato maior. De senectute' überliefert und hier sogar zitiert ist, die *arma* des Alters zu rühmen, über die auch Wenck verfüge, und von denen die Jüngeren profitierten.

Die Stelle, an die der in eleganter humanistischer Kursive geschriebene Brief eingefügt wurde, läßt die Vermutung zu, daß Mathias den Brief Peter Luders vor allem deshalb aufgehoben hat, da er ihn für stilistisch mustergültig erachtete. Dafür spricht, daß dem Brief Bl. 198^r-200^r weitere Mustertexte folgen (die Kopie einer Notariatsurkunde, in der Luders Ernennung zum kaiserlichen Notar ausgesprochen wird[166] und Formulare aus dem Notariatswesen). Bestätigt wird diese Annahme durch die Bedeutung, die Luder seinem Brief selbst beimaß: er hat ihn seinen Studenten in Leipzig als Briefmuster zur Verfügung gestellt und außerdem Teile daraus in seine Anleitung zum Schreiben von Briefen (‚Modus epistolandi') übernommen.[167]

Die Lobrede Peter Luders, die er auf Friedrich den Siegreichen verfaßte,[168] ist Bl. 158^r-166^v in deutscher Sprache notiert und Bl. 167^r-193^v schließt sich der Fürstenspiegel für Johann I. von Cleve an, den sein Verfasser, Petrus Antonius Finariensis, vermutlich eigenhändig aufzeichnete.[169] Im Juli 1466 hatte Petrus Antonius zusammen mit dem Kurfürsten den Herzog von Cleve besucht und kurze Zeit später mit der Abfassung der Schrift begonnen. Die zahlreichen Korrekturen und Ergänzungen lassen vermuten, daß es sich um das Konzeptexemplar handelt.

---

[165] Das Solon-Beispiel paraphrasiert eine Stelle, die auch Cicero in ‚Cato maior. De senectute' als Exempel anführt. Vgl. Cicero. Cato maior. De senectute. Edited with introduction and commentary by J. G. F. POWELL (Cambridge classical texts and commentaries 28) Cambridge u. a. 1988, S. 65, VIII, 26, 10–12.
[166] Peter Luder ist 1445 in Venedig zum kaiserlichen Notar kreiert worden.
[167] BARON, Beginnings, S. 70 und 187, Anm. 86. In dieser Funktion ist der Brief auch in Cod. HB XII poet. lat. 4 der Stuttgarter Landesbibliothek als Teil einer rhetorischen Mustersammlung aufgenommen worden (Bl. 105^r-106^r), die u. a. wohl von einem Leipziger Studenten geschrieben wurde. Vgl.: Die Handschriften der ehemaligen Hofbibliothek Stuttgart, beschrieben von MARIA SOPHIE BUHL und LOTTE KURRAS (Die Handschriften der Württembergischen Landesbibliothek Stuttgart, 2. Reihe, Bd. 4,2) Wiesbaden 1969, S. 54–59, bes. S. 55.
[168] Zur Lobrede vgl. KETTEMANN (wie Anm. 78) S. 193–195 und MÜLLER, Fürst.
[169] Vgl. PROBST. Petrus Antonius, S. 148f.

Autorität und Zitat in mittelalterlicher Tradition und humanistische Zitierweise

Die humanistische Orientierung des Mathias dokumentiert sich nicht allein in den Kontakten zu Gleichgesinnten wie Peter Luder, Petrus Antonius Finariensis, Stephan Hoest und Jacob Wimpfeling oder in den von ihnen gemeinsam rezipierten Werken. Seine Verbundenheit mit den *studia humanitatis* zeigt sich ebenso an den von ihm gesammelten Schriften antiker Autoren selbst, die bei den Humanisten als Muster der Beredsamkeit galten, sowie an den Briefen und Carmina, in denen Mathias seine literarische Kennerschaft unter Beweis stellte.[170] Sogar in manchen systematisierenden Notizen dokumentiert sich das humanistisch geprägte literarische Interesse des Mathias, so, wenn er etwa im Anschluß an den Auszug aus den ‚Noctes Atticae' des Gellius (Cpl 1769, Bl. 201ʳ) die Namen antiker Autoren notiert. Und nicht zuletzt war der kurfürstliche Hofkaplan, wie die Untersuchungen Frank Barons[171] erweisen, an der im deutschsprachigen Raum seit den fünfziger Jahren beginnenden Rezeption des römischen Komödiendichters Plautus beteiligt.[172] Ein Titelverzeichnis der ihm bekannten Komödien des Plautus (ebd., Bl. 201ᵛ) hat er auf einer leer verbliebenen Blattseite zusammengestellt. Seine Ambitionen artikulieren sich darüber hinaus in der Auswahl der Schriften wie im Umgang mit der antiken Überlieferung und im Verfassen von an klassischen Mustern geschulten Briefen und Gedichten. Der Charakterisierung des Buchbesitzes war jedoch schon zu entnehmen, daß Mathias nicht nur Bücher hinterlassen hat, deren Inhalte auf seine an den *studia humanitatis* geschulten Interessen zurückzuführen sind.[173] Unter den Büchern des Mathias bildet die scholastische Naturphi-

---

[170] Vgl. etwa JOHANNES WILLMS, Bücherfreunde. Büchernarren. Entwurf zur Archäologie einer Leidenschaft, Wiesbaden 1978, S. 30 zur Bibliothek Petrarcas und S. 40–47 zur Bibliothek Boccaccios. Petrarca und Boccaccio trugen ausnahmslos nur die Autoren der römischen Antike zusammen. Erst gegen Ende des 15. Jahrhunderts reflektierte man, daß das klassische römische Schrifttum auf der Tradition des älteren griechischen aufbaute. Von beiden Autoren besaß Mathias Schriften, so den noch zu erörternden Brief von Petrarca in Cpl 1769, Bl. 190ᵛ und ‚De claris mulieribus' von Giovanni Boccaccio in Cpl 870, Bl. 202ʳ–214ʳ.

[171] BARON (wie Anm. 157) S. 89–101, hier S. 94–97.

[172] BARON (wie Anm. 157) kennt die bereits erwähnte, von Mathias in einem Brief zitierte Stelle aus dem ‚Persa' des Plautus nicht. Seine Einschätzung wird dadurch jedoch nur erhärtet. – Selbst die Schrift des Mathias orientiert sich an humanistischen Vorbildern. Vgl. dazu MARTIN STEINMANN, Die humanistische Schrift und die Anfänge des Humanismus in Basel, in: Archiv für Diplomatik 22, 1976, S. 376–437 und die Schrifttafeln; hier S. 406. STEINMANN führt das gerade Schluß-s und das runde d in Cpl 870, Bl. 132ʳ–142ᵛ auf eine Orientierung an Peter Luders Schrift zurück.

[173] Cpl 870, 1370, 1381, 1382, 1401 sowie 1438 weisen z. B. eine Reihe von Werken auf, die ganz in mittelalterlicher Tradition stehen. PAUL OSKAR KRISTELLER, Der Gelehrte und sein Publikum im späten Mittelalter und in der Renaissance, in: Medium aevum vivum, Fs. f. Walther Bulst, hg. von HANS ROBERT JAUSS u. a., Heidelberg 1960, S. 212–230, S. 218, führt aus, daß die Form der Quästionen (wie sie sich etwa in Cpl 870 befinden) von den „Humanisten so gut wie völlig vernachlässigt" worden sei. Vorbehalte gegen die Quaestionen und Kommentare formulierte auch Stephan Hoest in seiner Rede anläßlich einer Promotionsfeier (1468). Er

losophie einen gleichberechtigten Gegenstandsbereich, und wenngleich sich auch hier das noch zu charakterisierende humanistisch-philologische Interesse des Mathias zu erkennen gibt, so sind es doch vor allem die naturwissenschaftlichen Schriften, die Mathias offensichtlich akzeptierte, wie er sie vorfand. Die Bücher des Mathias belegen insofern einen recht unterschiedlichen Umgang mit antiker Überlieferung.

Ganz in mittelalterlicher Tradition steht etwa in manchen Codices die Art und Weise des Zitierens antiker Vorbilder, so wenn Mathias in Cpl 1381 im Anschluß an eine Wetterregel (Bl. 177^r) ausführt: *Virgilius et beda dicunt quandocumque luna est antiqua 4°r dierum uel noctium tunc habeant vera signa futura aure* [...]. Die Aussagen der Autoren, die die Glaubwürdigkeit des schriftlich Fixierten stützen sollen, sind aus ihrem ursprünglichen – sowohl historischen wie auch textlichen – Gesamtzusammenhang herausgelöst und der Kontext selbst bleibt unmaßgeblich – und damit auch unerwähnt.

Die Hochschätzung antiker Überlieferung zielt in mittelalterlicher Kunst und Literatur weniger auf das Inhaltliche, sondern die Hochschätzung ist vielmehr Respekt vor der Vergangenheit, und vor allem kam der antiken Überlieferung der Status der Vorbildhaftigkeit (*auctoritas*) zu. Wenn auch die Verfahren der Übernahme variieren, so werden die durch *auctoritas* legitimierten Zitate doch konstant in einen neuen Kontext eingepaßt und lediglich als Stütze oder Parallele benutzt.[174] Allen Zitierweisen und Kompilationen gemeinsam ist ihr geringes Interesse für die Bedeutung des Vorbilds als eines Ganzen.[175]

Eine vergleichbare Auffassung läßt sich auch an Texten aufzeigen, die Mathias nicht verfaßt, sondern nur abgeschrieben und benutzt hat. Der Kommentar zu den ‚Metamorphosen‘ des Ovid beispielsweise, der in Cpl 1769, Bl. 1^r-43^r, vermutlich von Mathias selbst, aufgezeichnet wurde, und ein kommentierendes Wortverzeichnis in alphabetischer Ordnung bietet, ist gleichfalls noch ganz den mittelalterlichen exegetischen Grundsätzen verpflichtet, wenn etwa gesagt wird: *Raptus Johannes significatur per ganimidem g.* (Bl. 34^r), oder: *Xpm significat Jupiter qui amat animam.3.*, oder:

---

nennt sie Wortklaubereien, die ebenso überflüssig wie pedantisch seien und „die Studierenden eher als Schwätzer denn als Gelehrte zurücklassen". Die Rede ist abgedruckt bei BARON (wie Anm. 52) S. 146-163; Zitat S. 155.

[174] Die Text- oder Bildelemente können komplett oder auch als einzelne übernommen werden. Vgl. dazu auch NORBERT H. OTT, Kompilation und Zitat in Weltchronik und Kathedralikonographie. Zum Warheitsanspruch (pseudo-)historischer Gattungen, in: CHRISTOPH GERHARDT – NIGEL F. PALMER – BURGHART WACHINGER (Hgg.), Geschichtsbewußtsein in der deutschen Literatur des Mittelalters, Tübingen 1985, S. 119-135.

[175] Den Prozeß der Aneignung von Altertümern hat der Kunsthistoriker SALVATORE SETTIS, Von *auctoritas* zu *vetustas*: die antike Kunst in mittelalterlicher Sicht, in: Zeitschrift für Kunstgeschichte 51, 1988, S. 157-179, in verschiedenen Stufen beschrieben: am Anfang der Auseinandersetzung mit antiker Kunst steht die Wahrnehmung von Ruinen, und dann setzt die Auswahl neu verwendbarer Fragmente und ihre Einbeziehung in einen anderen, nämlich heilsgeschichtlichen Kontext (*interpretatio christiana*) ein. Dazu auch BUCK (wie Anm. 142), besonders S. 36-56.

Xpus per Jason quem duxit columba ad colchos insulam vbi erat vellus aureum a.(Bl. 42ʳ). Im Verständnis des Kommentators verweisen die Sagen auf Personen und Begebenheiten der Bibel, so daß die ‚Metamorphosen' zu einem Lehrbuch des Glaubens und der Moral werden.[176] Die Dichtung des Ovid ist so einem neuen, dem Vorbild fremden christlichen Weltbild integriert, denn eine selbständige Aussagekraft billigt man im Mittelalter dem antiken Text nicht zu. Formulierungen wie *Si deus voluerit*, die etwa in Cpl 1401 (Bl. 78ᵛ) die Abhandlung ‚De electionibus horarum' des Hali Imrani abschließt, kennzeichnen den Umgang mit antikem Schrifttum ebenso wie die Augustinus-Zitate,[177] die die Allmacht Gottes beschwören und der astronomisch-mathematischen Sammelhandschrift 1389 programmatisch vorangestellt sind.

Gemeinsam ist den bisher genannten Beispielen – die sich leicht vermehren ließen – daß Elemente antiker Überlieferung benutzt werden, weil sie hinsichtlich ihrer *auctoritas* normativ waren, und gemeinsam ist ihnen auch, daß die Absicht fehlt, das Vorbild als Ganzes erfassen zu wollen. Weder wurde auf den originalen Wortlaut zurückgegriffen (in den genannten Fällen handelt es sich z. T. um Abschriften mittelalterlicher Überlieferung) noch ist der antike Autor an sich maßgeblich. Die Integration in die christliche Ethik zeigt dazu, daß die antike Überlieferung nicht als einer fernen Vergangenheit angehörig empfunden wurde, sondern im Gegenteil als stets präsent.

Auf dem Weg zu einer veränderten Sicht auf die antiken Autoren, denen nun ein Eigenwert zuerkannt wird und mit Hilfe derer der Humanismus „die menschliche Existenz zu deuten" suchte, „bzw. Normen zu gewinnen für eine Neugestaltung des individuellen wie des gesellschaftlichen Daseins",[178] verändert sich auch die Art des Zitierens und vor allem die Einschätzung der Autorität. Was den Umgang von dem als typisch mittelalterlich bezeichneten unterscheidet, ist zunächst einmal die Wahl der Autoren. Der Kanon der als normativ geltenden Vorbilder ist nunmehr ein anderer. Er ist bestimmt von der Hochschätzung der Eloquenz antiker Vorbilder[179]

---

[176] Auch die Überschrift weist den Kommentar als solchen aus: *Tabula ad inveniendum facilius moralitates quae habentur in libro qui compositus est de nominibus deorum et figuris eorum Et de fabulis libri metamorphoseos* [...] (Bl. 1ʳ). Einen ähnlichen Umgang mit antiken Schriften charakterisiert etwa auch den ‚tripartitus moralium' des Konrad von Halberstadt im 14. Jahrhundert, wie die Untersuchung von ERWIN RAUNER, Konrads von Halberstadt O. P. ‚tripartitus moralium', 2 Bde., Frankfurt a. M. 1989, erweist. Diese umfangreiche Kompilation zahlreicher profanantiker Autoren setzt die Moralphilosophie ebenfalls in Relation zum christlichen Glauben. Das Auswahlprinzip bildet allein die Nützlichkeit, moralische Wahrheiten mitzuteilen, und die meist aus mittelalterlichen Florilegien zitierten Autoritäten dienen der Rechtfertigung und Glaubwürdigkeit; auch hier ist der textliche und historische Zusammenhang unwesentlich.

[177] ‚De civitate Dei', 8,27; 10,3; 10,19; 11,25.

[178] BUCK (wie Anm. 142) S. 104.

[179] Wie Petrarca interessierte sich auch noch Mathias ausschließlich für die Autoren der römischen Antike, die Kirchenväter und die frühchristlichen Schriftsteller. Zu den von Petrarca bevorzugten Dichtern vgl. HORST RÜDIGER, Die Wiederentdeckung der antiken Literatur

und ihrer pädagogischen Macht, denn die *eloquentia* wird mit der *sapientia* verknüpft verstanden, so daß sich der Beredsamkeit eine ethische Aufgabe stellt.

In einem Kontext, der von dem humanistischen Bildungsideal weit entfernt ist, präsentiert Mathias überraschend einige dieser Vorbilder. Und zwar nennt er im Anschluß an einen noch zu charakterisierenden, wohl von ihm selbst verfaßten Kometentraktat in Cpl 1438 eine Reihe von Autorzitaten, die die meist schrecklichen Folgen einer Kometenerscheinung beglaubigen sollen. Doch führt er hier nicht Stellen aus den Werken der großen arabischen Autoritäten wie Hali oder Albumasar an, die wichtige Schriften zu den Kometenerscheinungen verfaßt haben, sondern solche von Lucan, Prudentius, Vergil und Statius, deren Aussagen Mathias als *testimonia poetarum* (Bl. 41ᵛ) ankündigt. Diese Autoren repräsentieren Disziplinen, die zu den *studia humanitatis* gehören: die Geschichte und Poetik.

Ihre Beweisfunktion haben die angeführten Autoritäten nicht eingebüßt, doch dient das Zitat nicht mehr allein dazu, das Gesagte durch Anführung von Autoritäten zu stützen, sondern es wird wohl auch genutzt, um damit die eigene humanistische Orientierung an den Poeten zu dokumentieren. Dieses Interesse an den Poeten zeigen auch die Chronik durch die Einfügung von panegyrischen Reden, lateinischen Carmina oder humanistisch-gelehrten Exkursen und die Briefe, in denen Mathias Plautus, Vergil und Ovid zitiert.[180]

Die antiken Überlieferungen wurden im Spätmittelalter allmählich detaillierter und zugleich distanzierter, mit gleichsam antiquarischem Auge wahrgenommen.[181] Diese Wahrnehmung kennzeichnet „dann schließlich den ‚neuen' humanistischen Blick auf die Antike", wobei der Begriff der Distanz „gewiß ein unabdingbares Schlüsselwort", ist, „um die neue Einstellung zum Antiken zu definieren; es wird nunmehr als in sich geschlossene, getrennte und autonome Welt angesehen, organisiert durch eigene Regeln und durch eine ‚andere' Kultur".[182]

---

im Zeitalter der Renaissance, in: Geschichte der Textüberlieferung der antiken und mittelalterlichen Literatur 1: Antikes und mittelalterliches Buch- und Schriftwesen. Überlieferungsgeschichte der antiken Literatur, Zürich 1961, S. 511–580, hier S. 534–538; zum Dichterkanon bei Dante ebd. S. 516.

[180] PROBST, Petrus Antonius, S. 36. Die Briefe sind ediert von FRANZ FUCHS – VEIT PROBST (wie Anm. 9).

[181] "[. . .]; von der Evokation zur Reproduktion) könnte die schrittweise Aneignung der historischen Distanz erforscht werden", so SETTIS (wie Anm. 175) S. 175. Wie sich das Verhältnis zu antiken Autoren bei einem Autor verändern konnte, beschreibt ULRICH LEO, The unfinished *Convivio* and Dante's Rereading of the *Aeneid*, in: Mediaeval Studies 13, 1951, S. 41–64, hier S. 57–59, am Beispiel Dantes.

[182] SETTIS (wie Anm. 175) S. 175f. Die Veränderungen sind allgemein an humanistischen Kommentaren beobachtbar, etwa an dem des Jodocus Badius Ascensius zur ‚Consolatio Philosophiae' des Boethius. In den Worten *Nonnulli venerandum saeculis nomen gloriosae pretio mortis emerunt* sahen die Kommentatoren seit karolingischer Zeit eine Anspielung auf die Märtyrer der Kirche. „Badius widerspricht dieser ‚interpretatio christiana' und verweist

Diese Distanzbildung wiederum war überhaupt erst mit der zunehmenden Verschriftlichung von Wissen zu erobern, insofern nämlich, als die Entlastung von Gedächtnis erhebliche Steigerungen der Komplexität ermöglicht – nicht nur bezogen auf die schriftliche Organisation und gelungene Präsentation, sondern wohl auch bezogen auf die Reflexion von Wissen.

Unmittelbar verbunden mit diesem ‚neuen Blick auf die Antike' ist der von den Humanisten geforderte Respekt vor dem Original, das Bemühen um die Bewahrung seiner inhaltlichen und stilistischen Integrität,[183] und parallel dazu, das Streben nach einem an klassischen Autoren orientierten Stilideal. Das führt auch bei dem für die humanistischen Ideen offenen Mathias zu einem veränderten Umgang mit den Werken der antiken Vorbilder bzw. der zeitgenössischen humanistischen Dichter. Der humanistische Impetus des Mathias ist selbst im Detail greifbar.

Wenn Mathias etwa am unteren Rand des Blattes 158ʳ zur ‚Oeconomica' des (Ps.-) Aristoteles in der Übersetzung von Leonardo Bruni Aretino (Cpl 1010) eine Stelle aus einem der Briefe Platos zitiert, dann sollte dies dem im Text ausgeführten Sachverhalt zunächst einmal eine größere Solidität geben. Dadurch unterscheidet sich das Vorgehen des Mathias noch nicht von den Gewohnheiten typisch mittelalterlichen Zitierens. Doch anders als die erwähnten Aussagen Bedas und Vergils zu den Wetteraussichten im Cpl 1381, Bl. 177ʳ führt Mathias die Stellen nicht in freier Wiedergabe, und auch nicht ohne Angabe der Herkunft der Zitate an. Mathias zitiert die Partie aus dem Brief Platos vielmehr wörtlich, und dazu unter Verweis auf den betreffenden Brief: *Audi platonem in epistola sua quam scribit ad syracusas hisparino.*[184] Die nachfolgende, recht ausführliche Stelle hat Mathias zudem einer seiner Handschriften entnommen, in der sich die Briefe Platos in einer aktuellen, nach humanistisch-philologischen Kriterien konzipierten Übersetzung durch den italienischen Humanisten Leonardo Bruni Aretino befinden.[185] Hier verfuhr Mathias also selbst bei der Kommentierung

---

auf die heidnischen Exempla, die Boethius bei der Abfassung dieses Satzes vor Augen standen". Zitiert nach PAUL GERHARD SCHMIDT, Jodocus Badius Ascensius als Kommentator, in: Der Kommentar in der Renaissance, hg. von AUGUST BUCK und OTTO HERDING (Kommission für Humanismusforschung. Mitteilung I) Boppart 1975, S. 63–71, hier S. 67f., Zitat S. 68.

[183] Vgl. dazu etwa Leonardo Bruni Aretino in der Vorrede zur ‚Ethica nicomachea' in Cpl 1010. Von der Auseinandersetzung des Mathias mit den philologischen Gründen für eine Neuübersetzung zeugt die Tatsache, daß er sich die wesentlichen Argumente des Leonardo Bruni Aretino auf Bl. aᵛ notiert hat.

[184] Es handelt sich um den siebten Brief Platos an die Verwandten und Freunde Dions. Vgl. Die Briefe Platons, hg. von ERNST HOWALD, Zürich 1923, S. 52–127.

[185] Vgl. Cpl 1769, Bl. 141ʳ–179ʳ. Mathias zitiert nach Bl. 154ᵛ/155ʳ. Cpl 1010, Bl. 158ʳ: *Italiam siciliamque cum adiui. Haec fuit in ea loca prima profeccio mea. eo cum prouenissem rursus. beata illa quae circumferebatur uita Italicarum siccularumque mensarum plena. Nequaquam placuit michi bisque in die saturum fieri. et numquam per noctem iacere solum Et quicumque hanc uitam subsecuntur ex huiusmodi quippe moribus nemo omnium qui sub celo sunt: si in adolescentia illis innutriatur. quamuis natura optima sit. tamen ad rectam mentem euadere potest Temperatus certe numquam esse curabit. Eadem erit de ceteris virtutibus ratio*

eines Werks in dem Bewußtsein, auf den originalen, neue philologische Maßstäbe berücksichtigenden Wortlaut zurückgreifen zu müssen, um inhaltliche und sprachliche Entstellungen zu vermeiden. Nicht nur der Rückgriff auf die Übersetzung Brunis, auch die philologische Genauigkeit ist fraglos humanistisch gedacht.[186]

In einem anderen Beispiel spricht sich ein mehr rhetorisches Interesse an den klassischen Texten aus. Um die Lektüre antiker Autoren besser im Gedächtnis behalten zu können, empfahl die humanistische Pädagogik die Anlage von Florilegien. Sie legte außerdem nahe, einige Texte auswendig zu lernen und alle mit Randbemerkungen zu versehen. Nach dieser Methode verfuhr auch Petrarca, der nicht nur Glossen, Parallelstellen und Textverbesserungen vermerkte, „sondern mit Hilfe eines Systems von besonderen Zeichen und Verweisungen die Stellen kenntlich"[187] machte, die er in seinen eigenen Schriften meinte, wiederverwenden zu können.

Wohl überführt auch Mathias einzelne Schriften und Schriftteile in andere Zusammenhänge (Wien, ÖNB, Cod. 13428; Chronik), aber ein solches Verweissystem oder humanistische Exzerptsammlungen sind in seinen Büchern nicht zu entdecken. Von Randbemerkungen oder Textverbesserungen hat er allerdings reichen Gebrauch gemacht. Doch handelt es sich, von einer Ausnahme abgesehen, bei den Glossen gewöhnlich um Inhaltsverweise oder Ergänzungen, wie sie im gesamten Mittelalter üblich waren. So hat Mathias z. B. in Cpl 1720 an den Blattrand zur ‚Alexandreis' des Walter von Châtillon in Buch I und II durchgängig Angaben zum Inhalt der Bücher geschrieben. Auf Bl. 2ᵛ bis 5ʳ vermerkt er Hinweise auf die im Text enthaltene Ars regnandi, auf Bl. 5ᵛ hält er fest *Quomodo attenienses primo qui rebelles erant subiugauit et de thebanis et qualiter ab eo autem urbe deleti fiunt*, Bl. 6ʳ verweist er auf den *Cantus Cliadis*, auf *peleus* und *Cliades* und markiert auf diese Weise seinen Text bis Bl. 14ʳ, wo er sich zuletzt *De fuga, de falso rumore praelato ad darium quomodo allexander fugeret* notiert.[188]

Ciuitas autem ⟨nulla⟩ natura consistet umquam nec leges eam seruare poterunt ulle si ita instituti sint ciues. ut cuncta in superfluos. sumptus eroganda existiment. Die Briefe Platos in der Übersetzung durch Leonardo Bruni besaß Mathias in einer Abschrift, die er, wie die Ergänzungen von seiner Hand zeigen (Bl. 150ʳ, 152ʳ, 154ᵛ, 160ᵛ, 163ʳ, 166ʳ, 178ᵛ), mit einer anderen Abschrift genau verglichen hat.

[186] Vergleichbar verfährt Mathias mit einer Stelle aus dem ‚Amphitruo' des Plautus, die er in einem Brief an Petrus Antonius Finariensis (Erlangen, UB, Ms. 659, Bl. 107ʳ–109ʳ, hier Bl. 109ʳ) zitiert. Vgl. dazu den Quellenhinweis von FUCHS – PROBST (wie Anm. 9) S. 95, Anm. 73. Auch in diesem Fall hat Mathias aus seiner eigenen Handschrift zitiert, wie der Vergleich mit Cpl 1769, Bl. 225ʳ erweist. – Von der Auseinandersetzung des Mathias mit den philologischen Gründen für die Neuübersetzung zeugt auch der Nachtrag des Mathias, der den Inhalt des Prologs von Leonardo Bruni skizziert (Cpl 1010, Bl. aᵛ).

[187] BUCK (wie Anm. 142) S. 141.

[188] STUDT, Fürstenhof, S. 333 bewertet die Inhaltsverweise anders: „Die Taten, Reden, Kämpfe, zeremoniellen Akte des Herrschers Alexander interpretiert Matthias in seinen Marginalien als praktische historische Exempla politischen Handelns, die auch für seinen eigenen Fürsten gelten konnten". Keine der Inhaltsangaben wurde von Mathias kommentiert; es spricht folglich nichts dagegen, sie als bloße Verweise auf den Inhalt zu verstehen.

Ganz ähnlich verfährt Mathias auch in Codex 125: er hält am Blattrand aus den Satiren des Juvenal diejenigen Stellen fest, die ihm aus irgendwelchen Gründen der Erinnerung wert erschienen. Aber ergänzend zu den Kontextverweisen notierte er auch stilistische Verweise, deren Kenntnis, ganz im Sinne der humanistischen Forderung, der Ausbildung der eigenen Schreibweise oder sogar Dichtpraxis dient. Die Satiren des Juvenal hat Mathias auf rhetorische Figuren hin durchgearbeitet und diese am Blattrand ausgeschrieben. Bl. 14^r wird z. B. auf *ironia* hingewiesen, Bl. 14^v auf *Endiadis* und *Emphasis*, Bl. 19^r auf *Sinodoche* [!], und so fährt Mathias bis zum Schluß fort. Darin dokumentiert sich jedenfalls ein humanistisch-rhetorisches Interesse, das sich nicht nur auf die *res*, auf die ebenfalls einige Notizen verweisen, konzentriert, sondern auch auf die literarischen Qualitäten der Satiren.[189]

Neu in die Diskussion gerät im Heidelberger Kreis auch das Verhältnis zur Autorität. So hebt z. B. Stephan Hoest[190] in seinen Reden hervor, daß es auf jedem Gebiet mehrere Autoritäten gebe, diese aber mit der Zeit von größeren Männern übertroffen werden können. Die Einschätzung ist tendenziell der des italienischen Humanisten Coluccio Salutati vergleichbar, der in einem Brief an Poggio Bracciolini aus dem Jahr 1405 u. a. beweisen wollte, daß Petrarca der Autorität antiker Schriftsteller nicht nachgesetzt werden dürfe.[191] Salutati schreibt: „Ich bin dafür, daß wir diesen ganzen Autoritätsglauben, diese unberechtigte Hochschätzung des hochgerühmten Altertums endlich abschaffen, und ich wünsche, daß Du Dich von Deiner Auffassung über die Würde und den Vorrang der zeitlichen Priorität ein für allemal, wie es billig ist, befreien mögest. Ausschlaggebend in diesem Wettstreit soll nur das Wissen, nicht das Alter sein".[192] Poggio vertrat in dieser Kontroverse eine Auffassung, die sich in der Frage der Nachahmung vorbildlicher Sprachmuster streng am Stil Ciceros orientierte. Im Vergleich mit dieser mustergültigen Latinität erschien ihm die Ausdrucksfähigkeit Petrarcas unterlegen, während Salutati nicht nur den Philosophen Petrarca bewunderte, der allein schon wegen seines christlichen Glaubens den heidnischen Autoren überlegen sei, sondern auch davon überzeugt war, daß

---

[189] Die Stilfiguren könnte Mathias auch im Rahmen einer Rhetorik-Vorlesung angemerkt haben, innerhalb derer Texte oftmals vorgelesen und interpretiert wurden, damit die Lernenden ihre Exemplare verbessern und mit Worterklärungen versehen konnten. Mathias hat in diesem Codex das Jahr 1465 vermerkt, und zu dieser Zeit nahm er möglicherweise noch, wie sein ebenfalls 1465 datierter Prüfungsvortrag in Cpl 870 vermuten läßt, an Veranstaltungen der Heidelberger Universität teil. Zum Lehrbetrieb vgl. BOCKELMANN, Metrikvorlesung, S. 35–39. – Auf das Interesse am stilistischen Sprachniveau verweisen auch die Bewertungen, die Mathias in die Register von Cpl 870 und 1769 einfügt. Vgl. dazu den Abschnitt zu den Registern und Glossen im vorliegenden Beitrag.
[190] Eine Biographie des Stephan Hoest gibt BARON (wie Anm. 52).
[191] Vgl. dazu BARON (wie Anm. 52) S. 54f.
[192] Zitiert bei BARON (wie Anm. 52) S. 55.

durch die ängstliche Nachahmung antiker Vorbilder die Ausbildung eines eigenen unverwechselbaren Stils behindert werde.[193]

Reflexionen über die Frage der ‚richtigen' Vorbilder sind von Mathias nicht überliefert; wir wissen nicht einmal, ob er die Kontroversen der italienischen Humanisten zum Prinzip der *imitatio* überhaupt kannte, doch ist ihm Petrarca immerhin Autorität genug, um zitiert zu werden, wenn er, buchstäblich in dessen Worten, eine Einladung zu einem Gastmahl formuliert. Zu den puristischen ‚Ciceronianern' gehörte Mathias somit jedenfalls nicht.[194] Diesen Text, der einen Brief Petrarcas wiedergibt, hat Mathias auf dem leeren Blatt einer Lage in Cpl 1769 notiert (Bl. 190^v),[195] und ihn für seine eigenen Zwecke geringfügig abgewandelt. Den ursprünglichen Adressaten[196] änderte Mathias ebenso wie die Datumszeile ab und konzipierte damit die Einladung eines Poeten, der einen *Jacobus* zu einem Gastmahl bittet: Ad *Jacobum. pontificij iuris baccalaureum ut ad poeticam cenam veniat*. Auf Horaz, Juvenal und Plautus in wenigen Zeilen gleichzeitig anspielend, wird dem Gast nahegelegt, wegen der in Aussicht gestellten, schwer zu kauenden und kargen Mahlzeit robuste Zähne mitzubringen. Nicht das Mahl, sondern gelehrte Gespräche sollten den Anlaß zu einem Treffen geben. Ort und Datum der Abfassung hat Mathias durch folgende Angabe ersetzt: *in lecto podagrico*. Die Gicht, unter der Mathias lebenslang litt und die er auch in seinen Schriften immer wieder erörtert und beklagt, steht, und das war auch im Mittelalter bekannt, in einem Kausalzusammenhang mit allzu üppiger Ernährung und, wie man außerdem glaubte, mit einem ausschweifenden Liebesleben.[197]

---

[193] Die Kontroversen unter den italienischen Humanisten beschreibt HERMANN GMELIN, Das Prinzip der imitatio in den romanischen Literaturen der Renaissance (1. Teil), Erlangen 1932; zu Salutati und Poggio S. 180. Der Briefwechsel zwischen Poggio und Salutati ist ausführlich dargestellt bei ERNST WALSER, Poggius Florentinus. Leben und Werke (Beiträge zur Kulturgeschichte des Mittelalters und der Renaissance 14) Leipzig – Berlin 1914, bes. S. 29–38. In einer zeitlich früheren Epistel aus dem Jahr 1374 hatte Salutati Petrarcas Eloquenz sogar über die der antiken Vorbilder gestellt. Diese Epistel bildete den Anlaß für den nachfolgenden Briefwechsel zwischen Poggio und Salutati.

[194] Daß Mathias in seinen Briefen nie Cicero zitiert, wird allerdings eher darin begründet sein, daß er die Ausgaben seiner Schriften nicht zur Verfügung hatte. Er selbst besaß möglicherweise tatsächlich nur die deutsche Übersetzung von ‚De officiis' in Cpl 1814.

[195] Der Brief ist abgedruckt bei BARON (wie Anm. 157) S. 95. Den Hinweis auf den tatsächlichen Autor bei PELLEGRIN, Manuscrits, S. 408, haben BARON (wie Anm. 157) und STUDT, Fürstenhof, S. 44 und 328f. übersehen. Beide glauben, Mathias sei der Verfasser des Briefes. Der Brief des Petrarca bei VITTORIO ROSSI (Hg.), Francesco Petrarca. Le familiari, vol. 1: Introduzione e libri I–IV con un ritratto e sei tavole fuori testo (Edizione Nazionale delle opere di Francesco Petrarca X) Firenze 1933, hier liber II, S. 99.

[196] Petrarca richtete den Brief an Agapito di Stefano Colonna. Vgl. ROSSI (wie Anm. 195); BARON (wie Anm. 157) S. 95f. vermutet, daß „das Fest, worauf sich Jacob freuen soll, hauptsächlich aus dem Genuß der Phantasiebilder" der zitierten Dichter bestehe.

[197] In einem Brief an Mathias schlägt Petrus Antonius Finariensis als Heilmittel gegen die Gicht das Fasten vor und empfiehlt ihm dazu, häufig den Heiligenberg bei Heidelberg zu besteigen (Wien, ÖNB, Cod. 3244, Bl. 107^r).

Das in dem Brief Petrarcas beschriebene Mahl war für den wohl gegenwärtig von Schmerzen geplagten Mathias der Anlaß, ironisch eine solche Einladung auszusprechen. Der hier genannte *Jacobus* ist vermutlich Jacob von Lichtenberg, mit dem Mathias eine ganze Reihe von Gichtgedichten ausgetauscht hat, die er später in seine Chronik inserierte.[198] Jacob von Lichtenberg, der sich auch auf *Astronomia vnd Nigromancia verstunde*,[199] starb 1480. Auf seinem Epitaph wird er *advocatus. superior. in [. . .] argentina*[200] genannt.

Mathias gelingt in diesem Brief eine perfekte Simulatio; von ihm selbst sind allein die Adresse und die Schlußformel. Ähnlich verfährt er auch in seinen Briefen[201] und in der Chronik, wenn er größere Passagen aus den Reden, Schriften oder Briefen anderer zitiert. Oftmals genügt ihm auch nur der Nachweis von Anspielungen und Zitaten, und so bleibt es auf den ersten Blick bei einem Konglomerat philologischer Gelehrsamkeit. Die Unterschiede zur mittelalterlichen Verfahrensweise sind dabei eher graduelle, denn Mathias konzipiert seine Schriften wie auch die mittelalterlichen Autoren, die ihre Werke ebenfalls unter Verwendung vorliegender Quellen verfaßten. Eine veränderte Rezeptionshaltung zwingt jedoch zu einer anderen Handhabung der Quellen, und sie kennzeichnet auch das Vorgehen des Mathias: Das alte Prinzip der *compilatio* bleibt zwar erhalten, doch der Umgang mit den zitierten Werken hat sich gewandelt, wenn nun auf den vermeintlich unveränderten Wortlaut eines Textes zurückgegriffen wird. Mathias geht es dabei noch nicht, wie später etwa Erasmus[202], um die *imitatio* als Methode der geistigen Aneignung von Vorbildern zur Ausbildung des eigenen Stils in einer veränderten Zeit, sondern um die in seinem humanistischen Verständnis vollkommene stilistische Gestaltung einer Schrift. Ein theoretisches Bewußtsein für die Erörterung der *imitatio*-Fragen hat Mathias vermutlich noch nicht entwickelt, denn das *imitatio*- Prinzip, das die Nachahmung antiker Vorbilder fordert, führt bei ihm zu einem eher starren Abhängigkeitsverhältnis. *imitatio* bedeutet für Mathias die Kopie des Vorbildes, und die unbedingte Anwendung des Prinzips der *imitatio* scheint in einer recht formalen Auslegung der studia humanitatis begründet zu sein. Die Auflockerung dieses Abhängigkeitsverhältnisses und ein freier Umgang mit vorgegebenen Autoritäten sollte jedoch erst den späteren Humanisten gelingen.

---

[198] Abgedruckt bei KARL HARTFELDER, Analekten zur Geschichte des Humanismus in Südwestdeutschland, in: Vierteljahrsschrift für Kultur und Litteratur der Renaissance 1, 1886, S. 494–499. Zu den lehensrechtlichen Problemen, die Jacob von Lichtenberg mit Friedrich I. hatte, vgl. MENZEL, Regesten, Nr. 15, 59 und 79. Möglicherweise ist Jacobus auch identisch mit Jacobus de Lichtenberch canonicus s. Johannis Traiectensis, der 1439 in Heidelberg immatrikuliert wurde und über den nichts weiter bekannt ist. Vgl. TOEPKE, Matrikel 1, S. 222.
[199] J. G. LEHMANN, Urkundliche Geschichte der Grafschaft Hanau–Lichtenberg 1, 1862, Nachdruck Pirmasens 1970, hier S. 258.
[200] Ebd. S. 362, Anm. 924.
[201] Vgl. FUCHS – PROBST (wie Anm. 9).
[202] Zu Erasmus vgl. GMELIN (wie Anm. 193) S. 229–248.

Wenn Mathias allerdings eine fremde Rede als die eigene wiedergibt, dann definiert er auch seinen eigenen Standort: er weist sich in diesem Fall als Kenner Petrarcas und vor allem als Adept der *studia humanitatis* aus. Die anspielungsreiche Rollenübernahme gehört zur Inszenierung von literarischer Erudition wie sie in humanistischen Briefen und Schriften immer wieder begegnet.[203] Vor diesem Hintergrund versteht sich wohl auch seine Vorgehensweise bei der Konzeption seiner Chronik, wo er humanistische Reden und Gedichte von Zeitgenossen inseriert, ohne die Autoren namentlich zu nennen. Was allzu leicht als Plagiat, Einfallslosigkeit oder, wie im Fall der inserierten Lobrede Peter Luders auf Friedrichs I. Sieg bei Pfeddersheim, als Schmeichelei unter Konkurrenzdruck[204] interpretiert werden könnte, erweist sich als demonstrativer Sprachgestus unter Gleichgesinnten. Zur Vorbildhaftigkeit der zitierten Autorität kommt also eine weitere, in diesem Zusammenhang nicht zu unterschätzende Funktion hinzu: die der Gemeinschaftsbildung.[205]

Die ‚Rekonstruktion' der Antike

Die Werke der Antike werden im Verlauf des Spätmittelalters als Teile eines unwiederbringlich verlorenen, aber rekonstruierbaren Ganzen aufgefaßt, und im Zusammenhang damit wird nach alten Überlieferungszeugen gesucht.[206] Innerhalb dieses Prozesses werden auch die durch Interpretationen und fortwährendes Abschreiben entstellten antiken Texte in ihrer ursprünglichen Konzeption ‚rekonstruiert'. Von den neuen humanistischen Übersetzungsbemühungen zeugen verschiedene Schriften des Mathias von Kemnat. Als Übersetzer hat Mathias offensichtlich besonders Leonardo Bruni Aretino, den Florentiner Humanisten und Kanzler geschätzt, denn von ihm besaß Mathias fünf Werke. Cpl 1010 enthält die Übersetzung der

---

[203] PAUL JOACHIMSOHN, Frühhumanismus in Schwaben, in: Württembergische Vierteljahrshefte für Landesgeschichte NF 5, 1896, S. 63–126. S. 80 betrachtet die wörtlichen Entlehnungen aus Schriften des Enea Silvio, Petrarca und Poggio in den Briefen Hartmann Schedels und Sigmund Gossembrots als „einen gemeinsamen Zug des ganzen älteren deutschen Humanismus, der [...] noch eine genauere Darlegung verdient".

[204] Vgl. STUDT, Fürstenhof, S. 313, Anm. 422. Als Plagiat bezeichnet GUIDO KISCH, Studien zur humanistischen Jurisprudenz, Berlin – New York 1972, S. 89, Anm. 15, die Übernahme dieser Lobrede in die Chronik. Die Lobrede auf Friedrich den Siegreichen ist der Antrittsrede Peter Luders integriert, die er am 11. Februar 1458 in Heidelberg gehalten hat.

[205] In ähnlicher Weise, aber wohl in anderer Absicht änderte nur der italienische Exulant C. S. Curio Mitte des 16. Jahrhunderts einen Brief des Paulus Manutius an Mutius Calinus ab (datiert Venedig, 3. Juli 154‹5›), um ihn einem Druck voranzustellen. Dazu BEAT RUDOLF JENNY, Die Amerbachkorrespondenz. Von der humanistischen Epistolographie zur bürgerlichen Briefstellerei, in: Der Brief im Zeitalter der Renaissance, hg. von FRANZ JOSEF WORSTBROCK (Kommission für Humanismusforschung. Mitteilung IX) Weinheim 1983, S. 204–225, hier S. 213f.

[206] Zu den teilweise in Italien von der Kurie und den Fürsten finanzierten Aufträgen, in den Klöstern nach alten Büchern zu suchen, vgl. RÜDIGER (wie Anm. 179) S. 522–525 und 544–546.

‚Ethica nicomachea' des Aristoteles, in deren Vorrede[207] Leonardo einige der zu seiner Zeit vorhandenen mangelhaften Übersetzungen kritisiert, da sie die Schönheit der aristotelischen Sprache verdorben und den Inhalt der Schrift verfinstert hätten.[208] In der gleichen Handschrift befindet sich die Übersetzung der ‚Oeconomica' des Pseudo-Aristoteles. Weiter sind in Cpl 1769 die bereits erwähnten Übersetzungen von Platos ‚Epistolae' und außerdem seines ‚Phaedrus' aufgezeichnet sowie in Cpl 1814 die Briefe des Phalaris.

Als ‚Rekonstruktionen', wenn auch nicht im Sinne neu durchdachter philologischer Kriterien, könnte man auch die Vervollständigungen älterer Texte bezeichnen, die Mathias in einigen Fällen selbst vorgenommen, in anderen möglicherweise in Auftrag gegeben hat. In Cpl 1581 sind einige Zeilen, die auf den Blättern 14 und 15 der ‚Consolatio philosophiae' des Boethius fehlten, von Mathias' Hand ergänzt. Die ‚Consolatio' wurde im 10. Jahrhundert abgeschrieben. Ebenfalls von einer Hand des 15. Jahrhunderts vervollständigt wurde die um 1400 abgeschriebene ‚Alexandreis' des Walther von Châtillon in Cpl 1720, der zu Beginn einige Blätter fehlten (Bl. 1-6). Solche ‚Rekonstruktionen' beschränken sich jedoch nicht auf Geschichtswerke oder moralphilosophische Schriften, denn in Cpl 1370 wurde auch die im 14. Jahrhundert notierte astrologische Abhandlung (‚De iudiciis astrologiae') von der Hand des Mathias vervollständigt. Hier sind der letzte Absatz und die Datierung auf Bl. 77^{r-v} hinzugefügt. Ebenfalls vervollständigt wurde die Abhandlung ‚De quindecim stellis, tot lapidibus, tot herbi et totidem figuris' des Hermes[209] in Cpl 1438, die sich in einem Faszikel des 14. Jahrhunderts befindet. Die fehlenden Anfangsteile wurden Bl. 44^{r-v} von einer Hand des 15. Jahrhunderts ergänzt. An dem in diesen Fällen beobachtbaren Bemühen um den Erhalt und das Bewahren alter Codices dokumentiert sich erneut die veränderte Sicht auf die ‚Ruinen' der Vergangenheit. Von Trümmern oder Überresten der antiken Götter

---

[207] Die Vorrede ist abgedruckt bei BARON (wie Anm. 124) S. 76–81. ALEXANDER BIRKENHEIMER, Vermischte Untersuchungen zur Geschichte der mittelalterlichen Philosophie, Münster 1922, S. 129ff., erörtert einen Streit, den die Vorrede („ein Manifest des Humanismus gegen die mittelalterliche Übersetzungstätigkeit", S. 130) zwischen Leonardo und Alonso von Cartagena ausgelöst hat.

[208] Beispiele für verderbte Überlieferungen gibt es sicher auch in den Büchern des Mathias. Kontaminationen, selbständige Korrekturen und Änderungen sind in den vorwiegend indirekten Überlieferungsformen der Unterrichtsnachschriften, den *reportationes*, oder in den Pecienhandschriften, die sich auch in Mathias' Besitz finden, sicher die Regel, wurden sie doch vielfach mit ganz anderen Intentionen angefertigt als die antiken Texte. Die handschriftliche Überlieferung hatte sich inzwischen vor allem deswegen weit vom originalen Wortlaut entfernt, weil man durch Zusätze und Glättungen die möglicherweise schwer verständlichen Texte lesbarer machen wollte.

[209] Hermes Trismegistos gilt unter Humanisten wie Ficino oder später Reuchlin als Urweiser, der neben Orpheus, Aglaophemos, Pythagoras, Philolaos und Plato in der Tradition den „Quell aller wissenschaftlichen Wahrheit" repräsentiert. Vgl. WILHELM MAURER, Der junge Melanchthon zwischen Humanismus und Reformation 1, Göttingen 1967, S. 100f., Zitat S. 100. Ob die Vervollständigung gerade dieses Textes auf eine solche Einschätzung zurückzuführen ist, kann angesichts der weiten Verbreitung der Hermes zugeschriebenen Schriften während des gesamten Mittelalters kaum entschieden werden.

die er selbst gesehen habe, spricht auch Mathias in seiner ‚Elegia podagrici'
(sic!):

> *Perlege fata libens mea tu, studiose viator,*
> *Hesi principibus, morem quibus illico gessi,*
> *Sectatus bella, sectatus queque petita,*
> *Non terrae modo, sed fluuiorum damna subiui,*
> *Nonnunquam venabar ego. loca plurima lustrans,*
> *Reliquias superum longe plerasque reuisi*
> *Et Venus inmenso mea pectora uulnere lesit [...]*[210]

Mit der Neubewertung der Antike und ihrer Autoren setzte auch die Suche nach alten Überlieferungszeugen in den Klöstern und das Interesse an der Wiederauffindung vergessener, antiker Werke ein. Von diesen Bemühungen zeugen die frühmittelalterlichen Codices, die Mathias sich in der Lorscher Bibliothek[211] und auf anderem Wege beschafft hat, und ebenso das nur indirekt nachweisbare Interesse an bislang unbekannten Werken wie dem bereits erwähnten ‚Persa' des Plautus, aus dem er zitiert, der aber nicht unter seinen Büchern nachweisbar ist. Manche Autoren, so Senecas ‚De beneficiis' und ‚De clementia' (Cpl 1547, 9. Jahrhundert) und Boethius ‚Consolatio philosophiae' (Cpl 1581, 10. Jahrhundert)[212] wird Mathias entsprechend den neuen, unter moralphilosophischen Aspekten beurteilten literarischen Vorbildern der Humanisten deshalb gelesen haben, da sie sowohl als Stilmuster maßgeblich waren als auch hinsichtlich der sittlichen Ausbildung einer Persönlichkeit innerhalb der Gesellschaft. Die Lektüre sollte gemäß den Zielen der *studia humanitatis* beides vermitteln. Nicht weniger bedeutsam wird für Mathias aber gewesen sein, daß es sich bei diesen Handschriften um alte, vom Mittelalter nicht oder doch weniger entstellte Überlieferungen handelt.

Das gleiche gilt für Cpl 886, in dem sich in dem von Mathias benutzten Faszikel Exzerpte aus den ‚Saturnalia' des Macrobius, aus der ‚Historia Augusta' des Spartian und von Fulgentius ‚De aetatibus mundi et hominis' (9. Jh.) befinden. In einem anderen Codex aus dem 9./10. Jahrhundert sind die Satiren des Juvenal (Montpellier, Cod. 125) aufgezeichnet. Sie bieten nicht nur Beispiele für tugendhaftes Verhalten, sondern auch die *miseria hominis*, die einander in der humanistischen Anthropologie von Anfang an gegenüberstehen. Insofern läßt sich auch diese Handschrift den humanistischen Interessen des Mathias subsumieren. Cpl 1341 (10. Jh.) dagegen enthält eine naturphilosophische Schrift wie den Kommentar des Macrobius zum ‚Somnium Scipionis'[213] und außerdem komputistische und ma-

---

[210] Die ‚Elegia' ist ediert bei HARTFELDER (wie Anm. 198) S. 494.
[211] Vgl. dazu das Kapitel zu den Besitzeinträgen und Ausleihvermerken.
[212] Eine moralphilosophische Schrift, die im 10. Jahrhundert in Lorsch abgeschrieben wurde, befindet sich auch im ersten Faszikel von Cpl 1579 (Fulgentius, ‚Expositio Virgilianae continentiae secundum philosophos morales').
[213] Zur humanistischen Polemik gegen die Naturwissenschaften in Italien vgl. BUCK (wie Anm. 142) S. 133–150.

thematische Schriften (Boethius, ‚De arithmetica'; Helperich von Auxerre, ‚Liber de computo').

Die Gegenstandsbereiche der Mathematik und Naturphilosophie selbst wird man nicht unbedingt als ‚humanistische' bezeichnen dürfen, aber das philologische Interesse, Wissenschaft auf der Grundlage alter Texte zu betreiben, ist es gewiß. Das Sammeln älterer mathematischer und naturwissenschaftlicher Schriften wie der eben genannten Texte in Cpl 1341 aus dem 9. und 10. Jahrhundert mit dem frühen Überlieferungszeugen des Computus von Helperich oder der Auszüge aus der ‚Naturalis historia' des Plinius in Cpl 1577 aus dem 11. Jahrhundert, läßt annehmen, daß der Rückgriff auf diese alten Textzeugen – und das wäre echt humanistisch gedacht – die Richtigkeit einer mathematischen Theorie oder die Beobachtung eines Naturprozesses für Mathias mehr noch gewährleistet hat als die Abschriften aus dem 15. Jahrhundert. Überlegungen zu diesen Fragen sind von Mathias nicht bezeugt, doch setzte auch im mathematisch-naturwissenschaftlichen Bereich die philologische Textbearbeitung und Wiederherstellung von Originalen schon im 15. Jahrhundert ein.[214]

Wie im Fall der Vervollständigungen alter Textzeugen, die alle Disziplinen einschließen, zeigt sich auch hier, daß die Beschäftigung mit der Naturwissenschaft in das humanistische Wissenschaftsverständnis des Mathias einbezogen ist. Als Träger von Wissen und Tradition kam dem naturwissenschaftlichen Buch offensichtlich eine ähnliche Bedeutung zu wie den *studia humanitatis*, und ganz im Sinne des Enea Silvio und später des Rudolf Agricola, Conrad Celtis und Johannes Reuchlin, wird Bildung unter Berücksichtigung aller Wissenschaften gesehen.[215]

Der *mathematicus* Friedrichs I.

In denjenigen Büchern des Mathias, in denen vor allem astrologisch-astronomische Schriften gesammelt sind, begegnen gleichfalls Namen, die sich

---

[214] So hatte z. B. Kardinal Johannes Bessarion (1395-1472) Georg Peuerbach (1423-1462) 1462 nach Rom eingeladen, damit er die unverfälschten griechischen Originale mathematischer und astronomischer Schriften studieren konnte. Diese Studien hat erst sein Schüler Regiomontanus aufgenommen, da der Tod Peuerbachs im Jahr 1462 die Reise nach Rom verhinderte. Dazu und zu den neuen lateinischen Übersetzungen, etwa des ‚Almagest' von Ptolemaeus oder der ‚Elemente' des Euklid, die im 15. Jahrhundert in Italien gedruckt wurden, vgl. Fritz Krafft, Der Naturwissenschaftler und das Buch in der Renaissance, in: Das Verhältnis der Humanisten zum Buch, hg. von Fritz Krafft und Dieter Wuttke (Kommission für Humanismusforschung. Mitteilung IV) Boppard 1977, S. 13–45, hier S. 28–30.
[215] Zur Bewertung der Wissenschaften bei den genannten Autoren vgl. Dieter Wuttke, Beobachtungen zum Verhältnis von Humanismus und Naturwissenschaften im deutschsprachigen Raum, in: Der Weg der Naturwissenschaft von Johannes von Gmunden zu Johannes Kepler, hg. von Günther Hamann und Helmuth Grössing (Österreichische Akademie der Wiss., philos.-hist. Kl., Sitzungsberichte, 497) Wien 1988, S. 119–138, hier S. 137. Wuttke schließt mit dem Fazit: „Im deutschen humanistischen Lager gibt es im 15./16. Jahrhundert keine Trennung von Humanismus und Naturwissenschaft" (S. 138). In diesem Sinne auch Krafft (wie Anm. 214) S. 22ff.

mit Personen aus seiner unmittelbaren Umgebung verbinden lassen. Mit den Förderern der *studia*, die sich in der Umgebung des Heidelberger Hofes aufhielten, sind sie allerdings nicht identisch. Unter den Personen, die vor allem im Zusammenhang mit den Nativitäten genannt werden, erfahren nun die Mitglieder der kurfürstlichen Familie besondere Berücksichtigung.

Dem universitären Schrifttum zum Recht vergleichbar, umfassen die astrologisch-astronomischen Handschriften neben rein Wissenschaftlichem auch Texte und Schemata, die sich den Tätigkeiten des Mathias für den Hof verdanken. Die Inhalte dieser Bücher erstrecken sich von wissenschaftlichen Abhandlungen und Berechnungen bis hin zu Literarischem. Bei dem größeren Teil der Aufzeichnungen handelt es sich wohl um Abschriften vorhandener Texte, allein von dem Computus in Cpl 1370 ist bekannt, daß Mathias ihn selbst konzipiert hat.

Von der Hand des Mathias sind vor allem elementare Daten und Berechnungen aufgezeichnet, die benötigt werden, um etwa Prognostiken erstellen zu können. Grundlagenwissen dafür bildet die Bestimmung der Zeit, die als qualitativ verschieden aufgefaßt wurde und die auf komplizierte Weise mit den irdischen Dingen verknüpft schien. Die Ermittlung verschiedener Zyklen (die Umläufe von Sonne, Mond und den anderen Planeten; die Aufgänge der Fixsterne) oder die Fixierung sichtbar gewordener Kometen dient letztlich der Qualitätsbestimmung eines jeden Augenblicks. Mit diesen Fragen setzen sich zahlreiche Abhandlungen in den astrologisch-astronomischen Sammelhandschriften auseinander. Dazu gehören die zahlreichen Traktate über astronomische Instrumente (Astrolab, Quadrant), mit Hilfe derer die Stellung des Fixsternhimmels, bzw. der Sonne, des Mondes und der Planeten ermittelt werden konnte.[216] Drehbare Scheiben für verschiedene geographische Breiten, die in die Astrolabien eingelegt werden konnten, ermöglichten es, für jede beliebige Stunde und jeden gewünschten Tag die Stellung der Gestirne gegen den Horizont abzulesen und – was für den Astrologen besonders wichtig war – z. B. den Untergang der Tierkreiszeichen zu berechnen. Instrumente wie das Astrolabium und der Quadrant dienten außerdem zu Wetterbeobachtungen und -prognosen.

Auch die Festlegung des Aszendenten, des jeweils über dem Horizont aufsteigenden Punktes oder des Grades der Ekliptik, ist für die Vorherbestimmung zukünftiger Ereignisse von fundamentaler Bedeutung. Mehrere Tabellen und Abhandlungen in Cpl. 1370, 1381, 1438 veranschaulichen eben solche Berechnungen, die letztlich eine Vorarbeit zur Schicksalsbestimmung der Neugeborenen (Nativität) darstellen. Zahlreiche Aufzeichnungen in den astrologisch-astronomischen Sammelhandschriften beschäftigen sich mit den Stellungen der Planeten zueinander, mit den Konjunktionen (Zusammenstand bestimmter Planeten) und mit den *radiationes*

---

[216] Der Quadrant, eine Weiterentwicklung des Astrolabs, dient in erster Linie zur Messung der Sonnenhöhe, etwa um die Tageszeit ermitteln zu können. Zu den Instrumenten vgl. ERNST ZINNER, Deutsche und niederländische astronomische Instrumente des 11. bis 18. Jahrhunderts, München 1956, S. 135–163.

oder Aspekten, die sich von jedem der 30° umfassenden Tierkreiszeichen ziehen lassen. Von den verschiedenen Figuren, die dabei möglich sind, handeln die Aufzeichnungen in Cpl. 1381, Bl. 107^v, u. a. von der Opposition, die durch Verbindung zweier diametral gegenüberliegender Zeichen (jeweils ein Zeichen in Verbindung mit einem Planeten) mittels einer Geraden entsteht. Weitere Konstellationen bilden das Trigonum, das drei Zeichen verbindende Dreieck, das die Zeichen im Gedrittschein zueinandersetzt, das Tetragonum, ein gezeichnetes Quadrat, das die Zeichen im Geviertschein zueinandersetzt und schließlich das Hexagonum (Sechseck), wo sich die Zeichen im Sextilschein befinden.

Inwieweit die Astrologie tatsächlich als politische und persönliche Entscheidungsfindung für den Kurfürsten maßgeblich war, darüber lassen sich nur Vermutungen anstellen. Immerhin bezeugen die für die kurfürstliche Familie erstellten Horoskope in den Handschriften, daß Mathias als Astrologe am Heidelberger Hof eine beratende Tätigkeit ausgeübt haben muß. Die Mainzer Chronik wie auch die Reimchronik des Michel Beheim weisen Mathias außerdem als *mathematicus* des Kurfürsten aus, der seinen Dienstherren auf dessen Kriegszügen beratend begleitete.[217] Davon berichtet auch Mathias selbst im Prolog seiner Chronik und in seiner ‚Elegia podagrici'.[218]

Die Überlegungen, die Mathias in einem Brief äußert, der in dem Münchener Codex Clm 1817 überliefert ist, reflektieren seine Aufgaben bei Hof zwar nicht, sie bestätigen jedoch, daß er mit dem Erstellen von Prognostiken befaßt war. Der Brief gibt darüber hinaus eine Vorstellung davon, auf welcher Basis Mathias die prognostizierende Astrologie betrieb und wo er ihre Grenzen sah. Der von Mathias verfaßte Brief, der eine kritische Auseinandersetzung mit der *astrologia iudiciaria* überliefert, ist an den kurfürstlichen Notar, Johannes Prüß, gerichtet.[219]

Mathias erörtert hier, auf verschiedene vorangegangene Gespräche Bezug nehmend, die Unsicherheit der *astrologia iudiciaria*. Er äußert sich verächtlich über die Pseudo-Propheten seiner Umgebung (Bl. 1^{r-v}), die für Fürsten und sogar gelehrte Personen, wie er sagt, Prognostiken erstellten, um einen Gewinn damit zu machen. Besonders einem Astrologen namens Heinrich, der in kurzer Zeit zu großem Ansehen gelangt sei, wirft er zweierlei vor: erstens, daß er vorgäbe, über Kenntnisse zu verfügen, die der

---

[217] C. HEGEL, Die Chroniken der mittelrheinischen Städte. Mainz 2 (Chroniken der deutschen Städte 18) Göttingen 1968 (Nachdruck der Ausgabe von 1882), hier S. 51; die Chronik des Michel Beheim edierte HOFMANN, Quellen 2, S. 85. Vgl. dazu auch den Beitrag zur Handschrift in Wien, ÖNB, Cod. 13428 in dem vorliegenden Sammelband. – Wie eng verbunden Astrologie und Kriegsführung in jener Zeit gewesen sind, zeigt der von Kyeser kurz nach 1400 verfaßte ‚Bellifortis', dem neben Beschreibungen der einzelnen Kriegsmaschinen, Wassertechniken, Bauwerke und Waffen auch Verse über die Planeten und ihren Einfluß auf jegliches menschliche Beginnen integriert sind. Vgl. BERG – FRIEDRICH in diesem Band.
[218] Ediert bei HARTFELDER (wie Anm. 198) S. 494, V. 3; die Chronik ist herausgegeben von HOFMANN, Quellen 1, S. 4.
[219] Diesen Brief erwähnt erstmals HOLSTEIN (wie Anm. 23) S. 8f.

Mensch nicht haben könne, und zweitens, daß Pseudo-Propheten seiner Art die alten Autoritäten (Mathias nennt Ptolemaeus, Hali, Aomar, Alkabicius usw.) entweder nicht verstünden oder gar nicht kennen würden (Bl. 2^r). Schriften der genannten Autoren finden sich auch in den Büchern des Mathias.

Der Brief, der sich zunächst so liest, als würde Mathias diesem Teil der Astrologie äußerst kritisch gegenüberstehen – was er dann selbst im weiteren Verlauf der Argumentation immer wieder einschränkend verneint – endet dann mit einer von Mathias verfaßten Prognose. Seine Vorhersage unterscheidet sich allerdings von den zuvor zitierten. Mathias prognostiziert die zukünftigen Ereignisse des Jahres 1460 nicht als Hellseher (Bl.1^r) oder Traumdeuter (Bl.2^v), wie die im Brief angeführten Kollegen; er stützt sich dabei auch nicht auf eine Vision oder die Karten (Bl. 3^r), sondern bestimmt den Stand der Gestirne und legt die Konstellationen unter Berufung auf die vorhandenen und damit gültigen Aussagen der arabischen Autoritäten aus.

Mathias geht es in diesem Brief um eine Verteidigung der Astrologie, zu deren schlechtem Ansehen Scharlatane, wie die von Mathias kritisierten Kollegen, beigetragen hätten. Die Astrologie als Wissenschaft steht für Mathias sogar an erster Stelle; sie ist die bedeutendste unter den Wissenschaften: *Est enim perfectissima et sancta / cum nos (ut ptholomeus) ait in deum ducat* (Bl. 4^r). Und weil Gottes Urteile von den Menschen nicht zu begreifen und Vorhersagen überhaupt nur auf der Basis einer wissenschaftlichen Beschäftigung mit der Astrologie zu leisten seien, sagt er von sich selbst: *Quare mirum in modum discrucior* (Bl. 3^r). Das fordert Mathias auch von anderen Astrologen. Und selbstverständlich habe auch die Medizin den Einfluß der Gestirne zu berücksichtigen, meint Mathias unter Berufung auf Hippokrates, der gesagt habe, kein Mensch solle sich in die Hände von Ärzten begeben, die in der Astrologie nicht kundig seien (Bl. 4^v). Die unheilvolle, von Mathias erstellte Vorhersage wagt er schließlich Johannes nur deshalb zu übersenden, weil er einen Astrologen in seiner Nähe weiß (Bl. 5^r). An der Bedeutung der Astrologie und dem Ansehen, das den Astrologen gebührt, zweifelt Mathias folglich nicht; was er beklagt, ist allein deren Vulgarisierung, und was er fordert, ist die Verwissenschaftlichung der Astrologie, möglicherweise im Bemühen um eine Gleichstellung mit den *artes humanitatis*.[220]

Unter den sechs Handschriften und Drucken, die Werke der antiken, arabischen und jüdischen Astrologie sowie solche zur Astronomie und Rechenkunst enthalten, ist ein Codex, in dem ein anonymer Verfasser des 14. Jahrhunderts sich sehr viel kritischer zur Unsicherheit astrologischer Vorhersagen äußert als Mathias in seinem Brief an Johannes Prüß. Gleich-

---

[220] In Universitätskreisen war diese Bezeichnung, die den *artes liberales* nachgebildet ist, durchaus geläufig; vgl. HANS-FRIEDRICH ROSENFELD, Humanistische Strömungen (1350–1600), in: Deutsche Wortgeschichte 1, hg. von FRIEDRICH MAURER und HEINZ RUPP, 3., neubearb. Aufl., Berlin – New York 1974, S. 399–508, hier S. 406.

zeitig wird an einer Unterscheidung zwischen Astronomie und Astrologie festgehalten, die Mathias selbst nicht vornimmt.[221] In dieser mathematisch-astronomischen Handschrift (Cpl 1389), die in der zweiten Hälfte des 14. Jahrhunderts geschrieben wurde, wird an zwei Stellen unter Berufung auf Augustinus (Buch 7 der ‚Confessiones') und Isidor (Buch 3 der ‚Etymologiae') ausgeführt, daß ausschließlich die Beschäftigung mit den Bewegungen, Massen und der Natur der Himmelskörper vertretbar und nützlich sei (Bl. 25^{r}f. und 151^v). Die Astrologie, die sich mit den Wirkungen der Gestirne auseinandersetzt, wird als betrügerisch ausgewiesen und die Möglichkeit geleugnet, aus dem Lauf der Gestirne oder Planeten zu Vorhersagen zu kommen. Wie das besonders ausführliche, von Mathias selbst geschriebene Register zu dieser Handschrift erkennen läßt, hat Mathias diesen Codex überaus gründlich durchgearbeitet. Das Vorhandensein dieser Abhandlungen unter seinen Büchern läßt jedoch allenfalls die Bereitschaft zur kritischen Auseinandersetzung mit dem überlieferten Wissen erkennen, zeigen doch der oben genannte Brief und die Vielzahl der verzeichneten Prognostiken, daß für Mathias selbst die Wissenschaftlichkeit der prognostizierenden Astrologie außer Zweifel stand.[22] Schrift hat auch für Mathias zuallererst aussagenden und bewahrenden Charakter, wobei tradiertes Wissen hier den eigenen Standort unterscheidend bestimmt.

Von der Beschäftigung mit der Astrologie auf vorwiegend wissenschaftlicher Basis zeugt besonders Cpl 1381, der in der Mehrzahl theoretische Abhandlungen enthält. In dieser Handschrift sind vor allem Schriften der großen Autoritäten der Astrologie gesammelt, außerdem Abhandlungen zur Mathematik als Hilfswissenschaft für die astronomisch-astrologischen Studien, Schriften zum Bau diverser astronomischer und anderer Instrumente (Horarium, Astrolabium, Quadrant, Visierrute), Tabulae und Texte zur Komputistik. In lateinischer und gelegentlich in deutscher Sprache ist hier vor allem Wissen zu den exakten Wissenschaften aufgezeichnet, die im Quadrivium zusammengefaßt waren. Die prognostizierende Astrologie ist in dieser Handschrift von nur untergeordneter Bedeutung. Die Textzusammenstellungen in Cpl 1381 und 1389 bilden unter den Büchern des Mathias allerdings insofern Ausnahmen, als in den übrigen astrologischen Handschriften Werke zur prognostizierenden Astrologie im Zentrum des Sammelinteresses stehen. Sind in Cpl 1401 überwiegend lateinische Übersetzungen arabischer Werke zur *astrologia iudiciaria* aus dem 12., 14. und 15. Jahrhundert zusammengestellt, so enthält Cpl 1438 vor allem Prognostiken, die die jüngste Vergangenheit oder die Gegenwart betreffen. Einige

---

[221] Vgl. dazu etwa den eben zitierten Brief an Johannes Prüß.
[222] Mehrfach aufgezeichnete Texte, etwa zum Bau und Gebrauch eines Astrolabiums, oder von unterschiedlichen Autoren stammende Schriften gleichen Themas sind wohl in ähnlicher Funktion zu verstehen. Die wissenschaftliche Auseinandersetzung mit der Astrologie schloß offensichtlich auch eine kritische Zusammensicht unterschiedlicher Positionen ein. Das Sammeln verstreuten Materials hat vermutlich auch dazu gedient, Unstimmigkeiten aufzudecken, oder den Wert mancher überkommener Texte zu überprüfen, bzw. in Frage zu stellen. Zweifel an der Zuverlässigkeit der Autoritäten bilden dafür die Voraussetzung.

dieser Prognostiken hat Mathias selbst geschrieben, und einzelne dieser zumeist anonym überlieferten Traktate könnte er sogar verfaßt haben, wie die nun zu charakterisierende Kometenabhandlung nahelegt.[223] Wissenschaftlich, im Sinne des Mathias, ist auch dieser Traktat, der sich mit einer Kometenerscheinung des Jahres 1472 und ihrer Wirkung auf das irdische Sein befaßt. Ganz ähnlich wie in der Jahresprognostik der Münchener Handschrift Clm 1817 gefordert, trifft der Verfasser des Traktats keine Aussage, ohne sie mit einem Zitat aus den Werken der großen Autoritäten der Astrologie abzusichern – sei es hinsichtlich der Namensgebung, der Beschaffenheit des Kometen, seiner Entstehung oder Wirkung unter den jeweiligen Planetenkonstellationen und Tierkreiszeichen. Recht genau sind sogar Bücher und Kapitel der zitierten Schriften des Aristoteles, Hali, Ptolemaeus oder Albumasar angegeben.[224] Da in der Abhandlung vorwiegend Aussagen zur Natur des Kometen und lediglich allgemeinste Interpretationen seiner Wirkung unter der gegebenen Stellung des Gestirns getroffen werden, verbleibt die Prognose eher summarisch. In Bezug auf die eigene Zeit ist sie wenig aussagekräftig. Wohl werden z. B. Kriege vorhergesagt,[225] doch über die möglicherweise daran beteiligten Staaten oder Herrscher erfährt der Leser nichts; denn nicht die Vorhersagen stehen im Zentrum des Traktates, sondern die Auseinandersetzung mit der Natur und dem Wesen der Kometenerscheinung, deren Erörterung von einem entschieden wissenschaftlichen Interesse motiviert ist.

Auf Mathias als Verfasser des Kometentraktats deutet nicht nur die mit seinen eigenen Forderungen kongruierende Auffassung, die hier die Konzeption geleitet hat, sondern auch das Vorhandensein eines Druckes, der dem Codex vorgebunden ist und ebenfalls die Kometenerscheinung des Jahres 1472 zum Thema hat. Aus diesem Druck hat der Verfasser der handschriftlichen Abhandlung vor allem zu Beginn größere Teile wörtlich übernommen,[226] dann aber, verglichen mit dem Druck, wurden die Konstellationen, unter denen der Komet erschien, abgeändert, Zitate von weiteren Autoritäten ergänzt und außerdem einige im Druck genannte Aussa-

---

[223] Bl. 40^r–41^v; Überschrift Bl. 40^r: *De generatione Trice Siue Comete. qui Anno Cristi. 1472. In Ianuario apparuit.* Diesen und weitere Kometentraktate in Cpl 1438 erwähnt LYNN THORNDIKE, Some Tracts on Comets, 1456–1500, in: Archives Internationales d'Histoire des Sciences 11, 1958, N° 44, S. 225–250, hier S. 240. THORNDIKE gibt kurze Angaben zum Inhalt der Traktate; als von Mathias verfaßt identifizieren THORNDIKE wie auch CHERUBINI den hier erörterten nicht. Kurz zu den Kometentraktaten in Cpl 1438 auch PAOLO CHERUBINI, Giovanni da Itri: armigero, fisico e copista, in: Scrittura biblioteche e stampa a Roma nel Quattrocento. Aspetti e problemi. Atti del seminario 1–2 giugno 1979, a cura di C. BIANCA u. a., Città del Vaticano 1980, S. 33–63, hier S. 39f.

[224] Der Verfasser zitiert außerdem einen *Linconiensis* (Lincolniensis), der möglicherweise mit Robert Grosseteste identisch ist; vgl. dazu THORNDIKE, History 3, S. 120, 330. Das genaue Zitieren unter Nennung des Autors und der Stelle im Werk, wie es bei den Humanisten üblich wird, wertet RÜDIGER (wie Anm. 179) als „Folge der erhöhten Achtung vor dem Wort" (ebd. S. 549).

[225] Vgl. Bl. 40^v.

[226] Vgl. etwa Bl. 2^r mit Bl. 40^r oder Bl. 6^r mit Bl. 41^r.

gen anderen Autoren zugeschrieben.[227] Eine der Quellen für diese Abhandlung hat Mathias jedenfalls nachweislich zur Verfügung gestanden – was seine Verfasserschaft umso wahrscheinlicher macht.

Ein Nachtrag beschließt den Traktat. Er wurde von Mathias selbst vorgenommen. In diesem Nachtrag stellt er die schon erwähnten Aussagen des Lucan, Prudentius, Vergil und Statius zusammen, die in der gleichen Handschrift noch einmal – und zwar ebenfalls von seiner Hand – in den auf Bl. 68^v verbliebenen Schriftraum notiert sind. In dieser Reihenfolge und diesem Wortlaut hat Mathias sie in das kleine Kometenkapitel seiner Chronik übernommen.[228]

Eine Jahres- oder Wetterprognostik, die als von Mathias verfaßt kenntlich gemacht oder gar im Auftrag des Kurfürsten erstellt worden wäre, ist in keiner Handschrift als solche ausgewiesen. Mathias selbst hat in seine Bücher zwar auch einige Prognostiken (Jahresvorhersagen, Wetterprognostiken, Electiones, die Ägyptischen Tage) nachgetragen und etliche Horoskopschemata für Mitglieder der kurfürstlichen Familie und andere Personen notiert, die gelegentlich mit den erforderlichen Daten zum Zeitpunkt der Geburt und den jeweiligen Planetenkonstellationen verbunden sind. Mit einiger Wahrscheinlichkeit ist anzunehmen, daß die Prognosen der oft nachgetragenen und skizzenhaften Entwürfe der Nativitäten, die allerdings nirgendwo ausformuliert sind, auch von ihm vorgenommen wurden. Mathias hat in der Regel lediglich die wichtigsten Daten zur Berechnung eines Horoskops, gelegentlich sogar mehrfach, und nicht selten ohne das dazugehörende Schema in seine Bücher geschrieben (Cpl 1381, 1438).

Das von Mathias gesammelte Wissen um die verschiedenen Stellungen der Gestirne liegt etwa den Nativitäten zugrunde, die er für Kurfürst Friedrich I.,[229] für dessen Söhne,[230] für den Bischof von Speyer und kurpfälzischen Kanzler, Mathias Ramung,[231] für Johannes von Eberstein,[232] Ludwig den Reichen von Baiern-Landshut, den Schwiegervater Philipps des Auf-

---

[227] So im Fall des Leopold von Österreich, der dem Druck zufolge die unheilvolle Wirkung einer Kometenerscheinung im Zeichen der Waage beschrieben haben soll (Bl. 6^v), was im handschriftlichen Text Albumazar zugeschrieben wird (Bl. 41^r, im *ij capitulo de magnis coniunctionibus*). Im Druck heißt es Bl. 6^v: *Et secundum Leopoldum significat asperitatem Regis babilonie et uehementiam sue iniusticie et mortem regum occidentis. et multam mortem nobilium. et principum et effusionem sanguinum et* [...] Und in der Handschrift Bl. 41^r: *albumasar* [...] *scribit si* [...] *significatur mortem quorundam principum partis occidentalis et multitudinem mortis in principibus et nobilibus et effusionem sanguinis et* [...] Zu Leopold von Österreich vgl. Francis J. Carmody, Arabic Astronomical and Astrological Sciences in Latin Translation. A Critical Bibliography, Berkeley – Los Angeles 1956, S. 170f.
[228] Auf Bl. 41^v weicht die Reihenfolge im Vergleich mit der Chronik ab und die Zitate sind in der Handschrift länger. Das Kometenkapitel der Chronik ist ediert bei Hofmann, Quellen 1, S. 88.
[229] Cpl 1401, Bl. 111^r; Cpl 1438, Bl. 63^r.
[230] Cpl 1438, Bl. 75^v.
[231] Cpl 1438, Bl. 97^r. Zu Mathias Ramung vgl. Toepke, Matrikel 1, S. 197; Ders., Matrikel 2, S. 511, 529 und Ritter, Universität, S. 462f.
[232] Cpl 1438, Bl. 104^v. Hans von Eberstein wird in der Reimchronik des Michel Beheim als Verbündeter Friedrichs I. genannt (Hofmann, Quellen 2, S. 116, 117, 123, 127).

richtigen, und Ladislaus Postumus von Böhmen erstellt hat.[233] In Cpl 1438 (Bl. 124ᵛ) sind dazu Berechnungen der Aszendenten für Mathias Ramung, Kaiser Friedrich III. und Kurfürst Friedrich I. notiert. Neben einem Kalender (Bl. 188ʳ) befindet sich außerdem von der Hand des Mathias eine Notiz: *hic dixit wido quod jupiter esset in 16 gradu thauri jn natiuitate mea.* Diese Angabe bezieht sich vermutlich auf sein eigenes Geburtshoroskop.[234]

In Cpl 1381 (Bl. 2ʳ) befinden sich Notizen zum Tod Ludwigs IV. (13. 8. 1449), zum Regierungsantritt Friedrichs I. (21. 8. 1449) und auf Bl. 14ʳ die Daten zur Geburt Philipps des Aufrichtigen (14. 7. 1448), dazu noch einmal das Todesdatum seines Vaters, Ludwigs IV., und der Zeitpunkt des Regierungsantritts Friedrichs I. Diese Angaben hat Mathias auch in Cpl 1438 (Bl. 71ᵛ) notiert, hier allerdings ergänzt um den Termin eines Fechtkampfes zwischen Heinrich von Speyer und Paul Berenhainer mit tödlichem Ausgang, um die Geburtsdaten von Christopher und Johannes Bettendorfer[235] und um die der Söhne Friedrichs.

In den Handschriften sind die Nativitäten allerdings in keinem einzigen Fall ausgelegt. Ohne die daraus resultierende Interpretation besitzen alle diese Schemata und die Daten zur Geburt, zum Regierungsantritt oder Tod eines Mitgliedes der kurfürstlichen Familie, die Mathias z. T. mehrfach und in verschiedenen Handschriften aufgezeichnet hat, nur für den Astrologen selbst einen bestimmten Aussagewert. In ähnlicher Weise ‚erklärungsbedürftig' wie die Geburtsdaten und Horoskopschemata bleiben auch die geomantischen Figuren (z. B. Cpl 1438, Bl. 97ᵛ, für das Jahr 1456). Diese Schemata dienen ebenfalls allein dem Zweck, daraus eine Vorhersage zu gewinnen.[236]

Die Deutung eines Horoskops ist allein in der Chronik des Michel Beheim überliefert, der die Prosachronik, z. T. in Zusammenarbeit mit Mathias versifizierte.[237] Die Auslegung wird hier in erster Linie dazu benützt, die Vorzüge des Kurfürsten herauszustellen.[238] Das im Anschluß an die

---

[233] Cpl. 1438, Bl. 124ᵛ; Cpl 1401, Bl. 111ʳ.

[234] Bei der angesprochenen Autorität handelt es sich vermutlich um Guido Bonatti, einen Autor des 13. Jahrhunderts, dessen ‚Liber astronomicus' im 15. Jahrhundert immer wieder abgeschrieben wurde. In einem Codex aus dem Palatina-Bestand in Rom, in Cpl 1368, befinden sich Auszüge aus diesem Werk. Vgl. THORNDIKE, History 4, S. 83, 85–86, 250, 437, 452, 538, 541, 578, 584 und CARMODY (wie Anm. 227), hier S. 172.

[235] Die Familie der Bettendorfer, eine rheinische Adelsfamilie, wird in den kurpfälzischen Dienerbüchern genannt. Vgl. MANFRED KREBS, Die kurpfälzischen Dienerbücher 1476–1685, in: ZGO 94, 1942, S. m7–m168, hier S. m22, Nr. 165–168.

[236] Ein solches Verfahren erläutert die Vorrede Bl. 41ʳ in einem Heidelberger Losbuch aus dem Jahr 1492 (UB, Cpg 552). Dazu SOTZMANN (o. Vorname), Die Loosbücher des Mittelalters, in: Serapeum 11, 1850, S. 49–89 und 12, 1851, S. 305–342. In Cpg 832, Bl. 195ʳff., einem Codex aus dem Besitz Philipp d.A., befinden sich ebenfalls einige geomantische Figuren, hier verbunden mit Anleitungen zur Ermittlung und zum Gebrauch sowie den dazugehörenden Voraussagen, die sich aus den Schemata unter verschiedenen Fragestellungen ableiten lassen.

[237] Dazu SCHOLZ, Verhältnis, S. 166–174 und STUDT, Fürstenhof, S. 162–169.

[238] Die Auslegung ist abgedruckt und erörtert in der Untersuchung zur Wiener Sammelhandschrift Cod. 13428. Vgl. dazu THERESIA BERG und UTE VON BLOH in dem vorliegenden Band.

Interpretation verzeichnete Horoskop für Kurfürst Friedrich I. ist mit dem in Cpl 1401 (Bl. 111ʳ) weitgehend identisch, so daß sehr wahrscheinlich davon ausgegangen werden kann, Michel Beheim habe sich bei der Versifizierung auf eine Auslegung des Mathias gestützt.[239] Dies scheint die einzige Interpretation zu sein, die von Mathias überliefert ist, und sie zeigt zumindest, daß die Horoskopauslegungen am Hof vorhanden und verfügbar waren. Möglicherweise wurden sie auf einzelnen Blättern für den persönlichen Gebrauch notiert, die für die Nachfahren dann nur von geringem Wert gewesen sein dürften.

Das Horoskop in Cpl 1401 ist nur eine von verschiedenen Aufzeichnungen, die Mathias in anderen Zusammenhängen wiederverwendet hat (Wien, ÖNB, Cod. 13428; Abb. S. 277). Wie er sich den Zugriff auf derartige Schemata gesichert hat, ist unklar, denn in den Registern finden sie keine Erwähnung. Das Bemühen um die Verfügbarkeit des gesammelten Wissens ist den Handschriften dennoch abzulesen.

Schriftgebrauch und Organisation von Schrift
Register und Glossen

Mit der zunehmenden Verschriftlichung bildete sich im Mittelalter ein immer differenzierterer Schriftgebrauch aus. So erforderte die Nutzbarmachung des in Büchern und Bibliotheken erfaßten Wissens die Übersicht über den gesamten Textbestand. Dies konnte durch Systematisierung und Klassifizierung der Texte erreicht werden, und auch die Inhaltsübersichten, die Mathias seinen z. T. recht umfangreichen Textsammlungen, oft nachträglich beigegeben hat, dienten zunächst einmal dem Zweck, die Buchinhalte zu jedem Zeitpunkt rasch überschauen zu können.[240]

Mathias hat seine Bücher indes – was angesichts des unterschiedlichen Umfangs der Bücher nur naheliegend ist – nicht konsequent und schon gar nicht in gleichmäßiger Ausführlichkeit mit Angaben zum Inhalt versehen. Die voneinander abweichende Notierung der Buchinhalte verweist hier auf ganz unterschiedliche Funktionen solcher Angaben. Außerdem läßt sich

---

[239] In der Prosachronik des Mathias selbst ist die Deutung der Nativität nicht überliefert. Im Unterschied zu dem Horoskopschema in Cpl 1401 ist das in der Verschronik des Michel Beheim allerdings mit deutschsprachigen Inschriften versehen und die einzelnen Häuser sind gezählt. Vgl. Abb. S. 287 und Anhang 2 in BERG-VON BLOH in diesem Band.

[240] Es ist nicht auszuschließen, daß Mathias auch an spätere Benutzer gedacht hat, wenn er beabsichtigt haben sollte, seine Bücher testamentarisch der Bibliothek in der Heiliggeistkirche zur Verfügung zu stellen. Alle Humanisten haben ihre Bibliotheken äußerst bereitwillig zur Verfügung gestellt. Petrarca und Reuchlin hatten außerdem testamentarisch festgelegt, daß ihre Bücher in öffentlichen Bibliotheken zugänglich sein sollten. Vgl. WILLMS (wie Anm. 170) S. 40f. zu Petrarca und S. 73f. zu Reuchlin. Zur allgemeinen Entwicklung textsystematisierender Maßnahmen vgl. etwa MALCOLM BECKWITH PARKES, The Influence of the Concepts of Ordinatio and Compilatio on the Development of the Book, in: Medieval Learning and Literature. Essays presented to Richard William Hunt, edited by J. J. G. ALEXANDER and M. T. GIBSON, Oxford 1976, S. 115–141.

anhand der Inhaltsangaben gelegentlich nicht nur rekonstruieren, wie der ursprüngliche Umfang bestimmter Bücher beschaffen gewesen ist, sondern auch, welche Teile der Handschrift den Besitzer besonders interessiert haben, und bisweilen sogar, weshalb er einzelne Texte sammelte, aufschrieb oder aufschreiben ließ.

Die Bücher aus der Lorscher Bibliothek enthalten, da Mathias möglicherweise beabsichtigte, sie zurückzugeben, gewöhnlich nur knappe Hinweise auf ihre Inhalte. So vermerkte Mathias in Cpl 1341, Bl. 62^r, nur zwei Texte, den Kommentar des Macrobius zum ‚Somnium Scipionis' des Cicero,[241] und den ‚Liber de computo' des Helperich Antissiodorensis:

Glosa supra sompnio scipionis
Libellus calculatorie artis helbricj.

Die kurzen theologischen Texte, die Schriften zur Rechenkunst, die Verse über das Osterfestdatum, Schemata und Lehrfiguren – alle diese Aufzeichnungen bleiben unberücksichtigt, und ähnlich knapp sind die Inhaltsangaben auch in den übrigen Codices aus Lorsch.[242]

Eine Ausnahme bildet allein der Lorscher Codex, Montpellier Cod. Méd. 125. In ungewöhnlicher Genauigkeit hat Mathias hier die Inhalte jeder einzelnen Satire des Juvenal resümiert. Die kommentierende Inhaltsübersicht, die, dicht gedrängt, in den verbliebenen Schriftraum von Bl. 1^r geschrieben ist, beginnt: *In prima satira Juuenalis per totum agit de abusionibus romanorum In secunda inuehitur in adulteras opera muliebria exercentes. et in philosophos fictos qui alios corripere uolunt de vicijs et quibus* (das letzte Wort ist nicht mehr zu entziffern). Die Angaben werden bis zur letzten Satire fortgeführt. Gänzlich unberücksichtigt bleiben die Satiren des Persius, die sich ebenfalls in diesem Codex befinden. Da Mathias allein die Satiren des Juvenal mit Glossen versah und nur deren Inhalte festhielt, muß man annehmen, daß es besonders diese Schrift war, die sein Interesse fand.

Ein in anderer Weise ausführliches Register enthält Cpl 1389.[243] Die Handschrift überliefert eine aus unterschiedlichen Quellen kompilierte Zu-

---

[241] In Cpl 1577, einem frühmittelalterlichen Codex, der sich nicht sicher dem Kloster in Lorsch zuweisen läßt, kündigt Mathias auf Bl. 1^v u. a. den in dieser Handschrift verzeichneten Auszug aus dem Kommentar des Macrobius als von Cicero verfaßt an: *M. T. C. de somno* [!] *Scipionis*. Möglicherweise hielt er die Schrift des Macrobius für ein Werk Ciceros. Der ebenfalls enthaltene Auszug aus der ‚Naturalis historia' des Plinius findet in dem knappen Register dieser Handschrift keine Erwähnung. Dieses Exzerpt schließt sich dem Auszug aus dem Macrobius-Kommentar unmittelbar an, ohne daß der Beginn eines neuen Textes kenntlich gemacht worden wäre. Mathias hat vermutlich auch nicht gewußt, daß das zweite Exzerpt aus der ‚Naturalis historia' stammt.

[242] In Cpl 886 (Bl. 125^r und 164^r) und Cpl 1579 (Bl. 1^r), in beiden Fällen Handschriften bzw. Faszikel aus Lorsch, finden sich Inhaltsvermerke nur oberhalb der betreffenden Texte. Cpl 887, 1547 und 1581, drei Codices, die sich nicht sicher der Klosterbibliothek in Lorsch zuweisen lassen, enthalten gar keine Hinweise auf den Inhalt. In Cpl 1680 (Bl. II^r), einem Codex aus dem 15. Jahrhundert, steht ebenfalls nur ein kurzer Inhaltsverweis.

[243] Die ersten acht Blätter der Handschrift bilden vermutlich eine im 15. Jahrhundert beigebundene Lage. Auf den ersten vier Blättern befindet sich das Register (Bl. 1^r–4^r). Der Codex selbst wurde im 14. Jahrhundert geschrieben.

sammenstellung astronomischer und mathematischer Schriften. Der Inhalt des im 14. Jahrhundert geschriebenen Buches ist nicht nur detailliert aufgeschlüsselt, sondern jede Angabe in dem vier Blätter umfassenden Register ist zudem ergänzend mit den entsprechenden Blattangaben versehen. Dies ist die einzige unter den Handschriften des Mathias, die im Register auch die Blattzählung berücksichtigt. Um eine Übersicht über die umfangreiche Zusammenstellung zu erhalten, hat Mathias einen großen Teil der Textüberschriften in nur geringfügig abgewandelter Form ins Register übernommen und sogar die jeweiligen Berechnungen der chronologischen Tabellen zu Beginn der Handschrift im einzelnen aufgeführt. Bis etwa Bl. 116^v ist der Buchinhalt genau wiedergegeben, es fehlen allein die Sentenzen aus ‚De civitate dei' des Augustinus (Bl. 9^r). Der letzte Teil der astronomisch-mathematischen Kompilation (zum Bau eines Astrolabs) und alle nachfolgenden Texte sind nur noch summarisch, ohne Blattangaben, und beginnend mit: *De composicione kilindri et utilitate eius. 10ma pars*, zudem in vom Buchinhalt abweichender Reihenfolge, angeführt.[244] Aus nicht mehr rekonstruierbaren Gründen hat Mathias seine detaillierte Arbeit an einer bestimmten Stelle abgebrochen.

Die Register in Cpl 1370, 1381 und 1438, die Mathias alle im Jahr 1474 neu binden ließ, geben den jeweiligen Buchinhalt weitaus summarischer oder auch unvollständiger (Cpl 1381) an.[245] So wird etwa das umfangreiche deutschsprachige Planetenbuch aus der Werkstatt des Kaspar Engelsüß in Cpl 1370 folgendermaßen angekündigt (Bl. a):

> *Liber uulgaris translatus. Continet de firmamento. de xij signis.*
> *De ymaginibus celi numero: 48. De cometis et Judicijs Astrologie. Modus Judicandi Jn Astrologia. De xij signis. De planetis.*[246]

Mathias hat zu dem aus zahlreichen Kurztraktaten bestehenden Planetenbuch lediglich Stichworte notiert. Ein zeitlich früheres Register auf Bl. 64^r ist etwas ausführlicher und zeigt, daß die Texte bei der Neubindung umorganisiert wurden. So befinden sich die an erster Stelle angekündigten Texte von *Hali abenragel de signis 12^{cim} et septem planetis* heute Bl. 79^v-87^r und Bl. 59^{r-v}. Wie in Cpl 1438 (Bl. 1^r; Abb. S. 96) endet Bl. a das jüngere Register in Cpl 1370 mit dem summarischen Hinweis: *Et alia multa.*

Das Register in Cpl 1381 deutet darauf hin, daß seine Abfassung zeitlich vor der 1474 durchgeführten Neubindung der Handschrift erfolgt sein

---

[244] Die Schrift des Jordanus Nemorarius, ‚De planisphaerii figuratione propositiones cum glossa', wird an letzter Stelle im Register genannt (Bl. 4^r: *Demonstracio Jordiani pulcra in planisperio*), wurde aber im Anschluß an die mathematisch-astronomische Kompilation aufgezeichnet (Bl. 130^r-135^r). Die Abhandlung über den Bau und Nutzen einer Sonnenuhr, im Codex der Abhandlung über den Quadranten folgend, wird im Register als erste genannt usw. Ein Nachtrag aus dem 14. Jahrhundert über ein Instrument mit Zahnrädern und die Tafeln am Schluß der Handschrift sind im Register nicht erwähnt.
[245] Summarische Angaben hat Mathias auch zu den Inhalten von Cpl 1010, 1401 und 1814 notiert.
[246] In Cpl 1814 kündigt Mathias die Übersetzung von Ciceros ‚De officiis' im Register (Bl. 1^r) in lateinischer Sprache an: *Tulius officiorum In uulgarj.*

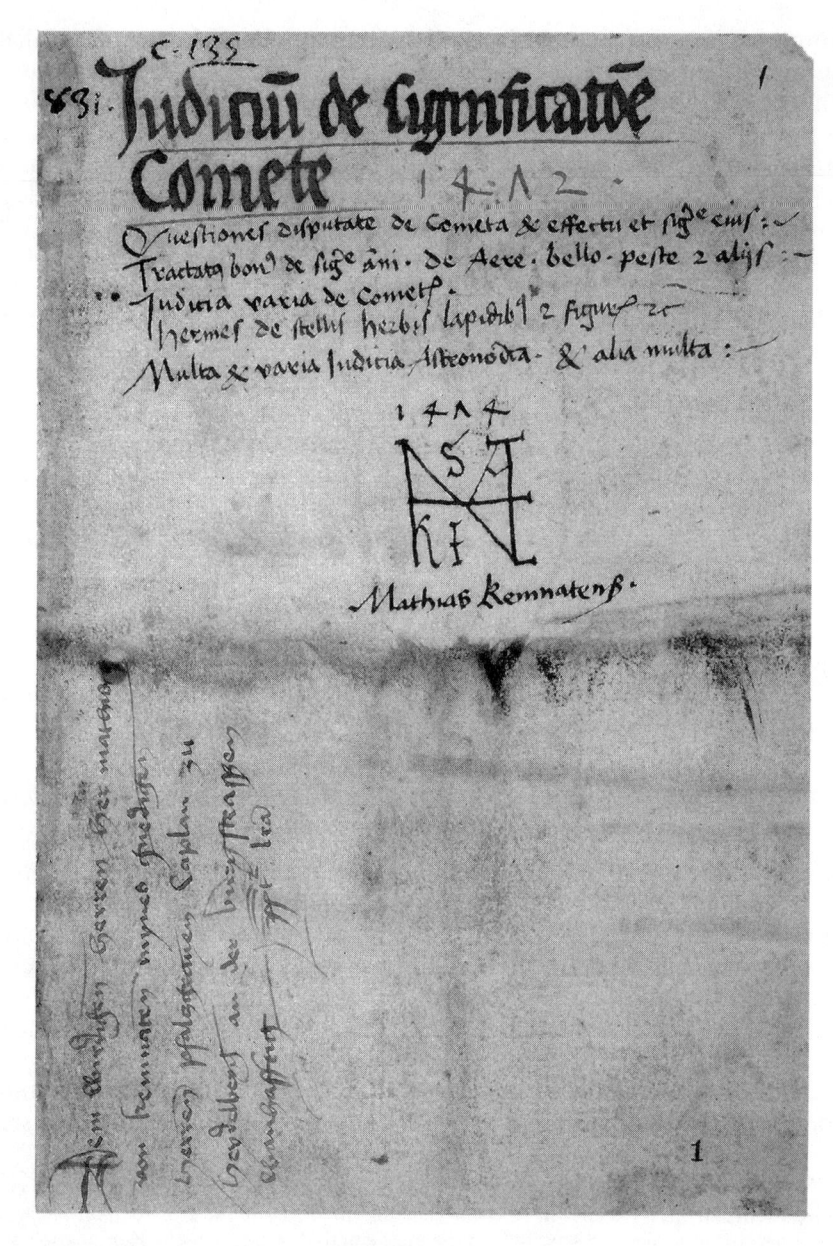

Rom, Bibl. Vaticana, Cpl 1438, Bl. 1ʳ: Inhaltsverzeichnis und Monogramm des Mathias von Kemnat

muß. Es erfaßt, beginnend mit den *Tabule partis proportionalis ad 60 minuta Et ad 6 gradus*, die Aufzeichnungen ab Bl. 124ʳ bis zum Schluß der Handschrift (Abb. S. 38). Die komputistischen Berechnungen und prognostischen Texte, das Kalendarium, die mathematischen Abhandlungen und Planetentraktate, die Aufzeichnungen zu astronomischen Instrumenten und die Tafeln für Reichenbach im vorderen Teil der Handschrift sind in diesem Register nicht aufgeführt. Anders als für Cod. 1370 und 1438 hat Mathias hier nach der Neubindung keine neue Inhaltsübersicht angefertigt.

Auch im Register von Cpl 870 differiert die Reihenfolge der Inhaltsangaben im Register mit der Abfolge der Texte in der Handschrift. Wenn das Register die Schriften mit den Titeln: *Recordacio theologice. ludus sacre pagine. promptitudo praedicandi. Vita contemplandi* (heute: Bl. 126ᵛ-131ʳ) als im Anschluß an die quodlibetarischen Disputationen[247] (heute: Bl. 144ᵛ-154ʳ) stehend ausweist, dann läßt dies wiederum Rückschlüsse auf die ursprüngliche Ordnung zu. Cpl 870 wird im Anschluß an die Abfassung des Registers noch einmal neu gebunden und um einzelne Texte ergänzt worden sein. Abweichungen gegenüber der Reihenfolge des Buchinhalts weist das Register bereits beginnend mit der *pulla aurea* auf.[248] Angekündigt sind die Inhalte der Handschrift dazu in eher unüblicher Weise.

In die Contentaliste dieses Codex Cpl 870, die auf Bl. aʳ notiert ist, übernahm Mathias oftmals die in der Handschrift vorhandenen Kapitelüberschriften; nicht immer stimmen diese jedoch mit dem Wortlaut des Registers überein. Insbesondere führt er Bewertungen ein. So kündigt er den Traktat des Hermann von Zoest über die Korrektur des Kalenders allein im Register als *multum elegans*[249] an und die Universitätsrede über die Septem Artes Liberales wie auch den Brief Peter Luders an Johannes Wenck[250] als *pulcra. Satis pulcra* nennt Mathias auch die ‚Laudatio philosophiae' des Peter Luder, die sich in Cpl 1769 (Bl. 129ʳ-135ᵛ) befindet.[251] Die

---

[247] Beginnend mit der *Recordacio theologice* handelt es sich bei den Inhaltsangaben um einen Nachtrag. Die quodlibetarischen Disputationen zu den Häretikern und Gaunern hat Mathias im Register (Bl. 1a) mit der Aufforderung *Vide lege* versehen.

[248] MÜLLER, Fürst, macht S. 48 in der Korrekturnotiz darauf aufmerksam, daß die Lobrede des Petrus Antonius Finariensis auf Johann von Cleve (Bl. 167ʳ-193ᵛ) mit dem Ende einer Lage abbricht, so daß etwa ein Blatt fehlt. Die Lobschrift bildet, wie andere Schriften in Cpl 870 auch, einen selbständigen Faszikel.

[249] Cpl 870, Bl. aʳ: *Primo phazelexis. hoc est tractatus de celebracione pascatis: multum elegans. Et editus in concilio basiliensi.*

[250] Cpl 870, Bl. aʳ: *Oratio pulcra in genere demonstrativo de 7tem artibus liberalibus. Epistola pulcra. peter luder ad doctorem wenck.*

[251] Cpl 1769, Bl. IIʳ: *Oratio satis pulcra. facta per petrum lüder;.* Gegenüber der Überschrift Bl. 129ʳ hat Mathias im Register die Adjektiv und auch den Verfasser ergänzt. Zwei Schriften bezeichnet Mathias außerdem als *optimus*, die *Tabula optima per modum alphabetj ad Jnueniendum facilius moralitates quae habentur in libro qui compositus est de nominibus deorum et figuris eorum* und einen nicht näher bezeichneten Traktat (*Optimus tractatus*). Mit dem letzteren meint Mathias vermutlich die Vorrede des Leonardo Aretino zu den Briefen Platos. Das Register dieser Handschrift gehört zu den ausführlicheren. Hinweise etwa auf die *Summa brevissima orationis dominice et bona* (Bl. 43ᵛ) und kleinere Verzeichnisse, die Mathias sich

Hervorhebungen beziehen sich in diesen Fällen vermutlich auf den an klassischen Mustern geschulten Gebrauch der lateinischen Sprache, in dem für Mathias der eigentliche Wert der Schriften gelegen haben mag.[252]

Die ausnahmslos vom Besitzer selbst beigefügten Register dienten, wie sich zeigt, zuallererst der Gedächtnisentlastung. Ohne daß die Inhalte im gegebenen Fall mühsam durch erneutes Nachschlagen ermittelt werden mußten, boten die Inhaltsverweise einen Überblick über die in einem Band gesammelten, und erst recht bei ihrer Neubindung sich vervielfachenden Schriften. Wenn Mathias in Cpl 1370 und 1438 aktualisierte Verzeichnisse nachtrug, dann war ihm offensichtlich daran gelegen, deren Inhalte überschaubar zu halten.

Die besonders ausführlichen Angaben in Cpl 1389 und Cod. Méd. 125 lassen dazu annehmen, daß Mathias mit diesen beiden Handschriften intensiv gearbeitet hat. Dafür sprechen auch die beigefügten Blattangaben in Cpl 1389, die besonders bei häufigerem Nachschlagen hilfreich sind.

In Cpl 870 und 1769 wiederum gehen die Formulierungen über eine bloße Inhaltsangabe hinaus. Hier faßte Mathias die Kurztraktate im Inhaltsverzeichnis oftmals summarisch zusammen, ergänzte die Ankündigungen aber auch um Informationen und Bewertungen, die Aufschluß über den literarischen Anspruch oder den Anlaß für die Niederschrift geben. Für den Besitzer waren die besonders lesenswerten Texte auf diese Weise schnell identifizierbar.

Mit den nun zu charakterisierenden volkssprachlichen Textelementen, die sich in den Handschriften des Mathias in vielfältigen Formen finden, haben die Inhaltsübersichten gemeinsam, daß auch sie größtenteils der Erschließung und Erarbeitung der Niederschriften dienen. Im Fall der deutschen Texte oder Textteile beschränkt sich die Erschließung eines Gegenstandes allerdings auf einzelne Abhandlungen.

Volkssprachliche Textelemente in den lateinischen Sammelhandschriften

Das Nebeneinander von selbständigen deutschen und lateinischen Texten in einigen Handschriften des Mathias von Kemnat hatte bereits zur Überle-

---

zu Autoren, römischen Auszeichnungen, Cognomina und Senatsfunktionen angelegt hat, fehlen allerdings. Diese Texte befinden sich auf den letzten Blättern einer Lage und könnten zu einem späteren Zeitpunkt ergänzt worden sein. Ähnlich verhält es sich mit Cpl 1401. Das Register auf Bl. 1^r erfaßt zwar die gesamte Handschrift, läßt jedoch kürzere Texte (etwa die Prognosen für Päpste und Kaiser hinsichtlich der Regierungszeiten, Wahlen usw., Bl. 39^r), Tafeln (Bl. 47ff., Bl. 99^r) und die Horoskope, die zum Teil von Mathias selbst nachgetragen wurden, unerwähnt.

[252] Wenn Mathias etwa innerhalb der überaus knappen Inhaltsübersicht in Cpl 1438 einen Traktat als *bonus* (Bl. 1^r: *Tractatus bonus de significatione anni*) bezeichnet, dann spricht er damit wohl nicht das stilistisch mustergültige Sprachniveau der Abhandlung an, sondern hebt vielmehr die Bedeutung des Traktates hervor.

gung geführt, ob der Terminus der ‚Studienhandschrift' für diesen Typus einer Mischhandschrift tatsächlich der angemessene ist. Selbständige Texte in deutscher Sprache – deren Rolle in den Unterrichtshandschriften noch einmal zu überdenken ist – bilden jedoch nicht das einzige Beispiel für volkssprachliche Elemente in den Handschriften, die im Fall des Mathias von Kemnat überwiegend lateinische Texte enthalten. Neben dieser Überlieferungsform finden sich:

- deutsche Interlinear- und Randglossen
- Erläuterungen oder kürzere Nachträge in deutscher Sprache
- lateinisch-deutsche Mischtexte in Versen oder Prosa
- Aufzeichnungen eines Textes in deutscher u n d lateinischer Sprache
- Abhandlungen in lateinischer Sprache, in denen Wörter oder ganze Satzteile aus der Volkssprache stammen oder umgekehrt, selbständige deutschsprachige Traktate mit lateinischen Sprachelementen.

Auch diese Elemente des Schriftgebrauchs wurden in unterschiedlichen Funktionen eingesetzt – wenngleich sie sich heute nicht mehr in jedem Fall rekonstruieren lassen.

Deutsche Interlinear- und Randglossen

Deutsche Interlinear- und Randglossen, die stets die intensive Arbeit oder gründliche Auseinandersetzung mit einem Text bezeugen und oftmals während einer Vorlesung oder auch als Vorbereitung auf eine zu haltende entstanden sein dürften, sind in den Handschriften des Mathias – wie auch in den Codices des gesamten Mittelalters – zwar seltener, da die Glossierung in lateinischer Sprache überwiegt,[253] doch hat auch Mathias Gebrauch davon gemacht. Für die Glossen ist ganz allgemein das Bestreben ausschlaggebend, die Aussagen eindeutiger, verständlicher zu machen, und gelegentlich auch, das schriftlich Fixierte um weiterführende Informationen zu ergänzen. Einzelne, meist erklärungsbedürftige Wörter oder Aussagen sind mit Erläuterungen oder Kommentaren versehen, wobei die deutschsprachigen Anmerkungen oftmals nur die Übersetzung eines lateinischen Wortes bieten. So verhält es sich etwa in Cpl 1381, Bl. 179^r, wo Mathias an den Rand eines lateinischen Monatsgedichtes *algo kelt* geschrieben hat. Ausschließlich in deutscher Sprache glossierte lateinische Texte gibt es unter den Handschriften des Mathias nicht; meist finden sich die deutschen Glossen inmitten der häufigeren lateinischen. In Cpl 1769 ist z. B. neben der Schriftspalte des ‚Tractatus de nominibus deorum' (Bl. 109^r-121^r) Bl. 116^r *Testudo schertz federn*[254] / *schiltkrot* notiert und die Wörter *aculeo*

---

[253] Zu den Glossen in den Unterrichtshandschriften vgl. HENKEL (wie Anm. 110) S. 103–109. Diese texterschließende Maßnahme fand bereits bei den Autoren des 9. Jahrhunderts Verwendung.
[254] *scherze – vëder* mhd. *Meerigel.*

und *Conchani* in dem Nebensatz: [...] *et peccati aculeo Conchani marinam portare* [...] sind interlinear mit *gart* und *muschelen* glossiert (Bl. 113ᵛ).²⁵⁵

Sehr viel seltener sind deutsche Glossen wie die in Cpl 870. Zur *Materia spiritualis* der ‚Arbor consanguinitatis' ist in dieser Handschrift am Blattrand ein Aufmerksamkeitsappell verzeichnet (Bl. 104ᵛ): *Adverte hoc notabile per quod concluditur error rusticorum dicencium vulgariter das kind ist dot die geuatterschafft ist usz.* Hier bildet der deutsche Satz ein notwendiges Element der Aussage, insofern auf eine gemeingängige Rechtsvorstellung in der Umgangssprache Bezug genommen wird.

Lateinisch-deutsche Mischtexte

Mit den Interlinear- und Randglossen durch die ebenfalls texterschließende Funktion eng verbunden, aber anders in den Schriftraum integriert, sind die kurzen Texte und Merksätze in deutscher Sprache, die oftmals zusammen mit lateinischen notiert sind. Hierher gehören auch die volkssprachlichen Erläuterungen zu komplizierteren Berechnungen, die den Tabulae und Kalendern verschiedentlich zugesetzt sind. Diese Erläuterungen bieten vielfach selbständige, meist aber sehr kurze und auf eine nahestehende (sprachliche oder graphische) Mitteilung eng bezogene Texte. In Cpl 1370 ist dem vermutlich von Mathias konzipierten lateinischen Computus auf Bl. 34ʳ eine Tafel mit der Goldenen Zahl, dem Sonntagsbuchstaben, Angaben zu den Wochen eines Jahres und den wichtigsten Sonn- und Feiertagen des Kirchenjahres mit volkssprachlichen Bezeichnungen beigegeben, der auf der Versoseite (oben), ebenfalls von der Hand des Mathias, eine Anleitung zum Gebrauch der Tafel in deutscher Sprache folgt.²⁵⁶

Gelegentlich sind die Tabulae und Kalendarien auch zweisprachig, so z. B. das *Kalendarium christianorum* (Bl. 42ʳ-47ᵛ). Hier sind einige der kirchlichen Fest- und Sonntage, ebenso wie die zu einem späteren Zeitpunkt hinzugesetzten Mitteilungen (etwa Bl. 42ʳ) und die Angaben zur Länge eines Tages in deutscher Sprache eingetragen.²⁵⁷ Bisweilen stehen

---

²⁵⁵ Deutsch und Latein mischen sich auch in der Glossierung der Prognostik für das Jahr 1455 in Cpl 1438, Bl. 105ʳ–115ᵛ. Hier sind die am Blattrand vermerkten Monatsnamen z.T. in deutscher Sprache notiert (Bl. 108ᵛ: *October*, Bl. 109ʳ: *december*). – Klaus Grubmüller machte uns darauf aufmerksam, daß Glossen vielfach als Teil eines festen Textensembles von vorne herein mit abgeschrieben wurden. Bei den in der vorliegenden Arbeit untersuchten Glossen handelt es sich jedoch zumeist um solche, die Mathias den von anderer Hand geschriebenen Texten nachgetragen hat, so daß hier vermutlich nicht damit zu rechnen ist. Und selbst in den seltenen Fällen, in denen Mathias eigenhändig geschriebene Texte mit Glossen versah, spricht die Übernahme für ein besonderes Interesse (vgl. etwa das Kapitel zu den Rechtsfragen in Cpl 870). Als Möglichkeit ist die Glossierung als ad-hoc-Vorgang allerdings mitzubedenken.
²⁵⁶ Cpl 1370, Bl. 34ᵛ, Incipit: *Item also sol man dise vorgeschriben tafel versten Wildu wissen al vngewisz czeit Das ist Dÿe wochen czwischen weynacht / vnd vastnacht* [...].
²⁵⁷ Den zweisprachigen Neumondtafeln (Bl. 48ᵛ–49ʳ) ist auf Bl. 48ʳ eine volkssprachliche Gebrauchsanweisung vorangestellt: *Nota also sol man dÿ hernach geschriben Tafel versten*

auch deutsche und lateinische Kurztexte nebeneinander, ohne daß der eine die Übersetzung des anderen bilden würde. Das gilt für die komputistischen Verse, ebenfalls in Cpl 1370, die auf Bl. 57ʳ einem Aderlaßmännchen folgen, und etwa auch für die Merkverse zur Gliederung des Jahres nach Wochen (Bl. 162ʳ) im Anschluß an eine deutschsprachige Abhandlung über die Verwendung des Astrolabs.[258]

In Cpl 870 hat Mathias am oberen Blattrand der quodlibetarischen Disputation *sancti thome*[259] ein Ironiesignal nachgetragen (Bl. 143ʳ), das sich in identischem Wortlaut in die Chronik inseriert wiederfindet: *Sweiget das sind abenteür. 1469.* In der Chronik[260] ist diese Aussage dem Kapitel über die Bettler und Betrüger vorangestellt, das gleichfalls auf einer akademischen Scherzrede basiert. In beiden Fällen macht Mathias vermutlich auf eine ungewöhnliche und seltsame Darstellung aufmerksam, die gleichwohl ernsthafte Ermahnung und Kritik enthalten konnte.[261]

Über einen vielfach nur losen Textbezug verfügen besonders die noch zu charakterisierenden, nachträglich notierten Texte. Sie entziehen sich, wie eine Reihe anderer Einträge auch, oftmals einer Begründung. So ist im Anschluß an die Rota lunae (Bl. 54ᵛ), ebenfalls in Cpl 1370, ein mehrstrophiges Gedicht in deutscher Sprache[262] zu lesen und den Rechenaufgaben auf Bl. 196ʳ in Cpl 1381 folgen von unbekannter Hand die Verse: *Ee do du lebtest do hestu geren gefangen mich / Nu pistu tot so leb ich / doch hastu gefangen mich / Ach got was hilft es dich.* Der heutige Leser vermag den Anlaß für die Niederschrift und ihre Funktion innerhalb der Handschrift nicht mehr ohne weiteres nachzuvollziehen.

Aufzeichnungen eines Textes in lateinischer und deutscher Sprache

Übersetzungen in Versen und Prosa, die einem voranstehenden lateinischen Vers- oder Prosatext unmittelbar folgen oder ihm eingegliedert sind,

---

Wildu wissen das neẅ des mons [...], und die Angaben zur vorstehenden Aderlaßtafel (Bl. 49ᵛ) sind ebenfalls in deutscher Sprache verzeichnet.

[258] In Cpl 1401 auf Bl. 47ᵛ ist ein Intervallspruch in deutscher Sprache mit nachfolgendem Auflösungsschlüssel in lateinischer Sprache aufgezeichnet (Incipit: *Iosep gat karle* [...]).

[259] Incipit der Disputatio: *Ex 2⁰ quodlibeto sancti thome in fine habetur haec quaestio* [...].

[260] Vgl. HOFMANN, Quellen 1, S. 101.

[261] Zu diesem Typus der Universitätsreden vgl. ERICH KLEINSCHMIDT, Scherzrede und Narrenthematik im Heidelberger Humanistenkreis um 1500. Mit der Edition zweier Scherzreden des Jodocus Gallus und dem *Narrenbrief* des Johannes Renatus, in: Euphorion 71, 1977, S. 47–82, zu Cpl 870 vgl. ebd. S. 49. *abenteür* sind u. a. auch pejorativ oder negativ gemeint, vgl. JOHANN ANDREAS SCHMELLER, Bayerisches Wörterbuch. Sonderausgabe 1, 1, München 1985, Sp. 11f. ROBERT P. ANDERSON – ULRICH GOEBEL – OSKAR REICHMANN (Hgg.), Frühneuhochdeutsches Wörterbuch 1, Berlin – New York 1989, Sp. 61–68. GERHARD EIS, Zur Bedeutung des Wortes „Abenteuer", in: ZfdPh 80, 1961, S. 423f. bietet Belege aus dem 14. und 15. Jahrhundert, die mit *auentur* „effektvolle Kunstgriffe gewiegter Fachleute" (S. 423) ansprechen.

[262] Das Gedicht ist nicht von der Hand des Mathias. Incipit: *Mir ist ein stolcz gebüren in minem sinne geblumpt* | [...].

repräsentieren einen Typus, der in mittelalterlichen Handschriften – auch aus der Unterrichtspraxis – häufig anzutreffen ist.[263] In den deutsch-lateinischen Monatsversen des Cpl 1370 (Bl. 142ʳ) sind jeweils zwei deutsche Verse zwei lateinischen abschnittweise nachgestellt: *Escas p‹er- ianum | Calidas est sumere sanum | In dem genner ist gesunt | warmes essens zu aller stunt* [...].

Seltener scheint in den Unterrichtshandschriften ein Typus zu sein, wie er in Cpl 1381 mit der summarischen Übersicht über die Eigenschaften derer vorliegt, die unter einem bestimmten Planeten geboren sind. Die deutsche Übersetzung ist hier der lateinischen Version insgesamt nachgeordnet. Die Parallelüberlieferung in Cpl 1370 ist Teil des großen deutschen Planetenbuches aus der Straßburger Werkstatt des Kaspar Engelsüß, das offensichtlich den gelehrten, aber nur bedingt lateinkundigen ‚Laien'[264] in die Materie einführen wollte. Darauf verweisen Formulierungen wie: [...] *disz sint die zu vallenden gezugnúsz der planeten in iren kreissen die da notdorfftig sint dise ding zu bekenen Daz dise ding one groszen kumer mögent begriffen werden So han ich tofeln vnd figure gemacht dez firmamintes* [...] (Cpl 1370, Bl. 105ʳ), oder: *WWie* [!] *du nu dise vorgeschriebene rede basz verstandest one arbeit vnd one forchte so machtu es dester basz begriffen vnd han dir geschriben die figur dez zwickels* [...] (ebd. Bl. 112ʳ). Im Unterrichtskontext möglicherweise als Merkhilfe brauchbar, vermochten die Parallelüberlieferungen im deutschen Planetenbuch durch die Kombination mit der gelehrten Wissenschaftssprache ihre Autorität oder Verbindlichkeit und durch die nachfolgende Übersetzung gleichzeitig das Verständnis zu sichern.

In einigen Fällen, wie etwa in Cpl 1438, schließt sich die Übersetzung dem lateinischen Text nicht unmittelbar an, sondern hier liegen zwischen dem lateinischen und dem deutschen Text mehrere Blätter. So gibt etwa eine identische Prognostik auf Bl. 99ᵛ in lateinischer und auf Bl. 104ʳ noch einmal in deutscher Sprache Auskunft über die Ereignisse des Jahres 1431.[265] Auch hier wird der volkssprachliche Text als Hilfsmittel gedient haben, der die Erarbeitung und das Verständnis des lateinischen Textes erleichtern konnte. Gleichzeitig steht diese Art der Aufzeichnung in deutscher Sprache in Verbindung mit dem noch zu charakterisierenden Typus an Fachschrifttum, der vielleicht deshalb besonders ‚übersetzungsbedürftig' war, da er Belange des alltäglichen Lebens betraf, die man mit Hilfe der Astrologie glaubte, besser organisieren zu können.

Schwieriger ist die Beurteilung einer weiteren Doppelaufzeichnung in Cpl 1438. Bl. 71ᵛ wird hier in deutscher Sprache von einem Zweikampf mit tödlichem Ausgang berichtet, der in Heidelberg stattgefunden hat; die kür-

---

[263] Vgl. HENKEL (wie Anm. 110) S. 155–171.
[264] Zum Begriff des Laien vgl. die Einleitung; für das 15. Jahrhundert ist zu bedenken, daß der Begriff wohl in weiteren Bedeutungen benutzt wurde, so für den Nichtfachmann oder auch als Gegensatz zu dem humanistischen Gelehrten; zum letztgenannten vgl. HANS-FRIEDRICH ROSENFELD (wie Anm. 220) S. 411.
[265] Dazu THORNDIKE, History 4, S. 93f.

zere lateinische Version (Bl. 117ʳ) gibt den identischen Sachverhalt noch einmal wieder. Die volkssprachliche Mitteilung über den Zweikampf zwischen *meister henricus von speir* und *pauls berenhainer* (Bl. 71ᵛ)514 ist in der astrologischen Sammelhandschrift zusammen mit den Angaben von Jahr und Stunde der Geburt (etwa Philipps d.Ä.) oder des Todes (Ludwigs IV.) einzelner Personen notiert,[267] so daß einiges dafür spricht, Mathias habe für einen der beiden Kombattanten den günstigen Zeitpunkt des Kampfes berechnet.[268] Der in den verbliebenen Schriftraum eines Blattes notierte Eintrag in lateinischer Sprache[269] hält lediglich das Ereignis mit genauer Terminangabe fest und sagt von dem tödlichen Ausgang des Kampfes für Heinrich im Unterschied zum deutschen Text nichts.[270]

Für die volkssprachlichen Elemente innerhalb lateinischer Abhandlungen sind wieder andere Gründe maßgebend. In den Büchern des Mathias bilden solche Texte eher die Ausnahme; allein in Cpl 870 sind sie mehrfach überliefert. So sind etwa in der dritten Quaestio der großen quodlibetarischen Disputation über Ketzer und Gauner (Bl. 144ᵛ-154ʳ) die Namen der Landstreicher und Betrüger in Rotwelsch aufgeführt (Bl. 148ᵛ), weil die lateinische Sprache die Bezeichnungen nicht kannte. Einzelne Äußerungen wie das Bekenntnis eines Beschuldigten (Bl. 148ʳ) sind dazu in deutscher Sprache in den lateinischen Text integriert. Die Aussage bildet hier wohl Teil eines Schwures, der wörtlich wiedergegeben werden sollte: [...] *czwar ich pin kein gleyszner dann ich pin Inwendig als posze als aussen.* Die Verklammerung von Volkssprache und Latein ist in diesem Typus der Universitätsrede allerdings nicht selten. Die *disputatio quodlibetica* war zwar ein offizieller Universitätsakt, doch besaßen diese akademischen Reden verschiedentlich auch eine unterhaltende Funktion. Gerade die Sprachmischung vermochte den artifiziellen Charakter dieses Redetyps herauszustellen, so daß die volkssprachlichen Elemente ein bewußt eingesetztes rhetorisches Mittel bilden könnten. Erich Kleinschmidt interpre-

---

[266] *Item Anno 1456 In dem negsten mittboch nach sand peters tag advinculam genant zu czwan oren do traten in dy scranck czwen meister des swertes mit nomen meister henricus von speir pauls berenhainer Ir itlicher in seiner hant ein scharff sneident swert also do mit ein zu fochten si begunnen Vnd pauls perenhainer slug in henricus in das pein vnter dem kny Also das meister henrich von stund Iechling starb dem got genedig sei.*

[267] Auch der Zeitpunkt des Regierungsantritts Friedrichs des Siegreichen ist hier notiert.

[268] Das erklärt jedoch nur die volkssprachliche Notiz, die Aufzeichnung in lateinischer Sprache begründet sich damit nicht. Nicht auszuschließen ist auch, daß Mathias den Eintrag in den verbliebenen Schriftraum deshalb ein weiteres Mal vornahm, weil er den Inhalt dieser tatsächlich umfangreichen Handschrift nicht überblickte. Die Verbindung von Anleitungen zum Fechtkampf mit mantischen Schriften ist jedenfalls in den Fechtbüchern nicht ungewöhnlich. Vgl. Talhoffers Fechtbuch (Gothaer Codex). Aus dem Jahre 1443. Gerichtliche und andere Zweikämpfe darstellend. Hg. von GUSTAV HERGSELL, Prag 1889.

[269] *Anno domini mº quadringesimo quinquagesimo sexto feria quarta post vinculam petri qui erat quarta dies augusti hora secunda uel quasi duo dimicatores vnus nomine magister henricus de spira Secundus paulus bernhainer intrarunt circulum heydelberge* (Bl. 117ʳ).

[270] Oder sollte das Ereignis nur als urkundlich verbürgt festgehalten werden? Der Nachtrag auf Bl. 117ʳ läßt an eine amtliche Formulierung denken.

tiert die Scherzreden, die vermehrt erst nach 1500 überliefert sind, als „Ausdruck des neuen humanistischen Redestils", den spielerischen Umgang mit der Sprache, der diesem Texttyp eigentümlich ist, „als Ergebnis einer bewußt beherrschten *ars rhetorica*".[271] Auch das Interesse des Mathias für diese *oratio*, die er in deutscher Sprache in seine Chronik inseriert hat, begründet sich möglicherweise in der spezifischen rhetorischen Ausgestaltung der akademischen Scherzreden, von denen sich in Cpl 870 neben humanistischen Dichtungen mehrere befinden.

Als fester Bestandteil der Überlieferung der ‚Arbor consanguinitatis' sind dagegen die *exposiciones terminorum*, ebenfalls in Cpl 870, anzusehen, denen sich verschiedentlich Übersetzungen anschließen; so wird z. B. auf Bl. 94^v *consanguineus* mit *vulgariter myn gesippter fründ* erläutert und Bl. 95^r *Gemini gemelli sunt qui similiter nascuntur* mit *vulgariter zwilich*. Die Übersetzungen dienen hier zweifellos der Verständlichkeit des lateinischen Rechtstextes. In dieser Funktion sind auch einzelne volkssprachliche Begriffe zu verstehen, die am Schluß der ‚*Articuli confessi per iohannem lolhardum in moguntia*, (Cpl 870, Bl. 154^v-156^v, hier Bl. 156^v) lateinische Fachausdrücke, wie etwa [. . .] *in quodam loco qui dicitur spelunca hereticorum vulgariter dy keczergrub*, erklären.

Die bisher aufgeführten Beispiele sind in ihren Erscheinungsformen ebenso vielfältig wie in ihren Funktionen. Eine der wichtigsten Aufgaben der volkssprachlichen Elemente besteht sicher darin, einzelne Aussagen eindeutiger oder verständlicher zu machen. Gelegentlich fungieren sie aber auch als Aufmerksamkeitsappell, dienen also ebenfalls der Texterschließung, wenn auch in einem weiteren Sinn. Als Merkhilfen im Unterrichtskontext scheinen besonders die deutsch-lateinischen Parallelüberlieferungen benutzt worden zu sein. Eine andere Aufgabe dürfte dagegen der Sprachmischung in den *disputationes quodlibeticae* zukommen, vermochte doch gerade sie den artifiziellen Charakter dieses universitären Redetypus' herauszustellen.

Selbständige volkssprachliche Texte

Als weitere Gruppe sind nun die selbständigen Texte in deutscher Sprache zu betrachten, deren Vorhandensein besonders innerhalb der universitären Schriften eher verwundert. Versgedichte wie die Kometenstrophen des Heinrich von Mügeln, die Mathias sich in Cpl 1370 (Bl. 136^v) nachgetragen hat, bilden hier die Ausnahme.[272] Sie zeigen, daß auch außeruniversitäres Schrifttum in die Unterrichtshandschriften eingehen konnte, sofern es sich

---

[271] KLEINSCHMIDT (wie Anm. 261) S. 63. Die in Cpl 870 aufgezeichnete *oratio quodlibeta* über die Berufspraktiken der Betrüger und Gauner gehört zu den frühesten Quellen, die rotwelsches Sprachgut überliefern. Vgl. ERICH KLEINSCHMIDT, Rotwelsch um 1500, in: PBB 97, Tübingen 1975, S. 217–229.

[272] Planetengedichte befinden sich auch in Cpl 1381 (Bl. 178^{r-v}) und Cpl 1438, Bl. 149^v.

thematisch in die Textumgebung fügte. In den hier untersuchten Handschriften wird nicht streng zwischen Unterrichtsstoffen und ‚Laienliteratur' geschieden. In den überwiegenden Fällen handelt es sich jedoch um Prosatraktate, die zumeist wohl frühe Übersetzungen von lateinischem Fachschrifttum bieten.

Die Umsetzungsprobleme, die in dem vorliegenden Sammelband am Beispiel der medizinischen und naturkundlichen Übersetzungen diskutiert werden, machen sich entsprechend auch hier geltend. Die Verwendung lateinischer Sprachelemente läßt sich etwa am ersten Teil einer von Mathias geschriebenen Wetterprognostik in Cpl 1370 (Bl. 163^v) veranschaulichen, da diese Übersetzung ein großes Spektrum an Übernahmen eines fachspezifischen Vokabulars in lateinischer Sprache aufweist.[273] In den Handschriften des Mathias ist dieser Text noch ein zweites Mal, nun allerdings von anderer Hand aufgezeichnet (Cpl 1381, Bl. 83^v). Ein Vergleich der beiden Abschriften zeigt, daß Mathias die Prognostik in Cpl 1370 aus Cpl 1381 abgeschrieben hat:[274]

Furbas wirt gesagt wie man zukunfftig weter sol Judiciren. vnd auch ander **Judicia**:[a]

Wer erkennen wol zukúnftigs wetter Vnd allerleig gebrechen des landes / Ist not das er erkenn die macht der .xij. zeichen. Wie sy sint am anfang. Widergang etc. Vnd erken die natur der planetenn Auch sind in den xij zeichenn die planeten starck / die heissenn **potestates** */ oder zeugenn / Vnd ist zu merkenn den herrenn das huß / des uffstugens / Das hat macht vnd zu schatzenn als ein man in sin grossenn erenn.*[b] **Terminus** *alß ein man. vnder sine freudenn* ¶ *Ein planet* [Interlinearglosse: **aspectat**] *an sinem anplick* [Interlinearglosse, durchgestrichen: **facies**] *ist als ein mann in siner meisterschafft* ¶ *Ein gut* **aspectus** */ das ist als ein kúnnig het gemacht ein geschick das ie sin mst Ein bß angesicht / ist ein widderwertikeit* ¶ *Vnd ist zu merckenn In wellichen heuserenn erschaffenn sind. /* **Leo** *ist der sunnen hauss* **Cancer** *in dem mone /* **Virgo** *mercurius / Venus libra /* **Mars scorpio** */* **Sagittarius Jupiter** */* **Capricornus Saturni** ¶ *Vnd fünf planetenn haben ir hohung* [Randglosse: **exaltatio**] */ das* **potestates** *genant sind* ¶ **Saturnus in aquario** */* **Jupiter in piscibus Mars in scorpione** */* **Venus in Thauro** */* **Mercurius in geminis Triplicitas** *ist wenn ein planet kompt in ein hauss das nit seiner natur ist Darin es erschaffenn ist Als wenn der mon ist* **in sagittario** */ oder jn ariete die hitzig sind* ¶ *Es wurt ein iedlich zeichen gedeilt in drew teil / gleich in .4. grad /. Das antzlit* [Interlinearglosse: **facies**] *genant sind* [c] [durchgestrichen: *das erst*] *Das* [Interlinearglosse: *der*] *erst grad des widder / vnd werd in das* (Interlinearglosse: *den*) *.4.* [Interlinearglosse: *grad*] ¶ *Das ander teill von . 44. uff. 444. Das erst wurt gebenn dem mars / Das ander der sunnen / Das drit dem* **venus** */ Das ander* **thaurus** */ Das erst angesicht* **mercurius** */ den ander dem monn / Das drit* **saturni** */ Gemini .1. antzlit /* **Jovi** *.ij. /* **Martis** *iij* [durchgestrichen: **Item C**][d]

---

[273] Vgl. etwa auch die Abhandlungen in Cpl 1381, Bl. 87^v und in Cpl 1370, Bl. 164^r–168^r.
[274] Zitiert ist die Abschrift in Cpl 1370. Im Apparat sind die abweichenden Lesarten aufgeführt. Die lateinischen Satzelemente sind fett gedruckt.

ᵃ Die Überschrift fehlt in Cpl 1381 ᵇ Statt *Terminus* hat Cpl 1381 *Lernung* ᶜ Das Durchgestrichene steht in Cpl 1381 ᵈ Cpl 1381 beschließt den Abschnitt mit: *Saturni Cancer / venus / ij mercurius etc utque tibi notis est.*

In diesem Text ist die Rückbindung an das Latein ausgeprägter als etwa in denen des großen Planetenbuches aus der Werkstatt des Kaspar Engelsüß. Einige der Gründe für den Gebrauch der lateinischen Sprache innerhalb volkssprachlicher Übersetzungen, die Jan-Dirk Müller in diesem Band für die Übersetzungen des Werner Ernesti zu bedenken gibt, dürften auch die von Mathias abgeschriebene Übersetzung bestimmt haben, denn der Befund ist vergleichbar: hier wie dort werden lateinische und deutsche Ausdrücke zu Doppelformen zusammengefaßt (etwa: *die heisenn potestates / oder zeugenn*), werden deutsche Ausdrücke nachträglich lateinisch glossiert (z. B. *facies* über *antzlit*), bleiben lateinische Fachbegriffe wie die Namen der Tierkreiszeichen meist unübersetzt, sind verschiedentlich lateinisch konstruierte Satzelemente (wie *Jupiter in piscibus*) in die deutsche Satzgrammatik integriert, oder es wird, wie in Cpl 1381, eine Wendung in lateinischer Sprache unmittelbar angeschlossen ([. . .] *utque tibi notis est*). Möglicherweise suchte auch dieser Übersetzer bewußt den Anschluß an die vom Latein dominierte gelehrte Schriftkultur, denn viele Bezeichnungen, deren Übertragung in die Volkssprache durchaus möglich gewesen wäre, bleiben hier unübersetzt. So hätten etwa die Namen der Tierkreiszeichen mühelos umgesetzt werden können, und das geschieht sogar einmal im Text, wenn am Schluß der Abhandlung nicht von *aries* gesprochen wird, sondern von dem Zeichen *des widder*. Die Beibehaltung lateinischer Fachausdrücke könnte sowohl in der Bilingualität ihrer Produzenten oder Rezipienten begründet sein, als auch darin, daß die gelehrte lateinische Fachsprache die Autorität und Verbindlichkeit des Mitgeteilten grundsätzlich garantierte.

Selbständige volkssprachliche Abhandlungen in den Quadrivium-Handschriften

Da sich die volkssprachliche Wetterprognostik in Cpl 1381 in einem Faszikel befindet, dessen Texte Mathias mit großer Wahrscheinlichkeit während seiner Ausbildung im Kloster Reichenbach geschrieben hat, stellt sich nun noch einmal die Frage danach, welche Rolle die Volkssprache in der Unterrichtspraxis gespielt haben könnte.[275] Gilt die Beobachtung Henkels, daß

---

[275] In Cpl 1381 (Bl. 184ʳ) ist der Notiz in lateinischer Sprache eine Übersetzung beigegeben, in Cpl 1370, Bl. 142ʳ sind deutsch–lateinische Planetenverse aufgezeichnet. Zur lateinischen Unterrichtspraxis vgl. HENKEL (wie Anm. 110) S. 94–102. Inwieweit die deutsche Sprache in den Unterricht einbezogen war, ist unklar. Unterhaltungen und Diskussionen waren sowohl in den Schulen als auch an den Universitäten verboten (dazu HENKEL, S. 97f.). Das Verbot, deutsch zu sprechen, sei zwar in den Universitätsstatuten, Bursen- und Collegienordnungen formuliert, doch seien die Lehrmittel selbst davon nicht betroffen (ebd. S. 98). Nicht in die folgende Zusammenstellung aufgenommen wurde die Lobrede Peter Luders auf Friedrich den

„der Typus der aus selbständigen lateinischen und deutschen Teilen zusammengesetzten sogenannten Mischhandschrift'[276] im Bereich der Unterrichtshandschriften fehle, tatsächlich gar nicht für das Quadrivium, sondern nur für das von ihm untersuchte Trivium? Und selbst wenn sich die Übersetzungen unter den Unterrichtsmitschriften und -stoffen in den Handschriften des Mathias befinden, müssen sie dann auch von Fachleuten für Fachleute entstanden sein, so daß die genaue Wiedergabe des Wortlauts in deutscher Sprache deshalb nicht erforderlich war?

Legt man die Ergebnisse der bisherigen Forschungen zugrunde, dann können die deutschsprachige Texte nicht an den Universitäten entstanden sein. Francis B. Brévart, der eine andere, sogar mehr theoretische Fachschrift aus dem Lehrgang des Quadriviums untersucht hat, möchte keinen Überlieferungszeugen der von Konrad von Megenberg übersetzten lateinischen ‚Sphaera mundi' des Johannes de Sacrobosco in unmittelbarem Kontakt mit der Universität entstanden sehen, „denn die Sprache des akademischen Unterrichts war das Latein".[277] Selbst für das New Yorker Manuskript 722 der Pierpont Morgan Library, das „wahrscheinlich ursprünglich aus der Artistenfakultätsbibl. der Universität Wien" stammt, nimmt er an, „daß dieser Codex eher eine repräsentative Funktion erfüllte, als daß er aus dem Universitätsbetrieb hervorgegangen ist".[278] Die ‚Sphaera mundi' in deutscher Sprache richte sich vorwiegend an „weniger gelehrte Kreise", die im Privatunterricht oder an ‚Stadtschulen' über die Studieninhalte informiert oder für ein Studium gewonnen werden sollten.[279] Es bleibt nun zu überlegen, ob nicht auch eine Alternative denkbar ist.

Die Sprachmischung in den hier betrachteten Quadrivium- Handschriften spricht eher dafür, daß die Übersetzungen von akademisch gebildeten Autoren verfaßt wurden, und – möglicherweise unabhängig von der lateinischen Unterrichtspraxis – von den Studierenden in die Arbeitshefte übernommen wurden, weil sie einerseits für die Erarbeitung lateinischer Texte brauchbar waren, und andererseits alltagspraktische Informationen in rezeptibler Form boten, die auch außerhalb der Unterrichtspraxis wertvoll waren.

Siegreichen, die in Cpl 870, Bl. 158^r–166^v in deutscher Sprache aufgezeichnet ist und die Übersetzung von Ciceros ‚De officiis' in Cpl 1814, Bl. 92^r–173^r.

[276] HENKEL (wie Anm. 110) S. 156.

[277] FRANCIS B. BRÉVART, Zur Überlieferungsgeschichte der „Deutschen Sphaera" Konrads von Megenberg, in: PBB 102, 1980, S. 189– 214, Zitat S. 203, ähnlich auch S. 212 und DERS., Eine neue deutsche Übersetzung der lat. ‚Sphaera mundi' des Johannes von Sacrobosco, in: ZfdA 108, 1979, S. 57–65.

[278] BRÉVART, 1979 (wie Anm. 277) S. 60 und 61. Auch KLAUS GRUBMÜLLER, Der Lehrgang des Triviums und die Rolle der Volkssprache im späten Mittelalter, in: Studien zum städtischen Bildungswesen des späten Mittelalters und der frühen Neuzeit, hg. von BERND MOELLER – HANS PATZE – KARL STACKMANN, Göttingen 1983, S. 371– 397, hält die „Möglichkeit einer Aneignung solcher Stoffe im Privatstudium oder allenfalls im Privatunterricht" (S. 381) für wahrscheinlicher.

[279] BRÉVART (wie Anm. 277) S. 204.

Übersetzungen von Fachschriften aus dem Lehrgang des Quadriviums befinden sich tatsächlich nicht allein in den Handschriften des Mathias, sondern auch in anderen Büchern, in denen die Lehrinhalte dieses Studiengangs schriftlich festgehalten wurden. Unter den Quadrivium-Handschriften fehlt der von Henkel definierte Typus einer Mischhandschrift, anders als im Lehrgang des Triviums, folglich nicht. Übersetzungen von Fachschriften sind in diesen Handschriften zwar nicht in jedem Einzelfall aufgezeichnet – wie etwa die Heidelberger Quadrivium-Handschriften des 15. Jahrhunderts zeigen – aber sie bilden auch nicht die Ausnahme. Doch sind es nur ganz bestimmte Fachschriften, die eine Übersetzung erfahren. Stets handelt es sich dabei um Abhandlungen von hohem alltagspraktischen Wert, wie die Traktate über astronomische Instrumente (Cpl 1354: Quadrant, Cpl 1391: Visierrute, Cpl 1399, 1452: Astrolab), die Abhandlungen zur prognostizierenden Astrologie (Cpl 1399, 1452: Traktate zu den Planeten und Tierkreiszeichen, Cpl 1452: Nativität, Unglückstage, Cpl 1369: Planetenverse), die astromedizinischen Abhandlungen (Cpl 1451, 1452: Pest- und Aderlaßtraktate, Cpl 1452: Temperamentenlehre, Monatsregimen) oder die mantischen Texte (Cpl 1452: Namensmantik) zu erkennen geben. Auch in den Handschriften des Mathias bleiben die Übersetzungen den besonders gebrauchsorientierten Abhandlungen vorbehalten.[280]

Wohl deutet etwa auch die Kürze der übersetzten Fachschriften in den hier betrachteten Quadrivium-Handschriften auf Nichtfachleute, und daß diese Übersetzungen auch Fachfremde erreicht haben, zeigt das deutsche Planetenbuch. Daran, daß solche Fachschriften auch für den interessierten ‚Laien' brauchbar waren, besteht kein Zweifel, aber handelt es sich wirklich um den ursprünglich anvisierten Rezipientenkreis? Vorstellbar ist immerhin, daß eine vermehrte Aufzeichnung volkssprachlicher Schriften mit den Tätigkeiten der Handschriftenbesitzer in Verbindung steht und das Vorhandensein der Übersetzungen auf die Notwendigkeit einer Weitervermittlung der Inhalte an andere hindeuten könnte. Dafür spricht die Tatsache, daß immerhin drei der zitierten Handschriften aus dem Bestand der Palatina in Heidelberg (Cpl 1369, 1391 und 1451) Johann Virdung von Haßfurt gehörten, der u. a. am Heidelberger Hof als Astrologe Philipps des Aufrichtigen tätig war. In den Handschriften des Mathias sind selbständige Texte in der Volkssprache dazu ungleich häufiger aufgezeichnet als sie in den Quadrivium-Handschriften gewöhnlich anzutreffen sind.

Zur sicheren Beantwortung dieser Frage bietet auch die Vermittlungsweise der hier vergleichbaren übersetzten Inhalte kaum Anhaltspunkte.

---

[280] So in Cpl 1370: Wetterprognostik (Bl. 50^v), Planetenverse (Bl. 136^v) Nativitätentraktat (Bl. 155^v–160^v), Anleitung zum Verständnis eines Astrolabs (Bl. 160^v–162^r), Wetterprognostiken (Bl. 163v–168^r). – In Cpl 1381: Planetentraktat (Bl.70^v–71^v), Traktat über den Gebrauch und Nutzen eines Astrolabs (Bl. 79^v–82^v), Wetterprognostik (Bl. 83v), ein Planetentraktat (Bl. 84^r), Anweisungen zur Erstellung einer Visierrute (Bl. 87^v), Planetengedicht (Bl. 178^{r-v}), Anmerkungen zu den verschiedenen Häusern (Bl. 184^r), Wetterprognostik (Bl. 184^v). – In Cpl 1438: Planetengedicht (Bl. 149^v).

Das deutsche Planetenbuch mit seinen zahlreichen Abhandlungen, die sich
– wie bereits erwähnt – ausdrücklich um die Vermittlung der Kenntnisse an
Nichtfachleute bemühen, vermittelt nämlich den Eindruck, als wenn die
verwendeten lateinischen Sprachelemente die Sprachkompetenz eines
Nichtfachmanns, der zumindest über elementare Kenntnisse der lateinischen Sprache verfügte, nicht überfordert hätten. Betrachtet man etwa den
Traktat in Cpl 1370, Bl. 103^v-105^v, der sich wie die oben zitierte Anleitung
zur Wetterprognose mit dem Einfluß der Planeten und Tierkreiszeichen
auseinandersetzt, so zeigt sich, daß auch hier Fachbegriffe wie *coniunctio*
und *gradus* oder Eigennamen wie *Saturnus* oder *Mercurius* unübersetzt
bleiben. Wohl fehlen in dieser Übersetzung Doppelformen oder lateinisch
konstruierte Satzelemente, doch enthält das Planetenbuch auch Schemata
und Tabulae mit Angaben oder kurzen Erläuterungen ausschließlich in
lateinischer Sprache. Kurzinformationen dieser Art wurden ihren Rezipienten also durchaus zugemutet. Die Entstehung der Übersetzungen an Universitäten oder Schulen kann in Anbetracht der Brauchbarkeit und Verwendung volkssprachlicher Fachtraktate im Unterrichtskontext des Quadriviums dennoch nicht grundsätzlich ausgeschlossen werden. Sollte, wie
Brévart annimmt, die Aufnahme dieser Texte in die Handschriften der
Studierenden nicht unmittelbar mit der institutionalisierten Praxis des
Unterrichts in Beziehung stehen, dann wird ihre Niederschrift auf private
Initiativen der Studierenden zurückzuführen sein.

Welche Rolle der Volkssprache in den Fächern des Quadriviums – ob an
städtischen Schulen, kirchlichen Lateinschulen oder an der Universität –
zukam, ist bis heute nicht untersucht. Wie Klaus Grubmüller glaubhaft
machen kann, stand die Volkssprache zumindest im Lehrgang des Triviums
im 15. Jahrhundert noch ganz im Dienst einer didaktischen Aufbereitung
des Lateinischen; den Anspruch auf Selbständigkeit erhob sie nicht, und
davon zeugen auch die generellen Verbote an Schulen und Universitäten,
deutsch zu sprechen.[281] An dieser Stelle wird sich nicht klären lassen, ob die
Lehrer ihrem Unterricht trotz der Verbote gelegentlich nicht doch muttersprachliche Erklärungen beimischten oder Übersetzungen empfahlen.[282]
Ebensowenig kann hier rekonstruiert werden, auf welchen Wegen die volkssprachlichen Abhandlungen in die Quadrivium-Handschriften gelangt

---

[281] GRUBMÜLLER (wie Anm. 278), besonders S. 389, 392.

[282] Im Unterrichtskontext war Latein nicht nur geschriebene, sondern auch gesprochene
Sprache; auch die Universitätsvorlesungen und Disputationen wurden in dieser Sprache abgehalten. Dennoch gab es wohl Ausnahmen. PETER BURKE, Küchenlatein. Sprache und Umgangssprache in der frühen Neuzeit, Berlin 1989, S. 40, nennt, allerdings erst aus dem 16. Jahrhundert, Beispiele dafür, daß in deutscher Sprache Vorlesungen gehalten wurden. So trug 1501 der
Humanist Heverlingh an der Universität in Rostock auf Deutsch über Juvenal vor und
1526-27 hielt Paracelsus in Basel Vorlesungen in deutscher Sprache. ROSENFELD (wie
Anm. 220) S. 475 bezweifelt ebenfalls, daß die Verbote verallgemeinert werden dürften, denn
bereits Rudolf Agricola habe in seinem Brief an Barbianus aus dem Jahr 1484 den Wert der
Volkssprache „für das Verständnis und den rechten Gebrauch des Lateins" betont.

sind. Sicher ist allerdings, daß in jedem Fall ein deutlich pragmatisches Interesse die Aufzeichnung veranlaßte, so daß mit diesen Übersetzungen möglicherweise überall dort zu rechnen ist, wo an einer Lebensbewältigung mit Hilfe der Astrologie Interesse bestand. An einen bestimmten Entstehungs- oder Verwendungsort sind diese ‚populären' volkssprachlichen Fachschriften, die auch im alltäglichen Gebrauch nützlich waren, aber wohl nicht gebunden.

Ihre Niederschrift scheint vor allem auf die wechselnden Interessen und individuellen Bedürfnisse einzelner Handschriftenbesitzer zurückzugehen. Wenn die Übersetzungen im Rahmen des Studiums Verwendung gefunden haben – und das legt der Überlieferungsbefund nahe –, dann wohl wegen ihrer allgemeinen Brauchbarkeit und in einzelnen Fällen gewiß auch als Verständnishilfe.

Notizen und Nachträge

Von einigen Vermerken, die in den Handschriften des Mathias die eigentlichen Aufzeichnungen umgeben, war bereits die Rede. Die nun zu betrachtenden Informationen im Umfeld der Texte berühren sich teilweise mit den schon erwähnten Besitz- und Benutzerhinweisen oder Glossen, insofern sie gleichfalls vom Besitzer nachträglich vorgenommene Mitteilungen enthalten. Auch bei ihnen handelt es sich um Notizen oder Anmerkungen von der Hand des Mathias, die zu einem späteren Zeitpunkt in den verbliebenen Schriftraum eingetragen wurden und durch den von der Textumgebung abweichenden Schriftduktus und gegebenenfalls die andersartige Tintenqualität als Nachträge identifizierbar sind. Derartige Nachträge von verschiedenen Händen finden sich hier wie in den mittelalterlichen Handschriften insgesamt, denn auf diese Möglichkeit des Schriftgebrauchs verzichtet kaum einer der ehemaligen oder späteren Besitzer der Handschriften, sofern er sich intensiver mit einzelnen Texten beschäftigte. Diese Notizen und Nachträge sind tatsächlich so zahlreich, daß sich die nachfolgenden Überlegungen ausschließlich auf Anmerkungen von der Hand des Mathias beschränken müssen.

Den heutigen Anmerkungen nicht unähnlich, sind die Einträge gelegentlich durch ein Zeichen gekennzeichnet, das auch an die betreffende Textstelle gesetzt wurde, so daß damit eine Zuordnung erleichtert ist. Bei den Korrekturen oder den Glossen beschränken sie sich manchmal auf nur ein Wort, sie können aber auch ein halbes Blatt einnehmen und damit die Funktion einer Ergänzung, eines Kommentars oder einer nur weitläufig mit der Textumgebung verbundenen Anmerkung oder Information übernehmen. In vielen Fällen beziehen sie sich jedoch auf ein bestimmtes Textsegment in unmittelbarer Nähe, und dadurch, daß die Einträge immer auch Reaktionen der Schreiber auf die Textumgebung anzeigen, bietet sich über ihre Situierung in der Handschrift manchmal eine Interpretation der Gründe an, die ihre Niederschrift geleitet haben könnte. Das gelingt jedoch nicht in jedem Fall, denn von wenigen Ausnahmen (Glossen z. B.) abgesehen, treten die Anmerkungen nicht gleichmäßig und nicht systematisch auf. Die für die mittelalterlichen Handschriften so typischen, zu einem späteren Zeitpunkt erfolgten Einträge können vielmehr in allen möglichen Zusammenhängen notiert worden sein, in den alten Pergamentcodices des frühen Mittelalters ebenso wie in den weniger anspruchsvoll sich gebenden spätmittelalterlichen Papierhandschriften. Aufgezeichnet wurden sie, wo immer nur Platz dafür vorhanden war.

Die Notizen oder Nachträge lassen sich nach ihren Erscheinungsformen in vier grundsätzliche und häufig wiederkehrende Typen gruppieren:

– lateinische und deutsche Glossen sowie Kommentare
– Blattfragmente oder Schriftstücke, die den betreffenden Lagen eines Manuskriptes zu einem späteren Zeitpunkt beigebunden oder beigelegt wurden
– Sammlungen von Notizen, die auf einzelnen leeren Blättern einer Lage zu unterschiedlichen Zeiten geschrieben wurden
– vereinzelte Nachträge in den verbliebenen Schriftraum.

Blattfragmente und einzelne, nachträglich beigefügte Schriftstücke

Auf die häufigste Erscheinungsform, die Glossen und Kommentare in ihren verschiedenen Funktionen, wurde bereits mehrfach eingegangen; sie deuten zumeist auf eine intensive Beschäftigung mit dem Text, oft auch auf die Erarbeitung eines Stoffes für den Unterricht. Den Glossen hierin ähnlich, ergänzen auch die beigefügten Blattfragmente und Schriftstücke einen im Text formulierten Sachverhalt um weitere Überlegungen oder Zeugnisse. Nachträglich hinzugefügte Schriftstücke befinden sich besonders häufig in Cpl 870.[283] So hat Mathias der ‚Arbor consanguinitatis' des Johannes Andreae kleinere Blätter mit Begriffsexplikationen (Bl. 89^{r-v}) und mit Kommentaren von seiner Hand einbinden lassen. Auch zu seiner ‚Repetitio' hat Mathias zwei Absätze auf Bl. 137^v auf ein Papierfragment geschrieben. Es enthält Notizen zum Strafmaß nach römischem Recht für das Fälschen von Münzen.

Seine astrologischen Textsammlungen ergänzte Mathias seltener um eigenhändige, auf Einzelblättern festgehaltene Notizen. Soweit sich erkennen läßt, hat Mathias nur Cpl 1381 um solche Aufzeichnungen vervollständigt. Inmitten von Mondtafeln, komputistischen Aufzeichnungen und Lunarprognosen befindet sich hier ein quer eingebundener Zettel (Bl. 176) mit Versen über die vier Temperamente, Notizen zu den Planeten in den diversen Zeichen, u. a. auch hinsichtlich der günstigen Aderlaßzeiten.[284] Auf

---

[283] Der bereits erwähnte Originalbrief Peter Luders an Johannes Wenck (Cpl 870, Bl. 197^r) ist Teil einer Mustersammlung, gehört also nicht zu den hier gemeinten Schriftstücken.
[284] Zwei von anderer Hand geschriebene, ebenfalls quer eingebundene Blätter (Bl. 172^r–173^v) in Cpl 1438 weisen Texte und Figuren zu den ‚Eclipses solis et lunae anni 1465' von

einzelne Textsegmente beziehen sich die beigefügten Materialien zwar nicht, doch lassen sie sich mühelos den Themenschwerpunkten der Handschrift subsumieren, denn auf dem Zettel sind Informationen aufgezeichnet, die bei etwaigen Vorhersagen zu berücksichtigen sind.

Notizsammlungen

In der Absicht, in den Büchern bewahrenswerte und im Laufe der Zeit sich ansammelnde Informationen festzuhalten, wurden auch die Notizsammlungen in Cpl 1370, 1381 und 1438 angelegt. An ihnen zeigt sich, wie Mathias auch über längere Zeiträume hin Mitteilungen nachgetragen hat und seine Kenntnisse so beständig quantitativ wie qualitativ erweiterte. Durch die im Verlauf der Jahre immer wieder veränderte Verbindung von Faszikeln verschiedener Provenienz und unterschiedlichen Alters, die zudem fortwährend um wichtige Informationen vervollständigt wurden, wird die Entstehung eines Buches als langandauernder Prozeß erfahrbar, der erst mit dem Wechsel des Besitzers einen vorläufigen Abschluß findet.

In Cpl 1381 beispielsweise schließt sich eine größere Textzusammenstellung einer Reihe von Abhandlungen über astronomische Instrumente an (Bl. 180^v-181^v: Säulchensonnenuhr, Horologium Achas, Quadrant), die z. T. (wie der Quadrant) zu Wetterbeobachtungen und -prognosen verwendet wurden, von denen auch in diesem Codex einige aufgezeichnet sind. Auf Bl. 182^{r-v} sind Verse zu den vier Jahreszeiten mit Hinweisen auf die richtige Lebens- und Ernährungsweise, Voraussagen zum günstigen Zeitpunkt für den Aderlaß, die Ankündigung einer Mondfinsternis zum 3.9.1457 u. a. in unterschiedlichem Schriftduktus, aber von Mathias' Hand notiert, und auf Bl. 183^r-184^r folgen weitere Verse und Kurztexte in deutscher und lateinischer Sprache, die wohl ebenfalls über einen längeren Zeitraum hin zusammengestellt wurden.[285] Aufgezeichnet sind Aderlaßverse, ein Gedicht in leoninischen Hexametern zu den Ernteaussichten, ein Cisioianus, zweisprachige Verse über die Planeten und Tierkreiszeichen, ein Verzeichnis der Tag- und Nachthäuser der Planeten, Notizen zur Zeitwahl, Wetterregeln und eine Zusammenstellung der Planeten, denen bestimmte Metalle zugeordnet sind. Ein direkter Bezug zur Textumgebung läßt sich für beide Notizsammlungen nicht herstellen. Insofern die Instrumententraktate aber wie auch die Prognosen und die übrigen verzeichneten

---

Nicolaus Hartmann auf. Umgeben sind die beiden Blätter von Textsammlungen zur Nativitätsberechnung (Traktate, Schemata). Da die Ermittlung des Punktes oder Grades der Ekliptik (Aszendent) im Augenblick eines Ereignisses zu den elementaren Berechnungen, etwa eines Geburtshoroskops gehört, vervollständigen auch diese Blätter die Sammlung um wichtige Informationen.

[285] Mathias hat aus seinen Büchern auch Blattfragmente herausgelöst. Etwa ein Drittel von Bl. 182 ist oberhalb einer noch erkennbaren, mit Tinte durchgezogenen Linie abgetrennt worden.

Kurztexte das Wissen über die Deutung der planetarischen Konstellationen erweitern, lassen sie sich dem übergeordneten Sammelinteresse subsumieren.[286]

Auf diese Sammlung hat Mathias zurückgegriffen, als er die Handschrift zusammenstellte, die er dann dem Kurfürsten widmete (Wien, ÖNB Cod. 13428). Einige der Texte hat er in diesen Codex übernommen, und es ist anzunehmen, daß er solche Sammlungen von vorneherein auch mit Blick auf eine mögliche Wiederverwendung angelegt hat.[287] Einmal Geschriebenes gilt auf jeden Fall als reproduzierbar und insofern sind die aufbewahrten Materialien frei für Neuverknüpfungen.

Vereinzelte Nachträge

Die weitaus größte Gruppe unter den Notizen und Nachträgen bilden die vereinzelten Aufzeichnungen. Abgesehen von größeren Kommentaren, einigen Berechnungen, Schemata und Anleitungen zu ihrem Gebrauch sowie vereinzelten Versen, handelt es sich bei diesen Nachträgen vor allem um textstrukturierende Hinweise. Es finden sich aber auch kürzere Abhandlungen, die z. T. auf engstem Raum notiert wurden. In manchen Fällen (Cpl 1389, 1401) bieten die Nachträge von der Hand des Mathias die einzigen Indizien dafür, daß sich eine Handschrift in seinem Besitz befunden hat.

Auf Bl. 158ʳ ist etwa in Cpl 1010 zur ‚Oeconomica' des Pseudo-Aristoteles am unteren Blattrand ein ausführlicher Kommentar festgehalten, der das im Text Ausgeführte bestätigen soll. Da solche Anmerkungen oftmals gleichzeitig die besondere Bedeutung einer Mitteilung signalisieren, werden sie vielfach mit sprachlichen Gesten eingeleitet, die zur Aufmerksamkeit auffordern und somit den zahlreichen Nota-Vermerken am Blattrand vergleichbar sind. Mit den Erörterungen über die Verknüpfung der Sittlichkeit mit den politischen Tugenden wird, angeschlossen an den Satz *Et quum vini potus eciam liberos ad insolenciam impellit*, ein Hinweis auf den erwähnten Brief Platos (*Audi platonem in epistola sua quam scribet ad syracusas hisparino.*) verbunden, aus dem Mathias wörtlich zitiert.

Besonders häufig hat Mathias Angaben zu einzelnen Textabschnitten nachgetragen, die sich als Überschriften in den zwischen zwei Abschnitten verbliebenen Schriftraum drängen, der sich oftmals nur auf den Rest einer Zeile beschränkt. Um nachgetragene Überschriften handelt es sich auch in Cpl 870 zum Traktat des Hermannus Zoest über die Korrektur des Kalenders (Bl. 1ʳ-13ᵛ). Da Mathias den Text jedoch selbst geschrieben hat, ist es naheliegend, daß der Nachtrag der sich kaum vom Textfluß abhebenden,

---

[286] Vergleichbare Zusammenstellungen, die, ohne eine Synthese zu formulieren, Beleg an Beleg reihen, enthalten auch die Codices Cpl 1438 (Bl. 19ʳ⁻ᵛ), 1370 (Bl. 26ʳ, 143ᵛ) und Cpl 1382 (Bl. 190ᵛ).
[287] Vgl. dazu den Anhang am Schluß der Untersuchung des Wiener Codex' 13428, die sich in dem vorliegenden Band befindet.

auf engstem Raum notierten Inhaltsangaben schon bald nach der Niederschrift erfolgt ist. Anders verhält es sich mit den Bildbei- oder -inschriften und den Texttituli, die Mathias der Mehrzahl der Abhandlungen und Bilder des deutschsprachigen Planetenbuches in Cpl 1370 hinzugesetzt hat, denn das Planetenbuch ist von anderer Hand geschrieben, wurde von Mathias möglicherweise als ganzes erworben und später dem Codex beigebunden.[288] Die z. T. sehr ausführlichen Bildbeischriften und die Inhaltsangaben zur Identifizierung der Texte sind in der Regel in deutscher Sprache, gelegentlich aber auch zweisprachig,[289] die Randglossen bisweilen in lateinischer Sprache ausgeführt.[290] Einzelnen Texten hat Mathias außerdem ein Kolophon nachgetragen, so Bl. 96^r: *Hie hant die 36 ymagines ein ende. Vnd hebt sich ein ander Capitel an von den hymelen vnd speren etc. 1472.* oder Ergänzungen wie *Ein ende* (Bl. 79^v) angefügt, um eine Abhandlung als abgeschlossen zu markieren. Ähnlich konsequent versah Mathias allein noch die Übersetzung von Ciceros ‚De officiis' in Cpl 1814 mit strukturierenden Tituli (Bl. 92^r-173^r). In diesem Text hat er ebenso durchgängig Korrekturen vermerkt, die möglicherweise unter Verwendung eines anderen lateinischen Textes vorgenommen wurden.[291] In den übrigen Büchern sind Überschriften, die den Inhalt eines Textes oder seine Geschlossenheit exponieren, nur vereinzelt nachgetragen. Diese Maßnahme vermochte sowohl die Übersichtlichkeit herzustellen als auch eine nochmalige Lektüre zu erleichtern, denn viele der Kurztraktate sind von den vorangehenden oder nachfolgenden kaum abgesetzt.[292] Andere Nachträge stützen das Geschriebene durch zusätzliche Belege. Diese Funktion dürfte den Autorzitaten zukommen, die Mathias im Anschluß an den schon erwähnten Kometentraktat in Cpl 1438, Bl. 41^v (und noch einmal Bl. 68^v) zusammengestellt hat, ebenso dem Literaturhinweis in Cpl 1381, Bl. 134^r, der Bezug nimmt auf die nachstehenden Berechnungen der astronomischen Entfernungen von Städten und Regionen und mit den Worten *Nota ptholomeus in sua Almagesti ponit nouem climata* beginnt.

---

[288] In den Handschriften in Darmstadt, Hochschul- und Landesbibliothek, Hs 266 und Salzburg, Universitätsbibliothek, M II 180, die das Planetenbuch ebenfalls überliefern, befinden sich diese Nachträge nicht.
[289] So z. B. Bl. 87^r: *Furbâs wirt gesagt von XXVVI* [?] *pildnus des hymels dy ptholomeus seczt In Almagesto. besich speram solidam.*, oder auch Bl. 90^r, 92^r. Besonders ausführliche Überschriften befinden sich etwa auf den Blättern 123^v, 124^v, 131^v, 132^r. Auch außerhalb des Planetenbuches hat Mathias Überschriften ergänzt, so z. B. Bl. 37^r.
[290] Z.B. Bl. 114^r: *Sol in ariete in vere.*
[291] Vgl. dazu WORSTBROCK, Einbürgerung, besonders S. 46, Anm. 6.
[292] So fügte Mathias der nicht als solche ausgewiesenen Vorrede der ‚Ethica nicomachea' in der Übersetzung des Leonardo Bruni Aretino (Cpl 1010) die Angabe *Leonardi Aretini Prefacio In libros ethicorum Aristotelis* (Bl. 1^r) hinzu oder kennzeichnete, wie in Cpl 1401, Bl. 60^r, einen anonymen und ohne Werktitel überlieferten Traktat als *Tractatus Iudiciarius breuis et optimus*. In Cpl 1438, Bl. 1^r, ergänzte Mathias einen Hinweis auf den Inhalt des nachfolgenden Druckes: *Iudicium de significatione Comete 1472.*; nachgetragene Überschriften auch in Cpl 1381, Bl. 123^v.

Wieder andere Nachträge vervollständigen die Aufzeichnungen einer Handschrift um Informationen, die die unmittelbare Zeit und den Ort des Buchbesitzers betreffen. Solche Daten trägt Mathias in Cpl 1381 (Bl. 78ʳ) nach, wenn er dem Ortsverzeichnis der astronomischen Entfernungen die *Latitudo heidelberga*, Bl. 166ʳ (ebd.), einem anderen Verzeichnis die *altitudo poli su̱i regionis i̱n payrreut* hinzufügt oder in Cpl 1401, Bl. 27ᵛ einen Hinweis auf die Sonnenbewegung im Jahr 1470 ergänzt.²⁹³

Vergleichbar den Glossen am Blattrand, sollen andere Nachträge die Inhalte eines Textes strukturieren und übersichtlich machen. So hat Mathias im Anschluß an den Auszug aus den ‚Noctes Atticae' des Gellius²⁹⁴ in Cpl 1769 am unteren Rand von Bl. 201ʳ die bereits erwähnten Namen antiker Autoren notiert. Diese Namen sind aus dem Text herausgezogen und zu einem späteren Zeitpunkt nachgestellt worden. In entsprechender Absicht hat Mathias wohl in Cpl 1814 die Namen der Dialogpartner aus der ‚Navigatio' des Lukian extrahiert und auf das leer verbliebene Blatt 37ᵛ notiert. Stichwortartig halten derartige Notizen wichtige Informationen eines Textes fest, die dem aufgezeichneten Text nicht auf den ersten Blick zu entnehmen sind.

Zu den nachgetragenen Einzelaufzeichnungen gehören auch Anleitungen, die Mathias hier und da notiert hat und denen, ausdrücklicher noch als den eben vorgestellten Summarien, eine unterweisende Funktion zukommt. Ein Nachsatz in Cpl 1381, Bl. 181ᵛ zu einem entsprechenden Traktat informiert etwa darüber, wie der beschriebene Quadrant zu handhaben ist: *Alieno sic fit hoc horalogiu̱m pone igitur pedem ce̱terum ad dyametrum et fac ci̱rculu̱m utque terrae retro // etc 2. meliu̱s qua̱m i̱nter.*

Gelegentlich versieht Mathias einzelne Schriften und Darstellungen in seinen Büchern mit Hinweisen auf Autoren, Adressaten oder Urheber von Instrumenten. So hat Mathias am unteren Rand von Bl. 1ʳ in Cpl 1720 zur ‚Alexandreis' des Walther von Châtillon folgende Mitteilung verzeichnet: *Galtherus hoc opus pe̱rfecit. Ad wilhelmum Epi̱scopu̱m.* In Cpl 1370 ist auf Bl. 40ᵛ, wieder am unteren Blattrand zu erfahren: *Edidit hermannu̱s opus hoc in pneuma̱tis almi [?] / Ordo cisterci fouet hunc Campusque marie / Cum nece mandante pe̱rsoluet debita carius / Huic deus empirea confe̱rque pe̱rhennia regna.* Dieser Hinweis bezieht sich auf das ‚Kalendarium Hebraicum' des Hermannus Zoest (Bl. 40ʳ⁻ᵛ). Als Schöpfer der Astrolabien, die auf Bl. 163ʳ⁻ᵛ in Cpl 1381 in verschiedenen Farben gezeichnet sind, weist die Notiz auf Bl. 163ʳ Hermannus Contractus aus: *Inventor Astrolabij fuit hermannu̱s contractus teutonicu̱s et composuit Seque̱ncias.* Dieser Hinweis wurde in roter Tinte nachgetragen.

Um Merkenswertes nicht aus dem Gedächtnis zu verlieren, das, war es einmal schriftlich an zweckmäßiger Stelle festgehalten, gegebenenfalls be-

---

²⁹³ In Cpl 1381, Bl. 91ᵛ–99ᵛ, hat Mathias außerdem die ‚Tabulae motuum planetarum' um die Planetenbewegungen in den Jahren 1440 bis 1472 ergänzt.
²⁹⁴ Hier Vulcacius Sedigitus, ‚De poetis' entnommen; vgl. Pellegrin, Manuscrits, S. 407–409, hier S. 409.

quem nachgeschlagen werden konnte, notierte sich Mathias vermutlich das schon genannte Titelverzeichnis der ihm bekannten Komödien des Plautus auf einer leer verbliebenen Blattseite (Bl. 201ᵛ) in Cpl 1769, dem sich der ‚Amphitruo' des Plautus anschließt.

Die Notizen zur prognostizierenden Astrologie und die Hinweise auf Aussagen des Albumazar in Cpl 1381, die Mathias (Bl. 85ᵛ)[295] dem deutschsprachigen Planetentraktat nachgetragen hat, beziehen sich ebenfalls nicht auf einzelne Segmente der umgebenden Texte, sondern halten vermutlich gleichfalls Wissen fest, das zur weiteren Verfügung aufbewahrt werden sollte.

Nachträge dieser Art sind überaus häufig; sie sind von unterschiedlicher Länge und ergänzen die Aufzeichnungen meist um zusätzliche Informationen, sei es in Form von Tabulae, Kalendarien und Schemata, wie sie sich vielfach in Cpl 1381 befinden oder in Form von schriftlichen Mitteilungen. Eine schematische Darstellung ist etwa der Wetterprognostik in Cpl 1381, Bl. 90ʳ nachgestellt. Sie erläutert supplementär, was die jeweilige Farbe des Mondes über die zukünftigen Wetterverhältnisse aussagt:

	alba	*Serenum*		
Luna <	*aeria*	*ventos*	>	*significat*
	pallida	*nimbos*		

In Cpl 1389 vervollständigte Mathias am unteren Rand von Bl. 52ʳ die Aussage zur Praezession des Frühlingspunktes um eine weitere Begründung, und in Cpl 1438 sind dem Kalenderfragment Bl. 82ʳ-87ᵛ Wetterprognosen nachgetragen, so am 19. Mai der Hinweis *pluuie maxime* (Bl. 82ʳ) oder am 27. Juni *pluuia tonitrua* (Bl. 83ʳ).[296]

Eigenständige Texte und abgeschlossene Mitteilungen

Wiederum nur weitläufig mit der Textumgebung verbunden sind einige Nachträge in Cpl 870. Das Epitaph auf Johannes Andreae (Bl. 75ᵛ) erklärt sich allein durch den gleichnamigen Verfasser der nachfolgenden ‚Arbor consanguinitatis'; die in den verbliebenen Schriftraum nachgetragenen Merkverse über den rechtlichen Status von Verlobung und Ehe (Bl. 76ʳ) begründen sich im Inhalt dieser Abhandlung.[297] In diesen Codex, der in den

---

[295] Incipits, Bl. 85ᵛ: *Que ad Iudiciorum mani* [?] *familiarius accedunt. hoc ordine erunt exequenda* [...], *Sunt quinque proprietatum genera que abumaxar hÿs que superius dicta sunt associat Sunt autem hoc; Intercepcio euasio Inpedicio Conpassio* [...]; *Eclipsis / In gradibus sui casus aut applicare stelle in casu suo existenti* [...], u. a.

[296] Vergleichbare Zusätze auch in Cpl 1370, etwa Bl. 44ᵛ, wo dem Kalendarium am Blattrand u. a. der Sommeranfang hinzugefügt ist (*Hÿe hebt sich der recht sumer ann*).

[297] Ähnlich lose verbinden sich die bereits erwähnten, in den verbliebenen Schriftraum nachgetragenen Kometenstrophen des Heinrich von Mügeln (Bl. 136ᵛ) mit den Inhalten der astrologischen Sammelhandschrift Cpl 1370.

ersten Teilen ausschließlich Rechtsschriften und Universitätsreden aufweist, später aber um Mustertexte und humanistische Dichtungen vervollständigt wurde, hat Mathias auch vollständige Texte nachgetragen. So ist Bl. 126ᵛ-131ʳ in den verbliebenen Teil einer Lage zu einem späteren Zeitpunkt eine theologische Abhandlung notiert worden, die als ‚Vita contemplativa' ausgewiesen ist. Hier wurden die leeren Blätter im Anschluß an die ‚Goldene Bulle' ausgenutzt.[298] Das Grundgerüst zu einer Universitätsrede, die wohl 1469 an der Heidelberger Universität über das Vertragsrecht gehalten wurde und auf Bl. 142ᵛ notiert ist, fügt sich ebenfalls nur lose in die Textsammlung dieser Handschrift. Unter den einzelnen Abschnitten, die den Redeaufbau gliedern (*quaestio, complexio, specificatio*), sind hier die zu erörternden Redegegenstände summarisch angeführt.[299] Vollständige Texte, die zu einem späteren Zeitpunkt in freie Schrifträume nachgetragen oder auf einzelnen Blättern, bzw. auf leer verbliebenen Blättern einer Lage notiert wurden, finden sich auch in anderen Handschriften.

Diesem Typus an Nachträgen ist der in Cpl 1769 (Bl. 190ᵛ) verzeichnete Brief Petrarcas zuzurechnen, den Mathias an Jacob von Lichtenberg umadressierte und ebenso der Nachtrag auf ein Einzelblatt in Cpl 1010 (Bl. aᵛ), der den Inhalt des Prologs von Leonardo Bruni Aretino zur ‚Ethica nicomachea' repetiert.

Aus welchen Gründen auch immer, verfügbar halten wollte Mathias jedenfalls auch die in anderem Zusammenhang bereits genannte Ankündigung einer Lehrveranstaltung zu den mathematischen Wissenschaften in Cpl 1381 (Bl. 123ʳ), die Übersicht über die für die Einnahme von Heilmitteln geeigneten Tage in Cpl 1438 (Bl. 131ᵛ), die Horoskopschemata in Cpl 1401 (Bl. 111ʳ), u. a. mit den Daten zur Geburt Kurfürst Friedrichs des Siegreichen, oder die ‚Ars punctandi' des Jacobus Alpoleius de Urbe Salio in Cpl 1769 (Bl. 194ʳ-195ʳ).

Der größere Teil aller dieser Nachträge ist unpersönlich formuliert, einige fordern im Imperativ zu besonderer Aufmerksamkeit auf, und nur sehr selten tritt in den Nachträgen der Schreiber selbst als Sprecher hervor. Zu diesen wenigen Ausnahmen zählt eine Notiz in Cpl 1401 (Bl. 113ʳ), die einer Zusammenstellung von Städten und Ländern unter den Tierkreiszeichen vorangestellt ist. Mathias teilt hier mit: *Anno domini 1460 reperi in quodam libro subscriptas ciuitates sub duodecim signis*. Welchem Buch er diese Informationen entnommen hat, sagt Mathias nicht. Wie die Horoskopschemata sind sie – ohne einen bestimmten Textbezug erkennen zu lassen – auf den leeren Blättern am Schluß der Handschrift notiert.

Inhaltlich von der Textumgebung isoliert ist auch eine Notiz in Cpl 1381, die sich auf Bl. 89ᵛ oberhalb einer Wetterprognostik befindet. Aus einem

---

[298] Das letzte Blatt dieser Lage (Bl. 131) blieb weitgehend unbeschrieben; die neue Lage beginnt Bl. 132 mit der Promotionsrede des Mathias.
[299] Der Nachtrag ist 1469 datiert, so daß auch das Datum der Aufzeichnung gemeint sein könnte. Incipit: *quaestio: Vtrum contractus scienter initus cum excommunicato teneat: Et ex ea ultro citroque oriatur obligacio complexio:* [...].

heute nicht mehr rekonstruierbaren Grund hat Mathias hier das ihm offensichtlich wichtige Ereignis festgehalten, daß Johannes Boser aus Kempten (i. Allgäu) in Kulmbach in Oberfranken im Jahr 1452 zum Notar kreiert wurde. Befanden sich die meisten Nachträge an Stellen, die es ermöglichten, sich der schriftlich fixierten Mitteilung zu erinnern, um sie erneut ins Gedächtnis zu holen, so trifft das auf Gelegenheitseinträge dieser Art offenbar nicht zu. Ebenso unpassend wirkt ein Nachtrag in Cpl 1381, Bl. 2^r, der inmitten von Zitaten aus der Bibel plaziert ist, in denen sich u. a. eine Einschätzung der Astrologie ausdrückt: *Tais amore caret iuueni non praestat amorem.*[300]

Schluß

Eine Begründung für die Aufzeichnung sachferner Mitteilungen ist heute nicht mehr zu ermitteln, doch wenn Mathias seinen Handschriften derartige Informationen hinzufügte, dann setzte sein Nachtrag den Wert des Codex' offensichtlich nicht herab, sondern er wird es in dem Bewußtsein getan haben, den Codex um etwas Wichtiges zu bereichern, ihn also für sich selbst ‚wertvoller‘ zu machen. Die Wertschätzung des Mathias ist folglich anderen als den heutigen Maßstäben verpflichtet, denn wichtiger als die thematische Geschlossenheit eines Buches scheint für Mathias seine Funktion als Informationsspeicher gewesen zu sein.

Das Nebeneinander von Texten und Notizen dieser Art findet seine Begründung in einer von der heutigen sich unterscheidenden Einstellung zur Schrift, sei es zum Einzeltext oder zum Buch, das sich bei Mathias vielfach aus sowohl thematisch wie auch hinsichtlich ihrer Provenienz verschiedenen Teilschriften zusammensetzt. Eine erste Erklärung dürfte in der andersartigen Einschätzung des Buches zu finden sein, wie sie von spätmittelalterlichen Büchersammlern formuliert wurde. Wenn Lucas de Penna in seinem Kommentar zum ‚Codex Justinianus‘ das Buch als *hostis oblivionis* und als *fundamentum memoriae* bezeichnet, dann setzt er in das Buch als Informationsträger ein Vertrauen, das sich erst mit der technischen Reproduzierbarkeit von Schrift zu verändern beginnt.[301] Ganz ähnlich argumentiert auch noch Paolo Vergerio in seiner Anfang des 15. Jahrhunderts verfaßten Abhandlung ‚De ingenuis et liberalibus studiis adoles-

---

[300] Eingeleitet ist die Sammlung mit *Venite benedicti patris*, fortgeführt wird sie mit Jeremias und einem Psalmvers (Mt 25, 34a; Ier 10, 1–5; Ps 35, 13 u. a.). Um die Hetäre mit dem Namen Tais aus dem ‚Eunuchus‘ von Terenz handelt es sich vermutlich nicht, zumindest zitiert Mathias nicht aus diesem Werk. ‚Thais‘ nannte auch Peter Luder seine Geliebte in Heidelberg. In einem Brief aus Ulm bittet er darum, daß Mathias sich um sie kümmern möge. Vgl. WATTENBACH, Luder, Anlage XXI, S. 115f.

[301] Zu Lucas de Penna vgl. WILLMS (wie Anm. 170) S. 14f.; die sich verändernde Einstellung zur Schrift diskutiert JAN-DIRK MÜLLER, Der Körper des Buchs. Zum Medienwechsel zwischen Handschrift und Buch, in: Materialität der Kommunikation, hg. von HANS-ULRICH GUMBRECHT u. a., Frankfurt a. M. 1988, S. 203–217.

centis'. Er gesteht dem Wissen, das einem Buch anvertraut ist, sogar eine größere Dauer zu als dem menschlichen Gedächtnis: „Das Gedächtnis der Menschen nämlich und was durch ihre Hände dem Geist vermittelt wird, verflüchtigt sich und hat kaum länger Bestand als ein Menschenalter. Was aber den Büchern sorglich anvertraut ist, bleibt ewig".[302]

Das Vertrauen in die Dauerhaftigkeit des Buchwissens ist jedoch nicht allein entscheidend für den beobachteten Umgang mit Schrift. Nicht minder bedeutsam dürfte die eher simple Tatsache sein, daß Bücher teuer, schwer zu beschaffen und nur ausnahmsweise an einem Ort in größerer Anzahl vorhanden waren (Kloster, Universität usw.). Der vergleichsweise überschaubare Buchbesitz eines Gelehrten dürfte gewährleistet haben, daß Mathias in seiner Bibliothek bei Bedarf vermutlich sogar die Notiz über Johannes Boser hätte wiederfinden können.

Nicht nur weil sie rar waren, sondern auch weil sie oftmals aus unterschiedlichen, von verschiedenen Schreibern geschriebenen Faszikeln oder Einzelschriften bestehen, die je nach Bedarf zu einem neuen Band sich fügen konnten, präsentierten sich die Bücher ihren Besitzern jeweils als einmalige. Entsprechend galten sie – wie auch die von Mathias veranlaßten Neubindungen, die Nachträge und z. T. von Mathias vorgenommenen Textergänzungen zeigen – in Umfang und Zusammenstellung als jederzeit veränderbar. Für den Umgang mit Schrift hatte diese Einstellung ebenfalls Konsequenzen. Beides, die grundsätzliche Verfügbarkeit über einmal Geschriebenes, das beständig in neue Zusammenhänge integriert werden kann, und das Hinzufügen von Texten über längere Zeiträume hin wird u. a. darin begründet sein, daß das Buch als ein Ganzes, in sich Abgeschlossenes in der Vorstellung des Mathias nicht existierte.[303]

Als solche hat er auch die Drucke noch nicht betrachtet, die er mit handschriftlichen Texten zu einem Kompendium verband. *Liber* als Bezeichnung für das Manuskript – so auch von Mathias verwendet (Cpl 1401, Bl. 113ʳ) – meint im mittelalterlichen Verständnis also etwas anderes als die Übersetzung ‚Buch' heute vermittelt. Da sich die handschriftlichen Kompendien, wie sie uns heute überliefert sind, erst in einem längeren Prozeß konstituierten, gleichen die sogenannten Studien- oder Gebrauchshand-

---

[302] WILLMS (wie Anm. 170) S. 15. Hier handelt es sich um einen sehr alten Topos. Schon Plinius d. Ä. bezeichnete die Schrift als die Gewähr für die Unsterblichkeit des Menschen (Nat. hist. XIII 68 und XIII 70) und ebenso Hrabanus Maurus, Carmina; Sectio I: Poemata de diversis, c. XV ad Eigilium, de libro quem scripsit, vs. 9, in: Migne, PL 112, Sp. 1601; zitiert nach HANS WIDMANN, Kontinuität und Wandel in der Herstellung des Buches, in: AGB 10, 1970, S. XXXV–XLVIII, hier S. XXXVI; dazu auch MÜLLER (wie Anm. 301).

[303] Dafür könnten auch die Schriften im einzelnen sprechen, die optisch oftmals nicht durch einen Titulus oder ein Explicit von dem Nachfolgenden getrennt sind. Die textstrukturierenden Eingriffe, die Mathias gelegentlich vornimmt, um Einzeltexte voneinander abzusetzen, sind allerdings wohl nicht als Indiz für eine sich verändernde Einstellung zu interpretieren, da andere Texte sehr wohl durch entsprechende Maßnahmen als Geschlossene markiert sind. Ihren Ursprung hat die Kennzeichnung von Anfang und Schluß einer Schrift im Gebrauch der Papyrusrolle. Vgl. dazu WIDMANN (wie Anm. 302) S. XLI.

schriften einem ‚Itinerarium', das den Besitzer während seiner Studien begleitete und somit Einblicke gestattet in seinen jeweils zeitgebundenen Kenntnisstand. Heute präsentieren sie sich als Sammlungen bewahrenswerter Zeugnisse, die als dauerhaft fixiert, außerdem als verfügbar und neu verknüpfbar galten, in die jederzeit eingegriffen werden konnte, in der Zusammenstellung also immer wieder veränderbar waren. Wie es scheint, ist diese Einstellung zum Codex auch auf einzelne Schriften übertragbar und das Bewußtsein von der Verfügbarkeit von Geschriebenem könnte sich entsprechend auf die mittelalterliche Kompilationstechnik ausgewirkt haben.[304]

Dem beschriebenen Umgang mit Schrift, alles zu bewahren, was für die verschiedensten Anlässe erinnerungswürdig war, und der besonderen Wertschätzung des Buches als *fundamentum memoriae* jedenfalls ist es zu verdanken, daß sich heute anhand der Bücher des Mathias rekonstruieren läßt, welche Schriften er während seiner Studien rezipiert haben mochte, mit welchen Aufgaben er bei Hof betraut war, welches seine Interessen waren und was die Aufzeichnung einzelner Schriften veranlaßt haben könnte. Kaum ein Buch jedoch enthält Texte, die sich ausschließlich einem Bereich zuordnen ließen.

---

[304] Der zitierte Traktat über den Kometen von 1472 (Cpl 1438, Bl. 40^r–41^v), den Mathias wohl selbst verfaßt hat, weist einen Umgang mit der Überlieferung auf, der dem beschriebenen Verhältnis zum Codex vergleichbar ist: der Verfasser übernahm Teile aus einem Druck, der dem Sammelband beigebunden ist, veränderte einige Aussagen und ergänzte die so entstehende Abhandlung um weitere Informationen. Zieht man allerdings in Betracht, daß Mathias etwa auch in seiner Chronik einen ganz anderen Umgang mit der Überlieferung erkennen läßt, dann zeichnet sich hier noch einmal der Übergang zu einer sich allmählich verändernden Einschätzung von Text und Tradition ab. In die Chronik inserierte Mathias teilweise größere Abhandlungen wie z. B. die Tischzucht des Albrecht von Eyb, und hier nun ohne in die Überlieferung einzugreifen. Die Vorlage bleibt nunmehr in ihrer sprachlichen Integrität gewahrt, ihr Wortlaut wird entsprechend nicht verändert.

JAN-DIRK MÜLLER

Naturkunde für den Hof.

Die Albertus-Magnus-Übersetzungen des Werner Ernesti und Heinrich Münsinger.

Albertus am Heidelberger Hof – Der Übersetzer Ernesti – ‚Gelehrter' und ‚Laie' – Die Einrichtung der Übersetzung – Auswahl: Gelehrtes und Laienwissen – Volkssprache und Latein – Von Ernesti zu Münsinger – Gesten des Schriftgebrauchs – Thematische Übersicht – Zur Binnengliederung der vier Hauptteile – Medizinischer Diskurs in der Volkssprache – Narrative Elemente zur Klärung der Situation – Statt Humoralpathologie Naturkunde für den Hof – Schlußüberlegungen

Am Tag der hl. Lucia (13. Dezember) 1404 beendete Werner Ernesti seine Übersetzung aus ‚De animalibus' des Albertus Magnus. Es handelt sich um eine Teilübersetzung aus den Büchern 22 und 23, die Ernesti Pfalzgraf Ludwig, dem späteren Kurfürsten Ludwig III., widmete: *Scriptus et finitus est iste liber per Wernherum Ernesti [. . .] Jllustri principi domino Ludwico Comispalatino Renj et Bauarie ducis* [!].[1] Es war die erste deutsche Übersetzung des weitverbreiteten Werks, und zwar beschränkt auf die Abschnitte über Falken, Habichte, Hunde und Pferde aus jenem Teil, den Albertus selbständig der Naturgeschichte des Aristoteles hinzugefügt hatte.[2] Diese Einschränkung auf Tiere, die für den Hof besonderes Interesse

---

[1] Edition nach dem Codex Heidelberg, UB, Cpg 206: Von Falken, Hunden und Pferden. Deutsche Albertus-Magnus-Übersetzungen aus der ersten Hälfte des 15. Jahrhunderts, 2 Bde., hg. u. eingel. v. KURT LINDNER, Berlin 1962. – Zitiert wird im folgenden nach der Handschrift. Angegeben werden die Blätter der Handschrift und ergänzend Band und Seiten aus LINDNERS Ausgabe. Die Zeilenzählung bei LINDNER bezieht sich auf die – in seiner Ausgabe am Rand hinzugefügte – Blattzahl der Handschrift, zählt aber Druckzeilen, d. h. stimmt nicht mit der Zeilenfolge der Handschrift überein. Um hier Verwirrung zu vermeiden, wurde diese Zeilenzählung fortgelassen. Zitat: Bl. 55ʳ; I, S. 187.
[2] Albertus Magnus, De animalibus libri XXVI, nach der Cölner Urschrift [. . .] 2, hg. v. HERMANN STADLER, Münster 1920, Buch 22– 26; zur Entstehungsgeschichte 1, S. XIIf. – ROBBIN S. OGGINS, Albertus Magnus on Falcons and Hawks, in: Albertus Magnus and the Sciences. Commemorative Essays 1980, ed. by JAMES A. WEISHEIPL OP, Toronto 1980, S. 441–462; dort S. 565–577 auch die Übersicht des Herausgebers: Albert's Works on Natural Sciences *(libri naturales)* in Probable Chronological Order (und weitere Literatur). – PAULINE AIKEN, The Animal History of Albertus Magnus and Thomas of Cantimpré, in: Speculum 22, 1947, S. 205–225. – CHRISTIAN HÜNEMÖRDER, Die Zoologie des Albertus Magnus, in: Albertus Magnus. Doctor universalis 1280 / 1980, hg. v. PAUL MEYER OP und ALBERT ZIMMERMANN (Walberger Studien A 6) Mainz 1980, S. 235– 248. – PAUL HOSSFELD, Die eigenen Beobachtungen des Albertus Magnus, in: Archivum Fratrum Praedicatorum 53, 1983, S. 147–174.

hatten, findet man wieder, wenn ebenfalls noch im 15. Jahrhundert, ebenfalls im Umkreis des Heidelberger Hofes eine zweite Übersetzung aus der Naturgeschichte des Albertus entstand, verfaßt vom kurfürstlichen Leibarzt Heinrich Münsinger.[3] Er widmete sein Werk den württembergischen Verwandten des Pfälzer Kurfürsten Ludwig III., doch mehrere Exemplare seiner Übersetzung in der Palatina machen auch ein Interesse am Heidelberger Hof wahrscheinlich.

Albertus am Heidelberger Hof

Albertus zählt sein monumentales Werk zur *scientia de animalibus*, die Teil der *philosophia naturalis* ist. Die Bücher I-X sind Kommentar zur Tierkunde des Aristoteles. Sie stellen die Unterschiede in Gestalt, Fortpflanzung, Ernährung und Verhalten der Tiere dar, die Bücher XI-XIX fragen nach den Ursachen dafür (XI-XIV: Kommentar zu ‚De partibus animalium'; XV-XIX: Kommentar zu ‚De generatione animalium'). Buch XX und XXI gehen über Aristoteles hinaus; sie behandeln die Gestalt der Tiere nach Gattungen und Arten. Ihnen schließen sich fünf Bücher (XXII-XXVI) an, die – in der üblichen Ordnung der Vierfüßler, Vögel, Fische, Schlangen und Würmer (Insekten) – die einzelnen Tierarten beschreiben. Sie gehören eher als zur *scientia* zur *historia naturalis*, die, im Gegensatz zu jener nicht nach Gründen und Prinzipien fragt, sondern eine Ansammlung durchaus heterogener, empirisch ermittelter Sachverhalte ist. Die auf mittelalterliche Vorlagen zurückgehenden Bücher XXII-XXVI sind ein naturgeschichtliches Kompendium, das Wißbares aller Art zu einem bestimmten Gegenstandsbereich zusammenstellt: eine Kompilation. Doch auch sie beruhen weniger auf eigenen Beobachtungen des Albertus als auf schriftlichen Quellen, von dem enzyklopädischen ‚De Natura rerum' des Thomas von Cantimpré bis hin zu Traktaten, die Praktikerwissen festhalten wie die Schriften zur Falkenmedizin aus dem Umkreis des normannischen Königshofes im 12. Jahrhundert.[4] Aus dem XXIII. Buch stammen die in die Volkssprache übersetzten Passagen über die Beizvögel, zu denen aus Buch XXII Abschnitte über Hunde und Pferde treten.

Solche Schriften vor allem zur Haltung und Kur von Beizvögeln stehen, obgleich viel älter und anfänglich in Latein überliefert, von ihrer Gebrauchsfunktion her dem Typus der deutschen Übersetzungen des 15. Jahrhunderts weit näher als die monumentale Kompilation des Albertus.[5] Sie

---

[3] Edition nach dem Codex Heidelberg, UB, Cpg 247 von Lindner (wie Anm. 1) II; Übersicht über die Überlieferung: I, S. 79–109 (vgl. Anm. 138).

[4] Vgl. Hünemörder (wie Anm. 2) S. 240–244.

[5] Übersicht bei Lindner (wie Anm. 1) I, S. 23–43. – Vgl. Aiken (Anm. 2) S. 205; 207; Gunnar Tilander, Dancus Rex, Guillelmus Falconarius, Gerardus Falconarius: Les plus anciens traits de fauconnerie de l'occident publiés d'après les manuscrits connus (Cynegetica 9) Lund 1963; hierzu die Rezension von Hans J. Epstein, in: Speculum 40, 1965, S. 756–760, bes. S. 758.

dürften z.T. auf mündliche Überlieferung zurückgehen und erst nachträglich aufgezeichnet worden sein. Ihre Struktur und ihre (veterinärmedizinische) Funktion ist in ‚De animalibus' noch deutlich zu erkennen, wenn auch Albertus seine Vorlagen umformuliert und seinen eigenen Darstellungsabsichten unterwirft. Durch das Material, das er verarbeitet, ist also die Orientierung am Gebrauch, zumal im Falkentraktat in Buch XXIII, schon angelegt. Trotzdem verdient die Wahl gerade dieser Vorlage Aufmerksamkeit. Falkentraktate in Latein wie in den verschiedenen Volkssprachen sind an vielen europäischen Höfen nachweisbar.[6] Auch in der Palatina war veterinärmedizinisches Schrifttum vorhanden.[7] Es hätte nahegelegen, solche kleineren Schriften zu übersetzen und so dem lateinunkundigen Praktiker zugänglich zu machen. Doch die Wahl fiel auf das wissenschaftliche Kompendium, das sich in den Büchern 1-19 auf die Autorität des Aristoteles stützte und in den folgenden einen der berühmtesten Gelehrten zum Urheber hatte, dessen Kompetenz umso mehr galt, als er eine breite, im einzelnen nicht nachgewiesene Überlieferung praktisch-empirischer Beobachtungen einbezog, und zwar je nach Quellenlage in erheblichem Umfang (wie bei den Greifvögeln). Dessen ungeachtet war es insgesamt systematisch angelegt, nach streng alphabetischer Ordnung aufgebaut und sich immer wieder auf Grundlagen der Schulmedizin wie z. B. die Humoralpathologie beziehend. In der Wahl gerade dieser Vorlage deutet sich an, daß man mehr beabsichtigte als die schriftliche Zusammenstellung praktisch verwendbarer Kenntnisse, daß man nämlich einen Anschluß von Gebrauchsschrifttum in der Volkssprache an die gelehrte Tradition suchte.

Anders als die späteren humanistischen Übersetzungen eines Niklas von Wyle, Johann Gottfried oder Johannes Reuchlin u.a. für Mitglieder des Heidelberger Hofs waren die Übersetzungen aus Albertus Magnus direkt sach- und gebrauchsorientiert. An der sprachlichen Gestalt bestand ebensowenig Interesse wie am Zusammenhang des ganzen Werks. Aus dem Kompendium war nicht alles für alle gleich brauchbar. Folgerichtig wählte man für den Hof diejenigen Tiere aus, die bei der Jagd oder, wie die Pferde, in Krieg oder Turnier benötigt wurden, also bei genuin ‚ritterlichen' Beschäftigungen.

---

[6] Auf französisch und katalanisch gibt es weit ältere Traktate zur Falknerei. So werden sich für eine Reihe von Beobachtungen ältere Belege finden lassen, doch ist das für unsere Frage nach dem Verhältnis zweier volkssprachlicher Texte zu einer Vorlage mit wissenschaftlichem Anspruch ohne Interesse. – H. WERTH, Altfranzösische Jagdlehrbücher nebst Handschriftenbibliographie der abendländischen Jagdlitteratur überhaupt, in: Zeitschrift für Romanische Philologie 12, 1888, S. 146–191; S. 381–415; 13, 1889, S. 1–34. – CHRISTOPH BIEDERMANN, Ergänzungen zu Werth's ‚Altfranzösischen Jagdlehrbüchern, etc.', ebd. 21, 1897, S. 529–540. – BAUDOUIN VAN DEN ABEELE, La Fauconnerie dans les lettres Francaises du XIIe au XIVe siècle, Leuven 1990. DERS., Les traités de fauconnerie latins du XIIe siècle. Manuscrits et perspectives, in: Scriptorium 14, 1990, S. 276–286.
[7] Cpl 1253 enthält neben den überwiegend humanmedizinischen Schriften auf Bl. 245ra–258ra eine ‚Practica equorum', eine ‚Practica canum' und eine ‚Practica avium'; vgl. SCHUBA, Handschriften, S. 297; VAN DEN ABEELE, Les traités (wie Anm. 6) S. 281; zur Pferde- und Jagdleidenschaft in Heidelberg: BACKES, Das literarische Leben, S. 37f.

Dieses ‚höfische' Gebrauchsinteresse spiegelt sich schon in einer lateinischen Handschrift von ‚De animalibus' aus dem 14. Jahrhundert, die ebenfalls im Besitz der Palatina war: Im Cpl 1326 von 1346 sind auf Bl. 1ra-19va dem Gesamtwerk die Kapitel über Hunde, Pferde, Falken und Adler vorausgestellt. Diese Kapitel werden dann später im vollständigen Text übergangen. Das ist bereits die Auswahl Ernestis und Münsingers, mit der Einschränkung, daß diese die vom Gebrauch her weniger interessierenden Ausführungen zum Adler außerdem noch übergingen. Und in der Tat läßt sich zeigen, daß diese Handschrift Ernesti vermutlich vorgelegen hat.[8] Das Gebrauchsinteresse, das die Aneignung in der Volkssprache motiviert, hat also schon den Umgang mit der lateinischen Überlieferung bestimmt. Allerdings haben die Übersetzer den Text gründlich umorganisiert und damit praktische Gesichtspunkte weit entschiedener als in jenem vorangestellten Auszug zur Geltung gebracht.

Erst im 16. Jahrhundert entstand eine vollständige Übersetzung, die nicht mehr nur partikularen Gebrauchsinteressen dient, sondern das alphabetisch geordnete Material insgesamt enthält. Ihr Autor ist Walther H. Ryff aus Straßburg, einer der vielschreibenden Popularisatoren gelehrten, vor allem naturkundlichen Wissens. Seine Übersetzung tritt als naturgeschichtliches Kompendium in Konkurrenz zur antiken Naturgeschichte (Heinrich von Eppendorfs Übersetzung von Plinius d.Ä.) und zu zeitgenössischen Kompilationen (Michael Herr).[9] Damals gilt der mittelalterliche Text schon als veraltet.[10]

Anders als 100 Jahre später waren zu Beginn des 15. Jahrhunderts noch nicht verschiedene zoologische Schriften nebeneinander allgemein verfügbar, die miteinander konkurrieren konnten und dadurch den Fortschritt an Wissen motivierten. Vielmehr galt vor allem die Autorität der aristotelischen, durch Albertus Magnus vermittelten Naturgeschichte selbst dort unangefochten, wo ihre einzelnen Angaben völlig unverständlich geworden waren oder auch beziehungslos neben einem nicht-gelehrten Erfahrungs-

---

[8] Vgl. Anm. 21; zu dem Codex: SCHUBA, Handschriften, S. 434.

[9] Thierbuch. Alberti Magni / Von Art Natur vnd Eygenschafft der Thierer [...] Durch Waltherum Ryff verteutscht, Straßburg 1545. Zu seiner Person: JOSEF BENZING, Walter H. Ryff und sein literarisches Werk. Eine Bibliographie, in: Philobiblon 2, 1958, S. 126–154; S. 203–226. W. HABERLING, Ryff, in: Biographisches Lexikon der hervorragenden Ärzte aller Zeiten und Völker 4, München-Berlin 1962, S. 936f. – Konkurrenzunternehmen waren: Gründtlicher vnderricht / warhaffte vnd eygentliche beschreibung / wunderbarlicher seltzamer art / natur / krafft vnd eygenschafft aller vierfüssigen thier [...] zůsamen getragen / vnd auffs kürtzest in Teütsche sprach verfasset / durch [...] Michael Herr, Straßburg 1546. – Caij Plinij Secundi von Veron / Natürlicher History Fünff Bůcher [...] Newlich durch Heinrich von Eppendorff verteütscht, Straßburg 1543.

[10] Zum Bewußtsein des Wissensfortschritts und des Veraltens mittelalterlicher Wissenskompendien in Herrs Polemik gegen Albertus ([wie Anm. 9] Bl. A$_{iij}$$^{r-v}$) vgl. JAN-DIRK MÜLLER, ‚Alt' und ‚neu' in der Epochenerfahrung um 1500. Ansätze zur kulturgeschichtlichen Periodisierung in frühneuhochdeutschen Texten, in: Traditionswandel und Traditionsverhalten, hg. v. WALTER HAUG und BURGHART WACHINGER (Fortuna vitrea 5) Tübingen 1991, S. 121–144, hier S. 134f.

wissen in der Volkssprache standen, das ohne Schrift von Generation zu Generation weitergegeben wurde. Mit den beiden Übersetzungen wird eine Brücke zwischen diesen beiden Typen des Wissens geschlagen, ein Vorgang, der sich im Spätmittelalter auch in verwandten Textgruppen wiederholte.[11]

Das praktische Interesse an naturkundlichem Wissen wird durch eine ganze Anzahl von Schriften zur Tiermedizin und -haltung bestätigt, die im Umkreis des Heidelberger Hofes abgeschrieben oder bearbeitet wurden, und zwar in Latein wie in der Volkssprache. ‚De animalibus' des Albertus Magnus gehörte schon zur Bibliothek Kurfürst Ludwigs III.[12] Werke zur Naturgeschichte allgemein, zur Tier- und Humanmedizin, zu deren astrologischen Grundlagen und zur Alchemie sind in der Palatina – wenn auch z.T. mit ungewisser Provenienz – recht breit überliefert.[13] Diese Themen scheinen auch an der Universität starke Beachtung gefunden zu haben, die ja z.T. eng mit den Interessen des Hofes verbunden war. So stellte sich in den 70er Jahren der Medizinprofessor Erhard Knab veterinärmedizinische Schriften zusammen.[14] Indem das naturkundliche Wissen den akademischen Rahmen verließ, unterlag es veränderten Rezeptionsbedingungen, denen Bearbeiter und Übersetzer Rechnung tragen mußten.

Der Übersetzer Ernesti

Ernestis früher Übersetzungsversuch zeigt, wie schwierig solch ein Brückenschlag war. Der Versuch fand nicht allzu viel Gnade vor der Forschung. So schreibt der beste Kenner dieses Texttypus:

---

[11] So etwa in der Roßarznei des Meister Albrant (vgl. GERHARD EIS, Meister Albrants Roßarzneibuch im deutschen Osten. Mit einem Nachwort zur Neuauflage, Reichenberg 1939, Neudruck Hildesheim – Zürich – New York 1985) oder in Fechtbüchern (vgl. meinen Beitrag in diesem Band).

[12] In der Palatina befanden sich Cpl 1067 (Buch I–VIII) und Cpl 1326 (Buch IX–XXVI). Letzterer gehörte zum Bücherlegat, das Ludwig III. 1438 der Universität vermachte. Das ganze Werk ist in Cpl 1099, Bl. 90ra–432rb erhalten, der zwar erst 1475/77, doch nach einer anderen, inzwischen nicht mehr nachweisbaren Vorlage geschrieben wurde und Notizen des Heidelberger Mediziners Martin Rentz enthält (vgl. SCHUBA, Handschriften, S. 42f.). Das Werk fand also auch Interesse bei Vertretern der Humanmedizin. Weitere Schriften des Albertus finden sich in Cpl 1144, 1153 (Legat Ludwigs III.), 1169, 1302 (aus dem Besitz des Medizinprofessors Erhard Knab). Hinzukommen Exzerpte und Merkverse.

[13] Zur Verbindung von Human- und Tiermedizin vgl. Cpg 169, 202, 211, 255, 281 (Münsinger und Albrant), 297, 406, 408, 502 (Feuerwerksbuch und Albrant), 540, 551; Cpl 1216; BARTSCH, Handschriften, Nr. 107, 113, 116, 126, 141, 144, 226, 227, 263, 271, 274 und SCHUBA, Handschriften, S. 210–218. Hinzukommt die astromedizinische Literatur. Eine nähere überlieferungsgeschichtliche Auswertung des im weitesten Sinne naturkundlichen Schrifttums steht noch aus. Neue Ergebnisse sind von der Zusammenstellung LUDWIG SCHUBAS über den Bestand an Quadrivium-Handschriften zu erwarten, doch reicht das Thema über diese disziplinäre Grenze hinaus.

[14] Cpl 1327 (u.a. Laurentius Rusius; Jordanus Ruffus); vgl. SCHUBA, Medizinische Handschriften, S. 434–436.

> „Ernestis Übersetzung erfolgte in einem schlechten, ungelenken Deutsch, weit entfernt von der sprachlichen Brillanz der nur wenig jüngeren Übertragung durch Münsinger. Man kann sich des Eindruckes nicht erwehren, daß es sich um eine lieblose Arbeit ohne rechtes Verständnis für den Stoff handelt, die für ihn ein vielleicht nur mit Mißvergnügen erledigter fürstlicher Auftrag war. Daß sich Mißverständnisse und Irrtümer einschlichen, mag mit Ernestis fehlender Sachkenntnis zu verzeihen sein; daß ihm aber auch zahlreiche Flüchtigkeitsfehler unterliefen, spricht für sein mangelndes Interesse. Anfangs scheint er sich seiner Verpflichtung, ein getreuer Interpret seiner lateinischen Vorlage zu werden, stärker bewußt gewesen zu sein als am Schluß, wo er sichtlich flüchtiger arbeitete und auch vor sinnenstellenden Auslassungen nicht zurückschreckte".

Der Vergleich mit dem lateinischen Text zeige,

> „daß Ernesti sich anfangs eng an seine Vorlage hielt, beim Hundeteil schon wesentlich eklektischer vorging und beim Pferdeteil sich nicht nur zu noch wesentlicheren Auslassungen entschloß, sondern auch durch steigende Verwendung von Latinismen bis zur Abschrift ganzer lateinischer Passagen das Leben zu erleichtern suchte".[15]

Lindners Unverständnis für die Leistung des Übersetzers und die Ziele der Übersetzung, seine Vorstellung von „einer in ihren Anfängen steckenden nationalen Jagdliteratur", an der die Übersetzung zu messen sei, pflanzen sich in Handbüchern fort.[16] Maßstäbe moderner Fachliteratur sind jedoch hier unangemessen. Die Aufgabe einer Übersetzung aus dem Lateinischen gehört zum Kreis der Tätigkeiten, die der schulmäßig ausgebildete litteratus um die Wende zum 15. Jahrhundert in einer an Schriftlichkeit zunehmend partizipierenden Laiengesellschaft zu erfüllen hat. Die Gegenstände variieren. Es kommt zunächst darauf an, ein vorher nur wenigen und oft gerade nicht den Praktikern zugängliches Wissen in der Volkssprache zugänglich zu machen. Den Fachdiskurs der Praktiker ersetzen – so viel sei von den Ergebnissen schon vorweggenommen – können und sollen solche Schriften so wenig wie sie an die Stelle des gelehrt-universitären Wissens treten können.

Werner Ernesti[17] zählt zu jener Gruppe von Universitätsgelehrten, die in der Umgebung König Ruprechts politisch wirken. Peter Moraw hat die Bedeutung dieser Gruppe in Rat und Kanzlei des Königs herausgearbeitet.[18] Anders als Bischof Raban von Speyer, der Kanzler, anders als die

---

[15] LINDNER (wie Anm. 1) I, S. 58; ähnlich noch BACKES, Das literarische Leben, S. 49f. Lindners Bemerkung zu den Latinismen ist leicht widerlegbar: Diese häufen sich nämlich gerade auch in den Anfangspassagen der Übersetzung.

[16] LINDNER I, S. 56; vgl. etwa P. RAINER RUDOLF, Werner Ernesti, in: ²VL 2, Sp. 617f. LINDNERS psychologisierende Vermutungen über den Charakter der Auftragsarbeit werden dort in Tatsachen umgemünzt.

[17] Zur Person: RUDOLF (wie Anm. 16). Der Artikel ist ungenau. Fehlerhaft sind die Angaben zur Vorlage. König Ruprecht (als Kurfürst: Ruprecht III.) ist mit Kurfürst Ruprecht II. verwechselt. Ausgespart sind Ernestis Tätigkeiten im Umkreis des Hofes. Seine juristischen Studien sind falsch datiert.

[18] MORAW, Kanzlei, S. 428–531. – DERS., Beamtentum, S. 59–126. – BACKES, Das literarische Leben, S. 50.

Heidelberg, UB, Cpg 206, Bl. 55ʳ: Explicit der Albertus-Magnus-Übersetzung des Wernher Ernesti, mit Zuschreibung an Ludwig III.

königlichen Protonotare oder die Prälaten, die kurzfristig im Dienst des
Königs tätig sind, gehört Ernesti nicht zu den einflußreichsten Personen am
Hof. Er ist zwischen 1404 und 1411 als Notar im Dienst der Königin
Elisabeth bezeugt. Wie viele andere aus der Generation der ersten Heidelberger Universitätslehrer hat auch er in Prag studiert, wo er den Grad eines
Baccalaureus in der Artistenfakultät erworben hat. Seit 1389 ist er in Heidelberg, danach öffentlicher Notar am Mittelrhein; später nimmt er an
Ruprechts Italienzug teil. 1401 wird er von Ruprecht als *familiaris domesticus et commensalis* auf ein Kanonikat in Münstermaifeld präsentiert, im
gleichen Jahr von Padua aus auf ein Kanonikat an St. Kastor in Koblenz.
Nach Ruprechts Tod kehrt er an die Universität Heidelberg zurück, wo er
1416 Lehrer für kanonisches Recht wird.[19]

Lehre in der Artisten- und Juristenfakultät, öffentliches Notariat, Kanzleitätigkeit für die Königin und nebenher die Übersetzung einer lateinischen Schrift für den Nachfolger des Fürsten: Ernesti repräsentiert die
Vielfalt der Aufgaben, die die ‚Intelligenz‘ des 15. Jahrhunderts im Umkreis von fürstlichem oder auch städtischem Regiment zu erfüllen hat.
„Verwissenschaftlichung der Regierungstätigkeit" ist dabei die eine Seite.[20]
Die andere ist Bereitstellung gelehrten Wissens für die herausgehobene
Lebensform des Fürsten und seiner höfischen Umgebung. Damit betrat
man Neuland: die sprachlichen und argumentativen Mittel der Wiedergabe
eines lateinischen Fachtextes waren oft erst noch zu entwickeln. Ernestis
Arbeit von 1404 zeugt von den Schwierigkeiten.

‚Gelehrter‘ und ‚Laie‘

Ernesti arbeitete vermutlich nach eben jenem Auszug am Anfang von Cpl
1326, der sich auf die Traktate über die ‚ritterlich‘ verwendbaren Tiere
beschränkte.[21] Doch wählte er aus ihnen noch einmal stark aus. Schon

---

[19] Die Angaben nach MORAW, Kanzlei, S. 519; daneben LINDNER (wie Anm. 1) I, S. 61–65
und RUDOLF (wie Anm. 16).

[20] MORAW, Beamtentum, S. 111f. – Auch für eine Reihe anderer enger Mitarbeiter Ruprechts ist wissenschaftliche und schriftstellerische Tätigkeit nachweisbar, beides jedoch in
Latein; das gleiche gilt für seinen Nachfolger in der Pfalz, Kurfürst Ludwig III. Bis hin zum
Heidelberger Frühhumanismus wird ein beträchtlicher Teil der ‚Hofliteratur‘ weiterhin in der
Gelehrtensprache verfaßt.

[21] Dies wurde bisher nicht gesehen und ist daher noch nicht systematisch untersucht. Ich
möchte dazu einige wenige Beobachtungen mitteilen: Nach dem von STADLER (wie Anm. 2)
herausgegebenen Text des Albertus soll ein bestimmtes Pulver folgendermaßen hergestellt
werden: *et pulvis inde confectus cum aceto forti distemperetur et cum bombace in nares falconis
et in palatum ipsius eiciatur* (S. 1475,6–8). In der Übersetzung wird daraus eine schwer
vorstellbare Prozedur: [...] *vnd sal sie zuriben in eym murser vnd sal do mit temperiren eyn
hune* [!] *mit eßig vnd sal ym daz* [das Huhn?] *blosen in die naslucher vnd in den slunt* (Bl. 1ʳ; I,
S. 129). Das Rätsel löst sich dadurch auf, daß in Cpl 1326, Bl. 15ʳᵃ tatsächlich *pullus* statt
puluis steht: Ernesti übersetzte ‚wörtlich‘. Ähnlich erklärt sich ein anderer Fehler. Albertus
schreibt einer *lexivia* die Eigenschaft zu: *bene* [...] *facit vomere* (S. 1485,31). Die Übersetzung

Lindner erkannte das Interesse, das die Auswahl aus der Auswahl leitete: Indem Ernesti die „naturwissenschaftlich und jagdlich bestimmten Kapitel" des Falkentraktats nicht einbezog und sich auch bei den Ausführungen über Hunde und Pferde „auf die Übertragung der Kuriervorschriften" beschränkte, gab er „seiner Arbeit den Charakter einer vorzugweise tiermedizinischen Abhandlung". Trotz dieser Einsicht mißt Lindner weiterhin den praktischen Wert der Übersetzung an den Erwartungen des nachgeborenen Jagdhistorikers:

> „Sinn und Ursache dieser Beschränkung sind nicht recht einzusehen. Vielleicht entsprach Ernesti damit einer gestellten Aufgabe, vielleicht aber fühlte er sich bei den entfallenen Partien mangels eigener Kenntnisse noch unsicherer als bei der Übersetzung der Kuriervorschriften".[22]

Derlei Spekulationen sind gegenstandslos, wenn man sich den Gebrauchszusammenhang vergegenwärtigt. Die Erkenntnisse der medizinischen Wissenschaft sollen den nicht-gelehrten Praktikern verfügbar gemacht werden, die mit der Aufzucht und Pflege der Tiere befaßt waren. Als Vermittler kommt nur ein Gelehrter in Frage: Die sprachliche, nicht die sachliche Kompetenz ist zunächst für die Vermittlung erforderlich. Wo die letztere fehlt, kann es zu den von Lindner monierten Fehlern kommen. Unvermeidbar werden sie, wo die sprachliche Gestalt verderbt oder irreführend ist. Doch scheinen solche Fehlerquellen bei der Auswahl des Übersetzers gering veranschlagt worden zu sein. Die medizinisch-diätetischen Erkenntnisse der Schulmedizin konnten nur durch einen Lateinkundigen an den Praktiker vermittelt werden. Dieser Adressat ist ‚Laie' aus der Perspektive des Lateinkundigen, insofern er nicht über ausreichende Kenntnis der Gelehrtensprache verfügt, ist jedoch Fachmann in der praktischen Disziplin.[23] Sein Informationsbedürfnis konzentriert sich auf Kenntnisse, die nicht im alltäglichen Umgang mit den Tieren ohne weiteres gewonnen werden, sondern für besondere Situationen wie Krankheiten oder Verhaltensstörungen bestimmt sind. Ihre Anwendung erfordert teils umfangreiche Zurüstungen oder schwierig zu beschaffende Ingredienzen. Sie **erweitern** das durchschnittliche Alltagswissen des Praktikers, indem sie auf verschriftlichte

---

hat seltsamerweise: *Daz macht bewegunge* (Bl. 14ᵛ, I, S. 148). Die Erklärung bietet wieder Cpl 1326, wo Bl. 17ᵛᵇ *mouere* steht. Auch einige andere Schreibungen oder Fehler in der näheren Umgebung werden verständlich, wenn Cpl 1326 die Vorlage war: *schaphisager* (Bl. 1ʳ; I, S. 129) erklärt sich aus der Schreibung Bl. 15ʳᵃ, wo *staphisagere* auch als *scaphisagere* lesbar ist; bei *false guttam* (Bl. 2ʳ, I, S. 130) wurde in Cpl 1326, Bl. 15ʳᵇ das Schaft-s in *guttam salsam* als f gelesen; *sysanij* (Bl. 2ᵛ, I, S. 131) entstand aus Cpl 1326, Bl. 15ʳᵇ *sysamj*, das mangels diakritischem Zeichen über dem j auch als *sysanij* gelesen werden konnte. Das falsche *muscaris* (Bl. 1ᵛ, I, S. 130) dürfte durch die fehlende Oberlänge und den schwachen Querstrich des t in *muscatis* (Cpl 1326, Bl. 15ʳᵃ) zustandegekommen sein. Die Spur wäre genauer zu verfolgen.

[22] LINDNER I, S. 58f.
[23] BACKES, *Das literarische Leben*, S. 82 rechnet mit einem „fürstlichen Laienpublikum" als Adressat Ernestis. Mir scheinen ständisch weniger illustre Rezipienten mit fachlichen Kompetenzen bei geringen Lateinkenntnissen wahrscheinlicher. Dafür spräche auch die ursprünglich recht schlichte Aufmachung. – Zum Begriff des Laien: siehe Einleitung.

Fremderfahrung zurückgreifen. Naturkundliche Theorie tritt demgegenüber zurück.

Albertus hatte von *experimentum*, *expertum* o.ä. gesprochen. Er war Vermittler im umgekehrten Sinn gewesen, hatte sich ausdrücklich auf Fachleute (Falkner etc.) berufen, die er befragt habe und die manchmal korrigiert hätten, was die gelehrte Überlieferung behauptete. Auch seine Quellen sparten, soweit sie auf Praktiker zurückgingen, Anweisungen aus, die diesen geläufig sein mußten, und konzentrierten sich auf veterinärmedizinische Angaben.[24] In Ernestis Übersetzung haben Behauptungen, daß es sich um *versuchte*, d. h. auf praktische Erprobung zurückgehende Wissensbestände handele, geringeres Gewicht, auch wenn sie nicht völlig fehlen.[25] Hier steht, wie noch zu zeigen, die autoritative Geltung gelehrten Wissens im Vordergrund, die Autorität der Gelehrtensprache. Daher die gelegentlich absurde Buchstabengläubigkeit (*pullus* – *puluis*). Dagegen konnte für Ernestis mutmaßlichen Adressaten das Praktikerwissen, das Albertus aufzunehmen bemüht gewesen war, zu einem Teil als redundant gelten.

Ernestis Auswahlprinzipien sind von da her wohl begründet: Neben Rezepten gegen Krankheiten finden sich nur wenige Anweisungen zur Haltung und Zähmung von Jagdtieren. Auch sie hängen mit den veterinärmedizinischen Ausführungen zusammen, insofern sie meist detaillierte Ernährungsvorschriften für besondere Fälle enthalten. Ausgespart sind dagegen die Taxonomie der Raubvögel, die genauen Beschreibungen ihres Aussehens, ihre *proprietates* oder Elemente naturkundlicher Theorie. Seine Übersetzung vermittelt zwischen zwei Sprachgemeinschaften, in denen sich zwei unterschiedlichen Typen des Wissens herausgebildet haben.

Die Einrichtung der Übersetzung

Lindner schreibt der Übersetzung den „Charakter eines Konzeptes" zu: „Mitunter fehlen Worte, ohne daß für ihre nachträgliche Einfügung Sorge getragen wäre. Vielleicht sollte die Übersetzung noch einmal durchgesehen, überarbeitet und von Latinismen gereinigt werden".[26] Diese Ansicht basiert nicht auf der Handschrift, sondern auf einem flüchtigen Eindruck von der Qualität der Übersetzung, wobei die Frage nach dem vorgesehenen Gebrauch und den Verstehensbedingungen ausgeklammert bleibt.

---

[24] EPSTEIN (wie Anm. 5) S. 758. Inwieweit der Anspruch des Albertus, selbst Beobachtetes zu schreiben, überhaupt sachlich gedeckt ist, hat HOSSFELD (wie Anm. 2) kritisch untersucht.

[25] Albertus schreibt: *experientia enim optima est in omnibus talibus magistra* (STADLER, S. 1481,22f.). Dieser Satz fehlt bei Ernesti, der jedoch in der Schlußbemerkung zur Falkenarznei betont, daß die Mittel *alle versucht von wisen luden* sind (Bl. 8ᵛ), und in der Überschrift zum Habichtkapitel ankündigt: *Jn dyesem Capittel wil man leren [...] von den versuchten die keiser friderichs habicher versucht habent* (Bl. 9ʳ).

[26] LINDNER I, S. 60.

Die Handschrift ist sorgfältig geschrieben, mit regelmäßigem Schriftspiegel; sie enthält Korrekturen; auch wurde nach der Niederschrift des Textes offenbar weiter an ihr gearbeitet; doch keinesfalls macht sie den Eindruck eines Konzeptes. Schwerlich wäre sie dann auch im 16. Jahrhundert des kostbaren Ottheinrich-Einbandes für wert befunden worden.

Der Papiercodex ist nämlich heute in Leder gebunden, mit der üblichen Prägung der für Kurfürst Ottheinrich bestimmten Einbände, darunter einem goldgehöhtem Porträt des Kurfürsten nebst Jahreszahl (1558), dazu Metallbeschlag und -schließen. Der Einband mißt ca. 15,5 x 21,5 cm, die (beschnittenen) Blätter ca. 15 x 20 cm, der Schriftspiegel etwa 10-10,5 x 15-16 cm. Die Handschrift besteht aus vier Lagen à sechzehn von alter Hand gezählten Blättern (1-16, 17-32, 33-48, 49-64, Kustode am Ende der ersten Lage). Für das alphabetische Register auf Bl. 55^v-61^r war also von Anfang an Platz vorhanden. Der Text endet Bl. 55^r. Er ist einspaltig, das Register zweispaltig geschrieben. Die zweispaltige Einrichtung geht bis Bl. 61^v.

Text und Register wurden von mindestens vier Händen geschrieben.[27] Vom ersten Schreiber stammt der größte Teil des Textes: Bl. 1 - 2^r,15; Bl. 3^r,4 - 4^r,9 sowie Bl. 5^v,4 - 55^r. Von ihm geschrieben wurden also die Stücke 1-5 der Falkenmedizin, dann die Stücke 11-15 und schließlich der Rest, beginnend mit der Überschrift einer weiteren, den Falknern Kaiser Friedrichs II. zugeschriebenen Falkenmedizin. Die fehlenden Teile der ersten Falkenmedizin wurden offenbar nachgetragen: Der zweite Schreiber schreibt nur Bl. 2^r,16 - 3^r,3 (d. h. die Stücke 6-10), ein dritter Bl. 4^r,10 - 5^v,3 (d. h. die Stücke 16-24). Die Stücke 6-10 füllen genau den Raum zwischen den vom ersten Schreiber geschriebenen Passagen, während hinter den Stücken 16-24 auf Bl. 5^v Platz für etwa zwei Zeilen freibleibt. Danach beginnt, wie gesagt, wieder vom ersten Schreiber ein neuer, mit eigener Überschrift versehener Abschnitt (Falkenmedizin Friedrichs II.), der überdies durch zwei Linien abgeteilt ist. Die von anderer Hand geschriebenen Textstücke wurden also entweder fortlaufend – mit Schreiber 1 alternierend – geschrieben, oder aber, und dies ist wahrscheinlicher, der notwendige Raum für die Auslassung stand, vorweg berechnet, fest.[28] Dieser Schreiberwechsel beschränkt sich auf die erste Lage.

Von einem vierten Schreiber stammen das Register (ab Bl. 55^v), daneben vermutlich auch Marginalien oder Überschriften Bl. 9^r-14^v, die das jeweilige Thema bezeichnen. Sie sind erheblich weniger sorgfältig geschrieben.[29] Schwierig zu bestim-

---

[27] Nur in der folgenden Beschreibung des Schreiberwechsels wird die Zeilenzahl angegeben, und zwar, abweichend von LINDNER, nach der Handschrift.

[28] In ‚De animalibus' fügen sich die in der Übersetzung von anderer Hand geschriebenen Passagen ohne Lücke in das restliche Kapitel De curis infirmitatum ein (STADLER, S. 1474,25–1478,25). Auch in Ernestis Vorlage Cpl 1326 gibt es dort keine Lücke (Bl. 15^r-16^r). Inhaltliche Gründe dafür, daß einige der Heilvorschriften zunächst übergangen worden wären, scheiden aus. Der Schreiberwechsel kann wohl nur aus der internen Organisation bei der Herstellung der Handschrift erklärt werden. – Münsinger hat später die lange Reihe der Heilvorschriften der ersten Falkenmedizin wohl aus sachlichen Gründen umgestellt, so daß die von unterschiedlichen Händen geschriebenen Abschnitte bei ihm in abweichender Reihenfolge erscheinen (Bl. 24^v, 25^v-27^r; vgl. II, S. 57-61).

[29] Abweichend LINDNER (I, S. 55f.), der drei Schreiber annimmt. Dem zweiten schreibt er auch die Marginalien und das Glossar zu (ab Bl. 55^v). Doch ist die Schrift dort von der Schönschrift des zweiten Schreibers deutlich unterschieden, vor allem durch sehr ausgeprägte Ober- und Unterlängen und den steilen Duktus.

men ist, auf wen die sonstigen Marginalien und interlinearen Glossierungen lateinischer Termini zurückgehen; während einige davon wohl dem ersten Schreiber zuzurechnen sind, weicht die Hand der meisten übrigen, soweit man das bei so kurzen Textstücken feststellen kann, sowohl von dessen Hand wie derjenigen der übrigen Schreiber ab (Schreiber 5?). Am ehesten verwandt mit der Schrift 1 ist eine lateinische Glosse am oberen Rand von Bl. 47^v. Auf wen die am Blattrand notierte Abschnittszählung Bl. 1 – 5^r zurückgeht, ist erst recht nicht mehr festzustellen.

Die Entstehung der Handschrift und die Beteiligung Ernestis daran sind im einzelnen ungeklärt. Lindner identifizierte den ersten Schreiber auf Grund seiner „mittelrheinischen Mundart" mit Ernesti selbst, der Bl. 55^r (I, S. 187) als Übersetzer genannt wird. Dem ist jedoch entgegenzuhalten, daß Schreibaufgaben meist von untergeordneten Schreibern ausgeführt wurden. Für den zweiten und dritten Schreiber konstatiert Lindner bairische Sprachmerkmale, was jedoch gleichfalls durch Annahme untergeordneter Hilfskräfte leicht zu erklären wäre. Die Mundart des Glossators weist wieder an den Mittelrhein. Dies alles spricht eher dagegen, daß der Übersetzer auch selbst schrieb.

In jedem Fall sind mehrere Phasen des Herstellungsprozesses anzusetzen. Nachdem der Text Ernestis geschrieben war, wurde er glossiert, indem meist lateinische Ausdrücke durch deutsche ersetzt wurden; auch das Register entstand wohl nachträglich, wobei möglicherweise sein Verfasser den Text auf einigen Seiten durch Marginalien erschloß, die auf den Inhalt verweisen, so daß die Handschrift durch Glossen, Marginalien und Register zum leichteren Gebrauch eingerichtet wurde. Ein solch planvoller Herstellungsprozeß läßt überdies auf einen noch näher zu beschreibenden Wandel in der Funktion der Übersetzung schließen.

Es gibt gelegentlich durch Streichung korrigierte Verschreibungen, und zwar bei allen drei Schreibern. Verbesserungen, wie sie für ein Konzept typisch sind (abgebrochene oder teilweise gestrichene Wörter und Sätze usw.), fehlen aber nahezu völlig. Es ist eine Ausnahme, daß schon im laufenden Text ein Wort gestrichen und durch ein anderes ersetzt ist. Selten tritt deshalb schon im Text an die Stelle eines lateinischen Wortes ein deutsches.[30] In größerem Umfang geschieht dies erst nachträglich durch den Schreiber von Glossen und Marginalien. Offensichtlich im Interesse eines mit dem Latein weniger vertrauten Benutzers übersetzen Rand- und Interlinearglossen lateinische Fachtermini. Beim ersten Schreiber gibt es einmal den umgekehrten Fall, daß die (richtige) deutsche Bezeichnung gestrichen und nachträglich durch den lateinischen Fachausdruck ersetzt ist.[31] Man wird mindestens bei der ursprünglichen Anlage der Handschrift im Latein also nicht Relikte unverstandener Textpassagen sehen dürfen. Aus diesen Beobachtungen ergibt sich die Aufgabe, Ernestis Übersetzung in

---

[30] LINDNER I, S. 145, A. 2 bzw. S. 155, A. 1; vgl. S. 57f.
[31] Bl. 1^r (I, S. 129) ist *trophe* durch *gutta* ersetzt.

ihrer ursprünglichen Anlage und in deren Fortentwicklung durch vermutlich spätere Bearbeiter zu deuten.[32]

Auswahl: Gelehrtes und Laienwissen

Ein weit enger als später bei Münsinger definiertes Gebrauchsinteresse bestimmt die Auswahl aus Albertus. Zuerst werden aus seinem Falkentraktat in Buch 23 die veterinärmedizinischen Kapitel 18-33 übersetzt, dann aus Buch 22 die einschlägigen Abschnitte über Hunde bzw. Pferde.[33] Keinerlei Interesse besteht an Albertus' systematischem Aufbau.[34] Von den Gliederungspunkten des Falkentraktats – Natur der Gattung, einzelne Arten, Kunst der Beizjagd, Tiermedizin – bleiben alle bis auf den letzten fort. Die Ausführungen über Hunde, schon bei Albertus fast ganz auf Diätetisches und Medizinisches eingeschränkt, handeln fast ausschließlich von Jagdhunden, von dem also, was die fürstliche Hofhaltung interessieren kann: *Jtem wie so fiel geslecht sin von hunden doch wil der meister in diesem buche nyt anders leren dan von den edeln hunden so die sych sint wie man sie erczynen sulle. Jtem wir vrteilen die gagehunde fur edel die groz breide oren hant* – und er nennt Merkmale, auf die man bei der Auswahl zu achten hat.[35] Erst recht ist der Aufbau verändert, denn Albertus spricht auch von anderen Hunderassen (etwa dressierten), was Ernesti bis auf eine kurze Bemerkung zum Windhund und zur Erziehung von Wachhunden übergeht. Auch die Bedeutung des Hundes für den Menschen, insbesondere die Humanmedizin ist nahezu ganz ausgespart.[36]

---

[32] LINDNERS Ausgabe ist zwar – von kleineren Versehen abgesehen – korrekt, enthält jedoch einige grundsätzlichere Eingriffe in die Anordnung des Textes, die syntaktische Struktur, die Interpunktion, die Groß- und Kleinschreibung und die Bezeichnungen des Umlauts. Besonders problematisch ist der ‚Ausgleich' bei „starke[m], meist rasch aufeinanderfolgende[m] Wechsel in der Schreibweise" (I, S. 60). So ist der Umlaut unter vergleichbaren Voraussetzungen durchaus ungleichmäßig behandelt (ů/ů̊/u). Die Schreiber wählen meist zwei diagonal angeordnete Punkte, von denen, zumal beim zweiten Schreiber, der untere stärker ist, so daß sich das Zeichen mehr oder weniger stark dem Graphem e annähert. Da die Übergänge fließend sind, wurde meist einheitlich für (ů/ö) entschieden; bei nur einem Punkt oder Strich wurde dagegen ú gewählt.
[33] STADLER (wie Anm. 2) 2, S. 1474,31–1492,14; 1362,35– 1367,37; 1379,8–1388,26.
[34] So erklärt Albertus zu Beginn des 23. Buchs über die Vögel, er wolle *de communibus ad particularia* fortschreiten, wie sich dies für jede Naturlehre (*physica consideratio*) gehöre. Daher wolle er zunächst allgemein von der Natur der Vögel handeln, dann nach Ordnung des lateinischen Alphabets die Reihe ihrer Arten und ihre Lebensweise (*species et modos*) betrachten. Er entschuldigt sich ausdrücklich für Wiederholungen, die dabei auftreten könnten (ebd. S. 1430,2–9). Ähnlich überlegt er den Aufbau des Falkentraktats (ebd. S. 1453,15–23).
[35] Bl. 24ʳf. (I, S. 159): Diese Entscheidung des *meister‹s›* gibt nur scheinbar die Worte des Albertus wieder (*Nos autem multa de canibus in antehabitis diximus, quae hic non repetimus. Sed quia hoc animal multis usibus humanis aptum est, ideo hic volumus artem tradere qua nobiles canes habeantur [. . .] Indicandum igitur nobis videtur quod in canibus* venaticis [. . .] *illi nobiles sunt, quorum aures [. . .]* STADLER [wie Anm. 2] S. 1363, 10–15).
[36] STADLER, S. 1367,27–1368,15; vgl. zum Windhund Bl. 25ᵛ und zu den Wachhunden Bl. 28ᵛ (I, S. 160 bzw. S. 163).

Es fehlen Bemerkungen zur Strukturierung des Gegenstandsbereichs[37] oder Hinweise auf physiologische Zusammenhänge, die der Gelehrte zur Begründung einer Diagnose bräuchte.[38] Die naturgeschichtliche Taxinomie ist allenfalls verkürzt erkennbar, auf das theoretische Fundament in der Humoralpathologie wird nicht durchweg geachtet,[39] wenn es auch, da Ernesti sich in den Passagen, die er auswählt, meist eng an Albertus hält, bei ihm häufiger erhalten ist als später bei Münsinger.[40]

Getilgt sind, wenn auch nicht durchaus, Quellenangaben des Albertus (S. 1484,17-22; S. 1489,23-33). Meist werden die älteren Gewährsmänner, auf die Albertus sich stützt, nicht genannt, mindestens aber nicht genau zitiert. Sogar der Name des Albertus selbst fehlt. Die Tilgung des Zitat- und Belegapparates ist gängiges Charakteristikum volkssprachlicher Fachliteratur noch im 16. Jahrhundert. Der deutsche Text beruft sich meist nur auf anonyme Gewährsleute. Aus dem Kapitel *De regimine infirmitatum omnium avium rapacium secundum Aquilam, Symachum et Theodotionem* wird: *Jn diesem Capittel wil er leren von den alleraltisten leren.*[41] Da Namen vornehmlich Autoritätssignale sind, finden sich besonders häufig diejenigen von Herrschern oder ihren Dienern.[42]

Obwohl einzelne Rezepte sich sachlich überschneiden, da Albertus verschiedene Quellen auswertet, werden sie bei Ernesti einfach aneinandergereiht, so wie er sie in der Vorlage findet, ohne daß er ihre unterschiedliche Herkunft nachweist.[43] Am Rand sind die Heilvorschriften z.T. durchnumeriert, z.T. mit *Jtem* gezeichnet, so daß – obwohl Ernesti seiner Vorlage folgt –, der Eindruck einer jener ungeordneten, immer wieder ergänzten und unabschließbaren Rezeptsammlungen entsteht, wie sie spätmittelalter-

---

[37] So fehlt gegenüber dem Beginn von Kap. 20 bei Albertus (STADLER, S. 1481,27-32) die (falsche) Zuweisung der Habichte zu den Falken (nach Theodotion), später der Hinweis auf Wiederholung schon zuvor erörterter Punkte (ebd. S. 1484,21).
[38] So bleibt z. B. der Satz unübersetzt: *Signum est guttae membra colli infundentis calidae* (ebd. S. 1475,9f.); ähnlich die Erklärung des ‚Flusses' in den Nieren (ebd. S. 1475,20).
[39] Obwohl gerade das Hundekapitel auf der Säftelehre aufbaut, fehlt der Vergleich der *complex* des Hundes mit der anderer Lebewesen (ebd. S. 1367,7-11).
[40] Vgl. Bl. 25ʳ-28ᵛ (I, S. 159-163) die Ausführungen zur ‚trockenen' und ‚warmen' *complex* des Hundes, die wie bei Albertus Basis der Diät- und Heilungsvorschriften sind, etwa: *dje wile der hunt von drockener nature so sal man yn spisen mit fuchter spise* (Bl. 26ʳ; I, S. 160).
[41] Bl. 19ᵛ (I, S. 154) gegen STADLER, S. 1489,28f. Auch die einleitenden Worte des Albertus über die ‚Quelle', den Brief der drei Tierkundigen an den König Ptolemaeus Phylometor von Ägypten (STADLER, S. 1489, 30-33), fehlen.
[42] So: *der koning Armecie lere* (Bl. 27ᵛ; I, S. 162).; guilli‹elmus› *(Bl. 13ʳ; I, S. 145)* oder Kaiser Friedrich II. (Bl. 5ᵛ; I, S. 135; Bl. 9ʳ; I, S. 140), alle aus der lateinischen Vorlage. Der dritte Name gehört einem berühmten Falkner, den Albertus im Dienst König Rogers (II.) von Sizilien eingeführt hat (STADLER, S. 1478,26f.; LINDNER I, S. 26 betont, daß es sich um eine falsche Quellenangabe handelt).
[43] Albertus unterscheidet z. B. Anweisungen, die er von Zeitgenossen erhalten hat, von den *studia antiquissimorum*, die für ihn eher ergänzenden Charakter haben. Für bloß aufzählende Passagen scheint er sich geradezu entschuldigen zu müssen, indem er auf das nicht nur praktisch orientierte Interesse seiner Leser verweist: *Nec debet reputari superfluum quod deservit delectationi multorum qui in avibus caeli ludere consueverunt* (STADLER, S. 1489,23-25).

liche Sammelhandschriften überliefern. Ein Rezept gilt da so viel wie das andere.

Nur in seltenen Fällen wählt Ernesti aus, etwa wo die Vorlage – wenn auch mit dem Hinweis, solche Heilmittel seien nicht so wissenschaftlich gesichert wie die vorigen (*ita rationabilia* [...] *sicut prima*) – auch Segenssprüche oder magische Praktiken aufführt:[44] Dem Übersetzer ist es allein um gesichertes Wissen aus gelehrter Tradition zu tun. Als Kirchenrechtler kennt er Verbote der Magie. Mittel, die Albertus selbst skeptisch beurteilt, haben daher bei ihm keinen Platz, zumal wo sie offenbar aus einer nicht-gelehrten, vor Albertus nicht einmal schriftmäßigen Überlieferung stammen.

Strittiges wird aus demselben Grund zur unverbrüchlichen Tatsache umgedeutet: *Et haec gutta a quibusdam mortalis vocatur* heißt in der Übersetzung *vnd soliche sucht ist ym dottlich*:[45] Die Autorität der Schrifttradition kann nicht durch Dissens der Meinungen relativiert werden. Sie spricht mit einer Zunge. An die Stelle vieler namentlich genannter Autoritäten tritt die eine anonyme Instanz, wenn auch in unterschiedlicher Bezeichnung: *der meister*,[46] *Diß buchelin*,[47] *Jn diesem Capittel wil er leren*[48] oder *Diß Capittel wil leren*.[49] Wer ‚der Meister' ist, mag bei der überragenden Autorität des Albertus Magnus mindestens dem Adressaten Ludwig III. bewußt gewesen sein; für den Benutzer des *buchelin* aber verschmelzen seine Worte mit den Worten derer, die er rezipiert, zu der einen Wahrheitsinstanz.

Gegenüber dem argumentativen Zusammenhang des Traktats schiebt sich die Situation in den Vordergrund, in der nach Anweisung des ‚Meisters' gehandelt werden soll. Die gelehrte Auskunftsinstanz, wiewohl namentlich nicht genannt, wird in Formulierungen wie *Diß buchelin wirt sagen*, hier *wil der meister [Diß buchelin, er] leren* als ‚hier und jetzt' anwesend vorgestellt. Die Schrift, die der Leser räumlich vor sich hat, ist als Rede artikuliert, die ‚jetzt', in der Zeit, sich an einen Hörer richtet.[50] Anders als später bei Münsinger wird freilich nicht die schriftsprachliche Kommunikationssituation möglichst vollständig verbalisiert, und es wird nicht verdrängt, daß es sich um eine schriftsprachliche Kommunikationssituation handelt, im Gegenteil betont Ernesti dies gegenüber der Vorlage sogar gelegentlich: *quod supra dixi* wird z. B. mit *als vorgeschriben stet* wiedergegeben.[51]

---

[44] STADLER, S. 1481,17f.; vgl. die Segenssprüche für günstige Vogeljagd (ebd. S. 1481,8–11), den zerstoßenen Frosch als Heilmittel für verhexte Falken (12f.) und den Bibelspruch gegen Verletzungen durch Adler (14f.).
[45] STADLER, S. 1475,22f. gegen Bl. 1^v (I, S. 130).
[46] Bl. 24^r (I, S. 158).
[47] Bl. 1^r (I, S. 129).
[48] Bl. 19^v (I, S. 154).
[49] Bl. 29^r (I, S. 163).
[50] Bl. 1^r (I, S. 129); Bl. 24^r (I, S. 158); Bl. 29^r (I, S. 163). Diese schriftsprachliche Simulation mündlicher Anweisung ist typisch für volkssprachliche Literatur im späten Mittelalter; vgl. MÜLLER, Kommunikation; DERS., Bild – Vers – Prosakommentar, S. 276f.
[51] STADLER, S. 1489,8 gegen Bl. 19^r (I, S. 153).

Ernesti löst aus dem Traktat eine Reihe von Heil- und Diätvorschriften heraus, die er hintereinander auflistet und die nachgeschlagen werden können, wenn die Situation es verlangt. Weil sie nicht für sich selbst bestehen wollen, sondern für eine solche Anwendungssituation bestimmt sind, sind sie elliptisch formuliert. Vervollständigt werden sie im jeweiligen Anwendungskontext.

Auch der Rezipient wird als Beobachtender und Handelnder ausdrücklicher einbezogen: Wenn man den Falken mit einem bestimmten Mittel gegen Ungeziefer behandelt, *so sieht man sÿ von ÿm vallen vnd von allen fögeln dÿ da fahent den man daz tüt.*[52] Sein Auskunftsbedürfnis oder seine Mittel in einer bestimmten Situation werden benannt: *wan dü wilt erkennen daz ein falk daz fieber hat [...]*[53] oder: *obe du des nyt hettes so nÿm [...]*[54] und: *were ez daz dů keyne fledermůsche gehaben muchtes So nym eynen andern fogel.*[55]

Der sog. ‚Rezeptstil', der typisch für medizinisches Schrifttum auch im Lateinischen ist und den Albertus über längere Passagen anwendet, fingiert durchweg einen Gesprächspartner in der zweiten Person Singular, der direkt angesprochen und unterwiesen wird, bei Ernesti meist durch ein stereotypes *So salt du nemen*[56] oder *darnach salt dü nemen*[57] oder *Jtem salt du distemperiren.*[58] Eine handelnde Person wird auch dort eingeführt, wo Albertus Vorgänge anonym ausdrückt: *Cura autem huius est* oder *et sic curatur* gegenüber: *So sal man nemen.*[59] Wo Albertus der Schilderung des Leidens kommentarlos das Heilmittel folgen läßt (*Tunc igitur tollatur lardus*) markiert Ernesti den Übergang von der Beschreibung zur Therapie: *darzu gehoirt diese ercznye / daz man sal nemen speck.*[60] Wo Albertus bei gleicher Ursache ein Symptom an das andere reiht (*Quando vero longe non egerit*), hebt Ernesti eigens hervor, daß der Anlaß der gleiche bleibt: *Jtem von der selben sucht wegen wan er lange nyt dauwet daz ist eyn zeichzen* [!] *der selben suchte.*[61]

Situation, Betrachter und Therapeut treten plastischer hervor: *Jtem wan der falk daz crymmen hat in dem libe vnd in synen derm / daz mircket man an syme gesmeycz So sal man nemen limaturam ferri.*[62] Es sind oft schein-

---

[52] Bl. 2ᵛ (I, S. 131); dagegen Albertus: *omnes pediculos excutiet: et similiter facit omnis avis rapax* (STADLER, S. 1476,9f.).
[53] Bl. 2ᵛ (I, S. 131); dagegen Albertus: *Signum autem quod falco febrem habeat [...]* (STADLER, S. 1476,11).
[54] Bl. 7ʳ (I, S. 137) gegen: *si non habetur [...]* (STADLER, S. 1480,6).
[55] Bl. 20ʳff. (I, S. 155) gegen: *Si vespertilio non habetur [...]* (STADLER, S. 1490,14).
[56] Bl. 7ʳ (I, S. 137).
[57] Bl. 7ᵛ (I, S. 138).
[58] Bl. 8ʳ (I, S. 138).
[59] Bl. 1ʳ (I, S. 129) gegen STADLER, S. 1475,4 bzw. 1475,16.
[60] STADLER, S. 1474,33 gegen Bl. 1ʳ (I, S. 129).
[61] STADLER, S. 1476,22 gegen Bl. 3ʳ (I, S. 131).
[62] Bl. 3ʳ (I, S. 131); dagegen Albertus: *Si vero falco lumbricis affligitur in ventre et in egestionibus eius aliquid de talibus apparuerit, limatura ferri [...] spargatur* (STADLER, S. 1476,25–27).

bar nur minimale Verschiebungen, an denen sich zeigt, wie der Übersetzer stärker von der Situation her denkt. Albertus nennt z. B. die neun häufigsten Krankheiten der Hunde: *Accidunt autem cani ut frequenter novem infirmitates*; er formuliert eine Regel. Ernesti nimmt das Moment des Geschehens in *accidere* auf: *Jß geschiget wol daz die hunde ix suchten habent die erste ist der grynt oder lepra inpetigo vßsetzung* [...]; er formuliert ein Ereignis.[63]

Die Konjunktion *si*, die die Bedingung einleitet, unter der eine bestimmte Therapie angewandt werden soll, wird häufig nicht mit *wan*, sondern mit *were daz; were ez daz; were ez obe* umschrieben.[64] Damit wird der allgemeinen Bedingung ein minimaler Situationsbezug eingeschrieben. Es ist dies eine Tendenz, die sich bei Münsinger verstärken wird.

Die nachträglich eingefügten Marginalien im Habicht-Kapitel bestehen überwiegend nur aus einem Bedingungssatz, der aus dem Text extrapoliert ist: *Ob dem habich an der prúst be ber*[65] oder *Wilt dú den habich laxiren*[66] oder *Wen eim habich di federn nich kem*;[67] *Wildu daz ein habich mager wert*;[68] *daz dem habich zu hais wer* usw.[69] Solche Syntagmen können elliptisch sein, da sie die Anwendungssituation nur knapp bezeichnen, sie nicht vollständig verbalisieren müssen, denn es kann ein gemeinsames Situationsverständnis unterstellt werden: *Wer daz dann drofen het* bedarf keiner Ergänzung durch das Subjekt *der habich*, weil klar ist, wovon gesprochen wird.[70] Ein selbstverständlicher Folgesatz kann ganz eingespart werden: *inde lava eum et sanabitur* wird zu *vnd wasch ÿn do mit so wirt etc.*: daß Heilung versprochen wird, geht aus dem Kontext hervor.[71]

Auf Aufzählung und Beschreibung der einzelnen Arten von Falken und Habichten verzichtet Ernesti: Wo es um Anwendung geht, hat man immer schon ein bestimmtes Exemplar vor sich. In seinem stereotypen Wenndann-Schema (wenn dieses Symptom, dann jenes Mittel) stellt Ernesti eine Fülle von Erfahrungen bereit, die nicht wissenschaftlich erörtert, sondern ausprobiert werden wollen. Zwar stützt sich die Bewältigung des aktuellen Problems auf die Schrift, doch bleibt diese funktional in die vorgestellte

---

[63] STADLER, S. 1365,32 gegen Bl. 26ʳ (I, S. 160); ähnlich: *ob daz geschege daz eyn hunt eynen dorn* [...] *hette* (Bl. 27ʳ, I, S. 161) gegen *Si autem canis spinam in pede* [...] *habuerit* (S.1366,23f.).
[64] Etwa Bl. 8ʳf. (I, S. 139).
[65] Bl. 9ᵛ (I, S. 141).
[66] Bl. 10ʳ (I, S. 142).
[67] Bl. 11ʳ (I, S. 143).
[68] Bl. 12ʳ (I, S. 144).
[69] Bl. 12ʳ (I, S. 145); ähnliche Marginalien Bl. 9ᵛ–15ᵛ.
[70] Bl. 14ᵛ (I, S. 148). LINDNERS Ergänzung: *wer daz [der habich] ein drofen het* (I, S. 148) ist daher überflüssig. Ich lese statt *ein* (LINDNER) *dann*, doch ist das Wort verwischt; das Subjekt des Satzes kann es aber in keinem Fall sein.
[71] STADLER, S. 1476,7 gegen Bl. 2ᵛ (I, S. 131). Wahrscheinlich glaubte der (2.) Schreiber Platz sparen zu müssen, um mit der Lücke auszukommen; deshalb deutete er die Folgerung nur an. Auf derselben Seite heißt es an entsprechender Stelle später: *behelt er dan dÿ speise so wirt er gesunt* (Bl. 2ᵛ) oder auf der folgenden: *so ist er genesen* (Bl. 3ʳ [vgl. I, S. 131]).

praktische Situation eingebunden und hat, abgelöst von ihr betrachtet, keinen Bestand.

Dem widerspricht nicht, daß der Übersetzer kein Praktiker ist und ihm deshalb Fehler unterlaufen. Ernesti mißversteht Einzelheiten der Zähmung, unterschlägt schon einmal den Bestandteil eines Rezeptes oder verballhornt die Zutaten.[72] Man muß aber den Anspruch des geschriebenen Textes auf Anwendbarkeit von seiner tatsächlichen Tauglichkeit für die Bewältigung einer Situation unterscheiden. Der Anspruch lautet: Je genauer sich die Praxis an das Wissen der Gelehrten bindet, desto erfolgreicher soll sie sein. Ernesti sucht daher Wort für Wort zu übersetzen, mit der Folge, daß ein Schreibfehler absurde Konsequenzen hat. Solche Fehler stechen aber umso stärker heraus, weil die Übersetzung die Praxis und ein implizites Situationswissen erweitern soll, daher von diesen gerade nicht ausgehen darf. Sprachkenntnis und Situationswissen fallen auseinander. Wo Sprachkompetenz nicht ausreicht oder – etwa durch die Vorlage – irregeleitet wird, da entsteht Unsinn.

Nicht erfaßt ist der Situationszusammenhang z. B., wo Albertus an Ernährungsvorschriften für die verschiedenen Jahreszeiten, Sommer und Winter, Anweisungen für die Haltung des Vogels im Verlauf der Tage anschließt (Man solle den Habicht lange auf der Hand halten, um die dritte Stunde füttern usw.). Ernesti überliest die Grenze zwischen den Ratschlägen für die Jahres- und die Tageszeit, klebt aber am Wortlaut, so daß die Ratschläge für die tägliche Wartung sinnwidrig auf die Tierhaltung im November bezogen werden müssen: *Jtem sal man den habich halten vom aůst mit an den manet Nouenber mediocriter mittelmeczig feißt vnd mittelmeczig mager daz er nicht viel zu der feißtkeit odir magerkeit geneiget sie / Aber vom Nouerber [!] furtme sal man yn feißt haben vnd in dem dage lange off der hende vnd an dem dritten dag [!] sal man yme geben vna coxa de carne pulli vnd darnach sal man yn lazen in wazzer baden.*[73] So kann auch der oben erwähnte Schreibfehler in der Vorlage seine absurden Konsequenzen zeitigen, wenn statt eines bestimmten Pulvers (*pulvis inde confectus cum aceto forti distemperetur*) dem Falken anscheinend ein ganzes Huhn in die Nasenlöcher eingeführt werden soll.[74] Das ändert nichts daran, daß die Übersetzung von praktischen Interessen geleitet ist.

---

[72] In der Übersetzung von S. 1476,2 ist der Bestandteil Asche übergangen (Bl. 2r; I, S. 130). Die Namen exotischer Pharmaka sind oft kaum zu erkennen. Nicht einmal bei Doppelnennungen ist auf einheitliche Wiedergabe geachtet: für *de cinere sarmenti vinearum* (STADLER, S. 1482,27) steht *lauwe de sarmentis vitis* (Bl. 3v; I, S. 132: ‚von Rebenholz, -reisig'). Im Register wird dasselbe mit *sarmenttum vittiis daz sind abgesnitten rüben* (Bl. 59vb; I, S. 192) glossiert. An anderer Stelle heißt es dagegen richtig: *lawe [...] von essen sarmenti der wyngart*: Asche von Rebenholz (Bl. 10r; I, S. 141).
[73] STADLER, S. 1488,41 gegen Bl. 18v (I, S. 153).
[74] STADLER, S. 1475,6–8 gegen Bl. 1r (I, S. 129); vgl. Anm. 21 zur Vorlage und zur parallelen Verwechslung von *vomere* und *movere* (STADLER, S. 1485,31 gegen Bl. 14v [I, S. 148]).

Volkssprache und Latein

Kritik rief, dieses Ziel unterstellt, der hohe Anteil lateinischer Wendungen hervor. Welche Adressaten sollten eigentlich angesprochen werden? Die Vorstellung, ein volkssprachlicher Text nach einer lateinischen Vorlage vermittle einfach deren Inhalte an ein lateinunkundiges Publikum, ist durch neuere Forschungen erheblich modifiziert worden. Dabei wurde vor allem der subsidiäre Charakter der Volkssprache innerhalb einer weiterhin vom Latein dominierten Schriftkultur herausgearbeitet.[75] Für einen veterinärmedizinischen Traktat ist die Situation besonders kompliziert: Er schließt sich zwar an die gelehrte Schriftkultur an, stellt sich jedoch außerhalb des gelehrten Kommunikationszusammenhanges.

Lindners Auffassung, die eingestreuten lateinischen Passagen zeigten nur die Bequemlichkeit des Übersetzers oder schieres Unverständnis, wird dem Sachverhalt nicht gerecht.[76] Ernesti sucht offensichtlich Anschluß an die lateinische Schriftpraxis. Das zeigen nicht nur unübersetzte Fachtermini, sondern auch die lateinische *subscriptio* oder der Gebrauch von Abbreviaturen: Er verwendet nicht nur die gebräuchlichen Kürzel für Vor- und Endungssilben, sondern ebenfalls die für Mengenangaben o.ä. völlig selbstverständlich. Er nimmt dabei in Kauf, daß in einer Reihe von Fällen die Auflösung gegenüber der Vorlage dadurch zusätzlich erschwert wird und daß mangels der lateinischen Satzklammer die eindeutige Bestimmung des Kasus Schwierigkeiten macht.

Was das medizinische Fachvokabular betrifft, ist, mindestens bei der ersten Niederschrift, die Verwendung lateinischer Termini selbst dort Absicht, wo eine volkssprachliche Entsprechung zur Verfügung steht. Das geht so weit, daß der erste Schreiber einmal sogar noch nachträglich den deutschen durch einen lateinischen Terminus ersetzt.[77] Doch sprechen dafür auch die zahlreichen lateinischen Wendungen, dank denen sich der Schwierigkeitsgrad des deutschen Textes nur graduell von dem der Vorlage unterscheidet.

---

[75] NIGEL F. PALMER, Zum Nebeneinander von Volkssprache und Latein in spätmittelalterlichen Texten, in: Literatur und Laienbildung, S. 579–600. – NIKOLAUS HENKEL, Leipzig als Übersetzungszentrum am Ende des 15. und Anfang des 16. Jahrhunderts, in: Ebd., S. 559–576. – DERS., Mittelalterliche Übersetzungen lateinischer Schultexte ins Deutsche. Beobachtungen zum Verhältnis von Formtyp und Leistung, in: Poesie und Gebrauchsliteratur, S. 164–179. – KLAUS GRUBMÜLLER, Latein und Deutsch im 15. Jahrhundert. Zur literarhistorischen Physiognomie der Epoche, in: Deutsche Literatur des Spätmittelalters. Ergebnisse, Probleme und Perspektiven der Forschung (Deutsche Literatur des Mittelalters 3) Greifswald 1986, S. 35–49. – Zu den mutmaßlichen Lateinkenntnissen am Heidelberger Hof: BACKES, Das literarische Leben, S. 78 u. 81.

[76] LINDNER (wie Anm. 1) I, S. 57: Ernesti habe „die für ihn nicht verständlichen oder zumindest schwer übersetzbaren Teile seiner Vorlage unverändert", d. h. lateinisch, übernommen.

[77] Bl. 1^r: Streichung von *trophe* zugunsten von *gutta*, von LINDNER (I, S. 129) nicht verzeichnet.

Zwar sind die Gründe für den Gebrauch des Latein nicht immer durchsichtig, doch ist der Befund weit komplexer, als Lindners Kritik annehmen läßt:

- Häufig bleiben gerade nicht schwierige, sondern im Gegenteil leicht verständliche Wendungen unübersetzt.
- Wendungen, die an einer Stelle lateinisch stehen bleiben, werden an anderer deutsch wiedergegeben.
- Besonders im zweiten Teil des Falkentraktats finden sich lateinische und deutsche Ausdrücke zu Doppelformeln zusammengefaßt.
- Durchweg, wenn auch nicht ausschließlich lateinisch bleiben Fachausdrücke für medizinische Praktiken oder seltenere Ingredienzen einzelner Rezepte. Doch sind solche Termini meist in die volkssprachliche Syntax integriert.

Erst in einem zweiten Schritt wurde häufig der lateinische Begriff nachträglich deutsch glossiert; derartige Glossierungen finden sich auch im Register.

Dazu zunächst einige Beispiele: Für einen Teil der Krankheiten gibt Ernesti den deutschen Namen (*snüpen*), doch häufiger bleibt er bei der lateinischen Bezeichnung, etwa der für die Gicht: *Jtem ist eyne andere gutta die silera von eyn deyls luden heißet*: Der Terminus *gutta* wird eingeführt, ohne erklärt werden zu müssen.[78] Der Transfer in die Volkssprache erfolgt erst nachträglich durch den Glossator, der z. B. am Rand einfügt: *Wer daz dann drofen het* (bezogen auf das Rezept im Text: *Jtem obe der fogel hat guttam*).[79] In anderen Fällen wird der Terminus gleich erklärt oder umschrieben: *Jtem wieder die suchte die man nennet fellera* [eine Gallenkrankheit] *daz ist von buser fuchtenunge fulle replecio corrupti humoris*[80] oder: *obe er* [...] *hat aculeos daz ist scharff stiche*;[81] ähnlich: *corrupcio odir zubrechunge*;[82] *menta daz ist myncze*;[83] *regimen vnd ordnung*.[84] Manchmal stehen lateinische und deutsche Wendung einfach nebeneinander: *mediocriter pinguis* wird mit *mediocriter mittelmeczig feißt* wiedergegeben;[85] oder: *gut zeichen purgacionis der reynunge*.[86] Solche Formeln erlauben, Verbindun-

---

[78] Bl. 1ᵛ (I, S. 129f.).
[79] Bl. 14ᵛ (I, S. 148); ähnlich terminologisch: *Jtem obe der habich were asmaticus* (Bl. 10ʳ, I, S. 141) oder *Jtem obe der fogel nascencias* [Warzen] *hat* (Bl. 15ᵛ, I, S. 149).
[80] Bl. 13ᵛ (I, S. 147).
[81] Bl. 14ᵛ (I, S. 148); umgekehrte Reihenfolge in: *wetüng des haübs der in den luden heißet soda* (Bl.1ʳ; I, S. 129).
[82] Bl. 9ʳ (I, S. 140).
[83] Bl. 9ᵛ (I, S, 141).
[84] Bl. 25ᵛ (I, S. 160).
[85] STADLER, S. 1488,38 gegen Bl. 18ᵛ (I, S. 153); dabei gibt es auch Mißverständnisse; so wird z. B. bei der Aufforderung: *fascicula apte* [...] *züsamen twinge* vom Glossator das Adverb mißverstanden und der Satz durch die (später gestrichene) Erläuterung ergänzt *daz ist des bandes des eberswynes* [apre!] (Bl. 12ᵛ; I, S. 145).
[86] Bl. 26ʳ (I, S, 160); vgl. LINDNERS Zusammenstellung I, S. 148.

gen zwischen gelehrtem und volkssprachlichem Wissen einzuüben, so daß das eine oder das andere bei nächster Gelegenheit fehlen kann.

Mit der Bezeichnung von Körperteilen verfährt Ernesti ähnlich: *syne kele odir die ader die kanna odir die arteria heißet*[87] oder *ein herte sleimikeit in dem struma vnd ÿm magen vnd ym ingeweid daz von eczlichen petra heißt.*[88] Doch kann auch der lateinische Terminus allein stehen: *pulmo uel canna pulmonis des falken.*[89]

In der Regel unübersetzt bleiben die verschiedenen Kräuter und sonstigen Heilmittel, und zwar nicht nur die, die exotisch oder vielleicht unverständlich sind. Zu diesen letzteren zählt z. B. das unübersetzte *aurea allexandrina*, über das erst der Glossator zur Erklärung *een confect* setzte: eine fremdartige Medizin, deren Name er nicht übersetzen, sondern die er nur klassifizieren kann und die Heinrich Münsinger mit: *einer latwerin* [Sirup, Konfekt] */ fint man in der Apoteck* umschreiben wird.[90] Häufig wird die Aufzählung der Ingredienzen einfach übernommen: *so sal man nemen Rot wasch* [Wachs] *muscata mirabilanj citerinj sal gemme gummi arabici grana tritici vnd lege daz allez in eynen starcken eßig;*[91] oder: *von dem blude eyns phaens vnd muscaris vnd mirabilanis chebolis vnd von gariofilis vnd von cynamomo vnd von jnngeber.*[92] Manchmal wird nur die lateinische Kopula durch *vnd* ersetzt (*aloe vnd anxugiam galline*);[93] manchmal bleibt gerade ein derartiges Allerweltswort wie z. B. auch die Präposition stehen (*ein puluir de gariofilis*).[94] Vieles wird nur oberflächlich eingedeutscht: *drÿ korner schaphisager.*[95]

Selbst ganz bekannte Rezeptbestandteile bleiben nicht selten lateinisch, so z. B. Honig, Salz oder Schweineschmalz: *zween leffel bludes et tria fuliginis et mellis et vnum salis*[96] oder *malfam* [Malve] *et saturegiam* [Bohnenkraut] *cum adipe porcino* [Schweineschmalz].[97] Ein selteneres Kraut wird deutsch wiedergegeben, während Geläufiges lateinisch bleibt.[98] Erst der Glossator übersetzt *manipulus stupparum canabi vel lini* mit *hanefen werk*

---

[87] Bl. 1ᵛ (I, S. 129); für: *guttum sive arteriam quae canna vocatur* (STADLER, S. 1475,14). LINDNER liest *arteira*.
[88] Bl. 2ᵛ (I, S. 131).
[89] Bl. 6ʳ (I, S. 136).
[90] Bl. 14ᵛ (I, S. 148); Münsinger Bl. 36ᵛ (II, S. 75; vgl. I, S. 197). Ähnlich, wiewohl im Zusammenhang unrichtig, ist *poluer masticis* (Bl. 10ʳ, I, S. 141) im Register umschrieben mit *maxtix ist ein gum von ein bam* (Bl. 58ʳᵇ, I, S. 190).
[91] Bl. 3ʳ (I, S. 132; vgl. STADLER, S. 1476,29f.).
[92] Bl. 1ᵛ (I, S. 129f.).
[93] Bl. 2ᵛ (I, S. 131).
[94] Bl. 2ᵛ (I, S. 131).
[95] Bl. 1ʳ (I, S. 129): die Bezeichnung für den Samen des ‚Leuskraut' (*delphinium staphisagria*, eine Pflanze in Südeuropa); zu Schreibweise und Deklination auch LINDNER I, S. 222.
[96] Bl. 49ʳ (I, S. 182); ähnlich *melle condito* (Bl. 20ʳ [I, S. 154]) oder *cum lardo recenti* (Bl. 27ʳ [I, S. 161]) oder *medullam sambuci* (Bl. 27ᵛ; I, 162).
[97] Bl. 9ʳ (I, S. 140).
[98] So wird z. B. *in iure barbae Jovis* (STADLER, S. 1481,40: Donnerkraut) übersetzt: *in daz saff der husworcze* (Bl. 9ʳ [I, S. 140]).

bzw. *lin som*.[99] Dieselben Wörter werden einmal übersetzt, ein andermal nicht.[100] ‚Fett' z. B. erscheint einmal nur lateinisch, einmal glossiert.[101] Oder Latein und Deutsch sind gemischt: *müse vivi* [Glosse: *lebendich*];[102] *fleisch de bacone salso genomen*;[103] *adipem porci daz nye eychiln geßen hat*.[104]

Ob ein deutsches Äquivalent zur Verfügung steht, ist nicht entscheidend. Der Übersetzer ist bestrebt, auch in der Volkssprache einen erkennbar fachwissenschaftlichen, da mit lateinischen Brocken gespickten Diskurs zu schreiben: *so gibt man ym testudo* [Streichung] *daz man auch limatem* [!] *heißet*. Das Register glossiert: *Testüdo fel limax daz sind snecken di nider heuß haben*.[105] Schnecken, wahrscheinlich auch Schildkröten dürften bekannt sein, aber das ist eher hinderlich, denn es geht hier um nichts Triviales, sondern den Bestandteil eines Heilmittels. Ähnlich ist es wohl zu beurteilen, wenn eine Vorschrift lautet: *du ez in eßig mit stercus anseris*, so daß also der für die Heilung benötigte *genz mist* zunächst unübersetzt bleibt und erst vom Glossator erklärt wird.[106] Nachträglich interlinear glossiert sind z. B. auch *lactis femine* (*frow milk*), *nodos* (*knoß*), *succi stercoris anserini* (*saf van ganz mist*), *vivi* (*lebendich*), *succaram* (*zucker*), *spumat in oculis* (*haet onreynlichheyt*[107] *in den ovgen*) usw.[108]

Der Text enthält ein seltsames Kauderwelsch: *obe der fogel habe guttam So salt du nemen anserem die wol feißt sie vnd du do von adipem* [...] *et de hoc unguine salbe dye stat luttosus* [!] *vnd hilff alle guttosis animalibus*. Nur der Lateinkundige weiß, daß von Gicht, Gänsefett und einer Salbe die Rede ist.[109] Aus den gewöhnlichen Gegenständen einer alltäglichen Welt werden

---

[99] Bl. 49ʳ (I, S. 182).

[100] Einmal steht *leffel* [...] *mellis* (Bl. 49ʳ [I, S. 182]), dann wieder *leffel honich* (Bl. 21ᵛ [I, S. 156]) oder *fogel rapacem* (Bl. 3ʳ [I, S. 132]) gegen *von allen fögeln dÿ da fahent* (Bl. 2ᵛ [I, S. 131]); *contunde feniculos* (Bl. 13ᵛ [I, S. 147]) gegen *zu͂ stocz* (Bl. 17ʳ [I, S. 151]) bzw. *fingeln* [*fincheln*] *samen* (Bl. 11ʳ bzw. Bl. 19ᵛ [I, S. 143, 154]); *fastidium* (Bl. 7ᵛ, 20ʳ [I, S. 138, 155]) gegen *mu͂dekeit vnd vnlost der spise* (Bl. 12ᵛ [I, S. 145]); *lexiuia* wird in der Regel mit *lauwe* übersetzt (z. B. Bl. 3ᵛ [I, S. 132]), dann wieder nicht (Bl. 14ᵛ [I, S. 148] oder Bl. 14ʳ [I, S. 148], dort mit übergeschriebenem *lö͂gen*). Nebeneinander findet sich *mit dem succo bete* und *yn daz selbe saff bete* (Bl. 27ᵛ; I, S. 162).

[101] So steht *veterem anxugiam* (Bl. 2ʳ [I, S. 130]) gegen *gip ym daz feißt anxugie zu eßen* (Bl. 23ʳ [I, S. 157]). Ähnlich heißt *pinguedo* (z. B. STADLER, S. 1475,33) einmal *smalcz* (Bl. 2ʳ [I, S. 130]) oder *feißtkeit* (Bl. 12ʳ [I, S. 144]), einmal bleibt es unübersetzt: *wurczeln altee* [...] *mit wenig salben odir pigwedine contrite* (Bl. 49ʳ [I, S. 182]) für Albertus: *radices alteae* [...] *cum pauco aliquo unguento vel pinguedine contritae* (S. 1396,17–19).

[102] Bl. 11ᵛ (I, S. 144).

[103] Bl. 12ʳ (I, S. 144).

[104] Bl. 10ᵛ (I, S. 142).

[105] Bl. 2ᵛ (I, S. 131) und Bl. 60ʳᵃ (I, S. 192).

[106] Bl. 13ʳ (I, S. 146).

[107] Hs.: *onreylnichheyt*.

[108] Bl. 6ʳ (I, S. 136); Bl. 6ᵛ (I, S. 137); Bl. 7ᵛ (I, S. 138); Bl. 11ᵛ (I, S. 144); Bl. 14ʳ (I, S. 147); Bl. 14ᵛ (I, S. 148). Die Glossen sind bei LINDNER nachgewiesen.

[109] Bl. 17ʳ (I, S. 151). Über eine Schlange heißt es *So salt du nemen serpentem varium der vnder andern slangen odir vncken allerwenigs vergifft hat* (Bl. 11ʳ [I, S. 143]). Die Sprachmischung ist bei Albertus angelegt: *qui* [...] *Germanice* [h]*unc vocatur*: STADLER, S. 1483, 12f.

Elemente eines Heilverfahrens: *mach do von pillulas,* heißt es einmal bei einem Rezept aus Rettich, einer Wiesenraute (*ruta agrestis*), Pfeffer, Honig und Brot.[110] *Et frica palatum des habichs* lautet die Therapie,[111] *vnderwilen der falk infusionem patitur als eyn pfert,* heißt eine Diagnose.[112]

Die Mengenangabe ‚zu gleichen Teilen' wird manchmal übersetzt (*ÿclichz gelich vnd von ÿclichem eyne vncz*[113] oder auch einfach: *blut von müsen vnd hunig vnd samen apij gelÿch*[114]), doch in anderen Fällen bleibt die fachgerechte Wendung (*calcinam vnd aloe equaliter*[115]). Wenn ein Mittel einen über den anderen Tag verabreicht werden soll, dann heißt es zunächst fachmännisch: *so geb man ÿms alternis diebus,* obwohl dann die Erklärung fortfährt: *vnd dÿ andern tage so geb man ÿm dan papio oder ein purgatorium.*[116] Erst der Glossator hat konsequent weitere Erläuterungen in Marginalien und Interlinearglossen hinzugefügt: Die Mengenangabe *als groß als eyn hazel nos* ersetzt am Rand die (durchgestrichene) lateinische Wendung *ad quantitatem auellanae,*[117] oder *alz groß als kicher* das gestrichene *ad quantitatem ciceris.*[118]

In diesen und ähnlichen Fällen ist der Sachverhalt von Anfang an klar. Doch die gelehrte Bezeichnung, die der volkssprachliche Text bewahrt, löst die Sache aus ihren gewöhnlich-alltäglichen Bezügen und macht sie zum Element fachkundiger Therapie. Das Arcanum gelehrter Medizin wird in der Terminologie der Gelehrtensprache gewahrt. Zumindest wird der gelehrte Terminus in die Volkssprache eingeführt: Bei einem trägen Jagdvogel empfiehlt Albertus eine Abmagerungskur; *de dieta consueta* solle man ihm etwas abziehen und ihm leichte Kost geben. Ernesti versteht: Es geht um weniger Futter (*öß*), doch bei einer sorgfältig einzuhaltenden medizinischen Kur (*in dieta quam sibi bonam esse probaveris, conserva eum continue*) genügt das alltagssprachliche *öß* nicht: *vnd behalt ynn dan furtmals in eyner dieten* [!] *die du versucht hast vnd die yme allerbest bekomen ist allezÿt nachenander.*[119]

---

[110] Bl. 9ᵛ (I, S. 140f.); zu den Rautengewächsen vgl. I, S. 221.
[111] Bl. 9ᵛ (I, 140).
[112] Bl. 3ᵛ (I, S. 132).
[113] Bl. 1ᵛ (I, S. 130).
[114] Bl. 8ᵛ (I, S. 139).
[115] Bl. 8ᵛ (I, S. 139; *equaliter* für den Fachmann als Kürzel geschrieben); dagegen wieder: *also daz zwey deil sin von saff vnd eyn deile von honige* (Bl. 9ᵛ [I, S. 141]) und: *ÿcliches geliche von gewicht* (Bl. 13ʳ [I, S. 1461]). Das Längenmaß ‚eine Handbreit' bleibt wieder lateinisch erhalten: *snyt abe palmus* (Bl. 2ʳ [I, S. 130]).
[116] Bl. 2ᵛf. (I, S. 131); ähnlich: *gibt man ÿm zü essen interpolate vnd zum andern male so gibt man ÿm testudo* (Bl. 2ᵛ; ebd.) oder *sigillatim per vices* (Bl. 10ᵛ; I, S. 142). Auch bei den verwendeten Gefäßen übersetzt Ernesti manchmal, manchmal läßt er die Fachbezeichnung stehen: *in aliquo bacili sive pelvi* (STADLER, S. 1476,31f.) heißt: *in eyme becken odir solichem faß vnd darnach lege daz allez in ampullam* (Bl. 3ʳ [I, S. 132]).
[117] Bl. 13ʳ (I, S. 146).
[118] Bl. 14ʳ (I, S. 147).
[119] STADLER, S. 1488,32–35 gegen Bl. 18ʳ (I, S. 152).

Die Funktion bestimmt die Sprachwahl. Bei einem Aderlaß wird die Stelle des Eingriffs exakt bezeichnet: *an der odern die ist inter crus et coxam.* Das ist eine Anweisung für den Arzt. Dagegen war eine Zeile vorher dasselbe Wort (*crus*) ganz prätentiös mit *beyn* übersetzt worden. Der Übersetzer mußte also beides als identisch verstehen, doch das eine Mal ging es um die Therapie, das andere Mal bloß um die Bezeichnung eines Körperteils, und für die therapeutischen Angaben scheint das Latein dienlicher.[120]

So dominiert bei einer Reihe von Heilverfahren das Latein. Lateinische Anweisungen können sich auch auf ganz gewöhnliche Vorgänge beziehen wie das Füttern und das Einflößen einer Medizin[121] oder auch das Ablösen der Borsten von der Haut eines Ferkels: *vnd darnach nym porcellum cum aqua calida depilatum et sumatur tenerum pectoris mit eyner cleyner müse.*[122] Es entsteht jenes makkaronische Kauderwelsch, das die frühneuzeitliche Komödie an Ärzten oder Juristen verspottet: *vnd hute dich ne defectum et pusillanimem facias.*[123]

Um diesen Befund zu verstehen, muß man sich Ziel und Voraussetzungen des Unterfangens noch einmal vergegenwärtigen, gelehrte Schriftlichkeit mit einer von ‚Laien' schriftlos betriebenen Praxis zu vermitteln. Ernesti kann ja nicht von einer ausgebildeten Fachsprache in die andere übertragen, eine lateinische Anweisung durch ein volkssprachliches Äquivalent ersetzen, wobei Grenzen allenfalls in seiner linguistischen oder praktischen Kompetenz lägen, sondern er muß eine Praxis, die ohne Schrift auskam, allererst an den fachwissenschaftlichen Diskurs anschließen. Er hat es mit zwei gänzlich unterschiedlichen Typen des Wissens zu tun. Er handelt nun als ‚Gelehrter', d. h. er geht von der schriftsprachlichen Tradition aus und sucht deren Praktiken demjenigen verfügbar zu machen, der mangels zureichender wissenschaftlich-sprachlicher Übung nicht selbst Zugang zu ihnen hat.

Dazu kommt ein zweites: Die von der Schrifttradition bereitgestellten Praktiken beruhen auf theoretischen Grundannahmen. Sie haben daher einen höheren Grad an Glaubwürdigkeit als die vielen Einzelerfahrungen, auf die ein Praktiker zurückgreifen kann. Wenn sie nun diesem nutzbar gemacht werden sollen, dann können sie nicht einfach in sein Erfahrungswissen umformuliert werden (so sehr sie selbst auch darauf beruhen mögen), denn dann wäre ihr ursprünglicher Status nicht mehr kenntlich. Sollen sie als gelehrte Wissensbestände identifizierbar bleiben, weil dies die ‚Wissenschaftlichkeit' dieses Wissens garantiert, dann kann die Volkssprache nicht auf die Stütze durch das Latein verzichten, das erst die notwendige Autorität und situationsunabhängige Verbindlichkeit sichert.

---

[120] Bl. 2ʳ, (I, S. 130).
[121] Vgl. *et coletur ter et impleatur inde guttur falkonis* (Bl. 3ᵛ; I, S. 132) oder *Et postea detur ei lacerta ad manducandum* (Bl. 3ᵛ; ebd.).
[122] Bl. 2ʳ (I, S. 130); *tenerum* in der Ausgabe falsch aufgelöst.
[123] Bl. 18ᵛ (I, S. 153).

Daher gerät im volkssprachlichen Text die lateinische Fachsprache nie aus dem Blick. Bestimmte Elemente des fachsprachlichen Diskurses bleiben vorerst der Gelehrtensprache vorbehalten, andere werden zweisprachig (simultan oder sukzessiv) präsentiert, wieder andere werden erst in nachträglicher Bearbeitung in die Volkssprache umgesetzt. Wissenschaftliche Terminologie wird bewahrt, Therapiepraxis suggeriert und Gelehrtenhabitus vorgeführt. Der Transfer gelehrten Wissens in die Volkssprache und die Ausbildung eines fachsprachlichen Diskurses stellt sich als ein langwieriger Prozeß dar, dessen Ablagerungen in der Handschrift greifbar werden.

Das Ziel der Übersetzung kann deshalb nicht gewesen sein, ‚jedermann', den Lateinkundigen wie den Fachfremden, in veterinärmedizinische Praktiken einzuführen. In der überlieferten Form setzt Ernestis Übersetzung einen Rezipienten voraus, der wenigstens rudimentär mit lateinischer Sprache und Schriftüberlieferung vertraut ist oder auf einen Informanten, der über diese Kompetenzen verfügt, zurückgreifen kann. Beides mochte beim Widmungsträger Pfalzgraf Ludwig und in seiner Umgebung bei Hof nach 1400 gegeben sein, beides war aber unzulänglich, wenn die angesprochen werden sollten, die tatsächlich mit den Tieren umgingen.[124] Ernestis Text setzt ebenfalls eine mittlere Sprachkompetenz voraus, die weniger auf einem elementaren Grammatikunterricht zu beruhen scheint als auf einem rudimentären fachspezifischen Vokabular. Es ist bekannt, daß z. B. die Lateinkenntnisse des Adels sich auf bestimmte Gebiete wie etwa Kanzleiwesen oder Rechtsfragen beschränken konnten.[125] Ähnlich eingeschränkte Kompetenzen wären für andere ständische oder berufliche Gruppen denkbar. Der Lateinunterricht führte offenbar nicht zu einer umfassenden passiven Lesekompetenz (geschweige einer aktiven Schreibkompetenz); die beschränkte Kompetenz konnte dann berufsspezifisch erweitert werden.

Dagegen scheint die praktische Kompetenz des jeweiligen Fachmanns auf dieser Stufe durchweg noch nicht schriftsprachlich vermittelt gewesen zu sein. Solch praktische Kompetenz wird durch Ernesti nämlich nicht gefördert, sondern ist stillschweigend vorausgesetzt. Ohne sie bleibt der Text unzulänglich. Dies scheint beim Gebrauch als hinderlich empfunden worden zu sein, wie schon im Übersetzungstext die Glossierung einer Reihe von Fachtermini oder lateinischen Anweisungen durch Doppelformeln, auch die Streichung einzelner lateinischer Wendungen[126] zeigt, erst recht dann nachträgliche Zusätze.

---

[124] Die fürstlichen Widmungsträger sind ja nicht die eigentlichen Adressaten der zumeist eher schlicht ausgestatteten Handschriften (so auch BAUDOUIN VAN DEN ABEELE in seinem Münsterer Vortrag ‚Die lateinischen Falknereitraktate zwischen Tradition und Praxis. Fachprosa als pragmatische Schriftlichkeit'. Ich danke Herrn van den Abeele für die freundliche Überlassung des Vortragsmanuskripts).

[125] Vgl. WERNER PARAVICINI, Karl der Kühne. Das Ende des Hauses Burgund, Göttingen 1976, S. 16.

[126] Bl. 17ʳ (I, S. 151): *de xilo aloe* ersetzt durch *ain holcz aloe*; Bl. 12ʳ (I, S. 145): *rosenwaßer* für durchstrichenes *aquam*.

Die Umsetzung in die Volkssprache erscheint als Prozeß, in dem anfänglich nicht auf die Rückbindung ans Latein verzichtet werden kann. Ein weiterer Schritt zur Erschließung der lateinischen Wissenschaftssprache wird mit Anlage des Registers vollzogen, das die lateinischen Fachausdrücke zusammenfaßt. Daß Glossierung und Register in einem nachträglichen Arbeitsschritt entstanden sind, zeigen einzelne Mißverständnisse.[127] In jedem Fall dokumentieren sie, wie bei der Umsetzung eines fachwissenschaftlichen Textes in die Volkssprache der Gelehrte Schritt für Schritt zurücktritt. Für Ernesti beschränkte sich die Verwendung des Lateins nicht nur auf terminologische Problemfälle. Dies tritt erst in der Folgezeit ein: Das Latein zieht sich auf die Nennung von Ingredienzen aus der medizinischen Überlieferung zurück, die ganz einfach in Deutschland nicht verfügbar sind.[128] In Ernestis Übersetzung dominiert es noch weit diesseits solcher Grenzen.

Von Ernesti zu Münsinger

Erst allmählich beginnt sich das volkssprachliche Fachschrifttum von seiner anfangs subsidiären Aufgabe zu lösen: subsidiär gegenüber einer schriftlosen Praxis wie gegenüber einem exklusiven fachwissenschaftlichen Diskurs.

Soll die Verbreitung naturkundlichen Wissens weitergehen, dann muß sie auch jene Praktiker erfassen, die über schriftsprachlich-gelehrte Techniken nicht verfügen und keinen Gelehrten fragen können, jedoch gelehrtes Wissen in ihrer Praxis korrekt nutzen wollen. Für sie ist Ernestis Übersetzungstypus unzulänglich. Eine geeignetere Übersetzung erfordert jemanden, der über beide Kompetenzen, schriftsprachlich-gelehrte wie praktische verfügte. Der Falkentraktat des Albertus und seine Abschnitte über Pferde und Hunde haben diesen Übersetzer im Arzt Heinrich Münsinger gefunden, der überdies in gleicher Umgebung wirkte. Münsinger schrieb vielleicht im Auftrag desselben Kurfürsten Ludwigs III., dem Ernesti seine

---

[127] Register Bl. 55ᵛ–61ʳ (I, S. 188–192). Vom mißverstandenen *Sarmenttum vittiis* war die Rede (Bl. 59ᵛᵇ; I, S. 192). Das verschriebene *papio* (für *pipio*, ‚Gewöll') wird – wohl wegen des benachbarten *purgatorium* – mit *daz haist rainigüng* erklärt (Bl. 59ʳᵃ [I, S. 191]; vgl. Bl. 3ʳ [I, S. 131]). Bei *Reubarbarum* resigniert der Bearbeiter: *daz kan ich nit anders nennen* (Bl. 59ᵛᵃ [I, S. 191]).

[128] Rund hundert Jahre später beklagt Otto Brunfels, daß antike Schriften zur Kräuterkunde unverständlich geworden seien, weil man mit den Namen keine Sache verbinden könne. Damals ist die Situation jedoch ungleich günstiger als zu Ernestis Zeiten, indem durch den Druck konkurrierende Überlieferungen öffentlich erreichbar sind und miteinander verglichen werden können, so daß die Ausarbeitung einer konsistenten Terminologie auf antiker Basis möglich wird (Otto Brunfels, Contrafayt Kreüterbuch Nach rechter vollkommener art / vnnd Beschreibung der Alten / besstberumpten artzt [...] Durch Otho Brunnfelß [...] Straßburg [1532], Bl. b_{iij}ʳᵛ). Vgl. PETER DILG, Studia humanitatis et res herbaria: Euricius Cordus als Humanist und Botaniker, in: Rete 1, 1971, S. 71–85, hier S. 79f.

Übersetzung gewidmet hatte und der selbst wohl im Umgang mit lateinischem Schrifttum geübt war.[129]

Münsinger war eng an den Hof gebunden. 1421 hatte ihn Ludwig III. nach Italien geschickt, damit er dort seine Studien abschließen konnte (*beide Kůnste der Erczenie, phisice vnd cyrorgie*). Er blieb sieben Jahre in Padua, wo er 1425 zum Doktor der Medizin promoviert wurde. Nach seiner Rückkehr stand er dann weiter den Kurfürsten zur Verfügung. Er gehört zu jener Führungsschicht im Umkreis des Hofes, die sich früh für den italienischen Humanismus interessiert. Neben medizinischen Schriften sind in Cpl 1552, von ihm geschrieben, auch Auszüge aus Petrarcas ‚De remediis utriusque fortunae' erhalten.[130] Der Humanist Petrus Antonius Finariensis macht ihn, wenn er seine Berufung nach Heidelberg betreibt, in einer Lobschrift auf Friedrich den Siegreichen zu einem der beiden Gesprächspartner, die sich über den idealen Fürsten unterhalten (‚De dignitate principis', 1465).[131] Beim Leibarzt und humanistisch gelehrten Münsinger kommen also fachliche und sprachliche Kompetenz zusammen.

Die beste Überlieferung seines Werks enthält nach Lindner der Heidelberger Cpg 247.[132]

Der Papiercodex hat einen Pergamenteinband mit der Aufschrift *Chirurge* [?] *Equorum*. Er mißt ca. 21,5 x 30, die Blätter ca. 20,5 x 29,5 cm. Er ist sorgfältig von einer Hand geschrieben und rubriziert. Initialen sind nur bezeichnet, doch nicht ausgeführt. Es handelt sich – wie aus einer Reihe von Fehlern hervorgeht – um eine Kopie, die in kurfürstlichem Auftrag entstanden sein könnte, jedenfalls nicht das ursprünglich von Münsinger für den Adressaten eingerichtete Exemplar darstellt. Der Codex enthält nach vier Vorsatzblättern acht Lagen zu je zwölf von neuerer Hand gezählten Blättern (5*-11, 12-23, 24-35. 36-47, 48- 59, 60-71, 72-83, 84-89*). Der Text endet Bl. 86^r.

Münsingers Übersetzung setzt ganz neu an, benutzt also das Werk des Vorgängers offensichtlich nicht. Sie ist in den dreißiger, spätestens zu Beginn der vierziger Jahre des 15. Jahrhunderts entstanden[133] und Graf Ludwig I. von Württemberg gewidmet:

HOch geborner gnediger lieber herre / Als uwer gnade / Die von angeborner arte zů adelichen dingen / vnd zů allem dem / das den adel gezieren mag / fürtrefflichen geneiget ist zů den zitten Als ich zum letsten zů weiblingen bÿ der selben ůwer gnade gewesen bin / mir gebotten haut zů tutschen vnd in tutsche zů beschriben Solichs als die philosophi vnd maister von der nature der facken [!] *der hebich der sperber vnd der hůnde Vnd dar zů ouch von nature der pferde in latin geschriben hät Vnd da mit ouch was sie von der selben jr nature geschriben hant /*

---
[129] Zu Münsingers Person: LINDNER I, S. 65–79; GUNDOLF KEIL, Heinrich Münsinger, in: ²VL 6, Sp. 783–790; BACKES, Das literarische Leben, S. 118f.
[130] PELLEGRIN, Manuscrits, S. 206–209.
[131] MÜLLER, Fürst, S. 26.
[132] LINDNER I, S. 79f.
[133] LINDNER I, S. 75f. zu den mutmaßlichen Umständen der Entstehung.

Als die ẏtzo in ir gebresten vnd sůchte gefallen ist Wie man die mit ertzenẏe zů gesunthait wider bringen sol.[134]

Münsinger beruft sich also auf einen direkten Auftrag des württembergischen Grafen. Seine Stellung am Heidelberger Hof als Leibarzt des Kurfürsten Ludwig III. und seiner beiden Nachfolger Ludwigs IV. und Friedrichs des Siegreichen läßt aber vermuten, daß solch ein Auftrag weiterreichende politische Hintergründe hatte. Möglicherweise stand der Kurfürst selbst dahinter.[135] Ludwig III. war zeitweise Vormund der unmündigen Grafen Ludwig (I.) und Ulrich (V.). Er griff aktiv in die württembergische Politik ein. Die dynastischen Beziehungen zwischen den Höfen von Kurpfalz und Württemberg waren in der ersten Jahrhunderthälfte – vor den Auseinandersetzungen unter Friedrich I. – eng. 1434 hatte Mechthild, die älteste Tochter Kurfürst Ludwigs III., den Grafen Ludwig I. geheiratet, dem sie seit 1419 versprochen war. Münsinger schreibt also für den Schwiegersohn oder aber den Schwager seines Herrn.[136] Auf den Bruder des Grafen, Ulrich V., wurde eine Stuttgarter Handschrift der Übersetzung, Cod. Cam. 4° 52, umgewidmet.[137]

Immerhin vier der von Lindner aufgeführten zehn (Teil-)Handschriften sind Heidelberger Provenienz.[138] Da Münsinger bis zu seinem Tode in Heidelberg am Hof tätig war, ist anzunehmen, daß es neben einer württembergischen eine Heidelberger Tradition gab.[139]

Außerdem ist es nichts Ungewöhnliches, daß die Widmung einer Schrift weniger vom Adressaten als vom Dienstherrn des Verfassers angeregt wurde, um damit persönliche und politische Beziehungen zu festigen. Der Gestus spontaner Dienstwilligkeit (*Nach dem vnd es billich ist Das ich nach allem meinem vermůgen der selben ůwer gnade in den vnd in andren sachen*

---

[134] Cpg 247, Bl. 1ʳ (II, S. 9). Zitate nach der Hs.; bei Bezeichnung des u-Umlauts ist meist deutlich ů zu erkennen, manchmal auch nur zwei Punkte als Reste eines übergeschriebenen e; im folgenden wurde einheitlich ů geschrieben, obwohl manchmal nur ein Punkt deutlich zu unterscheiden ist (was LINDNER nachzumachen sucht).

[135] So auch KEIL (wie Anm. 129) Sp. 788, der auf den Auftrag an Ernesti verweist. Mindestens scheint man dessen Übersetzung, die ja wohl in der kurfürstlichen Bibliothek sich befand, nicht für tauglich angesehen zu haben.

[136] Zu den politischen Beziehungen beider Territorien: HÄUSSER, Geschichte; ROLF, Kurpfalz; SCHAAB, Geschichte.

[137] Nach LINDNER I, S. 76; KEIL (wie Anm. 129) Sp. 788. Übrigens heiratete die Schwiegertochter Ludwigs III. und Frau Ludwigs IV., Margarethe von Savoyen, in zweiter Ehe diesen Grafen Ulrich V.

[138] Münsingers Übersetzung ist in Cpg 247 (mit dem besten Text), 281, 406 und 408 überliefert, wobei die beiden letzteren auf den hippiatrischen Teil beschränkt sind. Über die Provenienz dieser Hss. ist allerdings nichts Genaueres bekannt. Denkbar ist, daß ein Exemplar der Übersetzung in Heidelberg verblieb, denkbar angesichts der dynastischen Beziehungen natürlich auch, daß ein Heidelberger Münsinger-Codex mit Mechthilds Buchbesitz nach Heidelberg kam und die übrigen aus anderen Legaten stammen.

[139] Die Auszüge in Cpg 406 und Cpg 408, die die Kapitel über Falken, Habichte und Hunde weglassen, fügen sich dem breiteren Schrifttum zur Pferdehaltung und -kur ein, das unter Friedrich dem Siegreichen im Umkreis des Hofes bezeugt ist.

/ ÿtzu vnd zů allen zitten gehorsam vnd willig sÿ[140]) eignet sich dazu, das direkte politische Interesse zu verdecken.[141]

Schließlich war solch ein Text längst nicht mehr nur einem einzelnen fürstlichen Adressaten vorbehalten. Das belegt außer der Umwidmung an Graf Ulrich eine Wiener Abschrift, die der königliche Jagdmeister Sebastian Ranck Maximilian I. zuschrieb.[142] Ranck fand die Schrift nach eigenem Bekunden auf der Suche nach *antiquitates vnnd geschicht der alten*, die er im Auftrag Maximilians durchzuführen hatte (Bl. 1ʳ). An die Stelle des Autors, dessen Namen Ranck unterdrückt, treten die *maister vnd philosophj* ganz allgemein, von denen auch Münsinger Bl. 1ʳ (II, S. 9) spricht, an die Stelle der württembergischen Grafen der römische König, an die Stelle des Übersetzers Münsinger Ranck als Auftraggeber der Abschrift (Rancks Widmung ist von anderer Hand geschrieben als der offenbar professionell hergestellte Text, vielleicht ein Autograph). Identisch ist beide Male die Rolle des Hofmanns, der seinem Herrn brauchbares Wissen in der Volkssprache zur Verfügung stellt. Rancks Worte lassen am höfischen Gebrauchsinteresse der Schrift über die Krankheiten und Therapien der Tiere keinen Zweifel. Mindestens grundsätzlich gehört Münsingers Schrift in den gleichen Kreis wie diejenige Ernestis, nur daß sich die Ansprüche geändert haben.

Gesten des Schriftgebrauchs

Ernesti setzte im allgemeinen Übung im Umgang mit schriftsprachlicher Tradition voraus. Münsinger führt seinen Adressaten ausdrücklich darin ein: Er erinnert den Fürsten daran *das mir ůwer gnade also Jn den obgeschriben stucken zů tůnd gebotten hät mit sôlicher ordenunge vnd wise / Das ich Diß bůche in vier tail geteÿlt* – er zählt die Teile auf – *vnd ein iglich teil hät sin vnderscheit vnd Capitel nach dem vnd man sie nach ein ander ordenlichen gezeichent findet / vnd vor dem anfang einer ÿglichen vnderscheit vnd Capitel / so findet man mit roter geschrift geschriben vnd gezei-*

---

[140] Bl. 1ʳ (II, S. 10).

[141] Ein paralleler Fall ist aus der Regierungszeit Kurfürst Friedrichs I. bekannt: Petrus Antonius Finariensis, humanistisch gebildeter Orator und Jurist des Kurfürsten, widmet einen Fürstenspiegel panegyrischen Charakters Herzog Karl dem Kühnen von Burgund, einen zweiten Herzog Johann von Cleve. Von Kurfürst Friedrich als Auftraggeber ist dabei nicht die Rede; nur beiläufig wird die Gelegenheit genutzt, das gute Einvernehmen zwischen den Fürsten hervorzuheben. Dennoch ist dies die Hauptsache: Die Herzöge waren 1465/66 zu neuen Verbündeten Friedrichs geworden. Die ‚spontan' verfaßte Staatsschrift untermauert literarisch, was politisch-militärisch eine der wichtigsten Allianzen der folgenden Jahre wird. Für Heidelberger Interessen spricht u.a. die Überlieferung des Fürstenspiegels an Johann unter den Schriften des kurfürstlichen Hofkaplans Mathias von Kemnat (Cpl 870), und zwar handelt es sich offenbar um das Arbeitsexemplar des Finariensis, dem nur die letzte Seite abhanden gekommen ist. Vgl. PROBST, Petrus Antonius; MÜLLER, Fürst.

[142] ÖNB, Cod. Vind. 5213, Bl. 1ʳ–2ʳ.

chent wo von die rede des Capitels vnd vnderscheid sagt.[143] Die Einteilung der Schrift wird nicht einfach vollzogen (wie bei routiniertem Schriftgebrauch üblich) oder erklärt (wie bei Abweichungen von der Routine[144]), sondern Münsinger erläutert die graphische Repräsentation der Rede: Anordnung und Lay-out haben semantische Funktion.

Das setzt sich bei der Einteilung des ersten Teils in neun Kapitel noch ausdrücklicher fort: *Das erst teil diß bůchs ist getailt in nůn Capitel vnd wo von die sagent findet man hie nach ein ander ordenlichen geschriben* [nämlich im Inhaltsverzeichnis] *vnd bÿ ÿglichem Capitel vindt man verzeichent die zale des blates an dem es sich an facht Das erste Capitel sagt* [...].[145] Der performative Gehalt der Angabe von Kapitelüberschrift und Blattzahl wird eigens verbalisiert. Derlei wird bei habitualisierter Schriftlichkeit, wo nicht besonderer Erklärungsbedarf besteht, stillschweigend vorausgesetzt. Ein Inhaltsverzeichnis bedarf dann keiner zusätzlichen Hilfen. Daß ähnliche ‚Gesten' bei Ernesti fehlen, zeigt den bloß subsidiären Charakter des volkssprachlichen Textes, seine Abhängigkeit von gelehrt-schriftsprachlicher Kompetenz. Münsinger will solche Kompetenz allererst dem nicht-gelehrten Laien vermitteln.

Ebenso ist der Übergang von Rede in Schrift ins Bewußtsein gehoben, wo Ernesti ganz selbstverständlich Schriftlichkeit voraussetzte. Die inzwischen längst alltagssprachlich eingeschliffene, daher in ihrem metaphorischen Charakter nicht mehr wahrnehmbare Benennung schriftlicher Äußerungen in Termini mündlicher Rede (‚das Buch spricht...'; ‚der Autor sagt...') wird hier noch als ‚Verschiebung' (Meta-pher) kenntlich gemacht: wovon *die rede des Capitels vnd vnderscheid sagt, das findet man mit roter geschrift geschriben vnd gezeichent.*[146] Dabei ist der Kommunikationspart-

---

[143] Bl. 1ʳᵛ (II, S. 10). – Solche ‚Gesten' des Schriftgebrauchs sind typisch für die laikale Schriftlichkeit im 15. Jahrhundert; vgl. MÜLLER, Bild – Vers – Prosakommentar, S. 277.

[144] So stellt Albertus dem Falkentraktat, der die gewöhnliche Länge der alphabetisch geordneten Einzelkapitel erheblich überschreitet, eine Disposition voraus: *Falconum naturam quam multi scire cupiunt subtilius describere cupientes primo naturam generis eorum describemus. Deinde diversitatem suarum describemus specierum. Et tertio de disciplinis aucupandi cum eis ponemus. Et quarto et ultimo infirmitates avium rapacium omnium cum suis congruis medicinis adiungemus* (STADLER, S. 1453,15–19).

[145] Bl. 1ᵛ (II, S. 11). In Wirklichkeit fehlen die Blattzahlen in Cpg 247. Dies und einige offenkundige Lesefehler (s.u.) machen wahrscheinlich, daß es sich nicht um das Widmungsexemplar handelt und daß bei der im Lay-out abweichenden Kopie die irreführenden Blattangaben getilgt wurden. Weiter geht in dieser Reduktion noch Cod. Vind. 5213 (wie Anm. 142), wo die einleitende Disposition völlig fehlt und nur den Büchern 2–4 die jeweilige Gliederung nach Kapiteln vorangestellt wird (Bl. 35ʳᶠ., 60ʳ, 77ᵛ). Münsingers Intention wurde also nicht aufgenommen. Doch auch das Umgekehrte, die weitere gebrauchstechnische Erschließung ist möglich. So besitzt die von LINDNER mit E bezeichnete Handschrift aus dem Besitz der Hessischen Landes- und Hochschulbibliothek Darmstadt, der des Pferdeteil fehlt, nach dem Vorwort zusätzlich ein Gesamtregister der Kapitelüberschriften (*Das erste cappitel saget* [...]; abgedruckt bei LINDNER I, S. 86–92).

[146] Bl. 1ᵛ (II, S. 10); ähnlich: *Das vierde teil vnd der leßte diß buchs sagt von den hunden vnd ist geteilt jn trů Capitel vnd wa von die sagen fint man hie nach einander geschriben* (Bl. 79ᵛ [II, S. 141]).

ner präsent, an den sich die Rede wenden müßte (*findet man*), wenn auch als generalisierter (nicht als dieses besondere Gegenüber, wie dies im Gespräch einer Widmungsvorrede durchaus naheläge); ihm wird gesagt, was er mit der Schrift zu tun hat. Auch die Themenangaben der einzelnen Kapitel werden in Handlungsanweisungen umgemünzt: *Das erste Capitel sagt wie man durch die namnen fa‹b›ck habich vnd sperber nit verstan sol fogel vnd federspil von einer arte vnd zucht als etlich maister gemeÿnt hant.*[147]

Innerhalb des Textes werden einzelne Redeteile markiert, anstatt daß der Übergang von einem Thema zum anderen einfach vollzogen oder vom gegenwärtigen Gegenstand auf Vorausgehendes oder Späteres einfach verwiesen würde: *NV in dem vierden vnd in dem leßsten tail diß buchs zů sagen von den hunden ist zů wissen das der hunde vnder allen andren tieren die eÿgenschafft haben [...].*[148] *ZV dem ersten vnder den jag hunden vnd vnder den leydhunden so ist der aller edelst der diß nach geschriben zeichen an jme hat [...].*[149] *Vnd wie ytz gesagt ist von der geburt vnd der narunge der jag hund vnd der leÿt hund Also sol man auch tůn mit den winden [...].*[150] Dem Leser wird ausdrücklich erklärt, wo er sich in der Schrift gerade befindet: *JN dem ersten Capitel deß dritten teils diß buchs ist zů dem ersten zů wissen [...]*;[151] *vnd da mit hät auch ein ende Der vierd teÿl diß buchs vnd da mit das gancz buch [...].*[152]

Orientierungshilfen beziehen sich nicht nur auf den Schriftgebrauch, sondern auch auf generalisierende oder abstraktere Formeln. Sagt Albertus, die edle Rasse werde bei Windhunden an etwas anderem (*aliter*) erkannt, dann paraphrasiert Münsinger: *vnd allein ist ein vnderscheide an den zeichen dar durch man erkent den edeln wind die da anders sind Dann die obgeschriben zeichen dar durch man den edeln jag hunde oder leÿt hund erkennet.*[153] Aus einem schlichten *similiter* wird der pedantische Hinweis: *vnd die großen hofwarten die da sint als wolff sol man auch verwaren mit sÿm glichen vnd jnn sperren vnd sie halten als ÿtz von den jag hůnden vnd den winden gesagt ist.*[154] Die Aufforderung, eine Prozedur zu wiederholen (*in crastino iterum similiter incitetur ad alium*), wird ausführlich ausgemalt: *An dem andern tag sol man jne aber Also heczen an ein andern der auch mit einer dicken hut vmb geben vnd versichert ist.*[155] Die generelle Anweisung,

---

[147] Bl. 1ᵛ (II, S. 11).
[148] Bl. 80ʳ (II, S. 141).
[149] Bl. 81ʳ (II, S. 143).
[150] Bl. 82ʳ (II, S. 144). Albertus dagegen setzt einfach ein: *C a n i s animal [...] est* (STADLER, S. 1362,25); die Vorausdeutung (*nach geschriben*) fehlt; anstelle des ausdrücklichen Vergleichs mit dem eben Gesagten heißt es nur: *per omnia [...] idem faciendum est* (ebd. S. 1364,18).
[151] Bl. 52ᵛ (II, S. 99).
[152] Bl. 86ʳ (II, S. 150).
[153] STADLER, S. 1364,19: *nisi quod aliter nobilitas horum cognoscitur* gegen Bl. 82ʳ (II, S. 144). LINDNER liest abweichend an dieser Stelle *Vnd allem ist [...]*.
[154] STADLER, S. 1364,31 gegen Bl. 82ᵛ (II, S. 145).
[155] STADLER, S. 1365,4f. gegen Bl. 83ʳ (II, S. 146).

Hündinnen nach dem Wurf *secundum numerum catulorum* zu füttern, wird in ihre Alternativen auseinandergefaltet: *So sol man sie essen nach der zale der welffen Also sint ir lúczel So sol man ir dester mÿnder zů essen geben sint ir aber vil So sol man ir dester mee geben.*[156] Münsinger füllt Leerstellen des lateinischen Textes, die der Rezipient dank Routine im Schriftgebrauch oder auch Training in abstrakterem Denken stillschweigend interpolieren kann, ausdrücklich erklärend auf.

Thematische Übersicht

Münsinger faßt sein Thema weiter als Ernesti: Es geht ihm nicht nur um Heilung, sondern auch um die ‚Natur' und die Haltung der Tiere, für die er sich ausdrücklich auf gelehrte Überlieferungen beruft.[157] Dieses breiter angelegte naturkundliche Interesse bleibt allerdings auch bei ihm auf die Tiere beschränkt, die für den Hof eine besondere Bedeutung haben: Beizvögel, Hunde, Pferde, wobei er sich anders als Albertus, der die Gattung insgesamt besprechen mußte, und ähnlich wie schon Ernesti auf ‚edle' Pferde und Hunde, die für Jagd, Turnier, Krieg zu gebrauchen sind, konzentriert. Immerhin erlaubt der weitere Rahmen, die theoretischen Fundamente der Pflege- und Heilpraxis angemessener zu berücksichtigen als sein Vorgänger. Da auch er die Lehren des Albertus für den Praktiker aufbereiten will, nimmt er den lateinischen Text oft nur zum Ausgangspunkt einer ganz selbständigen Darstellung.

Albertus hatte den Falkentraktat in die Punkte *natura, diversitas specierum, disciplinae aucupandi* und *infirmitates* eingeteilt.[158] Theorie und Praxis standen in ausgewogenem Gleichgewicht. Münsinger erweitert und differenziert diese planvolle Ordnung. Anders als Ernestis Register begnügt er sich nicht mit einem nachträglich eingefügten Hilfsmittel zum rascheren Auffinden, sondern bündelt alle Informationen zu acht Punkten: 1. Verhältnis von Name und Sache; 2. gemeinsame Eigenschaften aller Falken (*natura*); 3. die einzelnen Arten (*species*), zuerst die edlen Falken; 4. die unedlen; 5. die gemischten; 6. Zähmung und Abrichtung; 7. Ernährung und Pflege; 8. Krankheiten.

Schon diese Übersicht zeigt die Verschiebung zur Praxis: Vor die Beschäftigung mit dem Gegenstand selbst rückt die angemessene Verständi-

---

[156] STADLER, S. 1363,33f. gegen Bl. 81ᵛ (II, S. 143f.).
[157] In der Einleitung spricht er nur allgemein von *philosophi vnd maister* (Bl. 1ʳ [II, S. 9]), doch zitiert er an späteren Stellen Albertus und andere Gewährsleute: *Als die meister schribent* [...] *Als der groß alberchtus schribet* (Bl. 83ʳ [II, S. 145]). Neben ‚De animalibus' hat er weitere Quellen benutzt, so, wie LINDNER I, S. 110–115 nachwies, z. B. den Habicht-Traktat des Ps.-Hippokrates.
[158] STADLER, S. 1453,15–19.

gung über ihn (Namen).¹⁵⁹ Die drei Kapitel¹⁶⁰ über die Arten der Falken fassen elf Kapitel des Albertus zusammen. Den beiden Kapiteln über die Abrichtung zur Beizjagd und über die Ernährung und Pflege entspricht nur ein Kapitel des Albertus (*De regimento domesticationis et regimento audaciae et regimento sanitatis falconum*). Das letzte Kapitel (VIII.), das das Inhaltsverzeichnis anführt, ist in der Ausführung in zwei geteilt, von denen das erste den Arzneien des Falkners König Roberts, das zweite denen der Falkner Kaiser Friedrichs II. gewidmet sind.

Neben der Abrichtung wird also die Diät als eigenes Thema aus den Darlegungen des Albertus herausgelöst, und die Medizin wird auf zwei Kapitel nach zwei konkurrierenden Autoritäten verteilt. Erst recht tritt in der Formulierung der Kapitelinhalte der praktische Gehalt der Information in den Vordergrund: *wie man die falcken bereÿten vnd zů der beÿß zam machen sol; Das siebende Capitel sagt wenn der falck ÿtzo zů der beÿß beraÿt vnd willig ist vnd ouch gesůnt wie man in gesunt behalten sol; Das achte Capitel sagt [...] von den ertznÿen [...] Als sie maister wilhalm konig Rodigers von cecilien falckener vor zÿtten bewert vnd beschriben hät.*¹⁶¹ Münsinger visiert ein handelndes Subjekt an – präsent oder in der Vergangenheit –, wo Albertus nur Sachverhalte benannte (*disciplinae aucupandi, infirmitates* usw.).

Auf andere Weise zeigt sich Münsingers planvolles Vorgehen im zweiten Teil, dem Habichttraktat: Aus der alphabetisch angeordneten Taxonomie des Albertus trägt er Informationen zu Habicht- und Sperbervögeln aus verschiedenen Abschnitten zusammen, ergänzt um die bei Albertus andernorts, nämlich im Falkentraktat, verzeichneten Heilverfahren. Schwerpunkt ist wieder der praktische Umgang mit den Vögeln. So gibt es nur ein Kapitel über die Eigenschaften von Habicht und Sperber;¹⁶² die knapperen Angaben zu ihren Eigenschaften erklären sich nicht nur aus der Vorlage, sondern auch aus dem geringerem Interesse an der Beschreibung des allseits Bekannten. Es folgt ein Kapitel über die Abrichtung zur Beizjagd, dann immerhin vier über die Heilung von Krankheiten, drei davon nach den

---

[159] Vgl. Anm. 128. Die Interpretation der lateinischen Namen wurde mit der Entfernung von der antiken Überlieferung und mit zunehmender Distanz zum Mittelmeerraum ein kaum lösbares Problem. Die Identifizierung von Name und Sache ist ja Voraussetzung dafür, daß die antike (aber auch: mittelalterlich-lateinische) Wissenschaft in den verschiedenen Volkssprachen praktisch wirksam werden kann. Erst die humanistische Philologie wird diese Schwierigkeit mit einiger Aussicht auf Erfolg durch Überlieferungskritik und Quellenvergleich angehen.

[160] Vgl. die Inhaltsübersicht Bl. 1ᵛ–2ʳ (II, S. 11f.).

[161] Bl. 2ʳ (II, S. 11f.).

[162] Den *accipiter* stellt Albertus recht knapp vor (STADLER, S. 1438,1–1439,22). Dieser Abschnitt bildet bei Münsinger den ersten Teil des ersten Kapitels von Buch II (Bl. 30ᵛ–32ᵛ [II, S. 66–68]). Als zweiten Teil schließt er Albertus' Ausführungen zum Sperber an (Bl. 32ᵛ [II, S. 69]), die dieser an alphabetisch viel späterer Stelle (*nisus*!) bringt (S. 1504,17–24). Es folgen auf Bl. 32ᵛ–34ᵛ (II, S. 69–72) die bei Albertus an den Falkentraktat anschließenden Vorschriften *De regimine domesticationis accipitrum et regimine aucupii* (S. 1488,1–1489,26).

Gewährsleuten des Albertus und ein eingeschobenes nach Ps.-Hippokrates.[163] Münsinger versammelt die konkurrierenden Autoritäten, die vom Praktiker eine Auswahl erfordern und dazu von ihm in ihrer fachlichen Kompetenz richtig eingeschätzt werden müssen.

Der Pferdetraktat hat nur zwei Teile, der erste über die Arten der Pferde, besondere Eigenschaften und – sehr knapp – ihre Fütterung, der zweite über die Therapie von Pferdekrankheiten. Beide sind ganz auf praktische Probleme ausgerichtet: *wie man uß vier dingen die guten pferde erkennen sol / vnd das man hie zů lande fůrderlich vierleÿ pferde findet / die sich auch in vierleÿ wiße bewegen mogen vnd wa mit man die pfert fů[r]tern sol*[164] bzw., *was ercznÿe man dar zů tůn sôlle*. Der zweite Teil ist sieben Mal so lang wie der erste.[165]

Der Hundetraktat hat wieder drei Teile: erstens über die *eÿgenschafft vnd arte die hunde gemeÿnlichen an jne haben*, zweitens *von den edeln hunden wie man die erkennen vnd überkommen vnd erneren vnd auch gesund behalten sol* und drittens von Krankheiten *wie man die mit ercznie vertriben sol*.[166] Von Anfang an geht es um Hunde im Gebrauch des Menschen, vor allem des Adels: *das sie one den menschen nit gesein môgen vnd den hant sie auch als lieb das sie sin huß vnd sin wonunge behůten vnd durch sinen willen auch sterbent vnd lauffent auch willigklich mit jren herren uff das gejegt vnd an die beiße vnd sust anderswo hin wa es dann iren herren gefellig ist*.[167]

Selbstverständliches und allgemein Bekanntes wird in der Regel ausgespart. Wenn bei den seltenen und kostbaren Jagdvögeln großer Wert auf die Beschreibung der einzelnen Arten gelegt wird, so geht es bei Hunden und Pferden nur um einige Merkmale, um ihre Tauglichkeit zu erkennen. Das Hauptgewicht verschiebt sich auf medizinische Anweisungen.

---

[163] Die beiden ersten Kapitel über die Kuren stellt Münsinger um: Sein erstes Kapitel (Kuren nach dem Falkner Wilhelm, Bl. 34ᵛ– 39ᵛ [II, S. 72-79]) geht bei Albertus dem Abschnitt über die Haltung der Tiere voraus (S. 1484,20–1487,44), das zweite (nach den Falknern Kaiser Friedrichs, Bl. 34ᵛ–43ʳ [II, S. 79-84]) steht bei Albertus an erster Stelle (S. 1481,25–1484,18). Es folgt der ps.-hippokratische Traktat, der bei Albertus fehlt (Bl. 43ʳ– 48ʳ [II, S. 85-92]: *von den suchten der hebch vnd der sperber vnd von den erczniebn da wider Als sich* [!] *der groß meister vnd arczat ÿppocras in dem bůchlin* [. . .] *beschriben hät*). Den Abschluß bildet der sog. Ptolemaeus-Brief (Bl. 48ʳ–52ʳ [II, S. 92– 98]), *von den ercznÿen die gemeinlich den falcken den hebchen vnd allem federspil gut sind fůr jr suchten*; dieser steht wiederum bei Albertus hinter den Ausführungen zur Abrichtung der Habichte, also erst gegen Ende des Falkentraktats (S. 1489,28–1492,14): Münsinger schafft insgesamt eine planvolle, gegenüber der Vorlage selbständige Anlage.

[164] Bl. 52ʳ (II, S. 99).

[165] Bl. 52ᵛ (II, S. 99). Das erste Kapitel geht von Bl. 52ᵛ– 54ʳ (II, S.99-104) gegenüber dem zweiten von Bl. 54ᵛ–79ᵛ (II, S. 105-140). Diese Proportionen sind allerdings bei Albertus schon in etwa vorgegeben (STADLER, S. 1377,34–1379,7 gegenüber S. 1379,8–1399,26).

[166] Bl. 79ᵛ (II, S. 141).

[167] Bl. 80ʳ (II, S. 141) gegen Albertus, dem es um eine knappe Charakteristik der Gattung geht: *Est autem animal fidele domino, ita ut nec a mortuo nisi vix separetur et mortem aliquando pro domino subeat* (STADLER, S. 1362,27f.).

Zur Binnengliederung der vier Hauptteile

Von praktischen Erfordernissen ist auch der Aufbau im einzelnen geprägt. Albertus stellt seinem Falkentraktat zunächst die vier Kriterien voran, die eine Abgrenzung der Falken von anderen Vögeln erlauben: Gestalt, Farbe, Verhalten, Ruf (*figura corporis, color, actus, sonus vocis*); sie machen die *natura generis* aus.[168] Ihrer Beschreibung schließen sich die Unterscheidungsmerkmale der siebzehn Arten von Falken an. Eingebettet ist die Darstellung in die alphabetische Ordnung der Vögel. Dieses systematische Fortschreiten vom Allgemeinen zum Besonderen hat Münsinger nicht übernommen. Er setzt keinerlei Taxonomie voraus und bestimmt seinen Gegenstand zunächst ausgehend vom Sprachgebrauch, den er von falschen gelehrten Meinungen absetzt: *Aber also wil ich mich der obgeschriben nammen hie in diessem bůch nit gebruchen / besunder nach des landes sÿten wil ich die falcken sůndern von den hebichen vnd fůrbas die hebich sůndern von den Sperbern.*[169] Erst dann wendet er sich dem *vnderscheid* der Falken nach den vier Kriterien zu.

Albertus geht es um die *propria* der Raubvögel. Als *propria* der Falken stellt er einleitend voraus: Kopf, Schwanz, kurzer Hals, kurzer Schnabel, Brust, Flügel, Schwanz und Schenkel. Jedes Körperteil wird nun nacheinander in seinen unterscheidenden Merkmalen im Vergleich mit anderen Vögeln beschrieben (*Horum autem membrorum dispositionem determinantes diffinimus ea quae conveniunt generi falconum respectu aliorum generum avium rapacium*). Dann erhellt Albertus den humoralpathologischen Hintergrund dieser unterscheidenden Merkmale und die Konsequenzen für das Verhalten.[170]

Münsinger stellt nicht die Merkmalliste voraus, sondern setzt gleich mit der Beschreibung ein, die rhetorischer Regel gemäß vom Kopf über den Körper zum Schwanz geht.[171] Vergleiche mit anderen Vögeln dienen dazu, *gestalt vnd lÿdmase* genauer zu erkennen, nicht aber regelhafte Beziehungen zwischen Körperbau und Complexion aufzudecken.[172] So übernimmt Münsinger zwar, daß der Kopf des Falken nicht so groß ist wie der der Eule,

---

[168] STADLER, S.1453,16.

[169] Bl. 2ᵛ (II, S. 13). Wie Albertus führt er angebliche Artunterschiede der Sperber auf die unterschiedliche Gestalt von Männchen und Weibchen zurück und schließt: *Es ist ouch der warheit glich das die falcken vnd die habich vnd die Sperber nit einerley fogel zucht vnd geslechts sint / wann man an sicht eins ÿglichen nature / wise / vnd gestalt von den man hie nach geschriben fůndet* (ebd.). Damit knüpft er schon hier an Bemerkungen an, die Albertus erst an späterer Stelle zum (falschen) Sprachgebrauch bei Theodotion, Aquila und Symmachus bringt (STADLER, S. 1481,30f.; 1489,30ff.; 1493,4ff.). Die Auseinandersetzung mit deren Meinung eröffnet das gesamte Werk.

[170] STADLER, S. 1453,24–31.

[171] Dies entspricht auch den Regeln medizinisch-anatomischer Darstellung (GUNDOLF KEIL, Prosa und gebundene Rede im medizinischen Kurztraktat des Hoch- und Spätmittelalters, in: Poesie und Gebrauchsliteratur, S. 76–94, hier S. 77).

[172] Bl. 3ʳ (II, S. 14).

erläutert Folgen für das Verhalten (*Dar vmb sie ouch verzakt sint*), läßt aber die Begründung des Albertus fort: *quod enormitas capitis earum potius indicat materiae superfluitatem quam virtutis magnitudinem.* Münsinger interessiert nicht der Platz seines Gegenstandes in einem wissenschaftlichen System.[173] Ähnlich ist der Abschnitt über Habichte und Sperber angelegt.

Das erste Pferdekapitel erhält gleichfalls eine neue, die Informationen nach ihrer Brauchbarkeit selegierende Gestalt. Ausgelassen ist die Wesenserklärung durch Etymologie, ebenso die redundante Bemerkung, daß das Pferd fast überall auf der Welt bekannt sei. Es fehlt die Aufzählung der Zonen, in denen es vorkommt, und die Charakteristik der unterschiedlichen Arten dort. Wo Albertus die Beschreibung auf vier Punkte konzentriert: die Gestalt, die Schönheit, die Vorzüge (*meritum*) und Farbe, da interpretiert Münsinger die Beschreibung als einen Leitfaden, *zů wissen Das man die guten pfert / vß vierleÿ dingen mercken / vnd erkennen mag*; abschließend setzt er hinzu: *vnd welchs pferd die gestalt vnd lÿdmaß nit en hat das ist nit fur ein recht gůt pfert zů achten.*[174]

Auch bei der Farbe, deren Tauglichkeit als Klassifikationsmerkmal Albertus in Frage stellt, geht es Münsinger allein um den Kriterienkatalog für den Pferdekauf. Wie Albertus ist er der Ansicht, daß die Farben *von jne selbes nit vil betůttent / uff die gůte / oder bosheit des pferds Es sÿ dan andre gutten oder bőße zeichen da bÿ dar durch man das gut oder bőße pferde furderlich erkennet [vnd]*[175] *dar vmb wie bőße die farbe ist / hat das pfert da mit ein gut gestalt vnd lidmaß vnd ist auch hůbsch So ist es besser dann hett es ein gut farbe vnd hette nit gůtte der gestalt / der hůbschkeit oder der geberde.*[176]

Schon bei Albertus ist die Einteilung der Pferde in vier Arten ganz vom Gebrauch her bestimmt (Streitrösser, Reit- und Reisepferde, Rennpferde sowie Pferde für landwirtschaftliche Arbeit). Münsinger schränkt im Sinne seiner Adressaten weiter ein. Er stellt die beiden für sie wichtigsten Gruppen noch ausführlicher als Albertus vor (*groß stechRoß / vnd schrÿt* [!] *pferd die heissent zů latin dextrarÿ*[177]). An der letzten Gruppe, den *gemeinen karch pferd*, ist er dann nicht mehr interessiert, kürzt die knappen Angaben des Albertus noch einmal (*die zů karchen vnd leste zů tragen gůt sint*) und unterdrückt insonderheit die Bemerkung, daß auch die übrigen Pferde zu Arbeitszwecken verwendet werden können.[178]

---

[173] Bl. 3ʳ (II, S. 14); vgl. STADLER, S. 1453,34f. – Trotz seines kompilatorischen Charakters ist ein systematisches Interesse bei Albertus unübersehbar. Es ist durch seine naturphilosophischen Studien geprägt. Zur Verbindung von Medizin und Philosophie seit der Antike: CHARLES B. SCHMITT, Aristotle among the physicians, in: The Medical Renaissance of the Sixteenth Century, ed. by I. WEAR et al., Cambridge 1985, S. 1–15, hier S. 2– 4.
[174] Bl. 52ᵛ (II, S. 99f.) gegen STADLER, S. 1377,24f.; vgl. S. 1377,15–23.
[175] Rot gestrichen.
[176] Bl. 53ʳ–53ᵛ (II, S. 102); die Betrachtung ist ohne Parallele bei Albertus.
[177] Bl. 53ᵛ (II, S. 102). Vier Zeilen später steht richtig *strÿt*: Der Schreiber verwechselte in seiner Vorlage offenbar c und t.
[178] Bl. 54ʳ (II, S. 103); vgl. STADLER, S. 1378,29f.

Von den vier – funktionsbestimmten – Typen kommt Albertus zu den vier Gangarten des Pferdes. Auch Münsinger kündigt sie in der Überschrift an,[179] doch fehlt der entsprechende Text: Galopp, Trab, Schritt und Paßgang sind keine Sachverhalte, die man dem, der mit Pferden umgeht, eigens erklären muß, während ein Tierbuch diese Besonderheit zu verzeichnen hat. Dagegen werden die Gegenden genannt, aus denen die besten Pferde kommen: eine Information nicht für den gelehrten Naturforscher über die geographische Verbreitung, sondern eine für den potentiellen Pferdekäufer über gute Zuchten.[180] Die Anweisungen für das geeignete Futter sind ganz konkret, ohne Selbstverständliches aufzuzählen.[181] Den meisten Raum nehmen dann, wie bemerkt, die Pferdekrankheiten ein.

Ähnlich focussiert Münsinger bei den Hunden die Auswahl der Informationen auf Brauchbarkeit. Hier geht allerdings auch Albertus weit weniger systematisch vor, zählt vielmehr verschiedene, sehr ungleichartige *propria* des Hundes auf: 1. seine Treue, 2. besonders große Hundearten, 3. den ausgeprägten Geruchssinn, 4. Eigenarten von Wachhunden, 5. Blindheit bei der Geburt, 6. Heilung von Tollwut, 7. Schnüffeln am Hinterteil, 8. Heilung durch Gras und 9. durch die eigene Zunge. Münsinger läßt zunächst die Punkte 2, 3, 4, 6, 7 weg und entwickelt seine Charakteristik vom (ausführlicher dargestellten) Verhältnis zum Menschen her. Er hebt die Heilung der Hunde durch die eigene Zunge hervor, begründet seine Auswahl unter den Hunderassen (mit einem Seitenblick auf exotische Spielarten, Punkt 2 des Albertus jetzt erweiternd) und kommt zur Blindheit bei der Geburt. Das zweite Kapitel führt – nun wieder Albertus folgend – von den Merkmalen edler Jagdhunde über die Fortpflanzung und Aufzucht bis zur Dressur für die Jagd:[182] trotz einigen durch die Vorlage bedingten Umwegen eine klar auf das Gebrauchsinteresse ausgerichtete Anordnung.

Gleiches gilt für die Auswahl von Einzelinformationen: *vnd so ferre die vnedeln hunde dem adel nit vil zů gehörent So wil ich hie allein von den edeln hunden sagen.*[183] Münsinger erwähnt Jagdhunde und Windspiele, dann auch Wachhunde. Was Albertus allgemein von der Gelehrigkeit des Hundes sagt, wird auf eine Gruppe der *vnedeln hunden* bezogen, die dem Adel zur Unterhaltung dienen mögen: *vnd ist hie zů wissen dz vnder den vnedeln hunden die klein hund Als die meister schribent sich lassent wenen zů manigerleÿ hofflichkeit vnd ob ein herre[!] wŏlt einen klein hund also haben der vil gockelspils triben solt so sol man nemmen [...].*[184] Der höfisch-adlige Adressatenkreis bleibt präsent.

---

[179] Bl. 52ʳ (II, S.99): *die sich auch in vierleÿ wise bewegen mogen.*

[180] Bl. 54ʳ (II, S. 103f.).

[181] Die Empfehlung z. B. STADLER, S. 1379,3f.: *pabulum durum [...] non ventosum* fehlt.

[182] Bl. 80ʳ–82ʳ (II, S. 141–144) gegen STADLER, S. 1362,27–1363,9 und 1363,14–1364,17.

[183] Bl. 80ᵛ (II, S. 142); Albertus dagegen beruft sich darauf, daß er schon viel von Hunden gehandelt habe, was er nicht wiederholen wolle: *Sed quia hoc animal multis usibus humanis aptum est, ideo hic volumus artem tradere qua nobiles canes habeantur [...]* (STADLER, S. 1363,11f.).

[184] Bl. 82ᵛ (II, S. 145; Albertus: *Est autem canis universaliter*[!] *animal multum disciplinabile: et ideo mimica discunt ⟨h⟩ystrionum opera* [STADLER, S. 1364,36f.]).

Medizinischer Diskurs in der Volkssprache

Münsinger gebraucht fast ausschließlich die Volkssprache. Daher wurde seine Übersetzung viel günstiger als die Ernestis beurteilt.[185] Dabei ist sein Verhältnis zur lateinischen Vorlage durchaus eigenwillig, freilich grundsätzlich anders als das Ernestis, denn er greift zwar in deren Ordnung weit entschiedener ein als sein Vorgänger,[186] doch sucht er ihre Inhalte weit vollständiger umzusetzen.

Die Bestandteile der einzelnen Heilverfahren gibt er durchweg auf deutsch wieder, d. h. er verzichtet auf das lateinische Fachvokabular, erst recht auf ganze lateinische Wendungen. Passagen, die wie bei Ernesti zwischen lateinischer Fachsprache und volkssprachlicher Erklärung hin und her springen, gibt es nicht mehr.[187] Damit ist kein Verlust an Genauigkeit verbunden, im Gegenteil: Wo Ernesti mit Albertus einen Aderlaß *inter crus et coxam* placierte, da sucht Münsinger die Stelle auf deutsch möglichst exakt zu beschreiben: *das man dem falcken laße an der ander ader / die da ist zwischen dem bein vnden vnd dem dieche oben.*[188]

Auch fremdartige Ingredienzen, Gewürze etwa, sind übersetzt, sofern man sie nicht nur unter ihrem fremden Namen erhält; dann aber sind sie erklärt: *man sol da uŏr nemmen pfawen blut vnd muscat nuß vnd negelin vnd ziment rinde vnd jngeber vnd mirabolones kebuli / fint man in der Apotecken vnd ist ein frucht kompt über mer her;* daraus solle man *klein sinwel kugelen* drehen, nicht *pillulen,* wie Ernesti fachmännisch wußte.[189] Nur wo es nötig ist, hebt Münsinger die Beziehung zwischen deutscher und lateinischer Bezeichnung heraus: *drŭ kerner des sames von dem krut / Das man zŭ latin heisset stafisagria vnd zŭ tŭsch heisset es lußkrut.*[190] Ihm kommt es wieder auf den Rat für die Praxis an: wie verschafft man sich derartige Mittel? Daher mehrfach der Hinweis auf die *Apotecken.*[191] Einfacher, wo er an die Erfahrung des Adressaten appellieren kann: *die gelben Rinblumen die die ernd gesellen in schappels wise uff den huten tragen.*[192]

---

[185] KEIL (wie Anm. 129) Sp. 788; LINDNER I, S. 115–117.
[186] In LINDNERS Ausgabe ist die Selbständigkeit Münsingers eher verunklärt. LINDNER gibt nämlich zwar wie bei Ernesti jeweils die Parallelstellen des Albertus an, anders als dort aber immer längere, zusammenhängende Abschnitte. So wird nicht deutlich, wie stark Münsinger in diesem größeren Rahmen Details verändert und die Aussagestruktur umorganisiert.
[187] Vgl. z. B. Ernesti Bl. 1ᵛ (I, S. 130): *eyne andere gutta die silera* [...] heißet gegen Münsinger Bl. 22ᵛ (II, S. 54): *Wann der falck von vergifftigen bößen flussen sieche ist*; Ernesti Bl. 3ᵛ (I, S.132): *infusionem patitur* [...] gegen Münsinger Bl. 23ʳ (II, S. 54): *Wann der falck zŭ reche worden ist* [...] usw.
[188] Albertus nach STADLER, S. 1475,40; Ernesti Bl. 2ʳ (I, S. 130); Münsinger Bl. 24ʳ (II, S. 56). Oder die Übersetzung von *palmus: ein über zwerch hant breyt* (Bl. 23ʳ; II, S. 54).
[189] Bl. 22ʳ (II, S. 53); vgl. dagegen Ernesti Bl. 1ᵛ (I, S. 130).
[190] Bl.21ᵛ (II, S. 52). Manchmal genügt die deutsche Umschreibung: *safft des kruts das da heisset reinfan* (Bl. 84ʳ; II, S. 147).
[191] Vgl. Bl. 19ᵛ (II, S.49); Bl. 20ᵛ (II, S. 51); Bl. 21ʳ (II, S. 52).
[192] Bl. 84ʳ/ᵛ (II, S. 148); der Relativsatz ist Zusatz gegenüber Albertus.

Bei Münsinger gibt es schon einen medizinischen Diskurs in der Volkssprache, der nurmehr ausnahmsweise auf die lateinische Terminologie zurückgreift, so sehr er in Bezug auf Systematik und Gesetzeshypothesen hinter dem wissenschaftlichen Text zurückbleiben mag. Innerhalb der volkssprachlichen Rede aber wird der Gegenstandsbereich neu geordnet und konzeptionalisiert. Das zeigt die Reihenfolge der Rezepte gegen Krankheiten der Falken. Ernesti folgte im ganzen Albertus. Münsinger stellt um: Er zählt die Medikamente den Organen folgend *a capite ad calcem* auf und fügt dann Gebrechen an, die das Tier insgesamt betreffen.[193]

Im Vergleich mit Ernesti überwindet er damit die bloße Reihung von Rezepten, die aus dem fortlaufenden Traktat des Albertus exzerpiert sind. So gibt Albertus z. B. drei Mittel gegen Läuse, das zweite und dritte mit *Vel aliter* eingeleitet; ihnen entsprechen bei Ernesti die Rezepte VI-VIII. Anders Münsinger, der die Aufzählung einem bestimmten Kasus zuordnet: Er faßt zwei der Rezepte (das mittlere fehlt) unter der Rubrik *für die lüße des falcken* zusammen: *ES wirt dick der falck lusig / vnd die lüße sol man also vertriben.*[194]

Auch Münsinger schreibt situationsbezogen. Schon die Überschriften bzw. Einleitungssyntagmen der einzelnen Abschnitte benennen eine Situation, der sich der Falkner konfrontiert sieht und die ihm erklärt werden muß: *Die Erste suchte des falcken ist an dem kopff Als jme der kopff we tůt / vnd wann das ist / so tut er die augen zů / vnd beweget denn kopff vast hin vnd herr vnd kummet die gesucht gewonlich von bosen dempffen [...] Man sol den falcken Also für die sucht ertznÿen.*[195] *ES geschicht dick das der falck pfiffet.*[196] *DEm falcken geswillet vnderwilen der hals* usw.[197] Im Hundetraktat haben Kapitelüberschriften die Gestalt von Konditionalsätzen: *Wann der hond schebig kreczig oder usseczig ist.*[198] *Wann der hund in einen dorn oder sust in ein spiczig ding gedreten hat.*[199] Der Kapitelbeginn wiederholt jeweils die Bedingung ein weiteres Mal: *ist es sach das der hund schebig gryndig kreczig oder usseczig ist [...].*[200] Solche Situationen sind durch bestimmte Symptome genauer charakterisiert, die zu einer bestimmten

---

[193] Die Ordnung ist nicht ganz durchgehalten, doch offenbar intendiert: *sůcht / Die ich hje beschriben wil nach ordenunge / der glider des falcken / an dem kopff an zů fahen* (Bl. 21ʳ [II, S. 51]; fehlt bei Albertus). Entsprechend läßt sich in seinem 8. Kapitel die Folge erkennen: Kopf – Schnabel – Hals/Kehle – Flügel – innere Vergiftung – Verdauung/Würmer o.ä. – Füße/Beine, dann Ungeziefer, Fieber, Krätze, Verletzungen, einzelne Leiden. Das weicht, wie II, S. 51-61 zu ersehen, erheblich von Albertus (und Ernesti) ab.
[194] STADLER, S. 1476,5 bzw. 7; Ernesti Bl. 2ʳ (I, S. 130f.); Münsinger Bl. 24ʳ (II, S. 56).
[195] Bl. 21ʳ (II, S. 52).
[196] Bl. 21ᵛ (II, S. 52).
[197] Bl. 22ʳ (II, S. 53). Ausgangspunkt ist ein Ereignis: *ES geschicht dick* (Bl. 22ᵛ [II, S. 53]); *ES geschicht auch* (Bl. 23ʳ [II, S. 54]).
[198] Bl. 84ʳ (II, S. 147).
[199] Bl. 85ʳ (II, S. 148).
[200] Bl. 84ʳ (II, S. 147).

Diagnose führen (manchmal mit Angabe allgemeinerer medizinischer Ursachen); daraus folgt dann ein Therapie- und Diätvorschlag.

Dieses Schema stellt die Behandlung von Krankheiten als Erkenntnis- und Handlungszusammenhang dar; es setzt sich – mit geringen Abweichungen – auch gegen die Anordnung des Albertus durch. Wo Albertus z. B. die organische Ursache für Bewegungsstörungen voranstellt (*Signum autem mali in renibus est et guttae quae infundit renes, quando non potest saltare et de alis extensis se a manu longe eicere et redire sicut aves facere consueverunt*), beginnt Münsinger mit der Beobachtung: *ES geschicht dick das der falck an den flugeln vnd hinden vmb die lenden erlampt Als das er sich nit mit zurspreitten flugeln / von / vnd zů der hand geswingen mag* [Diese Beobachtung wird dann gedeutet:] *vnd die leme jst als ein gesůcht* [Erst dann wird – jetzt mit Albertus – die Gefährlichkeit des Symptoms betont:] *vnd etlich sprechent / das sie tödlich sÿ* [Es folgt die Diagnose und Aitiologie:] *vnd kompt von einer bößen fuchtikeit die jn die flugel / vnd hÿnden vmb die lenden in das gewerbe vnd gleich* [die Geschlechtsorgane] *geflossen / vnd sich gesetzt hät*. In dieser Diagnose sind die Hinweise des Albertus (*renes, gutta, infundit*) frei verarbeitet. Der Übergang zur Kur (*Tollantur* [...] *grana* [...] *et contunde ea et commisce* [...] *et ciba* [...]) wird anschließend wieder eigens verbalisiert und als Handlung vorgestellt: *vnd die sol man Also mit ertznÿe vertriben man sol nemen*[201] *die Rote frucht / Die vff den wissen hagdorn wachsset vnd sol die wol zerknisten vnd zurstoßen mit hasen hare vnd das alles sol man vermischen mit gesottem fleisch / vnd mit dem selben fleisch sol man den falcken viiij tag essen Vnd ist das er das aße behelt / so geneset er öne zwiffel.*[202]

Zusätze dienen häufig dazu, die Situation zu veranschaulichen oder plausibel zu machen. Albertus gibt ein Mittel an: *Si* [...] *canis spinam in pede vel aculeum in alio quovis membro habuerit* [...]. Münsinger präzisiert: *JSt das der hund in einen dorn oder sust in ein spiczig ding gedreten hat / Das im noch in dem füß oder jn einem andern glÿd steckt* [...].[203] Albertus schreibt: *Quando autem aperit rostrum quasi extensiones habeat et alices et percutit cum rostro pedem vel e contrario, signum est quod habeat malum humorem in capite: et ideo tunc coquendus est* [...]. Bei Münsinger dagegen heißt es: *wann der falck mit dem snabel vast uff gÿnet Als ob im vast heiß sÿ* [der Beobachtung wird eine Vermutung über die Befindlichkeit des Vogels angefügt, erst dann die Beschreibung fortgesetzt:] *vnd slecht den snabel An die füße / oder den fuß an den snabel* [eine abstraktere Formulierung der Alternative wird konkretisiert] *So ist es ein zeichen / das der falck hät in dem*

---

[201] Handschrift: *nieman*: ein weiteres Zeichen, daß es sich um eine Abschrift handelt.

[202] Die Zitate: Bl. 22ᵛ (II, S. 53f.) gegen Albertus (STADLER, S. 1475,20–27. Münsinger vereinheitlicht zugleich die Handlungsperspektive, während Albertus zwischen Passivkonstruktion und Imperativ wechselt. Ernesti folgt hier Albertus: *ist eyn zeichen der nyeren vnd wan er nyt fligen vnd wencken vnd schrencken in der lufft do bÿ mirket man daz* [...], Bl. 1ᵛ (I, S. 130).

[203] STADLER, S. 1366,23f. gegen Bl. 85ʳ (II, S. 148).

kopff böße fuchtikeit die jne beswert [wieder ein Hinweis auf die Befindlichkeit des Tiers] *vnd wann man das an dem falcken mercket* [der Übergang von der Diagnose zur Therapie wird markiert] *So sol man* [...].[204]

So erfolgt immer wieder der Rekurs auf eine ‚hier und jetzt' vorstellbare Situation:[205] *ES ist auch ein ander sucht / die kompt von einem vergiftigem fluße der durch den gantzen lib des falcken flůsset / vnd sich zerspreitet / vnd wann das gesucht den falcken an stoßt / so falwet jm der snabel vornen / vnd auch die fůß heben an wiß zů werden / vnd das selbe gesucht sol man jm Also benemmen / Man sol* [...].[206] Für das Interesse an der Situation, die es zu bewältigen gilt, ist bezeichnend, daß Münsinger den Namen der Krankheit bei den gelehrten Ärzten übergeht.

Narrative Elemente zur Klärung der Situation

Münsinger wendet sich an die für Tierhaltung zuständigen Praktiker: an die *felckner,*[207] den *beißman,*[208] *eins herren marstaller oder hůff schmid / oder roßarczat.*[209] Wo Albertus passivische Konstruktionen benutzt oder bei der Beschreibung von Vorgängen und Sachverhalten ein Subjekt der Handlung ganz ausspart, da spricht Münsinger vom Falkner: *Ad audaciam autem valet* wird zu: *wil auch der felckner fu‹n›ter den falcken / so er jne ytze* [Situation!] *zů der hande gewenet hät küne / vnd manlich / vnd auch gegirig zů der beisse machen* [...].[210] Aus *Primum autem regimen perficitur, si* [...] wird: *Die erst vrsach mag der felckner nit wol verbringen er eesse denn den falcken / vff der hand.*[211] Statt *maceratio vocatur falconum* schreibt Münsinger: *heissent die felckner die megerunge.*[212]

Bei Albertus kommt der Bezug auf den *falconarius* als das handelnde Subjekt durchaus vor,[213] doch neben anderen Darstellungsformen (Anreden an den Leser, Passivkonstruktionen). Münsinger vereinheitlicht aufs Ganze gesehen die Darstellungsperspektive, indem nicht ein anonymes ‚du'

---

[204] STADLER, S. 1474,37-39 gegen Bl. 21ᵛ (II, S. 52).

[205] Wo Albertus schreibt, daß das Pferd *ex maxima concitatione* sogleich zur Ruhe komme (STADLER, S. 1378,1f.), da präzisiert Münsinger *so es nach der arbeit in den stal kompt* (Bl. 53ʳ; II, S. 101).

[206] Bl. 22ᵛ (II, S. 54); dagegen Albertus: *Est autem quaedam alia gutta quae silera a nonnullis vocatur quae quando decurrere incipit per corpus falconis, quasi veneni naturam habet et tunc acumen rostri et acumina ungularum falconis dealbari incipiunt. Et haec curatur ita* [...] (STADLER, S. 1475,27-30).

[207] Bl. 17ʳ (II, S. 46).

[208] Bl. 33ᵛ (II, S. 70).

[209] Bl. 54ᵛ (II, S. 105).

[210] STADLER, S. 1472,8 gegen Bl. 18ʳ (II, S. 47).

[211] STADLER, S. 1471,26 gegen Bl. 17ʳ (II, S. 46).

[212] STADLER, S. 1473,3 gegen Bl. 19ʳ (II, S. 49) usw.

[213] STADLER, S. 1473,9 u.ö. Es gibt auch seltene Gegenbeispiele, bei denen Albertus das handelnde Subjekt genauer bezeichnet: S. 1366,3: *venatorum* [...] *quidam experti* gegen Bl. 84ʳ (II, S. 147): *etlich sprechen* – oder wich hier die Vorlage ab?

oder ‚man' der Adressat ist, sondern – stets in der dritten Person – der Falkner.[214] Dem Praktiker als Handlungssubjekt steht – gleichfalls in der dritten Person – die Gruppe der ‚Meister' gegenüber, die ihm die Regeln seines Handelns geben. An einer Stelle, an der Albertus auf eigene Erfahrungen zurückgreift und dafür die erste Person wählt (*Ego enim iam vidi*), übersetzt Münsinger: *Als man das ettwann erfaren hät vnd der groß maister Alberchtus schribet Das er das gesenhen habe.*[215] So steht hinter den einzelnen Lehren durchgängig eine Lehrtradition und ein Handlungsrahmen, in dem die Lehre zur Anwendung kommt.

Münsinger fügt außerdem Zwischenglieder zur Vervollständigung eines nacherzählbaren Handlungsablaufs ein. Ist die eine Situation Voraussetzung der folgenden, dann wird sie noch einmal rekapituliert: *Wann er nů also wol bereÿt ist [...].*[216] Er füllt Leerstellen aus, indem er vorausgehende, begleitende oder sich anschließende Vorgänge ergänzt: Der Sperber soll an einer Taube, der die Schwungfedern gestutzt sind, jagen üben. Albertus schreibt: *accipe columbam in alis depilatam et fac eam saepius desub pedibus eius effugere et ut iterum capiat eam, et sic muta eam in melius volantem et melius, et debiles et parvas aves commuta in fortiores et maiores [...].* Münsinger malt die Prozedur mit der im Flug behinderten Taube aus: *[...] Das sie nit fliegen mǒg vnd sol man sie vor jme laßen lauffen vnd sie jme dick in den fůß geben vnd wider nemmen vnd sol man sie also in dem vǒr lassen / ÿe ferrer vnd witer fůrgeben das er dardurch an dem flug zů nÿme vnd wann er mit der tuben also bereit wirt / so sol man in der selbe wise einen andern fogel für geben vnd man sol jne also bereiten von einem fogel zů dem andern vnd von dem kleinen vogel zů dem großen vnd von dem gemach fliegenden / zů dem bald flůgenden.*[217] In solchem ‚umständlichen' Beschreiben nähert sich Münsinger literarischen Verfahren an, wie man sie am zeitgenössischen Prosaroman beobachtet hat.[218] Die Naturgeschichte ist narrativ strukturiert.

Ein instruktives Beispiel dafür ist das Kapitel *de proprio actu* des Falken. Um das *proprium* des Falken herauszuarbeiten, geht Albertus vergleichend vor: Bei der Beize verhält sich der Falke anders als Habicht und Sperber. Die Darstellung ist recht unübersichtlich, indem zu jedem Abschnitt der Jagd die unterscheidenden Merkmale der verschiedenen Raubvögel hervorgehoben werden oder ein allgemeinerer zoologischer Sachverhalt zu erläutern ist.

---

[214] Auch im folgenden sind Handlungsträger und Situation deutlicher betont als bei Albertus: *ist das der felckner dem falcken da mit wert* (Bl. 5ʳ; II, S.19); *wenn der felckner den falcken ÿtzu beissen wil / vnd ymme die huben abziechet* (ebd.).

[215] STADLER, S. 1457,11 gegen Bl. 5ᵛ (II, S.21).

[216] Bl. 33ʳ (II, S. 70).

[217] STADLER, S. 1488,9–12 gegen Bl. 33ʳ (II, S. 69f.).

[218] JAN-DIRK MÜLLER, Volksbuch/Prosaroman im 15./16. Jahrhundert – Perspektiven der Forschung, in: Internationales Archiv für Sozialgeschichte der Literatur, 1. Sonderheft: Forschungsreferate, 1985, S. 91f.

Der erste Abschnitt beschreibt den Aufstieg, den Sturzflug und das Schlagen der Beute.[219] Nach dieser Darstellung des *actus* im ganzen werden einzelne Punkte rekapituliert: zuerst das Problem, daß zwischen zwei entgegengesetzten Bewegungen immer ein Augenblick der Ruhe ist; wenn dieser auch bei einem guten Falken gegen Null geht, ist es trotzdem deshalb besser, wenn zwei Falken jagen, da einer unterhalb der Beute fliegen und sie am Entkommen hindern kann, während der andere aufsteigt und im geeigneten Moment herabstößt. Ein Falke dagegen, der quasi unbeweglich in der Luft steht, ist ein schlechter Jagdvogel. Auf diese Weise wird der erste Teil des Bewegungsablaufs genauer kommentiert.[220] Der folgende Abschnitt stellt eine Beziehung zwischen dem Körperbau des Falken und dem Schlagen der Beute her. Er beschreibt, wie der Jagdvogel seiner Beute die lange und blutige Wunde beibringt. Die am schnellsten herabstoßen, sind die besten Vögel, im Gegensatz zu denen – Albertus wiederholt sich –, die in der Luft stehen, genannt *lanarii a philosophis, a vulgo autem Germanice sweimere*.[221] Im folgenden Abschnitt wird die Jagd mit zwei Vögeln genauer erläutert, die das Entkommen der Beute, wie nachgetragen wird, verhindern soll. Wenn auch der gute Falke allein jagt, ist diese Form erfolgreicher. Auf der Jagd vertragen sich die beiden und teilen, anders als Habicht und Sperber, die Beute. Nachdem er so den *proprius actus* beschrieben und noch einmal hervorgehoben hat, daß sich der Falke auf jede Beute stürzt, die ihm begegnet, begründet Albertus, warum man auf der Jagd dem Vogel immer eine Haube aufsetzen sollte.

So werden die Charakteristika des Falken Punkt für Punkt abgehandelt, auch um den Preis, daß der Ablauf der geschilderten Vorgänge manchmal aus dem Blick gerät.

Völlig anders die Darstellung bei Münsinger:

vnd das werck vnd die geberde des falcken ist als er ẙtzo sich selbs beissen wil / Das er snelliglich uff stiget vnd zůcht die fůß vnd die cläwen nahe an die brust vnd zů stund stiget er abe nit snur rechts / sonder schels vnd besẙtze vnd mit grosser vnbestemmekeit vnd schalle / Recht Alß so der wind weet / stößt er vnd schlecht den fogel den er beisset / mit dem scharpffen drieckten bein / Da mit jne die natur zu sólichem werck zů volbringen / vornen an der brust gewapent hät Als die meister schribent wie wol etlich felckner des nit gelóubent / vnd dar vmb nach der beschribunge der alten meister ist es weidenlicher gesprochen der falcke stoßt den fogel / Dann so man spricht / er slecht den vogel Aber die felckner die ẙtz sint / meẙnend anders vnd jn dem slahen vnd stoßen risset er ouch dem vogel ein wunden mit den clauwen / Die er an die brust gezogen hät vnd besunder mit den hẙndern clawen / vnd ist es sach das der falck einen gesellen hät der jm hilffet bẙsen so ist sin art das er sich in dem abestigen dick fůget vnder den fogel den er da bẙsset vnd hindert den als lang / bis der fogel in die rechten refierunge kommen ist vnd sin geselle der übersich gestigen ist jn dem abestigen ine geslahen vnd über kommen mag vnd das ist das hübsche bẙssen das zwen falcken also ein ander helffent bẙssen vnd der falck hät ouch die arte / das er zů dem baẙssen gern einen gesellen hät / wie wol er sust gern allein ist vnd dem selben gehilffen / mit teilt er ouch den fogel denn er gebeisset hät / vnd das tut ein sperber oder ein

---

[219] STADLER, S. 1455,22–31.
[220] STADLER, S. 1455,32–1456,3.
[221] STADLER, S. 1456,10f.

> *habich nit / Welcher falck auch als er uff gegangen ist snelliglich wider abstiget Also das man zwischen dem uff vnd abstiget nit wol gemercken mag / das er ruge der ist edel vnd zů der beÿsse allein oder mit einem gesellen gůt / Welcher aber nach dem / vnd er über sich gestigen ist / mit zursprätten flugeln / sich etwas enthelt vnd mercklich ruget / Als der blawfůß tůt / Der ist etwas onedel / vnd ist allein nit vast gůt zů der beisse / Dann jn demm Rugen das er tut / So empflůget jm dick der fogel den er beisset vnd sÿder nů also Als ÿtz gesagt ist / Der falcken arte gemeÿnlichen ist snelliglich / vnd bald begern wz sie sechent von den vogeln / die jne zů der bösse [!] gůt sint / So ist es not vnd ouch gůt Wann der felckner den falcken vff der hand treÿt vnd da mit nit beißt Das er jm ein huben uff setze vnd das hůben bringet zwenn nütze / Der ein [...].*[222]

Münsinger bringt gegenüber der Vorlage fast keine neue Information,[223] doch ordnet er ihre Elemente völlig neu. Zunächst gibt er eine exakte Beschreibung der Jagd mit einem, dann mit zwei Falken und erläutert deren Vorteile, leitet daraus Kriterien für edlere und weniger edle Falken ab und folgt erst am Ende, wo es um die Haube geht, wieder enger der Vorlage. Das mosaikartige Verfahren zerlegt Aussagen des Albertus und fügt sie an unterschiedlichen Stellen neu zusammen.

Ausgangspunkt ist die Situation, die durch einen Temporalsatz eingeführt wird (*als er ÿtzo [...] wil*) und, wie die Zeitverben anzeigen, als präsent gedacht wird (*vnd zů stund stiget er abe [...]*). Die einzelnen Phasen des Ablaufs folgen genau aufeinander; die Beschreibung der Körperhaltung und der anatomischen Voraussetzungen, bei Albertus an späterer Stelle nachgeholt,[224] sind in den Ablauf integriert, wobei alle für die Situation wesentlichen Elemente aus Albertus' Beschreibung zusammengetragen sind. Hieran schließt sich, diesmal durch einen Bedingungssatz eingeleitet (*vnd ist es sach [...]*) die Beschreibung einer abgewandelten Situation an. Diese zieht alle Aussagen an, die Albertus zum Beizen mit zwei Vögeln machte, stellt sie freilich, dem Thema entsprechend, um.[225] Daran anschließend erst wendet sich Münsinger Unterscheidungsmerkmalen guter und schlechter Falken, je nach ihrem Verhalten beim Flug, zu. Dafür zieht er wieder zwei Stellen aus Albertus zusammen, die eine aus dem Kontext der Erörterung des Bewegungsproblems (hier war auch zuerst von der Jagd mit zwei Falken die Rede gewesen), die andere aus der Beschreibung der Haltung des Falken, wenn er die Beute schlägt.[226] Indem er sie zusammenzieht, kann er anschaulich dem Praktiker erläutern, worauf er bei der Wahl eines Falken zu achten hat.

---

[222] Bl. 4ʳ–5ʳ (II, S. 17–19).

[223] LINDNERS Ausgabe gibt die Parallelstellen bei Albertus nur sehr pauschal und im einzelnen unrichtig an. So ist genauer Vergleich der einzelnen Partikel nötig. Ein sachlicher Zusatz ist die Erörterung, ob das Schlagen der Beute mit der Anatomie des Falken im Brustbereich zusammenhängt, wo Münsinger die alten Meister gegen die Meinung der neuen ausspielt: Zeichen dafür, daß mit der gelehrten Vorlage die Beschäftigung mit dem Gegenstand für ihn nicht zu Ende ist. Auch nennt er z. B. den *blawfůß* als Beispiel eines weniger edlen Falken.

[224] STADLER, S. 1456,4–8.

[225] STADLER, S. 1456,12–18.

[226] STADLER, S. 1455,32–35 u. 1456,8–11.

Selbst beim letzten Punkt wird die Praxis stärker betont: *proprius actus omni falconi secundum genus conveniens*. Aus der Eigenart, sich gleich auf jede Beute zu stürzen, leitet Albertus ab, daß der Falke eine Haube tragen müsse, wenn er auf der Hand getragen werde.[227] Münsinger sieht das nicht von den Eigenschaften der Gattung her, sondern vom Falkner, formuliert es als Aufforderung: *So ist es not vnd ouch gůt Wann der felckner* [...]: Naturkunde eingebunden in Handlungszusammenhänge.

Statt Humoralpathologie Naturkunde für den Hof

Dem Gebrauchsinteresse gemäß fehlen in der Regel grundsätzlichere Bemerkungen des Albertus zu Ordnung und Gesetzen der Natur. Insbesondere hat Münsinger Sätze ausgelassen oder auf ihren praktischen Gehalt verkürzt, in denen Albertus Beschreibung, Unterhalt und Kur der Tiere auf die Säftelehre gründet.[228] Dem Arzt Münsinger sind deren systematische Zusammenhänge gewiß nicht unbekannt. Wo Albertus sie als Basis für seine Diät- und Heilvorschriften braucht, setzt er sie gleichfalls voraus. So erwähnt er durchaus die Eigenschaften der Tiere, die aus der jeweiligen *complexion* ableitbar sind (also warm / kalt, feucht / trocken) und die diätetischen oder medizinischen Mittel, die die *complexion* günstig beeinflussen sollen. Allerdings unterläßt er es, bestimmte körperliche Merkmale ausdrücklich mit einem der Temperamente in Beziehung zu setzen, etwa die Kürze des Halses mit der ‚Kälte' des Phlegmatikers oder der ‚Trockenheit' des Melancholikers.[229]

Münsinger beschränkt sich auf Einzelnes. Dabei geht es ihm immer um die Praxis: *Der felckner sol auch wissen / das ein falck mit andern aße zu eessent ist dann der ander nach dem vnd ein falck / ein ander natur hat / dann der ander*. Daraus ergeben sich unterschiedliche Vorschriften des Fütterns der schwarzen Falken im Vergleich zu anderen. Jenen schreibt er zwar die gewöhnlichen Eigenschaften des melancholischen Temperaments zu: *wann sie sin kalter vnd důrrer jrdischer natur*, doch deutet er die Farbe nicht ausdrücklich als Zeichen der Melancholie. Bei den weißen Falken ist nur noch eine der *qualitates* übrig geblieben (sie sind *von natur wiß vnd kalt*); die *natur* der roten wird gar nicht mehr qualifiziert; allenfalls daß sie als Antidot mit *fogeln die jn dem wasser wonent* gefüttert werden sollen, zeigt dem Kenner ihre heiße und trockene Natur, die Albertus erwähnt.[230] Münsinger beschreibt zwar humoralpathologische Grundlagen eines bestimmten Merkmals (*nach dem vnd die natůrlich meister sprechent so ist die*

---

[227] STADLER, 1456,19f. Albertus formuliert unpersönlich: *Oportet falconem habere mitram oculos tegentem quando defertur in manu* (S. 1456,21f.).
[228] So fehlt die Bemerkung, daß man die Complexion besser aus der Gestalt als aus der Farbe entnehmen könne (STADLER, S. 1455,17).
[229] STADLER, S. 1454,10f.
[230] Bl. 20ʳ (II, S.50); STADLER, S. 1467.

hitzig füchtikeit die sie zů der snellickeit vnd zů der gehertzikeit an der beÿse neiget / beweglicher in dem kopff / der da hät die obgeschriben gestalt / Dann wer er gantz sinwel), nennt aber, wie häufig, nicht den Fachterminus: *dispositio est humidi colerici*.[231]

Das allopathische Behandlungsprinzip – *contraria contrariis* – bestimmt nur im Hintergrund die Anweisungen zu Diät und Kur. Albertus erklärt nicht ausdrücklich den Zusammenhang zwischen *complexio*, Krankheit und Antidoton, doch setzt er sie voraus. Der Praktiker dagegen erhält anstelle eines medizinischen Systems nur die (mehr oder minder empirisch gesicherten) Beobachtungen, die sich auf seiner Basis machen lassen, und die Handlungsanweisungen, die sich aus ihm herleiten. Die Säftelehre bietet insofern nur die häufigsten Beispiele für das geringe Interesse am naturgeschichtlichen System.

So fehlt z. B. auch der – für den aristotelischen Theoretiker der Bewegung sich anbietende – Satz, daß zwischen zwei entgegengesetzten Bewegungsabläufen wie Aufstieg und Sturz notwendig Bewegungslosigkeit eintritt (*Cum autem inter omnes duos motus duae sunt quietes necessario*).[232] Es fehlen allgemeine Überlegungen zu Zusammenhang und Unterscheidung der Lebewesen (*non potest esse quod aliquod animal participet figuram alterius et non habeat aliquid de moribus eius secundum naturam*)[233]. Ausgelassen sind die meisten Querverweise auf andere Tiere.[234]

Nicht jeder mögliche Gebrauch wird erwähnt.[235] Getilgt sind Bemerkungen, die Art und Verhalten der Tiere zu Art und Verhalten des Menschen in Beziehung setzen.[236] Das aber bedeutet: Die in spätmittelalterlichen Tierbüchern bis in die Frühe Neuzeit hinein beliebte *moralisatio*, die ja nicht zuletzt die Aufgabe hat, das Interesse an der Natur zu rechtfertigen,[237] tritt hinter einem bestimmten alltagspraktischen Gebrauch zurück. Das Wissen über die vier Tiergattungen bietet Münsinger abgelöst von wissenschaftlicher Taxonomie wie von der theologisch-kosmologischen Ordnung, in der Natur und Geschichte sich gegenseitig spiegeln konnten.

Weggelassen schließlich ist wie bei Ernesti Unsicheres und Fabulöses.[238]

---

[231] Vgl. Bl. 3^r–3^v (II, S. 15) gegen STADLER, S. 1454,5.

[232] STADLER, S. 1455,32.

[233] STADLER, S. 1454,12–14.

[234] So fehlt z. B. der humoralpathologische Vergleich zwischen dem Hund und dem Löwen, dem Menschen, der Ameise und der Biene nach Galen (STADLER, S. 1367,7–12; vgl. Bl. 85^v; II, S. 150). Ähnlich sind die Ausführungen zur Physiognomie getilgt.

[235] So ist die Verwendung von Habichtfleisch als Medizin (nach Plinius) übergangen (Bl. 32^v; II, S. 68 gegen STADLER, S. 1439,19–22).

[236] Albertus zieht z. B. aus dem Training weniger guter Falken den Schluß: *sicut etiam aliquando homo iners per naturam efficitur bonus per studium exercitii* (STADLER, S. 1455,10f.). Das übernimmt Münsinger nicht.

[237] Vgl. etwa Theodor Gazas Vorrede zur ‚Historia animalium' des Aristoteles, die noch im 16. Jahrhundert allenthalben zitiert wird. Durch die Auslassung moralphilosophischer Ausdeutungen wird die Grenze zum Gebrauchszusammenhang der Predigt klar markiert.

[238] Nicht aufgenommen ist das Ammenmärchen von einer besonders giftigen Stelle an der Stirn neugeborener Fohlen (*caruncula*), die die Mutter durch Lecken beseitige (STADLER, S. 1378,7–10).

Da der Gebrauch die Auswahl bestimmt, müssen Praktiken getilgt werden, deren Anwendung aus anderen als diätetischen oder medizinischen Gründen untunlich ist. Albertus hatte sich zur vollständigen Wiedergabe des schriftlich tradierten Wissens über die Natur verpflichtet, auch wo er seinen Gebrauchswert anzweifelte: *Haec tamen ultima non ita rationabilia sunt sicut prima.* Bei solchen Zweifeln hatte er auch an die Erfahrung appelliert: *experientia enim optima est in omnibus talibus magistra.*[239] Münsinger übernimmt das Plädoyer für die Erfahrung, die zu ergänzen hat, was andere mitteilen: *keisser friderichs felckner ettwan für die sucht der falcken versůcht vnd bewert haben vnd ein wiser man mag Da uon nemmen oder dar zů thun Nach dem vnd jne bedunckt / das es zů thun sỹ vnd als er auch erfarn hat / wann der herfarung vnd die bewerunge ist an den enden zů gläubent,* doch fügt er hinzu: *vnd ist hie zů wissen das die obgeschriben keiser friderichs felckner sprachen ‹segen›*[240] *wann sie des morgens den falcken vff die hand namen [...] Aber solich segen sint von der heiligen kirchen verbotten vnd kein Cristenmensch mag one sünde sich jr gebruchen vnd dar vmb habe ich sie hie vnderwegen gelaßen vnd sie nit beschriben.*[241] Der Gebrauch ist ausschlaggebend noch wo er sich als Gebrauchsverbot ausdrückt.

Schlußüberlegungen

Die Rezeption gelehrten Wissens in der Volkssprache wird im allgemeinen als Akkulturationsprozeß verstanden, in dessen Verlauf die zurückgebliebene Kultur den Vorsprung der avancierten aufholt. Für das hier vorgestellte Beispiel ist solch eine Interpretation unzulänglich. Der volkssprachliche Text zielt auf etwas anderes und Neues. Weder Ernestis Übersetzung noch erst recht die Münsingers lassen sich zureichend würdigen, wenn man sie nur am Ausgangstext mißt. Als Maßstab hinzukommen muß der (intendierte) Gebrauch. Aus gelehrter Aneignung schriftsprachlicher Traditionen im Umkreis der Universität wird eine Aneignung in praktischer Absicht im Umkreis des Hofes.

Der unterschiedliche Gebrauch prägt sich in Auswahl und Anordnung ebenso wie in der Präsentation des Wissens aus, in den unterschiedlichen Formen seiner Organisation, im Verhältnis von Schrift zu einer mündlich-enaktiv bestimmten Praxis, in der Verwendung fachsprachlicher Elemente, in konzeptionellen und mentalen Differenzen, die auf unterschiedliche Adressatengruppen schließen lassen.

Bei Ernesti waren praktische Anwendungssituation und ein rein linguistisch in der Volkssprache aufbereitetes Wissen noch weit auseinander;

---

[239] STADLER, S. 1481,17f. und 22f.
[240] Fehlt Cpg 247, von LINDNER (II, S. 65) nach der Parallelüberlieferung ergänzt.
[241] STADLER, S. 1481,20–22 gegen Bl. 30ʳ (II, S. 65): *sapiens tamen falconarius per experimentum pro tempore hiis addat vel minuat prout avium complexioni viderit expedire.*

ohne Kenntnis lateinischer Fachtermini **und** Vertrautheit mit der Pflege der Tiere war seine Übersetzung kaum benutzbar, wenn sie auch sukzessive näher an den Gebrauch herangeführt wurde. Sie spiegelte aber die Abhängigkeit des Fachdiskurses in der Volkssprache von akademischen Diskursen, wo es um exakte Bestimmung von Organen, Therapien und Medikamenten ging. Ernesti wertet die Volkssprache auf, indem er sie mit Elementen des akademischen Diskurses durchsetzt. Das Ergebnis ist – von der entwickelteren Wissenschaftssprache einer späteren Zeit aus betrachtet – manchmal nur ein krauses Kauderwelsch.

Münsingers konsequente Eindeutschung nähert praktisches und theoretisches Wissen weit enger aneinander an. Auch bei ihm ist aber das Ziel noch nicht eine fachwissenschaftliche Systematik in der Volkssprache, sondern eine möglichst vollständige schriftsprachliche Erfassung der Situationen, in denen gelehrtes Wissen zur Anwendung kommen soll. Diese Situationen werden manchmal nur mit knappsten grammatischen Mitteln angedeutet, doch gelegentlich auch szenisch-narrativ ausgestaltet.

Einige Beobachtungen decken sich mit Ergebnissen anderer Fallstudien. So scheint die Einbindung einzelner Wissensinhalte in einen szenischen oder gar narrativen Kontext typisch auch für Schriften zur Kriegskunst oder zum Waffengebrauch. ‚Pragmatisch' ist hier noch ganz eng zu verstehen, als Orientierung an einer (vorgestellten) Situation, in der kundig gehandelt werden soll. Weit souveräner als dort hat es Münsinger freilich verstanden, die unterschiedlichen Daten einer weithin taxonomisch verfahrenden Naturkunde in den Rahmen solch eines impliziten Ablaufs zu stellen.

Die Grenzen des Gegenstandsbereichs werden nicht disziplinär bestimmt, nicht einmal bei Münsinger, indem sie also das umschlössen, was sich zoologisch oder veterinärmedizinisch zu einem bestimmten Sachverhalt sagen ließe. Den thematischen Rahmen dieser Schriften bestimmt letztlich doch die Praxis: Der Kauf eines bestimmten Stoffes beim Apotheker gehört ebenso dazu wie die Zusammensetzung einer Medizin, – nicht anders als der Kauf des Salpeters zur Pulverbereitung.

Praxis scheint auch der Hintergrund der scheinbar so unpraktischen Schrift Ernestis. Darauf weisen nicht nur die überlegten Versuche, die Handschrift zum Nachschlagen einzurichten. Ernesti nämlich will andere Formen der Wissensvermittlung nicht ersetzen, sondern ergänzen. Seine Schrift ist deshalb ebenso auf weitere mündliche Information angewiesen wie das Hustenregimen für Friedrich d. S. Sie kann der veterinärmedizinischen Praxis den Rückhalt in akademischer Theorie geben.

Auf Praxis bezogen sind beide: auf Ergänzung durch praktische Erfahrung angewiesen die Schrift Ernestis, akademisches Wissen mit der Anschauung des Praktikers vermittelnd die Abhandlung Münsingers.

THERESIA BERG – UDO FRIEDRICH

Wissenstradierung in spätmittelalterlichen Schriften zur Kriegskunst: Der ‚Bellifortis' des Konrad Kyeser und das anonyme ‚Feuerwerkbuch'

I. Einleitung: Kriegskunst und Schrift – Kriegskundliche Schriften aus dem Umkreis des Heidelberger Hofes – Bildercodex und mathematische Abhandlung – II. ‚Bellifortis': Adressat – Autor – Wissenshorizont – Die Zehn-Kapitel-Fassung Göttingen Ms. philos. 64a Cim. und Ms. philos. 63 Cim. – Entstehungsrahmen – Exkurs: Zur Biographie Kyesers – Herrscherbild und Kriegskunst – Aufbau und Inhalt des Ruprecht-Codex – Kriegstechnische und zivile Ordnung – Die Rolle der Astrologie im ‚Bellifortis" – Die Alexander-Figur – Disziplinenspektrum / Autoritäten – Waffenkatalog und Bildhandschrift – Adressat und Autor der Bild-Text-Partien – III. Das anonyme ‚Feuerwerkbuch' Der Cpg 502 – Aufbau und Konzeption – Entstehungs- und Rezeptionsrahmen – Das Profil des Büchsenmeisters – Die zwölf Büchsenmeisterfragen – Die Historie vom Meister Berthold – Didaktische Aufbereitung des Wissensstoffes – Zusammenfassung

I. Einleitung

Kriegskunst und Schrift

Seit Beginn des 15. Jahrhunderts entstehen auf deutschsprachigem Gebiet erstmals selbständige Kriegsschriften, die nach eigenem Bekunden den veränderten technischen Erfordernissen ihrer Zeit Rechnung tragen. Diese Texte bieten als Reaktion auf die zunehmende Technisierung des Kriegshandwerks eine Darstellung überlieferter und neuer Techniken in Wort und Bild. Sie markieren die Schwelle zur Verschriftlichung der Kriegstechnik als eigenständiger Disziplin, die sich im Verlauf des 15. Jahrhunderts in verschiedenen Stufen vollzieht: vom Bildkatalog mit Versbeischriften über das Fachbuch eines sich formierenden Berufsstandes bis hin zu technischen Spezialwerken zur Ballistik. Aus der historischen Distanz geben diese unterschiedlichen Präsentationstypen Etappen einer Genese kriegstechnischer Spezialliteratur zu erkennen.

Am Beginn dieser Entwicklung steht mit dem ‚Bellifortis' des Konrad Kyeser ein Text, der in Bildfolgen und Versbeischriften ein Inventar der technischen Möglichkeiten zur Kriegsführung bietet.¹ In ihm sind nicht Detailprobleme Gegenstand diskursiver Erörterung, vielmehr wird die Relevanz von Technik für das Kriegshandwerk insgesamt vorgestellt. Die programmatische Entfaltung der Bedeutung von Technik und Wissenschaft (ars, litterae) innerhalb des Kriegswesens erfolgt noch deutlich in Anlehnung an gelehrt literarische Überlieferung. Im Prozeß der Verschriftlichung von Kriegstechnik repräsentiert der ‚Bellifortis' somit eine Phase, in der eher der Nicht-Fachmann als der erfahrene Handwerker als Adressat intendiert ist.

Demgegenüber faßt das ‚Feuerwerkbuch' von ca. 1420 mit einer Anleitung zur Salpetergewinnung, Pulverherstellung und Anfertigung verschiedener Feuerwerkskörper zum erstenmal in deutscher Sprache Teile berufsbezogenen praktischen Wissens zusammen, über das ein Fachmann, der Büchsenmeister, verfügen muß. In der Vorrede wird die Entstehung dieser Schrift unter Hinweis auf die zunehmende Wissensvielfalt damit begründet, daß ein Büchsenmeister ohne schriftliche Gedächtnisstütze nicht mehr in der Lage sei, das in der jeweiligen Situation Nützliche auszuwählen und zur Anwendung zu bringen:

> *Der meister sol ouch kônnen schriben vnd lesen wann er kônde anderst die stúcke nit aller bedencken Jn sinem synne die zů diser kúnste gehôrent vnd die Jn disem bůch hienach geschriben stont Es sy mit distillieren mit seperieren mit sublimieren oder mit confortieren vnd manig ander stuck die dartzů gehorent Darumb můß ein Meister der geschrifft konnen wil er anderst ein gůt Meister sin.*²

Verknüpft mit dieser Feststellung, Ausdifferenzierung von Wissen verändere dessen Aneignungsmodalitäten, ist die Forderung nach einem angemessenen Bildungsstandard, nach Lese- und Schreibfähigkeit der Meister.³ Der Handwerker – in diesem Fall der Büchsenmeister –, der seine Fertigkeiten vornehmlich durch nachahmendes Tun, flankiert von mündlichen Erläuterungen eines erfahrenen Meisters, erwirbt und weitergibt, ist auf die Unterstützung durch Schrift angewiesen. Sein Tätigkeitsfeld umfaßt neben

---

¹ Die Handschrift ist in einer Faksimileausgabe zugänglich: Conrad Kyeser aus Eichstätt, Bellifortis, hg. von der Georg-Agricola-Gesellschaft zur Förderung der Geschichte der Naturwissenschaften und der Technik 1: Facsimile der Handschrift Phil. 63 der Niedersächsischen Staats- und Universitätsbibliothek Göttingen, 2: Umschrift und Übersetzung von GÖTZ QUARG, Düsseldorf 1967. VOLKER SCHMIDTCHEN – HANS PETER HILS, Kyeser, Konrad, in: ²VL 5, Sp. 477–484.
² Zitiert nach der Handschrift Heidelberg, UB, Cpg 502, Bl. 5ʳ⁻ᵛ. Vgl. GIESECKE, ‚Volkssprache', S. 58. VOLKER SCHMIDTCHEN, Feuerwerkbuch von 1420, in: ²VL 2, Sp.728–731. Zur Verfasserfrage: DERS., Abraham von Memmingen, in: ²VL 1, Sp. 11f.
³ Vgl. BERT S. HALL, Der Meister sol auch kennen schreiben und lesen: Writings about Technology ca. 1400 – ca. 1600 A.D. and their Cultural Implications, in: Early Technologies, hg. von DENISE SCHEMANDT-BESSERAT (Invited Lectures on the Middle East at the University of Texas at Austin 3) Malibu, Calif. 1979, S. 47–58.

handwerklichen Fertigkeiten eine Reihe verschiedener anderer Disziplinen (z. B. Alchemie), deren Aneignung an Schrift gebunden ist.[4]

Das ‚Feuerwerkbuch' thematisiert den Anspruch auf Lesekompetenz wohl eher als allgemeine Forderung denn als Abbild bestehender Verhältnisse. Und doch faßt es zum erstenmal ein komplexes Fachwissen in überschaubarer Form schriftlich zusammen, legt Grundwissen, das ein jeder Büchsenmeister beherrschen muß, allgemeinverständlich dar. Bildliche und schriftliche Vermittlung im ‚Bellifortis' und im ‚Feuerwerkbuch' zeugen gleichermaßen davon, daß Technik einen gewichtigeren Status im Kriegswesen und zugleich im Lernprozeß der Handwerker und Fachleute erhält.

Eine Schwellenfigur wie Kyeser zeigt an, daß die theoretische Beschäftigung mit der Kriegskunst sich vom bloßen Randinteresse mittelalterlicher Gelehrter hin zu einem berufsspezifischem Wissen emanzipiert und als solches schließlich in die Zuständigkeit von Handwerkern übergeht. Sie ist folglich nicht mehr allein an das gelehrte Latein gebunden, sondern bezieht zunehmend die Volkssprache ein. In der Volkssprache abgefaßt, richtet sich das ‚Feuerwerkbuch' nicht mehr an den Gelehrten, sondern an den Praktiker und umfaßt letztlich alle, die des Lesens mächtig sind. Allmählich kristallisiert sich so das Berufsbild des technischen Kriegsfachmanns heraus. Die Grenzen bislang nebeneinander agierender Kommunikationsgemeinschaften geraten in Bewegung. Für Hof und Stadt, Handwerker und Gelehrte ergibt sich aufgrund neuer Kriegstechniken ein veränderter Bedarf an Information. Schrift greift hier regelnd und normierend ein, sichert die Verständigung über Standes- und Berufsgrenzen hinaus.[5]

Schriften zur Kriegskunst gibt es aber nicht erst seit dem 15. Jahrhundert, sondern seit der frühen Antike.[6] Allerdings war ihr Geltungsbereich ein

---

[4] Indiz dafür, daß einzelne Meister schreiben und lesen konnten, ist eine Notiz aus den Ratsverschreibungen der Stadt Nürnberg, die besagt, daß Hans Widerstein, ein berühmter Büchsenmeister der Reichsstadt, der zeitweise auch in pfälzischen Diensten unter Friedrich dem Siegreichen stand, seine *Künste* in Form eines Briefes schriftlich dem Rat der Stadt mitteilte. Die Notiz bezieht sich auf das Jahr 1449. *Item er* [d. i. Hans Widerstein] *hat ein briefe über sich geben von ettwievil hübscher stück und kunst, mit feuer zu arbeiten; der ligt sub stampno bey den bestellungen. Actum in VI^a. Philippi et Jacobi anno xlviiii°* [1. Mai 1449]. Zitiert nach THEODOR HAMPE, Archivalische Forschungen zur Waffenkunde, in: Zeitschrift für historische Waffenkunde 5, 1911, S. 19–23, hier S. 21.

[5] GIESECKE, ‚Volkssprache', S. 39–70, hier bes. S. 42 zur veränderten Kommunikationsgemeinschaft. Vgl. auch GIESECKE, Sinnenwandel.

[6] Darstellungen zur Technikgeschichte geben darüber ausführlich Auskunft. Stellvertretend: MAURICE DUMAS, Histoire générale des Techniques 1: Les origines de la civilisation technique, Paris 1962. Man denke nur an die Werke des Philon von Byzanz (um 225 v. Chr.), Heron von Alexandrien (1. Jh. n. Chr.) oder des Vitruv (,De architectura' entstand zwischen 31 und 27 v. Chr.). FRIEDRICH KLEMM, Geschichte der Technik. Der Mensch und seine Erfindungen im Bereich des Abendlandes, Reinbek bei Hamburg 1983, S. 21–40 mit ausführlichen Literaturhinweisen S. 192. Signifikante Entwicklungstendenzen des Schrifttums zur Kriegskunst skizziert BERT S. HALL, Production et diffusion de certains traités de technique au Moyen Age, in: Cahiers d'études médiévales 7: Les Arts mécaniques au moyen âge, préparé par G. H. ALLARD – S. LUSIGNAN, Montréal – Paris 1982, S. 147–170, bes. S. 148–157.

anderer als derjenige des ‚Feuerwerkbuches'. Sie blieben entweder an das gelehrte Wissenschaftssystem oder an die institutionellen Herrschaftsträger gebunden, oder aber sie präsentierten sich als hermetische Texte, nur für den entsprechend Vorgebildeten bestimmt.[7] Insgesamt betrachtet, ist die Überlieferung dieses Schrifttums sehr gering und steht in einem krassen Gegensatz – so läßt sich vermuten – zu dem Wissensumfang, über den ein abgeschlossener Kreis von Fachleuten über Generationen verfügte. Das Fehlen von schriftlicher Überlieferung kann zudem als Indiz für den Wert dieses Wissens gedeutet werden, das nur durch Geheimhaltung geschützt werden konnte.[8]

Die nachhaltigste Wirkung erzielten unter allen bekannten Kriegsschriften die ‚Epitoma rei militaris' des Flavius Renatus Vegetius. Ihr Verfasser, ein bis heute nicht genauer einzuordnender *Vir illustris* am mailändischen Kaiserhof, schrieb sie gegen Ende des vierten Jahrhunderts, vermutlich im Auftrag des letzten gesamtrömischen Kaisers Theodosius (383-395 n. Chr.), und bewahrte darin auf, was lateinische Quellen zur Kriegskunst überlieferten. Gleich zu Beginn knüpft Vegetius an die Tradition der um schriftliche Fixierung bemühten Wissenschaften an: *Antiquis temporibus mos fuit bonarum artium studia mandare litteris atque in libros redacta offerre principibus.*[9] Über eigene Erfahrung in der Kriegführung verfügte er nicht. Die ‚Epitoma' bieten *artis bellicae commentarios ex probatissimis auctoribus,*[10] eine Zusammenschau des zuvor schriftlich tradierten Wissens zur Kriegskunst im römischen Imperium. Anleitungen zum Bau der vorgestellten Kriegsmaschinen fehlen ebenso wie detaillierte Beschreibungen

---

[7] Beispielsweise der ‚Tractatus horologii astronomici' (1320) des Richard de Wallingford, der genaue mathematische Berechnungen und Messungen enthält, die nur demjenigen verständlich sein können, der mit der Herstellung astronomischer Uhren vertraut ist. Ohne nähere Erläuterung benutzt Richard eine Fachsprache, die sonst nicht belegte lateinische Bezeichnungen für einzelne Uhrenteile einführt. Der Text ist inkohärent und bleibt auf mündliche Erschließung durch den kompetenten Spezialisten angewiesen. Vgl. HALL (wie Anm. 6) S. 151f.

[8] Besonders in Handschriften alchemistischen Inhalts, der Disziplin, aus der sich die Erfindung des Schießpulvers ableitet, wurde bis ins 15./16. Jahrhundert hinein Wissen durch Geheimschrift vor Unbefugten geschützt. Auch benutzte man für die chemischen Stoffe hieratische Namen. Vgl. dazu EDMUND O. VON LIPPMANN, Entstehung und Ausbreitung der Alchemie, Berlin 1919, S. 325. FRANZ MARIA FELDHAUS, Ruhmesblätter der Technik. Von den Urerfindungen bis zur Gegenwart 2, Leipzig 1926, S. 178f. zur „Rätselschrift" Roger Bacons. Noch in kriegswissenschaftlichen Texten des 15. Jahrhunderts greift man auf Geheimschriften zurück, so beispielsweise in der Münchener Pergament-Handschrift Cod. icon. 242 aus den Jahren 1410–1420. Sie enthält von Giovanni Fontana, ‚Bellicorum instrumentorum" in lateinischer Sprache. Bl. 1 teilt der Schreiber allerdings den Schlüssel zur Auflösung der Geheimschrift mit. Dies zeigt, daß hier für einen vielleicht gehobenen Adressatenkreis, auf den das Pergament verweist, lediglich eine Tradition aufgegriffen wird, die längst ihre Berechtigung verloren hat.

[9] Flavius Renatus Vegetius, Epitoma Rei Militaris. Das gesamte Kriegswesen, von FRITZ WILLE neu übersetzt und kommentiert, lateinisch und deutsch (Wissenschaftliche Reihe Klassiker der Militärgeschichte) Aarau – Frankfurt a. M. – Salzburg 1986, S. 22.

[10] Vegetius (wie Anm. 9) S. 186.

technischer Abläufe oder veranschaulichende Planskizzen. Mitgeteilt werden im wesentlichen bewährte und autorisierte Praktiken und Techniken.[11] Der Gegenstand der ‚Epitoma' ist auch weniger die Technik speziell als die Kriegskunst allgemein: Truppengattungen, Organisation, Ausrüstung, Taktik und Logistik.

Diese spätantike Kriegsschrift wurde das ganze Mittelalter hindurch bis ins 18. Jahrhundert hinein rezipiert,[12] in Volkssprachen übertragen[13] und am Ende des 15. Jahrhunderts in lateinischer und deutscher Sprache gedruckt.[14] Die Rekonstruktion ihrer konkreten Rezeption zeigt, auch wenn sie auf die Interpretation verstreuter Daten angewiesen bleibt, ein breites Spektrum. Dienten einzelne Exzerpte zunächst mehr naturphilosophischen Fragen (Meteorologie, Nautik), so scheint das Werk vor allem in politischen Krisenzeiten als militärischer Ratgeber fungiert zu haben: im 9. Jahrhundert, zur Zeit der Normannenstürme, überreicht Frechulf von Lisieux Karl dem Kahlen eine Abschrift des Vegetius, unter explizitem Hinweis auf den Nutzen, im 12. Jahrhundert führt Richard Löwenherz auf seinen Kriegszügen ein Exemplar im Reisegepäck, schließlich kann im 13. Jahrhundert Aegidius Romanus Vegetius als Leitbild für die politisch-militärische Fürstenerziehung funktionalisieren.[15]

---

[11] Zu den angeführten Autoritäten gehören Sallust, Homer, Cornelius Celsus, Frontinus, Paternus, Cato, Vergil u.a.

[12] Zur Überlieferung bis zum 15. Jahrhundert vgl. CHARLES R. SHRADER, A Handlist of Extant Manuscripts Containing the De Re Militari of Flavius Vegetius Renatus, in: Scriptorium 33, 1979, S. 280–305. JOSETTE A. WISMAN, Flavius Renatus Vegetius, in: Catalogus translationum et commentariorum: Medieval and Renaissance Latin Translations and Commentaries 6, 1986, S. 175–184.

[13] Bereits im 13. Jahrhundert entstand die erste französische Bearbeitung. Vgl. Jean de Meun, Le livre de la chevalerie, hg. von LENA LÖFELSTEDT, Helsinki 1977. Die Übersetzung erfolgte im Auftrag von Jehan, Comte d'Eu. Um 1320 entstand eine weitere Vegetius-Bearbeitung; vgl. Jean de Vignay, Li livres Flave Vegece de la Chose de Chevalerie, von LENA LÖFELSTEDT (Sumalaisen Tiedeakatemian Toimitutesia – Annales Academiae Scientiarum Fennicae B, 214) Helsinki 1982. Eine Untersuchung der verschiedenen volkssprachlichen Fassungen bietet JOSETTE A. WISMAN, L'Epitoma rei militaris de Végèce et sa fortune au Moyen Age, in: Le Moyen Age 85, 1979, S. 13–31.

[14] Der Erstdruck erschien 1473 in Paris, 1475 legte Nikolaus Götz den lateinischen Vegetius zum erstenmal in Deutschland auf, und im selben Jahr druckte vermutlich Johannes Wiener in Augsburg die deutsche Bearbeitung des Ludwig Hohenwang erstmalig. Vgl. ARNOLD C. KLEBS, Incunabula scientifica et medica (Osiris 4) Brügge 1938 (Nachdruck Hildesheim 1963) S. 331f., Nr. 1019f.

[15] FOSTER HALLBERG SHERWOOD, Studies in medieval Uses of Vegetius „Epitoma Rei Militaris", Los Angeles 1980, S. 111–113, 154 (Frechulf von Lisieux: *Quod ideo feci, quia necessarium fore id aestimavi propter frequentissimas barbarorum incursiones*); S. 219–253 (Aegidius Romanus, hier 226. Vgl. Aegidius Romanus, De regimine principum libri III, Faksimile-Ausgabe des Drucks Rom 1556, Frankfurt a.M. 1968, S. 356–360 (Liber III, Pars III, Cap. 18–19). VOLKER SCHMIDTCHEN, Kriegswesen im späten Mittelalter. Technik, Taktik, Theorie, Weinheim 1990, S. 121 (Richard Löwenherz). Schwieriger zu beurteilen sind nach SHERWOOD (S. 281) die Hinweise zeitgenössischer Chroniken über Geoffrey le Bel (Graf von Anjou) und Hugh von Noyers (Bischof von Auxerre), die beide auf Vegetius zu Fragen der Belagerungstechnik und Verteidigung zurückgegriffen haben sollen.

Die Rezeption des Vegetius belegt die normbildende Wirkung, die von diesem Buch für die Verschriftlichung der Kriegskunst ausging. Er gehörte zur Standardausrüstung von Fürstenbibliotheken[16] und als ‚L'Art de la Chevalerie' oder ‚Vier Bücher der Ritterschaft' liegt er auch in französischer bzw. deutscher Bearbeitung vor. Die Rezeption bleibt aber von neuen Schriften zur Kriegskunst, die während des 14./15. Jahrhunderts in Deutschland, Frankreich, Italien und England entstehen, weitgehend unbeeinflußt. Sie repräsentiert aber einen Überlieferungsstrang, der zu den hier behandelten Schriften stets parallel anzusetzen ist.

Das kriegstechnische Wissen des Mittelalters ist offensichtlich nicht aufgezeichnet worden, so daß entsprechende Schriften erst aus dem Spätmittelalter vorliegen. Das ist außer durch Erfordernisse der Geheimhaltung wohl auch durch die Schwierigkeit bedingt, technisches Wissen in Schrift umzusetzen. Die Koordination komplexer Prozesse blieb der mündlichen bzw. praktischen Kommunikation vorbehalten. Schrift erfüllt hier noch keine Funktion. Zu unterscheiden sind Informationen, die zum eigenen Gebrauch notiert werden und solche, die auf fremde Adressaten zielen. Schrift als Stütze der Erinnerung und Schrift als kommunikatives, anleitendes Mittel erfüllen dabei jeweils unterschiedliche Funktionen. So hat Hall darauf hingewiesen, daß – um ein frühes Beispiel aus einem anderen technischen Bereich zu nehmen – die Anleitungen zur Farbherstellung in den ‚Schedulae' des Theophilus Presbyter lediglich als Ergebnis eigener Erfahrungen formuliert sind, ihr Verständnis mithin eigene Erfahrung weiterhin voraussetzt.[17]

Neben diese erinnerungsstützende Funktion von Schrift tritt im Spätmittelalter in den Handwerken zunehmend die kommunikative. Komplexe Lernprozesse werden durch Verschriftlichung segmentiert, normiert und beschleunigt. Über diese Entwicklung gibt auch das ‚Feuerwerkbuch' Aufschluß mit seinen Anweisungen zur Lesekompetenz und seiner gegliederten Darstellung technischer Prozesse.

Kriegskundliche Schriften aus dem Umkreis des Heidelberger Hofes

Am spätmittelalterlichen Hof werden neben der spätantiken Überlieferung unterschiedliche Schriften zur Kriegskunst rezipiert und angeregt. So auch in Heidelberg. Hier lassen sich folgende Typen nachweisen: der Vegetius, der für den gelehrten Umgang mit Kriegskunst steht, der ‚Bellifortis', der erstmals in deutschsprachigem Raum aktuelles Wissen zum Krieg bietet

---

[16] Über die Vegetius-Handschriften der Palatina vgl. den nachfolgenden Katalog.
[17] Theophilus Presbyter, Schedula diversarium artium, hg. von ALBERT ILG, Wien 1874. HALL (wie Anm. 6) S. 154f. beschreibt die Schwierigkeiten, die sich zur Zeit des Theophilus demjenigen boten, der versuchte, empirisches Wissen in Schrift umzusetzen. Zum Begriff ‚Schedula' vgl. den Beitrag von JAN-DIRK MÜLLER zu Hans Leckücher in diesem Band, S. 5f. (Ms.)

und auch den Laien in der Kriegstechnik als Adressat miteinbezieht, aber noch lateinisch geschrieben ist, das ‚Feuerwerkbuch‘, in dem zum erstenmal in der Volkssprache Fachwissen allgemeinverständlich verschriftlicht und an Fachkollegen wie an Laien gleichermaßen weitervermittelt wird. Weiterhin das sogenannte ‚Büchsenmeisterbuch‘, ein Konglomerat aus Teilen der genannten Schriften (‚Bellifortis‘, ‚Feuerwerkbuch‘), angereichert mit Erfahrungswissen einzelner Büchsenmeister, sowie die nur aus bildlichen Darstellungen bestehende Handschrift, die der pfälzische Büchsenmeister Philipp Mönch anfertigte. Schließlich die Lehrschrift des pfälzischen Büchsenmeisters Martin Merz, in der er ausgehend von seinen einschlägigen Erfahrungen vornehmlich in Diensten Kurfürst Friedrichs I. die Ballistik auf eine mathematische Grundlage stellt – alle diese Schriften sind in unterschiedlicher Einrichtung aus dem Umkreis des Heidelberger Hofes überliefert. Hinzu tritt ein Zeughausinventar aus Landshut oder das sogenannte ‚Reisbuch‘, das belegt, daß die veränderte Kriegstechnik nun in immer mehr Bereichen Schriftlichkeit fordert.[18]

Folgende Handschriften kriegskundlichen Inhalts werden heute noch in der Heidelberger Universitätsbibliothek und unter den ehemals pfälzischen Beständen der Vaticana in Rom aufbewahrt[19]:

A. VEGETIUS-HANDSCHRIFTEN

1. **Cpl 909.** **Italien. 10. Jahrhundert. 360 Bll. Pergament.**
   Besitzer: Kloster Corvey.[20]
   306^r-359^v Vegetius, ‚Epitoma rei militaris‘

2. **Cpl 1571.** **Deutschland. 12. Jahrhundert. 50 Bll. Pergament.**
   Besitzer: Kurfürst Friedrich IV.[21]
   1^r – 36^r Vegetius, ‚Epitoma rei militaris‘

---

[18] Karlsruhe, GLA, Kopialbuch 67/873. Papier. 157 Bll. 1504. Inhalt: Das Reißbuch anno etc. XVc quarto. Kriegsanstellung vnd absagung in der Beierischen vhede anno 1504. Karlsruhe, GLA, Kopialbuch 67/907, 67/920, 67/922, 67/923. Bestallungsurkunden aus der Regierungszeit Friedrichs des Siegreichen und Philipps des Aufrichtigen.

[19] Aufgelistet werden hier ausschließlich Texte, die in Heidelberger Bibliotheken überliefert sind, aber nicht alle, die sich an Personen des Hofes anbinden lassen, wie etwa der an König Ruprecht adressierte Göttinger ‚Bellifortis‘-Codex Ms. philos. 63 Cim. Vgl. BACKES, Das literarische Leben, S. 101f. Es läßt sich nicht mit Bestimmtheit feststellen, ob alle hier genannten Handschriften bereits im 15. Jahrhundert zur Fürstenbibliothek gehörten. Allerdings bestätigt die große Zahl von Handschriften mit kriegskundlichen Texten, die der Anfang des 16. Jahrhunderts angelegte Bibliothekskatalog verzeichnet, ein anhaltendes Interesse des Hofes an diesen Werken. Vgl. Bücherverzeichnis von 1610 der Schloßbibliothek Friedrichs V., Heidelberg, UB, Cpg 809, Bl. 131^v-132^r. Nur eine der sehr allgemein gehaltenen Angaben (z. B. *Ein Krigs buch vff Papier geschrieben in rott leder vergüld, Krigsbuch vff pergament geschrieben*) läßt sich identifizieren: Bei dem *Streitbuch von vielen gezeug vff papier geschrieben* handelt es sich um den Cpl 1994, der den gleichlautenden Eintrag auf Bl. 1^r aufweist.

[20] Vgl. PELLEGRIN, Manuscrits, S. 83f. SHRADER (wie Anm. 12) Nr. 195.

[21] Vgl. PELLEGRIN, Manuscrits, S. 228f. SHRADER (wie Anm. 12) Nr. 198.

3. **Cpl 1572.** **Frankreich. 9. Jahrhundert. 86 Bll. Pergament.**
Besitzer unbekannt.[22]
1^r – 86^v Vegetius, ‚Epitoma rei militaris'

4. **Cpl 1573.** **Deutschland. 12. Jahrhundert. 118 Bll. Pergament.**
Besitzer: Kartause vom Beatusberg (Koblenz).[23]
1^v – 52^v Vegetius, ‚Epitoma rei militaris'

B. ABSCHRIFTEN DES ‚BELLIFORTIS'

1. **Cpg 787.** **Rheinfränkisch(?). 1430-1489. 106 Bll. Papier.**
Besitzer und Herkunft unbekannt.[24]

Schreiber-Einträge:
1^r *In gottes namen Amen In dem jar als man schreyb vyer hundert iar vnd dar nach in dem dryßygen iar wart ane gehaben diß buch zuschriben.*

2^r – 26^r Feuerwerkbuch (nach zwei Vorlagen)
27^r *Do man schrib in dem Jar dusent vnd in dem 89 iar wart diß geschriben. Henchin Stembbel bussen meister zu wormß hat myrß geben*
27^v – 30^r Abhandlung über den Quadranten
30^v Pulverrezept
31^r – 33^v Anleitung zum Schießen
34^r – 45^r Feuerwerkbuch (spätere Abschrift)
46^r–106^r Konrad Kyeser: Bellifortis (46 Abb.)

2. **Cpl 1888.** **Süddeutschland. 15. Jahrhundert. 363 Bll. Papier.**
Besitzer und Herkunft unbekannt.[25]
1^r–108^r Bildkatalog ohne Textbeschriften[26]
108^v – 363^r Konrad Kyeser: Bellifortis

3. **Cpl 1889.** **Bilder 15. Jahrhundert, Texte Anf. 16. Jahrhundert.[27] 114 Bll. Papier.**
Besitzer und Herkunft unbekannt.

---

[22] Vgl. Pellegrin, Manuscrits, S. 229f. Shrader (wie Anm. 12) Nr. 199.
[23] Vgl. Pellegrin, Manuscrits, S. 230–232. Shrader (wie Anm. 12) Nr. 200.
[24] Vgl. Wilken, Geschichte, S. 534; Jacob Wille, Die Deutschen Pfälzer Handschriften des XVI. und XVII. Jahrhunderts der Universitäts-Bibliothek in Heidelberg (Katalog der Handschriften der Universitätsbibliothek in Heidelberg 2) Heidelberg 1903, S. 115; Bert S. Hall, The technological illustrations of the socalled ‚Anonymous of the Hussite Wars'. Codex Latinus Monacensis 197, Part 1, Wiesbaden 1979, S. 125.
[25] Vgl. die ausführliche Beschreibung der Handschrift von Saxl, Verzeichnis, S. 42f.
[26] Dieser Bildkatalog ist bislang noch nicht identifiziert worden. Vergleichbare Abbildungen finden sich im sogenannten Ingenieur-, Kunst- und Wunderbuch, das die Zentralbibliothek in Weimar unter der Signatur Cod. 2° 328 aufbewahrt. Vgl. Volker Schmidtchen, ‚Ingenieur-, Kunst- und Wunderbuch', in: ^{2}VL 4, Sp. 380f.
[27] Vgl. Schmidtchen (wie Anm. 15) S. 25; Schmidtchen (S. 310) datiert die Handschrift auf „um 1450".

1ʳ – 93ʳ		Konrad Kyeser: Bellifortis
94ʳ–106ᵛ		Feuerwerkbuch

4. Cpl 1986. **Süddeutschland. 15. Jahrhundert. 196 Bll. Papier.**
Besitzer: Bernhart Vener laut Besitzeintrag Bl.2ʳ.[28]
1ʳ–196ʳ   Konrad Kyeser: Bellifortis

5. Cpl 1994. **Böhmen. 1. Drittel d. 15.Jahrhunderts. 157 Bll. Papier.**
Besitzer und Herkunft unbekannt.[29]
1ʳ–157ʳ   Konrad Kyeser: Bellifortis

C. ABSCHRIFTEN DES FEUERWERKBUCHES

1. Cpg 122.   **Bairisch. 15. Jahrhundert. 46 Bl. Papier.** Eng verwandt mit der folgenden Abschrift.[30] Besitzer und Herkunft unbekannt.
1ʳ – 46ʳ   Feuerwerkbuch

2. Cpg 502.   **Bairisch Augsburg (?) 2.H.d.15.Jahrhunderts. 57 Bll. + 57 leere Bll. Papier.** Bl. 1ʳ Besitzeintrag: *D.C.A. Io. B. dvx*, d. i. Johann von Mosbach, Dompropst von Augsburg († 1486), Neffe Kurfürst Friedrichs I.[31]

1ʳ – 42ᵛ	Feuerwerkbuch
42ʳ – 45ᵛ	Register zum Feuerwerkbuch
	51 ungezählte leere Blätter
46ʳ – 57ᵛ	Meister Albrants Roßarznei

3. Cpg 562.   **Bairisch-ostfränkisch.[32] 1485-1500. 52 Bll. Papier.**
Besitzer und Herkunft unbekannt.

1ʳ–12ᵛ	Hans Schermer: Über den Basteienbau, anschließend Feuerwerkrezepte
13ʳ – 52ʳ	Verschiedene technische Rezepte, darunter Teile aus dem Feuerwerkbuch

---

[28] Vgl. Saxl, Verzeichnis, S. 43f. Zu Bernhart Vener vgl. Hermann Heimpel, Die Vener von Gmünd und Straßburg 1162-1447, Göttingen 1982, S. 264f.

[29] Vgl. Bibliotheca Palatina, S. 325. Ein späterer Benutzer hat den Text mit volkssprachlichen Glossen in südrheinfränkischer Mundart versehen. Bl. 2ᵛ ist eine längere Anmerkung von derselben Hand zu Saturn eingetragen. Er wird als Gründer der Stadt Rom und Zivilisationsbringer für die abendländische Welt vorgestellt.

[30] Vgl. Bartsch, Handschriften, S. 33, Nr. 77.

[31] Vgl. Bartsch, Handschriften, S. 146, Nr. 263; Hall (wie Anm. 24) S. 125. Zum Buchbesitz des Johann von Mosbach, der vermutlich zusammen mit dem übrigen Erbe nach Erlöschen der Mosbacher Linie dem Heidelberger Hof zufiel, vgl. Schuba, Handschriften, S. XXXIV.

[32] Datierung und Mundartbestimmung von Christa Hagenmeyer, Kriegswissenschaftliche Texte des ausgehenden 15. Jahrhunderts, in: Leuvense Bijdragen 56, 1967, S. 169-197. Vgl. Wille (wie Anm. 24) S. 79 und Hall (wie Anm. 24) S. 125.

4. Cpg 585.		**Rheinfränkisch. 15. Jahrhundert. 38 Bll. Papier.** Besitzer und Herkunft unbekannt.³³
	1ʳ – 38ʳ	Feuerwerkbuch
5. Cpg 787:		**siehe B,1.**

D. ANDERE TEXTE ZUR KRIEGSKUNST

1. Cpg 126. **Heidelberg. 1496. 44 Bll. Papier. Bildhandschrift des pfälzischen Büchsenmeisters Philipp Mönch.**³⁴

1ᵛ Spruchband: *Dys büch der streyt und büchßen ward gemacht jn der Vaßnacht als man zalt von cristus geburt 1496 jar dar uff söllen die buchßenmeister haben groß acht fer war* Darunter: *g. f. z. b. f. m.*³⁵

2ʳ – 44ʳ 66 ganzseitige Abbildungen von Kriegsgerätschaften

40ʳ Familiennotizen Philipp Mönchs die Jahre 1477 und 1478 betreffend

2. Cpg 130. **Landshut.**³⁶ **1485. 62 Bll. Papier.** Zeughausinventar des Zeughauses zu Landshut, angelegt von Ulrich Beßnitzer. Abbildungen mit knappen Beischriften.

Bildcodex und mathematische Abhandlung

Auf welch unterschiedliche Rezeptionsweisen militärtechnische Schriften für den Hof angelegt waren, sei an zwei späten Heidelberger Beispielen aus dem Ende des 15. Jahrhunderts exemplarisch dargestellt. Ausschließlich Bilder enthält der großformatige Bildcodex, den 1496 der pfälzische Büchsenmeister Philipp Mönch wohl für seinen Dienstherren, Kurfürst Philipp den Aufrichtigen, anlegte.³⁷ Er bietet einen Querschnitt durch die Kriegs-

---

[33] Vgl. BARTSCH, Handschriften, S. 156, Nr. 286.

[34] Vgl. BARTSCH, Handschriften, S. 33, Nr. 78; WEGENER, Verzeichnis, S. 99–101; HALL (wie Anm. 24) S. 23 u. S. 124; VOLKER SCHMIDTCHEN, Mönch, Philipp, in: ²VL 6, Sp. 656–658. MITTLER – WERNER, Mit der Zeit, S. 138. Die Handschrift wird mit einem Widmungsbild eröffnet, dessen Gestaltung FROMMBERGER-WEBER, Buchmalerei, S. 125 mit dem Widmungsblatt der ‚Kinder von Limburg' von Johann von Soest (Cpg 430) in Verbindung bringt. WEGENER, S. 101 schreibt die Bilder Philipp Mönch zu und vermutet, daß er eine Vorlage „aus dem Kreise des Hausbuchmeisters oder von diesem selbst" für das Widmungsbild Bl. 1ᵛ zur Verfügung hatte.

[35] Die beiden letzten Initialen *f. m.* mögen als Philipp Mönch aufgelöst werden, doch bleiben die übrigen unklar.

[36] Die Datierung ist der Aufschrift auf dem Geschützrohr Bl. 1ʳ entnommen: *in herschuter art / raht ich wider pardt / hüet dich drüf / ich dich so prych / ich dich 1485*. Aus welchem Anlaß die Handschrift nach Heidelberg gelangte, ist nicht bekannt. Vielleicht war sie ein Geschenk Herzog Georgs von Bayern-Landshut an den Schwiegersohn Philipp und seine Tochter Margarethe. Vgl. WILKEN, Geschichte, S. 354; WILLE (wie Anm. 24) S. 18; WEGENER, Verzeichnis, S. 98f.; MITTLER – WERNER, Mit der Zeit, S. 134.

[37] Eine dem Cpg 126 sehr ähnliche Handschrift wird in Vaduz, Liechtensteinische Fürstenbibliothek, Ms. 5-3-46 aufbewahrt. PAUL OSKAR KRISTELLER, Iter IV, 1989, S. 316, hat sie unter

kunst in Bildern. Dabei rekurriert Mönch einerseits auf Althergebrachtes, bildet beispielsweise eine Blide in der Manier des ‚Bellifortis' ab,[38] nimmt Anleihe bei den italienischen Kriegsingenieuren Roberto Valturio und Mariano Taccola[39] und gibt auch modernes Kriegsgerät wieder wie Geschützrohre, Pulvermühlen, Hebekräne und eine Wagenburg.[40] Streckenweise hat dieses Buch Inventarcharakter, dort nämlich, wo bestimmte Geschütztypen der Reihe nach vorgeführt werden.[41] Andererseits sind die Gerätschaften durch das Eröffnungs- und Schlußbild (Bl. 2^v und 42^v-43^r) in einen Zusammenhang gestellt, der auf einen realen oder fiktiven Aufmarsch kurpfälzischer Truppen Bezug nimmt.[42] Als reiner Bildcodex bietet er überwiegend Zeichnungen unterschiedlichster technischer Geräte, ohne diesen Anleitungen zur Herstellung oder Anwendung an die Seite zu stellen.

Vergleichbar in der technischen Ausrichtung, aber von einem anders gelagerten Vermittlungsanspruch ist die Lehrschrift des pfälzischen Büchsenmeisters Martin Merz. Der aus Amberg stammende Verfasser zählt zu den namhaften Büchsenmeistern seiner Zeit und stand lange in den Diensten der pfälzischen Kurfürsten Friedrich der Siegreiche und Philipp der Aufrichtige.[43] In seinem um 1472 entstandenen Werk unternimmt Merz

---

der Bezeichnung „Artillerie-Traktat" erwähnt. Tatsächlich enthält der Codex jedoch nur Bilder. Er umfaßt 45, Cpg 126 dagegen 44 großformatige Blätter und enthält kolorierte Federzeichnungen, die in Linienführung und Gestaltung denjenigen des Philipp Mönch ähnlich sind. Der Liechtensteinische Codex ist laut Geschützinschrift auf Bl. 5^r 1479 entstanden. Er gehörte offensichtlich einem bayerischen Adligen, denn das Geschützrohr auf Bl. 5^r ist mit den bayerischen Rauten geschmückt. Diese Informationen entnehmen wir Kopien der Handschrift, die uns Frau Dr. Evelin Oberhammer (Hausarchiv der Fürsten von Liechtenstein) freundlicherweise zukommen ließ. Das Verhältnis des Liechtensteinischen Bildcodex zum Cpg 126 bedarf genauerer Untersuchung, zumal die biographischen Notizen Philipp Mönchs aus den 70er Jahren an die Entstehungszeit des Liechtensteiner Codex heranreichen.

[38] Cpg 126, Bl. 30^r-31^r.
[39] Vgl. ERLA RODALIEWICZ, The editio princeps of Roberto Valturio's ‚De re militari' in relation to the Dresden and Munich manuscripts, in: Maso Finiguerra 5, 1940, S. 15-82; sowie Mariano Taccola, De rebus militaribus, hg. von EBERHARD KNOBLOCH (Saecvla spiritalia 11) Baden-Baden 1984.
[40] Cpg 126, Bl. 2^v, 3^r-4^r, 8^v, 9^r, 13^v-16^r, 17^r.
[41] Cpg 126, Bl. 22^v-26^v.
[42] Auffällig sind auf Bl. 40^r die Notizen zur Familiengeschichte Philipp Mönchs aus den Jahren 1477/78.
[43] Vgl. VOLKER SCHMIDTCHEN, Bombarden, Befestigungen, Büchsenmeister. Von den ersten Mauerbrechern des Spätmittelalters zur Belagerungsartillerie der Renaissance. Eine Studie zur Entwicklung der Militärtechnik, Düsseldorf 1977, S. 182f. DERS., Martin Merz, in: ^{2}VL 6, Sp. 442f. Merz wird als bedeutendste Büchsenmeister des 15. Jahrhunderts genannt. Er starb 1501 in der Oberpfalz. Das Epitaph seines Grabsteines in der Pfarrkirche zu Amberg lobt ihn als *in der kunst mathematica, buchssenschiessens vor andern berumbt, der seyn hercz und wergk allweg zu aufnemen der Pfalcz vor andere Fürstenthumb bis an seyn end geseczt und getrewlich gedynet.* Zitiert nach EDUARD ACHILLES GESSLER, Merz (Mercz), Martin, in: VL 3, 1943, Sp. 368-370, hier Sp. 369. - In den Archivbeständen des SA Amberg befindet sich das Register des verschollenen Heidelberger Amtsbuches II, aus dem hervorgeht, daß Martin Merz im Dienst beider Heidelberger Kurfürsten stand. Aus den Jahren 1478 und 1488 sind Bestallungsurkunden erwähnt. Für diese Angaben danken wir Dr. Ellen Widder (SFB 231, Projekt F1).

den Versuch, mathematische Probleme der Büchsenmeisterkunst schriftlich zu fassen.[44] Bezugnehmend auf die Auseinandersetzungen zwischen Friedrich dem Siegreichen und dem Elsaß im sogenannten Weißenburger Krieg (1471/72) verfaßt er eine

> bewerte warhaffte kunst die aus püxsen zu schiessen ffast enttlich wol dient [...]
> Vnd ich Marte Mërcz jn den nachgeschriben zwaien jaren Nach xpi gepurt tausent vierhundert vnd jn dem lxx cnd lxxj jarn Vor den hienach geschriben besëssen drei hundert vnd xxvij tunnen puluer auß grossen wergk selbst verschossen solhe da vor geschribne kunst mit ganczen fleiß gemustert vnd durch grünt hab vor den hienach geschriben besëßen vnd damit all benött vnd begëben worden zu poxpergk / Schüpff / Strolenberg / Grießheim / Arnsheim Loßwachnam / Ruprëchßeck / Statwachnam / pockenheim bayde / vlem / lamßheim / Türkem etc. Vnd ee vor vil mer solhe kunst vberal jn mir selbst gemustert hab vnd mir gancz aigenschafft geben hat / des sei nu got ain leczsen gelobt. amen / amen. amen.[45]

Gegenstand der Schrift ist ein Problem der Ballistik: Wie erreicht man die größtmögliche Zielgenauigkeit. Ein Spezialproblem wird isoliert und mittels mathematisch-geometrischer Betrachtung differenziert. Gegenüber Mönchs Bildcodex gibt Merz hier schriftliche Anleitungen verbunden mit schematischen Darstellungen. Diese Lehrschrift richtet sich an den erfahrenen Büchsenmeister, der über sein kriegstechnisches Können hinaus bereits über Grundkenntnisse der euklidischen Geometrie verfügen muß.

Die Schrift ist nur in einer einzigen Handschrift erhalten,[46] und soweit bekannt, gingen die Überlegungen von Merz auch nicht in die später angelegten, z.T. sehr umfangreichen Büchsenmeisterbücher ein. Vereinzelt nehmen allerdings zeitgenössische Büchsenmeister auf das hervorragende

---

[44] Die neuartige Verbindung von Theorie und Praxis, die am Ende des 15. Jahrhunderts auf dem Gebiete der Kriegskunst noch sehr zögerlich einen schriftlichen Ausdruck findet, ermöglicht schließlich im Laufe des 16. Jahrhunderts Innovationen, die „sich mit einer umfassenderen Pragmatisierung der Erkenntnisinteressen [verbinden], die die spezifische Bindung der Erneuerungen an die Dignität des Altertums ersetzt durch eine in allen Bereichen mögliche Ausrichtung der Wissenerweiterung am Nutzen für das Handeln". Vgl. WOLFGANG KROHN, Die Verschiedenheit der Technik und die Einheit der Techniksoziologie, in: Technik als sozialer Prozeß, hg. von PETER WEINGART, Frankfurt a. M. 1989, S. 15–43, hier S. 26.
[45] München, BSB, Cgm 599, Bl. 66ʳ/95ᵛ. – Michel Beheim erwähnt in seiner ‚Pfälzischen Reimchronik' (als hervorragenden Büchsenmeister) den *kunstrichen meister Martin* und zwar in der Episode, *Wie der pfaltzgraf Turkam gewan*, der mit dem *houptstuck tett einn schuss / daz kopff vnd arm vfstuben / gen hymel*. Vgl. Michel Beheim, Reimchronik, in: HOFMANN, Quellen 2, S. 251f., Str. 1450.
[46] München, BSB, Cgm 599 überliefert sie zusammen mit einer Abschrift des ‚Feuerwerkbuches' und Illustrationen, die z.T. dem ‚Bellifortis' entnommen sind. Vgl. SCHNEIDER, Handschriften V,4, S. 225f. Die Handschrift besteht aus zwei Teilen, die erst nachträglich miteinander verbunden wurden. Der zweite Teil, Bl. 63ʳ–101ᵛ, ist in ostfränkischer Mundart geschrieben und wurde am 1. Februar 1473 abgeschlossen (Kolophon Bl. 101ᵛ). Eine zweite Handschrift aus dem Jahre 1472, die zu den Beständen der Liechtensteinischen Fürstenbibliothek in Vaduz gehörte (Ms. 3, Teil II), ist nach Auskunft von Evelin Oberhammer heute verschollen.

Können des Martin Merz Bezug: *Item als du das müster sichst / also hat es gehabt meister mertin vor Schüpff vnd poxperg.*⁴⁷

An zwei Beispielen, dem ‚Bellifortis' und dem ‚Feuerwerkbuch', die beide mit dem Heidelberger Hof verbunden sind, wird im folgenden nach den Gebrauchsmöglichkeiten von Schriften zur Kriegskunst gefragt.

II. ‚Bellifortis'

Adressat – Autor – Wissenshorizont

Konrad Kyeser, „der früheste uns namentlich bekannte Verfasser einer militärwissenschaftlichen Bilder[handschrift] des späten [Mittelalters] in Deutschland",⁴⁸ widmete seine ‚Bellifortis' genannte Schrift dem deutschen König Ruprecht I. (1400-1410), zugleich seit 1398 Kurfürst von der Pfalz.⁴⁹ Ihren Namen erhielt sie vermutlich in Anlehnung an Hebräerbrief 11,34 *fortes [...] in bello.*⁵⁰ In der umfangreichen Überlieferungsgeschichte des ‚Bellifortis' nimmt diese Handschrift aufgrund ihrer aufwendigen Ausstattung eine Sonderstellung ein. Sie scheint nicht von vornherein auf den pfälzischen Kurfürsten hin angelegt zu sein, sondern wurde offenbar erst nachträglich für ihn als deutschen König eingerichtet. Sie vertritt am deutlichsten eine Version des Textes, die über die Anforderungen eines technischen Fachbuches hinausreicht.

Der ‚Bellifortis' ist in zahlreichen in Textumfang und -einrichtung voneinander abweichenden Fassungen aus dem 15. Jahrhundert überliefert, deren Verhältnis zueinander bislang nicht genau untersucht wurde. Eine frühe Überlieferungsstufe vertritt eine Zehn-Kapitel-Fassung. Hierzu zählt der erwähnte, an Ruprecht adressierte Prachtcodex Ms. philos. 63 Cim der Göttinger Staats- und Universitätsbibliothek sowie der Göttinger Codex Ms. philos. 64a Cim.⁵¹ Eine dritte Handschrift, der Innsbrucker Codex des

---

⁴⁷ München, BSB, Cgm 356, S. 64. Vgl. SCHNEIDER, Handschriften V,3, S. 46–48.
⁴⁸ SCHMIDTCHEN – HILS (wie Anm. 1) Sp. 477–484, 477.
⁴⁹ Göttingen, Niedersächsische Staats- und Universitätsbibliothek, Ms. philos. 63 Cim. Zitiert wird im folgenden nach dem Faksimile (= Ms. 63) wegen zahlreicher Lesefehler in QUARGS Transkription. Vgl. dazu HERMANN HEIMPELS ausführliche Besprechung mit vielen Korrekturen von Lese- und Übersetzungsfehlern, in: Göttingische Gelehrte Anzeigen 223, 1971, S. 115-148. Vgl. auch: LYNN WHITE, Kyeser's ‚Bellifortis': The first technological treatise of the fifteenth century, in: Technology and Culture 10, 1969, S. 436–441. Zu Kyeser: S. J. VON ROMOCKI, Geschichte der Explosivstoffe 1, Berlin 1895, S. 133–178; MARCELLIN BERTHELOT, Histoire des Machines de Guerre et des Arts mécaniques au Moyen Age, in: Annales de Chimie et de Physique 19, 1900, S. 289–420. CARL VON KLINCKOWSTROEM, Konrad Kyeser, in: Waldenburger Schriften 8, 1928, S. 115–121; FRIEDRICH KLEMM, Technik. Eine Geschichte ihrer Probleme (Orbis Academicus 2,5) Freiburg – München 1954, S. 88–91.
⁵⁰ HEIMPEL (wie Anm. 49) S. 120.
⁵¹ Die bis heute von der Forschung noch nicht berücksichtigte Papierhandschrift (künftig Ms. 64a) wurde 1972 von der Staats- und Universitätsbibliothek Göttingen erworben. Eine

Tiroler Landesmuseums Ferdinandeum Hs. FB 32009 stellt lediglich eine Abschrift vom Göttinger Codex Ms. philos. 63 dar. Daneben gibt es eine Fassung mit sieben Kapiteln, der Überlieferungsträger unterschiedlicher Einrichtung zuzurechnen sind, und eine Vielzahl von Mischredaktionen. Das Überlieferungsverhältnis der verschiedenen Fassungen ist kompliziert und bedarf genauerer Untersuchung. Die inhaltlichen und zeitlichen Abhängigkeiten sind nur schwer bestimmbar, doch erscheint Quargs Auffassung zweifelhaft, eine dritte Göttinger Handschrift, der Codex Ms. 64, sei die Urfassung.[52] Von der Zehn-Kapitel-Fassung wurde nur der Ruprecht-Codex in redigierter Form kopiert.[53] Die stärkste Wirkungsgeschichte besitzt die Sieben-Kapitel-Fassung, die in zahlreichen Redaktionen über das ganze 15. Jahrhundert überliefert ist.[54] Darüber hinaus wurde der ‚Bellifortis' als Steinbruch für zahlreiche kriegswissenschaftliche Schriften ausgebeutet.

Die beiden Hauptfassungen enthalten im Wesentlichen den gleichen Materialbestand in unterschiedlicher Gliederung. Der Sieben-Kapitel-Fassung liegt noch erkennbar die Einteilung in vier Arten von Krieg zugrunde (Feldschlacht, Belagerung, Verteidigung, Seekrieg), wie sie Aegidius Romanus[55] im Anschluß an Vegetius systematisiert. Dieser Einteilung folgen die

---

ausführliche Beschreibung der Handschrift existiert nicht. Eine kurze Darstellung gibt REINER DIECKHOFF in: Die Parler und der Schöne Stil 1350–1400. Europäische Kunst unter den Luxemburgern 3, hg. v. ANTON LEGNER, Köln 1978, S. 108. Darüber hinausgehende Angaben beruhen auf Autopsie. Die Handschrift umfaßt 159 Blätter, von denen insgesamt 45 leer geblieben sind. Sie ist zweispaltig beschrieben. Aufgrund des Wasserzeichens (BRIQUET 4050) datiert der Versteigerungskatalog von 1972 sie zwischen 1405 und 1410, in: Bibliotheca Philippica. Medieval Manuscripts: New Series: Seventh Part. Catalogue of Manuscripts on Vellum, Paper and Linen of the 3rd century B.C. to the 17th century A.D. from the celebrated collection formed by Sir Thomas Philipps (1792–1872). Day of Sale: Tuesday, 21st November 1972 at 11 o'clock by Sothebys & Co. New York 1972, S. 57–60.

[52] QUARG (wie Anm. 1) sah in der Göttinger Handschrift Ms. philos. 64, die die Sieben-Kapitel-Fassung enthält, den „offenbar erste⟨n⟩ Entwurf" (S. XVI), dem die Heidelberger Handschrift Cpg 787 nahestehe. Als kaum hinreichende Gründe führt er den Entwurfcharakter der Bilder, zahlreiche nachträgliche Fehlerkorrekturen und Übertragungsmißverständnisse an, die der Pergamentcodex nicht besitzt (S. XXV–XXIX). Sie lassen sich auch als Folgen einer später korrigierten Abschrift begreifen. Die im folgenden beschriebene Gliederung läßt beide Möglichkeiten zu. Die Zehn-Kapitel-Fassung könnte durch weitere Untergliederung der Sieben-Kapitel-Fassung entstanden sein, letztere aber auch als Konzentration der ersteren. Früher datiert und näher am Entstehungsanlaß ist die Zehn-Kapitel-Fassung.

[53] Nach QUARG (wie Anm. 1) 2, S. XXXIIf. überliefert nur die Innsbrucker Handschrift der Bibliothek des Tiroler Landesmuseums – Ferdinandeum, FB 32009 – die Rahmentexte der Ruprecht-Fassung, während der Abbildungsteil mit Material aus anderen Quellen angereichert ist. Vgl. auch PAUL OSKAR KRISTELLER, Iter III, 1983, S. 18.

[54] QUARG (wie Anm. 1) 2, S. XXXf. listet außer dem Göttinger Pergamentcodex 16 Handschriften auf, SCHMIDTCHEN – HILS (wie Anm. 1) Sp. 481 bereits 24. Zu ergänzen sind diese durch die beiden (ehemals) Heidelberger Codices Cpl 1986 und 1994. Eine weitere Handschrift wird beschrieben in: Leuchtendes Mittelalter, Katalog XXV Antiquariat Heribert Tentschert, 1990, S. 186–222. Vgl. Zeitschrift für Bücherfreunde NF 1911, S. 41.

[55] *Videntur omnia bella ad quatuor genera reduci. videlicet ad campestre, obsessiuum, defensiuum, et nauale.* Aegidius Romanus, ‚De regimine principum' (wie Anm. 15) III, 3, cap. 16.

ersten fünf Kapitel. Es sind fünf, weil die Belagerungsrubrik auf zwei Kapitel verteilt wird. An diese lagern sich mit Feuerwaffen und verschiedenen Inventionen, die auch außerhalb des Krieges Verwendung finden können, zwei weitere Kapitel an. So ergibt sich folgende Kapitelordnung: Angriffswaffen für den Bodenkrieg (1), Belagerungswaffen (2), Steigtechniken (3), Verteidigungswaffen (4), Wassertechniken (5), Pyrotechnik (6) und verschiedene technische Erfindungen (7).

Vor allem durch eine andere Ordnung des Gesamtstoffes und durch zahlreiche hinzugefügte Feuerrezepte zeichnet sich demgegenüber die Zehn-Kapitel-Fassung aus. Der Abschnitt über die Wassertechniken rückt hier an die 3. Stelle. Zudem ist das 4. Kapitel der Siebener-Fassung (Verteidigung, jetzt an 5. Stelle) in zwei Kapitel aufgeteilt (jetzt 5 u. 6), das 6. Kapitel (Pyrotechnik) in drei (jetzt 7-9). Gegenüber der Siebenkapitel-Fassung ergibt sich somit folgende Ordnung: Angriffswaffen für den Bodenkrieg (1), Belagerungswaffen (2), Wassertechniken (3), Steigtechniken (4). Die Verteidigungsrubrik gliedert sich in Schußwaffen (5) und Verteidigungstechniken (6), die Pyrotechnik in friedliche (7) und kriegerische (8) Nutzung von Leuchtfeuern sowie in Feuertechniken, die im Alltag Verwendung finden (9; Öfen, Küchen, Bäder). Abschließend (10) folgt ein Kapitel gemischten Inhalts.

Vor dem Hintergrund der überlieferten Disposition von Waffengattungen differenziert der ‚Bellifortis' in der längeren Fassung einerseits spezifischere Kriegstechniken weiter aus und paßt die Ordnung zeitgenössischen Erfordernissen an, andererseits weitet er das technische Interesse auch im Ordnungsentwurf auf Gebiete jenseits der Kriegstechnik aus. Wesentliche Abweichungen gegenüber den Siebener-Fassungen betreffen darüber hinaus umfangreiche Rahmentexte, die über die Entstehungshintergründe der Kriegsschrift Auskunft geben.

In der Rezeption des ‚Bellifortis' überlagern sich überdies zwei Tendenzen, kenntlich an den divergierenden Einrichtungsmerkmalen. Werden einmal mehr ästhetisch-repräsentative Bestandteile hervorgehoben, so wird das andere Mal mehr den technisch-funktionalen Aspekten Rechnung getragen. Beide Möglichkeiten korrespondieren indessen nicht mit den beiden Fassungen, sondern können von Fall zu Fall anders akzentuiert werden. Sie markieren eher das Spektrum möglicher Interessen, das den Gebrauchsrahmen des ‚Bellifortis' insgesamt absteckt.

Die Zehn-Kapitel-Fassung
Göttingen Ms. philos. 64a Cim. und Ms. philos. 63 Cim.

Entstehungsrahmen

Die beiden ältesten Vertreter der Zehn-Kapitel-Fassung (Ms. philos. 64a cim und Ms. philos. 63 cim) bieten aufgrund von Rahmentexten und Widmungen die gegenüber der Sieben-Kapitel-Fassung signifikanteren Hinweise auf Datierung, Entstehungshintergründe und Rezeptionsrahmen des ‚Bellifortis'. Allein diese beiden Codices enthalten externe Indizien für die zeitliche Bestimmung des Werkes, sie allein geben Auskunft über die historischen Rahmenbedingungen und die Biographie des Verfassers, über die Bedeutung etwa der Schlacht von Nikopolis (1396) für die Entstehung des Werkes und über die reichspolitischen Auseinandersetzungen zu Beginn des 15. Jahrhunderts. Der analoge Aufbau und die verwandte Entstehungsgeschichte beider Codices legitimieren eine Gegenüberstellung, die in der insgesamt schwierigen Überlieferungslage immerhin exaktere Aussagen über die unterschiedlichen Rezeptionskontexte ermöglicht.

Die Widmung des Ruprecht-Codex (Ms. 63) datiert von 1405 und bietet die früheste zeitliche Bestimmung einer ‚Bellifortis'-Handschrift. Ihr Vorbild ist die Widmung des Vegetius an den römischen Kaiser. Im Unterschied zu diesem aber wird Ruprecht namentlich genannt, doch zeigt die anschließende Adresse an alle Reichsstände, von den *excelsis Regibus catholicis* und *illustrissimis ducibus* bis hinunter zu den *honestis et venerandis senibus / caluatis decrepitis / sollicitis operarijs / obedientibus subditis / pronis famulis / promptis seruitoribus / laboriosis sub vrbanis / suderosisque villanis* (Bl. 2$^{r\text{-}v}$), daß nicht die apostrophierte Person König Ruprecht I., sondern der oberste Regent des Heiligen Römischen Reiches schlechthin gemeint ist.

Daß in der Tat die Person des Adressaten austauschbar ist, zeigt die parallele ‚Bellifortis'-Handschrift Ms. 64a. Ähnlich, nur in anderer Abfolge, erscheint die Ständeadresse bereits in dieser an König Wenzel IV. gerichteten Handschrift. Anstelle des Namens (Ruprecht) steht hier die Initiale W. in einem ausgesparten Raum. Die Adresse an den böhmischen König rückt den Codex Ms. 64a in unmittelbare Nähe der Ruprecht-Handschrift. Beide an den Hof adressierte und dem höchsten Repräsentanten des Deutschen Reichs gewidmete ‚Bellifortis'-Handschriften besitzen darüberhinaus Parallelen, die sie von einem Großteil der überlieferten Fassungen dieses Werkes signifikant unterscheiden.

Beide Handschriften beginnen mit sprachlich nur leicht abweichenden Versen, die auf einen politischen Konflikt anzuspielen scheinen, deren Zeuge Kyeser gewesen ist:

> *Hoc est exordium Bellifortis intitulatum*
> *Quo cesar Cesarem compellit futurus presentem*
> *Et victor victum devincit sic derelictum.* (Ms. 64a, Bl. 1ra)[56]

Es folgen Einleitungs- und Widmungstexte, die außer der Adresse an den römischen König Ausführungen über die *causa scribendi* und einen Darstellungsrahmen für den Gegenstand bieten. Zwar sind Aufbau und Argu-

---

[56] *Hoc est exordium Bellifortis intitulatum*
Rex nouus quo Regem / compellit futurus presentem
Atque victor victum / devincit sic derelictum. (Ms. 63, Bl. 2^r).

mentation der Vorreden verschieden, doch bestehen diese phasenweise aus identischem Material: ganze Textpassagen wie der Wortlaut der Widmungen an Wenzel und Ruprecht, die Quellenberufung auf Vegetius sowie die Darstellung der Niederlage von Nikopolis, die Kyeser persönlich erlebt hat, basieren weitgehend auf den gleichen Wendungen. Umfang und Zielsetzung der Darstellung gehen indessen in beiden Codices auseinander und akzentuieren die Argumente nicht in gleicher Weise. Die z.T. identischen Passagen stehen an verschiedenen Stellen der Vorreden und sind in unterschiedliche Zusammenhänge gestellt.

Der Wenzel-Codex bietet nur wenige Hinweise zur Biographie Kyesers, auch ist der Hintergrund zeitgenössischer reichspolitischer Auseinandersetzungen nicht vertreten, deren Spuren im Ruprecht-Codex unübersehbar sind. So folgt den Eingangsversen ein Exkurs über die Vergänglichkeit, der die allgemein politische Diagnose des Beginns in einen naturphilosophisch-theologischen Rahmen stellt. Er beginnt mit einer didaktischen Sequenz, die dem Leser den Nutzen der Betrachtung von Vergangenheit, Gegenwart und Zukunft vor Augen führt.[57] In Kombination von Anspielungen auf Werke des Aristoteles (,Physikvorlesung', ,De generatione et corruptione') und Bibelzitaten reiht der Verfasser sodann Sentenzen über den natürlichen Zeitenwechsel und das Verhältnis von irdischer Wechselhaftigkeit und göttlicher *stabilitas* aneinander. Bibelzitate mit endzeitlichem Tenor rufen schließlich den heilsgeschichtlichen Rahmen auf, innerhalb dessen der Verfasser zeitgenössische Ereignisse lokalisiert. Der Abschnitt endet mit einer Datierung vom 7. März 1402 *in montibus Cuttanensibus* (Ms. 64a, Bl. 1ra).[58] Gemeint ist die böhmische Stadt Kuttenberg (Kutna hora), in der sich König Wenzel IV., der aufgrund der reichspolitischen Ereignisse und seiner Entmachtung als deutscher König im Jahre 1400 in Schwierigkeiten geraten war, mehrfach aufhielt.[59] Dem Abschnitt folgt ein kurzer Bericht über die Kometenerscheinung vom Februar 1402,[60] der vermutlich Vorredenthema und politische Thematik verbinden sollte. Er endet mit den Worten:

---

[57] *nam preteriti tanta memoria utilitatem ingerit, futurum tuitio preseruat a iactura. presentis uero contemplacio prudentis animam erigit ad futura* (Ms. 64a, Bl. 1ra).
[58] Die Datierung der Handschrift stützt sich auf das Wasserzeichen (BRIQUET 4050), zuerst bezeugt 1404. Vgl. DIECKHOFF (wie Anm. 51) S. 108.
[59] So am 5. Juni 1402. Vgl. IVAN HLAVACEK, Das Urkunden- und Kanzleiwesen des böhmischen und römischen Königs Wenzel (IV.) 1376–1419. Ein Beitrag zur spätmittelalterlichen Diplomatik (Schriften der Monumenta Germaniae historica 23) Stuttgart 1970, S. 391–444 (Das Itinerar des Königs), hier S. 425.
[60] Der Komet vom Februar 1402 ist auch ansonsten in der zeitgenössichen Literatur beschrieben worden. Vgl. THORNDIKE, History 4, S. 80–87. Zur astrologisch-deterministischen Geschichtsauffassung am Prager Hof vgl. JOSEF KRASA, Die Handschriften König Wenzels IV., Prag 1971, S. 48–58.

determinatum per Conr kyeser Eystetensem [...] *serenissimi principisque domini domini wenczeslay Romanorum et Boemorum regis familiarem.* (Ms. 64a, Bl. 1ʳᵇ)[61]

Konrad Kyeser gehörte demnach im März 1402 wohl noch zu König Wenzels Gefolge.

Kometenerscheinungen bilden im spätmittelalterlichen Verständnis geläufige Zeichen für Krieg, Seuchen und auch für Regentenwechsel, und es liegt nahe, daß Kyeser den Kometen von 1402 mit den politischen Wirren im Reich (Nikopolis, Machtkampf um die Reichskrone) in Beziehung zu bringen gedachte. Die Bestimmung des Datums für Kyesers Biographie – und somit deren Verbindung mit der politischen Konstellation – markiert eine spätere Notiz am Ende des Ruprecht-Codex. Sie überliefert ein düsteres Horoskop Kyesers vom 3./4. Mai 1402, dessen Inhalt mit dem Ereignis des Herrscherwechsels verbunden ist.[62]

Der pessimistische Grundton des Anfangs setzt sich in der Widmung des Wenzel-Codex fort. Der Anrede an die Vertreter des Imperiums folgt erneut ein theologischer Abschnitt über den Verlust des Heilsstandes: er erinnert an die Providenz Gottes, an die schöpfungsgeschichtliche Auszeichnung des Menschen und an den Sündenfall. Der Abschnitt mündet in eine biographische Sequenz, in der Kyeser einerseits seine gegenwärtige Lage als *humilimus et pusillus exul depulsus a pericia vacuus philosophorum subditus et inter indignos computatus* (Ms. 64a, Bl. 1ᵛᵇ) beschreibt, andererseits sich selbstbewußt als erfahrener Kriegstechniker vorstellt. Abschließend folgt gewissermaßen als Fluchtpunkt der Vorrede die Schilderung der Kreuzzugsniederlage von Nikopolis im Jahre 1396. Die Zeitdiagnose inszeniert die biographische Situation und aktuelle Kreuzzugslage vor dem Hintergrund biblischer und historischer Endzeitbelege. Der Kriegskunst obliegt es, den erhofften Wechsel zum Besseren herbeizuführen. Die verschiedenen Waffen, die Kyeser am Ende der Vorrede als probate Mittel vorschlägt, sollen dazu beitragen. Über seine Absichten schreibt er:

---

[61] Vielleicht noch der Schreiber der Handschrift oder aber ein späterer Benutzer hat diese Zeilen mit schwarzer Tinte übermalt und die Informationen damit unkenntlich zu machen versucht. Dies deutet darauf hin, daß die Handschrift möglicherweise im Besitz von Wenzel feindlich gesinnten Kreisen war.

[62] *Mille semel centum quatuor unus cum bipartito semisse Maij terna die / neomenia quoque bina*
Mercurij nocte / geminis lanugo morante
[...]
Actum et datum factum montibus Boemorum
Die Jouis quarta que fuit ascensionis
Dum princeps perfidus Sygismundus Rex vngarorum
Germanorum perprimum detinet Regem Wenczeslaum
Cui carceres rumpat / deus / ac emulosque disrumpat.
(Ms. 63, Bl. 139ᵛ). Das Horoskop datiert vom 3. und 4. Mai 1402 und ist nach Quarg (wie Anm. 1) 2, S. 106 „aus den ersten Tagen der ‚Verbannung'".

et alia desidero euoluere pro dia ingenia et prestigia per que victores eritis omnium gencium barbarorum et paganorum in hoc mundo. Educam vobis lumen quod in tenebris latet necnon et thezaurum absconditum quem multi reges et seculi principes querunt et inuenire non poterunt (Ms. 64a, Bl. 2ra)

Die ganze Vorrede steht noch weitgehend unter dem Einfluß der Niederlage gegen die Türken. Der skizzierte Rahmen dient aber weniger der theologischen Didaxe, der Einsicht in die prinzipielle Hinfälligkeit der menschlichen Existenz. Er enthält vielmehr die Versicherung, daß auch der gegenwärtige Zustand nicht von Dauer sein wird. So knüpft denn auch die abschließende Wendung der Vorrede, die auf die Waffentechnik vertraut, an die didaktische Sequenz des Anfangs an.

Die Datierungen der beiden Zehn-Kapitel-Fassungen plazieren die Entstehung des ‚Bellifortis' in eine Phase reichspolitischer Unruhen, von denen beide Vorreden in jeweils unterschiedlicher Akzentuierung Auskunft geben. Gegenüber dem allgemeinen *instabilitas*-Hintergrund, mit dem der Wenzel-Codex einsetzt, konkretisiert der Ruprecht-Codex den politischen Akzent. Ihm fehlt die Konzentration auf den theologisch-heilsgeschichtlichen Rahmen. Er bietet statt dessen in den Einleitungs- und Widmungstexten Reflexionen über die Rolle der Wissenschaften in der Machtpolitik, eine Lobrede auf die Tugenden der *Theutunia*, deren tapfere Soldaten und blühende Wissenschaften gegenüber den anderen Nationen hervorgehoben werden, sowie eine heftige Polemik gegen Sigismund von Ungarn. Es folgen abschließend fürstenspiegelhafte Passagen, die mit zahlreichen sprichwörtlichen Redensarten untermauert werden. All diese Themen finden sich nicht in der Wenzel-Handschrift.

Wie in dieser nimmt aber auch im Ruprecht-Codex die Erinnerung an die Niederlage von Nikopolis einen zentralen Ort ein. Das einschneidende biographische Erlebnis verändert jedoch seinen Status und wechselt aus der heilsgeschichtlichen in die politische Perspektive. Es wird nunmehr zum Ausgangspunkt der mittlerweile auch aus reichspolitischen Gründen motivierten Herrscherkritik.

Sigismund wird im Widmungsbrief nun der Feigheit und des Verrats beschuldigt. Er habe durch sein Fehlverhalten die Niederlage verursacht und dadurch auch Kyeser selbst ins Unglück gebracht.[63] Die Beschreibung

---

[63] *Vnde doleo et dolui / vnde pie doleant omnium Regum / principum / nobilium et ignobilium cristi fidelium corda / necnon et ipsorum domestica ac fidelis armigera clientela.*
Causa qua coactus / cogor enigmata martis
Diuersa palare / cristicolis nunc valitura
Metus quia metet / aspera virga ligat
Quod vinculum soluit / ingenij conuenienter
Vndiquas propago / versutim viuit in orbe
Auscultare tÿro / est fuga causa necis.
Exul quare scribo / per que resistere possis
Carpe quod quod debes / sic preualebis aduersis. (Ms. 63, Bl. 3r-v).

der Niederlage quittiert Kyeser mit polemischen Ausfällen gegen den Ungarnkönig, den er als Feigling und Hermaphroditen beschimpft.[64] Der Wenzel-Codex verzichtete demgegenüber auf die Polemik.[65] In beiden Codices ist aber die Erfahrung von Nikopolis als die eigentliche *causa scribendi* ausgewiesen.[66]

Das Nebeneinander der beiden Fassungen bindet die Entstehungsgeschichte des ‚Bellifortis' an den böhmischen Königshof. Hier entstand vermutlich eine erste Fassung, von der uns die Göttinger Handschrift Ms. 64a Cim. einen Eindruck vermittelt.

Diese scheint trotz des schlichteren Beschreibstoffs (Papier) durchaus als Widmungshandschrift angelegt, doch nicht fertiggestellt worden zu sein. Dafür sprechen die nicht ausgeschriebene Anrede w. [=Wenzel] zu Beginn des Widmungsbriefes[67] sowie der Gesamtcharakter der Handschrift, die zwar an zahlreichen Stellen leere Blätter enthält, aufgrund der Qualität ihrer Bilder jedoch nicht als Entwurf gelten kann. Insgesamt sind die Bilder des Wenzel-Codex sehr sorgfältig gezeichnet und koloriert, nur an zahlreichen Stellen nicht ausgeführt.

Als Widmungsexemplar ist er vermutlich vom Ruprecht-Codex abgelöst worden. Auch dieser mag ursprünglich für Wenzel IV. gedacht gewesen sein. Hierfür spricht, daß, wie Quarg festgestellt hat, *ruperto* (Bl. 2^r) auf Rasur steht. Darüber hinaus bewahrt die Handschrift weitere Reminiszenzen an den böhmischen Hof: so die Erwähnung der Gefangennahme des erstberechtigten (*perprimum*) König Wenzel durch den treulosen (*perfidus*) Sigismund in Kyesers Horoskop, so die Abbildung des Zelts König Wenzels, das mit den Initialen des Königs und seiner Frau sowie mit den für Wenzel-Handschriften typischen Vogelbildern versehen ist,[68] so auch zahl-

---

[64] *Considerans quippe dudum perfusa amaritudine spiritus / et tactus dolore cordis intrinsecus vocem gemitus / vocem doloris / vocem plenam tristitie / mestitudinis et meroris / de Anno domini Millesimo. Trecentesimo. Nonagesimo. quinto / diem impium / obliquum / curvum / retrogradum / eclipsicum / infelicem / et opacum / gentem nequam pensaui / infidelisque seductoris multorum nobilium invidebam / Porro inaudite audacie principis Sygismundi Regis ermifrodati vngarie suorumque dominorum et regnicolarum repentinam fugam speculabar.* (Ms. 63, Bl. 3^r).

[65] Auch in der Beischrift zum Wenzelzelt (Ms. 64a, Bl. 77^r gegen Ms. 63, Bl. 85^r) fehlt im Wenzel-Codex die Kritik an Sigismund. Ebenfalls fehlt das Horoskop Kyesers mit der Polemik gegen den Ungarnkönig.

[66] *Causa qua coactus cogor enigmata martis Diversa palare cristicolis nunc valitura* (Ms. 63, Bl. 3^r; vgl. Ms. 64a, Bl. 2^r)

[67] Daß nur der König für die Sigle stehen kann, geht aus dem Kontext der Widmung hervor, der fast identisch ist mit demjenigen der Ruprechtwidmung. *Uictoriosissimo principique domino domino w. diuina fauente clemencia Sacri romani jmperij gubernanti monachiam in augustali eminentia situato. preclarissimis et excelsis regibus. Illustrissimis ducibus. Jnclitissimis lantgrauijs. Serenissimis palatinis. Magnificis burgrauijs. Egregijs comitibus. praeclaris baronibus* [...] (Ms. 64a, Bl. 1va).

[68] Weitere Vogeldarstellungen, wie sie in Wenzelhandschriften zu finden sind, tragen drei berittene Planetengötter auf ihren Sätteln (Bl. 8^r, 9^r, 10^r) und eine Belagerungsmaschine (Blide, Bl. 30^r). Das Eingangsbild der Handschrift wurde von Quarg (wie Anm. 1) 2, S. 1 als Greif,

reiche Abbildungen, die der Prager Schule zugeschrieben werden können. Schließlich die Ortsangabe *sub castro Mendici*, die sich auf die Wenzelburg Zebrák bezieht.[69] Auch im Hintergrund des Ruprecht-Codex bleibt der Bezug zum böhmischen Hof erhalten.[70]

Wenzel-Codex und Ruprecht-Codex entstehen beide auf böhmischem Gebiet, der erste in unmittelbarer Umgebung König Wenzels, teilweise wohl auch noch der letztgenannte. Doch mußte Kyeser zwischen den beiden Fassungen seinen Aufenthaltsort wechseln. Im April 1402 wurde der König von seinem Bruder Sigismund gefangen gesetzt, worauf Kyeser, der *familiaris*, vermutlich fliehen mußte.[71] Sein Schicksal war in jener Zeit zumindest ungewiß; mehrfach bezeichnet er sich denn auch in beiden Fassungen als *exul*.[72] Im Jahre 1405 hielt er sich nach Ausweis der Widmung *sub Castro Mendici* auf. Dort beschloß er seine an Ruprecht adressierte ‚Bellifortis'-Handschrift. Sicherlich kam es aufgrund der reichspolitischen Umwälzungen, die den Verlust des Königsamtes für König Wenzel IV. bedeuteten, zu der Umwidmung. Die kostspielige und arbeitsaufwendige Auftragsarbeit verlangte nach einem neuen Gönner. Offensichtlich fand sich dieser im Umfeld des Königshofs. Die Anlage der prachtvoll gestalteten Widmungshandschrift läßt an einem finanzkräftigen Mäzen keinen Zweifel.[73] Im Zusammenhang mit der Umwidmung der Handschrift von

---

von ROMOCKI (wie Anm. 49) S. 134 als Phönix gedeutet. In der Wenzelbibel wird ein ähnlicher Vogeltypus von UNTERKIRCHER als Reiher interpretiert, im Titelblatt der Goldenen Bulle von ARMIN WOLF, Die Goldene Bulle. König Wenzels Handschrift. Vollständige Faksimile-Ausgabe im Originalformat des Codex Vindobonensis 338 der Österreichischen Nationalbibliothek 2, Graz 1977, S. 41, als Wiedehopf.

[69] Der genaue geographische Ort ist umstritten. QUARG (WIE ANM. 1) 2, S. XXXIX–XLI, identifiziert mit *castra mendicum* einen Ort Bettlern nahe Schönburg, um den Widerspruch zwischen der Widmung an Rupprecht und der Nähe zu Wenzels Aufenthaltsort zu vermeiden. Seine Angabe wird in Zweifel gezogen. KRASA (wie Anm. 60) S. 63, gibt als Ort die Burg Zebrák an. Vgl. Hrady Zámky a turze královstuí Českého 6, hg. v. AUGUST SEDLÁČEK, Praze 1889, S. 148.

[70] KRASA (wie Anm. 60) S. 63.

[71] Am 29. April verfügte König Sigismund, seinen nunmehr auch als böhmischer König abgesetzten Halbbruder Wenzel in einen Turm der Prager Burg zu werfen, wo er bis Ende Juni/Anfang August festgesetzt wurde. Zu den reichspolitischen Auseinandersetzungen vgl. ALOIS GERLICH, Habsburg – Luxemburg – Wittelsbach im Kampf um die Königskrone. Studien zur Vorgeschichte des Königtums Ruprechts von der Pfalz, Wiesbaden 1960, S. 14–24 und S. 286–288.

[72] QUARGS Spekulationen über die Verbannung Kyesers nach der Gefangensetzung Wenzels sind nicht beweisbar. Der Wenzel-Codex enthält aber schon Hinweise auf Kyesers Status als *exul*. Das Epitheton bezeichnet wohl eher allgemein Kyesers Stellung als Ausländer.

[73] Wie die einzelnen Umwidmung an König Ruprecht I. zustande kam, wie sie möglicherweise aus diplomatischen Erwägungen heraus veranlaßte und finanziell unterstützte, liegt im Dunkeln. Es hat den Anschein, als habe die gewidmete Prachthandschrift ihren Adressaten nie erreicht. Die Geschichte der Handschrift läßt eher vermuten, daß sie sich im Nürnberger Raum befunden hat. Die einzelnen Lagen liegen lose ohne Einband in einem Kasten, so daß Hinweise auf eine Buchbinderwerkstatt oder auf dem Einband oder dem Vorsatzblatt zu erwartende Besitzerhinweise fehlen.

den Luxenburgern auf die Wittelsbacher erklärt sich auch der verschärfte Angriff gegen den Ungarnkönig.

Auch Abfolge und Wortlaut der zehn Kapitelüberschriften binden die beiden Fassungen – trotz signifikanter Abweichungen einzelner Überschriften – eng aneinander. Die Konzeption des ‚Bellifortis' tritt im Wenzel-Codex deutlicher hervor. So präsentieren die einzelnen Kapitel dort vollständiger die in den Überschriften angekündigten Waffen und halten sich enger an die Reihenfolge, wie sie dann in den Abbildungen erscheinen, während der Bezug zwischen Überschriften und Darstellungen im Ruprecht-Codex viel lockerer ist.

In beiden Fassungen geht die bildliche Darstellung der Waffen über ihre jeweilige Ankündigung hinaus. So erscheinen beidemal die im ersten Kapitel-Vorspann angekündigten Streit- und Kampfwagen weder in der dort gegebenen Reihenfolge, noch sind sie der einzige dargestellte Gegenstand. Angekündigt werden: 1. *nicheteria*, 2. *moriali‹s›*, 3. *caput armatum*, 4. *murenula*, 5. *archimagara*, 6. *cararis severa*, 7. *ferreus eculeus* (Ms. 63, Bl. 4^v; Ms. 64a, Bl. 2rb). Ihre Abfolge ist in der Darstellung durch zahlreiche andere Waffen unterbrochen. Gegenüber dem Wenzel-Codex fehlen aber im Ruprecht-Codex nicht nur zwei der angekündigten Waffentypen (4,6), der *ferreus eculeus* (7) ist zudem mit zahlreichen anderen Sicheln und Spießen in das letzte Kapitel verschoben. Ähnlich gestaltet sich das Verhältnis zwischen Ankündigung und Ausführung in den folgenden Kapiteln. Der summarische Überblick am Kapitelanfang zählt auch zu Beginn des zweiten Kapitels exemplarisch einige Gegenstände auf, ohne im einzelnen über jeden Eintrag zu informieren. Die *vippera* etwa, die für Kapitel 2 angekündigt wird, erscheint im Ruprecht-Codex erst im 6. Kapitel.[74] Die äußere Ordnung ist hier verändert.[75]

Der ‚Bellifortis' ist in dieser Fassung mehr als eine rein kriegstechnische Schrift. Allein durch seine verschiedenen Bezugsfelder, seine optischen Darstellungsmittel wie durch seine literarische Einkleidung reicht er darüber hinaus: Der Gegenstand Kriegskunst wird nicht nur in übergeordnete – astrologische und historische – Zusammenhänge gestellt, sondern über die Darstellung der Waffentechnik hinaus in einen repräsentativen und gelehrten Rahmen eingebunden. Dafür spricht bereits die sprachliche Form, die der gelehrten Tradition entstammt. In lateinischen, z.T. leoninischen Hexametern werden in den Bildbeschriften die einzelnen Waffen und Techniken vorgestellt: teils beschreibend und anleitend oder erinnernd an herausragende erfolgreiche Anwendungen, teils einfach in rühmenden Versen der Selbstdarstellung. Die Entscheidung für den Vers statt für die in einer Fachschrift vielleicht eher zu erwartende Prosa begründet Kyeser an

---

[74] Ms. 63, Bl. 82^r; vgl. demgegenüber Ms. 64a, Kap. 2, Bl. 24^v.

[75] Das 2., 3., 4. und 8. Kapitel besitzen jeweils zwei Einleitungen. Im Beginn des dritten Kapitels sind beide Einleitungen auseinandergerissen: Zweimal leitet eine Vorbemerkung die Darstellung verschiedener Wassertechniken ein (Bl. 50^v und 52^r). Zwischen sie sind weitere Geräte für den Angriff (Bl. 51^r) und ein hoher Katzwagen (Bl. 51^v) geschaltet. Blatt 51 gehört also inhaltlich zum zweiten, die Überschrift auf Bl. 50^v jedoch zum dritten Kapitel, wie schon von QUARG (wie Anm. 1) 2, S. 32 vermerkt wurde. Die Einleitungssätze zum dritten Kapitel sind also aufgrund einer Blattverlegung auf zwei verschiedene Blätter verteilt.

hervorgehobener Stelle am Ende der Widmung mit der Wirkung auf das Publikum:

> Ait theophilus. Gesta rerum tractata ricmice⁷⁶ magis alliciunt et solent honores reddere autenticos / animosque auditorum mirabiliter delectare / ob hoc in maiori loco ricmos posui surdos (Ms. 63, Bl. 4ʳ).

Der Vers erhebt den Text über die schlichte Information. Wie bei der Geschichtsschreibung soll der Vers die Darstellung auch auf der Textebene herausheben, womit der repräsentativen Bildebene eine entsprechende Textform korrespondiert. Der poetisch geformte Text verdeckt noch den Gebrauchscharakter, den manche Bilder spiegeln.

Exkurs: Zur Biographie Kyesers

Ebenso wie die Entstehung des ‚Bellifortis' sich nur indirekt aus textinternen Angaben und Hinweisen rekonstruieren läßt, stehen auch für die Konturierung der Biographie Kyesers ausschließlich von ihm selbst verfaßte Texte zur Verfügung. Vor allem die Rahmentexte dienen Kyesers Selbstdarstellung. Der Ruprecht-Codex enthält eine Reihe von biographischen Texten zu seiner Person, die sich im Wenzel-Codex nicht finden. Außer dem Vorspruch sind dies am Ende der Handschrift ein Totengedicht (Epichedion), das den Verfasser im Zwiegespräch mit den Künsten zeigt, eine Grabinschrift (Epitaph), ein Portrait mit biographischer Beischrift sowie Kyesers Horoskop vom Mai 1402. Unübersehbar setzt der Prachtcodex hier dem Verfasser ein Denkmal. An das Kriegsbuch lagern sich biographische Informationen an, die weit über die einfache Autorennennung, wie sie in Vorrede und Schlußstrophe des Wenzel-Codex auftritt, hinausreichen. Gegenüber den Daten, die die Widmungen, die Portraitbeischrift und das Horoskop bieten, ist vor allem bei den literarisierten Partien (Epichedion, Epitaph) mit Stilisierungen zu rechnen.⁷⁷ Der Wenzel-Codex liefert zwei Hinweise, in denen Kyeser einmal eine Kometenauslegung ankündigt, zum andern über seine Affinität zur Magie Auskunft gibt. Im Schlußtext bezeichnet sich Kyeser hier selbst als Schüler der okkulten Kunst:

> En Exul exili / clareo vultu iuuenili
> Kyeser conradus / manswetus diligens constans
> Artis occulte / necnon nature scolaris
> Nuncupor condigne / multos precellens in orbe. (Ms. 64a, Bl. 159ʳ)

---

⁷⁶ QUARG (wie Anm. 1) 2, S. 6 liest *Bianice* statt *ricmice* und leitet die Wortform von Bias, einem der sieben Weisen, ab. HEIMPEL (wie Anm. 49) S. 117 korrigiert QUARGS Lesefehler; er liest *bicinice*, liefert aber die richtige Interpretation der Stelle: gemeint ist poetische Darstellung.
⁷⁷ QUARG rekonstruiert aus dem Textbefund mitunter phantastisch die Lebensumstände Kyesers während der Verbannung, seinen Bildungshorizont und die Entstehungshintergründe des ‚Bellifortis'. HEIMPEL (wie Anm. 49) S. 144f. stellt demgegenüber in seiner Rezension die gesicherten Daten knapp zusammen.

Nach der Portraitbeischrift des Ruprecht-Codex ist Kyeser am 24. August 1366 in Eichstätt geboren. Das Portrait mit Wappenschild führt den Verfasser wahrscheinlich authentisch vor Augen.[78] Die Grabinschrift und das Totengedicht künden um die Zeit der Fertigstellung der Handschrift vom nahen Tod des Verfassers. Obwohl Aufenthaltsorte und wechselnde höfische Dienstherren in den Schlußtexten der Reihe nach aufgezählt werden, liegt Kyesers Werdegang, vor allem Ort und Umfang seiner Ausbildung, im Dunkeln. Aus einzelnen, im ‚Bellifortis' enthaltenen Rezepten ist auf „eine medizinische Ausbildung, wahrscheinlich bei den Eichstätter Dominikanern'[79] rückgeschlossen worden. Historische Belege dafür fehlen. Auch das im Epichedion aufgezählte *artes*-Spektrum (z. B. Astrologie, Alchemie, Medizin, Mantik usw.) erlaubt kaum Rückschlüsse auf seinen konkreten Bildungsstand, wird doch in dem Totenlied eher der Rahmen einer allgemeinen Bildungstradition als ein biographischer Bildungshorizont aufgerufen. Kyeser beklagt in Anlehnung an die *vanitas*-Tradition die Hilflosigkeit der Künste angesichts des Todes. So folgt das Epichedion zunächst den sieben freien Künsten, geht über zur Philosophie und zu den drei Fakultäten und mündet über die Arkanwissenschaften – *Alchimia* und *Artes Theurgice* – in die Kriegskunst. Inwieweit Kyeser in Kontakt zu den Gelehrten im Umkreis des böhmischen Hofes stand, ist gleichfalls nicht zu entscheiden.[80]

Die Handhabung des Lateinischen und der Hexameterform sowie die Vertrautheit mit der kriegstechnischen Schrifttradition setzen indessen Kenntnisse der *artes* ebenso voraus wie die astrologischen, alchemistischen und technischen Anweisungen. Ebenso zeugen eine Reihe von Sentenzen und Zitaten der Vorrede von Kyesers gelehrter Bildung. Auch die Selbstdarstellung als *Artis occultae necnon naturae scolaris*, wie sie der Wenzel-Codex explizit, der Ruprecht-Codex durch zahlreiche Rezepte und Bei-

---

[78] Das Portrait gilt als frühes Zeugnis individueller Personendarstellung. Es weist keinerlei standesgebundene oder berufsbezogene Merkmale auf wie charakteristische Kopfbedeckung oder Kleidertracht. Das schlichte, am Hals geraffte Hemd läßt keine Schlüsse auf Stand und Ansehen der Person Kyesers zu. Allerdings nimmt die grüne Farbe des Hemdes Bezug auf Kyesers Horoskop, das als Beischrift zum Bild mitgeteilt wird. Als Jupiterkind – wie Alexander der Große – stellt ihn das Bild dar, denn grün ist die Farbe dieses Planeten, unter dessen Regentschaft Kyeser im August 1366 (*Genitus et factus cancri Jovis hora peractus*, Bl. 139ʳ) geboren worden ist. Das Wappen zeigt den Eber und Eicheln als Insignien und ist mit einer Helmzier geschmückt, die der böhmische König Wenzel IV. bevorzugte: Ein Stechhelm mit schwarzer Adlerschwinge. Vgl. Gotik in Böhmen, hg. von KARL M. SWOBODA, München 1969, S. 239: „Der Stechhelm mit der schwarzen Adlerschwinge als Helmzier spricht für König Wenzel als den Besitzer dieser Handschrift."

[79] SCHMIDTCHEN – HILS (wie Anm. 1) Sp. 477. HEIMPEL (wie Anm. 49) S. 145 macht auf eine von KRASA entdeckte, dem Hof Wenzels zugehörende medizinische Handschrift aufmerksam, die Rezepte eines „gewiß mit Kyeser identischen Konrad von Eichstätt" enthalte. HEIMPEL beruft sich auf WHITE (wie Anm. 49) S. 438. SCHMIDTCHEN – HILS weisen jedoch diese Zuschreibung zurück (Sp. 477). Zu Konrad von Eichstätt vgl. MANFRED PETER KOCH – GUNDOLF KEIL, in: ²VL 5, Sp. 162–169.

[80] Zu den Gelehrten am böhmischen Hof vgl. KRASA (wie Anm. 60) S. 50f.

schriften belegen, weist Kyeser als Praktiker und Kenner der Schriftkultur gleichermaßen aus.

Aus dem Epitaphium erfahren wir, daß Kyeser in Diensten berühmter Höfe stand.[81] Er zählt folgende Dienstherren auf: König Wenzel, der hier immer noch als *rex romanorum et boemorum* bezeichnet wird, König Sigismund von Ungarn, die Herzöge Johannes von Lausitz, Stephan der Ältere von Bayern, Wilhelm, Albrecht der Ältere und Albrecht der Jüngere von Österreich, Johannes von Oppeln, Franz von Carrara. Spezifischere Hinweise auf Kyesers Dienstverhältnisse liefern die Einleitungs- und Widmungstexte, die ihn im Dienst Wenzels und in Nikopolis im Gefolge Sigismunds ausweisen. Gerade diese Hinweise verbinden Ereignisse der Reichspolitik und eigenes Schicksal des Verfassers mit der Entstehung der ‚Bellifortis'-Handschrift.

Herrscherbild und Kriegskunst

Den Machtwechsel im Reich würdigt Kyeser in einer ausführlichen Lobrede auf König Ruprecht I. und sein Stammland *Theutunia* (Bl. 2ᵛ). Herrscher und Volk bieten für eine Regentschaft, die auf *sapientia* gegründet ist, beste Voraussetzungen: Deutschland zeichne sich nämlich nicht nur durch tapfere Krieger aus, sondern vor allem durch eine gründliche Pflege aller *artes*, der freien wie der handwerklichen Künste.[82] Ein ausgewogenes Verhältnis von *fortitudo* und *artes* bildet die Grundlage für erfolgreiches politisches Handeln, für das König Ruprecht gelobt wird. So wie Kyeser sein eigenes Unternehmen den Anforderungen der *philosophia moralis* unterstellt,[83] richtet er einen Appell an das Ethos des Fürsten,[84] bei dem er sich der Topoi der Fürstenspiegel-Literatur bedient: *sed per vos regnet ubique pax et tranquillitas sit in terra nichilominus [...] non ad bella incito contra iustos sed iniustos* (Ms. 63, Bl. 3ᵛ). Die Panegyrik auf den Fürsten ruft das Bild des *rex iustus et pacificus* auf und dient dazu, Friedensforderung und Berechtigung zur Kriegsführung miteinander in Einklang zu bringen. In den Fürstenspiegelrahmen fügen sich auch die verschiedenen Sentenzen der Vorrede ein, in denen die Voraussetzungen und Folgen unbedachter

---

[81] HEIMPEL (wie Anm. 49) S. 123 macht darauf aufmerksam, daß die Aufzählung der Länder von Norden über Westen nach Osten verläuft.
[82] *sicud celum ornatur sideribus / sic alemania prefulget disciplinis liberalibus / honestatur mechanijs diversis que artibus adornatur / in quibusquidem gloriari nos oportet.* (Ms. 63, Bl. 2ᵛ).
[83] Ms. 63, Bl. 2ᵛ.
[84] *In hijs pretactis agat excelsa vestra magnificencia veluti iusti principes suos tenentur subditos protegere se et sua pro eisdem tempore deposcente quolibet viriliter exponendo.* (Ms. 63, Bl. 4ʳ).

Kriegshandlungen thematisiert werden.[85] Im traditionellen ethischen Kanon verbleibt die Mahnung, Kriege entweder zu vermeiden oder nur solche zu führen, die gerecht sind.

Gegenüber der topischen Friedensforderung rücken indessen die zeitgenössischen Bedingungen der Machterhaltung in den Vordergrund. Schon im Wenzel-Codex wird die historische Niederlage von Nikopolis zum Anlaß genommen, die Notwendigkeit von *ars et experientia* für die Kriegsteilnehmer zu begründen. Im Ruprecht-Codex tritt neben die ethische Komponente die zunehmende Bedeutung der technischen. Bereits in der Einleitung thematisiert Kyeser die beobachtbaren Folgen des durch Wissenschaft technisierten Krieges.[86] Wissenschaft triumphiert über die Herrschaft, und der Krieg als Mittel der Machtpolitik stützt sich auf die Errungenschaften der Technik. Gegenüber dem Wenzel-Codex reflektiert Kyeser hier die Umwälzung traditioneller Machtverhältnisse:

> *Cesaris ambicio desipit / nam ars valet aurum*
> *Et littera clippeum militis gerit atque mucronem*
> *Casulam cum stola / gubernat littera sola*
> *Litteris cuncta subsunt / agla quibus imperat unus*
> (Ms. 63, Bl. 2ʳ)

Ars und *littera* als Synonyme für Wissenschaft stehen bereits innerhalb der einleitenden Verse des ‚Bellifortis' im Mittelpunkt der Argumentation. Der ‚Bellifortis' versteht Wissenschaft als Technik und präsentiert Technik in Schrift und Bild:

> *ad propositi propalacionem militarium ingeniorum intrepide cum induccione moralis philosophie proficiscens subscriptorum et depictorum impedimento cessante vestris magnificencijs edissero figura / arte / norma / et forma / ad vngwem in hoc novo meo collecto libri Bellifortis enodare [...].* (Ms. 63, Bl. 2ᵛ)

Der Appell an die Friedenspflicht des Herrschers wird ergänzt um eine weitere, aus historischer Erfahrung abgeleitete Komponente. Die Niederlage gegen die Türken bildet den historischen Wendepunkt in der Kriegsführung. *Experiencia* im Sinne von kriegstechnischer Wissenschaft erweist sich in Zukunft als unerläßliche Bedingung der Machtsicherung. Das Buch rückt die technischen Aspekte in den Vordergrund (*figura, arte, norma et forma*). Die Vermittlung läuft über den Fachmann, als den die Grabschrift Kyeser denn auch ausweist: *Quique solus ipse solus in orbe fuit / Militaris expers / prout experiencia nouit* (Bl. 137ʳ). In den Versbeischriften preist

---

[85] Zu *Nemo in gwerra constitutus satis diues est* [...] (Ms. 63, Bl. 3ᵛ) vgl. Albertanus von Brescia, Liber consolationis et consilii, hg. v. THOR SUNDBY, London 1873, S. 102f. (*De malis guerrae*); zu *Nam cum potentiori contendere periculosum est / cum pari dubium / cum minori verecundum* (Ms. 63, Bl. 4ʳ) vgl. Albertanus von Brescia, S. 93 (*De contentionibus*); dieser Spruch geht letztlich auf Seneca, De ira II, 34, 1 zurück.

[86] Vgl. HEIMPELS (wie Anm 49) S. 118f. Korrektur der fehlerhaften Übersetzung QUARGS.

sich Kyeser selbst an mehreren Stellen als Kenner und Erfinder von Kriegstechnik an.[87]

Aufbau und Inhalt des Ruprecht-Codex
Kriegstechnische und zivile Ordnung

Anders als bei Vegetius fehlt im ‚Bellifortis' die Behandlung von Fragen der Heeresorganisation, der Strategie und Taktik sowie der Logistik. Im Mittelpunkt stehen fast ausnahmslos technische Aspekte der Kriegsführung, wobei die Bilder das dominierende Medium darstellen. Jedes Kapitel besteht aus einer Bildabfolge, deren Inhalte in der jeweiligen Kapitelüberschrift angekündigt und kurz vorgestellt werden. So entsteht ein Katalog kriegstechnischer Instrumente.

In der Regel ist für die Versbeischrift unterhalb der Abbildung ein rot markiertes Feld freigelassen. Der Text kann jedoch auch an anderen Stellen plaziert sein, teils auf der dem Bild vorhergehenden Versoseite, teils in das Bildfeld selbst eingetragen. Auf zahlreichen Blättern ist so die Textpartie in der Bildanlage bereits mit eingeplant, in anderen wiederum nicht. Einige Texte erweisen sich als Nachträge. Das Verhältnis von Bild und Text ist nicht durchweg aufeinander abgestimmt. Zahlreiche Bilder besitzen keinen Text. Manche Bildbeischriften gehen weit über das Dargestellte hinaus, manche bleiben dahinter zurück, manche bieten Hinweise auf Zusammensetzung und Funktion der Waffen, andere begnügen sich mit einer allgemeinen Charakteristik bzw. einer historischen Reminiszenz. Es lassen sich mehrere Illustratoren unterscheiden.[88] Der Text ist überwiegend von einer Hand geschrieben. Nur Bl. 99 bis 103 wurden von einem zweiten Schreiber als zusammenhängende Prosainserate eingetragen.

Die Ordnung folgt in den ersten beiden Kapiteln der traditionellen Einteilung der Kriegssparten nach Vegetius. Ihnen schließt sich mit dem Kapitel über Wassertechniken eine Rubrik an, die bei Vegetius ursprünglich eine eigene Waffengattung war, nunmehr aber an die Bedingungen des Landkriegs angepaßt wird. Sie enthält zahlreiche auch außerhalb des Kriegs verwendbare Techniken wie Boote, Brücken, Pumpen und Schwimmgürtel.[89] Gegenstand des vierten Kapitels sind Eroberungswaffen, allen voran

---

[87] *Exul solus nosco / me sine nullus adest*
Causa quia insci / me stringit esse pronum (Ms. 63, Bl. 21ʳ) *Hoc defendiculum ab exule stat fabricatum* (Bl. 41ᵛ) *Exul que posuit / studeas adherere frequenter* (Bl. 50ᵛ) *Ingenia rara presumo scribere cara* (Bl. 53ʳ) *Ingenio quorum / Civitatum atque castrorum Anichilantur opes / ideo me credere debes Exulem clangentem / ingenia semper sequentem* (Bl. 66ᵛ) *Exul expertus pronunciat hec valitura* (Bl. 132ᵛ).
[88] Die Handschrift ist lagenweise ausgemalt. Zuweilen waren aber auch mehrere Hände an der Ausgestaltung ein und derselben Lage beteiligt, ein Verfahren, bei dem blatt- bzw. bogenweise vorgegangen wurde.
[89] U.a. ein Lederboot (Bl. 52ᵛ), ein Schiff mit Räderantrieb (Bl. 54ᵛ), Amphibienfahrzeuge (Bl. 59ʳ, 60ʳ, 61ʳ), diverse Brüken (Bl. 53ᵛ, 59ʳ), Vorrichtungen, um Wasser vom Tal in die

Sturmleitern, Mauerkrallen und andere Steiggeräte. Im Vergleich zu den vorangehenden drei Kapiteln, die allein die Hälfte des ‚Bellifortis' umfassen (66 Bll.), ist dieses ebenso wie das nachfolgende zur Werfkunst mit jeweils nur neun bzw. fünf Abbildungen äußerst kurz geraten. Das fünfte Kapitel präsentiert Armbrüste und ihre Spannvorrichtungen,[90] darunter Bilder ohne Text (Bl. 74^r) und Texte ohne das dazugehörige Bild (Bl. 78^v)[91] neben Texten, die nicht das Bild erläutern, sondern auf andere Techniken verweisen.[92] Verschiedene Täuschungstechniken verspricht die Vorrede zum kurzen sechsten Kapitel (Bl. 81^v), das der Verteidigungstechnik gewidmet ist.[93]

Die beiden folgenden Kapitel bilden formal und inhaltlich gegenüber den vorausgehenden einen Einschnitt. An die traditionellen Waffengattungen schließt sich in Kapitel 7 und 8 der zunehmend wichtiger werdende Komplex der Pyrotechnik an, dessen Darstellungsform sich indessen ändert. Diese Kapitel enthalten primär Texte, die zum überwiegenden Teil in lateinischer Prosa abgefaßt und als wörtliche Zitate aus dem ‚Liber ignium ad comburendos hostes' des Marcus Graecus und der ps.-albertinischen Schrift ‚De mirabilibus mundi', z.T. von der zweiten Schreiberhand (Bl. 100-104) inseriert sind. Es handelt sich hierbei im wesentlichen um Feuerrezepte zum Herstellen von Leucht- und Knallkörpern, nicht um Feuerwaffen im eigentlichen Sinne. Die Exzerpte sind durchzogen von Anweisungen zu weiteren erprobten Künsten, für die sich wiederum der *exul* als Erfinder nennt, aber auch von medizinischen und magischen Rezepten (Bl. 106^r).[94]

Es folgt mit dem neunten und zehnten Kapitel eine weniger systematische und kriegstechnische als unter dem Aspekt der technischen Nützlichkeit zusammengetragene Ansammlung von Rezepten sowie von Gegenständen aus diätetischem und handwerklichem Bereich: von Öfen und

---

Höhe zu leiten (Bl. 54^r, 61^v, 63^r) und um Pferde über einen Fluß zu setzen (Bl. 55^v) oder um Wasser aus Behältern zu schöpfen (Bl. 56^v, 57^r, 59^v, 64^r) usw.

[90] Ms. 63, Bl. 74^r, 74^v, 75^r, 76^r, 76^v, 77^r, 78^r.

[91] Vgl. QUARG (wie Anm. 1) 2, S. 50, wo der Herausgeber vermutet, daß hier eine riesige Armbrust hätte abgebildet werden sollen.

[92] *Balistam quamque sic poteris prestigiare*
Per cingulum tale hoc discas mercuriale. (Bl. 74^v)

[93] Gezeigt werden in einer Abfolge von neun Darstellungen ein *vippera* (Bl. 82^r) genanntes Verteidigungsgerät, ein Aufzug mit Windantrieb, der Menschen und Lasten auf Mauern befördert (Bl. 83^r), eine fahrbare Fallbrücke (Bl. 87^v) sowie verschiedene Verteidigungstechniken befestigter und unbefestigter Plätze.

[94] Besonders hervorzuheben ist die Beschreibung einer Salpeterplantage (Bl. 106^v), die aus einem anderen, nicht näher bezeichneten Kontext übernommen zu sein scheint und ebenfalls den *exul* zum Urheber hat. Sie belegt, daß der Verfasser auch mit der Herstellung von Pulver vertraut war. Diese moderne Kriegstechnik ist – abgesehen von einem einzigen Pulverrezept (Bl. 107^v) – so gut wie gar nicht im ‚Bellifortis' vertreten. Die andere Schreiberhand, der Hinweis *hec ars nitri salis ab exule stat reportata* (Bl. 106^v) und die andersartige Illustrierung dieser beiden Kapitel lassen vermuten, daß zumindest das achte Kapitel zu einem späteren Zeitpunkt als die übrigen entstanden und ins Textkorpus eingefügt worden ist.

Küchen bis zu Bädern, von einem Entmannungsgerät, einem Hufeisen und Keuschheitsgürtel bis zu einem Blasebalg und einem mechanischen Glockenspiel. Der ‚Bellifortis' vereinigt somit nicht nur Kriegstechniken und Techniken des Alltagslebens miteinander, er hebt auch die Unterscheidung sichtbar durch Kapitelgliederung hervor.

Kapitel 9 beschäftigt sich mit verschiedenen Öfen und Badevorrichtungen sowie mit *Alijs immixtis / ingenijs non vane fictis* (Bl. 112^v). Nachdem Waffen des Angriffs und der Verteidigung auf dem Land und zu Wasser, Feuertechniken unterschiedlichster Art vorgestellt worden sind, dominiert nun das Element Luft. Therapeutische Dampfbäder (Bl. 113^v), Stink- und Räucheröfchen (Bl. 115^v, 116^r) und ein Rauchabzug (Bl. 117^v) basieren alle auf demselben Element.

Das letzte Kapitel steht im Zeichen des Werkstoffes Eisen. Die Einleitung zählt verschiedene Gegenstände wie Werkzeuge, Schlösser und Foltergeräte auf, die keineswegs ausschließlich in Kriegszeiten Verwendung finden. Wie schon in einigen vorausgehenden Kapiteln greift der ‚Bellifortis' hier Techniken allgemeiner Art auf. Darüber hinaus bietet dieser Abschnitt eine Fülle von Rezepten, die sich gegen Ende des Kapitels häufen. Sie vertreten die geheimen Künste der Alchemie und Magie, aber auch die Diätetik und praktische Heilkunde.[95]

Die Systematik der Disziplin liefert nur zum Teil die Kriterien für die Ordnung innerhalb des Ruprecht-Codex. Sichtbar gliedern sich daneben zunächst zivile Techniken aus. Überdies überschneiden sich verschiedene Versuche, das Material zu strukturieren. So weist der Ruprecht-Codex weitere Strukturierungselemente auf, die nicht alle in derselben Art und Weise bereits im Wenzel-Codex ausgeführt sind. Der ‚Bellifortis' – und damit die Kriegskunst – wird im ersten Kapitel auch bildlich in einen kosmologischen Rahmen gestellt. Sieben Planetengötter zu Beginn des Werks repräsentieren den Makrokosmos, die Allegorie der vier Winde mit Sonne und Mond die Erde. Ferner lassen sich, wenn auch nicht bis ins letzte konsequent, die abgebildeten Kriegsgeräte und anderen Gegenstände den vier Elementen (Erde), Wasser, Feuer und Luft zuordnen. Diese Zuordnung ergibt sich durch die Personifizierung der Elemente in den einzelnen Kapiteln. Zum Teil findet sie sich auch in anderen ‚Bellifortis'-Handschriften.[96]

---

[95] Es sind dies Rezepte zur Eisenhärtung (Bl. 125^v, 129^v, 130^r), Zauberrezepte und mantische Anleitungen (Bl. 125^v, 130^r, 131^r, 131^v, 132^r, 132^v, 133^v) neben medizinischen Rezepten gegen Verstopfung und Fieber (Bl. 132^r) und einem Kochrezept zur Zubereitung einer Eierspeise (Bl. 132^v).

[96] Die Zuordnung von Repräsentanten der Elemente zu den einzelnen Kapiteln scheint in der Sieben-Kapitel-Fassung – soweit sie vollständig überliefert ist – konsequenter angelegt zu sein. Sie betont deutlicher die kriegstechnische Ordnung. Cpl 1986 ordnet Alexander dem 1. Kapitel (Feldschlacht) zu, Salathiel dem 5. (Wassertechnik), Philoneus dem 6. (Pyrotechnik) und die Königin von Saba dem 7. (Verschiedene Erfindungen, u.a. Lufttechnik). Allerdings ist in den meisten Überlieferungsträgern die Ordnung zerstört und damit auch der Bezug auf die Elemente.

Alexander der Große steht den Gerätschaften für den Land- und Festungskrieg voran (Kapitel 1,2). Ein Bezug zum Element Erde wird aber in diesem Fall nicht durch den Text gestützt. Für alles, was mit dem Element Wasser in Zusammenhang gebracht werden kann, steht der Engel Salathiel zu Beginn des dritten Kapitels:

> Omnis limphee dominus / Salatyel magnus
> Regit custodit / gubernat / protegit vndas
> Nives et pluuias generat / glaciesque acutas
> Stringit / rorem / nebulam / gratis donat ipse primam
> Humidum ipse solus / prosperitate donat.[97]

Er ist mit zwei Wasserkrügen dargestellt, die er an ausgestreckten Armen ausschüttet. Philoneus, der mitten im siebten Kapitel erscheint, vertritt das feurige Element (Kapitel 7,8). Er hält als Symbol der Wärme sein Herz in der Hand.

> Ego sum philoneus cupreus / argenteus ipse
> Ereus seu terreus / aureus vel fortis minere
> Vacuus non vro / sed repletus terebinto
> Bacho vel ardenti / corpus meum applica foco
> Nam calefactus ego / igneas emitto scintillas
> Per quas tu posses accendere quamcumque candelam. (Ms. 63, Bl. 95ᵛ)

Schließlich verkörpert die Königin von Saba (Bl. 122ʳ) im neunten Kapitel das Element Luft. Von ihrer Darstellung her befremdet ihre Anwesenheit, da ihre Aufmachung keine eindeutige Zuordnung erlaubt. Sie trägt die königlichen Insignien Krone, Zepter und Reichsapfel. Ihr grünes Gewand ist mit Hermelin gefüttert und gesäumt. Um Hals und Hüften hat sie edelsteinbesetzten Schmuck angelegt.[98] Die in Salathiel und Philoneus angelegte Personifizierung nach Elementen verlangt indessen auch eine Repräsentation der Luft. Die Beischrift stellt denn auch die Beziehung her:

> Sum regina Sabba / clarior ceteris et venusta
> Pulchra sum et casta / stat speculum pictore sculptum
> In quo contemplantur / iuuenes quecumque volunt
> Et in visu tacta / fune retro follis absconsa
> Per aerem subito mouet fuliginem ore
> Astans nisi similis / pelle / colore / stabit. (Ms. 63, Bl. 122ʳ)

---

[97] Ms. 63, Bl. 52ʳ; der Patriarch Salathiel, auch Sealtiel oder Schealtiel, wird im Stammbaum Jesu erwähnt (Mt. 1,12; Lk. 3,27); seit dem vierten Esrabuch (4 Esr. 5,16) auch als Engel. Vgl. ARIE VAN DEN BORN, Art. Sealtiel, in: Bibel-Lexikon, hg. v. HERBERT HAAG, Zürich-Einsiedeln-Köln ³1982, Sp. 1564. JOHANN MICHL, Art. Engel V (Katalog der Engelnamen), in: RAC 5, 1962, Sp. 200– 239, hier S. 230f.

[98] Die Darstellung unterscheidet sich wesentlich von den christlich geprägten Traditionen wie sie beispielsweise im ‚Hortus deliciarum' der Herrad von Landsberg oder im ‚Speculum humanae salvationis' zu finden sind. Vgl. dazu den Artikel ‚Saba, Königin von' von U. MIELKE, in: Lexikon der christlichen Ikonographie 4, hg. von ENGELBERT KIRSCHBAUM, Rom u.a. 1972, Sp. 1–3.

Das Bild der Königin von Saba fügt sich, ähnlich wie das des Jupitergünstlings Alexander, des Wasserengels Salathiel und das des Philoneus, als Repräsentation des jeweiligen Elements in den waffentechnischen Kontext ein und ordnet diesen zugleich einer elementaren Sphäre zu.[99] Über den Blasebalg, der an anderer Stelle als *privignus aeris* (Bl. 131ʳ) benannt wird, stellt sich die Beziehung zu Dampf und Luftgeräten her. Allerdings finden sich gerade in diesem Kapitel auch disparate Dinge.[100] Mehr assoziativ als systematisch lassen sich die dargestellten Geräte und Techniken verschiedenen Ordnungsrahmen zuweisen, die von der Kriegstechnik über die zivile Technik bis zu der Ordnung nach Elementen reichen.[101]

Die Ordnung nach den zugrundeliegenden Stoffen wird im Ruprecht-Codex noch im letzten Kapitel fortgesetzt, das als *capitulum ferreum* angezeigt wird. Als „wenig kriegerisch" wird diese Rubrik angekündigt, und sie liefert die verschiedensten *ingenia*. In diesem Sinne entspricht sie der jeweils letzten Rubrik der Sieben-Kapitel-Fassung und des Wenzel-Codex. Anders aber als diese enthält sie zusätzlich eine Anzahl von Eisenwaffen, die dem 1. Kapitel entnommen sind und im Wenzel-Codex auch noch dort stehen. Erst über das Kriterium Eisen aber rückt auch Kriegsgerät in die letzte Rubrik. Der Verfasser geht hier in der Disposition offensichtlich eigene Wege, wobei sich die Ordnungskriterien widersprechen. Läuft die Kriegsordnung ansonsten in ein allgemein technisches Kapitel aus, so mündet die angedeutete Elementeordnung in ein Kapitel, das nach dem Werkstoff Eisen benannt ist. Alltags- und Kriegstechnik bilden die beiden Rubriken, in die sich das Material nicht widerspruchsfrei eingliedern läßt.[102]

Die Rolle der Astrologie im ‚Bellifortis'

Das Kriegswesen wird gleich zu Beginn des Ruprecht-Codex einem kosmologisch-astrologischen Rahmen zugeordnet. *Capitulum primum martis*

---

[99] Zu den unterschiedlichen orientalischen und okzidentalischen Traditionen vgl. die Beiträge in: PAUL F. WATSON, Die Königin von Saba in der christlichen Tradition; WERNER DAUM, Die Königin von Saba im Islam; AVIVA KLEIN-FRANKE, Die Königin von Saba in der jüdischen Überlieferung, in: Die Königin von Saba. Kunst, Legende und Archäologie zwischen Morgenland und Abendland, hg. von WERNER DAUM, Stuttgart – Zürich 1988, S. 55–110.

[100] So gehören die Ausführungen über verschiedene, mit Kalk, Pech oder altem Mist gefüllten Fässer (Bl. 116ᵛ) und die Anweisung zum Einebnen von Gräben (Bl. 116ᵛ) eher ins 3., die Beschreibung einer Baumsprengung und das mantische Feuerrezept (Bl. 121ʳ) am ehesten in eines der beiden pyrotechnischen Kapitel.

[101] Der Vorspann des 10. Kapitels widmet den Inhalt den *juvenibus nobilibus morigeratis* (Bl. 124ʳ), die auf die Anforderungen des Lebens vorbereitet werden müssen. Ihnen präsentiert das Kapitel eine nützliche Zusammenstellung von Anweisungen zu individueller Lebensbewältigung.

[102] Der Wechsel von kriegerischer und ziviler Nutzung folgt bisweilen direkt aufeinander. Leuchtkerzen werden für den sicheren Gang hoher Herren bei Nacht wie zur Bewachung eines Lagers angeboten. Räucheröfen dienen einmal als aromatische Duftgefäße, direkt darauf aber als Mittel zur ‚al-chemischen' Kriegsführung.

(Bl. 4ᵛ) wird mit sieben Planetenreitern, einem Alexanderbild und einer Darstellung der vier Winde als beseelte Wesen eingeleitet. In der Darstellung der Astrologie lassen sich erneut Akzentverlagerungen gegenüber dem Wenzel gewidmeten Codex feststellen. Die Astrologie erhält einen veränderten Status und wird deutlicher auf die pragmatische Umsetzung des astrologischen Ordnungsrahmens bezogen. Zugleich unterstreicht die Spitzenstellung der Astrologie die gewichtige Rolle, die sie noch während des 15. Jahrhunderts für die Lebensorganisation und Alltagsbewältigung einnahm.[103] Astrologische Vorausberechnungen jeglicher Art – Nativitäten, Electiones, Krankheitshoroskope, aber auch Wetterprognosen usw. – galten als wissenschaftliches, obgleich in ihrer Verbindlichkeit umstrittenes Instrumentarium alltäglicher Lebensplanung, das es erlaubte, den für eine beabsichtigte Handlung günstigsten Augenblick im voraus zu ermitteln. Nicht zufällig steht die Astrologie auch an der Spitze des ‚Bellifortis'. Neben *ratio et experientia* der Kriegstechnik und den einzelnen vorgestellten Waffen wird schon im Wenzel-Codex auch die Kenntnis der *planetarum almeriones*[104] für eine erfolgreiche Kriegsstrategie gefordert. Hier fehlen allerdings die Personifikationen zu den Planeten, und die Textbeischriften zu den nur angedeuteten Fahnenskizzen beschränken sich auf die Angabe von Umlaufzeiten und Himmelsrichtungen sowie der von den einzelnen Planeten regierten Tierkreiszeichen. Skizziert wird hier allein der allgemeine astronomisch-astrologische Rahmen.

Demgegenüber gestaltet der Ruprecht-Codex den astrologischen Zusammenhang, vorab das Wirkungsfeld der Planeten, weiter aus. Er dehnt diesen Aspekt in weitergehenden Bild- und Textpartien bis hin zu programmatischen Formulierungen aus:

> *Cuncta regunt regulant / rutilantia sydera septem*
> *Influunt virtutes / anime dant prosperitatem*
> *Erecto sydere / virtus duplatur amanti*
> *Sed si cadit maius / minus moueri desit*
> *Pulchri pusiones / sic tenuere Vates*
> *Quorum tu casus / sic noscas et erecciones.* (Ms. 63, Bl. 5ᵛ)

Die sieben Planeten treten in ptolemäischer Reihenfolge[105] als fürstlich gekleidete Reiter zu Pferd im Ornat des ausgehenden 14. Jahrhunderts in

---

[103] Zur Astrologie am böhmischen Hof vgl. KRASA (wie Anm. 60) S. 48–52.

[104] Ms. 64a, Bl. 2ʳᵃ. *Qua mediante hostes uestros admitum uestrarum militarum serenitatum poteritis mirifice debellare debellatosque potenter subpeditare per planetarum almeriones. currus belligeros necnon et fortes aspides* [...] (Ms. 64a, Bl. 2ʳᵃ). Almeri heißen die Punkte auf dem Astrolab, vgl. Revised Medieval Latin Word-List from British and Irish Sources, prepared by R. E. LATHAM, London 1989, S. 15.

[105] Im Sternenkatalog des Almagest, den Claudius Ptolemaeus um 140 v. Chr. abfaßte und der bis ins 16. Jahrhundert Grundlage astrologischer Berechnungen blieb, sind die Planeten geozentrisch angeordnet. Vgl. den Artikel ‚Planeten', in: Handwörterbuch des deutschen Aberglaubens, hg. unter bes. Mitwirkung von E. HOFFMANN-KRAYER und Mitarbeit zahlreicher Fachgenossen von HANNS BÄCHTOLD-STÄUBLI 7, Berlin – Leipzig 1935/1936, Sp. 36–294, bes. 38–42.

Erscheinung.[106] Je nach Temperament, das dem Planeten traditionell zugeschrieben wird, kommen sie ruhig trabend oder wild galoppierend daher.[107] Pferd und Reiter tragen die Farben der Planeten, wie sie ihnen bereits in antiken Darstellungen zugeschrieben werden, und in den Händen halten sie charakteristische Attribute: Der schwarze Saturn die Peitsche, der grüne Jupiter den Blütenzweig, der blutrote Mars das Schwert, die goldene Sonne den Reichsapfel, die blaue Venus den Spiegel, der rote Merkur den Brief mit Siegel und der blau-silberne Mond die geschwungene Geißel.[108] Jedem Planeten sind die Tag- und Nachtzeichen seiner zugehörenden Tierkreissymbole in Rundbildern oberhalb der Reiterfiguren beigefügt.[109]

Die Beischriften zu den Planetenbildern[110] gehen im Ruprecht-Codex über den allgemeinen astrologischen Rahmen hinaus und beziehen den Menschen als zentrale Instanz des Planeteneinflusses mit ein.[111] Im wesentlichen geben sie neben Umlaufzeiten der Planeten deren Wirkung auf Seele, Geist und Körper desjenigen Menschen an, der unter einem bestimmten Tierkreiszeichen geboren ist. Die Planeten bestimmen das Aussehen, das Temperament, die geistigen Fähigkeiten und regieren im astro-medizinischen Kontext jeweils bestimmte Organe. Die Textbeischriften bieten damit ausführlicher den astrologischen Wirkungskreis, jedoch jenseits konkreter alltagspraktischer Nutzung in Horoskopen und Nativitäten. Sie bleiben für den einzelnen auf Ergänzung um weitere Kenntnisse, wie beispielsweise genaue Konstellationen und Berechnungen, angewiesen.[112]

---

[106] Vgl. FRIEDRICH HOTTENROTH, Handbuch der deutschen Tracht, Stuttgart 1896, S. 387–389. Die Farbgebung der Gewänder ist jedoch antiken Vorbildern der Planetendarstellung verpflichtet, auf deren Qualitäten sie verweist. Vgl. LIPPMANN (wie Anm. 8) S. 213–215.

[107] Zu den Temperamenten der Planeten vgl. den Artikel Planeten (wie Anm. 105) Sp. 75–262.

[108] Zu der Farbgebung und den Attributen vgl. LIPPMANN (wie Anm. 8) S. 213–215.

[109] Die Planeten-Miniaturen gelten als Produkte ausgewiesener Künstler, ohne daß sie bislang einer bestimmten Werkstatt zugeschrieben werden konnten. QUARGS Behauptung, sie seien das Werk von Künstlern aus der Wenzelwerkstatt, wird inzwischen mit Recht in Zweifel gezogen. Dennoch sind die Planetenbilder nach Böhmen zu lokalisieren, verweist doch ihr Stil auf die Prager Buchmalerschule. So QUARG (wie Anm. 1) 2, S. XVI. Vgl. dagegen SWOBODA (wie Anm. 78) S. 239. Kodikologisch betrachtet, füllen die Planetenbilder zusammen mit den folgenden Alexander-Darstellungen und den vier Winden eine selbständige Lage – der heute jedoch ein Blatt fehlt –, die von einem Illuminator ausgeführt wurde. Nur noch die Blätter der sieben Planeten überliefert die Handschrift K. 415 Fol. der Bibliothek der Ungarischen Akademie der Wissenschaften in Budapest, die vermutlich aus dem Besitz König Sigismunds von Ungarn stammt; vgl. CSABA CSAPODI, Ein ‚Bellifortis-Fragment' von Budapest, in: Gutenberg-Jahrbuch 1974, S. 18–28.

[110] Sie entstammen „der rein literarischen Sphäre" und sind „nichts anderes [...] als eine stellenweise etwas freie Wiedergabe der Reihe des Macrobius". So urteilen RAYMOND KLIBANSKY – ERWIN PANOFSKY – FRITZ SAXL, Saturn und Melancholie. Studien zur Geschichte der Naturphilosophie und Medizin, der Religion und der Kunst. Übers. von CHRISTA BUSCHENDORF, Frankfurt a. M. 1990, S. 289. Eine genaue Quellenangabe wird jedoch nicht mitgeteilt.

[111] Die Beischriften wurden nach der Fertigstellung der Bilder von derselben Schreiberhand eingetragen, die den übrigen Text des ‚Bellifortis' – ausgenommen Bl. 100–104 – geschrieben hat.

[112] Zur Rolle der Astrologie vgl. UTE VON BLOH in dem vorliegenden Band.

Die Alexander-Figur

Der kriegstechnische Gegenstand wird im Ruprecht-Codex überdies historisch eingebunden.[113] So wird an zahlreichen Stellen auf die Alexanderfigur angespielt.[114] Als gleichermaßen tapferer und kluger Welteroberer verkörpert Alexander traditionell das ideale Herrscherbild. In ihm, dem ausgezeichneten Regenten, gipfelt die Folge der sieben Planeten, indem Alexander im Anschluß an die Planetenbilder in analoger Reiterpose als Jupitergünstling dargestellt wird. Gekleidet in der grünen Farbe des Planetengottes, dessen Fahne in der Hand, symbolisiert er einen durch den Einfluß der Sterne begünstigten Herrscher. Dem Alexander-Bild (Bl. 12^r) geht eine überdimensionale Darstellung seiner Lanze (Bl. 11^v) voraus, die die Inschrift *MEUFATON* trägt.[115] Die Beischriften charakterisieren die Wirkungskraft der Waffe als ebenso magisch wie durch Planeteneinfluß geleitet. Zeichenhaft stehen beide Abbildungen für Alexanders Eroberungstaten, die ein frühes und erfolgreiches Ergebnis der Verbindung von Herrschaft und überlegener Waffentechnik darstellen.

Alexander tritt sowohl als Eroberer wie als Erfinder in Erscheinung.[116] So werden seine Eroberungstaten, sein Sieg über Perser, Meder und Inder zur Beglaubigung der Kampfkraft des von ihm erfundenen *curiale Instrumentum belli* (Bl. 15^v) angeführt.[117] Auch die Erwähnung des König Porus von Indien, der als Erfinder eines zweirädrigen Kampfwagens in der Schreckgestalt eines verunstalteten Menschenkopfes angeführt wird (Bl. 27^r), ist eine Reminiszenz an die Alexandersage.

---

[113] SCHMIDTCHEN (wie Anm. 15) S. 30f. spricht aus heutiger Sicht von „vorgeblichen historischen Belegen".

[114] QUARG (wie Anm. 1) 2, S. XXXVf., HEIMPEL (wie Anm. 49) S. 121, 132f. – Die Rolle Alexanders im ‚Bellifortis' mag mit dem ursprünglichen Entstehungsort bzw. dem anvisierten Empfänger der Schrift, dem böhmischen Königshof unter Wenzel IV. (König Wenzel), in einem gewissen Zusammenhang stehen; denn dort besaß sie schon eine im 13. Jahrhundert einsetzende Tradition, die Kyeser in diesem Adressatenkreis als bekannt voraussetzen konnte. Um 1270/90 bearbeitete Ulrich von Etzenbach den Alexanderstoff für seinen Herrn Wenzel II. von Böhmen. Vgl. HANS-JOACHIM BEHR, Literatur als Machtlegitimation. Studien zur Funktion der deutschsprachigen Dichtung am böhmischen Königshof im 13. Jahrhundert (Forschungen zu Geschichte der Älteren deutschen Literatur 9) München 1989, S.143–174.

[115] Zur Tradition, die Klingen guter Schwerter zu beschriften, vgl. die Beispiele aus der altfranzösischen Epik in: VOLKMAR BACH, Die Angriffswaffen in den altfranzösischen Artus- und Abenteuer-Romanen (Ausgaben und Abhandlungen aus dem Gebiete der romanischen Philologie 70) Marburg 1887, S. 15.

[116] Vgl. HANS HOLLÄNDER, Alexander: ‚Hybris' und ‚Curiositas', in: Kontinuität und Transformation der Antike im Mittelalter, hg. von WILLI ERZGRÄBER, Sigmaringen 1989, S. 65–79. Er stellt fest: „Kyeser selbst hat fast nichts erfunden, sondern sich nur geschickt der Quellen bedient. Zu ihnen gehört die Alexander-Sage. Allerdings sähe ich ganz gerne einmal eine vollständige Rekonstruktion aller anderen Quellen Kyesers. Dann würde auch der Kontext der Alexander-Rezeption des späten Mittelalters etwas deutlicher. Bei Kyeser kommt natürlich nur der waffentechnische Wundertäter zum Zuge." (S. 67).

[117] *Per hoc perses / medi / Indi stant allexandro deuicti* (Ms. 63, Bl. 15^v). Vgl. SCHMIDTCHEN (wie Anm. 15) S. 31.

Im Verein mit Aristoteles personifiziert Alexander jene Verbindung von Macht und Technik, die Kyeser selbst als unerläßliche Bedingung der erfolgreichen Herrschaft auszuweisen sucht. Auf Aristoteles in Zusammenhang mit Alexander nimmt die Bildbeschrift zu dem schon erwähnten Kampfwagen Bezug: *Hoc instrumentum / ab allexandro repertum Philosopho summo / traditum est hoc moriale* (Ms. 63, Bl.15ᵛ)

Der Ruprecht-Codex verstärkt die Verbindung mit Alexander in Text und Bild bei der Darstellung von Feuerspeeren. Anders als im Wenzel-Codex stellen die Blätter 91ʳ und 93ʳ jeweils einen Reiter mit einer Feuerlanze dar, wobei die Versbeischriften auf Alexander anspielen: *Allexandri lucidum lucibulum sum sapientum* [...] (Bl. 91ʳ), bzw. *Istud lucibulum / allexandri noscas apertum* [...] (Bl. 93ʳ).[118]

Einen weiteren Hinweis auf die Alexandersage liefert ein Passus im Anschluß an ein Rezept aus der pseudo-albertinischen Schrift ‚De mirabilibus mundi': Hermes, Ptolemaeus[119] und die *colleccio sapientum* hätten demnach dieses Rezept erstellt, das Alexander beim Vordringen auf die Inseln des hinteren Indien erfolgreich anwandte (Bl. 90ᵛ). Auch an dieser Stelle enthält der Pergamentcodex den Alexanderbezug, den sowohl der Wenzel-Codex wie die Göttinger Handschrift der Sieben-Kapitel-Fassung nicht mit tradieren.[120]

Weitere Hinweise auf den König und den Philosophen entstammen dem ‚Liber ignium', aus dem Kyeser Teile übernommen hat. Alexander gilt als Erfinder verschiedener Leuchtfeuer.

> *IGnis ab allexandro magno repertus Recipe Colophonie / aspalti glassa* [...] (Ms. 63, Bl. 100ᵛ)

bzw:

> *Ignis quem invenit Aristoteles qui cum allexander ad loca obscura pergeret* [...] (Ms. 63, Bl. 100ᵛ)

Hier wie dort werden Alexander und Aristoteles als Autoritäten zitiert, um die Authentizität und Relevanz des dargebotenen Wissens zu garantieren. Die Funktion der klassischen Autoritätsbeglaubigung durch Rückführung einer Erfindung auf ihren Stifter kommt auch dem Personeninventar – historisch interpretierte Gestalten aus Mythos und Geschichte[121] – zu, das über den gesamten ‚Bellifortis' in Text- und Bildzitaten verteilt ist.

---

[118] In der Wenzel-Fassung sind die gleichen Waffen ohne Reiter und ohne Alexanderbezug dargestellt. Vgl. Ms. 64a, Bl. 87ʳ, 88ᵛ.

[119] Ptolemaeus (2. Jh. v. Chr.) ‚Tetrabiblos' und ‚Almagest' blieben bis zur Ablösung des geozentrischen Weltbildes bestimmende Autorität mittelalterlicher Astrologie. Hermes Trismegistos gilt als die klassische Autorität allen mittelalterlichen Geheimwissens. Vgl. LIPPMANN (wie Anm. 8) S. 257–259, 334–336.

[120] *hoc capitulum est mirabile quod fecit hermes et ptolomeus necnon et colleccio sapientum / prospere eciam magnus Allexander usus fuit quando insulas exterioris Indie subintrauit.* (Ms. 63, Bl. 90ᵛ; vgl. Ms. 64a Cim., Bl. 87ʳ; Ms. philos. 64 Cim., Bl. 77ʳ).

[121] Hektor, Bl. 25ʳ; Hermes, Bl. 90ᵛ; Paris, Bl. 91ʳ; Absalom, Bl. 91ʳ; Tantalus, Bl. 123ʳ; die Königin von Saba, Bl. 122ʳ; David und Goliath, Bl. 128ᵛ; Adam, Bl. 137ʳ.

Alexander als Jupitergünstling, als Erfinder von und Namengeber für Waffen, schließlich als Eroberer: der Ruprecht-Codex hebt durch einige Zusätze in Text und Bild Züge der Alexanderfigur hervor, deren Nimbus sich – wie auch der zahlreicher anderer historischer Figuren – zugleich auf die Waffen und Techniken übertragen soll.

Disziplinenspektrum / Autoritäten

Die antiken Autoren, auf die Kyeser sich mitunter beruft, sind ihm kaum unmittelbar, am ehesten in mittelalterlichen Übersetzungen und Kommentaren, vermutlich nur aus Sekundärquellen, den vielfältig überlieferten Florilegiensammlungen, bekannt. Schriftzitate ohne Quellenangabe stehen so neben Autoritätennennungen, die nicht auf authentische Vorlagen und tatsächlich benutzte Quellen verweisen. Nur zum Teil sind die Textpartien des ‚Bellifortis' auf ihre Vorlagen hin untersucht worden. Das Spektrum der Autoren, die Art des Umgangs mit dem Quellenmaterial und die Zitierweise liefern weitergehende Hinweise über die Modalitäten von Schriftverarbeitung wie über den Bildungshorizont des Verfassers.

Unterschiedliche Adaptationsformen sind im ‚Bellifortis' zur Anwendung gelangt: Das wortgetreue Zitat mit exakter Quellenangabe gibt es gar nicht; wörtliche Textübernahmen ohne Verweis auf die Vorlage treten selten auf; häufig ist dagegen eine freie Zitierweise, die in versifizierter Paraphrase Textstellen wiedergibt und in unterschiedlicher Weise kompiliert.

Nach eigener Auskunft schöpft Kyeser aus einem Wissensfundus, den er einerseits aus schriftlich tradierten Quellen, andererseits aus eigener Erfindung bezieht:

> *partim per sapientiam ruminatus sum partim vero ex Vegecio validoque Antonio Romano / alijsque auctoribus autenticis studiose collegi* (Ms. 63, Bl. 3ʳ).

Während Vegetius als beherrschende Autorität der Kriegskunst gilt, ist die Identität des ‚Antonius Romanus' unsicher.[122] Die einleitenden Autoritäts-

---

[122] Quarg (wie Anm. 1) 2, S. 4 identifiziert Antonius Romanus als „Marcus Antonius Gordianus (I.) Romanus Africanus (gest. 238 n. Chr.)", den spätrömischen Soldatenkaiser, von dem allerdings keine Kriegsschrift bekannt ist. Demgegenüber sieht Romocki (wie Anm. 49) S. 136 hier einen „leicht zu erkennenden Kopistenfehler": es handele sich um Aegidius Romanus, der im letzten Abschnitt seines Fürstenspiegels die Aufgaben des Herrschers in Kriegszeiten im Anschluß an Vegetius behandelt. Aus ‚De regimine principum' schöpft Kyeser auch schon die Vorschriften, die sich unter einem gleich nach der Einleitung abgebildeten Fechterpaar finden: es soll bei der Aufstellung zum Kampf stets auf Sonne und Wind gebührend Rücksicht genommen werden, und der Stich sei dem Hieb stets vorzuziehen." Vgl. Quarg (wie Anm. 1) 1, Bl. 18ᵛ. Im übrigen aber bleiben hinsichtlich der beschriebenen Waffen die Gemeinsamkeiten gering. Vielleicht bestehen Verbindungen zur mittelalterlichen Kriegsschrift ‚De rebus bellicis', die sich seit dem 9./10. Jahrhundert nachweisen läßt und die unter dem Namen ‚Itinerarium Anthonini' überliefert ist. Vgl. Anonymi auctoris libellvs De rebus bellicis, hg. v. Robert Ireland, in: De Rebus Bellicis. Part 2 (BAR International Series 63) Selbstverlag 1979, S. 40f. Quarg (wie Anm. 1) S. 138f.

berufungen bleiben indes pauschal, in der weiteren Darstellung selbst sind sie nicht berücksichtigt.

Bereits die Vorreden setzen sich aus den verschiedensten Zitatpassagen zusammen, die nur z.T. mit Quellenangaben versehen oder schlicht mit *philosophus* (Aristoteles) angezeigt sind. Im Wenzel-Codex hatte Kyeser noch im Zusammenhang der Erörterung der Zeitproblematik auf die ‚Physik' des Aristoteles und auf dessen Schrift ‚De generatione et corruptione' hingewiesen, nur selten hatte er aber auch hier, wie im Fall zahlreicher Bibelzitate, die genaue Stelle angegeben.[123] Ziel dieses Verfahrens war, dem Dargebotenen durch den Rekurs auf zentrale Autoritätsinstanzen Geltung zu verleihen. Die Vorrede des Ruprecht-Codex kombiniert dagegen sprichwörtliche Sentenzen, Bibelzitate, die Aristotelesbezüge sowie Zitate aus Isidors ‚Etymologien' ohne Quellenverweise.[124] Gegenüber dem heilsgeschichtlichen Thema des Wenzel-Codex rücken hier die gleichen Zitate in den Kontext fürstenspiegelartiger Ermahnung.

In der Vorrede des Ruprecht-Codex nicht erwähnt und in ersten Entwürfen der Schrift vielleicht noch gar nicht vorgesehen sind die wörtlichen Textübernahmen aus zwei bzw. drei mittelalterlichen Schriften, aus dem ‚Liber ignium ad comburendos hostes' eines nicht identifizierten Verfassers namens Marcus Graecus, aus der Albertus Magnus zugeschriebenen Schrift ‚De mirabilibus mundi' und vielleicht aus einem heute wohl verlorenen ‚Liber auricalcari operis'.[125] Sie umfassen große Teile des siebten und achten Kapitels und unterscheiden sich von den übrigen Exzerpten und Anspielungen im wesentlichen dadurch, daß es sich um wörtliche Textinserate in lateinischer Prosa handelt, die den bereits entworfenen Bild-Text-Sequenzen eingefügt und nur spärlich illustriert werden. Innerhalb dieser umfangreichen Zitate werden mehrere der oben vorgestellten Autoritäten angeführt.

Das Spektrum der benutzten Quellen läßt keine spezifische Vorliebe Kyesers für einen bestimmten Autorentypus erkennen. So wie Kyeser hier auf antike und mittelalterliche Texte zurückgreift, so beruft er sich für einzelne Erfindungen auf sehr unterschiedliche Autoritäten. So dienen Figuren der Bibel gleichermaßen als Autoritäten für die erfolgreiche Anwendung einer Technik wie solche der antiken Wissenschaft.

---

[123] Ms. 64a, Bl. 1ra zu den Aristotelesverweisen. Aus der Bibel zitiert Kyeser Koh. 1,4; Luk 21,25; Jes. 62,1 u. 66,1; Ps. 74,7f.; Ps. 72,8; Ps. 8.

[124] HEIMPEL (wie Anm. 49) S. 121 stellt fest, daß ein Großteil des Zitatenschatzes, mit dem Kyeser seine Vorrede anreichert, Isidors Etymologien und der Bibel entnommen ist.

[125] ‚De mirabilibus mundi' wird als Quelle zwar ausgewertet, nicht aber angeführt. Den ‚Liber auricalcari operis' zitiert Ms. 63 auf Bl. 112^r, den ‚Liber ignium' auf Bl. 100^r. Zitate aus ersterem lassen sich nicht belegen, wohl aber aus dem ‚Liber ignium'. Vielleicht ist mit dem ‚Liber auricalcari operis' eine Schrift des Hunayn Ibn Ishaq († 873) gemeint. Anlaß zu dieser Vermutung gibt die Erwähnung dieses arabischen Autors in dem Göttinger Ms. philos. 64a, Bl. 80^v und 124^r in der Vorrede des 7. und innerhalb des 9. Kapitels. Zu Hunayn Ibn Ishaq vgl. LIPPMANN (wie Anm. 8) S. 390, Anm. 5; ERNST BANNERTH, Honain, in: LThK 5, 1960, Sp. 471.

Neben Alexander und Aristoteles als herausragende Erfinder von Waffentechnik stehen andere Autoritäten aus Geschichte, Mythos und Sage, aber auch Autoritäten ziviler Technik. Für die Erfindung von Badehäusern beruft sich Kyeser auf antike Autoren: Mit Philon oder Philoneus (Bl. 95ᵛ, 112ᵛ, 114ᵛ) spielt er vermutlich auf zwei verschiedene Persönlichkeiten des griechischen Altertums an: Einmal auf den berühmten griechischen Mechaniker Philon von Byzantion (3. Jh. v. Chr.), der in seiner ‚Mechanike syntaxis' das althergebrachte technische Wissen, darunter auch eine Reihe von Kriegsgeräten, vorgestellt hatte, zum anderen verweist die Erwähnung eines Philon als Erfinder medizinischer Bäder (Bl. 112ᵛ und 114ᵛ) eher auf den griechischen Arzt Philon von Tarsos, dessen ‚Philonianum antidotum' bis ins Mittelalter hinein rezipiert wurde.[126] Das Rezept für ein weiteres medizinisches Dampfbad führt Galen als medizinische Autorität ein.[127] Der hier angedeutete Umgang mit der Überlieferung weist Kyeser als einen an mittelalterlicher gelehrter Tradition orientierten Autor aus, der sich Wissensbestände exzerpierend und kompilierend aneignet.

An einzelnen Stellen läßt sich beobachten, wie Kyeser die antike Kriegstechnik zeitgenössischen Gegebenheiten anpaßt. Wie Vegetius stellt er zu Beginn die Überlegung *Qui valeant bellis* (Bl. 4ᵛ) an. Die jeweils genannten Berufe gleichen sich, werden allerdings unterschiedlich beurteilt. Die Übersicht enthält Tätigkeitsfelder, die im Kriegsfall schädlich und untauglich und zählt jene auf, die unverzichtbar sind. Die Eignung der Berufe nimmt bei Vegetius nach dem jeweils nötigen Maß an Körperkraft zu, und allein diese bietet ein Kriterium für die Aushebung von Rekruten. Nützliche Jagdberufe werden bevorzugt, jene die den ‚Frauengemächern' dienen, abgelehnt.[128]

Kyeser lehnt sich in dieser Frage an Vegetius an und gliedert seine Ausführungen gleichfalls in zwei Komplexe: Zunächst empfiehlt er jene Berufsgruppen, die für das Erstellen der Gerätschaften und die Versorgung der Krieger mit Nahrung zuständig sind. Kriterium der Auswahl ist hier primär der Nutzen:

> *Qui valeant bellis / possum describere qui sint*
> *Eximijs demptis / valent fabrilibus apti*
> *Nec non carpentarij / lapicideque sectores*
> *Molendinatores / carnifices atque pistores* (Ms. 63, Bl. 4ᵛ)

Anders jedoch als bei Vegetius folgt anschließend eine Übersicht von Berufen, die ihre Untauglichkeit nicht nur pragmatischen, sondern auch morali-

---

[126] Ihn führt QUARG (wie Anm. 1) 2, S. 63, an.

[127] *Galieno summo / artis medicine perito*
Balneum hoc sequens / est descriptum manifeste (Ms. 63, Bl. 113ᵛ).

[128] *Sequitur, ut, cuius artis uel eligendi uel penitus repudiandi sint milites, indagemus. Piscatores aucupes dulciarios linteones omnesque, qui aliquid tractasse uidebuntur ad gynaecea pertinens, longe arbitror pellendos a castris; fabros ferrarios carpentarios, macellarios et ceruorum aprorumque uenatores conuenit sociare militiae.* (Vegetius [wie Anm. 9] I,7, S. 34–36).

schen Kriterien verdanken. Nicht Tauglichkeit liefert hier das vordringliche Kriterium, sondern Ehrbarkeit:

> Sed verso sutores / minus valent atque textores
> Pictores scriptores non aptes neque cerdones
> Caupones pannifices / mercatores parasyte
> Primulos post cedant / sequatur deinde fuligo
> Nempe valent isti / manibus qui grandia ferunt (Ms. 63, Bl. 4ᵛ)

(Flick-)Schuster, Weber, Maler, Schreiber, Handlanger, Schankwirte, Tuchmacher und parasitäre Händler: die Aufzählung Kyesers vereint heterogene Berufe mit z.T. negativem Ansehen. Die moralische Bewertung bleibt indessen pragmatisch eingebunden. Die meisten Berufe beziehen sich wohl auf den Troß eines Heeres. Wenn Kyeser allein den aufgelisteten Berufen, nicht aber den sie ausübenden Personen die Kriegstauglichkeit abspricht, urteilt er mehr vor dem Hintergrund der Gefahren, die vom Troß ausgehen, als daß er eine grundsätzliche Bewertung der Personen abgibt.

Waffenkatalog und Bildhandschrift

Die beschriebenen Differenzen in Programmatik und Anlage von Wenzel- und Ruprecht-Codex setzen sich in der Gestaltung der Illustrationen fort. Der mehr auf den Herrscher ausgerichtete Ruprecht-Codex besitzt in den Abbildungen nicht nur ein höheres Anspruchsniveau, er vervielfältigt zudem die möglichen Ebenen der Rezeption. Die Mehrschichtigkeit des Rezeptionsangebots bildet hier die wichtigste Differenz gegenüber dem Wenzel-Codex.

Als recht textnahe Veranschaulichung überlieferter Waffentypen lassen sich zahlreiche Illustrationen des ‚Bellifortis' auffassen.[129] Das gilt wohl für die meisten zur Schau gestellten Geräte, Maschinen und Werkzeuge, die sich zwar nur im Einzelfall mit Bildtraditionen, insgesamt aber mit dem Schrifttum zur Kriegskunst, vornehmlich mit dem Material, das Vegetius unterbreitet, in Verbindung bringen lassen. So ist ein Teil des Waffenarsenals – einige Angriffs- und Verteidigungswaffen der ersten fünf Kapitel – auch schon in der spätantiken Schrift vorgestellt worden.[130] Die Veran-

---

[129] Die Rolle der Abbildungen in Werken, die auf Praxis, Erfahrung und Beobachtung basieren oder diese zumindest mitberücksichtigen, ist noch nicht untersucht. Vgl. GUY BEAUJOUAN, Réflexions sur les Rapports entre Théorie et Pratique au Moyen Age, in: The Cultural Context of Medieval Learning. Proceedings of the First International Colloquium on Philosophy, Science, and Theology in the Middle Ages – September 1973, hg. von JOHN E. MURDOCH u. EDITH D. SYLLA (Boston Studies in the Philosophy of Science 26) Dordrecht – Boston 1975, S. 437–484, hier S. 471.

[130] Belagerungsgeräte, Lib. IV, Kap. 13; Sturmböcke, Mauersicheln und Pultdächer, Lib. IV, Kap. 14; Sturmleitern, Fallbrücken, Hebezeug usw., Lib. IV, Kap. 21 des Vegetius.

schaulichung der Gerätschaften in Abbildungen ist als genuine Leistung der von Kyeser beauftragten Künstler zu werten.[131]

Kyesers Sammlung ist also mehr als bloß eine in Teilen bearbeitete Wiederholung dessen, was vorausgehendes Schrifttum bot. Auf dieser frühen Stufe der Kodifizierung von Kriegstechnik zeigen sich die verschiedenen Möglichkeiten der Rezeption in erster Linie auf der Bildebene. Ein Großteil der Textbeischriften besitzt kaum Praxisbezug. Die Bilder des Ruprecht-Codex aber knüpfen an die Erwartungen des höfischen Adressatenkreises an, transponieren technische Produkte in seine Erfahrungswelt, indem sie sie in ein am Repräsentationsbedürfnis des Hofes orientiertes Ambiente einbinden. Zwei verschiedene Abbildungstypen prägen den Bildbestand: die katalogartige Reihung einzelner Waffen und die Darstellung ihres Anwendungsrahmens in szenischer Gestaltung. Während der Katalog sich auf die relativ genaue technische Wiedergabe einzelner Waffen beschränkt, unterbrechen die szenisch ausgemalten Bilder die nüchterne Reihung und geben der Darstellung einen jeweils verschiedenen – ästhetischen, praktisch anleitenden, architektonischen, szenischen, narrativen, im Einzelfall gar politischen – Akzent. Die unterschiedlichen Schwerpunkte der Darstellung lassen sich an zahlreichen Fällen wiederum vor dem Hintergrund des Wenzel-Codex deutlicher aufzeigen, in der die funktionale Vielfalt der Bildebene eine ungleich geringere Rolle spielt.

Ausdruck des gehobenen Anspruchsniveaus im Ruprecht-Codex ist zunächst die aufwendige Gestaltung der Abbildungen, die die dargestellten Gegenstände – bisweilen selbst die technischen – zu Bestandteilen des höfischen Lebens aufwertet. Diesen Aspekt verdeutlicht in Reinform die Abbildung einer Großen Blide (Bl. 30ʳ), die allerdings im Rahmen der ‚Bellifortis'-Überlieferung eine Ausnahme bildet. Ganzseitig und ohne Textbeischrift wird diese Belagerungsmaschine in schiefer Parallelprojektion dargestellt.[132] Die Konstruktion ist mit großer Sorgfalt wiedergegeben: Einzelne tragende Teile sind sogar mit Maßangaben versehen, so daß in diesem Fall das Bild eine Art Modellskizze einer tatsächlich existierenden oder anzufertigenden Blide vorstellt. Das Gerät ist sorgfältig koloriert vor einen dekorativ mit Rankenwerk und Vögeln gestalteten, teppichartigen Hintergrund postiert, der dem Gebrauchsgegenstand ‚Maschine' einen dekorativen Rahmen verleiht. So wie in diesem Fall technische mit ästheti-

---

[131] Illustrierte Vegetius-Handschriften im Sinne eines Waffenkatalogs gibt es vor dem ‚Bellifortis' nicht. Vgl. WISMAN (wie Anm. 12) S. 178. SHRADER (wie Anm. 12). Umgekehrt greifen die als Bildkataloge erscheinenden Vegetius-Drucke des 15. Jahrhunderts gerade auf die Abbildungen ‚Bellifortis' zurück. ROMOCKI (wie Anm. 49) S. 155 spricht den Malern des ‚Bellifortis' im Bereich der Feuerwerkskunst nicht viel Sachverstand zu.

[132] Zu diesem Begriff vgl. HELMUT GRÖSSING – HERBERT MASCHAT, Zu den Technikzeichnungen des Leonardo da Vinci, in: Poesis et pictura. Studien zum Verhältnis von Text und Bild in Handschriften und alten Drucken. Fs. für Dieter Wuttke zum 60. Geburtstag, hg. v. STEPHAN FÜSSEL und JOACHIM KNAPE (Saecula Spiritalia Sonderband) Baden-Baden 1989, S. 107–129, S. 114.

scher Gestaltung gepaart wird, so können an anderen Stellen Phantasiegebilde mit einem durch Berufung auf Schrifttradition beglaubigten praktischen Anspruch auftreten.[133]

Das Interesse am Dekorativen prägt durchgängig das 9. Kapitel, das den Gegenständen des Alltagslebens gewidmet ist: Während etwa Räucheröfen, Gebäude und Badehäuser in der Bildanlage des Wenzel-Codex in ihrer technischen Konstruktion, rein funktional, wiedergegeben werden, sind sie im Ruprecht-Codex in aufwendig ausgestaltete Bilder gefaßt.[134] Die Abbildungen von Badehäusern und Pavillons sind nicht nur ausgemalt und verziert, sondern zusätzlich mit Figuren versehen, wodurch zugleich der Anwendungsrahmen ins Bild gesetzt wird (Abb. 1). Gemessen an der technischen Skizze (Abb. 2) überwiegt hier die szenische und dekorative Ausmalung. Die neutralen Anweisungen des Wenzel-Codex zum Ausräuchern eines ‚Hauses‘, in dem sich Feinde verschanzt halten, konkretisiert der Ruprecht-Codex am Beispiel einer ‚Kirche‘. Die Textbeischrift liefert dafür keinen Hinweis. Der Maler illustriert folglich – sei es in kritischer Anspielung, sei es als Wiedergabe einer allgemein geübten Praxis –, eine perfide Taktik, den gesicherten Schutzraum der Kirche unter Umgehung des dort herrschenden Tötungsverbots aufzuheben. Über die katalogartige Reihung der technischen Gegenstände hinaus vermitteln diese Abbildungen Hinweise auf spezifisch zeitgenössische Lebensbereiche.

Nicht der Fachmann erhält hier Einblick in den Funktionsmechanismus der Geräte, vielmehr begegnet der Laie den technischen Gegenständen innerhalb seiner eigenen Erfahrungswelt. Die Handhabung von Leitern und Fallgruben zur Erstürmung und Verteidigung von Burgen illustriert der Ruprecht- gegenüber dem Wenzel-Codex nicht anhand schematisch gezeichneter Gebäudeteile, sondern am Beispiel sorgfältig ausgemalter Burganlagen.[135] Das Ersetzen schlichter Gebäude oder Gebäudeteile als Hintergrund der waffentechnischen Nutzung durch repräsentative Burgenlandschaften bildet ein durchgängiges Kennzeichen des Ruprecht-Codex.[136] In

---

[133] Faktizität oder Phantasie erweisen sich als nicht maßgebliche Kriterien für das dargebotene Material. Das Bild des *cattus grandis* (Ms. 63, Bl. 38ᵛ), eines Sturmwagens, zeigt einen Vogelkörper auf Rädern mit einem Katzenkopf (in Ms. 64a wird demgegenüber die Konstruktionsweise des mit Eisenplatten beschlagenen Wagens hervorgehoben).

[134] Vgl. die Räucheröfen Ms. 63, Bl. 115ᵛf. gegen Ms. 64a, Bl. 118ᵛf.; die Badehäuser Ms. 63, Bl. 114ʳ⁻ᵛ gegen Ms. 64a, Bl. 119ᵛf.; die Gebäude Ms. 63, Bl. 119ʳ gegen Ms. 64a., Bl. 120ᵛ; die Küchen Ms. 63, Bl. 117ᵛf. gegen Ms. 64a, Bl. 121ʳ⁻ᵛ.

135 Die Differenz besteht nicht in der Ausgestaltung der Abbildungen, die im Wenzel-Codex bisweilen fragmentarisch ist, sondern grundsätzlicher in der ganzen Anlage der Bilder. Am Beginn des 4. Kapitels stehen zwei Burgenbilder, die zeigen, wie ein Angreifer mittels einer Aufsteckleiter einen hohen Turm ersteigt (Bl. 67ʳ) und wie eine hölzerne Leiter auf Rollen nach Ersteigen der Mauer problemlos eingezogen werden kann (Bl. 67ᵛ). Beide Leitertechniken werden in der Wenzel-Handschrift (Ms. 64a, Bl. 56ʳ; 59ʳ) lediglich an einem Turm illustriert, zudem ohne Figur. Vgl. Ms. 63, Bl. 67ʳ gegen Ms. 64a, Bl. 59ʳ; Ms. 63, Bl. 67ᵛ gegen Ms. 64a, Bl. 56ʳ (Leitern); Ms. 63, Bl. 86ʳ gegen Ms. 64a, Bl. 74ʳ; Ms. 63, Bl. 89ʳ gegen Ms. 64a, Bl. 73ʳ. ü.ö.

[136] Sie läßt sich gegenüber der Wenzel-Fassung an nicht weniger als 10 Beispielen belegen: Ms. 63, Bl. 35ʳ, 43ʳ, 50ʳ, 67ʳ, 67ᵛ, 85ᵛ, 86ʳ, 89ʳ, 94ʳ, 113ʳ.

ihrer jeweils unterschiedlichen Architektur repräsentieren die Burgen einerseits verschiedene Ausprägungen des adeligen Lebensraums, andererseits als Festungsanlagen einen nicht eigens im Text thematisierten Bestandteil der Kriegstechnik. Bis in Details hinein geben die Burgenbilder bisweilen Einblick in zeitgenössische Bautechniken wie Abwehrringe und Abwasseranlagen (Bl. 94^{r-v}). Dieser Überschuß der Bild- gegenüber der Textebene bildet das Verbindungsglied zwischen der höfischen Sphäre, auf die hin der ‚Bellifortis' ausgerichtet ist, und seinem kriegstechnischen Gegenstand.

Die szenische Gestaltung der Bilder kann verschiedene Praktiken kombinieren, die dadurch in einen inhaltlichen Zusammenhang treten. In einer Reihe von Fällen bietet sie Techniken in simultaner Darstellung, während diese im Wenzel-Codex auf zwei Abbildungen verteilt sind. Einige Angriffs- und Verteidigungstechniken setzen dabei im Ausschnitt Handlungen ins Bild, die dem Leser einen narrativen Zusammenhang suggerieren. Das 26. Kapitel des IV. Buches des Vegetius, in dem darüber gehandelt wird, *Quae sit adhibenda cautela, ne hostes furtim occupent murum,*[137] greift zur Veranschaulichung der beschriebenen Vorsichtsmaßnahmen, die einzuhalten sind, sobald sich der Feind zurückgezogen hat, auf das Ereignis der Rettung Roms durch wachsame Gänse zurück. Diesen Vorfall, den Kyeser vermutlich aus Vegetius und nicht aus der historischen Quelle (Livius) entnimmt, setzt die Handschrift ins Bild (Bl. 85^v): Einer mittelalterlichen Burg, auf einem Berg gelegen, nähert sich ein Reiter im Galopp. Auf der Burg und um sie herum sind Hunde und Gänse zu sehen, die aufgeregt Alarm schlagen. Die Beischriften zu diesem Bild gehen nun jedoch über den Inhalt des Dargestellten hinaus. Es ist dort nicht nur von Hunden und Gänsen die Rede und von der geschwätzigen Elster, die ebenfalls auf Feinde im Hinterhalt aufmerksam macht. Für diese Ausführung bietet der Vegetius-Text keinen Anhaltspunkt, und auf dem Bild ist die Elster nicht zu finden. Eine Anspielung auf die römische Episode stiftet darüberhinaus in Anlehnung an Vegetius das historisch herausragende Vorbild für die Verteidigungstechnik. Die Lehre von der Nutzung der Tiere im Krieg wird auf der Textebene am historischen Fall illustriert. In dem Kriegsbuch wird das historische Beispiel zur *ars rome*, zur handhabbaren und lehrbaren Technik der Verteidigung, die als Exempel neben die technische Anleitung tritt. Der Anwendungsrahmen von Kriegstechnik als *ars* – das zeigt auch die weite alltagspraktische Ausrichtung des Kriegsbuchs – greift auf alle, auch zivile Lebensbereiche aus.

Bild und Text verhalten sich hier nicht kongruent. Für den Betrachter verbinden sich in der Darstellung Bildinhalte (Burg, Reiter, Gänse), die durch die Beischriften auf verschiedene Techniken bezogen sind. So teilt die Beischrift ein Rezept für Wachhabende oder Reisende gegen Müdigkeit mit. Der Reiter, auf den sich das Rezept bezieht, wird aber vom Betrachter mit den dargestellten Schutzmaßnahmen in Verbindung gebracht wer-

---

[137] Vegetius (wie Anm. 9) S. 306.

den.¹³⁸ Der technisch-systematische Aspekt – die Zuordnung von informativer Text- und Bildsequenz –, die in der isolierten Darstellung des Wenzel-Codex im Vordergrund steht, wird im Ruprecht-Codex in einen historisch-narrativen Zusammenhang eingebunden.

Zwei folgende, jeweils durch fünf Blätter voneinander getrennt erscheinende Burgenbilder illustrieren Angriffstechniken zum Erstürmen einer Festung.¹³⁹ Auf Bl. 43ʳ nähert sich eine mit Schwertern und Lanzen bewaffnete Kriegerschar in einem in der Beischrift als Um- und Querweg bezeichneten Graben, der ihre Ankunft den Burgbewohnern möglichst lange verborgen halten soll. Über ihren Köpfen halten sie zum Schutz Matten aus Weidenruten. Ein Krieger steht hinter der Ringmauer und schleudert gerade einen Stein in Richtung der herannahenden Feinde. Aber die Zahl der Feinde bleibt ihm durch die Schutzmatten verborgen. Die Textbeischrift liefert hier nicht nur Hinweise zur verdeckten Angriffstechnik, sie stellt überdies noch einen Schutzwagen vor, den die Abbildung selbst nicht wiedergibt.¹⁴⁰ In der Gestaltung des Bildes orientiert sich der Ruprecht-Codex hier nur zum Teil am Text, die repräsentative Szene vernachlässigt das technische Detail, auf das allein der Text noch Bezug nimmt.

In den fortlaufend und ansonsten ohne Illustrierung eingetragenen Prosatext des siebten Kapitels sind zwei Burgenbilder inseriert, die ganz in der Art der vorausgehenden angelegt sind. Das erste (Bl. 94ʳ) veranschaulicht ein magisches Rezept, das die Herstellung einer Zauberkerze mit den Ingredienzien „Nabelschnur", „Werg" und „Fett eines frisch Erhängten" (Bl. 94ʳ) zum Inhalt hat, während die zweite Illustration eine Burg mit offenem Leuchtfeuer auf der Spitze des Burgfrieds darstellt, in deren Vordergrund ein Mann mit menschengroßer Leuchte zu sehen ist. Das Zauberrezept des ersten Bildes hat folgenden Wortlaut:

---

[138] Auf den Bl. 35ʳ, 42ᵛ und 50ʳ erscheinen jeweils szenische Darstellungen mittelalterlicher Burganlagen, während die übrigen Blätter dieses Kapitels ausschließlich einzelne Geräte zeigen. Zu sehen ist auf Bl. 35ʳ ein Teil einer Befestigungsmauer im Ausschnitt. Zwei Männer versuchen an der Frontseite die Mauer zu überwinden bzw. zu durchbrechen. Der eine schlägt, verdeckt durch einen hölzernen Schutzschild, mit einer Hacke ein Loch in die Mauer, der andere zieht sich gerade an einem Seil hoch, das in der Fensteröffnung eines Erkers verankert ist. Das Bild nimmt den ganzen Blattraum ein, so daß der einzeilige Titulus, *Turris ascensus descensus apparet idem* (Bl. 35ʳ), nur noch ganz rechts am äußeren Rand quer zum Bild eingetragen werden konnte. Sein Informationsgehalt bleibt hinter dem des Bildes zurück. Die gleichen Techniken finden sich im Wenzel-Codex auf zwei Abbildungen verteilt (Ms. 64a, Bl. 41ʳ, 36ᵛ).

Auf welche Art und Weise verschlossene Burgtore von außen geöffnet werden können, demonstriert das Bild Ms. 63, Bl. 50ʳ. Mit Hilfe eines hinter der hochgezogenen Zugbrücke eingeklemmten Eisenhakens, um dessen rückwärtigem Bogen durch eine Öse ein Seil geführt wird, ziehen zwei Krieger auf beiden Seiten die Zugbrücke herunter. Unter Weidenkörben verborgen, nähern sich weitere Krieger dem bald betretbaren Eingang. In der Wenzel-Fassung sind beide Angriffstechniken getrennt überliefert. Vgl. Ms. 64a, Bl. 40ᵛ und 41ᵛ.

[139] In Ms. 64a folgen diese beiden Burgenbilder einander auf den Bl. 40ʳ⁻ᵛ.

[140] Verdeckte Angriffstechnik (durch Gräben) und Schutzwagen finden sich in Ms. 64a auf die Blätter 39ᵛ und 40ʳ verteilt.

Animalis summi / viscus medius vmbelici
Pendentis triui / stuppa miscetur et inde
Leti candela / formetur ex cera consumpta
Portabis quo vis / lunari tempore noctis
Videbis effectum / si pin‹gue– adest iugulati
Quorumlibet quino / quidam lucibulum figunt (Ms. 63, Bl. 94ʳ)[141]

Das Rezept selbst wird nicht veranschaulicht, kaum auch die Wirkung der Kerze selbst. Statt dessen aber der magische Hintergrund des Rezeptes, auf den die Kriegstechnik hier zurückgreift. Genauso arkan wie die Anweisung präsentiert sich der Bildinhalt. Der abnehmende Mond steht über der Burg in der Mitte eines wolkenverhangenen Himmels, und ein Türmer bläst auf seinem Horn, beides wohl Anzeichen für die Mitternachtsstunde. Zwei nackte kindliche Figuren am linken Bildrand – die eine trägt eine Kerze, die andere reitet auf einem Stock – befinden sich auf dem Weg in die Burg. Die Szene spielt vermutlich auf die Kunst der Geisterbeschwörung an, der Kyeser im Epichedion huldigt und auf deren Grundlage zahlreiche Rezepte basieren. Der Kenner der Magie vermittelt über das Bild dem Betrachter allein die Aura seiner Kunst.[142]

Schließlich gibt ein Bild ein königliches Prunkzelt (Bl. 85ʳ) wieder, das durch die Initialen w und e als dasjenige König Wenzels IV. und dessen zweiter Gemahlin Sophia-Euphemia gekennzeichnet und im Stil der Wenzel-Bibel-Illustrationen mit Insignien, Diadem und Vogelabbildungen kunstvoll geschmückt ist (Abb. 3).[143] Anlaß für die Darstellung ist eine Abwehrtechnik mittels eines Staketenzaunes, der das Zelt umgibt. Die Beischrift nimmt auf die abgebildete Verteidigungsmethode Bezug, mit deren Hilfe die Türken den König von Ungarn bei Nikopolis besiegt hatten. Die Verteidigungstechnik wird so an ein gerade vergangenes militärisches Ereignis gekoppelt, mit dessen Bewertung Kyeser im folgenden Vers fortsetzt. Er greift hier seine kritischen Ausführungen der Widmungsvorrede auf und attackiert erneut König Sigismund als *perfugum atque furibundum Fallacem nequam* (Bl. 85ʳ). Die Reminiszenz an Nikopolis wird zum Anlaß einer erneuten Polemik gegen Sigismund. Wieder treten Textbeischrift und dargestellter Sachverhalt auseinander. Das Wenzelzelt nimmt fast den gesamten Bildraum ein und drängt durch seine aufwendige Gestaltung die dargestellten Bodenhindernisse deutlich in den Hintergrund. Es verbindet Kyesers Polemik gegen Sigismund mit dem Ereignis von 1402, das den Ausgangspunkt für die Verurteilung des Ungarnkönigs bildete. Die Text-Bild-Komposition bringt beide Interessen unvermittelt zum Ausdruck. Das

---

[141] Der Text wurde bereits von zeitgenössischen Rezipienten nicht mehr verstanden. Das zeigt beispielsweise die Übersetzung im Göttinger Ms. philos. 64, Bl. 94a oder die verderbte Abschrift des lateinischen Textes der entsprechenden Stelle in der Wiener Hs. ÖNB, cvp 5518; auf beide Stellen weist Quarg (wie Anm. 1) 2, S. 61 hin.

[142] Vgl. Richard Kieckhefer, Magie im Mittelalter, München 1992, S. 115f.

[143] In Ms. 64a, Bl. 77ʳ (Abb. 4), ist weder das Zelt als das des Königs Wenzel gekennzeichnet, noch König Sigmund in der Beischrift erwähnt.

Bild ist eine Hommage an König Wenzel, der Text vermittelt Kyesers subjektive Einschätzung der Ereignisse des Jahres 1396 (und 1402). Zugleich unterrichtet er so König Ruprecht I. als Adressaten dieser ‚Bellifortis'-Fassung über die Ereignisse aus der Perspektive des authentischen Augenzeugen.

Adressat und Autor der Bild-Text-Partien

Die Einrichtungsmerkmale des ‚Bellifortis', seine auf Repräsentation angelegte Aufmachung und die Adresse an den gesamten Adel deutscher Nation legen nahe, daß der potentielle Leser nicht im Umkreis der militärischen Praktiker zu suchen ist. In zahlreichen Bildern und ihren Beischriften gibt sich zwar der in den Dingen der Kriegskunst Erfahrene, der *expertus militaris*, zu erkennen, doch verkündet er nur selten Fachmännisches. Die Texte thematisieren kaum Probleme der Herstellung, sondern beschreiben allgemein das Anwendungsfeld der Technik. Auch ist im ‚Bellifortis' nur z.T. der Krieger, z.T. der Nutznießer von Technik allgemein angesprochen. Allein eine Gruppe von *juvenibus nobilibus morigeratis*, die schon in der Widmung genannt ist, wird in der Einleitung des 10. Kapitels direkt als Zielgruppe erwähnt; ihnen empfiehlt sich der letzte Abschnitt zur Vorbereitung auf die Anforderungen des Lebens.

In einigen Textbeischriften dagegen präsentiert sich Kyeser selbst als *expertus militaris*, während ihn die Rahmentexte und die lateinischen Hexameterverse ebenso wie die Anspielungen auf Bibel, Mythologie und Historie vor allem als den mit der gelehrten Schrifttradition Vertrauten zeigen. Der *exul* reklamiert in zahlreichen Fällen die Urheberschaft für eine Reihe von Erfindungen. *Hoc defendiculum ab exule stat fabricatum* (41ᵛ). Sein *ingenium* macht er für die Brauchbarkeit der vorgestellten Geräte und Maschinen verantwortlich: *ideo me credere debes / Exulem clangentem / ingenia semper sequentem* (Bl. 66ᵛ). Auch Verweise auf das im Bild Dargestellte sind an den Experten gerichtet, denn nur er kann die abgebildeten Gegenstände aufgrund eigener Erfahrung im Umgang mit Kriegstechnik gegebenenfalls nachbauen:

> *Ex auricalco depurato bene cocto*
> *Sic formetur hamus / biffurcatus anteriori*
> *Parte ut in forma / fune mittatur in aquam*
> *Et ad quantitatem binis palmis sit fabricatus.* (Ms. 63, Bl. 65ᵛ)

Text und Bild setzen an vielen Stellen die Kenntnis der dargestellten Gegenstände und Techniken stillschweigend voraus, bzw. tabuisieren sie als *secreta*, als Expertenwissen des Fachmanns, das der Geheimhaltung unterliegt. Der Experte weiß beispielsweise, wie hoch im Bedarfsfall eine Ebenhöhe gekurbelt werden muß oder wieviele *Löffel* (Hebekräne) er benötigt – der Text verweist auf dieses Wissen: *sicud vis* (Bl. 33ʳ) oder *Coclear istud simplex armatos locat in murum / Fac in quantitate prout noueris fore necesse* (Bl. 33ᵛ). Wenn Kyeser auf der einen Seite mit der geheimnisumwitterten Aura seines Gegenstandes wirbt (*Ingenia rara presumo scribere cara* [Bl. 53ʳ]), so weiß er andererseits doch den Leser in seine Schranken zu verweisen: *Ipse tu considera / non reuelabo secreta* (Bl. 72ʳ). Der Kriegsfachmann, auf den Äußerungen wie *prout noscis* verweisen, kennt die hier vorenthaltenen Informationen, ihm brauchen sie nicht mitgeteilt zu werden. Ihre Entschlüsselung bleibt einem außerhalb des Buches liegenden Vermittlungsweg vorbehalten. Der königliche Adressat kann sich diese nur über den Experten als vermittelnde Instanz verschaffen, der ‚Bellifortis' weckt lediglich das Interesse für das praktische Wissen, ohne es selbst explizit mitzuteilen. Politische Führung knüpft sich an Expertenwissen. Die Funktion des Textes besteht folglich im Zeigen, nicht im Erklären.

Manche Geräte und Maschinen stellen sich dem Leser als Personen eines dramatischen Geschehens vor:

> *Sum armilla grandis / spadis tribus sociatis*
> *Flores florentes seco / prout impia mors nulli parco* (Ms. 63, Bl. 24ᵛ)[144]

Rhetorisch inszeniert, wird die todbringende Wirkung einiger Waffen betont, während ihre Konstruktionsweise an keiner Stelle durchsichtig gemacht wird. An anderer Stelle wird der Effekt hervorgehoben, indem einmal an die siegreiche historische Anwendung durch Exempel (Alexander, Porus u.a.) erinnert wird, das andere Mal die erfolgversprechende Leistung des jeweiligen Geräts in Aussicht gestellt wird.

Neben dem repräsentativen Codex, wie er vor allem in Hof- und Adelskreisen, aber auch im gehobenen städtischen Milieu mit den hier charakterisierten Merkmalen Verbreitung findet,[145] entsteht eine deutlich an den Gebrauch in den Händen von Büchsenmeistern gebundene Überlieferungstradition. Sie befreit den ‚Bellifortis' von jenen Bestandteilen – Astrologie, Alexanderreminiszenzen, Darstellungen von Gegenständen aus der Hofsphäre (Badehäuser, Keuschheitsgürtel u.a.), aber auch von Rezepten aus Magie und Alchemie – die sich einer kriegstechnischen Verwendbarkeit

---

[144] Vgl. weitere Beispiele Ms. 63, Bl. 25ʳ, 26ᵛ, 91ᵛ, 129ᵛ.

[145] Beim Codex Frankfurt a. M., StUB, Ms.germ.qu. 15, aus dem Besitz des Grafen Philipp von Hanau (1417–1480) handelt es sich um eine reine Bildhandschrift, die um 1460 im Elsaß angefertigt wurde; vgl. BIRGIT WEINMANN, Kataloge der Stadt- und Universitätsbibliothek Frankfurt am Mayn, 5,4: Die mittelalterlichen Handschriften der Gruppe Manuscripta Germanica, Frankfurt a. M. 1980, S. 37f. Innsbruck, Bibliothek des Tiroler Landesmuseums, Ferdinandeum, Hs. FB 32009 von ca. 1435; vgl. KRISTELLER (wie Anm. 53) S. 18. Vielleicht gehören auch die beiden Handschriften der Public Library, New York, Ms. Spencer 58 und 104, über die aber bislang keine näheren Informationen zu erhalten sind, in diese Kategorie; vgl. BERT S. HALL (wie Anm. 24) S. 128. Göttingen, NSUB, Ms. philos. 64 Cim.; vgl. Verzeichnis der Handschriften im Preußischen Staate I, Hannover 1, Göttingen 1, Berlin 1893, S. 167–170. Donaueschingen, Fürstlich-Fürstenbergische Bibliothek, Ms. 860; vgl. KARL AUGUST BARACK, Die Handschriften der Fürstlich-Fürstenbergischen Hofbibliothek zu Donaueschingen, Tübingen 1865 (Nachdruck Hildesheim – New York 1974) S. 581f.

spätmittelalterlichen Schriften zur Kriegskunst

ber läßt sich die ‚Bellifortis'-Überlieferung auf
Rezeptionsformen reduzieren. Der größte Teil
ften bietet Mischformen, die ein gegenseitiges
iver und praktischer Elemente erkennen lassen,
den Handschriften der Zehn-Kapitel-Fassung,
schiedlicher Akzentuierung findet.

anonyme ‚Feuerwerkbuch'

enangaben bietet das ‚Feuerwerkbuch', wie die
int, die erste umfassende Darstellung zu einem
unst in der Volkssprache. Die Entstehung dieser
Forschungsmeinung auf ca. 1420 zu datieren. In
des 15. Jahrhunderts in unterschiedlicher Auf-
sie häufig zusammen mit anderen Texten oder
dnen der Kriegskunst überliefert.[148] Wie der ‚Bellifortis' überschreitet auch das ‚Feuerwerkbuch' die strikten Anforderungen eines technischen Fachbuches.

Gegenstand des ‚Feuerwerkbuchs' sind die verschiedenen Bereiche der Pyrotechnik: Salpetergewinnung, Pulverherstellung, Laden der Büchse, Fertigung diverser Feuerwerkskörper. Für den letzten Bereich liefert die lateinische Schrifttradition bereits einige Vorläufer, auf die der Verfasser zurückgreifen konnte und die auch in den älteren ‚Bellifortis' ausschnittweise eingegangen sind.[149] Zu den beiden anderen Teilbereichen, Salpeter-

---

[146] Folgende Handschriften könnten im Gebrauch von Büchsenmeistern gewesen sein: Berlin, SBPK, Ms.germ.qu. 621 (zusammen mit dem Feuerwerkbuch); vgl. DEGERING, Verzeichnis 2, S. 112. Nachweislich von mehreren Büchsenmeistern benutzt und ergänzt wurde der Heidelberger Cpg 787, der eine unvollständige Abschrift der Sieben-Kapitel-Fassung und zwei verschiedene Abschriften des Feuerwerkbuches sowie kleinere Traktate zu Gegenständen der Büchsenmeisterkunst enthält; vgl. WILLE (wie Anm. 24) S. 115 und SCHMIDTCHEN – HILS (wie Anm. 1) Sp. 477.

[147] Vgl. SCHMIDTCHEN (wie Anm. 2) Sp. 730f.

[148] Eine Übersicht der erhaltenen Codices fehlt genauso wie eine Untersuchung der Überlieferungsgeschichte des Textes. Vgl. SCHMIDTCHEN (wie Anm. 1) Sp. 728–731. SCHMIDTCHEN gibt die Zahl der erhaltenen Handschriften mit 48 an. Die einzig greifbare Ausgabe, die WILHELM HASSENSTEIN 1941 von militärgeschichtlich-nationalistischem Interesse geleitet herausbrachte, basiert auf dem Augsburger Erstdruck aus dem Jahre 1529. Sie müßte dringend durch eine textkritische Ausgabe ersetzt werden. WILHELM HASSENSTEIN, Das Feuerwerkbuch von ca. 1420, München 1941.

[149] Es sind dies der ‚Liber ignium ad comburendos hostes' des Marcus Graecus, das Albertus Magnus zugeschriebene Werk ‚De mirabilibus mundi' und Roger Bacons ‚Opus maius' sowie seine ‚Epistola de secretis operibus artis et naturae et de nullitate magiae'. Sie enthalten allesamt Anweisungen zur Herstellung von Feuerwerken, darunter auch solchen zu Kriegszwecken. Vgl. zu den genannten mittelalterlichen Schriften ROMOCKI (wie Anm. 49) S. 83–132 sowie PAUL SIXL, Entwickelung und Gebrauch von Handfeuerwaffen, in: Zeitschrift für historische Waffenkunde 1, 1897, S. 112–117.

gewinnung und Schießpulverzubereitung, existierten – soweit die erhaltene Überlieferung dies zu beurteilen zuläßt – bis zur Entstehung des ‚Feuerwerkbuches' in Deutschland keine zusammenhängenden Schriften, wohl aber enthält bereits der ‚Bellifortis' eine Anleitung zur Anlage einer Salpeterplantage (Bl. 106^v) und ein Pulverrezept (Bl. 107^r). Einzelne Pulverrezepte sind zudem in unterschiedlichen Überlieferungskontexten erhalten geblieben.[150]

Von diesen Einzelüberlieferungen führt jedoch kein direkter Weg zur planvollen Konzeption des ‚Feuerwerkbuches', dessen Verfasser die zunehmende Spezialisierung der Disziplin in einer eigenständigen Schrift zu fassen versucht. Die Verschriftlichung der Pyrotechnik dient dabei zwei Zielen zugleich: sie vollzieht sich einerseits vor dem Hintergrund praktischer Notwendigkeiten – Komplexität technischer Prozesse –, andererseits aus berufsständischen Interessen. Aufbau und Einrichtung des Textes tragen beiden Absichten Rechnung.

Der Bestand des ‚Feuerwerkbuchs' schwankt in den überlieferten Handschriften. Auf ein Nebeneinander unterschiedlicher Fassungen deutet die Tatsache, daß kürzere Redaktionen überliefert sind. So enthält die Handschrift, Leipzig, UB, Ms. 1597 aus der ersten Hälfte des 15. Jahrhunderts eine Abschrift mit nur 78 Kapiteln und Ms. 67 der Kunsthistorischen Sammlung in Wien überliefert statt zwölf nur zehn Büchsenmeisterfragen.

Der Cpg 502

Das ‚Feuerwerkbuch' ist in der Heidelberger Bibliothek mehrfach überliefert, ohne daß sich eine genaue Provenienz noch feststellen ließe. Allerdings ist anzunehmen, daß ein Text von dieser Relevanz schon im 15. Jahrhundert zum Bestand der Hofbibliothek gehörte. Nachweisbar ist das für die kurfürstliche Bibliothek nicht, wohl aber für die Mosbachsche Seitenlinie. Grundlage dieser Untersuchung ist daher der Cpg 502, der sich mit dem Heidelberger Hof in Verbindung bringen läßt: er gehörte laut Besitzeintrag auf Bl. 1^r dem Augsburger Domprobst Johann von Mosbach († 1486), einem Vetter Friedrichs des Siegreichen. Johanns Besitz und mit ihm wohl

---

[150] Einige Beispiele älterer Rezepte: In die Handschrift München, BSB, Clm 4350, die im 14. Jahrhundert entstanden ist, wurde Bl. 31^v auf die obere Blatthälfte ein Pulverrezept in deutscher Sprache notiert, dem theologische Traktate in lateinischer Sprache vorausgehen und folgen. Im Rechnungsbuch der Stadt Rothenburg ob der Tauber ist auf frei verbliebenem Raum am Rand von Bl. 18^r ein weiteres Pulverrezept vermerkt. In Schlesien entstand die Nürnberger Handschrift 24347, eine medizinische Sammelhandschrift, in die Bl. 125^v ein *M. Henricus* in lateinischer Sprache einen nicht edierten Traktat zur Salpeteraufbereitung eingetragen hat. Aufzeichnungen in den Frankfurter Rechnungsbüchern belegen darüber hinaus bereits für die Jahre 1381–1383 erheblichen Salpeter-, Schwefel- und Kohleverbrauch, der zeigt, daß der Umgang mit diesen Stoffen lange Jahre vor Entstehung des ‚Feuerwerkbuches' gängige Praxis gewesen sein muß. Vgl. BERNHARD RATHGEN, Das Geschütz im Mittelalter. Quellenkritische Untersuchungen, Berlin 1928, S. 96–102.

auch seine recht umfängliche Bibliothek fiel nach Erlöschen der Mosbachschen Linie an die kurpfälzische.[151] Zahlreiche Bücher Johanns befinden sich in der Palatina.

Die Handschrift ist nicht datiert, aber wohl nach der Mitte des 15. Jahrhunderts im Augsburger Raum entstanden.[152] Das ‚Feuerwerkbuch' beginnt mit einer goldunterlegten W-Initiale, in die eine Büchse gemalt ist. Die ganze Vorrede ist rubriziert, ebenso die Überleitungen und Initialen an den Anfängen der einzelnen Abschnitte. Zählt man diese durch, so ergibt sich eine Anzahl von 109 Abschnitten.

Auf 45 Blättern überliefert die Handschrift eine Fassung des ‚Feuerwerkbuches', die auf Grund ihres stärkeren Umfangs – sie umfaßt 109 Kapitel gegenüber 100 in älteren Handschriften[153] – zu den bearbeiteten zählt. Ergänzt werden im Vergleich zu den ältesten Abschriften vom Typus her im wesentlichen weitere Pulverrezepte. Kennzeichen der bearbeiteten Fassungen ist auch, daß der Erfinder des Schwarzpulvers, der Magister Berthold Schwarz, als *Nigromanticus* bezeichnet wird, während ihn frühere Abschriften als *grammaticus* vorstellen. Allerdings bleibt der Kern des ‚Feuerwerkbuches' von verändernden Eingriffen unberührt.

Dem ‚Feuerwerkbuch' des Cpg 502 ist am Ende ein Register (Bll. 43^r-45^v) beigegeben, das eine Übersicht über den gesamten Inhalt gibt. Dem Register fehlen Seitenangaben, am linken Rand ist eine Zahlenleiste von 2 bis 42 eingetragen. Die Zählung entspricht nicht der tatsächlichen Anzahl der Abschnitte (109), sondern faßt die jeweils inhaltlich enger zusammengehörenden durch identische Ziffern zusammen. Im Text selbst sind die Abschnitte nicht numeriert, so daß sich dem Leser erst über das Register die Gliederung des Werkes erschließt. Für die wiederholte Lektüre oder das schnellere Auffinden von Themenfeldern dient das Register als rudimentäre Orientierungshilfe. Im Anschluß an die 45 Blätter des ‚Feuerwerkbuches' ist nach leer gebliebenen 51 Blättern von derselben Schreiberhand auf 12 Blättern (46^r-57^v) Meister Albrants Roßarzneibuch eingetragen worden.[154]

---

[151] Sofern nicht anders vermerkt, wird nach Cpg 502 zitiert. – Zur Erbschaft des Mosbachischen Buchbesitzes vgl. SCHUBA, Handschriften, S. XXXIV. Die Bibliothek des Augsburger Dompropstes umfaßte neben Handschriften gelehrt-lateinischen Inhalts auch eine Reihe volkssprachlicher Codices, darunter ein Formularbuch (Cpg 83), das bereits sein Vater Otto von Mosbach anlegen ließ, eine Abschrift des ‚Buchs der Natur' von Konrad von Megenberg (Cpg 369) sowie einen von Johann selbst in Auftrag gegebenen Reisebericht des Augsburgers Martin Ketzel (Cpg 117).
[152] Vgl. BARTSCH, Handschriften, S. 146, Nr. 263.
[153] So in München, BSB, Cgm 4902 aus dem Jahr 1429.
[154] Diese Überlieferungsgemeinschaft ist nicht häufig anzutreffen, obwohl sie sich gut aus dem Bedürfnis erklären läßt, Texte, die sich mit unterschiedlichen Bereichen des Kriegswesens beschäftigen, an einem Ort zu vereinigen. Soweit zu sehen ist, überliefert nur die Handschrift Berlin, SBPK, Ms.germ.qu. 1018 Feuerwerkbuch und Roßarznei gemeinsam. Vgl. DEGERING, Verzeichnis 2, S. 169. Ferner sind in München, BSB, Cgm 734 auf den Blättern 198^r-202^v einzelne Rezepte für Pferdekrankheiten im Anschluß an das Feuerwerk- und das Büchsenmeisterbuch des Johannes Formschneider im Rahmen einer umfänglichen Rezeptsammlung (Medizin, Mantik, Ökonomie) nachgetragen worden. Vgl. SCHNEIDER, Handschriften V,5, S. 181–185.

Aufbau und Konzeption

Das ‚Feuerwerkbuch' des Cpg 502 gliedert sich in zwei ungleich große Teile, die auch in den meisten Abschriften so verbunden sind, daß auf den ersten Blick die Grenzen zwischen ihnen nicht zu erkennen sind. Der erste, umfangreichere Teil (bis Bl. 29^v) umfaßt 66 Abschnitte und setzt sich aus folgenden Teilen zusammen: Neben einer Vorrede (Bl. 1^r-2^r) gehören die sogenannten zwölf Büchsenmeisterfragen (Bl. 2^r-4^r) zur Einleitung, ein Ausblick in die Geschichte der Erfindung des Schießpulvers (Bl. 4^r-5^r) sowie Ausführungen über das Wesen des Büchsenmeisters (Bl. 5^{r-v}) und das Verhalten beim Laden der Büchse (Bl. 5^v-6^r). Den Vorbemerkungen schließen sich die eigentlichen Anleitungen zur Salpetergewinnung und -läuterung an, denen verschiedene Pulver- und Feuerwerksrezepte folgen (Bl. 6^v-29^r).

Inhaltlich gliedern sich die Anleitungen nach den drei Grundsubstanzen des Schießpulvers: Am ausführlichsten wird der Salpeter (1-25) behandelt, ein Grundstoff, der nicht nur mengenmäßig die beiden anderen, Schwefel und Kohle, überwiegt, sondern die Qualität des Pulvers am nachhaltigsten beeinflußt, so daß auf höchste Reinheit dieser Substanz zu achten ist. Ferner mußte der Salpeter, bevor die künstliche Herstellung möglich war, aus natürlichen Vorkommen importiert und käuflich erworben werden. Neben die Anleitung zur Herstellung treten daher Ratschläge zum Kauf dieser Grundsubstanz. Darüber hinaus werden in den Salpeter-Kapiteln verschiedene Läuterungsmethoden beschrieben, die selbst verdorbenen Salpeter wieder gebrauchsfähig machen können.[155]

Weit geringeren Raum nimmt die Darstellung der beiden anderen Ingredienzien des Pulvers, des Schwefels und der Kohle, ein. Über den Schwefel (26-27) braucht der Büchsenmeister deshalb nicht allzuviel zu wissen, weil er ihn ohnehin in der Apotheke erwerben muß. Allerdings ist auch bei diesem Stoff auf ausgesuchte Qualität zu achten.[156]

Zur Verstärkung des Pulvers wird Holzkohle (28-30) verwendet, deren Kraft von der Art des Holzes abhängt. Die am besten geeigneten unter den greifbaren Holzsorten sind *tennin oder albrin holtz oder lindin holtz das frisch sÿ* (Bl. 16^r). Die verstärkende Wirkung der Kohle wird durch Hinzufügen von *atriment* (Bl. 16^v) weiter erhöht.[157]

---

[155] Zum Salpeter, seiner Gewinnung, Qualitätsproben u.a. vgl. RATHGEN (wie Anm. 150) S. 93–108.

[156] *Wie man swebel bereiten sol das es zů dem Búchsen puluer vnd zů allem fůrwerck nútzlicher krefftlicher vnd hitziger wirt dann uor* wird in Kapitel 27 (Bl. 16^r) ausführlich beschrieben.

[157] *Atriment*, das als bekannt vorausgesetzt und in seiner Beschaffenheit nicht näher beschrieben wird, ist ein Stoff, der lediglich eine tiefere Schwarzfärbung des Pulvers bewirkt. Vgl. RATHGEN (wie Anm. 150) S. 118. Die Annahme, daß mit Intensivierung der Farbe zugleich eine Effektivitätssteigerung verbunden sei, basiert auf der Anschauung, daß Eigenschaften der Stoffe, wie sie menschliche Empfindung wahrnimmt, ihre Wirkung bedingen. Je schwärzer die Kohle, umso größer ihre das Pulver verstärkende Wirkung.

Nach Behandlung der drei Grundelemente werden eine Reihe unterschiedlicher Pulverrezepte (31-55) mitgeteilt, denen Anleitungen zur Herstellung und zum Gebrauch der verschiedenen Klötze (56-57), zum Büchsenladen (58-61) sowie zum Anfertigen von Feuerkugeln (62) und anderen Feuerwerken (63) folgen, die um Anweisungen zur Salpratica-Herstellung und -läuterung (64 und 65) und zum Nachtschießen (66) ergänzt sind.

Der zweite Teil von Abschnitt 67 bis 109 ist so in den Text integriert, daß er äußerlich nicht als Neubeginn zu erkennen ist. Dennoch greift die erneute Adresse an die Fürsten, Grafen, Herren usw., die sich dem 66. Abschnitt anschließt, formal und inhaltlich das Anliegen der Vorrede deutlich wieder auf. Dasselbe gilt für die drei weiteren Büchsenmeisterfragen, die nach Abschnitt 77 (Bl. 33^v) eingeschoben sind. Umgeben sind diese Fragen, in denen grundsätzliche Darlegungen zu Ziel und Zweck des ‚Feuerwerkbuches' sowie zu den Fertigkeiten des Büchsenmeisters wiederholt und ergänzt werden, von weiteren Pulverrezepten (69-75), Anleitungen zur Herstellung von Feuerpfeilen (76), zum überlauten Schuß (77), zu gutem Zunder (78) und anderen Feuern (79-109).

Der Neueinsatz des ‚Feuerwerkbuches' im Anschluß an die ausführliche Rezeptsammlung des ersten Teils läßt vermuten, daß der zweite Komplex in einer späteren Bearbeitungsphase hinzugefügt wurde. Bereits die ältesten Textzeugen weisen aber diesen zweigliedrigen Aufbau auf, und auch in den späteren Redaktionen wird nicht in die Konzeption des ersten, mit Kapitel 66 endenden Teils eingeriffen, obgleich die Anlage des Buches offenbar als ergänzungsbedürftig angesehen wurde. Viele Handschriften enthalten leer gebliebene Blätter am Ende. Das ‚Feuerwerkbuch' tradiert auf diese Weise in unterschiedlichen Redaktionen über Generationen das als verbindlich geltende Grundwissen des Büchsenmeisters.

Der Aufbau des ‚Feuerwerkbuches' – seine Texteinrichtung in den meisten erhaltenen Handschriften spiegelt dies – verweist auf die Handhabung rudimentärer schriftlicher Darstellungsmittel wie z. B. Verklammerungstechniken, Rück- und Vorverweisen. Über eine geläufige kompilative Technik hinaus ist das Bemühen erkennbar, dem Text einen Rahmen und dem Dargestellten Kohärenz zu vermitteln. Auch verfügt der Verfasser über verschiedene Texttypen zur Darstellung seines Gegenstandes. Der Duktus der Vorrede ist ein anderer als der der Büchsenmeisterfragen und dieser unterscheidet sich wiederum von demjenigen der Anleitungen. Den weitaus größten Teil nehmen die Rezepte ein. Sie sind ergänzt programmatische Texte wie die Vorrede, die überzeugen will, den Fragenkatalog, einen Exkurs in die Historie und den Traktat zur Ethik der Büchsenmeister.

Entstehungs- und Rezeptionsrahmen

Die Vorrede des ‚Feuerwerkbuches' wendet sich zunächst an die *fürsten Grauen herren Ritter knechte oder Stette* (Bl. 1^r) mit dem Ziel, die Bedeutung der Tätigkeiten von Büchsenmeistern vorzuführen. Adressat ist eine heterogene Gruppe, bestehend aus den potentiellen Dienstherren des Stadt- und Hofregiments. Gleich der erste Satz verbindet sie zu einer Interessengemeinschaft:

> *Welich fürsten Grauen herren Ritter knechte oder Stette Besorgent vor Jren vÿgenden beligert vnd genött werden Jn Schlossen vesten oder Stetten Den ist zů vor uß ein bedůrfft das Sú haben diener die als from vnd vest lutte syent das sy durch eren willen Jr libe leben vnd gůte vnd was Jn got ye verlihen hat Ee gegen Jren vigenden dar strecken vnd wagen dörsten Ee das sÿ flühen da zů bliben were Oder Ee sÿ das jchtes uff oder hin geben das zů behalten were vnd sich do aller böser vnd vertzachter sachen vnd geschichten schament* (Bl. 1ʳ).

Nicht die Fachdisziplin, sondern das Treueverhältnis der Dienstleute bildet das einleitende Thema und damit den Hintergrund für die Legitimation des neuen Tätigkeitsfeldes. Wie im ‚Bellifortis' wird in der Folge die Forderung der *fortitudo* durch diejenige der *prudentia* ergänzt. Nicht nur *from vnd vest* haben die Diener zu sein, sondern auch *wyß*. Neben die ethische Anforderung tritt die fachliche. Die Getreuen beherrschen die herkömmlichen Praktiken der Verteidigung, *schiessen werffen vnd stůrmen*, und sie

> *wissen cze Búwen vnd sich mit Jrem Zúge gen Jren vÿgenden uff das werlichest schikent Sunder an Jren grossen vorteil vor den schlossen dar jnn Sú besessen syent kein mutt willig scharmützen nit tůnt vnd one misshellung vnd zweÿunge Jn guter fruntschafft byeinander bliben Jr sachen der wyssisten rate vnder Jn handeln.* (Bl. 1ʳ).

Anaphorisch den Beginn der Vorrede aufgreifend und jetzt ohne erneute Anrede an die Städte wird zusammenfassend festgehalten:

> *welich fürst Graue herre Ritter oder knechte haben solich from vest vnd wiß diener die mögent sich jr wol trosten* (Bl. 1ʳ⁻ᵛ).

Sogleich folgt, eingeleitet mit der adversativen Konjunktion *Doch*, die Pointe der Argumentation, die die Bedeutung der fachkundigen Helfer in den Vordergrund rückt:

> *Doch bedorffen sy by jnen zehaben lute die arbeitten können vnd mogent Als sunt Murer vnd zymmerlute ouch gůte schützen vnd gůte Búchsenmeister* (Bl. 1ᵛ).

Den vertrauten Mitgliedern des Wehrstandes ordnet sich ein Personenkreis von Praktikern zu, der den veränderten Bedingungen der Kriegsführung Rechnung trägt. Handwerker für den Burgenbau, Schützen und Büchsenmeister für die neue Geschütztechnik sind unter den neuen Umständen nicht weniger wichtig als der traditionelle Kriegerstand. Was der ‚Bellifortis' nur einleitend anspielte, die Technisierung des Krieges, ist hier bereits Fluchtpunkt der Argumentation, die auf die Kompetenz der Fachleute und deren Bedeutung für die Herrschenden ausgerichtet ist. Gegen Ende des ersten Teils, im Anschluß an das 66. Kapitel, wird die Argumentation der Vorrede wieder aufgegriffen, um so den Nutzen des Büchsenmeisters für die Aufrechterhaltung der Ordnung eindringlich zu unterstreichen:

Es ist zu wissen wann das ist das manig from fürst herre fryen Ritter oder knechte oder Stette vil vnd dick vnd Zů mangen malen als gar urstupff getzogen vnd beligert worden sint Also das su sich nicht daruor gewist hond zubesorgen vnd ouch solich lute bÿ jn nicht hetten noch die zů jn bringen mochten durch der kunst wÿßhait Rate vnd hilff sÿ jren vigenden wider sten vnd sich jr uffenthalten mochten vnd wann ouch dick schinbarlich gewesen ist das des manig from furst graffe herre Ritter vnd knechte swerlichen engolten haben vnd des zů verderplichen schaden komen sint vnd der wirdig Adel der dem heilgen Romischen riche zů sterck vnd dienst geordnet vnd got selber gewirdiget ist vnd da durch ettwan gesmahet vnd getruckt ist Darumb ratet der getruw Ratgeb allen fursten Grauen herren Ritter vnd knechten vnd menglichen die da schloß vest oder Stat haben jn gantzen truwen das sy sich bewarn vnd fürsehen mit solichen lutten als zů erst jn diesem bůch geschriben stat vnd mit kost vnd getzůg das sü des den vollen habent sunder mit solichen sachen als denn zů den vor vnd nach geschriben stucken gehorn von Salpeter Swebel vnd gůtem holtz zů kol vnd zů fur[158] *wercken Tarassen von kecksilber von gepreten win von Campfer von Arsenicum von Salarmoniack vnd von den olen vnd conforteten So denn zů den puluer vnd wilden für wercken nütz vnd gůt sint vnd das sÿ gedencken an das wort wer sich lat vinden one were den uberwind ein kranckes her.*[159]

Im abschließenden Freidankzitat wird die Notwendigkeit der Verteidigung noch einmal sprichwörtlich untermauert.[160] Vor dem Hintergrund der zeitgenössischen Belagerungstechnik, die zunehmend die Geschütztechnik taktisch nutzt, bedarf es der Gegenreaktion der Verteidiger, um die gesellschaftliche Ordnung zu wahren. Die Strategie der Argumentation zielt auf nichts weniger als auf die Etablierung einer neuen Berufsgruppe mit dauerhafter Anstellung (*kost vnd getzug*), deren Notwendigkeit das ‚Feuerwerkbuch' hier propagiert. Ist aber der Nutzen, den Hof- und Stadtregiment von den Büchsenmeistern haben können, erst unter Beweis gestellt,

So ist einem yeglichen fürsten Grauen herren Ritter vnd knechte bedurfft das jr Bůchsenmeister gůt meister syent (Bl. 1ᵛ).[161]

Der Adresse an die Herrschaft folgt denn auch diejenige an die Büchsenmeister. An diese wendet sich das Buch aufgrund seiner pyro- und waffentechnischen Anleitungen und Rezepte, für diese steht *her nach geschriben [...] wie man die* [Feuerwerke] *von anuang vntz zů ende uß gerecht vnd gůt machen sol.* Die Vorrede thematisiert in diesem Zusammenhang die Notwendigkeit von Schriftgebrauch, die aus der Komplexität der neuen Disziplin resultiert und die von dem Handwerker neue Kompetenzen verlangt:

---

[158] Konjiziert: In der Handschrift: *kol*
[159] Cpg 502, Bl. 29ʳ⁻ᵛ.
[160] Freidank, Bescheidenheit, V. 131,11f.
[161] Welche Fertigkeiten ein guter Büchsenmeister beherrschen muß, wird abschließend in der Vorrede mitgeteilt: Er muß *alle die ole vnd puluer wol bereitten vnd machen könne vnd ander stück die gůt vnd nütz sint zu den bůchsen zů furpfilen vnd zů fur kugeln vnd zů andern wilden vnd zamen furwercken domit man sich denne der vygenden erweren vnd men schaden zů fugen mag* (Bl. 1ᵛ).

> *vnd darumb wann der stück so uil sint die dartzů gehörent vnd die ein yeglicher gůter Buchsen meister können sol vnd das sy ein meister one die geschrifft alle nit bedencken kan Darumb so stat hernach geschriben* [...] (Bl. 1ᵛ)[162]

Der Verfasser des ‚Feuerwerkbuches' ist sich der Besonderheit der Forderung, auf die er wiederholt anspielt, bewußt. Wenn er davon spricht, daß die Vielfalt der zu beherrschenden *stuck* eine schriftliche Gedächtnisstütze erforderlich mache, bezieht sich das nicht nur auf den quantitativen Aspekt (*so uil*), sondern auch auf den qualitativen (*die dartzů gehörent*): die Feuerwerk- und Büchsenmeistertechnik besitzt mittlerweile einen Grad an Komplexität, der eine geordnete, d. h. hier schriftfixierte Darstellung unumgänglich macht.

Daß Konstituierung und Durchsetzung eines Berufsbildes mittels eines Buches versucht wird, erscheint ungewöhnlich. Verschriftlichung erfaßt die verschiedenen Handwerke nicht in gleichem Maße. Anfang des 15. Jahrhunderts spielt Schrift in anderen Handwerken in dieser Weise kaum eine Rolle, Wissensvermittlung erfolgt in diesen Bereichen überwiegend in mündlicher Kommunikation. Handlungsanleitende Schriften sind etwa für Maurer, Zimmerer, Metzger oder Schuhmacher, für Handwerke mit relativ konstanter Technik, weniger notwendig als für Wundärzte, Bergleute und Pyrotechniker; das wenige Erhaltene aus dem Bereich der Baukunst spiegelt einen von dem des ‚Feuerwerkbuches' sich unterscheidenden Vermittlungsanspruch.[163] Wurde Expertenwissen einzelner Berufe schriftlich fixiert, wie beispielsweise in mittelalterlichen Bauhüttenbüchern, so geschah dies meist in einer verschlüsselten, allein dem Fachkollegen vollkommen verständlichen Form, damit das Wissen nicht in unbefugte Hände geraten konnte.[164]

Anders jedoch im ‚Feuerwerkbuch': Es strebt Allgemeinverständlichkeit der Darstellung an, obwohl sein Gegenstand einer der brisantesten Wissensbereiche des Kriegshandwerks ist, nämlich das Anfertigen wirksamer Schießpulvermischungen und der korrekte Umgang mit der Büchse. Es richtet sich eben einerseits an die eingeweihten Berufskollegen, zum andern an deren potentielle Dienstherren, das Hof- und Stadtregiment, die auf

---

[162] *Der meister sol auch können schriben vnd lesen wann er könde anderst die stücke nit aller bedencken jn sinem synne die zů diser künste gehörent vnd die jn diesem bůch hienach geschriben stont* [...] *Darumb můß ein meister der geschrifft konnen wil er anderst ein gůt Meister sin* (Bl. 5ʳ⁻ᵛ). Vgl. GIESECKE, ‚Volkssprache', S. 58.

[163] GIESECKE, ‚Volkssprache', S. 45.

[164] Vgl. Villard de Honnecourt, Kritische Gesamtausgabe des Bauhüttenbuches ms. fr. 19093 der Pariser Nationalbibliothek, hg. von HANS R. HAHNLOSER, Graz ²1972. Dieses frühe Schriftzeugnis aus der Zeit um 1235 ist einmalig. Steinmetzbücher, Architekten- oder Baumeisterbücher sind uns erst aus dem Ende des 15. Jahrhunderts überliefert. Vgl. GÜNTHER BINDING – NORBERT NUSSBAUM, Der mittelalterliche Baubetrieb nördlich der Alpen in zeitgenössischen Darstellungen, Darmstadt 1978, S. 1–85. Selbst die antike Schrift des Vitruvius blieb lange Zeit in vielen Punkten unverständlich, da das benutzte Vokabular sonst in Schriften nicht belegt ist. Vgl. LEONARDO OLSCHKI, Die Literatur der Technik und der angewandten Wissenschaften vom Mittelalter bis zur Renaissance 1, Leipzig u.a. 1919, S. 119–129.

dem Gebiet der Büchsenmeisterkunst als Laien einzustufen sind. Der Übergang von den mehrfach apostrophierten *fürsten Grauen herren Ritter vnd knechte* auf die Büchsenmeister vollzieht sich im letzten Satz der Vorrede, einem Ausblick auf das folgende Kapitel:

> *Vnd des ersten so geschehent Zwolff froge von den sachen vnd stücken so zu den Büchsen gehörent so man dar uß schiessen sol so geschicht ouch uber yegliche frage besunder ein gůt vnderrichtung vnd lere* (Bl. 2ʳ).

Das Profil des Büchsenmeisters

Indem in der Vorrede den *wys lůt* die *lute die arbeitten können vnd mogent* zur Seite gestellt werden, lenkt der Verfasser das Interesse auf jene Berufsgruppe, die Gegenstand seiner Erörterung ist: die Büchsenschützen und -meister. Sie entstammen alteingesessenen Berufen, sind selbst aber nicht in einer eigenen Zunft organisiert. Ihre Funktion innerhalb der bestehenden berufsständischen Ordnung und des Herrschaftsgefüges ist allererst zu rechtfertigen. Das ‚Feuerwerkbuch' unternimmt diesen Versuch in den einleitenden Teilen und skizziert ein umfassendes Spektrum an Fertigkeiten. Zunächst betont der Verfasser ganz analog zu den Qualitäten, die zuverlässige Diener auszeichnen, *das man von gůten Büchsmeistern grossen trost nympt* (Bl. 1ᵛ). Die Argumentation zielt darauf, den neuen Berufsstand als für die Herrschaft nützlich zu erweisen.

Die Fähigkeiten, über die der Büchsenmeister verfügen muß, stammen aus verschiedenen Bereichen: Praktische Fertigkeiten des Handwerks und theoretische Kenntnisse der wichtigsten alchemistischen Methoden werden ebenso verlangt wie der Umgang mit gängigen Maßeinheiten. Diese Mischung aus theoretischen, schriftlich vermittelten, und praktischen, in der Regel mündlich weitergegebenen Fertigkeiten erfordert vom Büchsenmeister Schreib- und Lesekundigkeit als Grundlage des Wissenserwerbs. Verbunden mit diesem Bildungsanspruch ist im Sinne der klassischen Gleichsetzung von Wissen und Tugend ein tadelloser Lebenswandel, wie ihn auch schon Vitruvius von jedem Baumeister verlangt.[165]

Dem *wesen vnd gůt gewonheit* (Bl. 5ʳ) des Büchsenmeisters widmet das ‚Feuerwerkbuch' ein ausführliches Kapitel, dem sich ein weiteres *wie er sich halten sol so er mit dem puluer vmb gat* (Bl. 5ᵛ) anschließt. Es wird ein Katalog ethischer Forderungen skizziert, der auf Gottesfurcht und Weltklugheit gründet und *constantia* als eine der wichtigsten Tugenden des guten Büchsenmeisters benennt. Vor anderen *Reisig lůten* (Bl. 5ʳ) zeichnet er sich durch besondere Fähigkeiten aus: Er verhält sich *trostlicher vnd bescheidenlicher* (Bl. 5ʳ) und – er kann *schreiben vnd lesen* (Bl. 5ʳ). Seine elementare Schulbildung befähigt ihn erst dazu, alle Tätigkeiten, *die zů diser künste gehörent* (Bl. 5ᵛ), auszuführen:

---

[165] Vitruv, De architectura I, 1, 7.

> *Es sy mit distillieren mit seperieren mit sublimieren oder mit confortieren vnd manig ander stuck die dartzů gehorent. [...] Er sol ouch alle stuck so hertzů gehorent es sy̆ von wilden oder von zamen furwercken vnd sachen komen* [sic!] *bereiten von erst biß zů ende uß Er sol ouch alles das konnen ordnen zů vesten Erkeren vnd můren fůrkatzen fůre fur schirme fur angen vnd was dar tzů gehôrt* (Bl. 5ᵛ).

Nicht allein die Grenzen der technischen Disziplin stecken aber das Tätigkeitsfeld des Büchsenmeisters ab, sondern durchaus weitergehende Erfordernisse der Praxis: So veranschaulicht der Verfasser des ‚Feuerwerkbuches' durch einen Einschub die betrügerischen Verkaufspraktiken der Kaufleute von Venedig, lange Zeit Hauptumschlagplatz für Salpeter:

> *Wissest ein besunder lere uff Salpeter cze kouffen als er von Venedige kompt wenn du komest uber ein geschirr mit salpeter so stoß die hand dar jn wir sy̆ naß so est er nit gůt blibt sy aber trucken so ist er gůt [...] Item wann das ist das die koufflůte gewonliche vast jn allen sachen damit sy vmb gand vorteil sůchent wa sů konnent vnd mogend vnd da durch jr kouffmanschafft dick geringert vnd geschwecht wirt Also das die lůte die vmb sy kouffent wenen sů haben gůten kouff getan So werdent sy offt von jn betrogen vnd sunder an dem Salpeter dar umb stat dauor vnd ouch hienach geschriben wa by man erkennen sol gerechten vnd gůten Salpeter oder wa by man wissen mag welher salpeter vermischet were mit saltz oder mit alant So vindt man ouch dauor In disem bůch geschriben wie man saltz vnd alant vnd alle vnsuberkeit von dem Salpeter scheiden vnd jn gerecht lutern sol [...].*[166]

Das Spektrum der Anforderungen, die ein Büchsenmeister zu erfüllen hat, erstreckt sich bis in alltägliche Verhaltensweisen. Über die Fertigkeiten des Lesens, der Komposition und Dekomposition der Ingredienzien und der kompetenten Handhabung der Schußtechnik reichen sie bis hin zum klugen Verhalten beim Einkauf.

Die zwölf Büchsenmeisterfragen

An den Anfang seiner pyrotechnischen Abhandlung stellt der Verfasser des ‚Feuerwerkbuches' einen Katalog von zwölf einheitlich mit *Ob* eingeleiteten Fragen und jeweils mit *Sprich ich* einsetzenden Antworten. Thematisiert wird das Fachwissen über alle wesentlichen Bestandteile der Büchsenmeisterkunst. Es wird der Versuch unternommen, den Funktionsmechanis-

---

[166] Bl. 14ʳ–15ʳ. *Ein besunder kunst ist uff Salpeter cze kouffen der doch nit recht uff sin stat gelutert vnd gescheiden ist vnd das er von Venedige komen ist Merck wol man vindet Salpeter gůten bessern vnd den allerbesten man vindt Salpeter der gemengt ist mit alant der ist jn dem mund weder zů bitter noch zů sůsß* (Bl. 15ʳ).
Mußte trotz eigener Gewinnung zusätzlicher Salpeter angekauft werden, so galt es, sichere Prüfmethoden zu beherrschen, mittels derer die Qualität eindeutig festzustellen war. Gängiges und im ‚Feuerwerkbuch' behandeltes Verfahren war die Geschmacksprobe. Vgl. GIESECKE, ‚Volkssprache', S. 56.

mus einer Büchse unter ihren verschiedenen Gesichtspunkten zu erklären. In den Erklärungen sind offensichtlich Erfahrungen niedergelegt, die aufgrund vielfältiger Experimente und Beobachtungen im Umgang mit der Büchse, dem Pulver und allem, was dazugehört, gewonnen wurden. Die Erklärungen enthalten in nuce die wichtigsten technischen Prozesse der Büchsenmeisterkunst, angefangen von der ersten Erfindung bis hin zu spezifischen Fragen der Waffentechnik. Innerhalb der Einleitung nehmen die zwölf Fragen gleich nach der Vorrede und vor der Historie vom Meister Berthold einen herausgehobenen Platz ein.

Für die Darstellung des technischen Grundwissens greift der Verfasser auf die Lehrform des Dialogs zurück, die im mittelalterlichen Unterrichtswesen eine der geläufigsten Formen der Didaxe darstellt. Das Schüler-Meister-Gespräch simuliert mündliche Kommunikation im schriftsprachlichen Medium, indem es den zu erläuternden Stoff auf zwei hierarchisch abgestufte Sprecherrollen verteilt und somit in ein gegliedertes Frage-Antwort-Schema aufteilt.[167]

In den beiden ersten Fragen, die, wie alle folgenden unpersönlich konstruiert sind, wird diskutiert, welches die Ursachen der Spreng- und Triebkraft des Pulvers (*Dye erst frage*, Bl. 2ʳ) und welches die *proprietates* der Elemente Salpeter und Schwefel (*Dye ander frage*, Bl. 2ʳ) sind. *Der dunst hab die krafft* (Bl. 2ʳ), lautet im ersten Fall die Antwort, deren Gültigkeit gegenüber anderslautenden Behauptungen, wie die, *das füre hab die krafft den stein zetriben* (Bl. 2ʳ)[168] durch *Ein býspil* (Bl. 2ʳ) belegt wird:

Nỳm ein pfunt gůtes puluers vnd tů es jn ein soumig win vasß vnd vermach es wol das kein dunst dauon komen möge denn zů dem waydloch da du es anczunden wilt vnd so du es angetzündst so ist das puluer zehand verprunnen vnd bricht der dunst das vaß (Bl. 2ʳ).

Nicht in der Form einer theoretischen Erörterung, sondern in der des Exempels, das von jedem nachvollzogen werden kann, wird die Frage beantwortet. Dieser auf Analogie aufbauende Erklärungsversuch stützt sich statt auf eine wissenschaftliche Methodik, wie sie z. B. in den Schriften des Leonardo da Vinci in der Beobachtung und Beschreibung von Gesetzmäßigkeiten ihren adäquaten Ausdruck findet,[169] auf Praxis. Das ‚Feuerwerkbuch' liefert, wie alle anderen im 15. Jahrhundert entstandenen Büchsenmeisterbücher, *muster* und Anleitungen zu nachahmendem Handeln.[170]

---

[167] Vgl. ULRIKE BODEMANN – KLAUS GRUBMÜLLER, Schriftliche Anleitung zu mündlicher Kommunikation: die Schülergesprächsbüchlein des späten Mittelalters, in: Pragmatische Schriftlichkeit, S. 177–193.
[168] In der Handschrift München, BSB, Cgm 600, die vermutlich um 1400 entstanden ist, lautet die Antwort auf Frage 1 noch, daß das Feuer die Ursache der Sprengkraft des Pulvers sei.
[169] Vgl. OLSCHKI (wie Anm. 164) S. 130–138.
[170] Aus dem Ende des 15. Jahrhunderts datiert die Handschrift München, BSB, Cgm 356, in der die Abbildungen von Kriegsgerätschaften in der Regel mit dem Hinweis *als du dann das*

Die zweite Frage ist – den aristotelischen Naturvorstellungen verpflichtet[171] – dem theoretischen Aspekt gewidmet: Der *Swebel* wird *als hitzig vnd der Salpeter als kalt* (Bl. 2^r) charakterisiert, so daß die Sprengkraft des Pulvers als Folge dieser gegensätzlichen Eigenschaften erklärt wird, denn:

> *die kelte* [mag] *der hitz nicht geliden* [...] *noch die hitze die kelte Wann kelte vnd hitz sint zwey widerwertig ding Also mag jr yedwedersdas ander nicht geliden vnd ist doch eins an das ander nicht nütz zu dem puluer.* (Bl. 2^r)

Mit Frage 3 tritt der Praktiker hervor. In den folgenden sieben Fragen wird der Ladevorgang im einzelnen abgehandelt: Das zentrische Fixieren der Kugel, das *verpissen* mit Holzteilen, das *verschoppen* der Kugel, d. h. sie so abzudichten, daß keine Pulvergase ungenutzt vorbeistreichen können. Frage 11 erörtert die erhöhte Treibkraft des gekörnten gegenüber dem Mehlpulver, und das richtige Ladeverhältnis von Steingewicht und Pulvermenge ist abschließend Gegenstand von Frage 12.

Die einzelnen Fragen sind alle ähnlich konstruiert: Sie greifen jeweils konträre Standpunkte den Ladevorgang betreffend auf und formulieren eine Alternative, wie beispielsweise in Frage 4 das Problem, *Ob ein linder klotz von linden holtz den stein tribe oder von hertem holtze als Eichin oder büchin als vil meister brüchent vnd ob die selben klotz kurtz oder lang dürre oder grün sin sollen* (Bl. 2^v). Gegenüber den gebotenen Alternativen lautet die beste Antwort: *Sprich ich die herten klotz die sint nit güt* (Bl. 2^v). Erfahrungswerte des geübten Meisters, der beide Arten von Klötzen und deren unterschiedliche Wirkungsweisen im Handeln erprobt hat, begründen die Entscheidung.[172] Der praktische Wissens- und Erfahrungshorizont, den die zwölf Büchsenmeisterfragen repräsentieren, wird an vorangeschrittener Stelle, nach Kapitel 77 (Bl. 33^v), um drei weitere Fragen ergänzt, die sich auf Beschaffenheit und Postierung der Büchse beziehen. Hier tritt *ein meister* als Fragesteller auf: *Aber tüt ein meister ein frag.*[173]

Ziel des Fragenkatalogs ist die Vermittlung von neuen Wissensinhalten, die im gleichen Augenblick kodifiziert werden. Der Fragenkatalog thematisiert kein Traditionswissen, wie es in Büchern nachschlagbar wäre, sondern

---

müster hÿ sichst kommentiert sind. Die zahlreichen Hinweise auf bewährte Künste angesehener Büchsenmeister wie Martin Merz und Hans Hertenstein haben dieselbe Funktion, nämlich Beispiel zu sein.

[171] Die physikalisch-chemischen Prozesse werden in aristotelischer Tradition als Folge der Beschaffenheit der Stoffe, aus denen das Pulver zusammengesetzt ist, gesehen.

[172] Cpg 502, Bl. 2^v.

[173] (Bl. 33^v). Doch im Prinzip sind auch diese Fragen genauso konstruiert wie die bereits besprochenen. Sie sind deutlich als Einschub gekennzeichnet, der neue Probleme grundlegend klärt, ohne daß er an den vorausgegangenen Fragenkatalog formal angeschlossen wird; denn anders als dort erscheinen hier die Fragen ohne eigene Zählung, in loser Reihung, jeweils mit *Aber ein (ander) frag* bzw. *Ein frage* (Bl. 33^v) eingeleitet. Der Fragetypus ist jedoch beibehalten: Es wird jeweils nach der richtigen Alternative gesucht und diese aus der Erfahrung heraus begründet.

in geordneter Folge die Grundlagen der neuen Kunst. Praxiserfahrung, die jeder, der den Beruf verantwortungsvoll ausübt, in angemessenem Umfang mitbringen muß, wandelt sich in Buchwissen, das aus einer komplexen Praxis Einzelaspekte auswählt und in verständliche Einheiten segmentiert. Unabhängig von der jeweiligen Anwendungspraxis, aber auch losgelöst von der jeweils am Lernvorgang beteiligten Person, stellt Schrift für unterschiedliche Zwecke einen Wissensfundus zur Verfügung und gibt Verfahrensweisen als Norm aus, die die Praxis als funktionsfähig erwiesen hat. Der Fragenkatalog bildet eine Art Basiswissen, auf dem die folgenden Beschreibungen und Anleitungen des ‚Feuerwerkbuches' aufbauen, das aber auch über den Text hinaus als Grundwissen eines jeden Büchsenmeisters Geltung beansprucht.

Die Historie vom Meister Berthold

Als eine neue Disziplin hat die Feuerwerkskunst nicht allein ihre Nützlichkeit nachzuweisen: sie bedarf auch eines Gründungsaktes, will sie als ernst zu nehmende Disziplin auftreten. Die Ableitung der *artes* von historischen oder mythischen Stifterfiguren entspricht mittelalterlicher Tradition. An diese knüpft der Verfasser in dem Kapitel *wer die kunst uß búchsen schiessen zem ersten vand vnd durch was sach er das vand* (Bl. 4ʳ) an. Nur steht er vor der Schwierigkeit, für seine *kunst* der Büchsenmeisterei keine durch Schrifttradition verbürgte Autorität heranziehen zu können. An ihre Stelle tritt deshalb die Geschichte von der Erfindung der *kunst*, die an einen, wenn auch historisch nicht belegten, Gelehrten geknüpft wird. Die Historie verfährt in folgenden Schritten: (1) Vorstellung der Person des Erfinders, sein Name und Stand werden genannt; (2) Beschreibung eines alchemistischen Experiments; (3) Zufallsbeobachtung; (4) Wiederholung desselben Versuchs in größerem Rahmen und mit abgewandelten Ingredienzien; (5) Verbesserung des als Pulver bezeichneten Explosivstoffes; (6) Bau einer Büchse und nochmalige Weiterentwicklung des Pulvers.
Es wird erzählt:

> [...] *ein meister hieß Niger Berchtholdus vnd ist gewesen ein Nigromanticus vnd ist ouch mit grosser alchimie vmb gangen sunder als die meister selben mit grossen kostlichen vnd hofflichen sachen vmb gond mit silber vnd mit golde vnd mit siben metallen* (Bl. 4ʳ⁻ᵛ).[174]

Beim Versuch, so fährt die Geschichte fort, *ein golt farw* herzustellen, zu der man *Salpeter Swebel plÿ vnd ole* benötigt, passierte folgendes: *wenn er die*

---

[174] Cpg 502 überliefert die verderbte Version, die aus dem *magister artium Bertoldus* einen *nigromanticus* namens Bertoldus Niger macht. Vgl. Franz Maria Feldhaus, Was wissen wir über Bertold Schwarz?, in: Zeitschrift für historische Waffenkunde 4, 1906, S. 65–69, 113–118, hier S. 113f. und Ders. (wie Anm. 8) S. 184–186.

stúck In ein kúpfferin ding pracht vnd den hafen wol vermacht als man ouch tůn muß vnd In uber das fúre tett vnd wenn er warm ward so prach der hafen so gar zů vil stúcken (Bl. 4ᵛ). Die Zufallsbeobachtung wird nun zu einem Experiment ausgebaut:

> Er ließ jm ouch machen gantze gossen kúpfferin hefen vnd verschlug die mit einem ysnin nagel vnd wenn der dunst nit dauon komen mocht so brach der haffen vnd tetten die stuck grossen schaden (Bl. 4ᵛ).

Was in der ersten Büchsenmeisterfrage als Beispiel herangezogen wurde, entpuppt sich durch die Historie als das Gründungsexperiment der neuen Kunst. In einer zweiten Versuchsanordnung ersetzt der *meister blÿ vnd ole* durch *kol* und *ließ ein Búchs giessen vnd versůcht ob man stein damit gewerffen mócht* (Bl. 4ᵛ). Der Schritt von dem Goldexperiment in der Alchemistenküche zur Zufallsexplosion ist gut nachvollziehbar, aber der Weg von dort zum Pulver und vor allem zum Gießen einer Büchse ist Fiktion und Gedankenkonstrukt des Verfassers. Der historisch lange Weg von der Pulvererfindung zur Geschütztechnik wird zur Historie zusammengezogen.[175] Die Erzählung kulminiert in der Vervollkommnung der *kunst* durch *meister Berthold*:

> Wann er jm vor mals Túren cze worffen het also vand er dise kunst vnd bessert Sú ettwas Er nam dartzů Salpeter vnd Swebel glich vnd kol ettwas minder vnd also ist dieselbe kunst sider malen so gar gemirot geursucht vnd funden worden[176] das sy an Buchsen vnd an Buluer vast gebessert ist worden (Bl. 4ᵛ-5ʳ).

Funktion dieser Erzählung ist die Anbindung der neuen *kunst* an eine herkömmliche Disziplin, die Alchemie, sowie die Benennung einer Autorität, *meister Berchtholdus*, der als ehrwürdiger Vertreter seiner *kunst* das im ‚Feuerwerkbuch' mitgeteilte Wissen legitimiert. So wie die Büchsenmeisterfragen das Grundwissen eines jeden Meisters verbindlich festlegen, so stiftet die Geschichte von der Erfindung der *kunst* Tradition, die das Büchsenhandwerk als wahre *kunst* erweist.[177]

---

[175] Zur Entwicklung der Geschütztechnik vgl. FELDHAUS (wie Anm. 8) S. 179f.

[176] Die Textstelle ist unverständlich. Der Erstdruck von 1529 schreibt: *also ist die selb kunst seydmalen so gar genauch ersucht vnd funden worden*. HASSENSTEIN (wie Anm. 148) S. 17. Schon der Cpg 585 bietet eine Variante: *Also ward dise kunst funden vnd ist sid her gebessert worden*. (Bl. 6ʳ)

[177] Die Geschichte selbst scheint frei erfunden und von den späteren Kopisten nicht mehr verstanden worden zu sein. Darauf lassen Veränderungen schließen, die aus dem *magister artium* einen *nigromanticus* namens Bertholdus Niger machen. Die Legendenbildung geht so weit, daß Berthold sich im 16. Jahrhundert in der humanistisch geprägten Chronistik zu einem Mönch wandelt, dem in Freiburg im Breisgau ein Denkmal als Erfinder der Schießkunst gesetzt wurde. Ein Meister Bertholdus mit den im ‚Feuerwerkbuch' genannten Qualitäten ist nirgends urkundlich belegt. Vgl. HANS JÜRGEN RIECKENBERG, Bertold, der Erfinder des Schießpulvers. Eine Studie zu seiner Lebensgeschichte, in: Archiv für Kulturgeschichte 36, 1954, S. 316–332; WINFRIED TITTMANN, Der Mythos vom Schwarzen Berthold, in: Waffen- und Kostümkunde 1, 1983, S. 17–30; SCHMIDTCHEN (wie Anm. 15) S. 29.

Didaktische Aufbereitung des Wissensstoffes

Die älteren pyrotechnischen Werke des Roger Bacon, Albertus Magnus und Marcus Graecus bieten unterschiedliche Präsentationsmöglichkeiten desselben Gegenstandes: Während Bacon seine Ausführungen über Maschinen und Feuerwerke in einen übergreifenden Problemzusammenhang stellt, Kapitel I diskutiert beispielsweise *De et contra apparentias fictas et de et contra invocationes spiritum*, kompiliert Albertus Magnus' Schrift ‚De mirabilibus mundi' im wesentlichen *ex pelago auctorum infinito* eine Sammlung verschiedenartiger Rezepte, die nacheinander aufgelistet sind.[178] Ähnlich verfährt Marcus Graecus im ‚Liber ignium ad comburendum hostes'.[179] Die Einzelrezepte sind in der Regel mit *Si vis facere* (Albertus Magnus) oder *Nota quod*, zuweilen auch einfach aufzählend mit *Item* (Marcus Graecus) eingeleitet.[180] Die Anweisungen im ‚Feuerwerkbuch' greifen deutlich auf diese Texttradition zurück: Ihre Mehrzahl beginnt, entsprechend der lateinischen Wendung *Si vis facere*, mit *Wiltu* plus zugehörigem Verb.

Aber die Anlage des ‚Feuerwerkbuchs' unterscheidet sich von der der vorgenannten lateinischen Werke: Die einzelnen Anweisungen sind nicht einfach aneinandergereiht, sondern durch Rück- und Vorverweise miteinander vernetzt und darüber hinaus inhaltlich so aufgebaut, daß sie von einfachen zu komplexen Vorgängen voranschreiten. Das wird vor allem an Wendungen sichtbar, die den Leser auf schon beschriebene Techniken zurückverweisen wie *als dauor geschriben stat* (Bl. 11ᵛ) bzw. *vnd mische das als vor geschriben stat* (ebd.) oder *als dick dich das buch da uor gelert hat* (Bl. 12ʳ). Nach der Vorstellung der Grundsubstanzen Salpeter, Schwefel und Kohle und der Behandlung des Mischungsverhältnisses folgen die Anleitungen zur erneuten Trennung der Stoffe. So können die komplizierteren Techniken unter Rückgriff auf zuvor Beschriebenes dargestellt werden.

> *Item jn disem nach geschriben capitel vindest du gar ein gewisse vnd gůt leren wie du die drů stůck Salpeter swebel vnd kol wenn sú gestossen vnd zů samen vndereinander zů einem Buchsen puluer gemischet sint wider von einander scheidest* [...] (Bl. 21ᵛ)

Schon in der Vorrede bemüht sich der Verfasser, den Leser über dessen jeweiligen Ort im Text zu informieren und resümierend das Behandelte noch einmal zusammenzufassen:

> *Nu hastu da uor cze erst wol gehort jn der Rubrick wer geligers vnd besesses wartend ist was denn nutz vnd notturfftig ist vntz an ein Búchsenmeister vnd ouch wer der Búchsenmeister sin wil Solich gůt vnderscheide vnd lere jn den vorgeschriben zwolff fragen das er sich wol dar nach zerichtende weiß wie er dar*

---

[178] ROMOCKI (wie Anm. 49) S. 84 und 98.
[179] ROMOCKI (wie Anm. 49) S. 113–132, bes. S. 119–127.
[180] Im ‚Bellifortis' beginnen einige Rezepte unmittelbar mit der Anweisung *Accipe/Recipe*. Vgl. QUARG (wie Anm. 1) S. 56–85.

> *mit vmb sol gan / Nŭ stat her nach geschriben wer die kunst uß búchsen schiessen zem ersten vand vnd durch was sach er das vand das hastu jn disem Capittel* (Bl. 4ʳ)[181]

Adressat der eigentlichen Anleitungen ist ein *Du*, das aufgrund der vorausgegangenen einleitenden Ausführungen den kompetenten Büchsenmeister als Sprecher-Ich voraussetzt. Obgleich die Rollen nicht explizit hervortreten, wird wiederum implizit die Kommunikationssituation des Meister-Schüler-Gesprächs imaginiert. Der einleitende Konditionalsatz, *Wiltu gŭten Salpetter czien an den múren* (Bl. 6ᵛ), kann als Reflex auf eine fiktiv gestellte Frage aufgefaßt werden: ‚Was ist zu tun, wenn ich Salpeter an Mauern züchten möchte?'. Die invertierte Stellung des Einleitungssatzes unterstreicht dessen Fragecharakter.

Inhaltlich steckt jeder dieser Eingangssätze eine begrenzte, kleinschrittig strukturierte Problemstellung ab, die jeweils einen Gesichtspunkt aus einer übergeordneten Aufgabenkonstellation herausgreift. So werden beispielsweise unterschiedliche Läuterungsmöglichkeiten vorgeführt und verschiedene Pulverrezepte mitgeteilt. Dennoch sind diese Einzelaspekte inhaltlich in einen didaktischen und textuell in einen logischen Zusammenhang gestellt. Dies sei an einem Beispiel erläutert.

Das Vorhaben des 2. Kapitels, *Wiltu machen das dir Salpeter besser wachset denn er an den muren tŭt* (Bl. 6ᵛ), nimmt Bezug auf den vorausgehenden Abschnitt und wertet diesen im Verhältnis zum folgenden ab. Die Methode, mittels derer besseres Wachstum des Salpeters zu erzielen ist, wird Schritt für Schritt beschrieben, doch bleibt eine Erklärung aus:

> *heiß dir machen ein Rŏren als groß du wilt die vol kleiner locher sÿ vnd nÿm ein pfunt winstein vnd ein halb pfunt saltz oder gleich als vil als des winsteins vnd kaltz drÿ stŭnt als vil vnd eins mans harn der win trinck vnd mach usser der materÿ ein dick mŭß vnd strich das In wendig an die roren vnd laß es dar nach Dry tag an der Sunnen stan vnd gŭß die matery an dem vierden tag wider heruß vnd henck dar nach die Rorrer jn ein keller So wechset gŭter salpeter heruß* (Bl. 6ᵛ).

Mitgeteilt werden lediglich Anleitungen über die Salpeterzucht. In additiver, mit *vnd* verbundener Reihung werden die auszuführenden Handlungen benannt und ihre Aufeinanderfolge festgelegt. Erklärungen spielen keine Rolle, temporale Abläufe gliedern den Handlungsverlauf. Die Summe der vorgeführten Einzelschritte führt zu dem gewünschten Ergebnis: *Vnd also hastu wie man salpeter ziehen sol* (Bl. 6ᵛ).

---

[181] Auch der kleinste Absatz wird durch Überleitungssätze wie beispielsweise den folgenden angekündigt: *Aber wie man Salpeter kouffen sol der da gerecht vnd gŭt sÿ* (Bl. 14ᵛ). Zuweilen wird das Dargestellte vor Beginn eines neuen Abschnittes noch einmal zusammengefaßt: *Also hastu gar eigentlichen vnd wol vnderrichtencklichen jn dem obgeschriben capitel wie du rohen Salpeter lutern solt der uor nicht gluert ist / Nŭ stet her nach geschriben was natur der Salpeter hat vnd welcher der best ist.* (Bl. 9ᵛ).

Obwohl jeder Abschnitt eine abgeschlossene und für sich verständliche Einheit bildet, wird doch über sie hinausgeschaut. Auf diese Weise wird der Lernstoff in gut überschaubare Informationseinheiten gegliedert, ohne sie aus dem übergeordneten thematischen Zusammenhang herauszulösen.

In den volkssprachlichen Text sind an wenigen Stellen lateinische Fachtermini eingestreut, die zeigen, daß der Verfasser mit alchemistischem oder medizinischem Fachwissen vertraut war. Doch bemüht er sich bisweilen, wie schon bei Gradangaben oder beim Namen des Salpeter, die Fachtermini in die Volkssprache zu übersetzen.[182]

Das Ziel des ‚Feuerwerkbuches', *lere vnd vnderscheid* in allen Erfordernissen der Büchsenmeisterkunst zu vermitteln, bleibt präsent. Das Nebeneinander alternativer Vorgehensweisen und die Beurteilung ihrer Praxistauglichkeit sollen zu präziser Beobachtung der eigenen Praxis anleiten. Aus dieser Zielsetzung erklärt sich das Verfahren, weniger taugliche Verfahrensweisen genauso mitzuteilen wie die wirksameren. Nur wer das ganze Spektrum möglicher Methoden kennt, kann ihre Brauchbarkeit beurteilen und differenzierte Entscheidungen treffen. Dazu will das ‚Feuerwerkbuch' Hilfe und Anleitung sein, denn in der Praxis mag es nicht immer gegeben sein, daß sich jeder Büchsenmeister ein so breites Erfahrungsspektrum aneignen kann, wie es hier wiedergegeben wird. Der Begriff der Erfahrung erhält eine neue Dimension: Er umfaßt nicht nur das eigene, im praktischen Tun authentisch Erlebte, sondern darüber hinaus alle Erfahrungen anderer Büchsenmeister, aus denen sich die *kunst* entwickelt hat. Aus der Rezeptsammlung wird ein didaktisch konzipiertes Lehrbuch, das durch Querverbindungen über die Abschnittsgrenzen hinaus einen Zusammenhang stiftet. Rückblickende Zusammenfassungen einerseits, vorausschauende Überleitungen andererseits erweisen sich als Bausteine einer Textkohärenz, die auf schriftsprachlich geregelte Verständigung des Lesers mit dem Text zielt und nicht mehr auf mündliche Ergänzungen angewiesen ist.

Zusammenfassung

Gefragt wurde nach den Gebrauchsmöglichkeiten von Schriften zur Kriegskunst auf dem Weg zur Durchsetzung als Disziplin. Zwischen der traditionellen Überlieferung (Vegetius) und dem Bildcodex (Mönch) einerseits und dem spezialisierten Fachbuch (Merz) andererseits situieren sich Texte von anders gelagertem Anspruch. Vor aller Spezialisierung stehen Schriften, die

---

[182] Z.B. *in aceto distillato* (Bl. 8ʳ); *in quarto gradu das ist in vierleÿ wisen* (Bl. 9v); *Du solt wissen das salpeter ein saltz ist vnd bist uast vnd heist nach latin stein saltz* (Bl. 10ʳ); *NIm [...] alumen Ispanicum uel vitriolum Romanum vnd sal communem vnd leg es [...] vnd teilet sin gelich als sal siluestrum [...]* (Bl. 13ʳ).

zuerst werbend für ihren Gegenstand eintreten und ihm allererst öffentliche Relevanz und Legitimität zu verschaffen suchen: der ‚Bellifortis‘ und das ‚Feuerwerkbuch‘. In ihnen werden erstmals die historischen Entstehungsbedingungen greifbar, die zur Abfassung von Kriegsschriften in der Frühen Neuzeit Anlaß gegeben haben. Die Kriegskunst als technische Disziplin konstituiert sich im ‚Bellifortis‘ noch als Folge einer historischen Krisenerfahrung, der Niederlage von Nikopolis (1396). Der ‚Bellifortis‘ repräsentiert dabei einen umfassenden Anspruch, indem er alle technischen Geräte des Kriegswesens katalogartig vorstellt. Er setzt aber aufgrund seiner sich überschneidenden Ordnungskriterien – Kriegssparten, Elemente, zivile Technik –, seiner kosmologischen und historischen Bezugsfelder sowie aufgrund seiner dominierenden Illustrationen die Kriegstechnik mehr repräsentativ in Szene, als daß er sie in ihrer Zusammensetzung erläutert oder zu ihrer Handhabung anleitet.

Demgegenüber repräsentiert das ‚Feuerwerkbuch‘ als reine, in der Volkssprache abgefaßte Texthandschrift den Schritt zum Fachbuch für Handwerker. Seine Entstehung wird bereits mit immanenten Argumenten begründet: der zunehmenden Komplexität der technischen Disziplin, die sich aus dem allgemeinen Gebiet der Kriegstechnik ausgliedert. Das ‚Feuerwerkbuch‘ kodifiziert einerseits ein berufsständisches Wissen für den Büchsenmeister und bietet andererseits erstmals eine auf die Kohärenz von Schrift gegründete Darstellung der konstitutiven technischen Verfahren dieses Berufs. Freilich schließt der Standescodex noch weiterreichende alltagspraktische Kompetenzen mit ein, von denen sich in der Folge ein Text wie das Büchsenmeisterbuch des Martin Merz emanzipiert. Mit diesem Spezialwerk zur mathematisch fundierten Ballistik ist ein weiterer Schritt in der Binnendifferenzierung des Kriegswesens erreicht.

UTE VON BLOH – THERESIA BERG

Vom Gebetbuch zum alltagspraktischen Wissenskompendium für den fürstlichen Laien

Die Expansion einer spätmittelalterlichen Handschrift am Beispiel eines Manuskripts in Wien, ÖNB, Cod. Vat. Pal. 13428

(Ute von Bloh:) Einleitung – Der zu einem späteren Zeitpunkt zusammengestellte vordere Faszikel – Die praktischen Lebensregeln und komputistischen Merkverse – Die Electiones – Zu Typenmischung und Zweckbestimmung des Codex – (Theresia Berg:) Das Kalendarium – Das Horarium – Die Gebet-Nachträge – Texte zur politischen Geschichte des Fürsten – Annalistische Notizen – Panegyrische Verse auf Friedrichs I. Kriegstaten – Fürstenlob im Kontext liturgischer Memoria – (Ute von Bloh:) Anhang 1: Zur Wiederverwendung einzelner Texte aus den Handschriften des Mathias von Kemnat – Anhang 2: Auslegung des Horoskops für Friedrich d. S. in der Pfälzer Reimchronik des Michel Beheim

Einleitung

Die explosionsartige Vermehrung des Schriftgebrauchs,[1] die Ausweitung ursprünglich festgefügter Gebrauchszusammenhänge und die enge Verflechtung mit alltagsweltlichen Interessen dokumentiert sich exemplarisch in einer Sammelhandschrift, die von dem kurfürstlichen Kaplan Mathias von Kemnat[2] angelegt und seinem Dienstherrn, dem Pfalzgrafen Friedrich I. (1425-1476), gewidmet ist. Textsymbiose und -organisation des vorzustellenden Manuskripts in Wien, ÖNB, Cod. 13428, legen offen, wie ein traditioneller Schrifttypus zu einem alltagspraktischen Wissenskompendium expandiert, das darüber hinaus die Taten seines Besitzers für die Nachwelt bewahrt. Ein Horarium wurde im vorliegenden Fall durch die Beibindung weiterer Texte und durch zahlreiche Nachträge aus seiner engeren Gebrauchsbestimmung entlassen und in größere Verwendungszusammenhänge überführt. Am Beispiel dieser Handschrift, die vom kurpfälzi-

---

[1] Als solche beschrieb HUGO KUHN die Ausweitung der Schriftlichkeit im Spätmittelalter, in: DERS., Versuch, S. 78.
[2] Zu den Lebensdaten und Hoffunktionen des Mathias vgl. VON BLOH, Buchbesitz, in dem vorliegenden Band und BIRGIT STUDT – FRANZ JOSEF WORSTBROCK, Mathias von Kemnat, in: ²VL 6, Sp. 186-194 sowie STUDT, Fürstenhof, S. 15-20.

schen Hof angeregt wurde, sollen Art, Auswahl, Koordination und Typenmischung auf die Funktionen hin untersucht und die unterschiedlichen Gebrauchsinteressen, die die Aufbereitung der in diesem Buch gesammelten Wissensbestände geleitet haben, aufgezeigt werden.

Der Inhalt des Wiener Codex 13428 umfaßt heute Texte aus verschiedenen Disziplinen, die vorwiegend in lateinischer Sprache aufgezeichnet sind. Die Handschrift setzt sich aus drei unterschiedlichen Faszikeln zusammen: einem ersten Teil mit vorwiegend alltagspraktischen Texten zur Astrologie, einem zweiten mit dem Horarium als Hauptbestandteil des Codex und einem abschließenden Faszikel, der vor allem geistliche Texte und geschichtliche Einzelaufzeichnungen enthält:

Bl. 1^r-3^r: Aderlaßverse, Verse zur Hygiene und zu den Jahreszeiten; Komputistisches (Verse zu den Konjunktionen von Sonne und Mond, den Oppositionen, den Nonen und Iden); kurze Hinweise auf die Bedeutung der Mondstellung in den Tierkreiszeichen, etwa im Zusammenhang mit der Einnahme von Medizin; summarische Angaben der Eigenschaften der Elemente und Planeten

Bl. 3^{r-v}: Tafel zur Mondstellung, mit Gebrauchsanweisung

Bl. 4^r: Electiones in Tabellenform für das Jahr 1460 (dt.)

Bl. 4^v: Schema zu den Eigenschaften der Elemente in ihrer Beziehung zu den Tierkreiszeichen, Lebensaltern, Jahreszeiten und zum Geschlecht

Bl. 5^r: gereimte Temperamentenlehre; Widmung und Datierung

Bl. 5^v-6^v: astrologische Wetterprognostik (dt.); Jahresprognosen (dt.)

Bl. 6^v-7^r: Tafel der Planetenpositionen bei Sonnenauf- und -untergang; mit Erläuterung

Bl. 7^v: Electiones in Tabellenform (dt.)

Bl. 8^r: Tafel zum Mondzyklus

Bl. 8^v: kurpfälzisches Wappen

Bl. 9^r: Miniatur des Apostel Petrus

Bl. 9^v: Gebet an die Apostel Petrus und Paulus

Bl. 10^r: Schema mit Angaben zu den Himmelsrichtungen, Tageszeiten, den Elementen, Planeten und Komplexionen; Datierung (1459); Nennung des Kompilators am unteren Blattrand

Bl. 10^v-34^r: Kalendarium mit Angaben zu den Planetenstellungen in den Zeichen, zum Sonnen- und Mondzyklus, mit Goldener Zahl und Sonntagsbuchstaben, diätetischen Monatsregeln, Aderlaßversen und historischen Notizen

Bl. 34^v-37^r: Tabellen mit der Goldenen Zahl und den Tierkreiszeichen; Aderlaßverse; Tafeln zur Berechnung des Oster-Intervalls; tabellarisch angeordneter Cisioianus mit den Daten zum Mondzyklus, gültig bis zum Jahr 1501

Bl. 37^v-38^r: Tabula perpetua mit Cisioianus und den Sonntagen bis Ostern

Bl. 38ᵛ-39ᵛ: Erläuterungen der verschiedenen Tafeln
Bl. 39ʳ: Daten zur Eklipse; komputistische Hinweise
Bl. 40ʳ-41ʳ: Wetterprognostik; Widmung, Nennung des Kompilators; Monatsvers
Bl. 41ᵛ: Auszug aus einem Confessionale; Aufzählung der Meßanfänge der Fastensonntage, des Ostersonntags und der sieben Sonntage nach Ostern
Bl. 42ʳ-287ʳ: Horarium (die Blätter 167–169 sind doppelt gezählt)
    Bl. 42ʳ-46ʳ: Modus orandi
    Bl. 46ᵛ-85ᵛ: Horae Beatae Mariae Virginis
    Bl. 85ᵛ-90ᵛ: Fürbitten zum Heiligen Geist, zu Christus und zu einigen Heiligen
    Bl. 90ᵛ-93ᵛ: Suffragia in vesperis
    Bl. 94ʳ-110ᵛ: Cursus a sabbato adventus domini usque ad vigilium cristi inclusive
    Bl. 113ʳ-139ᵛ: Cursus de sancta trinitate
    Bl. 140ʳ-152ʳ: Cursus de aeterna sapientia
    Bl. 152ᵛ-162ᵛ: Cursus feria nona de sancto spiritu
    Bl. 163ʳ-180ʳ: Cursus feria secunda de corpore cristi
    Bl. 180ᵛ-197ᵛ: Cursus feria sexta de passione domini
    Bl. 197ᵛ-199ʳ: Compassiones Beatae Mariae virgini
    Bl. 199ᵛ-212ʳ: Horae de dolore virginis Mariae
    Bl. 214ʳ-217ʳ: Opus defunctorum
    Bl. 217ʳ-246ʳ: Vigiliae defunctorum
    Bl. 246ʳ-258ʳ: Vigiliae minores
    Bl. 258ʳ-262ʳ: Litanei
    Bl. 266ʳ-287ʳ: Orationes

Nachträge (jeweils am Ende einer Lage):
Bl. 110ᵛ: Aufzählung der ‚Viginti quinque dignitates dei'
Bl. 111ʳ: eine Christusbetrachtung
Bl. 111ᵛ-112ᵛ: Gebet: ‚Oratio beati augustini'
Bl. 212ʳ: komputistische Merkhilfen
Bl. 212ᵛ-213ᵛ: Merkverse zu den Heiligenfesten; Monats- und Aderlaßverse
Bl. 287ʳ-293ʳ: Bernhard von Clairvaux zugeschrieben: ‚Jubilus ad Jesum', ‚Ad sanctum spiritum', ‚Planctus'
Bl. 293ʳ: Merkverse zur Pest und zur Augenheilkunde
Bl. 293ᵛ-294ʳ: Horoskop für Friedrich I.
Bl. 294ᵛ-295ᵛ: Petrus de Riga: ‚Nectareum verum'
Bl. 295ᵛ-296ʳ: Fürbitte, gerichtet an die Apostel Peter und Paul
Bl. 296ʳ: Gebet an die 14 Nothelfer
Bl. 296ᵛ-301ʳ: Aufzeichnungen historischer und genealogischer Daten; panegyrische Verse auf Friedrich I., mit Noten

Die Wiener Sammelhandschrift besteht vollständig aus Pergament und besitzt einschließlich des Blattes O* vor Bl. 1 bis Bl. 41 vier Lagen (mit einmal zehn, zweimal zwölf und einmal acht Blättern). Die Lagen des sich anschließenden Horariums bilden regelmäßige Quaternionen, wobei der letzten Lage des Horariums (Bl. 287 bis 292) ein Doppelblatt herausgeschnitten wurde und der letzten Lage der Handschrift (Bl. 293 bis 299) ein Blatt fehlt. Das Doppelblatt am Schluß der Handschrift (Bl. 300 und 301) wurde auf den Falz geklebt.

Wie die Inhaltsübersicht zeigt, bildet den bei weitem umfangreichsten Teil der Handschrift das Horarium, das kostbar verziert und in repräsentativer Textura geschrieben ist (Bl. 42^r- 287^r). Das Format der Handschrift (ca. 12,4 x 8,8 bis 9cm)[3] ist ihrem Inhalt angemessen: Es entspricht einem kleinen persönlichen Andachtsbuch, das der Besitzer ohne Schwierigkeiten stets mit sich führen konnte. Dieser Gebrauchsbestimmung lassen sich jedoch viele der angelagerten Texte nicht subsumieren, und tatsächlich gibt auch der kodikologische Befund Divergenzen in der Texteinrichtung und -ausstattung sowie in der Bindung zu erkennen. Anders als die ihm vorausgehenden Teile besteht das Horarium aus regelmäßigen Quaternionen und wiederum abweichend von diesen besitzt es mehr- und einfarbige, vier bis sechs Zeilen hohe, z.T. goldunterlegte Rankeninitialen, rote, grüne und blaue Lombarden sowie farbige Zierinitialen, die in keinem Textteil noch einmal vorkommen. Auch der Schrifttypus ist auf Bl. 1^r bis 41^v und Bl. 287^r bis 301 ein anderer.

Wie die Nachträge an verschiedenen Stellen des Horariums sind die Texte dort in einer Kursive des 15. Jahrhunderts geschrieben. Die unregelmäßigen Lagen des vorderen Teiles (Bl. 1- 41), seine andersartige Texteinrichtung wie Initialausführung und die vergleichsweise schlichte Kursive machen es wahrscheinlich, daß der vordere Faszikel der Wiener Sammelhandschrift zeitlich unabhängig von dem wohl schon vorhandenen Horarium entstanden ist.

Das würde dann bedeuten, daß auch das Kalendarium mit seinen von jahreszeitlichen Früchten und Pflanzen verzierten Initialen ursprünglich nicht zum Horarium gehört haben kann. Die Einbindung des Kalendariums in den vorderen Teil, die andersartige Initialausführung und vor allem die feinere Qualität des Pergaments, die sich deutlich von den übrigen festeren Blättern unterscheidet, scheinen darüber hinaus zu bestätigen, daß das Kalendarium separat angefertigt und dann mit der ersten Lage verbunden wurde.[4] Die nachfolgenden Lagenschemata veranschaulichen die Einbindung des Kalendariums in den vorderen Teil:

---

[3] Gemessen wurden die ersten zehn Blätter des Buches.

[4] Es ist schwer zu entscheiden, ob Mathias von Kemnat das Kalendarium selbst geschrieben hat. Die Hand ist der seinen zumindest sehr ähnlich. Kalendarien konnten im Mittelalter aber auch in großen Klosterwerkstätten, wie es sie zum Beispiel in St. Florian oder im Stift Kremsmünster in Oberösterreich gegeben hat, bestellt und erworben werden. Das durch seinen variationsreichen Initialschmuck auffällige Exemplar könnte auch auf diesem Wege in die Bibliothek des Auftraggebers gelangt sein. HOLTER nennt etwa ein Beispiel dafür, daß Handschriften auch ausschließlich zur Illuminierung in eine Klosterwerkstatt gegeben wur-

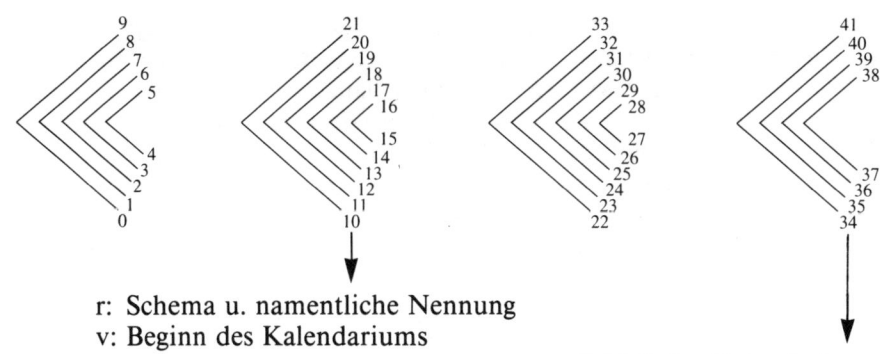

r: Schema u. namentliche Nennung
v: Beginn des Kalendariums

r: Schluß des Kalendariums

Das zweite Schema zeigt, daß das Kalendarium auf der Verso-Seite des ersten Blattes der zweiten Lage beginnt und das vierte veranschaulicht den Schluß des Kalendariums auf der Recto-Seite des ersten Blattes der vierten Lage. Wie bei Anfertigungen kürzerer Schriften häufiger zu beobachten, wurde auch in diesem Fall erst auf der Verso-Seite mit dem Kalendarium begonnen. Auf der Recto-Seite (Bl. 10ʳ) hat Mathias von Kemnat, wohl erst zum Zeitpunkt der Neubindung, ein Schema mit den Elementen, Komplexionen, Planeten usw. eingetragen, und im Anschluß daran noch seinen Namen notiert. Die verbleibenden Blätter der vierten Lage wurden dann für Aufzeichnungen genutzt, die sich zum größeren Teil mit Zeitrechnungsfragen beschäftigen. Die Tabellen auf Bl. 34ᵛ bis Bl. 39ʳ ergänzen damit das Kalendarium, das die Festeinträge bereits selbst um verschiedene Berechnungen erweitert. Vergleichbare Textcorpora, bestehend aus einem Kalendarium und weiteren Berechnungen, die den Osterzyklus betreffen, finden sich recht häufig.[5]

Die Beurteilung der letzten, zum Horarium gehörigen Lage ist etwas problematischer. Sicher ist, daß diese vorletzte Lage der Handschrift mit den geistlichen Traktaten des Bernhard von Clairvaux zum Horarium gehört, das mit Bl. 287ʳ endet. Die von anderer Hand und in einer Kursive geschriebenen geistlichen Traktate schließen sich, den verbleibenden Teil des Blattes und der Lage ausnutzend, unmittelbar an. Sie reichen aber bis auf Bl. 293, gehen also über diese Lage hinaus. Dann schließen sich ein Horoskop für Friedrich den Siegreichen, die Merkverse zur Pest und zum Augenleiden, geistliche Gebrauchstexte und historiographische Einzelauf-

---

den, so im Fall einer Historienbibel in Berlin, SBPK, Mgf 1108. Vgl. dazu KURT HOLTER, Beiträge zur Geschichte der Buchkunst im Stift Kremsmünster, in: Cremifanum 777–1977. Festschrift zur 1200-Jahr-Feier des Stiftes Kremsmünster (Mitteilungen des oberösterreichischen Landesarchivs 12) Linz 1977, S. 151–188. Sollte Mathias von Kemnat das Kalendarium tatsächlich selbst geschrieben haben, dann müßte es zumindest zur Illuminierung in einer Werkstatt gewesen sein.
[5] Vgl. etwa die Überlieferung der Kalendarien des Johannes von Gmunden, der seinem Kalender ebenfalls diverse Tabulae folgen läßt, die der Berechnung des Osterfestdatums dienen. Dazu RUDOLF KLUG, Der Astronom Johannes von Gmunden und sein Kalender, in: Jahresbericht des K. K. Staats-Gymnasiums zu Linz, Linz 1912.

zeichnungen (Bl. 293-299) an, die sich in der letzten, wohl ebenfalls zu einem späteren Zeitpunkt beigebundenen Lage der Handschrift befinden. Diese letzten Blätter wurden über einen längeren Zeitraum hin immer wieder für familiengeschichtliche Nachträge genutzt. Angefügt ist noch ein Doppelblatt am Schluß der Handschrift (Bl. 300^r), auf dem eine Notiz in deutscher Sprache auf einen *kalender* aufmerksam macht: *Nota die stunde deß niuwen monß noch disem kalender sol man an vahen zu rechen zu mittem tag deß selbigen tagß dar an daß nuwe gefelt.* Der Eintrag befindet sich unterhalb eines Liedes, welches den mächtigen Kurfürsten, Friedrich I., rühmt. In diesem Teil der Handschrift gibt es jedoch keinen Kalender und auch keine kalendarischen Tafeln oder Tabellen; diese befinden sich ausschließlich im vorderen Faszikel. Man muß also vermuten, daß sich dieses auf den Falz geklebte Blatt entweder ursprünglich im vorderen Teil des Codex oder aber in einer ganz anderen Handschrift befand und erst zu einem sehr späten Zeitpunkt angefügt wurde.

Dafür, daß die Handschrift neu gebunden wurde, spricht auch die Miniatur des Apostel Petrus auf Bl. 9^r, die auf der gegenüberliegenden Seite eines Wappenbildes im vorderen Faszikel plaziert ist. Obwohl die Zugehörigkeit zum Horarium wie im Fall des Kalendariums nahe zu liegen scheint, ist es fast auszuschließen, daß sich die Miniatur des Apostels im Horarium befand oder für das vorliegende Horarium angefertigt wurde.[6] Eine Darstellung des Petrus ist in den Horarien zumeist innerhalb der Heiligenmemorien ausgeführt. Da jedoch dieses Apostels im vorliegenden ‚Proprium de sanctis' gar nicht gedacht wird, muß davon ausgegangen werden, daß die Miniatur, zusammen mit dem Wappenbild, erst zum Zeitpunkt der Neubindung einen Platz im Codex erhielt. Die Aufnahme des als Andachtsbild für die private Frömmigkeit konzipierten Petrus in die Handschrift hängt hier mit der besonderen Bedeutung zusammen, die dieser Heilige für Friedrich I. hatte: Er war der persönliche Schutzheilige des Kurfürsten, und ihm glaubte er außerdem, seinen großen Sieg bei Seckenheim zu verdanken. An diesen Sieg wird an verschiedenen Stellen der Handschrift erinnert.[7]

Die vorangegangenen Beobachtungen nun machen es wahrscheinlich, daß die Handschrift in mindestens zwei Etappen entstanden ist, wobei der vordere Faszikel und die letzte Lage dem Horarium erst in einem zweiten Schritt beigebunden wurden. Auch die Nachträge in freigebliebene Schrifträume des Horariums dürften erst im Anschluß an die Neubindung eingefügt worden sein, denn Schrifttypus und Texteinrichtung weichen vom

---

[6] Die Ausstattungen der Horarien des 15. Jahrhunderts mit Bildern sind ebenso variationsreich wie die individuell konzipierten Gebetssammlungen. Zu den Bildthemen der Horarien vgl. die Einleitung im Katalog zur Ausstellung im Schnütgen-Museum, Andachtsbücher des Mittelalters aus Privatbesitz, bearbeitet von JOACHIM M. PLOTZEK, Köln 1987, bes. S. 27ff. und zur Plazierung der Petrusdarstellungen vgl. ebd. S. 87, 92, 97, 107, 110, 122, 127, 129, 162, 184, 193, 198, 216, 217, 222, 226.

[7] Auf die vielfältigen Beziehungen, die Friedrich I. und seine siegreichen Kriegszüge mit dem Apostel verbinden, und die überdies mit weiteren Fürbitten korrespondieren, wird noch einmal zurückzukommen sein.

Horarium ab. Die Nachträge befinden sich stets am Ende eines größeren Abschnitts und gleichzeitig am Schluß einer Lage innerhalb des Horariums. Über den Empfänger der Sammelhandschrift besteht kein Zweifel. Die mehrmalige Namensnennung (Bl. 5^r, 8^v, 294^r u.ö.), die Dedikationen (Bl. 5^r, 40^r) und auch die Miniaturen weisen Kurfürst Friedrich I. eindeutig als Empfänger aus. Die erste Miniatur auf Bl. 8^v (Abb. 45) zeigt die drei Wappen des kurpfälzischen Hauses auf blauem Grund: rechts der pfälzische Löwe mit roter Krone, links die bairischen Rauten und in der Mitte der leere rote Regalienschild,[8] dem lediglich filigranes Rankenwerk aufgemalt ist. Die Wappen werden von einem vergoldeten Spangenhelm mit dem aufrechten Wappenlöwen als Zierat[9] bekrönt, durch dessen Gesichtsschutz sich ein leeres Spruchband windet. Den unteren Teil des einfarbigen roten Rahmens verdecken zwei spielende Löwen. Die in roter Tinte notierte Beischrift oberhalb der Miniatur rühmt den Pfalzgrafen:

Nulla tuum turpis poterit abolere uetustas
Nomen. Nec liuor ó friderice potens.[10]

Auf der gegenüberliegenden Seite (Bl. 9^r) ist vor rotem Grund mit mehrfarbigen, vielverschlungenen filigranen Ranken der Apostel Petrus (Abb. 5) dargestellt.[11] Die Miniatur zeigt den Apostel stehend und mit den ihm stets beigegebenen Attributen: dem Schlüssel und dem Buch. Wie in zahlreichen anderen Darstellungen auch, ist er hier mit Backenbart, Lockenkranz und ‚cholerischer Stirnlocke‘ wiedergegeben; gekleidet ist er in antikisierende Gewänder. Petrus ist, dem Typus eines Andachtsbildes entsprechend, als einzelner ins Bild gesetzt. Auf der Verso-Seite des Bildes befindet sich eine an den Apostel gerichtete Fürbitte. Wie das Gebet weisen auch die Beischriften in roter und brauner Tinte auf Petrus als den persönlichen Schutzheiligen des Buchbesitzers hin:

(links) *Ora petre summe. rex. ut protegat me.*
         Contra predonem. qui te dedit opilionem.

(oben)   *Oret pergratus dominus potens kathedratus*
         Reprimens noxa spoliat nos perpetua doxa;[12]

Der Zeitpunkt der Neubindung kann ungefähr auf das Jahr 1459 festgelegt

---

[8] Vgl. WILHELM VOLKERT, Die Bilder in den Wappen der Wittelsbacher, in: Wittelsbach und Bayern 1,1: Die Zeit der frühen Herzöge. Von Otto I. zu Ludwig dem Bayern, München 1980, S. 13–28.

[9] Dazu KARL EMICH GRAF ZU LEININGEN-WESTERBURG, Das Pfälzer Wappen. Mit Pfalz-Bayerischer Wappentafel, in: Mitteilungen des Historischen Vereins der Pfalz 18, 1894, S. 145–159, hier S. 150.

[10] Eingriffe beim Abdruck des handschriftlichen Befundes wurden in nur geringem Maß vorgenommen. Nur die Abbreviaturen wurden aufgelöst, die dabei ergänzten Buchstaben jeweils unterstrichen.

[11] Über die Herkunft der Petrus-Miniatur ist nichts bekannt. Sie ist vermutlich im bairisch-österreichischen Raum, etwa um 1460 entstanden.

[12] Vor *Reprimens* ist *ye* (?) zu lesen. – Von den beiden anderen Beischriften sind auch bei ultraviolettem Licht nur einzelne Wörter entzifferbar.

werden. Zu dieser Zeit dürften auch die Texte des vorderen Faszikels der Wiener Sammelhandschrift aufgezeichnet worden sein. Das Datum ergibt sich aus einem Eintrag auf Bl. 4ʳ, der Mathias von Kemnat als verantwortlich für die Textzusammenstellung ausweist und die Handschrift als Auftragswerk vorstellt:

Mathias. kemnatensis.
hoc opus exegi princeps clarissime [!] iussu -
Nunc tuo: dum corpus liquida foues aqua.
Astrorum cursus lune solisque labores -
Descripsi uarios; quid mihi mercis erit.
Anno. 1459°. Johannis baptiste.

Eine zweite, mit roter Tinte geschriebene Datierung befindet sich am unteren Blattrand auf Bl. 10ᵛ: *Mathias Kemnatensis 1459°*.

Die weiteren, am Schluß der Handschrift verzeichneten Ereignisse, die vorrangig die Jahre 1461/62 betreffen, und die Electiones, die für das Jahr 1460 konzipiert wurden, deuten darauf hin, daß die Textzusammenstellung etwa um 1462 weitgehend abgeschlossen war. Nur ein einziger Eintrag auf Bl. 294ʳ bezieht sich auf ein Ereignis aus dem Jahr 1468. Von diesem Eintrag ist allerdings anzunehmen, daß er einige Zeit nach Fertigstellung der Handschrift vorgenommen wurde. Die Benutzung der Handschrift als Erinnerungsbuch für familiäre Ereignisse geht auch an anderer Stelle über die Lebenszeit des Mathias von Kemnat und seines Dienstherrn hinaus: Bl. 23ʳ macht ein Eintrag in das Kalendarium auf die Geburt des Sohnes Philipps, Ludwig V., im Jahr 1478 aufmerksam.

Mathias von Kemnat, der sich mehrfach namentlich nennt, hat die Handschrift nicht nur für den Kurfürsten zusammengestellt, sondern zum Teil auch selbst geschrieben. Von dem Horarium und den geistlichen Traktaten des Bernhard von Clairvaux abgesehen, sind alle verzeichneten Texte (möglicherweise sogar das Kalendarium) von seiner Hand. Dem unterschiedlichen Schriftduktus allerdings ist abzulesen, daß vieles über einen größeren Zeitraum hin, sicher von mehreren Jahren, notiert wurde.

An der Textzusammenstellung des ‚Wiener Codex' zeigt sich deutlich das Bestreben, alles das festhalten zu wollen, was im Interesse des pfalzgräflichen Empfängers wissenswert erschien und zugleich dazu geeignet war, seine Herrschaft zu bestätigen und seine Person zu rühmen. Unter einer pragmatischen Perspektive sind dazu solche Texte verzeichnet, die für das körperliche und seelische Heil des Fürsten als wissens- und erwähnenswert erachtet wurden. Eine Zweckbestimmung nennt Mathias von Kemnat sogar selbst. Der Eintrag auf Bl. 5ʳ, am unteren Blattrand in roter Tinte notiert, weist die Textzusammenstellung als zur Unterweisung des Fürsten bestimmt aus:

Hec tibi fridrich scripta sint ac pro docgmate dicta.

Unterrichtung in alltagspraktischen Fragen boten besonders die sozial eher indifferenten Textsorten, die praktischen Lebensregeln und komputistischen Merkhilfen des vorderen Faszikels.

Der zu einem späteren Zeitpunkt zusammengestellte vordere Faszikel

Die dem Horarium vorangehenden Blätter (Bl. 1-41) enthalten vor allem zeitgenössisches Wissen zur Astrologie und Zeitrechnung. Den Anfang machen Merkverse zu günstigen Aderlaßzeiten und -stellen, Badevorschriften, ein Gedicht über die Jahreszeiten und vor allem Merkverse und Tafeln zur Zeitrechnung (Bl. 1^r-2^r). Hinweise auf die Konjunktionen und Oppositionen, summarische Angaben und ein Schema zu den Qualitäten der Elemente und Planeten, erläutert u.a. im Zusammenhang mit der Einnahme von Medizin, sowie eine Tafel, die den Eintritt des Mondes in die Tierkreiszeichen im Verlauf eines Jahres veranschaulicht, schließen sich an (Bl. 2^v-3^v). Der Mondtafel ist auf Bl. 3^r eine Gebrauchsanweisung vorangestellt. Auf Bl. 4^r befinden sich Electiones[13] in Tabellenform, konzipiert für das Jahr 1460, die unterschiedliche Tätigkeiten und deren günstigen oder ungünstigen Ausgang unter den einzelnen Tierkreiszeichen prognostizieren.[14] Unterhalb der nachfolgenden gereimten Temperamentenlehre (Bl. 5^r) ist dann die erste Dedikation zu lesen. Hierauf folgt eine astrometeorologische Prognostik, die einzige längere Abhandlung, die sich in der Volkssprache an ihren Adressaten wendet (Bl. 5^v-6^v).

Abschließend wird der Einfluß der Planeten auf zukünftige Wetterbedingungen hin ausgedeutet. Für ein nicht näher bestimmtes Jahr, das vom Planeten Mars regiert wird, prognostiziert die kurze Abhandlung darüber hinaus Seuchen, ein großes Sterben und Krieg:

Ist awer mars ein her des jars. so wirt
pestelencz. vil tottlikeytt vnd streyt. (Bl. 6^v)

Von diesem Text, den Electiones, die der Entscheidung des richtigen Zeitpunktes für eine Unternehmung dienen, und einigen Notizen im Kalendarium Bl. 10^v-34^r abgesehen, sind alle weiteren Texte dieser Handschrift in lateinischer Sprache aufgezeichnet.

Nach Bl. 6^r informiert eine Tafel über die Stunden der Planetenpositionen im Sonnen- und Mondzyklus. Ihr sind, wie häufig in dieser Handschrift, erläuternde Anweisungen beigegeben.[15] Electiones in Tabellenform auf Bl. 7^v, ähnlich denen auf Bl. 4^r, geben dann noch einmal, hier allerdings ohne Jahresangabe, Auskunft über die Chancen, für die vom zweiten Schema z.T. abweichenden Beschäftigungen; berechnet sind sie nun unter

---

[13] Zu den verschiedenen Arten der *astrologia iudiciaria* vgl. WILHELM KNAPPICH, Geschichte der Astrologie, Frankfurt a. M. ^{2}1988, bes. S. 70f. und WILHELM GUNDEL – HANS GEORG GUNDEL, Sternglaube, Sternreligion und Sternorakel. Aus der Geschichte der Astrologie, Heidelberg ^{2}1959, hier S. 66f.

[14] Der günstige oder schädliche Einfluß der die Zeit bestimmenden Planeten ist hier nicht mehr erkennbar, obwohl er für die Entstehung von Vorhersageschemata sicher verantwortlich war. Vgl. WILHELM GUNDEL – HANS GEORG GUNDEL, Astrologumena. Die astrologische Literatur in der Antike und ihre Geschichte (Sudhoffs Archiv, Beiheft 6) Wiesbaden 1966, S. 270f. und zur *astrologia iudiciaria* S. 22ff.

[15] Gebrauchsanweisungen befinden sich auf Bl. 3^r, 6^v, 38^r-39^v, 212^r usw.

den Planetenstunden. Als Bl. 8ᵛ ist der Sammlung astrologischer Praktiken das ganzseitige Bild mit dem kurpfälzischen Wappen eingefügt, auf dessen gegenüberliegender Seite (Bl. 9ʳ) die ebenfalls ganzseitige Miniatur des Apostel Petrus ausgeführt ist. Auf der Verso-Seite der Petrus-Miniatur (Bl. 9ᵛ) ist ein Fürbitt-Gebet an die Apostelfürsten Peter und Paul verzeichnet.

Mit Bl. 10ᵛ schließt sich ein Kalendarium an, das zu jedem Tag einen Festeintrag enthält und eine Kompilation von Kalendarien unterschiedlicher klösterlicher Traditionen zu bilden scheint. Die Einträge stimmen weitgehend mit denen des Kalendariums aus dem Bistum Speyer überein, doch haben auch Festtage anrainender Diözesen wie Worms und Mainz ihren Niederschlag gefunden.[16]

Das Kalendarium ist jeweils auf den Verso-Seiten um Aussagen zu den Planetenpositionen in den Tierkreiszeichen und zu der Helligkeitsdauer eines Tages, angegeben in Graden bzw. Stunden und Minuten, erweitert. Auf den Recto-Seiten ist ergänzend der Mondzyklus angegeben, außerdem die Goldene Zahl,[17] der Sonntagsbuchstabe und schließlich sind auch noch weitere Monats- und Aderlaßregeln sowie Merkhilfen zu den Festtagen des Jahres in die freigebliebenen Schrifträume notiert.

Innerhalb des Kalendariums wird im August, ohne Angabe des Datums, auf den Geburtstag Pfalzgraf Friedrichs I. und auf einen ‚Sieg' am 8. des Monats verwiesen (Bl. 25ʳ: *hic nota victoriam*; Abb. 6). Dieses Datum könnte entweder an den 8. August 1462 erinnern, als die Verhandlungen um den Friedensvertrag begannen, den Kurfürst Friedrich, wenige Wochen nach dem Sieg bei Seckenheim, mit dem Bischof von Speyer schloß, oder es wird auf den Vertragsschluß zwischen Friedrich I. und Herzog Ludwig von Veldenz und dem Grafen Ulrich von Württemberg im Jahr 1460 aufmerksam gemacht.[18] Der Hinweis auf die Geburt Ludwigs V., des Sohnes Philipps, im Jahr 1478, bildet den zeitlich letzten Eintrag. Philipp der Aufrichtige (1448-1508) wurde 1476 nach dem Tod Friedrichs I. Kurfürst von der Pfalz.

Über den Nachweis hinaus, auf welchen Wochentag die Feste oder auf welche Monatsdaten die Sonntage fallen, lassen die nachgetragenen Familiengedenktage, die medizinischen Ratschläge, namentlich zum Aderlaß, und die Witterungsvoraussagen und Monatsregeln dieses Kalendarium zu einem praktischen Jahrbuch werden, in dem auch der planetare Einfluß auf die Tage des Monats nachgelesen werden konnte. Der Kalender vermochte damit den Benutzer vor den Folgen zu warnen, die bestimmte Planeten-

---

[16] HERMANN GROTEFEND, Zeitrechnung des deutschen Mittelalters und der Neuzeit, 2. Bde., 2. Neudruck der Ausgabe Hannover 1892–98, Aalen 1984, 2,1, S. 113–118, 172–176, 205–208. Vgl. auch den entsprechenden Abschnitt zum Kalendarium und Horarium in der vorliegenden Arbeit.

[17] Die Goldene Zahl ist wichtig für die Berechnung des Osterfestdatums.

[18] MENZEL, Regesten 1, S. 349f., 385f. und HÄUSSER, Geschichte, S. 376.

konstellationen für alltägliche Verrichtungen wie den Aderlaß nach sich ziehen.[19]

Die Textsammlung wird im Anschluß an das Kalendarium mit Tafeln der Goldenen Zahl in ihrer Beziehung zu den Tierkreiszeichen und mit Aderlaßversen (Bl. 34^v, 35^r), Tabellen zur Ermittlung des Osterintervalls, einem tabellarisch angeordneten Cisioianus mit den Daten zum Mondzyklus, gültig bis zum Jahr 1501, einer Tabula perpetua mit den Sonntagen nach Ostern und Erläuterungen zur Benutzung der Tafeln fortgesetzt (Bl. 35^v-39^v). Der nachstehenden meteorologischen Prognostik, die die Anzeichen für schlechte und günstige Witterungsbedingungen und für fruchtbare Jahre auflistet (Bl. 40^r-41^r), hat Mathias von Kemnat die zweite, oben zitierte Widmung angefügt. Ein Monatsvers, ein Auszug aus einem Confessionale und die Namen der Fastensonntage, des Ostersonntags und der sieben Sonntage nach Ostern beschließen den Faszikel.

Die praktischen Lebensregeln und komputistischen Merkverse

Die Typenmischung in der Wiener Sammelhandschrift ist für sich genommen nicht außergewöhnlich.[20] Astrologische Berechnungen und Prognostiken, verbunden mit – allerdings nur wenigen – geistlichen Gebrauchsschriften oder theologischen Texten finden sich z. B. auch in den Büchern aus dem Besitz des Mathias von Kemnat.[21] Was diese wissenschaftlichen Bü-

---

[19] So ist es etwa ungünstig, sich an den Armen zur Ader zu lassen, wenn der Mond im Zwilling steht. Vgl. den Monatsvers im ‚Kodex Schürstab‘, Bl.· 10^r und dazu die Faksimile-Ausgabe und den Kommentarband: Vom Einfluß der Gestirne auf die Gesundheit und den Charakter des Menschen. Kommentar zur Faksimile-Ausgabe des Manuskripts C 54 der Zentralbibliothek Zürich (Nürnberger Codex Schürstab). Hg. von GUNDOLF KEIL, Luzern 1983, S. 29.

[20] Zu Hausbüchern des 16. Jahrhunderts, die dann in ähnlicher Weise eine Vielzahl an Texttypen (Legenden, Mariengedichte, historiographische und literarische Aufzeichnungen, Texte zur Astrologie, Daten zur Familiengeschichte, Gebete, Rezepte) vereinigen, vgl. DIETER H. MEYER, Literarische Hausbücher des 16. Jahrhunderts. Die Sammlungen des Ulrich Mostl, des Valentin Holl und des Simprecht Kröll (Würzburger Beiträge zur deutschen Philologie 2.1) 2 Bde., Würzburg 1989, hier Bd. 1. – Eine ähnliche Typenmischung wie die Wiener Handschrift Cod. 13428 repräsentiert eine Handschrift der Württembergischen Landesbibliothek in Stuttgart, Cod. HB I 125. Es handelt sich hier um ein Vollbrevier, das 1445 für eine Deutschordenskommende der Diözese Würzburg geschrieben wurde. Der Kalender der Handschrift enthält komputistische Tafeln, eine Tafel zum Aderlaß sowie Cisioianusverse und einen Hinweis auf die Gefangennahme Ulrichs von Württemberg und des Markgrafen von Baden durch Friedrich den Siegreichen. Vergleichbar ist allerdings nur die Typenmischung, denn historiographische und diätetische Verse oder Hilfen zur Zeitrechnung finden sich in der Massierung wie in der Wiener Sammelhandschrift nicht. In der Stuttgarter Handschrift handelt es sich um ganz vereinzelte Einträge. Der Codex ist beschrieben von JOHANNE AUTENRIETH u.a., in: Die Handschriften der ehemaligen Hofbibliothek Stuttgart 1,1 (Die Handschriften der Württembergischen Landesbibliothek, 2. Reihe, 1,1) Wiesbaden 1968, S. 228–231.

[21] Kurztexte und Schemata, die auch die Wiener Sammelhandschrift enthält, befinden sich in Cpl 886, 1370, 1381 und 1438. Eine vergleichbare Typenmischung zeigen Cpl 1370, 1381

cher von der Wiener Sammelhandschrift unterscheidet, sind zunächst anders gelagerte Interessenschwerpunkte, und dafür ist die Tatsache verantwortlich, daß Mathias seine eigenen Handschriften zuallererst für sich selbst zusammenstellte – wenn sich die Interessen des gelehrten Hofkaplans und die des Hofes auch gelegentlich miteinander verschränkten. Damit unterscheiden sich sowohl Auswahl als auch die Art der gesammelten Kenntnisse. Vergleichsweise ungewöhnlich ist in der dem Kurfürsten gewidmeten Handschrift vor allem die vielfache Präsentation des Wissens in Merkversen, die sich in dieser Massierung in keiner Handschrift des Hofkaplans befinden. Dort sind sie stets nur vereinzelt, oft auch als Raumfüllsel notiert. Das gilt für die aus der Spätantike stammenden praktischen Lebensregeln utilitaristischer Prägung wie auch für die komputistischen Merkhilfen. Eine größere Anzahl der aufgezeichneten Verse ist in der Wiener Sammelhandschrift den günstigen und ungünstigen Aderlaßzeiten und -stellen gewidmet (Bl. 1[r-v], 212[v]-213[v] u.ö.):

De incisione venarum

Ar li de vena bene fundunt. vena. sagitta.
Can. scor. pis media cetera dico fore maligna.
Ver estas. dextras. Autumpnus. hyembsque sinistras.
Percutiunt venas. tollunt de corpore venas.
Luna crescente. minuas iuuenis crapulente.
Sed decrescente. minuas iuuenis macilente.
In sene uel iuuene si sint vene sanguine plene.
Quolibet jn mense. bene prodest inscisio vene.
Luna vetus ueteres. iuuenes noua [luna?] requirit.[22]

Mit diesen Versen beginnt die Textzusammenstellung für den Kurfürsten (Bl. 1[r]), und sie wird zunächst mit weiteren, ebenfalls binnenreimenden Hexametern zum Aderlaß fortgesetzt. Andere Verse bieten unter Berücksichtigung des Mondlaufs Merkhilfen zu den beweglichen und unbeweglichen Festtagen eines Jahres, und wieder andere behandeln diätetische Ratschläge oder Vorhersagen wie auf Bl. 213[r], die sich hier auf das Fest Pauli conversio am 25. Januar beziehen[23]:

---

und 1438. Diese Handschriften gehörten – Cpl 886 allerdings nur in Teilen – ausnahmslos Mathias von Kemnat. Vgl. dazu im vorliegenden Band VON BLOH, Buchbesitz. Die Themenschwerpunkte sind in diesen Codices jedoch andere. In den letztgenannten drei Handschriften überwiegen astrologisch-mathematische Texte, vergleichbare Daten zur kurfürstlichen Familie fehlen in Cpl 1370 überhaupt und in Cpl 1438 gibt es nur wenige solcher Notizen. Auch theologische Texte wurden in diesen drei Handschriften nur wenige aufgezeichnet. In Cpl 1438 kommen dagegen Texte aus dem universitären Lehrbetrieb hinzu, die in der Wiener Sammelhandschrift fehlen. Die Auswahl ist hier deutlich von den gelehrten Interessen des Mathias von Kemnat geleitet. Zu den Texten, die sich in den Handschriften aus dem Besitz des Mathias nachweisen lassen, und in der Wiener Handschrift 13428 wiederverwendet wurden vgl. den Anhang in dem vorliegenden Beitrag.

[22] Vgl. WALTHER, Initia, Nr. 1387.
[23] WALTHER, Initia, Nr. 2825.

Clara dies pauli. largas denotat fruges annj.
Si nix uel pluuia designat tempora cara.
Si fuerint uenti designat prelia genti.
Si fiunt nebule / pereunt animalia queque.
Et idem de festa sancti Iacobi tibj presto.
Sed si uult deus. permutat omnia solus;

Die Wetterbedingungen am 25. Januar und 25. Juli werden hier mit Teuerungen, Naturkatastrophen und Kriegen verknüpft.

Einige der gereimten Lebensregeln werden in der Handschrift sogar mehrfach wiederholt. Die vereinzelten Zeilen im Kalendarium auf Bl. 10ᵛ-34ʳ zu den verschiedenen Monaten des Jahres beispielsweise ergeben, in der Verssammlung auf Bl. 212ᵛ noch einmal notiert, ein längeres Gedicht:

Pocula Janus amat. februarius algor‹em› clamat.
Marcius arua fodit. Aprilis florida prodit.
Ros et flos nemorum. Maio sunt fomes amorum.
Dat Junius vena. Julio reserantur amena.
Augustus spicas. September colligit vuas.
Seminat october. spoliat virgulta nouember.
Querit[ur] habere cibum. Porcos mactare december.[24]

Es handelt sich um ein Monatsgedicht denkbar einfachster Art. Über je zwei Monate gibt ein leoninischer Hexameter allgemeinste Informationen zu Ernährungsfragen, jahreszeitlichen Tätigkeiten der Landbevölkerung oder zu den Witterungsverhältnissen. Die Gedichte, die Mathias von Kemnat z.T. aus seinen eigenen Büchern in die Wiener Sammelhandschrift übertrug, sind stets kurz, die Aussagen auf notwendige und charakteristische Aussagen reduziert und damit leicht zu merken.

Ausführliche oder kompliziertere Darstellungen fehlen in der Wiener Sammelhandschrift insgesamt; einfach strukturierte Versgedichte, Schemata, kurze Anleitungen zur Zeitrechnung und kleine Traktate überwiegen bei weitem. So ist z. B. auch die Prognostik auf Bl. 40ʳ-41ʳ, die die natürlichen Wetterzeichen auflistet, frei von jedweder wissenschaftlichen Argumentation. Komplizierte planetarische Konstellationen, die in vielen mittelalterlichen Prognostiken Katastrophen ankündigen, werden nicht erörtert. Und etwa auch die Temperamentenlehre auf Bl. 5ʳ, wieder in Versform, zeichnet sich, verglichen mit anderen Überlieferungen, durch besondere Kürze und Anschaulichkeit aus.[25] Den diversen Tafeln, Versen

---

[24] Zum Dezember als der Zeit des Schweineschlachtens vgl. Franz Boll, Sternglaube und Sterndeutung. Die Geschichte und das Wesen der Astrologie, Leipzig – Berlin 1918, S. 59, und Keil (wie Anm. 19). Zu den Monatsversen der Wiener Handschrift vgl. Walther, Initia, Nr. 14217.

[25] Das charakterisiert etwa auch die Merkverse zur Pest und zur Augenheilkunde. Studt, Fürstenhof, S. 307 spricht von „medizinischen Regimina", doch bleiben die Merkverse weit hinter dem Anspruch zeitgenössischer Regimina zurück. – Zur Temperamentenlehre vgl. Klaus Schönfeld, Die Temperamentenlehre in deutschsprachigen Handschriften des 15. Jahrhunderts, Diss. Heidelberg 1962, S. 11ff. zur Temperamentenlehre des Claudius Galenus und den Adaptationen des Mittelalters.

und Schemata hat Mathias von Kemnat oftmals erläuternde Anweisungen zur Bedienung beigegeben. Dies dürfte gleichfalls in der Absicht geschehen sein, den Kurfürsten in die Lage zu versetzen, sich den Gegenstand ohne Schwierigkeiten zu eigen zu machen. Die Textzusammenstellung, die hier vorgenommen wurde, ist deutlich auf die Wissensansprüche eines gelehrten Laien ausgerichtet; wissenschaftliche Ambitionen verlangten die Texte dem Besitzer nicht unbedingt ab. Ein Computusgedicht, das als späterer Nachtrag in den freigebliebenen Schriftraum eines Horarium-Blattes (Bl. 212ʳ) notiert wurde, veranschaulicht das auswählende Vorgehen des Mathias, wenn er Texte aus seinen persönlichen Büchern übertrug, und zeigt zugleich, in welchem Maß er den Wissenshorizont seines Dienstherren berücksichtigte. Die Verse dieses Gedichts, die auf den ersten Blick nur schwer einen Sinn zu erkennen geben, finden sich in spätmittelalterlichen Computi (Nurembergensis, Cracoviensis) als „zyklischer Memorialtext für das Estomihi-Intervall"[26]:

> *Ellephas a terra festinat bibolus extra.*
> *Clericus facete decipitur gaudijs crebre.*
> *Articulum degener gamma excellit adulter.*
> *Doceo barbatum egenum considero nullum.*

Sie sind nach dem Schema Anfangsbuchstabe = Zahl konstruiert, wobei die Buchstaben A bis G hier für die Zahlen 1 bis 7 stehen. Die Verse ergeben dann die Osterregularen und ihren Wechsel im 19jährigen Mondzyklus:

5 1 6 2 5
3 6 4 7 3
1 4 7 5 1
4 2 5 3 x.[27]

Kannte der Kurfürst die Ostergrenze, so war es ihm möglich, jeden beliebigen Sonntag zu ermitteln. Dieses Computusgedicht befindet sich auch in einer Handschrift, die Mathias von Kemnat gehörte (Cpl 1381, Bl. 155ᵛ). Dort sind die Verse allerdings Bestandteil eines umfangreichen Computus chirometricalis.[28] Der einleitende Teil, in dem auch der komputistische Merkvers aufgezeichnet ist, hat die Festlegung des Sonntagsbuchstabens für die Schaltjahre und Gemeinjahre zum Inhalt. Das Gedicht dient in dieser Abhandlung als Merkhilfe für die ihm vorausgehenden Überlegungen. In die Wiener Sammelhandschrift hat der Hofkaplan jedoch nur den Merkvers übertragen, und sicher wird er nicht zuletzt deshalb auf die höchst abstrakten Gedankengänge verzichtet haben, weil er sie zu verwickelt oder zu speziell für den Besitzer erachtete. Mathias von Kemnat

---

[26] Zitiert nach BERNHARD BISCHOFF, Ostertagtexte und Intervalltafeln, in: Historisches Jahrbuch 60, 1940, S. 549–580, hier S. 570f.; WALTHER, Initia, Nr. 5333.
[27] Vgl. HERMANN GROTEFEND, Abriss der Chronologie des deutschen Mittelalters und der Neuzeit (Grundriss der Geschichtswissenschaft 1,3) Leipzig – Berlin 1912, S. 22.
[28] Beispiele für das Rechnen mit der Hand gibt FLORIAN CAJORJ, Comparison of methods of determining calendar dates by finger reckoning, in: Archeion 9, 1928, S. 31–42.

beschränkte sich hier, wie in den anderen Fällen auch, auf den praktischen Wert der Information.[29]

Komputistische Merkverse oder Hinweise auf die Heiligenfeste in leicht memorierbaren Formulierungen, wie sie sich auch im Kalendarium und in der Verssammlung auf Bl. 212ᵛ-213ᵛ befinden, sind in spätmittelalterlichen Handschriften ebenso häufig wie die gereimten Monatsregeln. Monatsverse begegnen seit dem 12. Jahrhundert vereinzelt in den Codices und werden in den Salernitanischen Gesundheitskompendien weitertradiert. Auch die hier verzeichneten Verse stammen z.T. aus dem weitverbreiteten und in verschiedenen Fassungen vorliegenden ‚Regimen Salernitanum sanitatis', das Arnald von Villanova dann im 13. Jahrhundert überarbeitete und das in dieser Fassung auch in die deutsche Sprache übersetzt wurde. Zu den schon in den ‚Regimina Salernitana sanitatis' vorhandenen Versen gehören die Temperamentenlehre (Bl. 5ʳ), zahlreiche Aderlaßverse, Anordnungen hinsichtlich der Hygiene (Bl. 1ʳ) und die Merkverse zur Gesundheit (Bl. 293ʳ).

Im Spätmittelalter erfuhren Vorhersagen über das Wetter, Monats-, Diät- und Aderlaßregeln, oft in Kalendern, verbunden mit Lunarprognosen und zumeist in Sammelhandschriften überliefert, zunehmende Verbreitung. Mathias von Kemnat konnte hier auf einen außerordentlich populären Textbestand zurückgreifen,[30] dessen Tradition bis in die Antike zurückreicht. Ein Vergleich mit anderweitig überlieferten Fassungen zeigt,[31] daß die astrologischen Praktiken und Prognosen ebenso wie die gereimten Lebensregeln in nur wenig veränderter Form in die Wiener Sammelhandschrift übernommen wurden. Doch sind sie stets – auch ohne besondere Hinweise – in Anbetracht der Auswahl und Ausrichtung am persönlichen Gebrauch als Ratgeber für das Schicksal eines einzelnen zu betrachten.

---

[29] Der Vers, der sich dem Computusgedicht unmittelbar anschließt, gibt nicht etwa den Schlüssel für das Gedicht, sondern es handelt sich hier um einen weiteren Merkvers. Das geht aus der Ankündigung in der Handschrift aus dem Besitz des Mathias von Kemnat hervor (Cpl 1381, Bl. 155ᵛ).

[30] Zur Tradition der Monatsverse und zur Terminologie vgl. RAINER REICHE, Einige lateinische Monatsdiätetiken aus Wiener und St. Galler Handschriften, in: Sudhoffs Archiv 57, 1973, S. 113–141 und GUNDOLF KEIL, Die Grazer frühmittelhochdeutschen Monatsregeln und ihre Quelle, in: Fachliteratur des Mittelalters. Festschrift für Gerhard Eis, hg. von GUNDOLF KEIL u.a., Stuttgart 1968, S. 131–146; hier S. 133 mit weiterführenden Literaturangaben.

[31] Verglichen wurden die Verse mit Cpl 1144, 1264, in denen einige der Verse ebenfalls verzeichnet sind (Cpl 1144, Bl. 140ʳ: *Prima dies vene* [...]; WALTHER, Initia, Nr. 14570). Diese Handschriften gehörten dem an der Heidelberger Universität lehrenden Ordinarius der medizinischen Fakultät, Erhard Knab (1464–1480). Zu E. Knab vgl. LUDWIG SCHUBA, Knab, Erhard von Zwiefalten, in: ²VL 4, Sp. 1264–1271. Eingesehen wurden ferner Cpl 1116, 1259, 519, 1323, die ebenfalls mit den salernitanischen Versen identische Abschnitte enthalten (Cpl 1116, Bl. 130ᵛ: *Ista nocent oculis* [...]; in Wien Cod. 13428, Bl. 293ʳ; Cpl 1259, Bl. 38ᵛ: *Ver estas dextras* [...]; in Wien Cod. 13428, Bl. 1ʳ und 212ᵛ; WALTHER, Initia, Nr. 20125; Cpl 519, Bl. 12ʳ: *Prima dies vene* [...]; in Wien 13428, Bl. 1ʳ; WALTHER, Initia, Nr. 14570; in Cpl 1323, Bl. 121ᵛ, findet sich die Temperamentenlehre: *Largus amans hilaris* [...]; WALTHER, Initia, Nr. 10131; vgl. Bl. 5ʳ der Wiener Sammelhandschrift).

Die Electiones

Eine persönliche Ausrichtung auf den Adressaten unserer Handschrift ist innerhalb der Astrologica nur im Fall der für Friedrich I. konzipierten Horoskope und der volkssprachigen Electiones faßbar, die der Entscheidung des günstigen und ungünstigen Zeitpunkts für die Verrichtung (traditionell) staatsgeschäftlicher und alltäglicher Tätigkeiten dienen. Im Unterschied zu anderen Vorhersagen dieser Art sind die Electiones hier mit einer Jahreszahl (1460) versehen und im Vergleich mit einer lateinischen Version in einer Handschrift aus dem Besitz des Mathias von Kemnat[32] wurden sie geringfügig abgewandelt. Einige der in Cpl 1370 vorhandenen Rubriken sind in die Wiener Sammelhandschrift nicht übertragen, und auch eine Jahreszahl fehlt. Die Auslassungen betreffen Fragen nach dem günstigen Zeitpunkt für ein Bad, Spiele, das Scheren des Bartes oder zum Disputieren. Da Kleintexte dieser Art selten ediert werden und es schwer ist, eine Vorstellung von der Anordnung der Electiones zu vermitteln, gibt das nachfolgende Schema den Aufbau und einige ausgewählte Rubriken:

Kauffen vnd verkauffen [...]	o	b	b	m	b ...
bauen [...]	m	b	m	m	b ...
bruderschafft machen [...]	m	m	o	b	b ...
boten aus senden [...]	m	m	b	b	m ...
hochczit machen [...]	m	b	b	m	m ...
vff wasser wandern [...]	b	m	b	o	m ...
schuld ein manen [...]	b	m	m	b	m ...
geselschaft machen [...]	m	b	b	o	b ...
Jagen uff erd [...]	b	m	m	b	b ...
In streyt gen [...]	b	m	b	b	m ...
Leserichtung ↓	A	t	g	c	l
	r	a	e	a	e
	i	u	m	n	o
	e	r	i	c	
	s	u	n	e	
		s	i	r	
bonum		b.			
medium		o.			
malum		m.			

Die erste Rubrik der Tabelle auf Bl. 4ʳ in der Wiener Sammelhandschrift nennt die verschiedenen Tätigkeiten, dann folgen die Prognosen und im unteren Teil ist der Schlüssel zu den abgekürzten Bewertungen notiert. Die einzelnen Monate, gekennzeichnet durch die ihnen zugeordneten Sternzeichen, auf die die Prognosen zu beziehen sind, wurden senkrecht zu den abgekürzten Bewertungen geschrieben. Für Friedrich I. würde es sich der

---

[32] In Cpl 1370, Bl. 60ᵛ, befindet sich eine lateinische Version, in Cpl 1381, Bl. 10ʳ, eine identische volkssprachliche Fassung.

Prognose zufolge nicht anbieten, in der Zeit vom 23.7. bis 23. 8. (*leo*) eine kriegerische Auseinandersetzung zu beginnen (*In streyt gen*), Forderungen einzutreiben (*schuld ein manen*), Boten auszusenden, ein Fest zu feiern oder auf dem Wasser zu reisen, wohl aber Bündnisse zu schließen, zu jagen oder zu bauen. Für die erstgenannten Unternehmungen standen die Zeichen in der Zeit vom 22.6. bis 22.7 (*cancer*) sehr viel günstiger. *In streyt gen, schuld ein manen* und *boten aus senden* sind im Unterschied zum nachfolgenden Monat mit einem *bonum* versehen. Ein Vergleich der Empfehlungen des Hofastrologen mit den politischen Ereignissen des Jahres 1460 macht eine Berücksichtigung von seiten des Kurfürsten nicht unwahrscheinlich.

Tatsächlich rückte Friedrich I. innerhalb des für kriegerische Auseinandersetzungen günstigen Zeitraumes, am 4. Juli, im Anschluß an die mehrwöchige Belagerung von Bockenheim dem Heer des Erzbischofs von Mainz und seiner Verbündeten entgegen und ging siegreich aus der Schlacht bei Pfeddersheim hervor.[33] Diesem Ereignis vorangegangen waren langanhaltende Auseinandersetzungen mit Diether von Mainz, dem erwähnten Erzbischof, Herzog Ludwig von Veldenz, Markgraf Albrecht von Brandenburg und Graf Ulrich von Württemberg, die ihm die Verletzung verschiedener Verträge, die Nichteinhaltung der in Abwesenheit des Kurfürsten gefaßten Beschlüsse des Nürnberger Schiedsgerichts anlasteten und schließlich Hochmut und Gewalttätigkeit vorwarfen.[34] Der Sieg bei Pfeddersheim brachte für Friedrich I. die entscheidende Wendung in den langwierigen Streitsachen. Schon am 18. Juli wurde ein Friedensvertrag ausgehandelt und der Nürnberger Urteilsspruch für nichtig erklärt. Am 4. August schloß Friedrich I. mit dem Erzbischof Diether von Mainz ein Bündnis auf zwanzig Jahre und betrieb, ebenfalls noch Anfang August, die Versöhnung mit Herzog Ludwig von Veldenz.[35] Beide Termine fallen in den für Bündnisse günstigen Zeitraum.[36] Es scheint, als habe Mathias von Kemnat dem Kur-

---

[33] Vgl. MENZEL, Regesten, S. 339. Auf dieses Ereignis wird am Schluß der Handschrift (Bl. 298ᵛ) in einem Gedicht noch einmal Bezug genommen. Dort ist fälschlich das Jahr 1461 angegeben.

[34] MENZEL, Regesten, S. 328ff. und HÄUSSER, Geschichte, S. 350ff. Das Nürnberger Schiedsgericht hatte verfügt, daß Friedrich I. die Verschreibung eines lange streitigen Grundstücks an das Mainzer Domkapitel herauszugeben, Ludwig von Veldenz ohne Bedingung zu belehnen und seiner Schwester, die Graf Ulrich von Württemberg geheiratet hatte, jährlich 3000 Gulden zu zahlen hatte.

35 MENZEL, Regesten, S. 346f. und 349f. Die Prognose hat Friedrich I. allerdings nicht davon abgehalten, vom 19. bis 23. August, der für kriegerische Auseinandersetzungen noch ungünstigen Zeit, Schloß Hassloch (S. 351) zu belagern und zu erobern.

[36] Auch in einem Brief an den kurfürstlichen Notar, Johannes Prüss, hatte Mathias von Kemnat seine Befürchtungen geäußert, die er für das Jahr 1460 hegte (München, BSB, Clm 1817, Bl. 1ʳ–10ʳ). Dieses Jahr würde seinen Berechnungen zufolge von den Planeten Mars und Saturn regiert und damit unter unheilvollen Einwirkungen stehen (Bl. 6ᵛ). In seiner ‚Epistola astrologica' kalkuliert Mathias für sein Land gewaltige Kriege und Naturkatastrophen (Bl. 7ʳ). Es ist nicht auszuschließen, daß die Empfehlungen der Electiones mit den Prognosen des Hofkaplans korrespondieren und dem unheilvollen Jahr 1460 vorbeugen wollten. In diesem

fürsten mit dieser Prognose tatsächlich konkrete Handlungsanweisung geben wollen, indem er astrologisch begründete Empfehlungen aussprach, die sich an der derzeitigen politischen Situation orientieren konnten. Und der Kurfürst, der seinen *mathematicus* einigen Chroniken zufolge während seiner Kriegszüge als Berater mitnahm,[37] und dessen Warnungen tatsächlich berücksichtigt haben soll,[38] könnte auch diese Empfehlungen bei seinen Unternehmungen im Jahr 1460 beachtet haben.

Electiones dieser Art stellen dem Adressaten ein Instrumentarium zur Verfügung, die Chancen zukünftiger Verrichtungen besser kalkulieren zu können. Mit dieser Einstellung auf Zukünftiges trifft sich auch die Aufnahme mehrerer Wetterprognostiken, die sich dazu eigneten, mit Hilfe der sichtbaren Anzeichen etwa Aufschluß über ernteeiche Jahre zu erhalten. Alle diese ‚Erwägungen' stehen in dem allgemeinen Kontext praktischer Lebenssicherung, die helfen konnte, etwaigen Übeln zuvorzukommen und den günstigen Verlauf zukünftiger Entscheidungen abzusichern. Mit seinen Wetter-, Monats-, Diät- und Aderlaßregeln, dem Kalenderium und komputistischen Merkhilfen besitzt der Wiener Codex den Charakter eines Vademecums für den täglichen Gebrauch. Diese Bestimmung kommt besonders dem vorderen Teil der Handschrift und den zahlreichen Nachträgen zu, doch auch das sich anschließende Horarium mit seinen Stundengebeten für die einzelnen Tage eines Kirchenjahres läßt sich dem subsumieren. Die pragmatische Bestimmung des Buches erklärt auch, daß einzelne geistliche Gebrauchstexte, wie die Bitten um Fürsprache, für die verschiedensten Anlässe des täglichen Lebens aufgezeichnet wurden. Wieweit der prakti-

---

Brief setzt sich Mathias von Kemnat, der die Astrologie zu den mathematischen Wissenschaften zählt, ausdrücklich von den Scharlatanen, den Pseudo-Propheten ab, die aus eigennützigen, weil gewinnbringenden Überlegungen heraus gewagte Voraussagen für die Zukunft anstellten und sogar Fürsten und gelehrten Personen für sich einzunehmen suchten (Bl. 1ᵛ). Vgl. dazu VON BLOH, Buchbesitz, im vorliegenden Band.

[37] Im Prolog seiner Fürstenchronik betont Mathias, daß er die siegreichen Kriegszüge seines Dienstherren als Augenzeuge miterlebt habe:[...] *so ich dein geschicht, dein streitt, dein vnuberwintlichkeit, dein ehre vnd tugent gesehen hain, darbei vnd damit gewesen bin das merertheill* [...]. Vgl. HOFMANN, Quellen 1, S. 4. Michel Beheim, der diese Prosachronik in seiner Funktion als Hofdichter bearbeitete und versifizierte (vgl. MÜLLER, Sprecher-Ich, im vorliegenden Band), berichtet dort ebenfalls, daß der Hofkaplan den Fürsten auf dem Zug gegen Meysenham am 20. Juli 1461 begleitet habe. Vgl. HOFMANN, Quellen 2, S. 85, Strophe 483; MENZEL, Regesten 1, S. 368. In welcher Funktion Mathias von Kemnat während der Kriegszüge zugegen war, ob als astrologischer oder seelsorglicher Berater, das bleibt in den Chroniken unausgesprochen. Zumindest in der Prosachronik des Mathias dient die Erwähnung der Augenzeugenschaft eher dem Nachweis der Authentizität des nachfolgenden Berichts.

[38] Auch die Mainzer Chronik beschreibt Mathias als *mathematicus*, als Astrologen, der seinen Dienstherren beratend auf dessen Kriegszügen begleitete. Edition C. HEGEL, Die Chroniken der mittelrheinischen Städte. Mainz 2 (Chroniken der deutschen Städte 18) Göttingen 1968, Nachdruck der Ausgabe von 1882, S. 51: *dan er hett einen Mathematicum, der hiesz Mathias von Kemnaten*. In dieser Chronik wird berichtet, daß Friedrich I. auf Anraten seines *mathematicus* darauf verzichtet habe, einer festgesetzten Versammlung beizuwohnen. Dadurch konnte die Gefangennahme des Kurfürsten vereitelt werden (Vgl. ebd. S. 51f.).

sche Nutzen dieses Buches wirklich reichte, ist heute nur noch schwer auszumachen. Immerhin sprechen die starken Gebrauchsspuren auf den Blatträndern, vor allem des ersten Faszikels, für die dauernde Benutzung der Handschrift.

Zu Typenmischung und Zweckbestimmung des Codex

Der offene Überlieferungsverbund der Wiener Sammelhandschrift gibt zu erkennen, daß sich die unterschiedlichen Textsorten nicht unter einem einzigen Funktionsschwerpunkt oder Ordnungs- und Sammelprinzip subsumieren lassen. Überwiegen im vorderen Faszikel vor allem alltagspraktische Texte zur Astrologie und wird der mittlere Teil ganz von einem religiösen Gebrauchstext für Laien, dem Horarium, bestimmt, so rücken auf den letzten Blättern im Anschluß an das Horarium weitere geistliche Gebrauchstexte und vor allem geschichtliche Einzelaufzeichnungen in den Vordergrund. Jeder der genannten Texttypen ist zugleich aber auch in den anderen Teilen der Handschrift vertreten: im vorderen Faszikel befinden sich auch Gebete, in das Horarium sind Zeitrechnungshilfen nachgetragen und die letzte Lage enthält auch ein Horoskop und einige Verse zur Pest und zur Augenheilkunde. Allein das Kalendarium mit seinen kirchlichen Festtagen, medizinischen Ratschlägen, Monatsversen, astrologischen Berechnungen und den familiengeschichtlich wichtigen Gedenktagen weist sämtliche Texttypen auf. Wie in anderen spätmittelalterlichen Sammelhandschriften auch, wurde die Zusammenstellung in diesem Fall von vermutlich mehreren, sich überlagernden Perspektiven geleitet.

Als besondere Funktionen der Wiener Sammelhandschrift erwiesen sich bereits mit den Miniaturen und ihren Umschriften die der Heilssicherung und Selbstvergewisserung von Herrschaft. Sie korrespondieren zugleich mit der Fürbitte auf der Verso-Seite der Miniatur des Apostel Petrus, weiteren Gebeten und den historiographischen Nachträgen und panegyrischen Versen im hinteren Teil der Handschrift. Die nachfolgenden Texte werden diese Funktionsschwerpunkte zwar erhärten können, doch geht die Zweckbestimmung des Wiener Codex 13428 in dieser Verwendung nicht auf.

Äußerlich besitzt die Handschrift ganz den Charakter eines privaten Gebet- und Andachtsbuches. Einige poetische und historiographische Nachträge in den beigebundenen Lagen jedoch enthalten wichtige Daten der fürstlichen Regierungszeit, andere Nachträge zeugen von dem alltagspraktischen Wert, den dieses Buch ergänzend zum heilssorglichen und dem den Herrschaftsanspruch dokumentierenden haben sollte. Die ‚Expansion' des Gebetbuchs zu einem fürstlichen ‚Hausbuch' läßt sich sogar optisch verfolgen, denn ihre repräsentative Funktion und damit den dekorativen Charakter haben die Einfügungen und die das Horarium rahmenden Teile weitgehend verloren; sie sind ohne schmückende Verzierungen – bisweilen dicht gedrängt – in einer schlichten Kursive geschrieben, das Horarium dagegen in auszeichnender Textura. Der optische Eindruck der Nachträge und Einfügungen wird allein durch die zum Teil alternierende Notierung in roter und brauner Tinte erhöht. Nur das Kalendarium weist darüber hinaus mit Blüten und Früchten verzierte und mit Gold unterlegte Eingangsinitialen zu jedem Monat des Jahres auf. Doch auch hier drängen sich gelegentlich Zeitrechnungshilfen, Monatsregeln und andere Notizen auf engstem Raum.

Und auch das Horarium gibt zu erkennen, wie sich der ursprüngliche Geltungsanspruch des repräsentativen Buches nach und nach aufgelöst hat. Dieser Teil der Handschrift zerfällt heute durch die den Text unterbrechenden, z.T. mehrseitigen Nachträge in einzelne Teile. Jeweils am Schluß eines größeren Textabschnitts sind kürzere theologische Betrachtungen, nachgetragene Gebete (Bl. 110^v-112^v) und eine recht umfangreiche Sammlung von Merkversen zu den beweglichen und unbeweglichen Festtagen eines Kirchenjahres,[39] mit Monatsregeln, diätetischen Ratschlägen und Informationen zu den günstigen Aderlaßzeiten eingefügt (Bl. 212^v-213^v), wobei der verbliebene Schriftraum eines Horariumblattes (Bl. 212^r) noch für komputistische Berechnungen in Versform genutzt wurde. Der Informationswert dieser Nachträge hat hier auch optisch deutlich Vorrang vor dekorativen Absichten: Die Nachträge sind gelegentlich auf engstem Raum, ohne jeden Schmuck und in einer zuweilen flüchtigen Kursive notiert. Das gleiche gilt für die letzten Blätter der Handschrift, auf denen Bl. 298^v-301^r nur noch historisch wichtige Ereignisse verzeichnet sind, die sich entweder auf das Geschlecht Friedrichs oder seine siegreichen Kriegszüge beziehen. Es sind Daten zur Familiengeschichte, Notizen zu politischen Ereignissen und panegyrische *carmina*, die sich – z.T. in abweichenden Fassungen – in der von Mathias von Kemnat für seinen Dienstherren verfaßten Fürstenchronik befinden.

Das Kalendarium

Das Kalendarium (Bl. 11^v-34^r) verzeichnet für jeden Tag des Jahres einen Heiligen- bzw. Herren-, Marien- oder Apostelgedenktag sowie insgesamt elf Vigilien vor besonderen Festtagen. Auf Grund der lückenlosen Füllung des Kalendariums, das neben den für eine Diözese oder eine Ordensgemeinschaft charakteristischen auch Heiligenfeste festhält, die unterschiedlichem

---

[39] Die hier verzeichneten Verse stammen teilweise aus großen komputistischen Werken, so z. B. der Merkvers *Ellephas a terra festinat bibolus extra* [...], von dem an späterer Stelle noch die Rede sein wird. WALTHER, Initia, Nr. 5333. Auch die Verse *Ver Petro detur: Estas exinde sequitur* [...] (Wien, ÖNB, Cod. 13428, Bl. 212^v) sind im Computus des Sacrobosco, der ‚Massa compoti' des Alexander de Villa Dei und im Computus des Roger Bacon überliefert; WALTHER, Initia, Nr. 20134. Diese Gedichte sind abgedruckt bei LYNN THORNDIKE, Unde Versus, in: Traditio 11, 1955, S. 163–193, hier S. 171. In dieser Veröffentlichung sind außerdem die Monatsverse *Clara dies Pauli bona tempora denotat anni* [...], ebd. S. 176 (Wien, ÖNB, Cod. 13428, Bl. 213^r), ediert. Vgl. WALTHER, Initia, Nr. 2825.

Brauchtum entspringen, ist eine liturgische Einordnung des Kalendariums nur annäherungsweise möglich.[40] Der vorliegende Typus des voll besetzten Kalendariums dient der Memorierung der Heiligen[41] im privaten Gebet, während sein liturgisches Gegenstück nur jene Festtage verzeichnet, an denen die jeweiligen Heiligen in der Liturgie in besonderer Weise commemoriert werden. Diözesan- oder ordensspezifischer liturgischer Brauch einerseits, persönliche Präferenzen des Benutzers für bestimmte Heilige andererseits oder auch werkstattabhängige Muster und Vorlagen können für die hier gebotene Auswahl von Heiligenfesten gleichermaßen relevant gewesen sein.

Im 15. Jahrhundert gehörte die Stadt Heidelberg und folglich auch der pfälzische Hof zum Bistum Worms.[42] Doch der Heiligenkatalog des Kalendariums weicht bezüglich des indizierten Feststatus signifikant von dem Kanon gebotener Feiertage ab, den zeitgenössische Liturgica *secundum ordinem ecclesiae Wormatiensis*[43] als verbindlich vorschreiben. Ein Vergleich unseres Kalendariums mit zwei Überlieferungszeugen des Wormser Kalendariums aus dem 15. Jahrhundert, die überdies nachweislich beide in Heidelberg benutzt wurden (Cpl 519, Bl. 4^r-9^v und Cpl 520, fol. 2^r-8^r)[44],

---

[40] Vgl. GROTEFEND (wie Anm. 16) 2,1, S. IV; Zu den unterschiedlichen Ausprägungen des Kalendariums vgl. JOHN HENNIG, Kalendar und Martyrologium als Literaturformen, in: Archiv für Liturgiewissenschaft 7, 1961, S. 1-44. Seine grundsätzlichen Bemerkungen beziehen sich vor allem auf Kalendarien des frühen und hohen Mittelalters, die er vornehmlich an Textbeispielen irischen Ursprungs illustriert.

[41] Dieser Typ des Kalendariums ist häufig in privaten Gebet- und Andachtsbüchern des Mittelalters vertreten. Zahlreiche Beispiele nennt der Ausstellungskatalog zu Andachtsbüchern des Mittelalters; vgl. PLOTZEK (wie Anm. 6) S. 127, Nr. 29. Selbst im Brevier ist eine Diskrepanz zwischen dem Heiligenrepertoire des Kalendariums und dem der Gebete und der Litanei möglich, wie die Freiburger Handschrift 56 belegt; vgl. Die lateinischen mittelalterlichen Handschriften der Universitätsbibliothek Freiburg i. Brsg., beschrieben von WINFRIED HAGENMAIER, Kataloge der Universitätsbibliothek Freiburg 1,1, Wiesbaden 1974, S. 40-43.

[42] Vgl. HILDEGARD EBERHARDT, Die Diözese Worms am Ende des 15. Jahrhunderts (Vorreformationsgeschichtliche Forschungen 9) Münster 1919.

[43] Bis ins 16. Jahrhundert gab es keine von Rom approbierten Vorschriften hinsichtlich der Feiertage, sondern die Bischöfe waren autorisiert, den Ritus jeweils für ihre Diözese festzulegen. Daraus resultiert eine relativ große liturgische Vielfalt, die bei unserem Versuch, die diözesenabhängige liturgische Prägung des Kalendariums genauer zu fassen, zu berücksichtigen ist. Vgl. zu dem Problem des instabilen Ritus: JOHANNES JANOTA, Studien zu Funktion und Typus des deutschen geistlichen Liedes im Mittelalter (MTU 23) München 1968, S. 24ff. So überliefern beispielsweise Cpl 521 und 522 ein Brevier nach dem Wormser Ritus, wie ihn 1478 Bischof Reinhard von Sickingen († 1482) erlassen hat. Eine knappe Beschreibung der Handschriften liefert STEVENSON, Codices, S. 172; siehe auch HUGO EHRENSBERGER, Libri liturgici Bibliothecae Apostolicae Vaticanae manu scripti, Freiburg i. Brsg. 1897, S. 570f.

[44] Cpl 519 enthält die ‚Pars hiemalis' des Breviers, Cpl 520 ein Nocturnale. Vermutlich gehörten beide Papierhandschriften Heidelberger Geistlichen. Indiz dafür sind einmal der Besitzeintrag in Cpl 519, Bl. 1^r, der ihn als Buch des Heiliggeiststifts ausweist, zum anderen die Notizen im Kalendarium des Cpl 520, die von einer unbekannten Hand eingetragen sind. Alle Einträge beziehen sich auf Ereignisse, die unmittelbar den Heidelberger Hof, ja die Person Friedrichs des Siegreichen, betreffen. Sie rücken die Handschrift in unmittelbare Nähe zum Fürsten und zugleich zu unserem Codex, da, wie weiter unten ausgeführt wird, die

belegt zunächst weitgehende Übereinstimmung mit den aufgeführten Heiligen. Für die liturgische Zuordnung ist aber ausschließlich der Status eines Feiertages,[45] der durch Rubrizierung im Kalendarium gekennzeichnet ist, ausschlaggebend. Daher sind alle jene Feste auszuschließen, die von überregionaler Bedeutung und allgemeiner Verbindlichkeit sind.[46] Ausgehend von den gebotenen Feiertagen, weicht unser Kalendarium erheblich von dem Wormser ab. Neben dem Wormser Kalendarium wurden auch jene der Nachbardiözesen Speyer und Mainz zum Vergleich mit herangezogen, denn große Teile des pfälzischen Territoriums gehörten im 15. Jahrhundert zu den genannten Diözesen.[47] Auch hier sind Übereinstimmungen und Abweichungen zu verzeichnen.

Die folgende tabellarische Übersicht aller gebotenen Feiertage, die das Kalendarium in der Wiener Handschrift aufweist, veranschaulicht, wie es sich zu Kalendarien der drei im kurpfälzischen Raum vertretenen Diözesen Mainz, Speyer und Worms verhält. Das Wormser Kalendarium ist durch die beiden Cpl 519 und Cpl 520 sowie die Tabelle Grotefends vertreten, die auch für die übrigen Diözesankalendare zugrunde gelegt wird.[48]

Wien, Cod. 13428	Cpl 519	Cpl 520	Mainz	Speyer	Worms	Bamb.	Aug.
21. Januar Agnes	0	0	+	0	0	0	0
23. April Georgius	0	0	+	+	0	+	+
25. April Marcus	0	0	+	+	+	0	0
15. Juni Vitus	0	0	+	0	0	+	+

---

annalistischen Notizen in beiden auffallend übereinstimmen. Zu den Cpl vgl. STEVENSON, Codices, S. 171; EHRENSBERGER (wie Anm. 43) S. 282–284. STUDT, Fürstenhof, S. 27 und 305 glaubt die Hand des Mathias von Kemnat zu erkennen, doch hat Mathias diese Einträge, auch nach Ansicht von Ludwig Schuba, wohl nicht vorgenommen.

[45] Vgl. GROTEFEND (wie Anm. 16) 1, S. 60f.; zu Cpl 520 vgl. GUGUMUS, Erforschung, S. 138.

[46] Darunter sind zu verstehen: 1. die Herren-, 2. die Marien-, 3. die Apostelfeste, 4. allgemeine und 5. gewöhnliche Feste. Vgl. LThK 5, ²1960, Sp. 270–273 und 7, 1962, Sp. 65–69.

[47] Vgl. RICHARD LOSSEN, Staat und Kirche in der Pfalz im Ausgang des Mittelalters (Vorreformationsgeschichtliche Forschungen 3) Münster 1907, S. 21–35.

[48] GROTEFEND (wie Anm. 16) 2,1, S. 113–118 (Mainz), S. 172–176 (Speyer), S. 205–208 (Worms). Diese Tabellen eignen sich nur bedingt zu unserer Gegenüberstellung, da das Kalendarium des letzten Drittels des 15. Jahrhunderts darstellen. Für Mainz wurde zusätzlich herangezogen: FRANZ FALK, Die Kalendarien des Mainzer Erzstifts, in: Geschichtsblätter für die mittelrheinischen Bistümer 2, 1885, Nr. 7, Sp. 207–214, der das älteste Kalendarium einer Mainzer Kirche (ca. 800) und das Kalendarium aus dem bei Peter Schöffer 1509 in Mainz gedruckten Brevier wiedergibt.

	Wien, Cod. 13428	Cpl 519	Cpl 520	Mainz	Speyer	Worms	Bamb.	Aug.
30. Juni Commem.Pauli	0	+	0	0	0	0	0	
13. Juli Margarethe	+	+	+	+	0	0	0	
22. Juli Maria Magd.	+	+	+	+	+	+	+	
1. September Aegidius	0	0	0	0	0	+	0	
29. Oktober Narcissus	0	0	0	0	0	0	+	
19. November Elisabeth	+	+	+	0	0	+	0	
4. Dezember Barbara	0	0	0	0	0	0	0	

Zeichenerklärung: + gebotener Feiertag (rubriziert), 0 nichtgebotener Feiertag

Diese Übersicht zeigt: In ihrer Gesamtheit stimmen die hervorgehobenen Festtage in unserem Kalendarium mit keinem der drei Diözesankalendare überein; die partiellen Übereinstimmungen mit Mainz, Speyer und Worms erwecken den Anschein, als sei die Heiligenauswahl in der Wiener Handschrift aus Versatzstücken des Feiertagsrepertoires aller drei Kalendarien zusammengesetzt. Sicherlich ist einerseits die Nähe der genannten Diözesen zu Heidelberg, andererseits die große Verbreitung der Heiligen für die hier präsentierte Füllung des Kalendariums verantwortlich.

Drei Festtage (Aegidius abbas, 1. September; Narcissus episcopus, 29. Oktober; Barbara, 4. Dezember) gelten nur in unserem, nicht aber in den drei Vergleichskalendarien als gebotene Feiertage. Sie sind vor allem in Kalendarien bayerischer Herkunft als besonders zu Verehrende verzeichnet: Mit dem Augsburger[49] hat unser Kalendarium den gebotenen Feiertag des Hl. Narcissus (29. Oktober) gemein. Augsburg ist Suffragan-Bistum der Erzdiözese Mainz. Alle herangezogenen Kalendarien des pfälzischen Raumes verzeichnen das Fest ebenfalls, jedoch nicht im Rang eines gebotenen Feiertags. Aegidius (1. September) und Barbara (4. Dezember) sind beide im Regensburger Kalendarium als gebotene Festtage angeführt. Aber auch für diese Feste gilt, daß sie in Mainz, Speyer und Worms gleichermaßen

---

[49] Vgl. GROTEFEND (wie Anm. 16) 2,1, S. 4–7. Narcissus wurde in Augsburg als erster Apostel und Bischof der Stadt verehrt. Er soll die heilige Afra und ihre Genossinnen bekehrt haben. Vgl. zu seinem Kult in Augsburg F. A. HOEYNCK, Geschichte der kirchlichen Liturgie des Bisthums Augsburg, Augsburg 1889, S. 274–276.

vermerkt, allerdings nicht rubriziert sind. In welchem Maß die Wahl der *festa fori* von regionalen Gegebenheiten abhängig sein mochte, zeigt etwa das Fest des Hl. Aegidius, denn das Stift in Neustadt an der Weinstrasse, das von König Ruprecht III. ins Leben gerufen und von seinem Sohn Ludwig III. ausgestattet wurde, ist dem Hl. Aegidius geweiht. Als Grabstätte Ludwigs III. und seiner Frau Blanka sowie ihres Sohnes Ruprecht stand dieses Stift in besonders enger Beziehung zum pfälzischen Hof. Darüber hinaus waren hier eine Reihe von Personen als Lehrer tätig oder besuchten das Stift als Schüler, die zugleich in höfischen Diensten des Kurfürsten standen. Prominentestes Beispiel ist Adam Wernher von Themar, der *rector scholaris* des Neustädter Stifts und später Lehrer der Söhne Philipps des Aufrichtigen war.[50] Auf den bayerischen Raum verweist auch die Herkunft der Petrus-Miniatur. Insgesamt jedoch scheint die Auswahl der Heiligen auf überregionale Benutzbarkeit des Kalendariums unabhängig von Diözesangrenzen zu zielen, so daß dieser Teil der Wiener Handschrift wohl aus einer professionell arbeitenden Schreibwerkstatt stammen dürfte. Wie er an den pfälzischen Hof gelangte, bleibt ungewiß. Auch das Horarium (Bl. 42^r-287^r) kann keine Aufschlüsse über die Herkunft des Kalendariums liefern, da die beiden Textkomplexe entstehungsgeschichtlich nicht zusammengehören, sondern zu einem späteren Zeitpunkt miteinander verbunden worden sind.

Das Horarium

Das Horarium (Bl. 42^r-287^r) weicht nicht vom Normaltypus ab. Sein Aufbau entspricht dem Schema, das Fiala – Irtenkauf angeben.[51] Aufgezeichnet ist es in drei Komplexen, die je einen selbständigen Teil füllen (I. Bl. 42^r-110^v; II. Bl. 113^r-212^r; III. Bl. 214^r-287^r).

---

[50] Zu diesem Festrang vgl. GROTEFEND (wie Anm. 16) 1, S. 60, ebenso: Neustadt an der Weinstraße. Beiträge zur Geschichte einer pfälzischen Stadt, hg. von der Stadt Neustadt an der Weinstraße, bearb. vom Stadtarchiv Neustadt, Stadtarchivar KLAUS-PETER WESTRICH, Neustadt an der Weinstraße 1975; insbesondere KLAUS FINKEL, Musikerziehung in Neustadt an der Weinstraße zur Zeit des ausgehenden Mittelalters, S. 467–487.

[51] VIRGIL ERNST FIALA – WOLFGANG IRTENKAUF, Versuch einer liturgischen Nomenklatur. Zur Katalogisierung mittelalterlicher und neuerer Handschriften (Zeitschrift für Bibliothekswesen und Bibliographie, Sonderheft) Frankfurt/M. 1963, S. 105–137, hier S. 124f. sowie die Einleitung von JOHN HARTHAN, Stundenbücher und ihre Eigentümer, Freiburg – Basel – Wien 1977, S. 14f. Der Aufbau entspricht genau dem Schema, das FIALA – IRTENKAUF (S. 125) angeben: „die Matutin ist auf eine Nokturn verkürzt, dementsprechend sind alle Teile der Matutin auf 1/3 reduziert (3 bzw. 4 Psalmen, 3 bzw. 4 Antiphonen, 3 bzw. 4 Lektionen). Das übrige Officium Marianum, das zum Diurnale zählt, bleibt unverkürzt. Die Nokturn ist so schematisiert, daß 1. Sonntag, Montag und Donnerstag, 2. Dienstag und Freitag, 3. Mittwoch und Samstag zusammengefaßt sind." In unserer Handschrift stehen 4 Psalmen, 3 Antiphonen und 3 Lektionen.

Es beginnt nach kurzen, vorbereitend-einleitenden Gebeten, in denen Gott um Barmherzigkeit, der persönliche Schutzengel um Beistand angerufen werden, mit dem Grundstock des Horariums, dem ‚Officium beatae Mariae virginis' (*Incipiunt hore beate marie virginis*, Bl. 46ᵛ). Zwischen diesem und dem folgenden *cursus* sind Fürbitten zum Heiligen Geist, zu Christus sowie einigen ausgewählten Heiligen eingeschoben (*Sequuntur suffragia primo de sancto spiritu*, Bl. 85ᵛ), gefolgt vom Marienoffizium für die Adventszeit (*SEquitur. cursus. a sabbato aduentis domini. usque ad vigilium xpi*, Bl. 94ʳ) und demjenigen für die Weihnachtszeit (*SEquitur. cursus beate marie virginis a festo nativitatis x usque ad purificationem beate marie virginis*, Bl. 102ʳ). Die Cursus des zweiten Teils repräsentieren eine Auswahl jener Erweiterungstexte, die sich unter dem Einfluß der Devotio moderna dem eigentlichen Grundstock des Stundenbuches anlagerten.[52] Das Totenoffizium (*opus defunctorum*, Bl. 214ʳ-287ʳ) mit Bußpsalmen (Bl. 251ʳ-260ʳ), Litanei (Bl. 260ʳ-264ʳ) und Gebeten (Bl. 279ʳ) beschließt das Horarium.[53] Der formale Aufbau der einzelnen Horae entspricht folglich dem üblichen Muster: Invitatorium, Antiphona, Psalmus, Hymnus, Collecta, Lectiones.

Wie schon zum Kalendarium bemerkt, gibt es keine Anhaltspunkte für Datierung und Lokalisierung des Gebetbuchs. Auch der Rezipientenkreis ist nicht näher bestimmt. Dies belegen Benutzeranweisungen: Den ursprünglich liturgischen Gebrauch der Texte verdeutlichen die Sprechernennungen, die geistliche und laikale Leser gleichermaßen implizieren. So heißt es: *Nota layci dicunt. Domine exaudi oracionem meam.* [...] *Sicut clerici dicunt. Dominus vobiscum* (Bl. 59ᵛ). Dem ‚offenen' Adressatenkreis entspricht eine in bezug auf Ordens- oder Diözesenzugehörigkeit neutrale und auf Ergänzung hin angelegte Sammlung von Gebeten.

An markanten Punkten, wo ordens- oder diözesentypische Textfüllungen und damit Hinweise auf die mögliche Herkunft und den möglichen Auftraggeber unseres Horariums zu erwarten wären, erscheinen statt dessen Hinweise, die zeigen, daß der Adressatenkreis bei der Herstellung des Textes nicht bekannt war: *iuxta disposicionem dyocesum vel ad placitum dicere*

---

[52] ‚Cursus de sancta trinitate', Bl. 113ʳ; ‚Cursus de eterna sapientia', Bl. 140ʳ; ‚Cursus de corpore cristi', Bl. 163ʳ; ‚Cursus de passione domini', Bl. 182ᵛ; ‚Compassiones Marie', Bl. 199ᵛ; ‚Hore de dolore virginis Marie', Bl. 201ᵛ.

[53] Die einzelnen *cursus* konnten wohl jeweils selbständig benutzt werden, denn sie gehören nicht zwingend zusammen. In unserem Fall sind die beiden Teile des Grundbestands, das ‚Officium beatae Mariae virginis' und das ‚Officium defunctorum' voneinander durch weitere Cursus-Einschübe getrennt. Die Überlieferung bestätigt dieses Bild. So verzeichnet STEVENSON, Codices, S. 174-176 eine Reihe von Handschriften, in denen die einzelnen Cursus selbständig überliefert sind (z. B.: Cpl 535, 536, 539, 541, 542, 543, 544, 546, 547, 548). In Friedrichs des Siegreichen Büchervermächtnis an seinen Sohn Ludwig sind ebenfalls drei Offizien jeweils als eigenständige (Pergament-)Handschriften aufgeführt: ‚Cursus de trinitate', ‚Cursus eternae sapienciae', ‚Cursus beatae virginis'; abgedruckt bei GERHARD KATTERMANN, Ein Büchervermächtnis des Kurfürsten Friedrichs I. von der Pfalz, in: ZGO NF 50, 1936, S. 44-57, hier S. 54, Nr. 69; S. 56, Nr. 109 u. 110.

(Bl. 52ʳ; ähnlich auch Bl. 59ᵛ). Das Gebetbuch war also für persönliche Ergänzungen offen. Entsprechend wurden von verschiedenen Händen - vermutlich im Auftrag des Fürsten - auf den freien Blättern jeweils am Ende eines Teils weitere Gebetstexte eintragen.

Durch rubrizierte Überschrift und Leerzeile optisch deutlich vom vorausgehenden Stundenbuchtext getrennt, beginnen Bl. 85ʳ die Suffragien[54] mit jeweils aus Antiphona, Versus und Collecta bestehenden Anrufungen des heiligen Geistes, der heiligen Dreifaltigkeit, des Leibes Christi, des heiligen Kreuzes. Es folgen Gebete an acht ausgewählte Heilige für sieben Tage, die nach der Reihenfolge der Litanei[55] von den Aposteln Philippus und Jacobus (1.Mai) angeführt werden. Dann schließen sich Laurentius (10. August) und Nikolaus (6. Dezember) aus der Gruppe der Märtyrer bzw. Bekenner an und in rückläufig anniversaristisch gezählter Folge aus der Reihe der Jungfrauen und Frauen Katharina (25. November), Elisabeth (19. November), Hedwig (16. Oktober), Birgitta (1. Februar). Nun folgen Suffragien, die *In vesperis* an entsprechender Stelle innerhalb der Horae, in der Regel am Todestag des entsprechenden Heiligen, zu beten sind. Sie enthalten Fürbitten wiederum zu den oben genannten Heiligen, darüber hinaus aber zu den Engeln, Aposteln sowie allen Heiligen und schließlich ein Fürbittgebet *Pro pace*.

Alle hier in besonderer Weise durch Gebete exponierten Heiligen finden sich auch im Kalendarium unserer Handschrift wieder, ausgenommen die heilige Hedwig.[56] Da die Verehrung der Apostel Philippus und Jakobus, des Märtyrers Laurentius, der Jungfrauen und Frauen Birgitta,[57] Elisabeth[58] und Katharina[59] im 15. Jahrhundert regional sehr weit verbreitet war, läßt

---

[54] Die Suffragien stellen einen genuin dem Missale und Brevier eigenen Teil dar, der in Stundenbüchern gewöhnlich fehlt. Ihr Vorhandensein in unserem Horarium erlaubt uns, von einem Laienbrevier zu sprechen. Vgl. FRIEDRICH GORISSEN, Das Stundenbuch der Katharina von Kleve. Analyse und Kommentar, Berlin 1973, S. 122–136, bes. S. 122.

[55] GORISSEN (wie Anm. 54) S. 213 meint, daß Stundenbücher mit Suffragien nach der Ordnung der Litanei selten seien; in der Regel folgen sie dem Sanctorale. Als Beispiel nennt er das Stundenbuch der Herzogin Anna von Burgund (ca. 1430) (London, BM, Ms. add. 18850), aus dem HARTHAN (wie Anm. 51) eine Seite mitteilt.

[56] Rubriziert erscheinen nur die Festtage Elisabeth und Barbara in unserem Kalendarium. Die Inkongruenzen setzen für die Suffragien einen anderen Festkalender voraus. Vgl. GORISSEN (wie Anm. 54) S. 134f.

[57] Für die Hl. Birgitta gilt diese Feststellung nur eingeschränkt: Sie ist die Landesheilige Schwedens und wird in erster Linie dort besonders verehrt. „Doch reicht ihr Einfluß weiter; sie wird im ganzen Ostseeraum, in Polen, am Niederrhein, in Franken und Bayern und in Italien verehrt, einige Zeugnisse stammen auch aus Österreich und Böhmen." So ORTRUD REBER, Die Gestaltung des Kultes weiblicher Heiliger im Spätmittelalter. Die Verehrung der Heiligen Elisabeth, Klara, Hedwig und Birgitta (Phil. Diss. Würzburg 1963), Hersbruck 1963, S. 93.

[58] Zur Verbreitung und Überlieferung des Elisabethkultes: Sankt Elisabeth. Fürstin – Dienerin – Heilige, Sigmaringen 1981.

[59] Der Katharinenkult im Mittelalter war nach der Marienverehrung der am weitesten verbreitete. Sie zählte seit dem 14. Jahrhundert auch zu den vierzehn Nothelfern. Vgl. PETER

sich aus ihrer Nennung allein kein Schluß auf die Herkunft unseres Horariums ziehen; der Verehrungsraum der heiligen Hedwig dagegen beschränkte sich

„fast nur auf Schlesien, auf die angrenzenden Gebiete Polens und auf Böhmen. Etwas später dehnt er sich auf Österreich aus. Einigermaßen zusammenhängend erscheint die Verehrung noch im thüringisch-sächsischen Raum, gänzlich sporadisch in Trient, Konstanz, Nürnberg, Danzig und Antwerpen, fehlt dagegen in den andechsischen Kernlanden, Hedwigs Heimat. So ist Hedwig eine Landesheilige geblieben."[60]

Ihr Fest steht vor allem in den Kalendarien der ostdeutschen, polnischen und böhmischen Diözesen[61] als gebotener Feiertag. Als Ordensheilige wurde sie von den Zisterziensern, zunächst in Polen und Böhmen, im 15. Jahrhundert aber auch in Klöstern des süddeutschen Raums,[62] besonders verehrt. Auch der Deutschorden[63] hatte seinen Anteil an der Verbreitung des Hedwig-Kultes über die ost- und mitteldeutschen Regionen hinaus. Doch erst im 17. Jahrhundert wurde der 15. Oktober als Festtag der heiligen Hedwig offiziell in den römischen Kalender aufgenommen.[64]

Möglicherweise ist die Verbindung zum bayerisch-wittelsbachischen Hof Grund für die Verehrung der Hl. Hedwig in Heidelberg. Sie stammte aus

---

Assion, Katharina von Alexandrien, in: ²VL 4, Sp. 1055–1073. – Der Dom in Speyer hatte einen Katharinen- und einen Barbara-Altar. Vgl. Karl Lutz, Der St. Cyriakus-Kult in Speyer, Speyer 1952, S. 229, Anm. 62.

[60] Reber (wie Anm. 57) S. 93. Zur Verbreitung des Hedwigkultes im Mittelalter vgl. Joseph Gottschalk, St. Hedwig. Herzogin von Schlesien (Forschungen und Quellen zur Kirchen- und Kulturgeschichte Ostdeutschlands 2) Köln – Graz 1964, bes. S. 219ff.

[61] Vgl. Grotefend (wie Anm. 16) 2,1, S. 27 (Breslau), 55 (Gnesen), 67 (Halle), 93 (Krakau), 101 (Lebus), 112 (Magdeburg); vgl. auch Bd. 2, 2, S. 30 (Deutschorden).

[62] Joseph Gottschalk, St. Hedwig und der Zisterzienserorden, in: Archiv für schlesische Kirchengeschichte 24, 1966, S. 38–51. Im Ordenskalender, den Grotefend (wie Anm. 16) 2,2, S. 20–23 wiedergibt, fehlt das Fest der Hl. Hedwig. „Bei Hedwig stimmen die Kalender nicht mit den Handschriftenfunden überein. Erklärbar ist es dadurch, daß zwar nicht der Orden als solcher die Hedwigsverehrung pflegte, wohl aber die einzelnen Klöster, die in Schlesien oder Böhmen lagen. Gerade die beiden Orden, die auf den östlichen Teil Deutschlands ihr Hauptgewicht legten, Kreuzherren und Deutscher Orden, feierten den Hedwigstag als festum fori." Vgl. Reber (wie Anm. 57) S. 101. Auch aus dem österreichischen Raum sind eine Reihe von Handschriften überliefert, die eine Verehrung der Hl. Hedwig belegen; vgl. Gottschalk (wie oben), S. 47. In dem Gebetbuch Herzog Albrechts VI. von Österreich, dem Schwager Friedrichs des Siegreichen, ist Bl. 11ᵛ im Kalendarium das Hedwigsfest verzeichnet; auch in der Litanei Bl. 25ᵛ wird Hedwig zusammen mit Elisabeth, Helena und Czimburga angerufen. Vgl. Wien, ÖNB, Cod. 1846. Das Gebetbuch wurde in den Jahren 1455–1463 geschrieben, also zur selben Zeit, als unser Gebetbuch entstand. Vgl. Tabulae codicum manu scriptorum praeter graecos et orientales in Bibliotheca Palatina Vindobonensi asservatorum 1, Wien 1864, Nachdruck Graz 1965, S. 294.

[63] Gottschalk (wie Anm. 62) S. 301f. Mitglieder dieses Ordens zählen schon unter Friedrichs I. Vorgängern zu den ständigen Beratern des Fürsten. Zu Dieter und Siegfried von Venningen, Mitglieder des Deutschordens und Ratgeber am Heidelberger Hof vgl. Moraw, Beamtentum, S. 120f.

[64] Gottschalk (wie Anm. 62) S. 291f.

andechsischem Geschlecht und wird in der Chronistik des bayerischen Hauses gewürdigt.[65] In einer weiteren Heidelberger Handschrift (Cpl 857) ist ein Hedwig-Offizium und die Legenda minor überliefert.[66]

Die Gebet-Nachträge

Vor Beginn des Horariums im ersten Teil steht ein Auszug aus einem Confessionale (Bl. 41^v).[67] Im Horarium selbst sind insgesamt zwölf Gebete nachgetragen. Sie repräsentieren zwei Typen: Es handelt sich zum einen um Gebete, die in der Liturgie ihren festen Platz haben, wie z. B. die Apostelgebete (Bl. 9^v) oder die Fürbitten zu den Märtyrern und Jungfrauen (Bl. 296^r), zum anderen um sogenannte Privatgebete,[68] die entweder Friedrich als Sprecher[69] voraussetzen (wie z. B. die Gebete an Petrus und Paulus Bl. 295^v-296^r) oder aus einem klösterlichen Kontext stammen könnten.[70]

---

[65] Vgl. z. B. Veit Arnpeck, Sämtliche Chroniken, hg. von GEORG LEIDINGER (Quellen zur bayerischen und deutschen Geschichte NF 3) München 1915 (Nachdruck Aalen 1969), S. 207f., Cap. 11 De S. Hedwige; S. 219 eine Genealogie, die mit *Albertus comes in Pogen* und seiner Ehefrau Hedwig beginnt.

[66] Der Cpl 857 ist eine Pergamenthandschrift aus dem Ende des 14. (oder Anfang des 15.) Jahrhunderts. Er enthält neben den beiden genannten Texten einen über zwei Seiten ausgebreiteten Stammbaum der Herzogin aus bayerisch-andechsischem Geschlecht. Die Hedwigsvita edierte JOSEPH KLAPPER aus dieser Handschrift; vgl. Hedwigis electa. Eine Hedwigsvita aus dem Anfang des 14. Jahrhunderts, in: Archiv für schlesische Kirchengeschichte 19, 1961, S. 53–61. Unser Gebetbuch und die darin enthaltenen Gebete zur Hl. Hedwig waren dem Herausgeber unbekannt. Zwischen den beiden Handschriften scheint eine Beziehung zu bestehen, da die Collecta des Horariums mit den entsprechenden Orationes im Hedwig-Offizium des Cpl 857 wörtlich übereinstimmen. Vielleicht stammen beide Handschriften aus gleicher Quelle.

[67] Der Text ist am Schluß nicht mehr lesbar. Der Anfang lautet: *Confitemini domino quoniam bonus. Quoniam in eternum misericordia eius. Confitemini deo deorum confitemini domino dominorum Qui facit mirabilia magna. Qui fecit celos in intellectu.* Im Anschluß daran folgt eine Aufzählung der Meßanfänge der Fastensonntage, des Ostermontags (*domine resurrexi*), des Weißen Sonntags (*Quasimodogeniti*), der Sonntage nach Ostern (*Misericordia domini Jubilate Cantate Vocem iocunditatis Exaudi*) und schließlich des Pfingstsonntags (*Spiritus domini*). Eine ähnliche Auflistung findet sich auch in dem Cpl 1370, Bl. 162^r, der von Mathias von Kemnat angelegt wurde.

[68] Diese Unterscheidung ist nur relativ, denn auch während der Meßliturgie bestand Gelegenheit zu privat-persönlichem Gebet der Gläubigen, und umgekehrt fanden liturgische Gebete oder Teile daraus Eingang in Bücher, die privater Frömmigkeitsübung dienten.

[69] Zur persönlichen Prägung von Gebetbüchern und Gebeten vgl. FRANZ XAVER HAIMERL, Mittelalterliche Frömmigkeit im Spiegel der Gebetbuchliteratur Süddeutschlands (Münchener Theologische Studien 1.4) München 1952, S. 111, der Beispiele aus verschiedenen Fürstengebetbüchern anführt; u.a. dem kaiserlichen Gebetbuch Friedrichs III. zitiert er Gebete, die dem Herrscher in den Mund gelegt sind.– Zur Gebetpraxis des Laien vgl. vor allem PETER OCHSENBEIN, Frömmigkeit eines Laien. Zur Gebetpraxis des Nikolaus von Flüe, in: Historisches Jahrbuch 104, 1984, S. 289–308 und besonders DERS., Das Luzerner ‚Grosse Gebet' im 15. Jahrhundert, in: Zeitschrift für Schweizerische Kirchengeschichte 76, 1982, S. 40-62.

[70] So etwa die ‚Oratio beati Augustini', Bl. 111^v-112^v; Petrus' de Riga, *Nectareum rorem terris* [. . .], Bl. 294^v-295^r; ‚Jubilus und Planctus', Bernhard von Clairvaux zugeschrieben, Bl. 287^r-293^r.

Alle sind sie deutlich als Nachträge zum bereits als Buchblock vorliegenden Horarium zu erkennen. Ihre Niederschrift dürfte um das Jahr 1462 abgeschlossen gewesen sein. Nur am Ende des Marienlobs (Bl. 295ᵛ) hat der Schreiber seinen Eintrag datiert: *Vale maria 1462°*.

Die nachgetragenen Gebete nehmen zum Teil Bezug auf das Horarium. Es scheint ein gewisser inhaltlicher Zusammenhang zwischen den Gebeten *Cursus de aeterna sapientia, de sancta trinitate, de corpore Christi*, und den nachgetragenen Ps.-Bernhardschen Verstexten „Jubilus', „Planctus' und „Ad sanctum spiritum' zu bestehen, da sie jeweils auf dieselbe göttliche Person Bezug nehmen. All diese Texte dienen persönlicher Frömmigkeit. Sie sind aber auch im klösterlichen Kontext weit verbreitet.[71] In dieselbe Kategorie gehören wohl auch eine „Oratio beati augustini' (Bl. 111ᵛ-112ᵛ) und das Marienlob des Petrus de Riga, das hier ohne Autornennung und im Wortlaut zum Teil verderbt unter der Überschrift *de virgine virginum* (Bl. 294ᵛ-295ᵛ) von Mathias von Kemnat im Jahre 1462 eingetragen worden ist.[72] Hinzu tritt das Bittgebet an die 14 Nothelfer *De Auxiliatoribus Collecte* (Bl. 296ʳ). Ähnlichen Charakter haben die Gebete an die Apostel Petrus und Paulus, die auf der Rückseite der Petrusminiatur (Bl. 9ᵛ) eingetragen sind.[73]

---

[71] Die hier erwogene Verbindung zwischen dem Ps.-Bernhardschen „Jubilus' und dem „Cursus de aeterna sapientia' ist auch durch Heinrich Seuse belegt. Seuse hat Teile des Ps.-Bernhardschen „Jubilus' in diesen Cursus integriert und selbst weitere Strophen hinzugedichtet. In unserem Fall entspricht der Text des „Jubilus' weitgehend der Überlieferungstradition, für die ANDRÉ WILMART die Münchener Handschrift Clm 7781 (aus dem Kloster Indersdorf), Bl. 69ᵛ-71ᵛ anführt. Zu Seuses Cursus vgl. PIUS KÜNZLE, Heinrich Seuses Horologium sapientiae (Specilegium Friburgense 23) Freiburg/Schweiz 1977, S. 606–618. Zur Überlieferung und zum Text des „Jubilus' vgl. ANDRÉ WILMART, Le „jubilus' dit de Saint Bernard, Rom 1944.

[72] Vgl. WALTHER, Initia Nr. 11711. Der Text ist ediert von ÉDELESTAND DU MÉRIL, Poésies populaires latines antérieures au douzième siècle, Paris 1843, S. 113, Anm. 3. Unser Text weicht von dem dort wiedergegebenen Wortlaut ab; der Schluß ist allerdings völlig unleserlich.

[73] (1) *Oratio* [rubriziert]
DEus qui beatos apostolos tuos petrum et paulum martirio consecrasti da ecclesie tue in omnibus sequi praeceptum. per quos religionis sumsit exordium. per [...]
(2) *DEus qui beatum petrum apostolum a uinculis absolutum illesum abire fecisti nostrorum quoque domine absolue uincula peccatorum et omnia mala a nobis propitiatus auerte. per dominum.*
(3) *Oratio bona* [rubriziert]
O benignissime ihesu criste respice super me miserum peccatorem famulum tui oculis misericordie quibus petrum respexisti in atrio Mariam magdalenam in communico Latronem in crucis patibolo Concede ut cum petro peccata mea deficiant Cum maria magdalena perfecte te diligam Cum latrone in celesti paradiso eternaliter te videam. Qui vi‹vib› [...]
(4) *DEus qui beato petro apostolo tuo collatis clauibus regni celestis ligandi atque soluendi pontificium tradidisti concede ut intercessionis eius auxilio a peccatorum nexibus liberemur. Per [...].*
Gebet Nr. 1, 2, 4 sind auch im liturgischen Gebrauch nachgewiesen. Vgl. P. BRUYLANTS, Les oraisons du Missel Romain. Texte et Histoire II: Orationum textus et usus juxta fontes,

Sind einige der Gebete an die Apostel auch im liturgischen Gebrauch bezeugt, so beziehen sich andere auf den Besitzer des Gebetbuchs. Eines nennt namentlich Friedrich als Sprecher (*Ego fridericus miser peccator venio ad te adiuua me*, Bl. 297ᵛ). Diese Gebete sind abwechselnd mit historiographischen Einträgen zur kurpfälzischen Genealogie und Geschichte sowie Lobgedichten auf Friedrich den Siegreichen aufgezeichnet. Von der Ausrichtung her bildet dieser Teil der Handschrift, der mit Friedrichs Horoskop (Bl. 293ᵛ-294ʳ) beginnt, deutlich eine inhaltliche Einheit: in der Überlieferungssymbiose von Gebeten, historiographischen Aufzeichnungen zur Biographie und Territorialpolitik Friedrichs sowie panegyrischen Versen. Der rühmende Aspekt des Herrscherlobs, der die panegyrischen Gedichte auf den Fürsten beherrscht, tritt selbst in einem der Gebete an die Apostel Petrus und Paulus zutage:

> *O petre qui diceris cephas*
> *tu peccatoris sana plagas*
> *O pro meis excessibus*
> *ora horis omnibus*
> *Qui uictoriam dedisti meis militibus*
> *O Paule doctissime*
> *norma obediencie*
> *Da per precum potenciam*
> *veram obedienciam*
> *Qui michi dedisti victoriam*
> *O Petre ne differas*
> *hostes mortales tu fugas*
> *Per te saluari expeto*
> *qui me saluasti ab inimico*
> *Cum eum ingressus est victor leo*
> *O Paule apostolicam fidem altissimam*
> *tuum imploro auxilium*
> *Eripe me ab hostibus*
> *tuis doctrinis fortibus*
> *Qui uictoriam dedisti omnibus. Amen* (Bl. 296ʳ)

Auch hier ist Friedrich als Sprecher vorausgesetzt, der den Apostelheiligen für siegreich bestandene Kämpfe dankt. Die apostrophierten Apostel Petrus und Paulus verweisen ihrerseits auf die beiden entscheidenden Siege Friedrichs in den Schlachten bei Pfeddersheim und Seckenheim, die an Gedenktagen der beiden Apostel (Seckenheim, 30. Juni 1462, Fest der

---

Louvain 1952, Nachdruck 1965, S. 80, Nr. 280; 85, Nr. 302; 97, Nr. 352. Siehe auch ANDRÉ PFLIEGER, Liturgicae orationis concordantia verbalia 1: Missale Romanum, Freiburg – Basel 1964, S. 491 und J. DESHUSSES, Le Sacramentaire Grégorien. Ses principales formes d'après les plus anciens manuscrits (Specilegium Friburgense 16) Fribourg 1971, S. 245, Nr. 594; 246, Nr. 598; 253, Nr. 622 – Zu Nr. 3 vgl. auch die Handschrift Stuttgart, WLB, HB I 172, Bl. 57ʳ; vgl. Die Handschriften der ehemaligen Hofbibliothek Stuttgart 1,2, beschrieben von VIRGIL ERNST FIALA und HERMANN HAUKE unter Mitarb. von WOLFGANG IRTENKAUF, Wiesbaden 1970, S. 40–42.

Commemoratio Pauli, 29. Juni Fest der Apostel Petrus und Paulus) bzw. in deren unmittelbarer zeitlicher Nähe (Pfeddersheim, 4. Juli 1460, innerhalb der Octav der Commemoratio Pauli) errungen wurden. Das Bild des *victor leo* läßt verschiedene Konnotationen zu: Als biblisches Bild verkörpert der Löwe Christus (Apo 5,5), zum anderen gilt er wegen seines Angriffsmutes als Attribut der *fortitudo*, und schließlich ist er als kurpfälzisches Wappentier zugleich auch Synonym für Friedrich selbst.[74]

Die Feier seiner Siege ließ Friedrich auf ewige Zeiten institutionalisieren.[75] In einer *Ordnung der Process vff Sontag nach Petri et Pauli zu Heydelberg, der zwy stryte wegen* legte der Fürst nicht nur den organisatorischen Ablauf der Gedächtnisfeier fest, sondern er legitimierte seine Kriegszüge als Ausdruck göttlicher Gerechtigkeit, indem er seine Gegner als ‚mutwillige Zerstörer', sich selbst aber als Garanten eines *gemeynen langwirigen fridens* darstellte. Alljährlich soll dieses von Friedrich selbst gestiftete Bild des Friedensfürsten *land vnd luten* in einer Predigt im Heiliggeiststift in Erinnerung gerufen werden. Die liturgische Memoria diente zugleich der Huldigung des Fürsten, dessen ruhmreiche Taten immer wieder aufs Neue vergegenwärtigt werden.[76]

Die Petrus-Miniatur und die Gebete zu den Aposteln Petrus und Paulus (Bl. 9ᵛ) sowie die persönlich formulierten Gebete sind vor dem Hinter-

---

[74] Vgl. Wörterbuch der Symbolik, hg. von MANFRED LURKER, Stuttgart ²1983, S. 410f. Auch in den Liedern auf die Schlacht von Seckenheim tritt Friedrich als *lew* auf; vgl. ROCHUS VON LILIENCRON, Die historischen Volkslieder der Deutschen vom 13. bis 16. Jahrhundert 1, Leipzig 1865, Nr. 112, S. 524–531.

[75] Die Stiftungsurkunde, in der Friedrich festlegte, daß alljährlich am Sonntag nach dem Fest Sankt Petrus und Paulus auf ewige Zeiten eine feierliche Prozession und Meßfeiern zum Gedenken an die beiden Schlachten bei Pfeddersheim (4. Juli 1460) und bei Seckenheim (30. Juni 1462) stattfinden sollen, ist abgedruckt in NIKOLAUS FEESER, Friedrich der Siegreiche, Kurfürst von der Pfalz, 1449–1476, in: Programm zum Jahresbericht der Kgl. Studienanstalt zu Neuburg a. D. für das Schuljahr 1879/80, Neuburg a.D. 1880, S. 145f. Sie ist überliefert im ‚Liber perpetuum Friderici'; Karlsruhe, GLA, Hs. 67/812, Bl. 31ʳ–34ʳ. Die Verordnung datiert vom 19. Juli 1462. Zitiert wird im folgenden nach der Edition. Die einzelnen Stationen der Prozession sowie die liturgischen Gebete sind genau festgelegt: Von der Heiliggeistkirche verläuft der Weg zur Pfarrkirche St. Peter, wo eine *Antiphon de sancta trinitate, Eyn salve regina, ein antiphon de sancto Petro* und zu jedem *ein Collect andechtlich gesungen* wird. Danach setzt sich die Prozession fort zum Augustinerkloster, in dem Friedrich seine Gefangenen, unter ihnen Markgraf Karl von Baden, sein Bruder Georg, Bischof von Metz, und Graf Ulrich von Württemberg, festhielt. Hier und im Barfüßerkloster soll jeweils ebenso wie im Heiliggeiststift eine Messe zur Hl. Dreifaltigkeit gelesen werden. – Eine gereimte Paraphrase der wichtigsten Anordnungen liefert Michel Beheim. HOFMANN, Quellen 2, S. 144–151 – Vergleichbares nennt auch OCHSENBEIN (wie Anm. 69), bes. S. 42–50. Im Zusammenhang mit der paraliturgischen oder privaten spätmittelalterlichen Gebetspraxis erwähnt OCHSENBEIN verschiedene von der Stadt remunerierte Andachten, die in Erinnerung an Gefallene oder eine siegreiche Schlacht abzuhalten waren.

[76] In einer Urkundenabschrift, überliefert im Liber ad vitam Friderici, wird am 24. April 1472 unter Bezugnahme auf die bereits althergebrachte Praxis die Verpflichtung zur Durchführung dieser Prozession erneuert. Vgl. Karlsruhe, GLA, Hs. 67/814, Bl. 140ʳ–141ʳ. Vgl. auch CHRISTOPH JACOB KREMER, Geschichte des Kurfürsten Friedrich I. von der Pfalz, Mannheim 1766, Urkunden 88 und 89.

grund der politischen Ereignisse als Teil der liturgischen Feier des Fürsten und seiner siegreichen Kriegszüge zu sehen.

Texte zur politischen Geschichte des Fürsten

Auf mehreren Blättern verstreut stehen, ohne erkennbares Ordnungsprinzip notiert, annalistische Einträge unterschiedlichen Charakters zur Genealogie und Politik Friedrichs des Siegreichen. Sie sind umgeben von panegyrischen Gedichten auf Friedrichs Kriegstaten. Die annalistischen Einträge unterscheiden sich in Form und Duktus von den Notizen in Kalendarien, wie sie in anderen Handschriften aus dem Umkreis des Heidelberger Hofes gehäuft vorkommen. Das übliche Kalendarium registriert chronologisch die Geburts- und Todesdaten von Familienangehörigen, nahestehenden Verwandten oder Freunden, aber auch Naturbeobachtungen (Wetter, Katastrophen, astrologische Daten), Reisen, Besuche und sonstige persönlich relevante Ereignisse.[77] Der Ort, an dem ähnliche Einträge in unserer Handschrift stehen, nämlich zwischen Gebeten und Lobgedichten, stellt sie in eine personen- und ereignisbezogene genealogische Reihe, die Friedrichs Legitimierung seiner Kurfürstenstellung und darüber hinaus seiner historisch verbürgten Bestrebungen, das Königsamt zu erlangen, eindrucksvoll belegt.

Annalistische Notizen

Inhaltlich lassen sich die Einträge in zwei Kategorien einteilen[78]: Die erste bilden eine Reihe von Nekrolog-Notizen, der zweiten gehören wichtige Ereignisse um Friedrichs Erlangung des Kurfürstenamts an. Letztlich erweisen sich aber auch die Nekrolog-Einträge dem Ziel untergeordnet, Rechtmäßigkeit der Herrschaftsausübung durch Genealogie zu bekräftigen.

Im Vergleich zur einfachen Notiz wie sie beispielsweise der Cpl 520 überliefert, *o<u>biit</u> dux Rupertus fundator ecclesie novacivitate ibidens sepultus; o<u>biit</u> domina mechthildis de sabauadia coniugis ludovici barbati 1438*

---

[77] Exemplarisch belegt diese Form des Diariums die Münchener Handschrift Clm 533, in die Hartmann Schedel während der Jahre 1467 bis 1482 nicht nur persönliche, sondern auch zeitgeschichtliche Ereignisse und Vorkommnisse eintrug. Zu dieser Handschrift vgl. Catalogus codicum latinorum Bibliothecae Regiae Monacensis 1,1, München 1892, S.150. So notierte Schedel beispielsweise Bl. 79^v den Tod Friedrichs des Siegreichen: *Obiit palatinus Rheni fridericus in mense decembri [...] Successit in locum eius philippus patruus [!] suus.*

[78] Nicht alle Notizen sind verständlich. So z. B. der Eintrag auf Bl. 296^v, der sich auf einen Vorgang in Wesel bezieht: *Wesalium cingit werenherus gregorius scit.* Das Ereignis ist ohne Datumangabe und anscheinend zu einem späteren Zeitpunkt unterhalb eines längeren Eintrages notiert, in dem der Tod Ludwigs III. beklagt wird.

(Bl. 2ᵛ, 4ʳ, 7ᵛ), folgen die Nekrolog-Einträge in unserer Handschrift keinem zeitlich strukturierten Ordnungsprinzip; sie sind weder anniversaristisch, wie in einem Kalendarium, noch chronologisch angeordnet. Allenfalls in Ansätzen deutet sich ein anniversaristisches Gliederungsprinzip an.[79] Ebenfalls nur rudimentär zeigt sich ein hierarchisches Anordnungsprinzip; so läßt sich auf Bl. 296ᵛ folgende Reihung feststellen: An erster Stelle wird Kaiser Sigismund, dann die Päpste Felix und Nicolaus, anschließend König Ruprecht I. (Kurfürst Ruprecht III.) erwähnt; eine neue Reihe eröffnet Friedrichs ältester Bruder Ruprecht, durch dessen frühen Tod Ludwig IV. Kurfürst wurde, gefolgt von Ruprechts Mutter, Ludwigs III. erster Frau, einer Königstochter aus England und schließlich springt die Reihe zurück auf Ruprecht II., den Vorgänger Ruprechts III., der wie Friedrich nicht in direkter Linie das Kurfürstenamt erlangte.[80]

a) Friedrichs Geburtsanzeige

Zwischen den Texten befinden sich auf Bl. 293ᵛ-294ʳ zwei Horoskope für Friedrich d. S. (Abb. 277).[81] Das Interesse an Astrologie verweist auf Friedrichs Ausbildung in den *artes*.[82] Einem der beiden Horoskope ist eine Notiz zu Jahr, Tag und Stunde seiner Geburt beigegeben. Sie dient der Berechnung des Horoskops, ist aber in erster Linie Lobrede auf Friedrich:

Anno domini 1425 kalendis augusti hoc est feria quarta ad vincula petri de mane post ortum solis quasi octaua hora Natus est in hunc mundum diuus et inuictissimus armisonans iustus ille fridericus Comes palatinus rheni. bauarie dux atque sacri romani imperij elector Qui et cum suis plura Castra Opida Ciuitates vi atque manu forti euertit expugnauit et in cineres diruit. Quid natiuitas eius velit videant astrologi et iudicent. (Bl. 294ʳ)

In fast wörtlicher Übersetzung hat Mathias von Kemnat den ersten Teil dieses Textes in seine Chronik übernommen,[83] jedoch ohne die beiden hier ausgeführten Horoskopschemata. In der Wiener Handschrift wird Friedrich bereits in seiner Funktion als Kurfürst präsentiert und als unbesiegba-

---

[79] Zu deren Verwendung in historiographischen Werken vgl. ANNA-DOROTHEE VON DEN BRINKKEN, Hodie tot anni sunt – Große Zeiträume im Geschichtsdenken der frühen und hohen Scholastik, in: Mensura. Maß, Zahl, Zahlensymbolik im Mittelalter 1,1, hg. von ALBERT ZIMMERMANN (Miscellanea Mediaevalia 16/1) Berlin – New York 1983, S. 192–211, hier bes. S. 207 sowie DIES., Anniversaristische und chronikalische Geschichtsschreibung in den ‚Flores temporum' (um 1292), in: Geschichtsschreibung und Geschichtsbewußtsein im späten Mittelalter, hg. von HANS PATZE, Sigmaringen 1987, S. 194–214 hier S. 196f.
[80] Vgl. SCHAAB, Geschichte, S. 102–104.
[81] Zu den Horoskopen vgl. Anhang 2 und VON BLOH, Buchbesitz, in diesem Band.
[82] Vgl. die ausführliche Würdigung seiner Bildung besonders in den Künsten des Quadrivium durch Michel Beheim. HOFMANN, Quellen 2, S. 15, V. 71f. (*arismetika, geometria, astronomy*), S. 19f., V. 96–99 (*musica*).
[83] HOFMANN, Quellen 1, S. 23. In der Einleitung – eine Übersetzung der Lobrede Peter Luders auf Friedrich, die dieser 1458 in lateinischer Sprache gehalten hatte, – wird darauf verwiesen, daß Friedrich *in einem guten gestirn* geboren sei; HOFMANN, Quellen 1, S. 15.

rer Herrscher bezeichnet. Das Horoskop selbst suggeriert Friedrichs Prädestination für das Herrscheramt, wie sie in der volkssprachlichen Reimfassung der pfälzischen Chronik von Michel Beheim in einer ausführlichen Horoskopauslegung[84] eingehend begründet wird. Der lateinische Text zeichnet das Bild eines starken Fürsten, dessen Charisma die Gestirne belegen. Friedrichs *wirdige gepurt* wird als von Gott vorherbestimmt gedeutet. Die Horoskopauslegung erlaubt, die Rechtmäßigkeit seiner Position als Kurfürst und seines Handelns als Territorialherr zu begründen.

b) Friedrichs rechtmäßige Herkunft

Die Auswahl bietet neben der genealogischen Reihe seiner Vorfahren besonders jene Ereignisse dar, die Friedrichs Aufstieg zum Kurfürstenamt ermöglichten. Zunächst wird auf die königliche Abstammung von Friedrichs Vater verwiesen. Der Eintrag zu Ludwigs III. Tod (31. Dezember 1437) lautet:

1437 Siluestri
Sis .m. c quatuor .x ter .v .bis 1 . numerator.
*Lucis huius heri . succubui gloria reni**
*Reni lucis ÿcus**** dux et comes ludovicus*
Parentis bine natus regis atque regine.
Sum cristi cultor vere. tu ihesu mis miserere.
Virginum tu pia me nunc suscipe virgo maria
Nam humilis digne tibi serui⟨ui⟩ noctu dieque
Vt humili digna velis rependere digna. (Bl. 296ᵛ)
* Nachgetragen: *vel cleri*
** Latinisiertes Griechisch? von εικός?

Das achtzeilige Epitaph ist dem verstorbenen Ludwig selbst in den Mund gelegt: Er stellt sich vor als frommer Fürst[85] von zweifach königlicher Abstammung, nämlich von Vater und Mutter her.

Die übrigen Einträge beziehen sich zum einen auf Friedrichs Vorfahren bis in die vierte Generation zurück, zum anderen auf politisch relevante Ereignisse seiner Biographie. Die zeitliche Spanne umfaßt die Jahre 1390 bis 1468, wobei die Notiz zum Jahre 1468 den Heiratsvertrag zwischen Friedrich und Herzog Ludwig von Bayern-Landshut für Philipp den Aufrichtigen und Margarethe erwähnt und später als die anderen eingetragen wurde: *Anno domini Mºccccºlxviij feria tercia qui erat xxij mensis februarij ante merediem* [. . .] *dux philippus contraxit matrimonium.* (Bl. 296ᵛ).

Auch sind die Todesdaten folgender Personen notiert: an erster Stelle das erwähnte Gedicht auf Ludwig III. (Bl. 296ᵛ); es folgen auf Bl. 296ᵛ und

---

[84] Dieser Teil fehlt in Hofmanns Edition. Er wird im Anhang nach Cpg 335 abgedruckt (Bl. 28ᵛ-34ʳ).

[85] Mathias von Kemnat zeichnet im ersten Teil seiner Chronik Ludwig III. als überaus frommen und gottesfürchtigen Mann, der wie ein Priester die sieben Tagzeiten praktizierte.

298ᵛ, unterbrochen durch andere Texte, fünf weitere Nekrolog-Einträge (Kaiser Sigismund, Papst Felix, König Ruprecht, der früh verstorbene älteste Sohn Ludwigs III., Blanka, dessen erste Frau, zuletzt Ruprecht II.).[86] Auf Bl. 299ʳ wird die Reihe der Vorgänger Friedrichs um Kurfürst Ruprecht I. ergänzt.

c) Friedrichs Regierungsantritt

Den Übergang zur politischen Geschichte Friedrichs bilden Notizen, die auch in andere Handschriften aus dem Besitz des Mathias von Kemnat in ähnlicher Ausführung Eingang gefunden haben. Die Sammlung beginnt mit der Erwähnung der Geburt Philipps am 14. Juli 1448: *1448 Anno milesimo quadringentesimo quadragesimo octauo Ipso die beatj henrici imperatoris natus est diuus philippus dux bauarie* (Bl. 300ᵛ). Auf dieses Ereignis folgt der Todestag von Philipps Vater, Ludwig IV., am 13. August 1449: *Anno domini millesimo quadringentesimo quadragesimo nono Ipso die sancti yppoliti martiris qui est xiij augusti obijt diuus Luduicus dux bauarie Comes palatinus rheni pater praedicti philippi* (Bl. 300ᵛ), und quasi als natürliche Folge ergibt sich aus diesen Ereignissen als dritter Eintrag die Anerkennung Friedrichs als rechtmäßiger Herrscher durch die pfälzischen Räte am 21. August 1449: *Anno Eodem xxi die augusti adeptus est comes fridericus dux bauarie dignitatem suam et a consulibus iuramenta fidelitatis accepit* (Bl. 300ᵛ). Hinter den Einträgen steht eine nicht mehr vollständig entzifferbare Notiz zum Erdbeben in Basel im Jahre 1356. Nur die erste Zeile ist lateinisch, vier weitere Zeilen sind deutsch abgefaßt. Im ersten Teil seiner Chronik merkt Mathias von Kemnat zu dieser Naturkatastrophe an: *Anno d. MIIIᶜLVI do verfiell Basel gar von dem erdpidem an sant Lucas tag des ewangelisten* [d. i. der 18. Oktober] (Cgm 1642, Bl. 55ᵛ).

Diese zunächst willkürlich aneinandergereiht anmutende Folge von Ereignissen, Geburt Philipps des Aufrichtigen (1448), Tod Ludwigs IV. (1449), Anerkennung Friedrichs durch die kurpfälzischen Räte (1449), Ver-

---

[86] *Anno domini 1410. 15 kalendis Junij obiit diuus et serenissimus Rupertus romanorum rex semper augustus Comes palatinus rheni dux bauarie Anno vero regni suo decimo* (Bl. 298ᵛ). *Anno xpi. 1426 Xiij kalendis Junij. ab hac mortali vita rupertus dux bauarie comes palatinus rheni. filius regine anglie decessit* (Bl. 298ᵛ).

Anno xpi. 1409. xij kalendis. Junij. obiit Regina anglia vxor ducis ludouici Comitis palatini rheni electoris. barbati (Bl. 298ᵛ)

Anno domini 1398 obijt rupertus dux bauarie filius ducis adolffi octauo idus Januarij (Bl. 298ᵛ)

Auch das Kalendarium des Wormser Nocturnale (Cpl 520) überliefert alle hier memorierten Ereignisse in zeitgenössischer Niederschrift als kurze Notiz. Dort sind die Todesdaten von Ruprecht III. (1410), seines Sohnes Ruprecht (1426) und seiner Frau Blanka (1409) Bl. 4ʳ ebenfalls aufeinanderfolgend am 18., 20., 21. Mai eingetragen.

pfändung der Bergstraße an Friedrich im Anschluß an seinen Sieg bei Pfeddersheim (1460) sowie schließlich Abschluß des Heiratsvertrags zwischen Kurpfalz und Bayern-Landshut für Philipp (1468), erweist sich vor dem Hintergrund des Herrscherbildes, das Mathias von Kemnat von Friedrich in seiner Chronik entwirft, als sinnvoll miteinander verknüpfte Kette von Fakten, die Friedrichs Anspruch auf das Kurfürstenamt genealogisch und faktisch begründen helfen. Wie programmatisch diese Ereigniskette gemeint ist, belegt der überlieferungsgeschichtliche Befund, daß Mathias von Kemnat Ausschnitte daraus in fast identischem Wortlaut in zwei seiner Handschriften festgehalten hat.[87] Die *arrogatio*, die Friedrichs Anspruch rechtlich absichern sollte, blieb gleichwohl in ihrer Legitimation umstritten, und infolgedessen rücken neben astrologischen und genealogischen Aspekten vor allem machtpolitische in den Vordergrund.[88]

Hierzu gehört auch ein Eintrag auf Bl. 298ᵛ, der einen weiteren Schritt der Stabilisierung der Regierung Friedrichs thematisiert, die Huldigung der Städte Bensheim, Heppenheim, Modenbach und Starkenburg. Der Eintrag füllt die zeitliche Lücke zwischen 1449 und 1468: *Anno 1461° fridericus Comes palatinus rheni Elector etc opidorum pensheym heppenheym Castri Starckenbergk Morelbach. Consulibus et communitatibus eorundem Juramentua fidelitatis accepit* (Bl. 298ᵛ).

Weitere Informationen über Ereignisse des historiographisch nicht näher belegten Zeitraumes finden sich in den Lobgedichten auf Friedrich.

Panegyrische Verse auf Friedrichs I. Kriegstaten - Fürstenlob im Kontext liturgischer Memoria

Auf drei Seiten (Bl. 297ʳ und 299ʳ⁻ᵛ), den letzten Blättern unserer Handschrift, sind zwischen historiographischen Notizen und Gebeten einige panegyrische Gedichte unterschiedlichen Umfangs ohne Angabe des Verfassers eingetragen. Die Gedichte beziehen sich auf Friedrichs Kriegstaten aus den Jahren 1452 bis 1462.

An erster Stelle sind unter der Überschrift *Victoria friderici comitis palatini. 1462°* (Bl. 297ʳ) sechzehn Verse eingetragen:

---

[87] Die Einträge sind z.T. in den Cpl 1438, Bl. 71ᵛ und 1381, Bl. 14ʳ überliefert, wobei in der letztgenannten Handschrift eine konzisere Fassung mit identischem Inhalt erhalten ist.

[88] In der Geschichtsschreibung spielt diese frühe Anerkennung im Jahre 1449 keine Rolle. Die Speierer Chronik z. B. berichtet erst für das Jahr 1450 von Friedrichs Einigung mit den Räten. Vgl. Speierische Chronik, hg. von F. J. MONE (Quellen zur badischen Landesgeschichte 1) Karlsruhe 1848, S. 367–520, hier S. 383f., Nr. 32. Auch ROLF, Kurpfalz, erwähnt die hier zitierten Einträge nicht. Nur Mathias motiviert in seiner Chronik ausführlich Friedrichs „Erhöhung" damit, daß nach Ludwigs Tod große Besorgnis bei allen Beteiligten herrschte, da die Regierungsnachfolge nicht gesichert war. Dies spräche für eine möglichst frühzeitige Regelung der Nachfolgefrage.

> *Ecce Palatinus reni comis inspicit trinos*
> *Hic presulem dominus magnumque metensem .*
> *De baden elatum cum maxima turba suorum*
> *Pro pietate dolum pro melle venena quod dedit .*
> *Armizonum sbeuie comitem wirtembergk vdalricum*
> *Vlcio diuina . prolesque bauarica magna*
> *Hos fugat . hos cedit multos captiuat . et ecce*
> *Tres illos superstites tunc captiuando triumphat .*
> *Hec ut dicta fuerunt sternit die . dapifer . pauli*
> *Per quem praecipue . cecis errore subacta .*
> *Gentibus emersit radius fideique lucerna*
> *Ecce aspirabat ceptis sors prospera paulus .*
> *Marchio badensis festo pauli prostratus .*
> *Ducitur excaptus palatinis exsuperatus .*
>
> *Wirtenberg baden comites sint petri prostrati*
> *Crastino captiui Palatinis rite redacti .* (Bl. 297^r)

Friedrichs Sieg bei Seckenheim wird verherrlicht und die Gefangennahme seiner mächtigen Gegner triumphierend mitgeteilt. Die Spitzenstellung dieses Gedichtes korrespondiert mit der politischen Schlüsselrolle, die dieses Ereignis in Friedrichs Regierungszeit spielt.

Das Ereignis löste eine Flut von literarischen Produkten in Vers und Prosa, in Latein und Volkssprache aus.[89] Erst im Nachhinein - so scheint es - wurden auch vorausgegangene Eroberungen Friedrichs in poetischer Form fixiert.

In zwei chronologisch vom Jahre 1462 aus gesehen rückwärts verlaufenden Reihen sind sechs weitere Verstexte unterschiedlichen Umfangs auf Bl. 299^{r-v} eingetragen. Der erste Komplex umfaßt die Schlacht bei *pfedersheym . 1460°* (4. Juli) und die Schleifung der *Schauenburgk . 1460* (am 20. April). Die Gedichte haben folgenden Wortlaut:

> *Ecce palatinus rheni comes inspicit hostes*
> *Hos fugat . hos cedit . multos captiuat . Et ecce*
> *Quatuor hic comites tunc captivando triumphat .*
> *In maguntinum sic primatem . superando*
> *Hunc vdalrici . dux bauarie fridericus*

---

[89] Vgl. die Dokumentation des Quellenamterials von CHRISTIAN RODER, Die Schlacht von Seckenheim in der pfälzer Fehde von 1462/63, Villingen 1877 und den Überblick von HANS J. PROBST, Seckenheim. Geschichte eines kurpfälzer Dorfes, Mannheim 1981, S. 376–403. Lieder auf die Schlacht bei Seckenheim und eine kurze Deutung der Ereignisse finden sich bei F. J. MONE (Hg.), Quellensammlung der badischen Landesgeschichte 3, Karlsruhe 1863, S. 140–150. Nicht erwähnt sind in den genannten Werken Notizen und zum Teil längere Ausführungen, wie sie anderwärts überliefert sind, z. B. in Darmstadt, HLB, Hs 2668, Bl. 2^r (Kontext: Augustinus Datus, Elegantia); Stuttgart, WLB, HB I 38, Bl. 1^v Notiz in Volkssprache (Kontext: Klosterschrifttum: Tischlektüre, geistliche Betrachtungen) und HB I 125, Bl. 9^r Notiz in lateinischer Sprache (Kontext: Brevier des Deutschordens); Wien, ÖNB, Cod. 5320, Bl. 198^r Notiz in lateinischer Sprache (Kontext: Hugo und Konrad Spechtshart, Speculum grammaticae; geschrieben in Ulm).

Princeps elector: facit hec animos̲u̲s ut hector.⁹⁰
Excelse preceps comes ac generose
diue palatine schaumburgk p̲e̲r vim q̲u̲o̲q̲u̲e̲ intras
du̲m̲ canit ecclesia sancta quasimodogenitiq̲u̲e̲
Arce̲m̲ magnificam i̲n̲ cine̲r̲e̲s tu diruis igne
Vt reputanda quide̲m̲ p̲a̲r̲u̲i̲ sed q̲u̲a̲n̲t̲a̲q̲u̲e̲ fuit
Conicitur testatur magna illa ruina
Qu̲a̲m̲ fuit i̲m̲mensa schaumburg mens̲u̲r̲a ruentis
Viuere te cupim̲u̲s̲ datus custosq̲u̲e̲ salutis
O utina̲m̲ magnis resoluto corpore tantis
Laudibus attollant dij potensq̲u̲e̲ te friderice. (Bl. 299ʳ)

Der zweite Block setzt mit einem Ereignis aus Friedrichs Kindheit, den kriegerischen Auseinandersetzungen seines Vaters, Ludwig III., an der Westgrenze des Reiches ein (*Lutryngen*, 1431), die mit einer Niederlage des pfälzischen Heeres endeten. Diesen Versen sind die wichtigsten Eroberungen Friedrichs der Jahre 1452 bis 1456 entgegengesetzt: *Lutzelsteyn* (1452)⁹¹, *berckzabern* (1455), *Monsfurt* (1456); vielleicht will Friedrich seinen Kampf an der Westgrenze und seine Eroberung von Lützelstein als Anknüpfung und Fortsetzung der Tradition seines Vaters sehen, so daß er durch seinen Erfolg das vollendet, was jenem nicht gelang. Die Jahreszahlen sind jeweils links am Rand hervorgehoben, das Datum in den Texten genannt.

1431 Lutryngen
Heu quia milicia rheni succubuit alta
Dum per montana festinat virgo maria

1452 Lutzelsteyn
Ecce palatine Comes o preciose pote̲n̲t̲e̲r̲
Luczelsteyn pridie martini presulis i̲n̲t̲r̲a̲s̲
Sedula laus cristo . qui vim dedit ha̲n̲c̲ friderico
*Excelso comiti bauarieq̲u̲e̲ duci.*⁹²

---

⁹⁰ Die Verse arbeiten mit Versatzstücken, die teils wörtlich in Gedichten auf andere Schlachten wiederkehren. Dabei beutet Mathias (bzw. der jeweilige Verfasser) die Tradition aus. Unter die Verse auf die Schlacht bei Seckenheim mischt sich z. B. eine nur wenig bearbeitete Fassung eines *carmen* aus der Anthologia latina, das dort unter *Publius Scipio Africanus* überliefert ist. Vgl. HOFMANN, Quellen 1, S. 35–37 und S. 43; LUDWIG BERTALOT, Humanistisches in der ‚Anthologia Latina'. Studien zum italienischen und deutschen Humanismus 1, hg. von PAUL OSKAR KRISTELLER, Rom 1975, S. 163–190, hier S. 181 hat den Text (ohne Hinweis auf Mathias' von Kemnat Rezeption) publiziert.

⁹¹ Vgl. die Schilderung der Niederlage aus der Sicht des königstreuen Chronisten Eberhard Windecke in seinen Denkwürdigkeiten zur Geschichte des Zeitalters Kaiser·Sigmunds, hg. von W. ALTMANN, Berlin 1893, S. 319–324.

⁹² Der Eroberung Lützelsteins im Jahr 1452 wohnte Johann III. von Nassau-Saarbrücken als Verbündeter Friedrichs bei. Einer Beschreibung seines Schlosses in Saarbrücken, die 1602 entstand, ist zu entnehmen, daß Johann III. einen Saal mit Wandmalereien besaß, die die Belagerung von Lützelstein zum Thema hatten. Dieser Saal wurde „der Lützelstein" genannt und wird entsprechend 1602 noch existiert haben. Vgl. Geschichte der Städte Saarbrücken und St. Johann. Nach Urkunden und authentischen Berichten bearbeitet von ADOLPH KÖLLNER, 2 Bde., hier Bd. 2: Statistik und Topographie, Saarbrücken 1865, S. 258.

1455 berckzabern
Inclite magnifice princeps ac pregenerose.
Digne palatine reni comes o friderice.
Elector predigne sacri simul imperij dux.
Bauarie precelse nitens praeclarus in orbe.
Magnificis gestis terram terroribus imples.
Anglia francia iam timet et burgundia. partes
Circum uicine . tante [!] feritate leonis.
[...] sultare tremunt longe lateque per orbem.
Terrarum domini tacti terrore silescunt.
Plantis dum calcas nudatis sancte [!] tiburti.
Horrendis prunas bergkczabern viribus intras.
Ecce palatine comes inuictissime portas.

1456 Monsfurt
Ecce palatini comitis sapiencia prestans
[...] liter populo monsfurt sibi subiugat intrans
Octobris decima nona tempus cape supra. (Bl. 299ᵛ)[93]

Diese vermischten Einträge im letzten Teil der Wiener Handschrift sind Reflex auf Friedrichs gelungene Stabilisierung seiner Macht. Seine kriegerischen Auseinandersetzungen mit den kurpfälzischen Nachbarn in den Jahren 1452 bis zur entscheidenden Schlacht bei Seckenheim 1462 werden als Teilerfolge seines Kampfes um politische Anerkennung interpretiert. Mit der Gefangennahme des Markgrafen Bernhard von Baden, dessen Bruders Bischof Georg von Metz und des Grafen Ulrich des Vielgeliebten von Württemberg schafft Friedrich die Voraussetzungen für seine Entlassung aus dem Kirchenbann: Auf dem Fürstentag zu Worms, am 13. März 1464, gibt Papst Pius II. schließlich nach: In einem feierlichen Akt wird Friedrich aus dem Kirchenbann gelöst. Kaiser Friedrich III. erkannte freilich Friedrich als Kurfürsten nicht an, doch wagte keiner der Territorialherren, die Reichsacht zu vollziehen.

In der Wiener Handschrift treten die Ereignisse des Jahres 1462 deutlich als *causa scribendi*[94] der Lobgedichte und der Gebetsgedenken zutage. *Ge-*

---

[93] Auffälligerweise fehlen diese Verse jedoch in der Chronik ebenso wie in anderen Überlieferungen. Die Autorfrage dieser panegyrischen Verse ist offen. Nur die Münchener Handschrift Clm 7080, die Leonhard Egenhofer während seines Studienaufenthaltes in Heidelberg anlegte, überliefert einige von ihnen innerhalb einer Anthologie von Verstexten, die im Anschluß an Peter Luders *Laus Friderici* (Bl. 366ʳ-379ʳ) unter der Überschrift *Laudes friderici Comes palatini* (Bl. 379ʳ-381ᵛ) notiert ist, in einem Kontext, der nahelegt, daß Luder ihr Verfasser gewesen sein könnte.

[94] Die *causa scribendi* für den gesamten letzten Teil läßt sich mit ‚historischem Interesse' des Fürsten umschreiben, das hier in einer durch Texte zur religiösen Heilssorge dominierten „Überlieferungskonfiguration" seinen Ausdruck findet. PETER JOHANEK postuliert „die stärkere Beachtung von Überlieferungszusammenhängen und vor allem Überlieferungskonfigurationen verschiedener Texte in einer Handschrift und die sorgfältige Analyse historischer Sammelhandschriften und Materialsammlungen. Auch Konglomerationen historischer Aufzeichnungen im Zusammenhang mit oder in Anlagerung an historiographische Werke, selbst wenn

dechtnus und *lob* des *streitbaren herren* sind auch das explizit formulierte Ziel der von Friedrich in Auftrag gegebenen Geschichte seiner Taten.[95] Dort verband Mathias von Kemnat historiographische Darstellung in Form chronologisch fortschreitender Erzählung in Volkssprache mit panegyrischen Verseinlagen in Latein.

Die Wiener Handschrift erweist sich in ihrer Zusammenstellung ganz auf die Interessen des Kurfürsten ausgerichtet. Dem wohl bereits vorhandenen Horarium wurden Texte angelagert oder nachgetragen, die teils der persönlichen Frömmigkeit, teils historischem Gedenken dienen. Individuelle Interessen des Fürsten fanden im Horarium geringeren Niederschlag als im ersten Teil. Alltagspraktische Texte zur Astrologie und Wetterregeln, oft in Merkversen, enthalten vor allem der erste Faszikel und das Kalendarium, medizinische Ratschläge in Versform sind in der letzten Lage notiert, und an frei verbliebenen Stellen des Horariums finden sich Zeitrechnungshilfen. Alle diese Texte boten Orientierung für die verschiedensten Anlässe des täglichen Lebens.

Besonders ausgezeichnet ist die Verehrung des Apostelfürsten Petrus,[96] der auch als Patron der Siege Friedrichs[97] gefeiert wird. In der Schlacht bei Seckenheim (30. Juni 1462) kämpfte Friedrichs Heer unter der Führung des Apostelfürsten Petrus; ihm glaubte Friedrich seinen entscheidenden Sieg zu verdanken.

Seine Bedeutung spiegelt auch die Aufnahme des ‚Petrusliedes' in die Chronik des Mathias von Kemnat. Es hat folgenden Wortlaut:

Mit gottes hulff sei vnser fart,
Maria halt vns in diner wart,
Sant Peter vnser hewbtman si,
Vnser sunde herre got verzih,
Das wir ewiges dotes sint fri. Kirieleison.
Heilige treifaltigkait von dem thron
Gib sig, das wir mit ehren beston,

---

sie nicht zu einem bewußt geformten Text gestaltet werden, können Auskunft und Aufschlüsse über das Geschichtsverständnis dessen geben, der die Aufzeichnungen tätigte oder das Ensemble der Texte zusammenbrachte". PETER JOHANEK, Weltchronistik und regionale Geschichtsschreibung im Spätmittelalter, in: Geschichtsschreibung und Geschichtsbewußtsein im späten Mittelalter (wie Anm. 79), S. 287-340, hier S. 313.

[95] Vgl. HOFMANN, Quellen 1, S. 3 u. 5.

[96] Vgl. auch das Bild im Lehenbuch Friedrichs des Siegreichen, auf dem der Fürst vor der Gottesmutter kniend dargestellt ist. Hinter ihm steht schützend der Apostel Petrus, abgebildet in SCHAAB, Geschichte, nach S. 192.

[97] Mit den genannten Erzdiözesen (Mainz, Köln, Trier) traf Friedrich I. im Jahr 1454 eine Übereinkunft, daß die Währung der einzelnen Herrschaftsgebiete überregional gelte. Zu diesem Zweck ließ man Münzen schlagen, die u.a. den hl. Petrus mit Schlüssel auf der einen Seite und das jeweilige Wappen des Kurfürsten auf der anderen Seite trugen. Vgl. MAX SCHULER, Pfälzisches Kriegsnotgeld im Lauf der Jahrhunderte, in: Pfälzisches Museum 40 (d. i. Pfälzische Heimatkunde 19) 1923, S. 84-90, hier S. 86f., und GÜNTER FELKE, Die Goldprägungen der Rheinischen Kurfürsten 1346-1478. Mainz. Trier. Köln. Pfalz, Köln 1989; zum Vertrag vgl. S. 283, zu den Prägungen die Abb. S. 266-282.

Vnd gib vns, als du gabst den tag
Zu pfaltzgraff Friderichs ritterschlag,
Do er seinen feinden oblag. Kirieleison.
Des sei dir danck dem heiligen got,
Des himels furst, konig Sabaoth,
Vndottlich der dreifaltigkeit
Steh vns bei zur gerechtigkeit.
Ehr vnd dank sei dir geseit. Kirieleison.[98]

---

[98] Zitiert nach der Ausgabe von Hofmann, Quellen 2, S.42f. Es handelt sich um eine Kontrafaktur zu dem alten Wallfahrtslied ‚In gottes namen faren wir'. Vgl. Heinrich Hoffmann von Fallersleben, Geschichte des deutschen Kirchenliedes bis auf Luthers Zeiten, 2. Ausg., Hannover 1854, Nr. 12, S. 97–99; Ludwig Uhland, Schriften 2, 1866, S. 415. Eine Parodie des Liedes ist auch in der Mörin des Hermann von Sachsenheim überliefert: *Sie sungen all gemain ain liet: ‚In Fenus namen faren wir'*. Vgl. Hermann von Sachsenheim, Die Mörin, hg. von Horst-Dieter Schlosser (Deutsche Klassiker des Mittelalters NF 3) Berlin 1974, V. 574f. und V. 618f. wird noch einmal darauf verwiesen: *Ir sungen aber vil das liet, Von dem ich vor gesprochen hon*. Zur Melodie vgl. J. Müller-Blattau, In Gottes Namen fahren wir. Studie zur Melodiegeschichte des altdeutschen Fahrtenliedes, in: Festschrift für Max Schneider, hg. von H. J. Zingel, Halle 1935, S. 65–73.

Anhang 1: Zur Wiederverwendung einzelner Texte aus den Handschriften des Mathias von Kemnat

Für die Wiederverwendung von Texten, die sich zum Teil sehr viel früher in den wissenschaftlichen Handschriften des Hofkaplans aufgezeichnet finden,[99] lassen sich neben den bereits erwähnten Beispielen noch weitere benennen. Die für den Kurfürsten ausgewählten Texte sind den meist astrologisch-mathematischen Abhandlungen der betreffenden Codices oft nachgetragen, oder bilden, wie das Computusgedicht, Teile einer umfangreicheren Darstellung.

Art und Auswahl der Textsammlung in der Wiener Handschrift machen deutlich, daß die Zusammenstellung nicht von den gelehrten Interessen des Hofkaplans bestimmt ist. Die Texte, die er für die dem Kurfürsten gewidmete Handschrift auswählte und in einen neuen Funktionszusammenhang stellte, erfüllen die Interessen des Empfängers. Diese allerdings kreuzen sich gelegentlich schon in den wissenschaftlichen Handschriften des Mathias mit denen des gelehrten Hofkaplans, wie das Beispiel des Horoskops nahelegen wird. Ein Überblick über die von Mathias von Kemnat für die Wiener Handschrift ausgewählten Texte zeigt zunächst, was er aus seinen wissenschaftlichen Handschriften auswählte und dem Fürsten zur Verfügung stellte.

Eine identische volkssprachliche Version der Electiones in Tabellenform (Wien, ÖNB, Cod. 13428, Bl.4^r) enthält der Cpl 1381 in Rom, Bl.10^r. Die lateinische Vorlage für diese Versionen könnte sich in einer anderen Handschrift aus dem persönlichen Besitz des Mathias befinden, in Cpl 1370 (Bl. 60^v), und dort ist auch eine Zusammenstellung des jeweiligen Introitus der Fastensonntage, des Ostermontags und der Sonntage nach Ostern, entsprechend Wien, Cod. 13428, fol. 41^v, notiert (Bl. 162^r).

In die dem Kurfürsten gewidmete Handschrift (Bl. 41^r) übernahm Mathias einige Verse, die wörtlich mit den Peter Luder zugeschriebenen Salva venia-Distichen übereinstimmen. Diese Distichen waren möglicherweise ebenfalls an den Kurfürsten gerichtet und sind in einer anderen Handschrift in Wien überliefert (ÖNB, Cod. 3244, Bl. 87^r).[100] Mathias hat die-

---

[99] Die Aufnahme dieser Texte in Studienhandschriften zeigt, daß sie durchaus an wissenschaftliche Abhandlungen anbindbar waren. Den Einbezug der pragmatischen Lebensregeln in den universitären Betrieb belegen auch die Auszüge aus den ‚Regimina Salernitana sanitatis', die Erhard Knab (vgl. Anm. 31) in seine Lehr- und Studienbücher aufnahm. Die Verse sind in diesen Handschriften zwar teilweise mit denen im Codex 13428 identisch, eine direkte Abhängigkeit besteht allerdings nicht, denn sie sind mit weiteren verbunden, die sich nicht in dieser Handschrift und auch nicht in den persönlichen Handschriften des Mathias von Kemnat wiederfinden.

[100] STUDT, Fürstenhof, S. 307, Anm. 401 gibt irrtümlich Bl. 85^r an. Die Distichen sind in der Handschrift nicht datiert. Unklar ist auch, ob Peter Luder der Verfasser dieser Verse ist, denn wohl steht sein Name über den Distichen, doch handelt es sich bei dem Wiener Codex 3244 um eine spätere Abschrift aus dem 15. Jahrhundert. Es ist nicht auszuschließen, daß Mathias diese Verse kannte und 1459 in das dem Kurfürsten gewidmete Buch übernahm. Zur Lehrtätigkeit des Peter Luder vgl. BOCKELMANN, Metrikvorlesung, hier S. 20–22 und BARON, Beginnings. BOCKELMANN, S. 167 verweist auf Petrus de Ravenna als möglichen Verfasser.

se Verse in die Wiener Sammelhandschrift Cod. 13428, Bl. 41ʳ geschrieben:

hoc opus exegi princeps clårissime [!] *iussu -*
Nunc tuo: dum corpus liquida foues aqua.
Astrorum cursus lune solisque labores -
Descripsi uarios. quid mihi mercis erit.[101]

Einige Jahre später konzipierte Mathias für einen anderen Anlaß eine weitere Version dieser Verse, die in Cpl 1370 aufgezeichnet ist. Cpl 1370 enthält auf Bl. 31ᵛ bis 36ᵛ einen Computus von der Hand des Mathias von Kemnat, an dessen Schluß die Übergabe des Computus an einen Conradus formuliert ist (Bl. 36ᵛ):

Hoc opus exegi Meuching clårissime jussu. /
iussu Nunc tuo cum solem taurus habebat
Gratia tibj nomen dederat diuina Conradus.
Sic temporum cursus lune solisque labores.
Descripsi varios. quid michi mercis erit.

Mathias hat zwar größere Teile der elegischen Distichen übernommen, den Adressaten jedoch ausgetauscht und die Widmungsverse um eine weitere Zeile ergänzt. Ludwig Schuba vermutet, daß Mathias den Computus als Arbeit „für die Promotion [...] zum Baccalarius in iure canonico"[102] verfaßt habe. Der in den Versen angesproche Conradus ist jedenfalls mit Konrad Menckler, dem Dekan der Artistenfakultät in Heidelberg (1463) zu identifizieren. Ihm wird Mathias den Computus übergeben haben.

Das Verfahren, die eigenen Bücher auf noch einmal Verwendbares hin auszuwerten, veranschaulichen auch weitere Beispiele. So ist etwa die mit der Wiener Handschrift identische Version der Temperamentenlehre (Bl. 5ʳ)[103] in Cpl 1381, Bl. 176ʳ notiert. Eine geringfügig, vor allem durch Umstellungen variierende Fassung der lateinischen Wetterprognostik[104] auf Bl. 40ʳ- 41r enthält ebenfalls Cpl 1381, Bl.89ᵛ-90ʳ, 183ᵛ, eine andere, kürzere und abweichende Fassung Cpl 1438 (Bl.36ᵛ).

Wiederum in Cpl 1381 (Bl. 184ᵛ) befindet sich die lateinische Version der volkssprachlichen Prognostik in Wien Cod. 13428, Bl. 6ᵛ,[105] in der die regierenden Planeten eines Jahres auf Wetterbedingungen, Naturkatastrophen und Kriege hin ausgedeutet werden (Bl.184ᵛ). Diese Jahresprognosen, die in Cpl 1381 einer volkssprachlichen Auflistung der Planeteneigenschaften nachgetragen wurden, könnten die Vorlage für die gleichlautende Prognostik in der Wiener Sammelhandschrift Bl.6ᵛ gebildet haben. In Cpl

---

[101] Die Distichen sind abgedruckt bei WATTENBACH, Luder, S. 77. Ebenfalls ediert sind hier die Briefe Peter Luders, von denen einige an Mathias gerichtet sind.
[102] Vgl. Bibliotheca Palatina, S. 28.
[103] Inc.: *Largus amans hilaris ridens* [...]; WALTHER, Initia, Nr. 101131.
[104] Inc.: *Cum continuo uenti surgunt* [...].
[105] Wien, ÖNB, Cod. 13428, Inc.: Bl. 6ᵛ: *Item so satturnus In eynem czeichen des lufftes* [...]; Cpl 1381, Inc. Bl. 184ᵛ: *Item cum saturnus fiunt in aliquo signo aereo* [...].

1381, Bl.179ʳ, 183ʳ, sind außerdem verschiedene Monatsverse und Aderlaßregeln verzeichnet, die auch die Wiener Sammelhandschrift Bl. 1ʳ, 212ᵛ, und 213ᵛ enthält.

In Cpl 1381 findet sich neben dem bereits erwähnten Computusgedicht noch ein weiteres (Bl.155ᵛ),[106] das in die Wiener Sammelhandschrift gleich zweimal eingetragen wurde: Bl.14ʳ in das Kalendarium und Bl.212ᵛ noch einmal in die Merkverssammlung. Aus Cpl 1438 stammt vermutlich ein Computusgedicht (Bl. 137ʳ),[107] das nach dem Prinzip: Anfangsbuchstabe einer Silbe = Zahl, den Tag und die Stunde des Eintritts der Sonne in die Tierkreiszeichen verschlüsselt wiedergibt (in Wien, Cod. 13428, Bl. 212ʳ). Eine Gebrauchsanweisung und die Auflösung, die über die Wörter geschrieben ist, stellen sicher, daß das Gedicht auch wirklich verstanden wurde. Außerdem enthält diese Handschrift ein mit Bl. 10ʳ der Wiener Handschrift identisches quadratisches Schema, das Himmelsrichtungen, Planeten, Tageszeiten, Elemente und Komplexionen zueinander in Beziehung setzt (Cpl 1438, Bl. 150ᵛ). In Cpl 1438 hat Mathias auf Bl. 63ʳ skizzenhaft drei Horoskopschemata angelegt, die die Entwürfe für das Horoskop Friedrichs I. in der Wiener Handschrift, Bl. 293ᵛ-294ʳ (Abb. S. 277), darstellen. In seiner eigenen Handschrift hat Mathias die Benennungen und Interpretationen der einzelnen Häuser in zwei Schemata und in deutscher Sprache notiert. Sieht man die drei Skizzen seiner Handschrift zusammen, so finden sich alle Angaben in den Horoskopen der Wiener Handschrift wieder, hier allerdings komprimiert, in lateinischer Sprache und mit ergänzenden Daten versehen. Eine entscheidende Abweichung zeigen jedoch die Zeilen oberhalb der Horoskope: Genügen in der wissenschaftlichen Handschrift des Mathias die wichtigsten Angaben zur Planetenkonstellation zum Zeitpunkt der Geburt, angegeben in Grad und Minuten, so fügt er dem Geburtsdatum in der Wiener Handschrift einige den Fürsten rühmende Zeilen bei. Auf die Angaben zur Planetenposition verzichtet er hier ganz. Doch hätten diese Angaben dem Kurfürsten das Verständnis seines Horoskops nicht erleichtert. Dadurch, daß in beiden Codices die Auslegung fehlt, erweisen sich die Schemata als ergänzungsbedürftig. In der wissenschaftlichen Handschrift des Mathias von Kemnat ist die fehlende Interpretation noch erklärlich, doch wird der Kurfürst sicher nicht ohne die fachliche Kompetenz eines *mathematicus* ausgekommen sein. Das Horoskopschema bleibt angewiesen auf weitere Erläuterung, und die erfordert einen Fachmann, der dem Kurfürsten in der Person des Mathias von Kemnat zur Verfügung gestanden haben wird. Auf die fehlende Auslegung verweist auch ein Nachtrag, wohl ebenfalls von der Hand des Mathias, der den Zeilen über den Kurfürsten hinzugesetzt wurde (Bl. 294ʳ; Abb. 277):

Quid natiuitas eius velit videan̲t astrologi et iudicent.

---

[106] Inc.: *Belial auru̲m gerens facit Edum* [...].
[107] Inc.: *Muto Mugit Natos Octograda perdo* [...]; WALTHER, Initia, Nr. 11540.

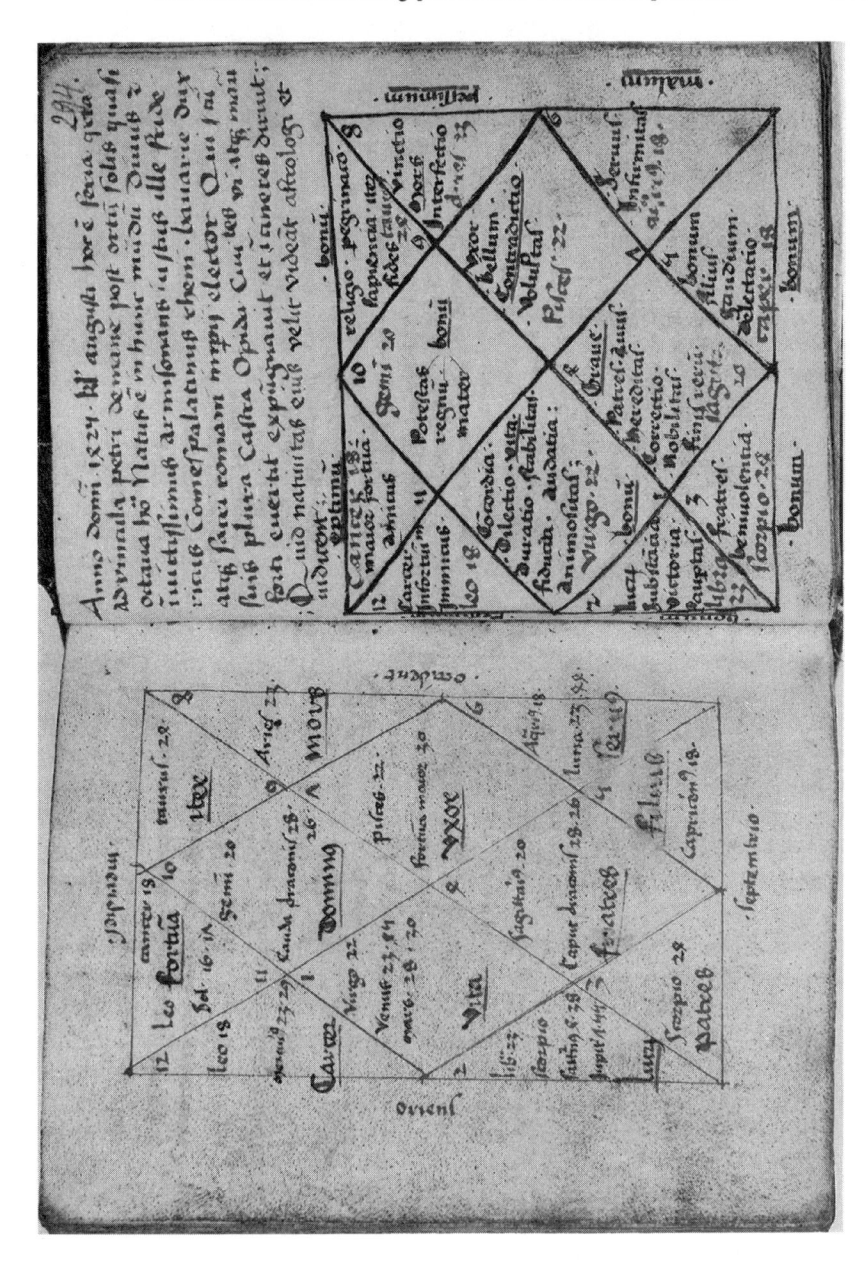

Wien, ÖNB, Cod. Vind. 13428, Bl. 293ᵛ/294ʳ: Nativität für Friedrich den Siegreichen (links Berechnung, rechts Auswertung)

Der Appell an die Astrologen, das Geburtshoroskop zu beurteilen, könnte in der Absicht notiert worden sein, die wissenschaftliche Basis der Nativitätsberechnung herauszustellen. Diese Aufforderung überliefert nun auch die Pfälzische Reimchronik des Hofdichters Michel Beheim, der die Prosachronik des Mathias von Kemnat versifizierte und bearbeitete (Abb. S. 287). Die Zeilen schließen eine ausführliche Interpretation des Horoskops ab und befinden sich oberhalb des Schemas, das mit Bl. 293ᵛ in der Wiener Handschrift Cod. 13428 identisch ist[108]:

> *Sie mag wol durch willen probierns*
> *ein ieder meister des gestirns*
> *schawen ob sie bestendig sy*
> *daz sie von der astronomÿ* [...][109]

In den überlieferten Prosachroniken des Mathias von Kemnat fehlt Beheims Auslegung. Da er sicher auch in diesem Fall auf eine Vorlage zurückgreifen konnte, präsentiert die Reimchronik möglicherweise eine nicht überlieferte Chronikfassung, die der ursprünglichen näher steht als die erhaltenen Prosachroniken.[110]

In Cpl 1438 hat Mathias nicht nur das Horoskop seines Dienstherren aufgezeichnet, sondern auch das der Söhne Friedrichs I., das des Kanzlers Mathias Ramung und anderer, am Hof tätiger oder mit dem Hof verbundener Personen.[111] Schon bei seinen wissenschaftlichen Studien hat Mathias also den ihn umgebenden Personenkreis berücksichtigt, von dem er abhängig war oder mit dem ihn vielleicht persönliche Beziehungen verbanden.

Anders als die Bücher aus Mathias' persönlichem Besitz, in denen Wissen – zum Teil mit Blick auf eine mögliche Wiederverwendung – bewahrt werden sollte, ist die Handschrift für den Kurfürsten unter einer deutlich pragmatischen Perspektive entstanden. Im Kontext der in der Wiener Handschrift zusammengestellten Texte dienen die astrologischen Prognostiken und die Anweisungen zur Zeitrechnung ganz dem Wissensanspruch des Kurfürsten und bieten vor allem Handlungsorientierung. Die Aufzeichnung der verschiedenen Texte in lateinischer Sprache dürfte in der Bilingualität Friedrichs I. und – möglicherweise – in den herrschaftsbezogenen Inhalten der Handschrift gründen.

---

[108] Heidelberg, Cpg 335, Bl. 34ʳ.
[109] Die Auslegung des Horoskops vgl. in Anhang 2.
[110] Zu den erhaltenen Handschriften vgl. STUDT, Überlieferung. Ein mit dem in der Verschronik Michel Beheims nahezu identisches Horoskop ist auch in einer anderen Handschrift aus dem Besitz des Mathias aufgezeichnet (Cpl 1401, Bl. 111ʳ). Vgl. im vorliegenden Band VON BLOH, Buchbesitz.
[111] Das Horoskop des Kanzlers Mathias Ramung befindet sich Bl. 97ʳ, das der Söhne Friedrichs I. (Bl. 75ᵛ) und ein Horoskop für Johannes von Eberstein ist auf Bl. 104ʳ notiert. In der Pfälzischen Reimchronik des Michel Beheim wird Hans von Eberstein als Rat des Pfalzgrafen Friedrich I. genannt. Vgl. HOFMANN, Quellen 2, S. 117, Vers 662f. Im Lehenbuch Friedrichs ist er als Empfänger eines Lehens am 1. Juni 1442 beschrieben (Karlsruhe, Generallandesarchiv, Hs. 67/1057).

Anhang 2: Auslegung des Horoskops[112] für Friedrich d. S. in der Pfälzer Reimchronik des Michel Beheim (Cpg 335, Bl. 28ᵛ-34ʳ)

[28ᵛ] Von der wirdigen gepurt friderichs des menlichen:

Möchtestu mich fragen also
jn welcher maß warumb das do
dyse obgeschriben ding syn
erzelt worden durch die wort myn
So gar mit eynem lange
vnd hohen annevange
O ir alle die da komen her
ó ir leser vnd ir hörer der -
beschribung dyser hystory.
ich bitten uch ich flehen uch hy
erman uch arm vnd riche
bittend mit fliß ernstliche
Jr erbittend vnd hengend icht
zü dem mym warlichen geticht
úwr beheglichen oren ir
allerclersten menner zü mir
daz bitt ich uch mit flehe
noch einst das es besehe
Zü den gezÿten als dann die
ewigen geschicht gottes hie
erkannten das diß vnser land
jn zü kunffteger zeit zü hand
mit mancher hand verwirnes
von dem louff des gestirnes
Oder von boßheit der geuerd
böser menschen betrübt solt werd
do sie vns milticlichen vnd
barmhertziclich an sahen ietzund
vnd vnß eim ußerkornen
durchlüchten hochgebornen
Furstenlichen hertzogen her
geborn wolten lon werden der
mit eigner miltikeit wurd stiln
vnd geistlikeit mit gottes wiln
[29ʳ] den louff der stern gremssigen   *sternn.*
vnd es auch wurd senfftigen
Mut strittbar macht der boßheit der
menschen auch wyderstendig wer
do schüffen vnserm friderich   *friderich.*
dem durchluchtigen fursten rich
die obgeschriben ende
vnd gegend sunder wende

---

[112] Die Korrekturen im Text (durch übergeschriebene Buchstaben) sind stillschweigend durchgeführt.

*E*in gar wirdige statt also
dar jnnen er löblichen do
nach herlichkeit vnd allem werd
geboren wurd uff dyse erd
generet götlich kintlich
vff erzogen besintlich
*D*as von gnaden gottes also
ist uolendt vnd beschehen do
Nach cristi geburtt thusent jar   M⁰. iiii⁰. xxv.
vier hundert vnd darnach furwar
jn dem zwentzigsten vnde
funfften jar daz bestünde
*D*as der furst ward geboren hie
des tags advincula petri   Petrus.
der der erste tag ist genant
des monats augusti zü hand   Augst.
frů vmb die achten stunde   viij. ornn.
ward vns sin zükunfft kunde
*A*n eynem mittwuch beschach das   mitboch.
als daz zeichen der junckfrau was   Junckfrau
jn dem uffgang des hymels rad
jm zwey vnd zwentzigesten grad
do by sag ich fur ware   ★
stet ein stern liecht vnd clare
*G*eformiert von mennlicher art
vsser dem angesicht enbart
[29ᵛ] dyses planeten mercuri[113]   Mercurius
vnd von dem end martis hört wý   Mars
oder mars wer den kennet
ist er zú tútsch genennet
*S*ich auch hie by wie daz der mon
jm wassermann dem zeichen schon
der venus sin planete da   Venus
wonhafftlichen jn der junckfraw
auch dem selbigen zeichen
sein wonung ist bereichen
*J*e doch mars behelt mit vestung
ser in der geburt die mitlung
jch sag venus vnd marß die zwen
den hern von bequemlicher schen
gar von herlichen augen
machen lustlich on taugen
*M*ars ist ein ware vrsach do
das er gezeichent ist also
vnder sim antzlit her vnd hin
von durchschlechten der bleterlin
durch kleyner purpel stúpfel

---

[113] Diese und die folgenden Wortunterstreichungen im Text gehen auf den Schreiber zurück.

wintziger über tüpfel
P*tholomeus ein meister frÿ*   ptholomeus.
ein furst der kunst astronomÿ
der ist deß ein warer gezüg
das ich in dyser sach nit lüg
die ich ietz han berichtet
jn dysem büch gedichtett
M*ercurius du ein herre bist*
des zeichen seins lebens genist
machest fur war jn sinnen reich
mit starckem gemüt crefftigleich
on sorgueltigs genesen
der herr mit nicht mag wesen
[30ʳ] **W***as dyser furst setzet fursich*
geschicht jn schneller yl röschlich
dauon müß er als ich uch sag
von vil der seinn lyden intrag
auch sturme groß vnzilung
kummerniß nach der vilung
D*ie listikeit vernym mich hy*
kompt vom planeten mercurÿ   *Mercurj*
damit sunder on zwifel gar
er vil vellet syner find schar
die jm nit sein ein wenig
gehessig wyder spenig
E*r on lugen gichtiges vnd*
gehes zornes zü aller stund
ist über sein vind die er hat
all sein sach beyde frü vnd spat
er jm selber ist enden
vnd zü dem besten wenden
M*erck den gwÿn sunder wyder sperr*
venus ist der sachen ein herr   *Venus*
der gewyn wirt vil offembar
groß lieb in zü gelt zwinget gar
zü behalten erfreuwet
vnd liht wirt es zurstreuwet
D*en gelouben er auch da fürt*
on hinderniß behalten würt
der edel planet Juppiter   *Jupiter*
ist hie an dysem fursten her
dem edlen fridrichen
ein vrsach vil warlichen
V*nd saturnus mit siner crafft*   *Satturnus*
macht in an Richer hab glükhafft
er bringet jm Richtum vnd groß
zü fellig güt über die mosß
[30ᵛ] *von kriegen vnde frauwen*
die warheit wurt man schauwen
J*n sicherheit wurt uch kuntgetan*

sin aller besten dienest man
die sicht man dann in dem mittell
sins lebens von jm stan vil schnell
listikeit vnd sorgueltig
grosse arbeit jnnheltig
B*ringt jm den Richtumb manigualt*
in sein zÿten wann er wurt alt
hastu gelesen daz büch hali   hali
daz verkundet dir alles hie
mit rechten vnder scheiden
die ding on wanckels bleiden
H*ör furbaß ein merckliches ding*
wie gar lichtigklichen vnd ring
er die fruntschafft der lute bint
vnd an dem anefangk gewint
S*chnell vnd bald sie herwyder*
ab von jm treten nyder
M*ars ein herr syner brüderschafft*   mars
bringet im des ein valles hafft
vesticlichen lieb hat er die
güten gerechten menschen hie
die nydern jm zü bringen
gütes wesens gelingen
D*ann er senffte red wol betút*
füret wyder die frömden lút
auch die sinen mit vnderwarff
werden gestraffet von jm scharff
bringet jm da zü kommen
von stund an cleynen frommen
[31ʳ] **J***uppiter vil ist dynes heils*   Jupite__r
du bist ein herr sines erbteils
darvmb der furst in richsend witzt
den stül vnd huß sines vater psitzt
darwyder nicht ein hagell
mag sein der trachenzagell   trachentczagel.
W*ie wol nün ist daz er da macht*
bringet intragung zü amacht[114]
O herr merck eben myner ler
dein wesen du mit nicht verker
der wonung dines vater
soltu bliben bestater
D*er genant planet saturnus*   satturn__us
solt vil freuden machen alsus
Machet daz er ist im selb herb
temperiert mit vermischens merb
mit frölikeit darvnder
wol vermengt besunder

---

[114] In der Handschrift: *annacht*.

Er *hat lieb zü seltzamem ding*
gesanck liebet jm sunderling
vff weltlich sach ist er behafft
sunderlich mit der ritterschafft
die sich verstan vmb sturmen
vnd stryten sölchem türmen
Darumb *pfiffen/bauken/busaunn*
trumeten/was mit lutem taunn
schellet hillet jnsunderheit
dienet zü der gehertzikeit
vnd gerüffenn des grimmen
mit lutbrechtigen stymmen
Mitt *vnerschröcklicher tät*
waz dann gehöret zü der nät
vnd eribeit des schlahens da
nach sölchem als[115] *die von troia*   troia
[31ᵛ] vnd römer jn irr machte
herlich haben volbrachte
Venus *ist ein sach das er selb*   Venuß.
gern singet ie doch sölches helb
betrübt in die melancolÿ
das er fellt uff frömd fantasÿ
der gedenck wyder strebens
vnd jnnikeit sins lebens
Merck *die freud darzü frölicheit*
wie gar fast grossem hertzenleit
all sin wyderspennigen der
vind werden betrübt vil ser
daz sie kumen dar jnnen
zü fast hessigen sinnen
Dyser *planet luna vnd suß*   Luna
ein anderer heisset mercurius   mercurius
die zwen sin ein vil ware sach
das dysem herren etlich schwach
vnd hinderniß beschehen
als vns die kunst veriehen
Merck *den planeten saturnum*   satturnus
der ist ein herr vil vngestum
des huß vnd zeichens der kranckeit
herumb sin kranckeit wirt jm breit
von kelt zü stund wurt dicze
von vnördlicher hitze
Dauon *so komet jm ein fluß*
des houbtes vnd auch buches suß
den febres wurt er hart enggent
das abnemen man dyses nent

---

[115] Wiederholt und durchgestrichen: *als*.

die kranckeit wurt jm werlich
gein sim alter geuerlich
Nun merck oder hör mich furwar   Mars.
mars ein herr sines todes zwar
[32ʳ] Machet daz jm zü wurt geleit
vil arger wyderwertikeit
vnd úbelicher tulde
daz jm beschicht on schulde
Hüt er sich nit der planet mars   mars
mag jm werden zü streng vnd harss
dartzü tötten mit der kranckeit
als ich dann itzünt han geseit
von dyser vngezemen
die man nennt das abnemen
Wißheit vernunfft wandrung bringt uß
venus planet des zwölfften huß   venuß
girlich ist er zü wissen ring
gantz alle meisterliche ding
so ers kan vnd anrachtet
darnach wurt es verachtet
Die andacht wurt jn jm fast groß
jm troumet jn seltzamer maß
vil wunderlicher sach vnd mer
sich wie vnderthenig ist er
Sunder on alles leczen
jn götlichen gesetzen
Jn alln sachen geschicket wol
als ringen springen waz man sol
verenden Ritterlicher ding
darzü ist er tetig vnd ring
Dantzen turnieren stechen
scharff rennen vnd sper brechen
Es sÿ stein stoßen oder schafft
waz man beget da hat er crafft
O edler furst nun hör als wie
hüt dich vor wander gesellen die
do haben cleyne augen
mit den mach dich nit taugen
[32ᵛ] Was dicht ich nu von dem jnfluß
der herschafft vnd gewalte suß
syner conheitt behendikeit
daz es von mir werd uß geleit
Alkindius du herer   Alkindius.
hoher meister vnd lerer
In dÿser kunst tieff grundet gar
du hast hie geschriben fur war
ich sags vnd nÿm dich zü gezúg
daz ich hie dester mynder lúg
Marß der stern grimlich gronend   mars
jm huß der gebúrt wonend

Sich die merung an dyn[116] dienern
mer dann daz du ir bist begern
Vil grosses gewaltes hin fürt
an dysen fürsten komen wurt
der wurt sunder on wende
weren biß an sin ende
Das glück ab vnd zü nymet schon
machet furwar der planet mon   Mon.
der herr sines grösten gelúks
vnd ufenthalter seines rúcks
daz er gewint anfechtung
jntragung vnd zwytrechtung
Von sinen frunden die dann mit
eigner sip sind sin nehsten glit
vnd múgen ie doch nicht mit ark
won des glúckes wurtzell starck
jn seinen keimen vechsset
wider all sin find wechsset
Feur daz heiß brinnent elament
jm alle ding zü vnfall went
won der planet geheissen soll   sol
ist úber all seins vnglúcks groll
[33ʳ] ein herr zü synen handen
jm zwölfften huß gestanden
Den der edell furst lobesan
vil grosser gütheit hat getan
werden sich vngetruwlich kern
oder schyben von dysem hern
als nach dem nuwen orden
jetz gewönlich ist worden
Zü der zÿt so er hat angang   Nota
der viertzig vnd dry iar so lang   xliij.
biß daz er wurt komen so hoch
vff funfftzig vnd siben jar noch   lvij.
dem alter deß löblichen
vnd edlen fridrichen
So regiert jn der planet mars   mars
jn den zÿten igkliches jars
meret sich seins richtums anschib
vnd gebrechlikeit an dem lib
mit ettlichen arbeiten
von vil blöden kranckheiten
Erfült mit trurikeit on uel
Am gemüt an dem geist der sel
vnd nymet ab an syner sterck
Er tüt auch an heben vil werck
die er gantz jn kein dingen

---

[116] Durchgestrichen: en.

nach willen mag uolbringen
Von dem nach zehen jaren her lxvij.
nach einander herr juppiter Jupiter.
jn regiert der edel planet
der fürst hüt sich an aller stett
vor sachen oder dingen
das jm schaden mag bringen
Er machet jm mit werken rein
eynen güten gelouben ein
[33ᵛ] Edel regierung vnd gesetz
mit aller andacht sunder letz
oder on allen taden
mit geistlicheit beladen
Nach dysen obgeschriben jarn lxxj.
vier gantzer jar wurt dysen klarn
Regiern vnd schicken saturnus satturnus
zü volbringen vnd enden suß
die letzung sines stödes
vnd vfgesatzten tödes
Der herr sich selber straffen wurt
vnd schenden daz er nit volfürt
sein zÿt hat in götlicheit mer
jn aller andacht beschlüßt er
da das end vnd uffgebens
seins naturlichen lebens
Hie mit sy geendet vnd verbracht
was ich zü tichten han gedacht
von deß hymels lauff vnd der stern
was sie jnfluß haben dem hern
jn sein natur gegeben
biß er volbringt sein leben
Je doch sol mich nieman also
verstan oder mercken daz do
daz gestirn niemans mit getrang
hefftet in keyner hand notzwang
oder daz es mit gehen
je müß also beschehen
Her umb ich doch an dyser letz
die figuren des hymels setz
als sie dann zü der selben frist
der geburt dises fursten ist
jn maß vnd sölchen handen
an dem hymel gestanden
[34ʳ] Die mag wol durch willen probierns
ein ieder meister des gestirns
schawen ob sie bestendig sy
daz sie von der astronomÿ
als ich die han berichtett
dem fursten hier getichtett.

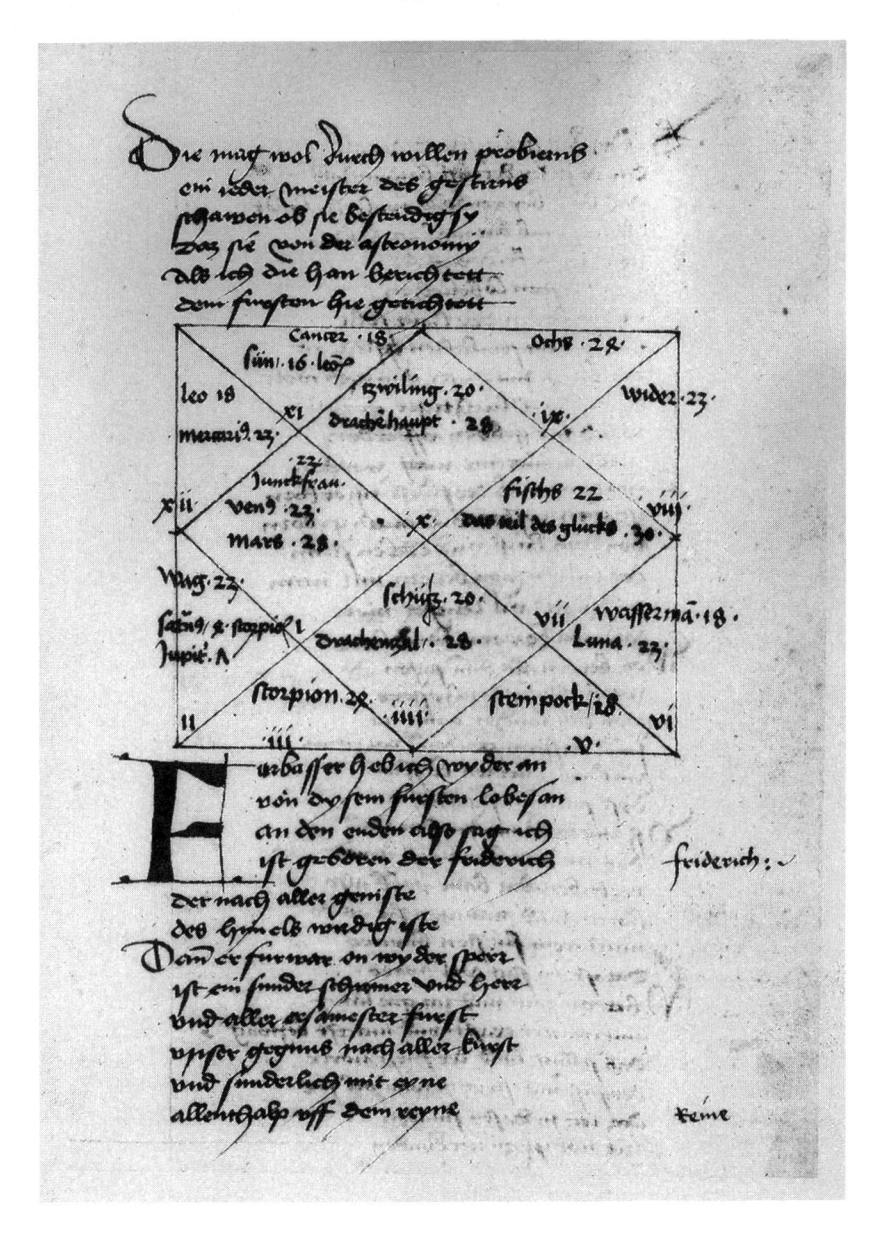

Heidelberg, UB, Cpg 335, Bl. 34ʳ: Nativität für Friedrich den Siegreichen (dt.), Planeten und Tierkreiszeichen

JAN-DIRK MÜLLER

Sprecher-Ich und Schreiber-Ich.
Zu Peter Luders Panegyricus auf Friedrich d. S., der Chronik des Mathias von Kemnat und der Pfälzer Reimchronik des Michel Beheim.

Luder: Rede – Lobschrift – Brief. – Die Vorreden der Chronik des Mathias – Luders Lobrede, deutsch – Mathias' Vorrede zur Geschichte Friedrichs – Michel Beheims Chronik zwischen Hören und Lesen – Schluß

Am 11. Februar 1458 hielt Peter Luder, vom Kurfürsten auf eine Poetiklektur nach Heidelberg berufener Humanist, vor der Universität eine Lobrede auf Friedrich den Siegreichen.[1] Der Kurfürst selbst war nicht anwesend, doch schickte ihm Luder den Text wenig später mit einem Begleitschreiben, das dem Adressaten noch einmal die Bedeutung literarischen Lobs für den politisch Handelnden verdeutlichte.[2] Der Brief bezog sich zwar auf eine Rede, doch war sein Gegenstand weniger das mündliche Lob als die schriftliche *memoria* des Fürsten. Ihr Medium sind vor allem Historiographie und Epos. Die Rede solle, so Luder, nicht mehr als ein *specimen* der Fähigkeiten des gelehrten Poeten und Rhetor sein, dem Andenken des Fürsten ewige Dauer zu verschaffen. Luders Gedanken dazu waren alles andere als originell; er entlehnte sie z.T. nebst den passenden *exempla* Ciceros Rede ‚Pro Archia poeta'.[3] Bemerkenswert ist der Brief eher deshalb, weil Luder zu den ersten humanistischen Literaten nördlich der Alpen gehörte, der sich auf diese Weise bei einem Mächtigen insinuierte.

Das Begleitschreiben macht deutlich: Die Lobrede war nicht nur für den Augenblick bestimmt, ihre Übersendung als Lobschrift nicht bloße Verlegenheit. Die öffentliche Rede *in genere demonstrativo* war den Humanisten vorzüglichstes Mittel einer Erneuerung der rhetorischen Praxis der Antike, doch war sie eben deshalb auch ein literarisches Genus, das auf schriftliche Tradierung berechnet war. Auch andere, ihrem Inszenierungstypus nach mündliche *laudes* Luders wie z. B. vor dem Fürsten aufgeführte *carmina* wurden, ungeachtet ihres ephemeren Anlasses, immer wieder abgeschrie-

---

[1] Zu den Umständen: Wattenbach, Lobrede; die Rede ist dort S. 25–37 abgedruckt.
[2] Überliefert in Wien, ÖNB Cod. Vind. 3244, Bl. 68ʳ – 69ʳ.
[3] Hartfelder, Gelehrtengeschichte; vgl. S. 144.

ben und unter den Anhängern der *litterae politiores* verbreitet.⁴ Und auch die Rede sollte über ihren begrenzten Anlaß eines universitären Festaktes hinaus wirken und war nicht nur fürs fürstliche Archiv bestimmt.

Trotzdem darf man die Bedeutung der öffentlichen ‚Aufführung' nicht unterschätzen. Der Auftritt vor der Universität machte sichtbar, daß der Poet seinen Platz in der etablierten Gelehrtenwelt gefunden hatte. (Nur so sind ja auch die unaufhörlichen Zänkereien um Art und Umfang der Lehrtätigkeit, um Vorlesungszeiten, um Vortritt bei universitären Ritualen und allgemein um Stellung innerhalb der universitären Hierarchie zu verstehen, wie sie noch zu Anfang des nächsten Jahrhunderts Jakob Locher erbittert ausfocht). Die versammelten Gelehrten repräsentierten das Publikum, das durch die Jahrhunderte das Andenken an den Großen wachzuhalten hatte. (Daher bleiben die Anreden an diese Hörerschaft erhalten, auch wenn die Rede, wie unten auszuführen, in ganz andere Kontexte gerät). Der öffentliche Vollzug nahm Akte gemeinschaftlicher *commemoratio* vorweg, in denen das Gedenken zu aktualisieren war. (Friedrich d. S. stiftete vergleichbare Gedenkfeiern z. B. für seinen Sieg bei Seckenheim). Insofern ist der mündliche Vortrag keineswegs nur Surrogat schriftlicher Verbreitung, sondern in der Repräsentationskultur des späten Mittelalters angemessene Form der Inszenierung fürstlichen Ruhms.⁵

Schon von ihrer Konzeption her war die Lobrede mehr als ein bloßes stilistisches Muster der neuen Beredsamkeit, nämlich recht genau auf die politischen Umstände der Kurpfalz in den späten Fünfziger Jahren und die Legitimationsbemühungen Kurfürst Friedrichs des Siegreichen abgestellt: parteiliche Darstellung seiner genealogisch umstrittenen Berechtigung zur Herrschaft; deren Gründung auf *virtus* statt Erbfolge; eine Reihe deutscher Könige aus dem Hause Wittelsbach, die auf Friedrich zuzulaufen schien; schließlich die Verklärung der fragwürdigen Arrogation des legitimen Erben Philipp durch seinen Onkel Friedrich zum vergilianisch tingierten Bild geistiger Vaterschaft.⁶ Das sind alles Argumente, die in die politische Diskussion der späten Fünfziger Jahre passen und die damit eine Verbindung zwischen dem schriftlich verbreiteten Text und dem Anlaß seines Vortrags herstellen. So war es nicht nur Eitelkeit des Literaten, sondern lag durchaus auch im Interesse des Fürsten, wenn Luder für die schriftliche Verbreitung der Rede Sorge trug.

Ihre eigentliche Wirkungsgeschichte jedoch wurde nicht von Luder angestoßen. Schwerlich ohne Friedrichs Billigung stellte nämlich der kurfürstli-

---

⁴ Eine Übersicht der überlieferten Werke Luders bei BOCKELMANN, Metrikvorlesung, S. 159–178. Häufiger abgeschrieben wurden vor allem die *carmina*; Reden und erst recht Briefe sind seltener überliefert; vgl. auch BARON, Beginnings. – Es finden sich Hinweise auf ‚Aufführungen' von *carmina*, etwa durch die Schüler des Poeten (Cod. Vind. 3244, Bl. 99ʳ), wobei eine solche Aufführung aber nur die erste Stufe der Verbreitung gewesen zu sein scheint.
⁵ Vgl. allgemein JAN-DIRK MÜLLER, Der Körper des Buchs, in: Die Materialität der Kommunikation, hg. v. HANS ULRICH GUMBRECHT und K. LUDWIG PFEIFFER, Frankfurt 1988, S. 203–217; S. 203f.; DERS., Fürst, S. 23 (zur *memoria* der Schlacht von Seckenheim).
⁶ MÜLLER, Fürst, S. 33–38.

che Hofkaplan Mathias von Kemnat die Rede, in die Volkssprache übersetzt, an den Anfang des zweiten Teils seiner Chronik, desjenigen Teils also, der der Zeitgeschichte, der Regierung seines Herrn, gewidmet ist.[7] Daß die Rede in deutscher Übersetzung in die Chronik aufgenommen wurde, ist keineswegs selbstverständlich, denn Mathias fügte seiner Chronik anderwärts zahlreiche lateinische *carmina* – auch solche Peter Luders – unübersetzt ein. Sie konnten etwas von der literarischen Kultur des höfischen Frühhumanismus in Heidelberg und von der Aura eines *princeps litteratus* auch an den vermitteln, der ihren (ohnehin oft recht dürftigen) Inhalt nicht verstand. In einer Übersetzung war das anders. Da wurde die Aufmerksamkeit von der Form auf den Inhalt gelenkt. Daß die Rede übersetzt der *memoria* fürstlicher Herrschaft inseriert wurde, zeigt an, daß es um mehr ging als um das bloße Signal lateinischer Erudition: Die Memorialfunktion, von der Luder schrieb, wird durch die volkssprachliche Schrift, die Chronik des Mathias, übernommen.

Doch ist die Übersetzung nicht nur in der Chronik überliefert. Sie bildet einen selbständigen Faszikel in einem Codex aus Mathias' Besitz (Cpl 870, Bl. 158ʳ-166ᵛ). Dort ist sie eindeutig als Rede kenntlich gemacht, indem sie mit dem lateinischen *Dixi* (Bl. 166ᵛ) schließt. Dieser Text wurde wörtlich in die Chronik übernommen, wenn auch ohne das explizite Gattungssignal am Schluß. Mathias begnügte sich, als er Luders Panegyricus in die Chronik aufnahm, nicht mit einer Paraphrase des Inhalts, sondern behielt den sprachlichen Gestus der Rede bei, allerdings ohne sie ausdrücklich als Rede einzuführen und etwa ihren Sprecher Luder zu nennen, der ja schließlich nicht derselbe war wie der Sprecher der restlichen Chronik. Er zitierte mithin ein literarisches Genus, das primär für eine andere Kommunikationssituation bestimmt gewesen war, indem er es mechanisch in die neue schriftsprachliche Kommunikationssituation übertrug.[8]

Anders verfuhr er mit Luders Begleitschreiben an Friedrich. Er zitierte es nicht wörtlich, sondern beutete es paraphrasierend für die beiden Widmungsschreiben am Anfang der Chronik aus, und zwar gleich zweimal, zuerst in Latein, dann in einer amplifizierenden deutschen Übersetzung. Anders als bei der Rede übernahm er hier nur die Grundgedanken, einige *exempla* und – in der lateinischen Version – wenige Formulierungen. Aus

---

[7] HOFMANN, Quellen 1, S. 7-23. Ich zitiere den allein veröffentlichten zweiten Teil der Chronik nach dieser Ausgabe, für den ersten Teil wurde die Handschrift Cgm 1642 benutzt.

[8] Zu Cpl 870 und Mathias' Sammlungen für die Chronik vgl. VON BLOH in diesem Band sowie STUDT, Fürstenhof, S. 319 u. 321f. Die wohl älteste Niederschrift der Übersetzung in Cpl 870, die noch Spuren von Korrekturen vor allem in der Lexik aufweist, wurde durch PAUL MARIA BAUMGARTEN, Laudes Palacii et Palatini. Deutsche Lobrede auf Friedrich von der Pfalz, in: Römische Quartalschrift für christliche Altertumskunde und für Kirchengeschichte 1, 1887, S. 231-255 veröffentlicht. Gegenüber den Abschriften in den Chroniken bietet Cpl 870 den besseren Text, daher wird er hier zitiert, jedoch nach der Handschrift, nicht nach BAUMGARTENS korrekturbedürftiger Transkription. Zwecks leichterer Auffindbarkeit werden jedoch zusätzlich die Seitenzahlen nach BAUMGARTEN hinzugefügt.

Luders Begleitbrief zu seiner Rede wird das Vorwort eines schriftsprachlichen Werks.

Noch ein weiteres Mal wurden Rede und Begleitschrift ausgebeutet: in Michel Beheims ‚Pfälzer Reimchronik'.[9] Die beiden von Luder abhängigen Widmungsschreiben des Mathias zur gesamten Chronik stehen bei Beheim, in volkssprachliche Verse gegossen, am Eingang zu seinem zweiten Buch. Luders Lobrede, mit der Mathias seine Geschichte Friedrichs d. S. (den zweiten Teil seiner Chronik) einleitet, ist bei Beheim in zwei Teile geteilt. Der erste Teil eröffnet die Reimchronik insgesamt. Das liegt insofern nahe, als Luder zu Beginn der Rede genealogisch bis in die Anfänge des Hauses Bayern zurückgeht. An seine Ausführungen kann Beheim, der Chronik des Mathias folgend, seine versifizierte Darstellung der bayrisch-pfälzischen Geschichte im Mittelalter bis auf Ludwig IV., den Vorgänger Kurfürst Friedrichs, anschließen. Der zweite Teil der Lobrede steht an der Spitze der Kurfürst Friedrich gewidmeten Bücher 2 und 3.

Mittels dieser Umarbeitung organisiert Beheim sein Werk gegenüber Mathias weit straffer in der Form einer Landeschronik. Die Paraphrase des ersten Teils der Lobrede beginnt Bl. 23^r; ihre einzelnen Abschnitte sind in selbständige Kapitel aufgeteilt.[10] Die Aufzählung der Ahnen und Vorgänger bei Luder wird von Beheim erweitert, indem er auf das Material der Chronik zurückgreift, bevor er in die Darstellung der mittelalterlichen Geschichte überleitet. Wenn er im zweiten Buch dann zur eigentlichen Geschichte Friedrichs kommt, setzt er noch einmal, angelehnt an den zweiten Teil der Lobrede Luders neu an:

Ludwig der bartecht heilig vnd lobsam
auch clar von geburt vnd dem stam
vnd vil clerer in sölichem schin
von den aigenen tugenden sin [...]
Hat vns geboren vsser der
wirdigsten aller frawen her
fraw Mechtilden dyser furstin
von Saphoyen ein hertzogin
ainen sun Fridrichen
waz der nam dess löblichen
Ein aller furstenliche zird
nach rechter adelicher wird
in allem dysem tutschen land
man sinen gelichen nit vand

---

[9] HOFMANN, Quellen 2. Ich zitiere die edierten Teile nach dieser Edition mit Angabe von Strophen- und Verszahl, die unveröffentlichten Verse dagegen nach Cpg 335, bloß mit Angabe der Blattzahl. – Zu Beheim vgl. ULRICH MÜLLER, Beheim, Michael, ^{2}VL 1, Sp. 672–680. – WILLIAM C. MACDONALD, „Whose Bread I Eat": The Song-Poetry of Michel Beheim (GAG 318) Göppingen 1981. – Zur Verwendung der Rede Luders: STUDT, Fürstenhof, S. 64f.

[10] Etwa Bl. 25^v: *Hye hebet sich an das Erste büch von der statt vnd gelegenheit / do der löblich furst geborn ist.*

gentzlichen in Germany
was der furst wol ein kroni (Str. 22,1-4; 23,1-24,6).[11]

Die Reimchronik ist, wie Beheim selbst bemerkt, eng von Mathias' Prosachronik abhängig.[12] Daher ist nicht bemerkenswert, daß auch die Einleitung (Luders Rede) und das Widmungsschreiben (Luder – Mathias) aus ihr übernommen wurden, bemerkenswerter ist der Medienwechsel, den die (gesprochene) Rede (Luder I) über den schriftlich verbreiteten, mit weiterer Schrift angereicherten lateinischen Lesetext (Luder II), dann über die volkssprachliche Übersetzung (anonym), über deren Integration in die verschriftlichte *memoria* der Chronik (Mathias von Kemnat) bis hin zu den – möglicherweise wieder auf Vortrag berechneten – Reimpaaren (Michel Beheim) durchläuft. Dieser Vorgang nämlich läßt sich keineswegs als geradliniger Weg von der Mündlichkeit in die Schrift und wieder zurück beschreiben, vielmehr wirken mündliche und schriftsprachliche Praktiken auf verschiedenen Stufen zusammen, im Latein wie – erst recht – in der Volkssprache. Das ist für die literaturgeschichtliche Situation am Heidelberger Hof um 1470 bezeichnend. Zu zeigen wird sein, wie dabei schon die Schriftlichkeit dominiert, selbst dort, wo mündliche Kommunikationsformen simuliert oder wenigstens mitgedacht werden.

Luder: Rede – Lobschrift – Brief.

Luders Rede vor der Heidelberger Universität ist Zeichen der lange umstrittenen, endlich gelungenen Anerkennung des Poeten.[13] Indem ihr Gegenstand das Lob des Fürsten ist, werden noch einmal indirekt die Interessen, die zu Luders Berufung führten, öffentlich artikuliert. *Laudes* sind aber nicht nur an die Anwesenden, nicht einmal nur an die Mitwelt, sondern ebensowohl an die Nachwelt gerichtet.[14] Wie die überlieferten Vorbilder epideiktischer Rede die *docta vetustas* insgesamt als Resonanzraum beanspruchen, zielt auch Luder auf eine ort- und zeitübergreifende gelehrte Hörerschaft, die im akademischen Senat Heidelbergs nur zufällig repräsen-

---

[11] Das entspricht den Worten Luders: *Ludovicus ille barbatus cum genere tum suis virtutibus clarissimus, optimis quidem auspiciis ex primaria omnium feminarum Methilda Subaudie ducissa hunc nostrum Fridericum specimen Germanie edidit prestantissimum* (wie Anm. 1, S. 31).

[12] Ein Vergleich des historischen Materials bei STUDT, Fürstenhof, S. 162–169; zur Frage der Mitverfasserschaft vgl. unten.

[13] Zu Luders Heidelberger Anfängen: WATTENBACH, Luder, S. 41–46. WILFRIED BARNER, „Studia toto amplectenda pectore". Zu Peter Luders Programmrede vom Jahre 1456, in: Respublica Guelpherbytana. Wolfenbütteler Beiträge zur Renaissance- und Barockforschung, Festschrift für Paul Raabe, hg. v. AUGUST BUCK u. MARTIN BIRCHER (Chloe 6) Amsterdam 1987, S. 227 – 251; MÜLLER, Fürst, S. 24f.

[14] Das eine zeigt sich, wenn Luder mehrfach *Germania* als Instanz aufruft, die über die *virtus* des Fürsten zu urteilen habe, das andere, wenn der Gedanke zeitüberdauernder *memoria / gedechtnus* die Darstellung der Taten Friedrichs leitet.

tiert ist. Diese Öffentlichkeit aber ist allein durch die Schrift erreichbar. Die wiederentdeckten Formen gelehrter Mündlichkeit stehen von vorneherein im Zusammenhang einer elaborierten Schriftkultur.

Die Überlegenheit dieser Schriftkultur betont vor allem der Begleitbrief der Rede. Er zitiert Alexander d.Gr., der sich von Apelles malen ließ, von Pyrgoteles in Stein schneiden, von Lysipp in Erz gießen, der aber die *memoria* durch die Schrift noch höher schätzte: *Allexander ille magnus [...] rerum gestarum et nominis sui perpetuam cupiens habere memoriam, quamquam ab Apelle pingi, a Firgotele sculpi, a Lisippo ex ere duci voluerit, ut clarorum artificum arte et magisterio ipse posterorum clarior haberetur; sciens tamen hec caduca et temporis vetustate corruptibilia, Calistenem scriptorem semper secum duxit, ut res suas tam gestas quamque gerendas scripturis posteritatis memorie commendaret.*[15] Auffällig wird der Schriftcharakter dieser *memoria* als Bedingung ihrer Dauer herausgestellt. Kallisthenes, der angebliche Verfasser des Alexander-Romans, wird nicht als Dichter oder Historiograph apostrophiert, sondern als ‚Schreiber'.

Darin drückt sich gewiß nicht Geringschätzung seines Werks aus, die ohnehin eher die moderne Philologie als die Rezipienten des Alexanderromans im 15. Jahrhundert kennzeichnet: Daß auf Kallisthenes letztlich der am bayerischen Hof in München übersetzte, auch in Heidelberg bekannte ‚Große Alexander' des Johannes Hartlieb zurückgeht, wird Luder nicht einmal gewußt haben. Ihm kommt es bei der Anekdote auf die Schrift an, das Instrument, das auch er seinem Fürsten zur Verfügung stellen kann. Erst in einem zweiten Schritt erinnert er an die literarische Qualität der *memoria* als Bedingung von Nachruhm. Dabei lehnt er sich an Ciceros Rede ‚Pro Archia poeta' an, die ihm auch die Anekdote von Alexander am Grabe Achills liefert, derzufolge der Weltenherrscher den Heros neidvoll angeredet habe: *O fortunate [...] adolescens, qui tue virtutis preconem Homerum merueris.*[16]

Aus den *exempla*, die er Cicero entlehnt, geht hervor, daß die Machthaber von der Gunst der Literaten abhängen, ein dutzendfach nachgesprochener Gedanke, der die Tatsache umdreht, daß, um ihren Lebensunterhalt zu sichern, die Literaten auf die Machthaber angewiesen sind. Auch Luder möchte Friedrich einreden, er möge handeln wie der berühmte Vorgänger, der seine Historiker und Lobredner fürstlich entlohnte (*maximis scriptores suos donavit premiis*, S. 144). Insofern hat der Brief auch instrumentelle

---

[15] Die Zitate nach HARTFELDER, Gelehrtengeschichte, S. 143f.

[16] Als Entlehnungen aus Ciceros ‚Pro Archia poeta' weist HARTFELDER (S. 144) nach: 9,20 (Marius und Plotius); 9,22 (Scipio maior und Ennius); 10,24 (Pompeius und Theophanes von Mytilene sowie die Alexander-Anekdote); 11,26 (den Satz über die dem Menschen eingepflanzte Begierde nach Nachruhm: *Trahimur omnes studio laudis et optimus quisque maxime gloria ducitur*). HARTFELDER kritisiert, daß Luder in der Alexander-Anekdote *inveneris* bei Cicero durch das ‚unsinnige' *merueris* ersetzt, doch wird dadurch der Zusammenhang von Verdienst und *memoria* noch enger geknüpft. Im Gegensatz zu Luder legt Cicero – wohl weil ihm dies selbstverständlich ist – auf die Schriftmäßigkeit literarischer *memoria* kein besonderes Gewicht.

Funktion, denn er soll den Gönner an den Literaten erinnern. Der Brief löst aber vor allem die Rede vom einmaligen Repräsentationsakt ab und stellt sie in den neuen pragmatischen Kontext einer nach Ansicht der Humanisten wechselseitigen Unterstützung von Fürstenherrschaft und literarischer Propaganda. In diesem Pakt erfüllt der Literat seine Aufgabe erst, wenn er dem Großen (*rerum gestarum et nominis sui perpetuam cupiens habere memoriam*) Ruhm über den Tag hinaus sichert: *Accipe igitur statuam non pictam, non eream atque vetustate temporum deficientem, set* [sic] *monimentis litterarum adeo roboratam, ut quoad usque christianum vigebit nomen, laus tua atque gloria* [...] *amplissima predicabitur et maxima* (S. 144).[17] Zur Schrift geronnen, verspricht die Rede ewige Dauer.

Die Vorreden der Chronik des Mathias

Mathias von Kemnat hat die Überlegungen zur literarischen *memoria* in Luders Begleitbrief seiner Chronik vorausgestellt, in einem lateinischen Widmungsbrief und dessen volkssprachlicher Paraphrase. Tenor und Inhalt der beiden Fassungen stimmen überein, im Detail weichen sie voneinander ab, da die deutsche durchweg kräftiger instrumentiert ist.[18] Schon die Wahl einer lateinischen Vorrede ist Programm: Die schlichte Prosachronik in der Volkssprache erklärt sich dadurch zum Produkt gelehrt-literarischen Bemühens um die *memoria* des Fürsten. Die Gelehrtensprache weist ihr einen höheren Rang zu.[19] Mathias spricht in der Sprache des Humanisten.

Seine Autorrolle ist allerdings widersprüchlich konzipiert: Als Chronist verhält er sich wie viele mittelalterliche Kompilatoren vor ihm, tritt ganz hinter die Überlieferung zurück, ist bloß Sprachrohr seiner Vorgänger und spricht selbst nur, wo er als Augenzeuge weiß, was sie noch nicht wissen konnten. Zu dieser Rolle des Kompilators paßt, daß er zwar einleitend seine Quellen zum Teil nennt, in der Chronik selbst aber nie die Autoren zitiert, die er ausschreibt, ob nun ältere Historiker, Verfasser juristischer, geographischer, moraldidaktischer Texte oder die Dichter panegyrischer Verse auf seinen Herrn. Als Vorredner jedoch ist er der selbstbewußte Literat, dem der Fürst seinen Nachruhm schuldet und der sich in

---

[17] Zur Metaphorik (Konkurrenz der Schrift an Dauerhaftigkeit mit anderen *monumenta*): MÜLLER, Körper des Buchs (wie Anm. 5) S. 203f.

[18] Zweisprachigkeit ist auch sonst im Umkreis des Heidelberger Hofes anzutreffen, weniger gewöhnlich eine derartige Doppelwidmung. Häufiger verfaßt ein einzelner Autor wie Johann von Soest Werke in beiden Sprachen (volkssprachlich: ‚Kinder von Limburg', Beichtspiegel oder Marienpreis; lateinisch und auf gelehrten Fürstenspiegeln beruhend: ‚Liber salutis'; deutscher Text mit lateinischem Kommentar: der Wormser Stadtspiegel ‚Wy men wol ein statt regyrn sol'); oder ein einziger Text bietet ein lateinisch-deutsches Sprachgemisch wie etwa die Albertus-Übersetzung des Werner Ernesti (hierzu in diesem Band: Naturkunde für den Hof).

[19] Auch Hans Lecküchner schreibt auf die letzten Blätter des Cpg 430 für seine volkssprachliche Fechtlehre eine lateinische Widmung an Kurfürst Philipp.

affektierter Bescheidenheit wie seine humanistischen Literatenfreunde für überfordert angesichts eines solchen Themas erklärt. Der Chronist bringt sich nahezu zum Verschwinden, der Literat dagegen spielt sogar die Kontingenz seiner biographischen Existenz (*cum podagra meos deseruit artus*) aus, und sei es, um sich für die geringe Gabe zu entschuldigen.

Diesem Bemühen, sich als Literat zu inszenieren, widerspricht nicht, daß die Worte der Widmung überwiegend fremder Rede entlehnt sind, denn die Rolle des Garanten ewiger *memoria* ist durch die Tradition und das Selbstverständnis humanistischer Gelehrter gedeckt und insofern kollektiv verfügbar. Mathias muß sie nur durch individuelle Daten (Amt, Krankheit) konkretisieren. Er glaubt sie offenbar umso vollkommener zu erfüllen, je weniger er von dem, was alle sagen, abweicht. Daher die centonenhafte lateinische Widmung.

Erst die Wiederholung in der Volkssprache überträgt die stereotypen Gedanken in einen Bildungshorizont, in dem sie noch nicht selbstverständlich sind und ein gemeinsamer Werthorizont nicht an bestimmten Kennmarken identifizierbar. Deshalb müssen sie in der Volkssprache stärker akzentuiert werden.

Mathias, selbst Brief- und Gesprächspartner Heidelberger Frühhumanisten, übernimmt von Luder die Briefform und formt sie für seinen Zweck um: *Illustrissimo Bavarie duci, Frederico, comiti Reni palatino, romani imperii electori Mathias Kemnatensis suus capellanus minimus s. d. p.*[20] Er schließt – auch im volkssprachlichen Text – mit *Vale*. Der Brief ist jedoch nicht mehr wie bei Luder primär Zweckform, um den Fürsten an den Literaten zu erinnern – zumal Mathias im Auftrag Friedrichs gearbeitet zu haben scheint –, sondern er soll demonstrieren, wie Mathias über das Register gebildeter Huldigung verfügt. Die *exempla* wechselseitiger Angewiesenheit von Machthaber und Literat, mit denen Luder für seine Rolle bei Hof geworben hatte, läßt er (etwa weil seine Situation schon geklärt ist?) beiseite. Dafür kündigt er, den Spielregeln gebildeter Schmeichelei gemäß, das Fürstenlob als spontane Eingebung an (*Cogitanti michi ac sepenumero memoria repetenti [...] quam magnificis clarisque olim maiores tui [...] gestis [...] claruerint quamque tu [...] omnes eos ac ceteros nostre tempestatis principes antecellas*).

Die Anlehnung an Luder dient der möglichst täuschenden Mimikry an die gelehrte literarische Norm. Mathias' Briefœuvre bezeugt, wie er sich durchgängig in den *ornatus* fremder, doch klassischer Rede kleidet, um deren Sprechern als einer der ihren zu erscheinen. Das geht so weit, daß er einen Brief Petrarcas vollständig für die eigene Situation adaptiert.[21] Mehr noch als einzelne Formulierungen zeigen die Argumente insgesamt das

---

[20] S. 1; zitiert im folgenden nach der Ausgabe (wie Anm. 7) S. 1f. (lat.), S. 3f. (deutsch).

[21] Vgl. VON BLOH in diesem Band. Ähnlich adaptiert er in der Chronik einen poetischen Wortwechsel zwischen Kaiser Hadrian und dem Dichter Florus für sein eigenes Verhältnis zum Kurfürsten.

Bemühen, sich dem unterzuordnen, was *communis opinio* unter den Humanisten ist: *ut tua fama totum iam celebrata per orbem semper donec altus sidera pascet Olympus et aureus in medio movebitur axis, indeficiens permaneat.* Auch er zitiert das Beispiel Alexanders d. Gr.: *maluit tamen diuturniori et firmiori vatum adminiculo memoriam sui nominis facere sempiternam, dum Calistenem poetam semper secum duceret omnes res Martis memorie mandaturum* (S. 1f.). Mathias spricht nicht vom *scriptor*, sondern vom *poeta*, inhaltlich durchaus in Übereinstimmung mit Intentionen Luders, dem es um die Überlegenheit der Literatur gegenüber anderen Künsten ging; daß der *poeta* schreibt, muß er auf Latein nicht eigens sagen. Dagegen verzichtet er auf die Anekdote von Alexander am Grab des Achill: Als Verfasser einer volkssprachlichen Prosakompilation mißt er sich nicht an Homer, wie dies der *poeta* Luder tun konnte.

Doch stellt auch Mathias, wieder in Übereinstimmung mit der Rolle des humanistischen Literaten, wenigstens in seiner lateinischen Widmung Größeres (*prestantiora*) in Aussicht, wenn die Krankheit ihn verlasse. Nach dem geltenden Kanon könnte das nur ein Werk in der Gelehrtensprache sein, in der Gattungshierarchie nur das heroische Epos; mindestens müßte die *via plana* der *historia* durch den *ornatus* des *stilus sublimis* überboten werden. Wie man annehmen darf, stehen dahinter keinerlei konkrete Pläne, sondern nur der Wunsch des Mathias, sich als Literat darzustellen, der über verschiedene Register schriftsprachlichen Lobs verfügt und, nachdem er eine Probe seines Könnens vorgelegt hat, zu Größerem aufgefordert werden möchte.

Dem knapperen lateinischen Brief folgt eine deutsche Fassung, die sich durch einige Erweiterungen auszeichnet. Vollständiger sind die Herrschaftstitel des Fürsten wiedergegeben, und genauer ist Mathias' Stellung bestimmt. Solche Genauigkeit war möglicherweise erst gefragt, wo Mathias Wort für Wort verstanden wurde. Dem *capellanus minimus* entspricht *priester, in geistlichen rechten bacculaurius, seiner gnaden caploin.*[22] Noch in der Topik der Bescheidenheit setzt sich das *ich* des Literaten entschiedener in Szene (*wiewol mein kunst vnd gedechtnus krangk vnd mager ist*):[23] *nem hin von mir durfftigen vnd lamen diener, deinen willigen caploin, den du aus dem kotth erhaben vnd ertzogen hast [...] diss klein historigbuch mit grosser muhe zusamen gesetzt, vnd so das gesucht, das man nent arteticam vnd podagram, mich vnd mein gelidder verlesset oder gnediger wirt, wil ich vnderstehen, dein geschicht vnd wolthatt hoher zu beschreiben.*

Auffällig sind gegenüber dem Latein besonders zwei Typen von Zusätzen: Deutlicher ist einmal der Sprecher bezeichnet, dadurch die Individualisierung der Autorrolle schärfer markiert.[24] Und ausdrücklicher wird der

---
[22] Die folgenden Zitate S. 3f.
[23] Diese Wendung ist der Lobrede Luders selbst entnommen (*tenui atque ieiuna oracione mea*, S. 25).
[24] S. 3: *ich Mathes, mir Mathis, ich Mathias.* Dazu zählen auch die zitierten, gegenüber dem Latein ausgeweiteten ‚biographischen' Angaben.

Text in der Schriftkultur situiert.²⁵ Die beiden Punkte hängen eng zusammen und erklären sich aus dem ungefestigten Status schriftsprachlicher Kommunikation in der Volkssprache und der ungefestigten Position ihrer Vertreter. Die Identität des Sprechers ist in eingespielter Schriftlichkeit, im lateinischen Brief selbstverständlich, nachdem der Name einmal vorausgestellt worden ist. Die volkssprachliche Schrift dagegen muß an ihn ausdrücklich mehrmals erinnern. Seine tatsächliche Abwesenheit (wie bei schriftsprachlicher Kommunikation üblich) wird dadurch zugleich bewußt gemacht und durch die Schrift kompensiert. Ebenso versteht sich in der Gelehrtensprache die Schriftform der *praefatio* ebenso wie die der Überlieferungen, auf die sie sich stützt, von selbst, während sie auf Deutsch immer wieder in Erinnerung gerufen wird. Die Verteilung der Sprecherinstanzen dort, wo man keinen anwesenden Sprecher vor Augen hat und der schriftmäßige Charakter von *gedechtnuss* werden vor einem nicht-gelehrten Publikum explizit gemacht.

Mathias nennt den Träger solcher *gedechtnuss*, Kallisthenes, *den gekronten vnd geblumten poeten vnd wollredener*,²⁶ was eher an Mündlichkeit denken ließe. Doch ist damit nicht auf die Kommunikationsform angespielt – Alexander will, daß jemand *sein geschicht mit buchstaben vnd geschrifften abformbt*²⁷ –, sondern auf den Status eines *poeta laureatus* und *orator*, wie er nichts mit dem – historisch ohnehin ungreifbaren – Kallisthenes, sehr viel aber mit dem Selbstbild humanistischer *docti* zu tun hat. Dieses Selbstbild soll, rhetorisch aufwendig inszeniert, einem Publikum in der Volkssprache vermittelt werden.

Insgesamt tritt die kommunikative Funktion der Vorrede hinter ihrem repräsentativen Gestus zurück, in der volkssprachlichen Widmung deutlicher noch als in der lateinischen, indem sie sich angestrengt an ein überlegenes stilistisches und kulturelles Niveau anzupassen sucht. Sie ist in einer gesuchten, umständlichen und zeremoniösen Sprache verfaßt, die weniger auf Mitteilung, und das heißt auch, auf Sprechbarkeit und Verständlichkeit angelegt ist als darauf, durch die Pracht eines *ornatus difficilis* zu beeindrucken, wie er vom chronikalischen Diskurs der übrigen Teile des Werks deutlich absticht.

---

²⁵ *Die bemelt sach ist mir Mathis ein vrsach, hie in einer kurtz warlich zu beschreiben* [...]. *Ich finde auch geschrieben, das Alexander* [...]. *Es sei sicherer, soman sein geschicht mit buchstaben vnd geschrifften abformbt* (S. 3); *historigbuch* (zweimal); *dein geschicht vnd wolthatt hoher zu beschreiben.* (S. 4). In der lateinischen Version fehlen Entsprechungen, oder aber sie sind unspezifischer, d. h. sie setzen Schriftform voraus, ohne sie eigens zu betonen.

²⁶ S. 3. – Die Rolle des Literaten wird auch in der Chronik von Fall zu Fall betont, etwa wenn immer wieder literatur- oder philosophiegeschichtliche Gegenstände einbezogen werden, wenn antiquarische Interessen durchscheinen (Bl. 4ᵛ), oder wenn – zuerst bei Papst Johannes XXIII. (Bl. 60ʳ) – lateinische Poesie inseriert wird. In der Charakterisierung Kurfürst Ludwigs IV. übernimmt Mathias schon die Rolle des Literaten, dem der Fürst seinen Nachruhm verdankt (Bl. 63ᵛ/64ʳ), wie er sie dann bei Ludwigs Bruder Friedrich spielen wird.

²⁷ S. 3.

Einzig die Einleitung zum 2. Buch, der Geschichte Friedrichs d. S., die auf Luders Lobrede vor der Universität zurückgeht, spiegelt den gleichen stilistischen Ehrgeiz.

Luders Lobrede, deutsch

Die Übersetzung der Lobrede liegt, wie bemerkt, als Einzeltext in Cpl 870 vor. Sie sucht den lateinischen Wortlaut unter Einschluß der Verse, mit denen Luder endet, möglichst unversehrt in die Volkssprache zu retten. Das führt an die Grenze der Verständlichkeit des Textes und darüber hinaus. Der Übersetzer ordnet sich einem Übersetzungsprinzip zu, für das Niklas von Wyle steht: *wort vsz wort*.[28] Es soll gewährleisten, daß der volkssprachliche Text dem *ornatus* der lateinischen Vorlage mindestens nahekommt.[29]

Vor allem in der Syntax kämpft der Übersetzer mit der Ungelenkheit der Volkssprache, doch unbeirrt das Ziel im Blick, den lateinischen Periodenbau nachzuahmen. Am Einleitungssatz kann das demonstriert werden. Darin drückt Luder in komplexer Hypo- und Parataxe seine widersprüchliche Einstellung zum Vorhaben einer Lobrede aus:

Cum enim superius illud seculum prestantissimos quoque viros omni posteritati admirandos procreasse, et eorum egregia quidem facinora longe amplissimeque scriptorum facundiam exornasse adeo inveniam, ut eorum virtus qui ea gesserunt, tanta habeatur quantum eam extollere potuerunt doctissimorum hominum preclarissima ingenia, vereor admodum, ymo toto tremens corpore perhorresco, cum divus Fridericus specimen Germanie omni genere virtutum atque prestancia priscos illos, quos tantopere admiramur, non modo equasse verum eciam superasse videatur, dum laudes eius in medium proferre attemptavero, ne tenui atque ieiuna oracione mea ser-

Dan fürwar die wÿl ich finde / das die vorig welt / etlich allerfurstentlich menner / die allen den hernach kommenden zu verwundern sin / geschaffen hat / vnd auch das der selben usßerwelten gedätt / der schribenden rede lang vnd breÿt also gezirt hatt / das die tügent der selben die sie volbracht haben / so vil geachtet wirt: als vil die glimpflich künst oder wycz der allergelerten sie hat mügen herhöhen: die wÿl nun der gotlich friderich ein gezierde des dütschen landes / in allerley tugent vnd furstentlichkeÿt die forigen die wir als gar emßlichen verwündern sint: nit allein sich in gelichet sunder auch sye uber wunden haben / wirt geachtet / so forcht ich fast / Ja zytternde

---

[28] Franz Josef Worstbrock, Niklas von Wyle, in: ²VL 6, Sp. 1016–1035 (dort zusammenfassende Würdigung von Wyles Stil mit Literaturhinweisen). Anders als bei Wyle steht nicht der sprachpädagogische Aspekt im Vordergrund (Sp. 1029), sondern der bei ihm gleichfalls angelegte sprachsoziologische: dem Gegenstand (Fürstenlob) und den Adressaten (dem Fürsten und seiner Umgebung) entspricht eine aus der Alltagssprache herausgehobene Rede.

[29] An einigen Stellen ist zu erkennen, daß die Übersetzung wohl einen anderen als den der Druckausgabe zugrundeliegenden Text als Vorlage voraussetzt. Genauere Nachweise bleiben einer kritischen Ausgabe vorbehalten.

monis atque ornatus inopia illis videar detraxisse. (S. 25)

mit ganczem lybe so grusent mir: so ich sein Lobe offenberlich versüch zu herzelen / Das ich mit myner magern vnd vngespyßten rede: vnd auch von armut der üßlegung vnd der gezierde synem lobe abgebrochen vnd gemynnert haben werd geachtet. (S. 237f.)

Luder argumentiert auf zwei Ebenen: Einerseits steht er mit seiner Rede in einer langen Tradition literarischer Lobredner großer Herren; andererseits läßt ihn die Größe gerade dieser Aufgabe daran zweifeln, daß seine schwachen Kräfte ausreichen. Diese beiden Gedanken sind in einem komplizierten Gefüge ineinander verschachtelt. Die genaue Satzanalyse läßt dabei die Verzahnung der Argumente erkennen:

Zunächst nennt ein Kausalsatz das erste Argument (*Cum* [...] *superius illud seculum prestantissimos* [...] *viros* [...] *procreasse et eorum* [...] *facinora* [...] *scriptorum facundiam exornasse* [...] *inveniam*). Das Objekt solcher Lobreden (*viros*) wird durch eine Gerundivkonstruktion näher bestimmt (*admirandos*). Von diesem Kausalsatz hängt ein Konsekutivsatz mit eingeschobenem Relativsatz ab (*adeo inveniam, ut eorum virtus qui ea gesserunt, tanta habeatur*). Dieser wird wiederum durch einen Vergleichssatz ergänzt (*quantum eam extollere potuerunt* [...]). Der Hauptsatz müßte aus diesem Gedanken folgern: wo große Männer seit je gelobt wurden, so will auch ich ..., doch lautet er anders als erwartet, indem Luder nämlich zunächst Zweifel an der eigenen Fähigkeit, angemessen zu loben, bekundet (*vereor admodum, ymo* [...] *perhorresco*). Dieser Zweifel erfordert eine weitere Begründung, die ein nachgeschobener Kausalsatz enthält (*cum* [...] *Fridericus* [...] *priscos illos* [...] *non modo equasse verum eciam superasse videatur*). In ihn ist wieder ein Relativsatz eingeschoben (*illos, quos* [...] *admiramur*). Nun folgt zunächst noch eine nähere Bestimmung der Situation des Sprechers (*dum laudes* [...] *proferre attemptavero*) und erst dann die inhaltliche Bestimmung des Zweifels als Ergänzung des Hauptsatzes durch einen Objektsatz (*vereor* [...], *ne* [...] *illis videar detraxisse*).

Dieses Gefüge ist schon auf Latein nicht eben leicht zu durchschauen, erweist sich aber bei näherem Zusehen als klar durchgegliedert. Luder inszeniert vor allem durch den abrupten Themawechsel des Hauptsatzes wirkungsvoll die Spannung zwischen objektiver Verpflichtung und subjektivem Unvermögen.

Auch der Übersetzer sucht die beiden Gedanken in ein einziges Satzgefüge zu spannen. Im Deutschen aber mißlingt das, so daß die grammatisch schlüssige Zuordnung der Satzglieder – bei gedanklichem Anakoluth – zerstört wird:

Zwar setzt auch der Übersetzer mit der allgemeinen Voraussetzung ein (*Dan fürwar die wyl ich finde / das* [...]). Indem er aber das Verb (*finde*) vorausstellt, zerstört er die Satzklammer (*Cum* [...] *inveniam*), die den abhängigen Gliedsatz umschloß. Schwierigkeiten bereitet ihm im übrigen besonders die Möglichkeit des Lateinischen, anstelle von Gliedsätzen Gerundiv-, a.c.i- und n.c.i.-Konstruktionen zu gebrauchen. Indem sie alle ersetzt werden müssen, häufen sich Nebensätze gleichen oder verwandten Typs. Schon der erste, vom Prädikat *finde* abhängige a.c.i. (*secu-

lum [...] *procreasse*) kann nur durch einen Objektsatz wiedergegeben werden (*das die vorig welt* [...] *menner* [...] *geschaffen hat*). Das Gerundivum (*admirandos*) erfordert einen zusätzlichen Relativsatz (*die allen* [...] *zu verwundern sin*). Bei der Wiedergabe des zweiten a.c.i. ([*seculum*] *exornasse*) ist die Satzklammer schon so schwach, daß die Parallelität zwischen dem zweiten Objektsatz und dem ersten ausdrücklich noch einmal angezeigt werden muß (*vnd auch das der selben* [...] *gedätt / der schribenden rede* [...] *gezirt hatt*). Durch die Lockerung des syntaktischen Gefüges bis hierhin ist die Anbindung der anschließenden untergeordneten Sätze (Konsekutiv- und Vergleichssatz) nur bei genauer Lektüre erkennbar, zumal der Konsekutivsatz (mit eingeschobenem Relativsatz!) durch die gleiche Konjunktion *das* wie die Objektsätze eingeleitet wird. Überdies ist der Anschluß des Vergleichssatzes schwerfällig (*das die tügent* [...] *so vil geachtet wirt: als vil die* [...] *künst* [...] *sie hat mügen herhöhen*).

An dieser Stelle müßte jetzt der Hauptsatz kommen mit dem neuen, von der bisherigen Argumentation scheinbar abweichenden Gedanken, und in der Tat hat der Übersetzer dazu angesetzt (*so förcht ich vast* [...]). Doch dann hat er die Worte wieder gestrichen – offenbar wurde ihm der Satz zu unübersichtlich – und hat den eigentlich von diesem Hauptsatz abhängigen zweiten Kausalsatz, der dem ersten widerspricht (*cum* [...] *videatur*), vorangestellt (*die wÿl* [...] *friderich* [...] *wirt geachtet*). Aus dem Spannungsverhältnis zweier gegenläufiger Begründungen (allgemeine Verpflichtung gegen besondere Hindernisse) wird ein syntaktisch zwar möglicher, gedanklich aber unklarer Parallelismus (*die wÿl* [...] *die wÿl* [...]). Erst danach schließt der Übersetzer den Hauptsatz an (*so forcht ich fast* [...]).

Allerdings ist an diesem Punkt das syntaktische Gefüge schon nicht mehr zu überblicken. Der Übersetzer hat den zweiten Kausalsatz nämlich nicht nur mit einer Apposition und einem Relativsatz befrachtet, sondern außerdem versucht, den n.c.i. nachzuahmen (*die wÿl* [...] *friderich* [...] *uber wunden haben / wirt geachtet*). Dabei gelingt ihm nicht mehr, in diese Konstruktion den Relativsatz einzubinden, so daß er dessen Bezugswort nachträglich noch einmal wiederholen muß (*die wÿl* [...] *friderich* [...] *die forigen die wir* [...] *verwündern sint: nit allein sich in* [!] *gelichet*). Auch wird umständlich die Aktionsart ausgedrückt (für *admiramur*: *verwündern sint*).

Im Hauptsatz endlich angelangt, erlaubt die Wiedergabe von *perhorrescere* mit *grusen* keinen glatten Anschluß des abschließenden Objektsatzes (*ne* [...] *videar*). Dessen Verständlichkeit wird zusätzlich dadurch erschwert, daß er wieder die lateinische Konstruktion nachahmt: *so grusent mir* [...] *Das ich* [...] *synem lobe abgebrochen vnd gemynnert haben werd geachtet*. Zwischen Haupt- und Nebensatz ist noch wie im Lateinischen (*dum* [...]) ein Bedingungssatz eingeschoben (*so ich* [...] *versüch zu herzelen*): Insgesamt ein Gewirr, das jeder grammatischen Analyse spottet.

In ähnlichen Fällen kann der syntaktische Zusammenhang noch stärker gefährdet werden.[30] Manchmal hat der Übersetzer die Syntax vereinfacht,

---

[30] So sagt Luder: *Dicendum enim est de singulari virtute* [...] *divi Friderici etc. in quem vel naturam* [...] *vel deum omnia sua studia contulisse, nemo est qui dubitat* (S.26). Die syntaktische Verklammerung innerhalb des Nebensatzes (Abhängigkeit der Aussage über Friedrich von einem *verbum sentiendi*) ist nicht nachahmbar: *mir ist zu sagen von der besunderlichen*

etwa Relativsätze in selbständige Hauptsätze umgeformt,[31] doch bleibt aufs Ganze gesehen der Komplexitätsgrad der lateinischen Grammatik sein Maßstab, nicht selten orientiert er sich sogar an typisch lateinische Konstruktionsprinzipien. Damit werden Sprech- und Verstehbarkeit aufs Spiel gesetzt. Luders Rede war, wenn auch schon auf schriftliche Verbreitung angelegt, durchaus noch als Vortrag möglich, die Übersetzung ist es nicht mehr. Sie ist nurmehr ein – mühsam zu entziffernder – Lesetext.

Wie der Übersetzer offenbar bewußt das Verständnis erschwert, um sich möglichst eng ans Latein anzulehnen, zeigt sich auch an Neologismen. Sie wurden von späteren Abschreibern des Textes in der Chronik z.T. nicht verstanden. So werden *praestans / praestantissimus / praestantia* mit *fursten‹t›lich / fursten‹t›lichkeit* übersetzt, was einige Abschreiber offensichtlich als Ableitung von *furst* auffaßten.[32] Einige Übersetzungsvorschläge sind ungeschickt. So wird etwa die Aufforderung: *Nunc nunc V.‹iri› C.‹larissimi› placidas adhibete aures rogo obsecroque* wiedergegeben mit *Nun herbietent* [übergeschrieben: *hengent zuher*] *uwer beheglichen oren / ir aller klersten mennen das bit ich vnd flehen üch*: *placidus* scheint nach einem Glossar, ohne Rücksicht auf den Redekontext übersetzt.[33] Ungewöhnliche Substantivabstrakta wie *macht der redüng* oder *modelung der rede* werden benutzt, um den angesprochenen Sachverhalt (*dicendi copiam* bzw. *modum oracionis*) vor vorschnellem umgangssprachlichen Mißverständnis zu bewahren.[34] Besondere Schwierigkeiten machen rhetorische Termini (*armut der usßlegung vnd der gezierde* [Bl. 158ʳ, S. 238] für *sermonis atque ornatus inopia* [S. 25]; *hoc languido et tenui* [...] *dicendi genere* [S. 25] gegen: *in dyser schwachen vnd magern hanttung der rede* [Bl. 158ᵛ,

---

tugende [...] *des gottlichen friderichs in den oder das die natuer* [...] *oder gott selbs allen synen fleysß geschicket habe ist nyeman der daran zuyfel hab* (Bl. 158ᵛ, S. 239): Aus der Stellung des Prädikats geht die Nebensatzfunktion nicht mehr hervor. Ähnliche, syntaktisch unübersichtliche Gebilde sind häufig, vgl. etwa Luder: *ut* [...] *inicium sumendo,* [...] *resque gestas suo ordine narrando, expectationibus vestris satis* [...] *facere contendam* (S. 26) gegen die Übersetzung: *das ich ein anfang wyl nemen* [...] *sine gedatt in syner ordenung zu herzelende mich flysßen wÿl uwer begirde gnug zu dun* [...] (Bl. 158ᵛ, S. 239; BAUMGARTEN liest hier übrigens fälschlich: *gung zu dim*).

[31] So zweimal bei der Ortsbeschreibung Heidelbergs und seiner Umgebung; vgl. Luder, S. 26 gegen Übersetzung, S. 239f.

[32] Die von BAUMGARTEN edierte Übersetzung in Cpl 870 ist im allgemeinen noch korrekt, doch scheinen die verschiedenen Abschreiber der Chronik das Wort nicht gekannt zu haben. Der Druck nach Cgm 1642 ist schon verderbt.

[33] Luder, S. 27 gegen Übersetzung Bl. 159ᵛ, S. 241. Oder die vorausgehende Frage *Quorsum ista tam alto sunt repetita principio?* (S. 27) lautet: *war zu sint die obbeschrieben ding herzelt worden als mit hohem anefang* (S. 241).

[34] Übersetzung, Bl. 158ʳ (S. 237) bzw. Bl. 158ᵛ (S. 239) gegen Luder, S. 25f. Oder: *labentes ingenii vires et titubantem ad dicendum animum* (S. 26) wird zu: *die kreffte der sinckenden wycz / vnd das stammelnde gemüte zu reden* (Bl. 158ᵛ, S. 239).

S. 239]), wie überhaupt Termini, die in gelehrten Zusammenhang verweisen.[35]

Sogar um die Wiedergabe der Distichen, die Luders Rede abschließen, hat sich der Übersetzer bemüht. Luder hatte mit einer Aufforderung geschlossen, die folgenden Verse gemeinsam zu sprechen (*illum affando mecum precor omnes acclamate dicentes*):

> *Vivere te cupimus multos, Friderice, per annos*
> *Aurea principe quo secula nostra patent.*
> *Victus abest hostis et sua miserrima fata,*
> *Omnia sunt pacis te duce, languor abest.*
> *Vincere fortunam magis est quam monstra domare:*
> *Herculeo maius nomine nomen habes.*
> *Felix Germanus, dum te domus alta tenebit*
> *Bavarie, vis te ledere nulla potest.*[36]

Die ängstliche Genauigkeit des Übersetzers führt zu monströs langen Versen, in denen die rhythmische Struktur nahezu unerkennbar ist und als neues Formprinzip nur Reim oder Assonanz an die Versform erinnern:

> *O friderich wyr begern das du lebest durch vil jare*
> *dan die wyl du ein furst bist so sin vnser gezyde guldin offenbar*
> *Alle ding sint in fryden / dye wyl du ein herczog bist so ist alles truren abe*
> *Der uberwunden fint vnd sin ellentklichen geschickt sin von danhen*
> *Es ist mer zu uberwinden sin vngeluck dan zammachen die wunderzeychen*[37]
> *Hervmb hastu ein namen grosßer dan hercules nam*[38]
> *O du seliger dütscher die wyl dich inhatt das edel husß von beyern*
> *keyn gewalt mag dich nymmerme geleczen.*
>   *Dixi.*[39]

---

[35] Übersetzung, Bl. 158ʳ (S. 238) bzw. Bl. 158ᵛ (S. 239) gegen Luder, S. 25. Über Heidelberg heißt es bei Luder: *quod uti firmum optimarum arcium domicilium omni sciencia prestantissimos semper eduxerit viros* (S. 26); *sciencia* wird durch volkssprachlich *kunst* abgedeckt; dann aber bleibt für *artes* (wenig später mit *kunst* übersetzt) an dieser Stelle keine Vokabel. Der Übersetzer zieht sich aus der Affäre, indem er beides zusammenzieht: *in dem / das sie als ein stetig wonung aller guten glimpfe furstentiklich menner in allen kunsten herzogen hatt* (Bl. 159ʳ, S. 240).

[36] S. 37.

[37] In Cpl 870 durch den übergeschriebenen Zusatz *der tier* ergänzt.

[38] BAUMGARTEN (S. 258) schreibt *nololin*, weil er fälschlich *nam* mit dem als Übersetzungsalternative übergeschriebenem *lop* zusammenliest.

[39] Bl. 166ᵛ (S. 258). Wenn auch metrisch unbefriedigend, bewahrt die Übersetzung dieser Verse etwas mehr als die Abschriften in der Chronik von der ursprünglichen Gestalt. Die Verse sind bis auf den ersten abgesetzt geschrieben. In V. 3 wurde *herczog* nachträglich in das metrisch besser passende *furst* korrigiert. Andere übergeschriebene Korrekturen sind (meist bessere) semantische Varianten. Sie wurden in den Abschriften der Chronik nicht berücksichtigt.

Ob die lateinischen Verse tatsächlich, wie der Redetext suggeriert, am Ende von Luders Vortrag gemeinsam gesprochen wurden, ist nicht mehr festzustellen. Es genügt, daß die Rede auf den feierlichen Vollzug angelegt war, der in Analogie zu kirchlichem Ritus in ein nahezu gebetsmäßiges Gemeinschaftshandeln (*adoratio*) mündete. Auch wenn der Übersetzer Luders Aufforderung, gemeinsam den Fürsten zu preisen, übernommen hat und die Abschreiber der Chronik ihm hierin folgten, geht der Charakter feierlichen, rhythmisch-gebundenen Vollzugs verloren. Dabei ist dem Übersetzer nicht einmal sklavische Unselbständigkeit vorzuwerfen.[40] Er bemüht sich – verstärkt in den Interlinearglossen – um den möglichst treffenden Ausdruck in der Zielsprache, sucht für die Syntax, wo möglich, volkssprachliche Äquivalente, korrigiert, wo erforderlich die Satzstellung und wetteifert mit dem Latein weniger in der syntaktischen Struktur als im Grad der Komplexität. Doch verfehlt er den Verscharakter.

Nur äußerlich bleibt die Form einer Rede gewahrt. Insgesamt tritt die – schon in der lateinischen Vorlage nicht dominierende – Mitteilungsfunktion gänzlich hinter die Demonstration ‚hohen' Sprechens zurück, hinter einen stilistischen Gestus, für den in der Volkssprache ein Äquivalent erst noch gefunden werden muß. Das literarische Genus epideiktischer Rede soll für die Volkssprache gewonnen werden. Dieses Sprechen aber ist von vornherein schriftliterarisch, und dies nicht nur, weil Querverweise wie *obgeschrieben* Schriftlichkeit voraussetzen. Der Übersetzer strebt nämlich maximale Distanz zur Alltagsrede an. Das ist gewiß ein Grund, daß sich eine derartige Übertragung lateinischer Konstruktionen nicht durchsetzte. Der Übersetzer orientiert sich nicht mehr an einer vorgegebenen Situation, die er – wie Luder das öffentliche Lob Friedrichs – redend zu bewältigen hat, sondern an einem schriftlich vorliegenden Text, dessen Elemente er Punkt für Punkt überträgt. Richtmaß ist nicht der Gebrauch der Zielsprache, sondern der rhetorisch anspruchsvolle Stil der Ausgangssprache. Muttersprachliche Kompetenz fehlt nicht, doch wird sie mindestens vom Komplexitätsanspruch der fremden Grammatik dominiert. Das Ergebnis ist eine Rede, die schwerlich noch gesprochen werden kann: ein Stück ‚Literatur'.

Mathias' Vorrede zur Geschichte Friedrichs

Als Material literarischer *memoria* geht diese Übersetzung so gut wie unverändert in das schriftliterarische Genus ein, das alles Erinnerungswürdige zusammenführt: die Chronik. Solch ein wörtlich kompilierendes Verfahren ist für Mathias nichts Ungewöhnliches, schreibt er doch nicht nur

---

[40] So gibt er das griechische Wort *gymnasium* für die Universität mit dem gebräuchlicheren *studium* (Bl. 158ʳ, S. 238) wieder. Die Bemerkung über die Tiere *solis escis et ventri dedita* übersetzt er zunächst mit *geben* [...] *uff die spyß vnd den buch* (ebd.), um dann als Alternative zu *geben* das passendere Partizip *oder geneygt* einzufügen.

ältere Geschichtswerke aus, die er z.T. in seiner Vorrede aufzählt, und fügt Aktenstücke ein, zu denen er Zugang hat: Er inseriert fremde Texte aller Art und stets ohne Nennen des Verfassers, so *carmina* Luders und anderer gelehrter Poeten, so einen Bericht über den angeblichen Ritualmord der Juden am Knaben Simon in Trient, so Passagen aus Albrechts von Eyb ‚Ehebüchlein', die ohne wesentliche Veränderungen zur Schilderung einer vorbildlichen Hochzeit dienen, so eine Fürstenlehre Heinrichs von Mügeln, eine Beschreibung des Fichtelgebirges, ein Traktat über Lollarden usw.[41]

Ein Teil der integrierten Texte findet sich in Mathias' Bücherbesitz. Dort gibt es weitere möglicherweise für die Chronik vorgesehene, doch nicht in sie aufgenommene Texte.[42] Dem Urteil über Mathias und seine Leistung war dieses Verfahren wenig günstig.[43] Doch ist die Kritik an derartigen ‚Plagiaten' unangemessen, denn offenbar soll die Schrift alles bewahren, was an Theorie und Praxis fürstlicher Herrschaft erinnerungswürdig ist. Mathias führt das Material zusammen, und er ist zugleich für einen Teil der *historia* der Augenzeuge, der ‚alles selbst gesehen hat'.

Der in den Widmungsvorreden artikulierte Anspruch des Literaten Mathias, mittels seiner rhetorischen Kompetenz dem Fürsten ewigen Nachruhm zu sichern, ist im kompilierenden Verfahren der Chronik selbst ganz zurückgenommen. Es gibt in der volkssprachlichen Chronik kein einheitliches, auf den Gegenstand bezogenes Stilregister, sondern deren mehrere, je nach Ausgangstext. Und so kann auch die gestelzte Übersetzung der Rede Luders ohne größere Veränderungen inseriert werden.

Der zweite Teil der Chronik setzt mit dieser Rede neu an: *Hie nach vnd furbas wirt gesagt von der grossmutigkeit vnd von dem leben des durchleuchtigen hochgeborenen des menlichen fursten vnd herren herren Friederichen [...] vnd ist das die vorrede seines lebens* (S. 5).[44] Der Wortlaut suggeriert Rede, doch ist ‚sagen' hier offenbar schon ganz metaphorisiert, d. h. für jeden Typus sprachlicher Äußerungen verwendbar.[45] Der Zeigegestus (*vnd ist das die vorrede*) ist wieder typisch für eine noch relativ unentwickelte

---

[41] Übersicht und Auswertung der Quellen zum zweiten Buch bei STUDT, Fürstenhof, S. 300–371. – KARL HARTFELDER, Matthias von Kemnat, Forschungen zur deutschen Geschichte 22, 1882, S. 331–349, hier S. 341–347. – STACKMANN, Fürstenlehre.

[42] HILGERS, Kometen-Strophen; auch das von Beheim übernommene Horoskop für Friedrich d. S. dürfte für die Prosachronik bestimmt gewesen sein; vermutlich stand es sogar in der Fassung, die Beheim vorlag (vgl. VON BLOH und BERG – VON BLOH in diesem Band).

[43] Vgl. die Zitatenlese bei LUDWIG LITZENBURGER, Matthias Widman von Kemnat, Hofkaplan Friedrichs des Siegreichen von der Pfalz (1460–1476), Archiv für mittelrheinische Kirchengeschichte 14, 1962, S. 454–458, hier S. 456.

[44] Zitiert nach der Druckausgabe der Chronik. Gegenüber dem Faszikel in Cpl 870 enthält sie (wie teils schon die übrigen Hss. der Chronik) einige Fehler. Für Textkorrekturen war deshalb auf Cpl 870 zurückzugreifen.

[45] Vgl. MANFRED GÜNTER SCHOLZ, Hören und Lesen. Studien zur primären Rezeption der Literatur im 12. und 13. Jahrhundert, Wiesbaden 1980, der die Meinung vertritt, ‚hören', ‚sagen' o.ä. seien schon im hohen Mittelalter bloß noch metaphorisch gemeint.

Schriftlichkeit: Der Leser wird in die Funktion der einzelnen Textteile (z. B. eines Prologs) explizit eingeführt, während dem Hörer die Situation präsent war bzw. vom Redenden erklärt werden konnte.[46]

Mathias hat überdies die situationsbezogenen Elemente einer öffentlich vorgetragenen Rede nicht getilgt:

O ir aller liebsten menner, seint das ich merk, das ich vff disen hutigen tag vff mein krancken schulter genomen hab furware ein grosse vnd sicher weitt matery, so begeret ich, das mir von dem obersten vnd aller besten gott soliche machte der redung verlihen were, das [ich] in der gedorstlichkeit vnd gehertzung vber mein kreffte von grosse der sach nit darnider fiel [...] (Chronik, S. 5).	*Grandem quippe materiam et quidem amplissimam V. C. cum hodierna die infirmis me meis suscepisse humeris intelligam, optarem a summo optimoque Jove hanc dicendi copiam hoc loco michi esse concessam, ut in ipso conatu et ultra vires ausu magnitudine rei non succumberem.* [...] (Luder, S. 25).

Mehrere Male noch appelliert der Chronist an eine als anwesend gedachte Hörerschaft: *ob ich etwas, das do nit wirdig were [...] vor euch ertzelen wurde* o.ä.[47] Die Chronik übernimmt den ursprünglichen „Inszenierungstyp" der Vorlage.[48] Mit Schriftlichkeit wird also nicht eine bestimmte, von derjenigen mündlicher Rede signifikant unterschiedene Kommunikationsstruktur vorausgesetzt. Die in Cpl 870 erhaltene Übersetzung scheint mechanisch in die Chronik übertragen worden zu sein. Ein solches mechanisches Verfahren ist aber nur möglich, wenn die Differenz der Textsorten Lobrede und Lobschrift als vernachlässigenswert gilt.

Dies scheint in der Tat der Fall, auf dem Hintergrund der Tatsache allerdings, daß der schriftliterarische Charakter von beiden außer Frage steht. Denn ungeachtet der in Luders Worten implizierten Situation einer ‚Rede vor Anwesenden' wird ebenso wie in der einzeln überlieferten Übersetzung auch im Text der in die Chronik inserierten Rede durchweg Schriftlichkeit vorausgesetzt, wenn es z. B. *die obgeschrieben ding* (S. 8) heißt oder von *unserm Friedrichen dem obgeschrieben* die Rede ist (S. 8).[49]

---

[46] Zur Verschriftlichung deiktischer Signale vgl. MÜLLER, Bild – Vers – Prosakommentar, S. 274f., 277.

[47] S. 6. Oder: *Nun enbietent euer beheglichkeit* (lies mit Cpl 870, Bl. 159ᵛ: *beheglichen*) *ohren, ire aller klerste menner, das bitte ich euch vnd flehen euch* (S. 8) oder: *wan ich euch, die mir zuhorent, nit ein ordrus mecht* (S. 9).

[48] Den Begriff entnehme ich Wachingers Ausführungen zu Michel Beheim: BURGHART WACHINGER, Michel Beheim. Prosabuchquellen – Liedvortrag – Buchüberlieferung, in: Poesie und Gebrauchsliteratur im deutschen Mittelalter. Würzburger Colloquium 1978, hg. v. VOLKER HONEMANN u.a., Tübingen 1979, S. 37–75.

[49] In der Chronik dominieren ohnehin schriftsprachliche Verweise wie *die nachgeschrieben verss* (S. 29) oder *do entpfingen sein sone ine mit diesem hernach geschrieben gedicht* (S. 69). SCHOLZ (Verhältnis, S. 176) zitiert z. B.: *So ist forn in dissem buch dauon vil gesagt, do mag mans suchen bei der histori, was bei keiser Sigmont zeit ist gescheen* (S. 113).

Es besteht also eine Spannung zwischen diesen beiläufigen Rezeptionsanweisungen und dem repräsentativen Gestus öffentlich zelebrierter Rede. Nicht auf eine bestimmte Kommunikationssituation kommt es an, sondern den in solcher Rede vorgefundenen hohen Stil. So werden auch in der Chronik Luders Distichen zum Lob Friedrichs, die er seine Zuhörer mitzusprechen auffordert, von Mathias übernommen. Dabei verliert sich allerdings der Charakter der Rede und des (gesprochenen) Verses noch weiter, Metrum und Assonanzen sind nicht mehr erkennbar, die Segmentierung ist wegen der unstrukturierten Überlänge mancher deutscher Verse noch weniger zu erkennen als in Cpl 870, und die jetzt auch noch unabgesetzt geschriebenen Verse fügen sich bruchlos in den Prosadiskurs ein:[50]

so bitt ich euch alle: ruffet mit mir an in[51] *vnd sprechent: o Friederich, wir begern, das du lebest durch vil jar, dan dweil du ein furst bist, so sint vnser gezeide gulden offenbare. Der vberwunden feind*[52] *vnd sein elendigklichen geschickt sein von dannen, alle ding sint in friede, dweil du ein hertzog bist, so ist alles trauren abe. Es ist mehr, zu vberwinden sein vnglucke, dan zame machen die wunderzeichen. Herumb hastu ein namen grosser dan Hercules name, o du seliger deutscher, dweil dich innen hatt das edel haus von Beiern, kein gwalt mag dich nummermehr geletzen.*[53]

Der ursprüngliche Charakter gesprochener, rhythmisch strukturierter Rede, wie er in der Übersetzung wenigstens noch anklang, ist nicht mehr zu erkennen. Auf ihn kommt es in in der Lobschrift nicht an. Doch hat Mathias nicht ganz auf ihn verzichten wollen, und so schreibt er wenige Seiten später dieselben Verse Luders auf Latein noch einmal ab, eingeführt mit den Worten: *Zu der zeit worden geblumte wort zu latin vom pfaltzgrauen Friederich also gemacht* (S. 31). Das ist kein bloßes Versehen, Zeichen sorgloser Kompilation, sondern weist auf zwei unterschiedliche Wirkungsmöglichkeiten des Verstextes: Als ‚Kunst-Werk' wendet er sich an die Gelehrten, damit zugleich den *princeps litteratus* anzeigend; seine Botschaft aber zielt über ein lateinkundiges Publikum hinaus.[54]

In mündlicher Rede ist jedem Zuhörer der Sprecher identifizierbar, eine zusätzliche Klarstellung ist überflüssig. Anders in der Schrift, wo der Sprecher einen Namen erhalten muß oder die Umstände seiner Rede auf ihn zurückweisen müssen, damit man weiß, wer er ist. In Mathias' kompilatorischem Verfahren wird diese Notwendigkeit nicht beachtet. So wenig wie sonst bei den lateinischen *carmina* oder anderen fremden Texten[55] nennt

---

[50] Vers 3 und 4 sind in den Abschriften der Chronik vertauscht; vgl. den Text in der gedruckten Ausgabe nach Cgm 1642, S. 23 sowie die Hss. Malibu, J. P. Getty Museum, Ms. Ludwig XIII 9 (83 M. P. 52), Bl. 51r und Paris, B.N., Ms. All. 85, Bl. 51^{r/v} mit Cpl 870, Bl. 166^v.

[51] Konjiziert nach Cpl 870, Bl. 166^v; Cgm 1642: *vnd ine*.

[52] Nach Cpl 870, Bl. 166^v: *Der uberwunden fint* (von BAUMGARTEN verlesen zu *sint*); Cgm 1642 hat fehlerhaft den Plural: *Die vberwunden feinde*.

[53] S. 23.

[54] Zu solch adressatenspezifischer Inszenierung von *memoria* vgl. MÜLLER, Gedechtnus, S. 262f.

[55] Nur über Sekundärüberlieferungen konnten Verse z. B. Luders oder Wimpfelings identifiziert werden. Bei einer Reihe von Versen ist der Verfasser nach wie vor unbekannt. Einige

Mathias den Verfasser der Rede. Anders als bei den lateinischen Versen wird aber nicht einmal – z. B. durch Passivkonstruktionen wie die oben zitierte – klargestellt, daß es sich um einen anderen Sprecher handelt als denjenigen, der die Chronik erzählt. Das hat zur Folge, daß Luder als Sprecher des Lobs nicht von Mathias als Schreiber der Chronik abgegrenzt werden kann.

Es wird vom Urheber so weit abstrahiert, daß *ich* Unterschiedliches meinen kann, ohne daß das ausdrücklich bezeichnet werden müßte. Mathias hatte sich im ersten Prolog mit seinem biographischen Ich als *historicus*, der sich für die Wahrheit verbürgt, eingeführt, dabei sogar, wie zu sehen war, auf die kontingente Befindlichkeit dieses Ich angespielt.[56] In der Lobrede zu Beginn des zweiten Buches wird ein Leser daher auch den Satz, das Lob des Fürsten gehe über seine Kräfte, auf Mathias beziehen, zumal dieser in seiner Widmung schon einmal dieselben Worte Luders benutzt und Ähnliches von sich behauptet hatte: *so grawset mir, so ich sin lob offenberlich versucht zu erzelen, das ich mit meiner magern vnd vngespeisten rede vnd auch von armut der auslegung vnd der getzirde seinem lobe abgebrochen vnd gemindert haben werde geachtet.*[57] Und wie den Bescheidenheitstopos zu Beginn der Rede wird man Mathias auch eine Reihe der folgenden Ich-Aussagen zuschreiben.[58] Nur handelt es sich immer um Luders Worte. Erst wenn man den deutschen Text mit dem lateinischen Original vergleicht, bemerkt man die Entlehnung. So hat die Forschung anfangs den Satz, *das er* [der Kurfürst] *mich wirdig geachtet hatt offentlich zu lesen den poeten in seinem studio*, auf Mathias bezogen und geglaubt, er habe eine Poetiklektur wahrgenommen, von der sonst nichts bekannt ist.[59] Erkennt man Luder als Autor des Satzes, ist der Sachverhalt geklärt. Solch ein Zitat ist schwerlich als Täuschungsversuch zu verstehen, denn die Tatsachen waren bekannt und überprüfbar.[60] In der Chronik – der schriftlichen *memoria* – kommt es aber offenbar nicht auf den Sprecher an; sie ist Medium kollektiver Geschichtsüberlieferung, und nur weil Luder als deren Organ seine eigene biographische Existenz ins Spiel bringt,[61] kann der fehlerhafte Eindruck überhaupt entstehen.[62]

---

mögen auch von Mathias selbst stammen, ohne daß sie von anderen deshalb abgehoben würden. In dieser Hinsicht steht Mathias der humanistischen Konzeption des literarischen Autors noch durchaus fern.

[56] S. 4.
[57] S. 5.
[58] Etwa einen Satz wie *Nw wolt ich mit bedechtnus der alten geschicht ertzeigen* (S. 9).
[59] WATTENBACH, Lobrede, S. 23.
[60] Mit Recht bemerkt SCHOLZ, Verhältnis, S. 173, daß der Kurfürst schwerlich vergessen hatte, wen er auf die Poetiklektur berufen hatte und auf wen die Worte daher paßten.
[61] Das wiederum ist, ähnlich wie die biographischen Anspielungen des Mathias in seiner ersten Vorrede, typisch für das Selbstverständnis des humanistischen Geschichtsschreibers.
[62] SCHOLZ schließt: „So kam es offenbar nicht darauf an, aus wessen Mund das Lob ertönte, die Sprecher waren austauschbar, die Lobrede als stilisierte Form, als Institution war das Ausschlaggebende" (ebd. S. 173).

Der Übergang zu den erzählenden Passagen, mit denen die eigentliche Chronik dann wieder einsetzt und in denen folglich der Chronist Mathias spricht, wird demgemäß nicht als Sprecherwechsel markiert. Es bleibt dem Leser oder Hörer, der nicht Luders Text zur Hand hat, unbemerkbar, daß dieser es noch war, der die Zuhörer ansprach: *so bitt ich euch alle* [...], daß dann aber im folgenden Abschnitt Mathias spricht: *Von diesem Friederich ist mein begirde, sein geschicht* [...] *zu beschreiben in einer summe* (S. 23).

Die Chronik ‚übersetzt' nicht etwa situativ-personengebundene mündliche Rede in die situations- und sprecherunabhängige Schrift, sondern bewahrt den jeweiligen Sprachgestus der Vorlagen, einschließlich der implizierten Sprechsituation. Daraus resultiert die Verwirrung der Sprecherinstanzen. Sie zeigt aber an, daß die tatsächlichen Differenzen zwischen ihnen und die unterschiedlichen Situationskontexte des Sprechens als irrelevant unterstellt werden. Das heißt aber: Es dominiert unausgesprochen bereits eine schriftsprachliche Kommunikationssituation. Auffällig ist die widersprüchliche Konzeption der Autorrolle: Der Autor erscheint kontingent-biographisch in Mathias' Vorrede zum gesamten Werk; er ist ersetzt durch ein anonymes Medium kollektiver Geschichtsüberlieferung im überwiegenden Teil der chronikalischen Darstellungen des Mittelalters; er ist schließlich *persona* verschiedener, im Falle Luders sogar wieder individuell identifizierbarer Stimmen in der Lebensbeschreibung Friedrichs. In der verschriftlichten Rede verweisen die wechselnden Sprecher nicht mehr auf die ursprünglichen Situationen zurück, in denen sie sprachen, sondern erscheinen als gleichwertige Repräsentanzen der einen abstrakt-schriftsprachlichen Sprecherrolle.

Michel Beheims Chronik zwischen Hören und Lesen

Beheims Reimchronik setzt an einigen Stellen eine materialreichere Vorlage als die des Mathias (jedenfalls in ihrer überlieferten Form) voraus,[63] ist aber insgesamt eng von ihr abhängig. Beheim verschleiert das nicht. Schon der Titel stellt heraus, daß die Chronik Ergebnis gemeinschaftlicher Arbeit ist. Es heißt dort: *dyse Cronick hat gemacht vnd geticht der wolsprechent tütsch poet vnd dichter michell beheim von winsperg sultzbach etc Durch vnderwysung Mathis von Kempnaten priester vnd jn geistlichen rechten Baccalarius Caplan des obengeschriben fursten der dann das merertail by des obgeschriben löblichen stritbarn fursten geschicht persönlich gewesen ist / gesehen / gehört gelesen warlich.*[64] Auch die Einleitung wendet sich an Mathias als Helfer:

Spring her fur jch meyn dich mathes
won du hast mich gemacht réß

---

[63] Materialreicher ist Beheim z. B. in den Details über die Erziehung Friedrichs. Zur Zitierweise vgl. Anm. 9.
[64] Cpg 335, Bl. 18ʳ (unveröff.).

> *vnd auch genötett mit reissung*
> *dyner scherpff vnd behender zung*
> *on dich ich krencklich würde*
> *tragen die schweren bürde*
> *Hilff gib rat / geschicht die du weist*
> *glesen / gsehen / gehört hast deß meist.*[65]

Das Spiel der Sprecher und Schreiber wird damit noch komplizierter.

Warum wurde Mathias' Chronik noch einmal in Versen bearbeitet, unter Mitwirkung des Verfassers und offenbar im Auftrag des Kurfürsten?[66] Vom Typus her ist die Verschronik altertümlicher als die Prosaversion, denn ursprünglich ist sie nicht auf Einzellektüre, sondern auf Vortrag berechnet.[67] Insofern läge es nahe, an eine Bearbeitung zu denken, die für weniger Schriftgeübte bestimmt war, möglicherweise aus dem territorialen Adel, dessen Söhne zu Ende des 15. Jahrhunderts nur ausnahmsweise studierten, wenn sie nicht für eine geistliche Laufbahn bestimmt waren.[68] Der Auftrag an Beheim hätte also der offiziösen Chronik die Breitenwirkung bescheren sollen, die man für die Prosa des Mathias nicht erwarten durfte.

Allerdings ist zu bedenken, daß die Reimchronik in einer Zeit des Umbruchs zwischen unterschiedlichen Rezeptionsformen entsteht. Ihre Wirkung war offenbar bei weitem geringer als die des Prosatextes, der, obwohl in der überlieferten Form wohl noch unvollendet, mehrfach abgeschrieben und noch jahrhundertelang benutzt wurde. Bis heute ist dagegen von Beheims Werk kein zweites zeitgenössisches Exemplar außer dem der Palatina aufgetaucht, jenem Codex, der möglicherweise zum Vortrag bei Hof vorgesehen war.[69] Auch wenn man zugesteht, daß für die Verbreitung durch

---

[65] Ebd. Bl. 20ᵛ; ähnlich auch zu Beginn des zweiten Buchs. Ob diese Zusammenarbeit Mitverfasserschaft bedeutet (SCHOLZ, Verhältnis, S. 169–172), wird noch zu diskutieren sein.

[66] Beheim sagt:
> *Mir ist in warheit heimgestalt*
> *vnd geantwurtet jnn gewalt*
> *zü volbringen ein sölche sach* (Bl. 24ʳ).

[67] SCHOLZ, Verhältnis, S. 166–174. – INGEBORG SPRIEWALD, Literatur zwischen Hören und Lesen. Fallstudien zu Beheim, Folz und Sachs, Berlin – Weimar 1990, S. 9, 32f. – STUDT, Fürstenhof, S. 170. – Zur Frage des Vortrags: CHRISTOPH PETZSCH, Michel Beheims ‚Buch von den Wienern'. Zum Gesangsvortrag eines spätmittelalterlichen chronikalischen Gedichtes, Anzeiger der phil.-hist. Klasse der Österreichischen Akademie der Wissenschaften 109, 1972, S. 266–315.

[68] Beheim apostrophiert sein Publikum häufiger, gelegentlich auch ständisch, etwa *fursten, grauen, hern* (1484, 1); zu Cpg 335: DAGMAR KRATOCHWIL, Die Autographe des Michel Beheim, in: Litterae ignotae. Beiträge zur Textgeschichte des deutschen Mittelalters [...] gesammelt von ULRICH MÜLLER, Göppingen 1977, S. 109–134.

[69] STUDT, Fürstenhof, S. 161. – Es scheint allerdings ein weiteres Exemplar gegeben zu haben. Ein alter Katalog der Bibliothek Zweibrücken, der die Handschriften und Drucke verzeichnet, die 1635 die Plünderung der Bibliothek überstanden, nennt unter Büchern zur Pfälzer Geschichte „Pfalzgraf Friedrich des sieghaften Leben reimen-weis geschrieben, wel-

Hören dieses eine Exemplar ausgereicht hätte, so ist die Reimchronik über den engen Kreis am Heidelberger Hof und vielleicht noch einen kleineren Hof einer Seitenlinie[70] offenbar nicht hinausgedrungen.

Die Reimchronik dürfte von der literaturgeschichtlichen Entwicklung überrollt worden sein, denn das Publikum, auf das sie zielt, scheint sich in der Frühen Neuzeit eher der Prosaform, in diesem Fall also der Chronik des Mathias zugewandt zu haben.[71] Möglicherweise vollzog sich die Abkehr vom älteren Typus schon vorher. Hierzu würde passen, daß Beheim schon 1472 den Heidelberger Hof wieder verließ, während an der Prosachronik mindestens bis 1475 weitergearbeitet wurde.[72]

Insofern greift die Argumentation mit Lesefähigkeit und Lesegewohnheit zu kurz, und dies nicht nur, weil beide – Vers wie Prosa – zum Vortrag geeignet waren und ‚Lesen' in der Frühen Neuzeit meist noch ‚laut Lesen' bedeutete. Der Vers scheint weniger eine bloß rezeptionstechnische als eine poetologische Funktion gehabt zu haben. Schon für Beheims vielstrophige Lieder, zusammengefaßt zu buchartigen Kompositionen oder arrangiert in überlegt zusammengestellten Autorhandschriften, hat Wachinger die Frage gestellt, ob vielleicht der Autor „die Relikte der Sangbarkeit lediglich als Indices der Gattungstradition, als Hinweis auf Herkunft und Mitte seiner Kunst eingesetzt" habe, „ohne konkret an einen Vortrag zu denken".[73] Beheim läßt in der Schwebe, welche Rezeptionsform er meint, denn andererseits betont Wachinger, daß „selbst die drei großen Chroniken [...] noch auf Gesangsvortrag als wenigstens eine Möglichkeit der Realisierung

---

ches Gedicht Mach. Boiemann [!] anscheinend zum Verfasser gehabt hat" (nach WÖLBING in: G. C. Crollius: De bibliotheca Bipontina. Aus dem Lateinischen übertragen von Studienrat Dr. WÖLBING, Zweibrücken 1958 [Sonderdruck aus ‚Aus heimatlichen Gauen'. Beilage des Pfälzer Merkur], S. 11). Der Name ist offenbar verlesen. Grundlage ist Georg Christian Crollius: De illustri olim bibliotheca ducali Bipontina commentatio, Zweibrücken: Peter Hallanzy 1758. Die ca. 5000 Bände, die 1635 registriert wurden, fielen 1677 als Kriegsbeute an Frankreich. Über den Verbleib konnte bisher nichts Näheres ermittelt werden. Wölbing nennt auch „Geschichten etlicher Päpste und Kaiser, auch Pfalzgrafen bei Rhein, insonderheit Friederici [!] victoriosi"; hiermit könnte Mathias' von Kemnat Chronik gemeint sein, vielleicht sogar das in der BN Paris überlieferte Exemplar.

[70] Wenn es zu Anfang des 17. Jahrhunderts am Zweibrücker Hof eine Beheim-Handschrift gab, kann über deren Provenienz nur spekuliert werden. Sie könnte z. B. durch Herzog Wolfgang von Zweibrücken-Neuburg († 1569) aus Pfalz-Neuburger Besitz dorthin gelangt sein, aber sich auch schon länger im Besitz der Zweibrücker Seitenlinie befunden haben.

[71] STUDT, Überlieferung, S. 276–308; Überblick über die Überlieferungsgeschichte S. 277–287.

[72] CHRISTOPH PETZSCH, Text-Form-Korrespondenzen im mittelalterlichen Strophenlied. Zur Hofweise Michel Beheims, DVjS 41, 1967, S. 27–60; hier S. 56f. In Cgm 1462 dagegen wird als behandelter Zeitraum angekündigt: [...] *Bis auf Sixtum den vierden der do gelebt hat do man zalt MIIII^{c}LXXV*. Auf einen noch späteren *terminus ad quem* weisen Bemerkungen zu Kaiser Friedrich III. (HARTFELDER [wie Anm. 41] S. 347).

[73] WACHINGER (wie Anm. 48) S. 50: über das ‚Buch von der Liebhabung Gottes'; von Beheims großen Œuvresammlungen sagt er, daß sich der Sinn ihrer Ordnung „nicht im Vortrag, sondern nur beim Lesen" erschließe (S. 48); vgl. SPRIEWALD (wie Anm. 67) S. 49f.: anders als die älteren Chroniken erwähnt der Titel der ‚Pfälzer Reimchronik' die Möglichkeit des Singens nicht mehr.

angelegt" seien.⁷⁴ Beheims Reimchronik entstammt wie die übrigen für die fürstliche *memoria* bestimmten Werke einer Situation des Übergangs, in der es geraten scheinen mochte, die verschiedenen konkurrierenden Darstellungsformen allesamt zu benutzen, humanistische *carmina* oder Lobreden auf Latein **und** ihre volkssprachliche Wiedergabe in der Chronik, lateinische **und** deutsche Widmung, eine **volkssprachliche** Chronik mit **lateinischen** Versen, Vers **und** Prosa.

Das Verhältnis von Mündlichkeit und Schriftlichkeit ist bei Beheim ähnlich komplex wie in Mathias' Chronik, wenn auch anders akzentuiert. Er wählt für die ‚Pfälzer Reimchronik' eine für historische Erzählungen von ihm schon erprobte Strophenform, die sog. Angstweise, die einerseits Sangbarkeit und expressive Nutzung der Melodieführung zuläßt, andererseits jedoch so schwach markiert ist, daß sich die Verse erzählenden Reimpaaren annähern können.⁷⁵ Unabhängig davon, ob die Chronik tatsächlich aufgeführt wurde, zeigen der Vers und die Strophenform den öffentlichen Vortrag als die adäquate Rezeptionsform an. Auf andere und traditionellere Weise nimmt Beheim also den Repräsentationsgestus der öffentlichen Lobrede der Humanisten auf, den Mathias den ‚Laudes Palatii' des Peter Luder entlehnt hatte. Ihm geht es primär nicht darum, einen ‚neuen' Inhalt zu verbreiten – sein Liedœuvre stützt sich auf längst bekannte, vermutlich auch seinen Auftraggebern bekannte Prosatexte –, sondern Bekanntes „in die Kunstform des sangbaren Liedes" zu gießen: „Man schätzte es offenbar, wenn den Texten, die man als Prosa lesen konnte, durch Vers und Musik neuer höfisch-repräsentativer Glanz und neue [...] Intensität verliehen wurde",⁷⁶ wie in diesem Fall der offiziösen Chronik fürstlicher Großtaten. Der mangelnde Erfolg der Reimchronik mag dann schon damit zusammenhängen, daß „höfische Unterhaltung und Repräsentation" sich zunehmend anderer Kunstformen bedienten.⁷⁷

---

⁷⁴ S. 41. Entschiedener rechnet noch Petzsch (wie Anm. 67) mit der Möglichkeit gesangsmäßigen Vortrags; zur Bedeutung von *singen*: Scholz, Verhältnis, S. 174.

⁷⁵ Petzsch (wie Anm. 67) S. 267f., 275, 284. Diese schlichte sechsversige Strophenform, in der der Wechsel der Kadenzen das einzige rekurrente Gliederungssignal ist, tendiert manchmal in die Nähe von Reimpaarversen, so daß Petzsch geradezu von „Uneindeutigkeit bis zur Spannung zweier Formprinzipien" spricht (S. 285). Der Name Angstweise wird im ‚Buch von den Wienern' begründet: *wann er vieng es an zu wien in der burg do er in grossen angsten was.*

⁷⁶ Wachinger (wie Anm. 48) S. 71; er fährt, auf die religiösen Texte bezogen, fort: „und vielleicht hoffte man, im Medium des Liedvortrags auch jene Mitglieder der Hofgesellschaft für die Inhalte der religiösen Lieder zu gewinnen, die zur Lektüre weniger fähig oder weniger geneigt waren". Bedenkenswert die Überlegungen von Petzsch (wie Anm. 67) S. 268, 275–277 u.ö. zu den – möglicherweise „ad libitum" freigestellten – Realisationsformen zwischen Gesangsvortrag und öffentlichem Vorlesen (in der Regel wohl nicht stille Lektüre).

⁷⁷ Wachinger (wie Anm. 48) S. 72; er nennt die neue mehrstimmige Vokal- und Instrumentalmusik, die übrigens ja auch am Heidelberger Hof ein Zentrum hatte. Zum konservativen, ja rückständigen Charakter der Kunst Beheims angesichts neuer musikgeschichtlicher Entwicklungen: Petzsch (wie Anm. 72) S. 34–36. Literarisch ist vor allem die Konkurrenz gelehrt-humanistischer Festreden in Rechnung zu stellen.

Der Gestus repräsentativer Mündlichkeit schließt einen dezidiert „schriftliterarischen Charakter" der Reimchronik nicht aus.[78] Die Übergangssituation zwischen repräsentativer Mündlichkeit und autoritativer Schrift bildet sich allenthalben in der Reimchronik ab. Verknüpft sind beide in Formulierungen wie

O Colliope du gabst ler / der
büchstab mit heller stim gib her
daz ich frölichen singe [!]
vnd dyses büch [!] *vollbringe* (Bl. 20ʳ).

Aufforderungen wie: *recht hörend anfang mittel end* (Bl. 18ᵛ), *hörent* (4,1) oder *Hört aber furbass* (5,1) sind kaum als bloß metaphorische Umschreibungen einer abstrakten Sprechsituation zu deuten:[79] Nur für ein Publikum von Hörern ist es schließlich sinnvoll, die Prosa in gereimte Strophen zu gießen. Auf der anderen Seite setzen Benutzerhinweise ein Buch voraus, in dem man sich ‚räumlich' orientiert, nicht einen Vortrag, der in der Zeit abläuft.[80]

Vor allem nennt Beheim immer wieder schriftliche Überlieferung als den wahrheitsverbürgenden Hintergrund seiner Chronik. Was er seinen Hörern mitzuteilen hat, hat er *gelesen: croniken hystory on zil | hab überlesen vnd verhört*.[81] Die unterschiedlichen Medien literarischen Gedenkens an die Großen der Welt faßt er, dauernd von einer Form von Kommunikation zur anderen übergehend, so zusammen:

Auch ir tugent allwegen ie
haben beschriben lassen hie
das doch vns nach komenden ist
zü verwundern jn dyser frist
so wir ir tat vnd wesen
hören / enbörn / vnd lesen
Vnd furwar der selben so rain
ausserwelten getat erschain
die red der schrifft / sprechen / gesanck (Bl. 22ʳ/ᵛ).

Vor einem Publikum potentieller **Hörer** preist er den Vorzug der **Schrift**, besonders ausführlich in seiner Vorrede zum zweiten Buch der Chronik, wobei er an Luders Begleitschreiben zur Lobrede anknüpft und dessen

---

[78] WACHINGER (wie Anm. 48) S. 49 (wieder über die ‚Liebhabung Gottes'). Beheim habe sich „im Lauf der Jahre mehr und mehr an der Buchliteratur orientiert [...] aber zumindest die Möglichkeit des Vortrags hat er sich bis zuletzt offengehalten, ja er hat sie offenbar als das Normale vorausgesetzt" (S. 54).

[79] Zusammenstellung von Belegen bei SCHOLZ, Verhältnis, S. 175; zur Deutung der Rezeptionsform (wahlweise Hören oder Lesen) auch MANFRED GÜNTER SCHOLZ, On Presentation and Reception. Guidelines in the German Strophic Epic of the Late Middle Ages, in: New Literary History 16, 1984/85, S. 137–151.

[80] Belege bei SCHOLZ, Verhältnis, S. 177–179. Sie lassen sich aus dem ersten Buch vermehren, etwa Bl. 19ʳ: *sin handell jnn der Jugent dort / tuot vns das erste büch erzelen*.

[81] Bl. 18ᵛ; *als wir noch von im lesen*, heißt es über Alexander d. Gr. (1,6) usw.

Argumente vollständiger als Mathias übernimmt: *Memoria* durch bildende Künstler war Alexander zu wenig, da sie der Zerstörung durch die Zeit ausgeliefert sind, anders als literarische Werke. Beheim interpretiert dies als: höfische Poesie in schriftlicher Form. Kallisthenes ist bei ihm nicht wie bei Mathias Poet und Redner, sondern der *höffliche buchschriber* (9,5), der Alexanders Taten

> *mit buchstaben verzieret*
> *vnd mit schriben formiret* (10,5f.).

Die *gedechtniss* (11,2) wird nur bewahrt,

> *so söliche sachen in geschrifft*
> *wurd gesetzet vnd angestifft*
> *daz es durch diss beschriben*
> *wurd ewenclichen bliben* (11,3-6).

In Anlehnung an Luder gedenkt er

> *[...] all cler mann*
> *dauon die bucher vnd schrifft dann*
> *gar vol löblicher hystory*
> *sagen vnd kundig machen hie* (12,1-4).

Er erinnert an die alten Römer, an das Ansehen und die

> *blonung,* die *die schriber der history*
> *auch poeten vnd dichter hy* (14,2-4)

bei ihnen erhielten[82] und zitiert, anders als Mathias, wie Luder Alexanders Rede am Grab des Achill:

> *o du gluckhafftiger jungling [...]*
> *Wan du doch hast mit brises rum*
> *disen poeten Homerum*
> *verdienet hie an dyser stett*
> *dein hohen ritterlichen tet*
> *vnd geschicht zu beschriben* (16,4; 17,1-5).

---

[82] Deutlich ist der Bildungshorizont ein anderer als bei Luder. Dieser nennt fünf *clarissimi viri*, den älteren Scipio, Marius, Pompeius, Caesar und Augustus, die Künstler ehrten und förderten; dabei werden auch die Literaten bis auf den augusteischen Literaturzirkel (für den Luder nicht auf Ciceros ‚Pro Archia poeta' zurückgreifen konnte) namentlich aufgeführt. Beheim dagegen beschränkt sich auf die Herrscher: *Affricanus, | keyser Octauianus, | Vnd Marius der Römer hertzog | [...] auch Pompeus und Maximus, | desselben geleichen Julius, | auch wurden von Auguste | vnd allen Römern suste | Die buchschriber hoch vberhert [...]* (12,5-14,1). Die höhere Zahl der Gerühmten erklärt sich daraus, daß Beheim das auf Marius bezogene Adjektiv *maximus* als Namen auslegt und die Identität von Augustus und Octavianus nicht erfaßt. Mit *keyser, hertzog,* auch den Namen Octavianus, Augustus und Caesar bewegt er sich offenbar im vertrauteren Rahmen, während die Namen der Literaten Ennius, Plotius und Theophanes aus Mytilene getilgt sind.

Selbst bei Homer steht die Schrift im Vordergrund.[83] Das humanistische Argument dient dem volkssprachlichen Reimeschmied zur Rechtfertigung der eigenen Poesie,

> [...] *dis*
> *hystori Friderichen*
> *zu beschriben warlichen* [...]
> *dess wesen zu betihten* (18,4-6; 19,6).[84]

Als poetisches Werk ist die Reimchronik *büch*, d. h. Bestandteil der Schriftkultur, wie schon der Titel anzeigt: *büch / geschicht / woltat / vnd Cronick* [...] *Dyß büch*.

Auch das einleitende Akrostichon weist sie als Lesetext aus.[85] Es ist Bestandteil des Prologs, der in Reimpaaren verfaßt ist, noch nicht in der Angstweise und der damit schon von der poetischen Form her eher auf Sprechen als auf musikalischen Vortrag angelegt ist.[86]

Die etymologische Erklärung des Begriffes Chronik führt Beheim nicht nur auf das griechische *Chronos* (= *zÿt*) zurück, sondern erklärt den Begriff Chronik außerdem als die korrekte Ordnung zeitlicher Ereignisse im geschriebenen Text; ‚Chronik',

> *Nun merck mich michel behaim me*
> *betüttet ordenunge*
> *vnd schrifft dar jnn handlunge*
> *Jn vergangen gezÿten ein*
> *gemercket vnd begriffen sein* (Bl. 21ᵛ).

Durch seinen Gewährsmann Mathias hat Beheim teil an den *artes liberales* und anderen gelehrten Disziplinen:

> *O mathis von kemnaten auch*
> *ein priester vil wirdig vnd hŏch*
> *jn geistlichen rechten geziert*
> *jnn der kunst quadrufia probiert* [...]
> *Jn den kunsten astronomÿ*
> *Rethorik / hystory / poetry* [...] (Bl. 20ᵛ).

Mathias ist Augen- und Ohrenzeuge und zugleich gelehrte Autorität für eine Gestaltung nach den Regeln der Kunst:

---

[83] Statt *memoriae mandare* bei Cicero oder *memorie commendare* bei Luder setzt Beheim *beschriben*.

[84] Beheim sieht seine Kunst durchaus in Analogie zur antiken Poesie. Am Anfang des ersten Buchs steht ein rhetorisch anspruchsvoller Anruf an Apoll und die Musen (Bl. 19ʳ-20ʳ). Doch versichert er andererseits im Anschluß daran, *Der gott vnd göttin name* seien nicht wörtlich zu verstehen: *so soll man es also verstan | das ich sust nicht enmeyne | dann gott jm hymel eyne* (Bl. 20ʳ).

[85] Bl. 18ʳ. – Das Akrostichon lautet: *Friderich pfalczgraf bÿ rin herczog in beiren kurfurste* (Bl. 19ᵛf.).

[86] Vgl. PETZSCH (wie Anm. 67) S. 284f. zu der Annäherung der Chroniken an Reimpaare als gewöhnliche Erzählverse.

> [...] *du weist*
> *Aller Rethorick vnde*
> *Hystory zung von grunde* (Bl. 21ʳ).[87]

Trotz der mündlichen Tradition, in der sie steht, knüpft die Reimchronik also an eine Schriftkultur auf gelehrter Basis an.

An einigen Stellen nun geschieht Ähnliches wie in Mathias' Chronik: Die Sprecherinstanzen verwirren sich. Dort spricht die Reimchronik nicht nur von *wir* (880,4), vom *gesellen* Mathias und seiner *hilff vnd vnderwysung* (1481,3), sondern Mathias selbst tritt als der Sprecher der Verse auf.

> *Ich Mathiss mich furbass wil stelln*
> *mit Michell Beheim mym gesellen*
> *in aller flissiger demut*
> *zu den, die da gunen als gůt*
> *dem huss Bayren vnd Pfaltz(e)* (139,1-5).

Oder:

> *Darumb ich Mathis ietz anstatt*
> *erzell die gnad vnd auch gůttat,*
> *die mir in kurtzer jares frist*
> *von dem fursten beschehen ist.*
> *wer ist der, der mich hate*
> *ertzogen, gnert, begnate?* (150,1-6)

Beide Male ersetzt Mathias den bisherigen Sprecher.[88] Später nennt er Kurfürst Friedrich als seinen Gönner, der *ain fürlich mal* zu seinen Ehren veranstaltete (151,6), zu dem die *gantz vnversitet* geladen war (152,1). Friedrich habe ihn auf der Jagd und im Krieg an seiner Seite gehabt:

> *Darumb bekenn ich Mathis mich,*
> *alles, das ich hab, alz, daz ich*
> *besitz vnd auch vermag [...]*
> *hab ich alls von Fridrichen* (154,1-5).[89]

Sein Lob wolle er künden

> *Hie vnd dort vmmer ewenclich*
> *ich Mathiss dess verwillig mich* (157,1f.).

Erst etwas später erfolgt dann erneut ein Sprecherwechsel: V. 159,1 setzt wieder mit *ich Michel Behaim* ein: er schließe sich dem Lob des Mathias an,

---

[87] Mathias wird vor allem als rhetorisch geübter Mentor des Poeten apostrophiert:
Du kanst die matery sunder wanck
beÿde kúrtzen vnd machen lanck (Bl. 21ʳ).

[88] Dazwischen erwähnt er den kurzen *begriff der hystorien [...] von Michel Beheimen vnd mir* (145,1-3); er spricht von *vns, Mathis vnd Michel Beheimen* (146,1f.).

[89] Das bezeuge er hier und werde es bis an sein Ende sagen:
Allein ich zu des fursten ern,
zierd, lob, tag vnd nacht wil vnd sol kern (156,1f.).

könne für sich selbst bestätigen, was Mathias über die Fürsorge des Fürsten sage. Und er zitiert in wörtlicher Rede die gnädigen Worte des Fürsten ihm selbst gegenüber (*myn Michel Behen*, 162,5). Von da an wird mit *Wir, dyss zwen gsellen* die Chronik fortgesetzt.

Wie ist dieser Befund zu deuten? Hat Mathias eigene Verse in Beheims Chronik eingefügt?[90] Zwingend ist dieser Schluß nicht, zumal von volkssprachlichen Reimereien des Mathias sonst nichts bekannt ist. Merkwürdigerweise ist das ‚Ich, Mathias' auf diese eine kurze Passage beschränkt. Der Einschub macht den Eindruck, als basiere er auf einer selbständigen Lobschrift des Mathias. Die Argumente sind zwar dem Tenor nach aus seiner Widmung der Chronik an Friedrich bekannt, von woher sie an anderer Stelle auch Beheim übernommen und, da er ebenfalls im Auftrag des Kurfürsten arbeitete, auf sich selbst übertragen hatte:

das sin gnade hat mich als aynn
vil armen ellenden auch claynn
erhapt, ernert, erlabet [begabet]
vnd vss dem kat erhabet (142,3-6).

An der oben zitierten Stelle werden andere Wohltaten des Fürsten gegenüber Mathias genannt: so ein Mahl zu seinen Ehren in Gegenwart der Universität. Sie könnten in einer anderen, im Wortlaut abweichenden Dankadresse an den Fürsten genannt worden sein, die Mathias wohl kaum nur im Buch des Freundes versteckt haben dürfte, ohne sie dem fürstlichen Gönner direkt zu widmen. Wie dem auch sei: Die Existenz einer derartigen Lobschrift muß hypothetisch bleiben. Aus ihr könnten jedenfalls Wendungen wie *ich Mathis* stammen.[91] Beheim könnte eine solche Lobschrift ebenso versifiziert (und damit musikalisch gesetzt) haben, wie er das mit den anderen Texten tat, die er von seinem *gesellen* erhielt. Er schrieb dabei dessen Worte, die in dieser Form auf ihn nicht paßten, konsequent dem ursprünglichen Sprecher zu und fügte ihnen andere, wieder ihn selbst betreffende, an.

So wie Mathias durch die Lobrede Luders hindurch sprach, hätte Beheim seine Rede als Chronist Friedrichs nicht eigens unterbrochen, um einen anderen sprechen zu lassen, sondern dieser andere, der ohnehin durch die Verse immer schon mitsprach, wäre mit seinem Ich an die Stelle des Reimsprechers getreten. Insoweit – und nur insoweit – entspräche dann Beheims Verfahren dem der Prosachronik. Ohne Zweifel ist Mathias an der Reimchronik beteiligt durch die Texte, die ihr zugrundeliegen, möglicherweise auch an deren Umformung. Die wechselnde Sprecherinstanz bedeutet aber nicht notwendig Mitverfasserschaft, denn bei der Kompilation tragen verschiedene Sprecher zu einem Text bei.

---

[90] Scholz, Verhältnis, S. 168–172; die Belege für Mathias' 'Autorschaft' S. 169; vorsichtiger zu Mathias' Anteil: Hartfelder (wie Anm. 41) S. 348.
[91] Scholz, Verhältnis, meint: „Hierin lediglich eine gedankenlose Übernahme aus einer Vorlage erkennen zu wollen, hieße Beheim ein zu großes Maß an Naivität zumuten" (S. 171). Das würde nach heutigen Maßstäben gelten, müßte allerdings dann auch auf den Prosatext des Mathias und seine Übernahme der Worte Luders übertragen werden.

In der Prosachronik waren die Stimmen der Lobredner nicht namentlich unterschieden, so daß der unbefangene Leser Luders Worte Mathias zurechnen müßte. Beheim dagegen zeigt den Wechsel ausdrücklich an. Anders als Mathias hat er sogar an jener einen Stelle neben dem neuen Sprecher ausdrücklich sich selbst zur Geltung gebracht, indem er den Lobsprüchen, die *Mathis* in eigener Person spricht, weitere, die ihn selbst betreffen, hinzufügt. So kann er am Ende des Passus zur Fortsetzung seiner eigenen Rede als Chronist überleiten. Trotz der Ähnlichkeit der Ausgangssituation ist der Effekt der entgegengesetzte: Nie ist unklar, wer spricht.

Es bleibt übrigens bei diesem einen Sonderfall einer Vertauschung der Ich-Referenz, denn Beheim hat fremde Aussagen durchweg auf seine eigene Person passend umgeschrieben. Das Lob des Mathias für Kurfürst Ludwig IV. ersetzt er durch die eigene Klage:

> *Mir michl beheim ward auch hie*
> *von keinß menschen tod leyder nie* (Bl. 81^r).

Der Grund ist ein persönlicher: er habe Aussicht auf eine Anstellung gehabt (*ich wurd zü synem knecht bestet*), doch wegen des frühen Todes kam es nicht mehr dazu; er habe seine Heimat verlassen (*hüb ich mich uß dem lande*) und sei in den Dienst fremder Fürsten getreten (Bl. 81^r).[92]

Wenn Mathias seiner Widmung zufolge vor der Größe der Aufgabe erschrak, macht Beheim daraus sein eigenes Erschrecken:

> *so förcht ich krancker schriber non*
> *vnd tichter der Cronick ia von*
> *zitterndem lip alsamen*
> *so grauset mir behamen* (Bl. 23^r).

Und wo Mathias die Worte Luders einfach abschrieb, so daß es aussah, als habe er von Friedrich die Poetiklektur erhalten, da formt Beheim den Dank des Humanisten Luder für die Berufung nach Heidelberg in seinen eigenen Dank für den Auftrag der Chronik um:

> *das sin furstenlich genad mich* [...]
> *deß hat geachtet wirdig*
> *So öffenlich sin hystory*
> *vnd auch Cronick zü tichten hÿ* (Bl. 23^r).

Das Ich-Bewußtsein des Hofpoeten ist (wie ja überhaupt in den selbstbewußten Bemerkungen zu seiner Kunst) stärker ausgeprägt als das des offiziösen Schreibers der Prosachronik. Nur in den Prologen, dort also, wo der Verfasser hervortritt, hat auch Mathias Luders Worte konsequent auf die eigene Person übertragen; in der Chronik hat er dies unterlassen. Das mag damit zusammenhängen, daß man erst beginnt, volkssprachliche Prosa als Kunstform zu begreifen. Nicht einmal in allen Passagen, in denen er den

---

[92] Hierzu STUDT, Fürstenhof, S. 166.– BACKES, Das literarische Leben, S. 121.

oben beschriebenen, schwerfällig-unverständlichen *stilus sublimis* in der Volkssprache wählt, hat Mathias sich als kompetenten Rhetor selbst ins Spiel gebracht. Bei dem insgesamt vorherrschenden kompilatorischen Verfahren scheint die Klärung der Frage, wer jeweils spricht, nicht zwingend, wenn auch vielleicht nur auf einer ersten Bearbeitungsstufe.[93]

In Beheims Reimchronik aber, wo zumindest von der Anlage des Werks her der öffentliche Vortrag, also face-to-face-Kommunikation, die angemessene oder mögliche Form der Rezeption ist, müssen die Sprecherinstanzen geklärt werden. Der *tichter*, oder wer immer als Vortragender an seine Stelle tritt, ist als Person greifbar und muß, leiht er seine Stimme einem anderen, den Sprecherwechsel anzeigen. Vielleicht war an der zitierten Stelle das eine Mal der erwähnte Sachverhalt (das Mahl in Gegenwart der Universität) zu konkret, um auf den Reimsprecher übertragen werden zu können. Jedenfalls wurde bei der schriftlichen Aufzeichnung die für mündliche Kommunikationssituationen notwendige Klärung der Sprecherinstanzen übernommen. Mathias wird von Beheim auch sonst in die Aufführungssituation der Chronik einbezogen: *Spring her fur jch meyn dich mathes.*[94] Er wird als ein ‚Anwesender' direkt in der zweiten Person angesprochen. Wo der Inhalt der Rede ihm zuzurechnen ist, genügt nicht ein unklares *ich*, sondern nur das präzise *ich Mathis*. Beheims Modell der Kommunikation ist noch die Situation mündlicher Aufführung, doch hat er sie möglichst komplett und Mißverständnisse ausschließend in die Schrift übertragen wollen, und da ist die Indikation des Sprecherwechsels völlig konsequent, ohne daß man deshalb annehmen müßte, Mathias sei Reimeschmied und Mitverfasser der Reimchronik.

Die Schrift setzt einen generalisierten Sprecher voraus, hinter dem die in mündlicher Rede leibhaft anwesenden Sprecher verschwinden. In einer eingespielten Schriftkultur wie der lateinischen ist dieses Verhältnis nicht problematisch: Der Redner Luder signiert auch als Autor seines schriftlich verfaßten Textes. Anders in der Volkssprache, zumindest in Gattungen pragmatischer Schriftlichkeit, in denen nicht die handwerkliche Kunstfertigkeit des Verfassers im Vordergrund steht. Es kennzeichnet die Übergangssituation eines noch tastenden Umgangs mit der Schrift, daß im schriftlichen Text der Chronik die ursprünglichen Sprecher zwar in ihren Worten und Sprachgesten noch präsent sind (Luders Anreden an die Universitätsmitglieder bleiben ebenso erhalten wie die Gestik mündlicher Rede), aber anders als in einer Situation mündlicher Kommunikation ‚unter Anwesenden' können sie vom Leser nicht mehr identifiziert werden. Die fingierte Mündlichkeit Beheims dagegen ist um Unterscheidung bemüht,

---

[93] Die überlieferte Form der Chronik ist wohl unabgeschlossen. So fehlen die am Schluß der Geschichtserzählung angelagerten Passagen aus fremden Texten, die der Druck nach der Münchener Hs. bietet, z.T. in den Hss. aus Paris und Malibu (Näheres bei STUDT, Fürstenhof, S. 62–68 und das Kapitel über die Quellen des zweiten Buchs S. 300–371). Denkbar wäre immerhin, daß die Reimchronik vollständiger durchgeformt ist als die Prosa des Mathias, daß für diese also eine ähnliche Umcodierung noch ausstand.
[94] Bl. 20ᵛ.

doch um den Preis, daß in der zitierten Passage von Strophe zu Strophe die Referenz von *ich* abrupt und unvorbereitet wechselt. Wenn die hier vorgetragene Überlegung zutrifft, dann verweist *ich* auch in der Reimchronik nicht durchweg auf den Autor (die Autorrolle), sondern mindestens in einem Passus auf die Sprecher-Instanz eines fremden Textes, den der Autor poetisch bearbeitet. Beheims Autorbewußtsein scheint dem Luders durchaus näher zu stehen, doch ist es im wesentlichen wohl durch das Modell einer mündlichen Kommunikationssituation vorgeformt, auch wenn der Text von Anfang an und durchgehend schriftsprachlich konzipiert ist.

Schluß

Der Humanismus strebt mit der Wiederbelebung der antiken Rhetorik auch die Wiederbelebung bestimmter mündlicher Kommunikationsformen an. Öffentliche Rede, festlicher Vortrag von *carmina*, auch Huldigungsspiele sollen in der Feier der politischen Ordnung, ihrer Repräsentanten und der sie tragenden Werte zugleich die Geltung der neuen *litterae* feiern. Diese Mündlichkeit ist von vornherein buchliterarisch geprägt. Luders Festrede setzt auf allen Stufen ihrer Rezeption Schrift voraus.

Dies gilt auch für ihre volkssprachlichen Adaptationen. Die Übersetzung orientiert sich nicht an der rhetorischen Praxis, sondern an einem schriftlich vorliegenden Text. Glatte oder effektvolle Sprechbarkeit scheint geradezu vermieden, denn das Muster der gelehrten Hochsprache würde dann verwischt. Bei der Aufnahme der Übersetzung in die Prosachronik scheint ihr Sprachgestus nicht als unterschieden von dem eines schriftlich verfaßten Textes empfunden worden zu sein. Es fehlt ein Bewußtsein für die grundsätzliche Differenz schriftlicher und mündlicher Kommunikation; damit wird die Konsequenz der Verschriftlichung verkannt, daß im geschriebenen Text kein anwesender Sprecher identifiziert werden kann. Durch die generalisierte Sprecherinstanz der Schrift hindurch reden bei Mathias zwei Sprecher, doch so, daß ihr jeweiliger Redeanteil dem Leser nicht unterscheidbar ist. In der Prosakompilation verschwindet der (humanistische) Autor, bringt sich allenfalls noch in den Begleittexten zur Geltung. Wo Rede kompilierend verschriftlicht wird, bleiben Rollen und Gesten mündlicher Rede einfach erhalten. Angesichts des nivellierenden Charakters schriftsprachlicher Kommunikation werden sie aber nicht nur dysfunktional, sondern sie stören das Verständnis. Der Schritt, die vielen Sprecher der Kompilation erkennbar zu machen, aber sie doch von der einen generalisierten Sprecherinstanz schriftsprachlicher Rede her zu perspektivieren, wird bei Mathias noch nicht vollzogen.[95]

---

[95] Das schließt natürlich auch die vielen anderen von Mathias unterdrückten Autorennamen ein, bei denen die Ich-Instanz zwar nicht problematisch wird, wohl aber dem Leser

Die Reimchronik verfährt anders. Sie markiert den Wechsel der Ich-Instanz, doch erscheint er als unmotivierter Bruch. Für eine Philologie, deren Voraussetzung eine elaborierte Schriftkultur ist, ist solch ein Bruch nur als ‚Autorwechsel' erklärbar. Richtiger scheint die Annahme, daß anders als im Latein in der volkssprachlichen Schriftkultur die Verteilung der Sprecher- und Autorrollen problematischer ist, in manchen Texttypen erst noch eingeübt werden muß. Das mag an der bisherigen Dominanz einer einzigen Kommunikationssituation, der mündlichen, liegen. Hier war immer klar, wer spricht, und ebenso klar hat Beheim die ‚Autoren' seines Fürstenlobs unterschieden, wobei der eine von ihnen zugleich derjenige ist, der den ganzen Text handwerklich-routiniert ‚macht'.

So trägt das Bemühen um schriftliche *gedechtniss* allenthalben noch die Spuren einer älteren Mündlichkeit, die sie doch weithin schon hinter sich gelassen hat.

---

verborgen bleibt, daß es sich – etwa bei der Schilderung der Hochzeit Kurfürst Philipps – um ein Macrob-Exzerpt aus Albrechts von Eyb ‚Ehebüchlein' handelt. In der volkssprachlichen Schrift werden die Stimmen (auch ehemals schriftlich festgehaltene) ununterscheidbar. In einem Geschichtswerk würde man dagegen erwarten, daß man die Namen der poetischen und fachlichen Beiträge genannt bekommt.

WOLFGANG ROHE

Zur Kommunikationsstruktur einiger Heidelberger Regimina sanitatis:

Heinrich Münsinger, Erhard Knab, Konrad Schelling

Medizin am Heidelberger Hof des 15. Jahrhunderts: Personen, Institutionen, Texte – Exkurs: Bartholomäus von Etten – Regimina sanitatis als Form medizinischer Rede – Zwei volkssprachliche Regimina Heinrich Münsingers und Erhard Knabs in handschriftlicher Überlieferung – Konrad Schellings gedrucktes deutsches Pestregimen (1501/1502) im Kontext ausgewählter Pestliteratur des 15. Jahrhunderts

Medizin am Heidelberger Hof des 15. Jahrhunderts: Personen, Institutionen, Texte

Gestalt und Funktion der Medizin am Heidelberger Hof unterliegen im Laufe des 15. Jahrhunderts einem einschneidenden und weitreichenden Wandel: Von einer primär personal, durch das Amt des Leibarztes definierten Präsenz des Medizinischen am Hof führt der Weg zur Ausbildung eines rudimentär organisierten, landesherrlichen Gesundheitswesens. Als ein entscheidender Faktor in diesem Modernisierungsprozeß hat die medizinische Fakultät der Universität Heidelberg zu gelten, die sich 1425 durch Gerhard von Hohenkirchen ihre Statuten gab und in der Folge, namentlich unter der Regie von Erhard Knab, einen bedeutenden Aufschwung nahm.[1] Die personalen Verflechtungen von Hof und medizinischer Fakultät blieben dabei stets eng, z.B waren eine Reihe der Ordinarien zugleich Leibärzte. Immer reibungslos gestalteten sich die Beziehungen indes nicht. So provozierte der Entschluß Kurfürst Philipps, nach dem Tode Erhard Knabs (1480) auf einem Nicht-Kleriker als dessen Nachfolger zu bestehen, den entschiedenen und lange anhaltenden Widerstand der Universität. Durch die Einrichtung eines zweiten Ordinariats für seinen Kandidaten erzwang

---

[1] Grundlegend sind die Studien von LUDWIG SCHUBA. Vgl. zusammenfassend: SCHUBA, Fakultät. Dort findet sich auch die ältere Literatur zitiert. Zur Fakultätsverfassung vgl. ferner HERMANN WEISERT, Die ältesten Statuten der Medizinischen Fakultät Heidelbergs (1425), in: Ruperto Carola 33, H. 65/66, 1981, S. 57–71.

der Kurfürst schließlich den Kompromiß. Der Vorfall ist nur ein grelles Beispiel für die Interferenzen von Hof und Universität. Diese berühren unser Interesse allein dann, wenn sie Texte hervorbringen, die sich einem Interesse des Hofes an medizinischem Wissen verdanken.

Solche Texte entstehen in Heidelberg erst in der Regierungszeit Friedrichs des Siegreichen, also etwa seit der Mitte des Jahrhunderts. Zwar sind die Leibärzte seiner Vorgänger bekannt: Burchard von Walldorf[2] war es unter den Kurfürsten Ruprecht I. und Ruprecht III., Peter de Brega[3] und Hermann Poll aus Wien[4] waren es unter Ruprecht III., ihnen folgten Peter von Ulm[5] und der 1420 als Ordinarius aus Köln übergesiedelte Gerhard von Hohenkirchen[6] als Leibärzte Ludwigs III. Soweit überhaupt Texte dieser Mediziner überliefert sind, geben sie keinerlei Hinweise auf ihre Anregung durch Interessen des Hofs: weder die kurzen Pestconsilia Burchards

---

[2] „Physicus Ruperti" nennt ihn eine Urkunde 1380. Vgl. RITTER, Universität, S. 55*. Weitere Belege für Burchards leibärztliche Tätigkeit bieten die Regesten der Pfalzgrafen am Rhein 1214–1508, hg. v. der Badischen Historischen Commission, Bd. 1: 1214–1400, bearbeitet von ADOLF KOCH UND JAKOB WILLE, Innsbruck 1894, S. 259 (Nr. 4327 vom 17.3.1380), S. 397 (Nr. 6739 vom 18.7.1397); Bd. 2: Regesten König Rupprechts, bearbeitet von GRAF L. v. OBERNDORFF, Namens- und Sachregister v. MANFRED KREBS, Innsbruck 1939, S. 109 (Nr. 1600 vom 8.9.1401), S. 166 (Nr. 2464 vom 23.8.1402), S. 242 (Nr. 3450 vom 21.4.1404). 1388 ist Burchard Vizekanzler der Universität. Vgl. RITTER, ebd. S. 115; Urkundenbuch der Universität Heidelberg. Zur 500jährigen Stiftungsfeier 2, hg. v. EDUARD WINKELMANN, Heidelberg 1886, Nr. 38. Zu seinem Handschriftenbesitz vgl. SCHUBA, Handschriften, S. XXVII und im Register. Vgl. ferner GUSTAV TOEPKE, Matrikel 1, S. 664. Über einen unter Burchards Namen überlieferten Pesttraktat vgl. GUNDOLF KEIL, Burchard von Walldorf, in: ²VL 1, Sp. 1121.

[3] Peter de Brega wird am 9.11.1406, zwei Jahre vor Burchards von Walldorf Tod, kurfürstlicher Leibarzt und zugleich der des pfälzischen Kanzlers und Bischofs von Speyer, Raban Freiherr von Helmstädt. (Vgl. GERHARD SEELIGER, Aus Ruprechts Registern, in: Neues Archiv der Gesellschaft für ältere deutsche Geschichtskunde 19, 1893, S. 236–240, S. 239.) TOEPKE, Matrikel 1, S. 6 zufolge hatte Peter in Prag studiert und in Padua den medizinischen Doktorgrad erworben. 1397 war er Rektor der Universität Heidelberg (TOEPKE, ebd. S. 66). Er starb 1419 und wurde wie sein Vorgänger Burchard in Maulbronn begraben. Vgl. EDUARD PAULUS, Die Cisterzienser-Abtei Maulbronn, Stuttgart ³1890, S. 84. Ob der Heidelberger Arzt mit einem 1371 in Breslau urkundlich bezeugten Petrus de Brega (vgl. KARL SUDHOFF, Pestschriften aus den ersten 150 Jahren nach der Epidemie des ‚schwarzen Todes' 1348, in: Archiv für Geschichte der Medizin 9, 1915, S. 53–78, S. 64f.) identisch ist, der zudem 1362 in Montpellier studiert haben soll (vgl. FRIEDEL PICK, Prag und Montpellier, in: Archiv für Geschichte der Medizin 17, 1925, S. 157–164, S. 159), bleibt unsicher.

[4] Der „Leibarzt des Königs" (TOEPKE, Matrikel 1, S. 68, Anm. 2) wird am 3.5.1401 wegen einer angeblichen Mordabsicht gegenüber seinem Herrn verstoßen. Vgl. WINKELMANN, Urkundenbuch 2 (wie Anm. 2) Nr. 127; JOHANN FRIEDRICH HAUTZ, Geschichte der Universität Heidelberg. Nach handschriftlichen Quellen nebst den wichtigsten Urkunden 1, Mannheim 1862, S. 237, Anm. 31.; RITTER, Universität, S. 270, Anm. 5.

[5] Als „Magister Petrus de Vlma, cyrurgicus domini nostri ducis" wird er 1423 in Heidelberg immatrikuliert. TOEPKE, Matrikel 1, S. 160. Vgl. ferner GUNDOLF KEIL, Peter von Ulm, in: ²VL 7, Sp. 458–464.

[6] Über ihn: GUNDOLF KEIL, Gerhard Hohenkirche, in: ²VL 4, Sp. 99–100. Ferner: SCHUBA, Handschriften, S. XXXII; DERS., Fakultät, S. 164–168.

von Walldorf[7] und Gerhards von Hohenkirchen,[8] noch gar die ‚Chirurgia' Peters von Ulm[9]. Erst mit Heinrich Münsinger,[10] dem Leibarzt Ludwigs III., Ludwigs IV. und Friedrichs des Siegreichen, sowie parallel mit dem Ordinarius Erhard Knab[11] beginnt in Heidelberg die Produktion medizinischer Texte für die Verwendung am Hof. Es handelt sich dabei um lateinische und volkssprachliche Gesundheitsanweisungen, um ‚Regimina sanitatis', die Erhard Knab, Heinrich Münsinger und dessen Nachfolger Konrad Schelling[12] oft im Auftrag der Kurfürsten anfertigen.

So ist z. B. von Heinrich Münsinger im Clm 224, München, BSB, Bl. 212^r-217^r ein landessprachliches Katarrh-Regimen für Kurfürst Friedrich überliefert.[13] Ein lateinisches ‚Regimen de catarrho' befindet sich als Autograph Erhard Knabs im Cpl 1319, Rom, Bibl. Vat., Bl. 176^r-184^v. Der Heidelberger Ordinarius kann laut Schuba als Verfasser mindestens in Betracht gezogen werden.[14] Von Knab stammt zudem ein zweiter deutscher Traktat ‚Contra arteticam sive podagram', den der Cpg 226, Heidelberg, UB, Bl. 264^r-267^r überliefert.[15] Ein lateinisches Regimen über die Gicht, eine Krankheit, unter der nicht nur die Heidelberger Hofkreise am meisten litten, hat Erhard Knab für den Bischof von Speyer und kurpfälzischen Kanzler Matthias Ramung verfaßt. Es ist im Cpl 1327, Rom, Bibl. Vat., Bl. 121^r-131^r überliefert.[16] Ein weiteres lateinisches Gichtregimen hat der Dok-

---

[7] Die Handschrift Maulbronner Provenienz ist überliefert: Straßburg, BNU, Cod. 20, Bl. 79^{r-v}. Edition durch ERNEST WICKERSHEIMER, Recettes contre la peste, extraites d'un manuscrit du XVe siècle, ayant appartenu à l'abbaye de Maulbronn, in: Janus 30, 1926, S. 1-7, S. 5.

[8] Der Traktat ist überliefert in Salzburg, UB, Cod. M III 3, Bl. 195va-195vb, einer Handschrift Speyrer Provenienz. Beschreibung: Die deutschen Handschriften des Mittelalters der Universitätsbibliothek Salzburg. Unter Mitarbeit v. JOSEF FELDNER und PETER H. PASCHER bearbeitet v. ANNA JUNGREITHMAYR (Verzeichnisse der deutschen Handschriften österreichischer Bibliotheken 2, hg. v. INGO REIFFENSTEIN, [Österreichische Akademie der Wissenschaften. Philosophisch-historische Klasse. Denkschriften 196]) Wien 1988, S. 193-209. Edition: GERHARD EIS, Gerhard Hohenkirches ‚Kapitel und Regel für die Pest', in: DERS., Forschungen zur Fachprosa. Ausgewählte Beiträge, Bern – München 1971, S. 78-80, S. 79f.

[9] Edition: GUNDOLF KEIL, Die ‚Cirurgia' Peters von Ulm. Untersuchungen zu einem Denkmal altdeutscher Fachprosa mit kritischer Ausgabe des Textes (Forschungen zur Geschichte der Stadt Ulm 2) Ulm 1961.

[10] Vgl. GUNDOLF KEIL, Heinrich Münsinger, in: ^{2}VL 6, Sp. 783-790.

[11] Vgl. LUDWIG SCHUBA, Erhard Knab von Zwiefalten, in: ^{2}VL 4, Sp. 1264-1271.

[12] Vgl. LUDWIG SCHUBA – GUNDOLF KEIL, Konrad Schelling, in: ^{2}VL 8, Sp. 630-634.

[13] Die medizinische Sammelhandschrift ist beschrieben in: Catalogus codicum latinorum Bibliothecae Regiae Monacensis 1,1 (Catalogus Codicum manu scriptorum Bibliothecae Regiae Monacensis, 3,1) Monachii 1892, S. 54-55. Edition des Regimens in: GERHARD EIS, Heinrich Münsingers ‚Regimen sanitatis in fluxu catarrhali ad pectus', in: DERS., Forschungen (wie Anm. 8) S. 81-90, S. 85-90.

[14] Beschreibung der Handschrift bei SCHUBA, Handschriften, S. 414-418.

[15] Beschreibung der Handschrift: BARTSCH, Handschriften, Nr. 122, S. 50-51. Edition des Texts durch GERHARD EIS, Erhard Knabs Gichtregimen, in: DERS., Forschungen (wie Anm. 8) S. 91-100, S. 96-100.

[16] Beschreibung der Handschrift bei SCHUBA, Handschriften, S. 434-436.

tor der Medizin Bartholomäus von Etten während seines Heidelberger Aufenthalts geschrieben. Wie das deutsche Regimen Knabs findet es sich im Cpg 226, Heidelberg, UB, Bl. 28^r-32^r. Nach Mutmaßung Schubas geht ein lateinisches ‚Regimen contra podagram' im Cpl 1319, Rom, Bibl. Vat., Bl. 253^r-264^r ebenfalls auf Bartholomäus von Etten zurück.[17] Neben deutschen haben auch italienische Ärzte den Kurfürsten von der Pfalz medizinischen Rat erteilt. Für Ludwig III. verfaßte Bartholomäus de Montagnana ein Consilium.[18] Gleich drei Ärzte gaben aufgrund einer Krankenbeschreibung durch Konrad Schelling ihr Urteil über die Heilungschancen Friedrichs des Siegreichen ab.[19]

Konrad Schelling ist es schließlich auch, der die Heidelberger Regimina-Produktion fortführt und im Auftrag von Kurfürst Philipp d.A. sowohl einen lateinischen Syphilis-Traktat als auch ein deutsches Pestconsilium verfaßt, die beide an der Wende zum 16. Jahrhundert im Druck erscheinen.[20]

Die genannten Autoren, den besonderen Status des Bartholomäus von Etten noch zurückgestellt, stehen über einige Jahrzehnte für eine relativ konsistente Form der Textproduktion und des Textgebrauchs. Eine ganze Reihe von medizinischen Handschriften der Palatina weisen Benutzungsspuren jeweils mehrerer der genannten Autoren auf, wie wir durch Ludwig Schubas Katalog wissen. Als eine Gemeinschaftsproduktion Schellings, Knabs und Bartholomäus' von Etten liegt zudem eine im Auftrag Kurfürst Friedrichs erstellte Verordnung für die Heidelberger Hofapotheke vor. Nicht als städtische Institution nämlich, sondern als pfälzisches Erblehen unter kurfürstlicher Aufsicht wird spätestens 1403 in Heidelberg eine Apotheke eingerichtet.[21] Der Erlaß, mit dem Kurfürst Friedrich ihren Betrieb durch die genannten Ärzte regeln läßt, liegt in zwei Fassungen aus den Jahren 1469 und 1471 vor. Die jüngere – mehrfach edierte und kommentierte Fassung[22] – ist im Pfälzischen Kopialbuch Bd. 812, Bl. 174f. (GLA

---

[17] SCHUBA, Handschriften, S. 417. Wie Knabs lateinischer Gichttraktat wendet sich auch der des Bartholomäus von Etten an Matthias Ramung. Liest man in Rom, Bibl. Vat., Cpl 1319, Bl. 252^r gegen Schuba aus ‚bartho ethen' nicht „Bartho‹lomeus› et Hen‹ricus›" (SCHUBA, ebd. S. 416), sondern ‚bartho‹lomeus› ethen', dann erhärtet sich Schubas Verfasserhypothese.

[18] Überlieferung: Rom, Bibl. Vat., Cpl 1262, Bl. 71^r-84^v sowie Bamberg, SB, L. III. 37, Bl. 67^v-86^v, zwei medizinische Sammelhandschriften des 15. Jahrhunderts.

[19] Die drei Gutachten sind überliefert: Rom, Bibl. Vat., Cpl 1175, Bl. 259^r-264^r; München, BSB, Clm 456, Bl. 46^r-55^r, 132^r-139^r, 163^r-165^r; unvollständig: Heidelberg, UB, Cpg 845, Bl. 41^r-44^v, Rom, Bibl. Vat., Cpl 1895, Bl. 120^r-128^r. Zum Inhalt der Gutachten vgl. nach der Münchner Handschrift RITTER, Universität, S. 512-515.

[20] Vgl. unten.

[21] Vgl. FRIEDRICH VON WEECH, Regesten über die Hofapotheke in Heidelberg, in: ZGO 22, 1870, S. 216-224. Ferner: WALTER DONAT, Die Geschichte der Heidelberger Apotheken, Heidelberg 1912. Weitere Literaturhinweise bei: HELMUT VESTER, Topographische Literatursammlung zur Geschichte der deutschen Apotheken 1: Deutsche Städte und Ortschaften, F-K, Stuttgart 1959, S. 167-169.

[22] Am besten kommentiert durch DONAT (wie Anm. 21) S. 15-21. Daneben: EBERHARD STÜBLER, Geschichte der medizinischen Fakultät der Universität Heidelberg 1386-1925, Heidel-

Karlsruhe) überliefert. Sie enthält nach einer volkssprachlichen Einleitung neben lateinischen Anweisungen für den Apotheker (z. B. die Bevorratung, Lagerung und Herstellung von Arzneien betreffend) eine Preisliste für 19 zusammengesetzte Arzneien. Diesem Berufs- und Betriebserlaß folgt wiederum in der Volkssprache eine Instruktion des Kurfürsten an die Bürgermeister der Stadt, den Verkauf von Arznei- und Heilstoffen durch *worczkremer* und *worczler* sowohl zeitlich als auch den angebotenen Stoffen nach zu begrenzen. Eine Liste von Arzneien, welche *nyemant feile haben ‹sol› dann ein aptecker unsers gnedigen Herren zu Heidelberg,*[23] folgt. Die ggf. auch strafrechtliche Überwachung liegt dabei in den Händen der Bürgermeister.

Die ältere Fassung der Heidelberger Apothekenordnung, auf welche zuerst Wankmüller[24] hinwies und deren angehängte Arzneimittelliste Hein[25] edierte, blieb bislang unberücksichtigt. Ihr fehlt die Instruktion an die Bürgermeister, während sie die Preisliste – von zwei Stoffen abgesehen – vollständig bietet und unter den Berufsanweisungen lediglich eine abweichende Reihenfolge aufweist. Ihre Einleitung ist zudem in lateinischer Sprache gehalten und lautet:

> *Anno domini 1469 superegrigij multeque literature viri bartholomeus ethan de moguncia Conradus schellig de heydelbergis et erhardus knab de zwyfalten artium et medicine doctores admodum experti pro medicinarum dispensationibus compositarum de nouo ordinandis per illustrissimum invictissimumque principem fridericum palatinum rheni etc. requisiti atque rogati eo quo infra sequitur modo subscriptus vnanimiter concorditerque dispensari medicinas atque erogari hac in apoteca heydelbergensi super prestito dispensatoris iuramento censuerunt.*

Die Ausführungen zur älteren Taxe stellen zum einen die in der Forschung bis hin zu Schuba[26] fehlerhaften Angaben richtig. Zum anderen dokumentieren sie die Anfänge eines landesherrlichen Gesundheitswesens in Kooperation von Hof, Stadt und Universität (Erhard Knab).[27] Schließlich bietet

---

berg 1926, S. 15–17; ALFRED ADLUNG, Die älteren deutschen Apothekenordnungen, Mittenwald 1931, S. 48–52.

[23] Zitiert nach DONAT (wie Anm. 21) S. 20.

[24] ARMIN WANKMÜLLER, Zur Geschichte der Arzneitaxen im ausgehenden Mittelalter, in: Schweizerische Apotheker-Zeitung 88, 1950, S. 821–823. Die Ordnung von 1469 ist als ‚Bestand 236, Nr. 12' im Stadtarchiv Speyer überliefert.

[25] WOLFGANG-HAGEN HEIN, Eine Heidelberger Arzneimittelliste von 1469, in: Sudhoffs Archiv 37, 1953, S. 140–145. Die edierte Liste steht in keinem erkennbaren Zusammenhang mit der Verordnung von 1469 und weicht von der zwei Jahre später erstellten erheblich ab.

[26] Die Angaben bei SCHUBA (wie Anm. 11) Sp. 1268 sind zu korrigieren: weder ist die frühere Fassung aus dem Stadtarchiv Speyer eine Kopie der Überlieferung im GLA Karlsruhe, noch wurde sie je ganz ediert.

[27] Noch vor Heidelberg erhielten z. B. die Städte Nürnberg (1350), Konstanz (1387) oder Frankfurt am Main (1461) Apothekenordnungen (Vgl. die chronologische Tabelle in: ALFRED ADLUNG – GEORG URDANG, Grundriß der Geschichte der deutschen Pharmazie, Berlin 1935, S. 520). Rudolf Schmitz' These von der erst humanistischen Initiative zur Reform des Arzneiwesens schneidet diese Vorgeschichte der großen Pharmakopöen des 16. Jahrhunderts ab. Vgl.

der Namenszusatz ‚de moguncia', den Bartholomäus von Etten 1469 noch
– und 1471 bereits nicht mehr – trägt, ein weiteres Detail für ein Curriculum vitae dieses urkundlich außerordentlich gut bezeugten Arztes des 15. Jahrhunderts. In einem biographischen Exkurs sollen die verstreut dokumentierten Daten im folgenden geordnet werden.

Exkurs: Bartholomäus von Etten[28]

1425 wird Bartholomäus *Nycolai de Hagha (alias de Eten)* aus der Diözese Utrecht an der Universität Köln immatrikuliert.[29] Der ‚magister in artibus et medicina' wird am 23.1.1434 in Basel als Konzilsarzt angenommen[30] und ist 1443 als „m. art. et dr. med."[31] belegt. Spätestens 1453 ist Bartholomäus Leibarzt des Bischofs von Mainz,[32] Diethers I. Schenk zu Erbach, sodann bis 1468 auch der des Amtsnachfolgers Adolf von Nassau.[33] Im gleichen Jahr erhält er ein Lehen von Graf Johann II. von Wiesbaden-Id-

---

RUDOLF SCHMITZ, Der Anteil des Renaissance-Humanismus an der Entwicklung von Arzneibüchern und Pharmakopöen, in: Das Verhältnis der Humanisten zum Buch, hg. von FRITZ KRAFFT – DIETER WUTTKE (Kommission für Humanismusforschung. Mitteilung IV) Boppard 1977, S. 227–243.

[28] Zwei neuere landesgeschichtliche Untersuchungen gehen auf Lebensabschnitte Bartholomäus' von Etten ein: OTTO RENKHOFF, Wiesbaden im Mittelalter (Geschichte der Stadt Wiesbaden 2) Wiesbaden 1980, S. 312; KARL E. DEMANDT, Der Personenstaat der Landgrafschaft Hessen im Mittelalter. Ein ‚Staatshandbuch' Hessens vom Ende des 12. bis zum Anfang des 16. Jahrhunderts 1 (Veröffentlichungen der Historischen Kommission für Hessen 42) Marburg 1981, S. 199–201. Weitere im folgenden ausgewertete Quellen erschließen: G.L. KRIEGK, Deutsches Bürgerthum im Mittelalter. Nach urkundlichen Forschungen und mit besonderer Beziehung auf Frankfurt am Main 1, Frankfurt am Main 1868, S. 46–47. KARL BAAS, Mittelalterliche Gesundheitsfürsorge im Gebiete des heutigen Rheinhessens mit besonderer Berücksichtigung von Mainz (Veröffentlichungen aus dem Gebiete der Medizinalverwaltung 35) Berlin 1931, S. 46–47.

[29] HERMANN KEUSSEN, Die Matrikel der Universität Köln 1 (Publikationen der Gesellschaft für Rheinische Geschichtskunde 8) Bonn ²1928, S. 281. Möglicherweise ist also die Stadt Etten unweit Breda in den Niederlanden der Geburtsort.

[30] Concilium Basiliense. Die Protokolle des Concils von 1434 und 1435. Aus dem Manuale des Notars Bruneti und einer römischen Handschrift, hg. v. JOHANNES HALLER (Concilium Basiliense. Studien und Quellen zur Geschichte des Concils von Basel. Hg. mit Unterstützung der Historischen und Antiquarischen Gesellschaft von Basel 3) Basel 1900, S. 154, Zeile 2f.

[31] KEUSSEN (wie Anm. 29). Die Angabe beruht sich auf RYMER, Foedera 11, 20 und wurde nicht überprüft.

[32] Das geht aus einer Quittung hervor, die „B. de Eten, Art. et Med. Doctor" (BAAS [wie Anm. 28] S.47) dem Mainzer Bischof für gezahlte Reisekosten ausstellt. BAAS gibt diese Quittung wieder im Anschluß an VALENTINUS FERDINANDUS GUDENUS, Codex diplomaticus sive anecdotorum, res Moguntinas, Francicas, Trevirenses, Colonienses, finitimarumque regionum. Nec non ius germanicum et S.R.I. historiam vel maxime illustrantium 2: Monumenta aedis metrop. Moguntinae sicut et in peristylo sepulchralia, Frankfurt – Leipzig 1747, S. 813–928, S. 922–923.

[33] DEMANDT (wie Anm. 28) S. 199; RENKHOFF (wie Anm. 28) S. 312.

stein, das 1477 erneuert wird.[34] Die durch die Stiftsfehde politisch unruhige Zeit in Mainz ist unterbrochen durch Versuche, weitere Dienstverhältnisse anzuknüpfen. So wird Bartholomäus von Etten 1458 Arzt des Grafen Philipp von Katzenelnbogen[35], der ihm jedoch gestattet, in Frankfurt zu wohnen, einer Stadt, mit der Bartholomäus 1458 und 1459 verhandelte und in die er 1466 übersiedelte.[36] 1464 ist er zudem in Würzburg belegt.[37] Dennoch scheint der Kontakt mit Mainz nie ganz abgebrochen zu sein – dort ist Bartholomäus u.a. 1462[38] und 1467[39] sicher belegt –, so daß er bei seiner Heidelberger Tätigkeit 1469 als ‚de moguncia' auftreten konnte. Neben der Apothekenordnung fällt auch das Gicht-Regimen im Cpg 226 in dieses Jahr. Da Bartholomäus 1469 noch in Frankfurt ein Gehalt bezog, im Jahr darauf dort aber nicht mehr nachweisbar ist,[40] könnte er nach Heidelberg umgezogen sein. Dort wird er in der zweiten Fassung der Apothekenordnung 1471 noch genannt. 1476 ist Bartholomäus in Diensten Landgraf Heinrichs III. von Hessen,[41] der ihm 1477 eine Bestallung ausfertigt, welche den Arzt auch Pfalzgraf Philipp gegenüber noch als dienstpflichtig belegt.[42] Letzte Lebensdaten stammen aus den Jahren 1483, als er ein

---

[34] RENKHOFF (wie Anm. 28) S. 312. RENKHOFF korrigiert damit die Angabe von KARL E. DEMANDT, Regesten der Grafen von Katzenelnbogen 1060–1486 3: Rechnungen, Besitzverzeichnisse, Steuerlisten und Gerichtsbücher 1295–1486 (Veröffentlichungen der Historischen Kommission für Nassau 11) Wiesbaden 1956, S. 2359, Nr. 5019. Dort werden die Grafen von Nassau-Dillenburg als Lehensgeber genannt.
[35] DEMANDT (wie Anm. 28) S. 199. Der detaillierte Dienstkontrakt vom 19.12.1458 bei DEMANDT (wie Anm. 34) 2: 1418–1482, Wiesbaden 1954, S. 1408f., Nr. 5019. Am 1.5.1466 wurde Bartholomäus mit einem erblichen Lehen ausgestattet, das im Todesfall seiner Ehefrau zufallen sollte. DEMANDT, ebd. S. 1509f., Nr. 5396.
[36] KRIEGK (wie Anm. 28) S. 46–47. Ob Bartholomäus von Etten aufgrund seiner Tätigkeit als identisch mit Bartholomäus von Frankfurt gelten darf, muß weiterhin offen bleiben. Vgl. GERHARD EIS, Nachträge zum Verfasserlexikon, in: Studia Neophilologica 43, 1971, S. 385f.
[37] GEORG STICKER, Die Entwicklung der Medizinischen Fakultät an der Universität Würzburg, in: Festschrift zum 46. Deutschen Ärztetag in Würzburg vom 6. bis 10. September 1927, hg. v. FRANZ FRISCH – FERDINAND FLURY, Würzburg 1927, S. 1–167, S. 39.
[38] BODMANN, Vollständige, von einem gleichzeitigen und Augenzeugen gefertigte Nachricht von der wegen dem Besitze des Erzstifts Mainz zwischen den beiden Erzbischöffen Diether von Isenburg und Adolf von Nassau geführten Fehde, und der damals von letzterm verrätherischer Weise geschehenen Einnehmung und darauf erfolgten Unterjochung der Stadt Mainz, in: Rheinisches Archiv für Geschichte und Litteratur 4, hg. v. N. VOGT – J. WEITZEL, Mainz 1811, S. 3–19, S. 120–152, S. 328–347, S. 344.
[39] Die Protokolle des Mainzer Domkapitels 1: Die Protokolle aus der Zeit 1450–1484. In Regestenform bearbeitet von FRITZ HERRMANN, Darmstadt 1976, S. 173–174. Die Protokolle vom 4. und 5.11.1467 belegen einen diplomatischen Auftrag für Bartholomäus von Etten durch das Domkapitel, der den Kontakt zum Grafen von Wiesbaden und zu dem von Nassau herstellen sollte. Unklar ist, ob ein Rechtsstreit Bartholomäus' von Etten mit dem Frankfurter Bürger Hermann Ryffenhusen um den Anspruch auf eine Goldschmiedearbeit 1468 in Mainz oder in Frankfurt ausgetragen wurde. Vgl. WALTHER KARL ZÜLCH, Frankfurter Künstler 1223–1700, Frankfurt am Main 1935, S. 184.
[40] KRIEGK (wie Anm. 28) S. 47.
[41] RENKHOFF (wie Anm. 28) S. 312. Einen Gehaltsnachweis von 1480 führt an CHRISTOPH ROMMEL, Geschichte von Hessen 3,1, Kassel 1827, S. 41.
[42] DEMANDT (wie Anm. 28) S. 200.

„Gutachten über die Apotheken-Einrichtung‘⁴³ für den Frankfurter Rat schreibt und 1484, als ihn Graf Adolf III. von Wiesbaden-Idstein belehnt, dessen Vater bereits die Dienste des Bartholomäus beansprucht hatte.⁴⁴ Nimmt man ein über siebzig Jahre währendes Leben an, so lassen sich alle Daten durchaus zur Biographie eines Bartholomäus von Etten fügen. Seiner verzweigten – und doch lokal konsistenten – Tätigkeit in Diensten von Hof und Stadt eignet ein hohes Maß sowohl an Mobilität als auch an Selbständigkeit. Letztere macht ihn gar für diplomatische Missionen tauglich. Der Status dieses Arztes ist weniger mittels seiner sozialen Anbindung an einen Hof und dessen Funktionszuweisungen garantiert, als vielmehr durch Professionalität und selbständige Funktionssuche. Solche ‚freie Funktionalität‘ begegnet zeitgleich vor allem im Typus des gelehrten Juristen, wie ihn etwa Gregor Heimburg, Laurentius Blumenau oder Martin Mair verkörpern.⁴⁵

Die relative Stabilität von Gebrauch und Produktion medizinischer Texte, die sich in der zweiten Jahrhunderthälfte im Zusammenspiel von Hof und Universität in Heidelberg entwickelt, ist zwar zu betonen. Indes darf man den Organisationsgrad der Medizin am Hof nicht überschätzen und hat als Hintergrund eine Fülle diffuser Daten über die Anstellung weiterer Leibärzte und nicht-gelehrter Mediziner präsent zu halten.⁴⁶ So gewährt etwa Kurfürst Ludwig III. *meister Hansen Dubingern unserm arczet*⁴⁷ 1424 eine Steuerbefreiung, so befand sich Johannes Wonnecke von Kaub kurzzeitig in Diensten Friedrichs,⁴⁸ während Philipp 1488 Adolf Occo aus Friesland⁴⁹ und 1495 den Schultheißen von Kirrlach, Peter Stark,⁵⁰ als Arzt engagierte.

Regimina sanitatis als Form medizinischer Rede

Bei dem Problem einer Typologisierung ihres Textmaterials ist die medizinische Fachprosaforschung bislang noch zu keiner verbindlichen Lösung gelangt. Während Gerhard Eis ‚Arzneibücher‘ und ‚Regimina sanitatis‘ als „literarische Großform[en]"⁵¹ unterschied, traf Peter Assion eine dreiglied-

---

⁴³ Kriegk (wie Anm. 28) S. 47.
⁴⁴ Renkhoff (wie Anm. 28) S. 312.
⁴⁵ Vgl. exemplarisch Peter Johanek, Gregor Heimburg, in: ²VL 3, Sp. 629–642.
⁴⁶ Zum Überblick: Karl Baas, Anfänge des Heilwesens in Alt-Heidelberg, in: Fortschritte der Medizin 30, 1912, S. 1125–1134.
⁴⁷ Franz-Josef Mone, Armen- und Krankenpflege vom 13.–16. Jahrhundert, in: ZGO 2, 1851, S. 257–291, S. 273.
⁴⁸ Pfälzer Kopialbuch 814, Bl. 86ᵛ. (GLA Karlsruhe)
⁴⁹ Mone (wie Anm. 47) S. 273–275. Zur Person des humanistischen Arztes vgl. Peter Assion, Occo, Adolf I., in: ²VL 7, Sp. 12–14.
⁵⁰ Mone (wie Anm. 47) S. 275–276.
⁵¹ Gerhard Eis, Mittelalterliche Fachliteratur, Stuttgart 1962, S. 37.

rige Einteilung, indem er zusätzlich das ‚Rezeptar' abgrenzte.[52] Beide Autoren halten aber ‚Regimina sanitatis' übereinstimmend aufgrund der ihren Inhalt ordnenden *res naturales* oder *res non naturales*[53] für eine spezifische Form medizinischer Rede. Dieses zunächst einleuchtende Kriterium ist jedoch problematisch. Folgt man nämlich Gundolf Keil[54] und bezeichnet als ‚Regimen sanitatis' all jene Schriften, die entweder allgemeine Gesundheitsregeln für das alltägliche Leben des Gesunden anbieten oder spezifische, diagnoseabhängige Therapievorschläge für den Erkrankten bereitstellen, dann grenzt das bloße *sex res*-Kriterium Texte aus, die zwar jene Inhalte bieten, sie aber anders als nach den *sex res* organisieren.

Dieser Schwierigkeit trägt der von Koch entwickelte Vorschlag Rechnung, drei Gruppen von ‚Regimina sanitatis' ihrem Gliederungsprinzip nach zu unterscheiden: erstens temporal gliedernde Regimina, d. h. solche für Monate, Jahreszeiten oder Tagesabläufe, zweitens nach den *sex res non naturales* gliedernde und schließlich drittens komplexionsspezifische Regimina.[55] Um die Mehrzahl der überlieferten Texte, vielleicht sogar alle, durch dieses Schema zu erfassen, müßte man allerdings auch Mischformen zulassen, wie etwa die kompilierte ‚Ordnung der Gesundheit' für Rudolf von Hohenberg.[56]

Macht man auf diese Weise zwar keine falschen Schnitte und trennt nicht Zusammengehöriges, so bedarf Kochs Schema aus einem anderen Grund der Präzisierung. Die Kriterien ‚Zeit', *sex res* und ‚Komplexion' sind zwar ihrer aktuellen Funktion, nicht aber ihrem theoretischen Status nach kompatibel. Mit ihnen bewegt sich Koch auf drei unterschiedlichen Niveaus: Die *sex res non naturales* liegen wie die *res naturales* in der hierarchiehöchsten Ebene medizinischer Theorie. ‚Komplexion' ist ein Unterbegriff der

---

[52] ASSION, Fachliteratur, S. 139.
[53] Zur Stellung der *res (non) naturales* in der Systematik der mittelalterlichen Medizin vgl. HEINRICH SCHIPPERGES, Regiment der Gesundheit, in: Bild der Wissenschaft 9, 1972, S. 1309–1315. Sehr instruktiv ist die kurze Darstellung bei BERNHARD D. HAAGE, Altdeutsche Pestliteratur. Überblick und Forschungsbericht, in: Jahrbuch der Oswald-von-Wolkenstein-Gesellschaft 2, 1982/83, S. 297–313, S. 302–304. Die *sex res non naturales*, die uns im folgenden beschäftigen werden, sind: 1. Luft, 2. Speise und Trank, 3. Bewegung und Ruhe, 4. Schlafen und Wachen, 5. Füllung und Entleerung, 6. Leidenschaften und Affekte.
[54] Vgl. GUNDOLF KEIL, Die deutsche medizinische Literatur im Mittelalter, in: Verhandlungen des 20. Internationalen Kongresses für Geschichte der Medizin. Berlin, 22.–27. August 1966, hg. v. HEINZ GOERKE – HEINZ MÜLLER-DIETZ, Hildesheim 1968, S. 647–654, S. 651f.
[55] Vgl. MANFRED PETER KOCH, Das ‚Erfurter Kartäuserregimen'. Studien zur diätetischen Literatur des Mittelalters, Bonn 1969, S. 8. KEIL folgt dieser Einteilung (GUNDOLF KEIL, Prosa und gebundene Rede im medizinischen Kurztraktat des Hoch- und Spätmittelalters, in: Poesie und Gebrauchsliteratur, S. 76–94, S. 77), ohne die komplexionsspezifischen Regimina zu erwähnen, die freilich schon laut Koch „verhältnismäßig selten belegt" (KOCH, ebd.) sind.
[56] Vgl. CHRISTA HAGENMEYER, Die ‚Ordnung der Gesundheit' für Rudolf von Hohenberg. Untersuchungen zur diätetischen Fachprosa des Spätmittelalters mit kritischer Textausgabe, Heidelberg 1972.

res naturales und ‚Zeit' hat zwar keinen Ort in der medizinischen Systematik, ist im Elementen-Schema aber den Komplexionen zugeordnet.[57]

Peter Niebyl hat in einer Untersuchung gezeigt, wie die *sex res non naturales* sich als eine Systematisierung Galens durch Johannitius und Haly Abbas in der abendländischen Medizin etablieren.[58] Konsequent aus diesem theoretischen Zusammenhang heraus hat Wolfram Schmitt seine differenzierte Typologie solcher ‚Regimina sanitatis' entwickelt, die im Zuge der drei Rezeptionsphasen arabistischer Medizin vom 11. bis zum 13. Jahrhundert ins Lateinische übersetzt wurden.[59] Schmitt konstatiert:

> „Besonders häufig und charakteristisch ist die konservative, aber auch die prophylaktische Zielsetzung, die diätetische Methodik und die Thematik der *sex res non naturales*, wobei letztere in der Regel im Ensemble auftreten."[60]

Ergänzt man diesen Typ um die bei Knab und Münsinger dominante, bei Schelling partiell verfolgte kurative Zielsetzung, so erfaßt er alle drei im folgenden näher untersuchten volkssprachlichen Texte, Münsingers Katarrh-, Knabs Gicht- und Schellings Pestregimen. Ihr nach ‚Zielsetzung', ‚Methodik' und ‚Thematik' homologes Grundmuster legitimiert die vergleichende Analyse der drei Regimina und läßt ihre jeweiligen Spezifika umso deutlicher hervortreten.

Das Muster *kurativ-diätetisch-sex res* erfaßt indes nicht allein die gewählten landessprachlichen Beispiele, sondern in Variationen auch die erwähnten lateinischen Texte. Bartholomäus von Etten richtet sein Regimen ‚Contra artheticam' im Cpg 226 dreiteilig ein: einem prophylaktischen ersten und einem kurativen zweiten – beide nach dem *sex res non naturales*-Schema gegliedert – folgt ein kurzer dritter Teil mit Rezepten. Erhard Knabs ‚Regimen contra calculum' im Cpl 1327 erfüllt das *sex res*-Muster, expandiert aber den Abschnitt *Cibus et Potus*, indem zur Ernährung neun Unterkapitel (z. B. *De pane, De piscibus, De fructibus* etc.) gebildet werden. Das mutmaßlich von Knab stammende ‚Regimen de catarrho' im Cpl 1319, Bl. 176ʳ-184ᵛ stellt den *sex res* drei Kapitel mit den Überschriften *de causis catarri* (Bl. 176ʳ), *de signis catarri* (Bl. 177ʳ) und *de continente catarrum paciencium* (Bl. 177ᵛ) voran.

Die Überlegungen zur Typologie der ‚Regimina sanitatis' führen zu einem doppelten Resümee: Generell wird man damit rechnen müssen, daß die pragmatische Orientierung – von jeher konstitutiv für das ‚Regimen sanitatis'[61] – im späten Mittelalter eine so enorme Differenzierung der

---

[57] Vgl. die Schemata bei HEINRICH SCHIPPERGES, Moderne Medizin im Spiegel der Geschichte, Stuttgart 1970, S. 62 u. S. 96.

[58] PETER H. NIEBYL, The Non-Naturals, in: Bulletin of the history of medicine 45, 1971, S. 486–492. Zur Frage des galenischen Ursprungs der *sex res non naturales* vgl. auch SAUL JARCHO, Galen's Six Non-Naturals: A bibliographic Note and Translation, in: Bulletin of the history of medicine 44, 1970, S. 372–377; JEROME J. BYLEBYL, Galen on the Non-Natural causes of variation in the pulse, in: Bulletin of the history of medicine 45, 1971, S. 482–485.

[59] Vgl. WOLFRAM SCHMITT, Theorie der Gesundheit und ‚Regimen sanitatis' im Mittelalter, Heidelberg (Habil.-Schr. masch.) 1973, S. 177f.

[60] SCHMITT (wie Anm. 59) S. 178.

[61] Vgl. SCHMITT (wie Anm. 59) S. 4f.

Texte bewirkt, daß diese kaum mehr durch eine aus der systematischen Medizin deduzierbare Typologie erfaßt werden können. Diesem Umstand trägt der an jüngerem Material gewonnene Vorschlag Kochs Rechnung. Speziell für die im folgenden bearbeiteten drei Texte ist noch einmal ihre bemerkenswerte formale Analogie festzustellen. Mit der Adaptation des *res non naturales*-Modells gründen sie sich zugleich auf jene Konstruktion, die von allen anzutreffenden Ordnungsschemata dem gelehrten Wissen noch am nächsten steht.[62] Auf diese Weise dokumentieren die Heidelberger Regimina noch genau, woher das Wissen stammt, das ihre promovierten Verfasser für den Gebrauch neu einrichten. Der Akt gebrauchsorientierter Auswahl und Neuordnung von Wissen ist konstitutiv für alle Regimina, die sich spezifisch einer Indikation oder einem Patienten zuwenden. Dieser Akt fügt die ausgewählten Texte ein in das Corpus pragmatischer Schriftlichkeit für den Hof. Dabei ist einzuräumen, daß die Heidelberger Autoren kaum noch eine Primärrezeption der übersetzten arabischen Klassiker leisteten, auch wenn Münsinger – wie wir sehen werden – sich autoritativ auf sie beruft. Vielmehr muß als Quelle der ‚Regimina sanitatis' des 15. Jahrhunderts eine z.T. bereits ins Deutsche übersetzte diätetische Literatur gelten, die ihrerseits schon eine Auswahl des kanonischen Wissens bietet. Zentrale Bedeutung hat dabei neben dem ‚Salernitanischen Regimen' vor allem die lateinische und landessprachliche ‚Secretum secretorum'-Tradition erlangt.[63] Die Abhängigkeit der Texte Münsingers und Knabs von dieser diätetischen Tradition, die bei Schelling durch die Tradition einer spezifischen Pestliteratur erweitert wird, muß kaum dargetan werden. Umso bedeutsamer ist es, den Blick vom Quellen- und Traditionsaspekt umzulenken auf Fragen nach der kommunikativen Einrichtung der Texte, d. h. auf ihre besonderen Verfahren, Wissen zwischen Mündlichkeit und Schriftlichkeit, Handschrift und Druck in eine Ordnung zu bringen und zu adressieren.

Zwei volkssprachliche Regimina Heinrich Münsingers und Erhard Knabs in handschriftlicher Überlieferung

In Gestalt des *sex res non naturales*-Schemas bleibt die Ordnung der systematischen Medizin in einem Katarrh-Regimen stets präsent, das Heinrich

---

[62] Zeitlich gliedernde Regimina dagegen lösen den systematischen Zusammenhang der *sex res* fortschreitend auf. Vgl. WOLFGANG HIRTH, Regimina duodecim mensium in deutschsprachigen Tradierungen des Hoch- und Spätmittelalters, in: Medizinhistorisches Journal 17, 1982, S. 239–255, S. 241.

[63] Vgl. WOLFGANG HIRTH, Studien zu den Gesundheitslehren des sogenannten „Secretum Secretorum", Heidelberg (Diss.) 1969. Allgemein: DERS., Popularisierungstendenzen in der mittelalterlichen Fachliteratur, in: Medizinhistorisches Journal 15, 1980, S. 70–89. Beispiele für die Quellenrekonstruktion eines Regimens geben MANFRED PETER KOCH – GUNDOLF KEIL, Die spätmittelalterliche Gesundheitslehre des „Herrn Arnoldus von Mumpelier", in: Sudhoffs Archiv 50, 1966, S. 361–374; HAGENMEYER (wie Anm. 56).

Münsinger für den Pfalzgrafen Friedrich den Siegreichen anfertigte. Es ist im Clm 224 der BSB in München überliefert, einer Handschrift aus dem Besitz Hartmann Schedels.

Durchluchtiger, hochgeborner fúrst,[64] mit diesen Worten spricht Heinrich Münsinger seinen Dienstherren, den Pfalzgrafen Friedrich an, um diesen zunächst über dessen Krankheitsbild aufzuklären. Unter einem *grossen fluss vom hopt in die brust* leide der Kurfürst *zu dissen zyten*, der zu Atemnot und schließlich zu *hůsten mit vermischung aitters* geführt habe, *den úwer gnad vor nit swarlich gehabt hat.* Damit in *kúnfftigen zyten nit swerer kranckheit* den Patienten befalle, sei Münsinger *úwer gnaden begerung* nachgekommen, zu *beschriben, wie sich úwer gnad halten soll.* Ein vorausgehender Zustand minderen Leidens und ein prognostizierter der Besserung definieren einen Jetzt-Zustand der Krankheit (*ietz [. . .] in úwer gnaden kranckheit*), welcher Anlaß für den Rat des Leibarztes gibt. Für eine durch Patient, Diagnose und Krankheitsphase präzisierte Situation hat Heinrich Münsinger sein medizinisches Fachwissen einzurichten und in eine volkssprachliche Schriftform zu bringen.

Auf die Frage nach den Regeln, denen diese Vertextung folgt, geben die *sex res non naturales* eine erste Antwort. Sie bestimmen den Verlauf des Regimens, sie werden als *sechs stucken* explizit am Anfang des Textes erklärt und aufgezählt, sie treten in den Zwischenüberschriften auf, und sie legen Anfang und Ende des Texts fest. Jeder medizinisch Gebildete würde ihn sogar ohne Kenntnis der Einleitung als vollständig und kohärent einstufen und es nicht als Bruch empfinden, wenn auf das Kapitel *von ops* das *Von bewegung und der růw* folgt. In diesem Sinne garantiert das wissenschaftliche Schema die Kohärenz des Texts mindestens zu einem Grade, der seine Abschrift sinnvoll erscheinen ließ.

Aber das *sex res*-Schema garantiert die Verstehbarkeit der Abhandlung nur unvollständig. Denn selbst wenn es etwa Hartmann Schedel, dem Arzt, in dessen Handschrift das Regimen überliefert ist, gelänge, vom Hier (*in dissen landen*) und Jetzt (*ietz*) des Textes zu abstrahieren, um seine Anweisungen auf einen parallelen Fall zu übertragen, auch er wüßte weder, welche Art von eingedicktem Saft (*latwerg, die ich uwer gnad gemacht hab*) Heinrich Münsinger seinem Patienten gab, noch gar wie der Leibarzt jenen ‚Wilhelm' instruierte, von dem im Regimen die Rede ist:

> *Vwer gnad mag das hopt in der wochen lasen einist zwahen mit krútter in der mäß, als ich den Wilhelm vnderwissen hab.*

Hier und an anderen Stellen rekurriert der Text auf nicht-verschriftlichte Elemente der Realität – sowohl sprachlicher als auch außersprachlicher Art –, die nur der Kurfürst interpolieren kann. So verweist Münsinger z. B. auf zusätzliche Instruktionen, die er *úwer gnaden koch* erteilt hat oder auf *zepfflin [. . .] als ich auch die úwern gnaden geben han.* In Kurfürst Friedrich

---

[64] Alle Zitate nach der Edition von Eis, Münsinger (wie Anm. 13) S. 85–90.

hat der Text seinen einzigen intendierten Leser, ohne sein aktuelles alltagsweltliches Wissen bleiben blinde Flecke.

Offenbar stellt also das Regimen allein durch die Realisierung eines gelehrten Schemas, das als seine Makrostruktur zu beschreiben wäre, keine ausreichende Kohärenz her. Der Text macht vielmehr einen expliziten Leser zu seiner konstitutiven Funktion, d. h. er rechnet jederzeit auf dessen Interpolationen. Wolfgang Isers Konzept des ‚impliziten Lesers‘ beschreibt, wie die Struktur fiktionaler Texte eine Lektüre ermöglicht, die trotz textinterner Lesersteuerung zu historisch variablen Sinnkonstitutionen führt. Der komplementäre Begriff des ‚expliziten Lesers‘ bezeichnet im Falle von Münsingers Regimen, daß es nur eine einzige vollständige Sinnkonstitution, und zwar aufgrund genau eines konkreten Wissens geben kann.[65] Mit diesem Verfahren, das Verstehen in der Abhängigkeit von personal und situativ gebundenen Reaktionen zu belassen, bedient sich Münsinger des Modus‘ mündlich-dialogischer Rede. Was mit den Worten *Durchluchtiger, hochgeborner fürst* beginnt, ist im Modus einer ‚face-to-face‘-Interaktion verfaßt, setzt Mündlichkeit fort und tendiert dazu, selbst wieder mündlich zu werden.

Nicht nur die Leistung des Lesers ist kalkuliert, auch seine mögliche Überforderung. Indem Münsinger die Diagnose *fluxus catarralis ad pectus* übersetzt und erläutert, antizipiert er Nachfragen seines Patienten. Indem er aus den *sex res* der medizinischen Systematik die Lektüreanweisung der *sechs stucken* macht, beugt er einer Verwirrung durch die Stoffülle vor. Münsingers anschaulicher Vergleich zur Schädlichkeit späten Essens geht vorab auf Verstehensprobleme ein. Durch zu spätes Essen, so Münsinger, werde die *vorig spyß, die üwer gnad zum nachtessen gessen hät, gehindert an der döwung, wenn es ist recht als der in ein siedigen hafen kaltwasser güsset*. Wenn Münsinger die Ratschläge *etlicher wyber* zurückweist, sichert er seine Autorität gegen mögliche Einwände. Indem er die Gewährsleute seiner Anweisung[66] aufzählt, antizipiert er die Frage, ob sein Rat fundiert sei. Beiden präventiv begegneten „Störgruppen" – den *wybern* einerseits und denen, die *dar wyder wölt reden* andererseits – ist die Mündlichkeit ihrer Einwände gemeinsam. So ist Münsingers Berufung auf *bewerte[r] geschrifft* außer als positives Traditionsargument auch greifbar als Negation nichtschriftlichen Wissens.

Die Möglichkeit eines Sprechers, Einwände, Nachfragen und andere Reaktionen seines Kommunikationspartners zu antizipieren, haben die Dialoganalyse zu der methodischen Operation geführt, monologische Texte in

---

[65] Im Anschluß an ISER findet sich die Differenz von ‚implizitem‘ und ‚explizitem‘ Leser entfaltet bei: HANS ROBERT JAUSS, Der Leser als Instanz einer neuen Geschichte der Literatur, in: Poetica 7, 1975, S. 325–344, S. 339.
[66] Die Stelle lautet: *Vnd ob yemant, gelert oder vngelert, dar wyder wölt reden, so bin ich bereit, zu bewisen was dar inn beschriben ist, mit bewerter geschrifft Yppocratis, Auicenne, Galieni, Rabi Moyses vnd ander gelert meister in der kunst der erczny.*

entfaltete Dialoge zurückzutransformieren.[67] Dieser methodisch z. B. für das Erzählen sehr fruchtbare Schritt[68] ist an unserem Material, das im Übergang von Mündlichkeit zu Schriftlichkeit liegt, umgekehrt zu studieren: als das Bemühen, eine dialogische Gesprächssituation in monologische Schriftlichkeit zu übersetzen. Erscheint dabei in der konstitutiv vorausgesetzten Interpolationsarbeit des expliziten Lesers noch der dominant mündliche Kommunikationszusammenhang, so sind die in monologischer Sprache ausgeführten Einwandantizipationen gerade ein Schritt hin zu einer kontextunabhängigeren Schriftlichkeit. Freilich macht erst die an dialogisch-mündlichen Textsignalen orientierte ‚Rückübersetzung' den Ablösungsprozeß deutlich.[69]

Ähnlich determiniert wie die Leserrolle erscheint auch die des Sprecher-Ichs im Text. Selbst wenn man nicht wüßte, daß es Heinrich Münsinger ist, der hier als *ein getrúwer arczet* ‚ich' sagt, bliebe der Text doch an genau jene historische Person gebunden, die den Koch und den Wilhelm belehrte oder dem Kurfürsten ein *latwerg* zubereitete. Die Autorfunktion in diesem Text ist nicht dominant aus Gründen der Autorisierung des Sprechens besetzt, vielmehr tritt hier der Autor im Sinne eines Urhebers gleichermaßen sprachlicher (mündlicher wie schriftlicher) und auch motorischer Handlungen auf. Das Regimen ist gleichsam ein Ausschnitt aus dem Kontinuum ärztlicher Behandlung, der auf außertextliche Voraussetzungen rekurriert und zur Fortsetzung tendiert. Zugespitzt ließe sich sagen, daß das Textende des Regimens mit dem Ende des Dialogs zwischen Münsinger und seinem kurfürstlichen Patienten nicht zusammenfällt. Auf dem Wege zu elaborierten monologischen Wissenstexten, ist Münsingers Husten-Traktat im Anschluß an Tschauder noch als ein subsequentialer, schriftlich-monologischer Text innerhalb eines umfassenden dialogisch-mündlichen Makrotexts aufzufassen.[70] Dennoch: Der verbleibenden Abhängigkeit des Regimens von einer höheren sprachlichen Einheit zum Trotz, ist das Faktum seines schriftlich-monologischen Abkopplungsstrebens das eigentlich Signifikante.

Michael Gieseckes These, wonach erst die druckschriftlichen und nicht auch bereits die handschriftlichen Texte eine von der face-to-face Situation

---

[67] WILHELM FRANKE formuliert programmatisch: „Monologisch strukturierte Sprechhandlungsabfolgen können prinzipiell auf der Grundlage entfalteter dialogischer Sprechaktsequenzen beschrieben werden". WILHELM FRANKE, Erzählen. Skizze zur Beschreibung einer monologischen Kommunikationsform, in: Deutsche Sprache 11, 1983, S. 235–249, S. 237.

[68] Neben FRANKE (wie Anm. 67) vgl. GERD FRITZ, Kohärenz. Grundfragen der linguistischen Kommunikationsanalyse, Tübingen 1982, S. 269–307.

[69] Eine solche ‚Rückübersetzung' kann das Regimen als den Versuch auffassen, ein Arzt-/Patientengespräch zu monologisieren.

[70] Vgl. GERHARD TSCHAUDER, Dialogende und Textende, in: Dialoganalyse. Referate der 1. Arbeitstagung Münster 1986, hg. von FRANZ HUNDSNURSCHER – EDDA WEIGAND, Tübingen 1986, S. 103–113.

abstrahierende Kommunikation etabliert hätten,[71] wird durch Heinrich Münsingers Regimen nur zum Teil bestätigt. Der Kurfürst wird zwar weiterhin auf die mündlichen Erklärungen seines Leibarztes angewiesen bleiben, schon deshalb, weil dieser die Herstellung und Anwendung der Arzneien *in sunderheit beschriben* hat und diese Schrift nicht in die Hände des Laien gehört.[72] Gieseckes Generalisierung sollte aber nicht verdecken, in welchem Maße schon in Münsingers Text mit einer monologischen, der Schriftlichkeit angepaßten Sprachverwendung bei der Wissensvermittlung an Laien experimentiert wird. Gerade diese im handschriftlichen Medium dokumentierten Schritte zur Monologisierung originär dialogischer Texte verdienen Beachtung im Rahmen der Genese des *gemein teutsch* als Fachsprache und ziehen die einseitige Fixierung auf die Drucktechnik in Zweifel. Das Niveau, das Münsinger in diesem Prozeß erreicht, läßt sich im Vergleich mit dem volkssprachlichen Gicht- und Podagraregimen Erhard Knabs im Cpg 226 der UB Heidelberg näher bestimmen.

Durch seine Datierung (1469) rückt Knabs deutscher Gichttraktat in unmittelbare zeitliche Nähe zu Münsingers Katarrh-Regimen, das um 1470 entstanden sein dürfte, wenn man die Lebenszeit seines Urhebers und die seines Adressaten in Rechnung stellt, die beide 1476 starben. Trotz zweier unterschiedlicher Indikationen sind darüber hinaus die empfohlenen Verhaltensmaßregeln in beiden Regimina oft dieselben. Rät Münsinger zu *für von reben oder von aichin holcz oder wechaltter holcz*, so empfiehlt Knab, *das ir die selb vwer wonung werment mit eichem durrem holtz oder mit reben oder mit weckolder holtz*.[73] Gestattet Münsinger seinem Katarrh-Patienten allein solche Fische, die *schuppen hand vnd die in frischen, steinigen, fliessenden wassern gangen sind*, so rät Knab bei Gicht zu Fischen, *die da gen in steinen wassern, die fliessen syent, vnd die auch schupen haben*. Diese und viele andere Parallelen sprechen kaum für eine spezifische Abhängigkeit der beiden Heidelberger Texte voneinander, sondern sind vielmehr Ausdruck einer generellen inhaltlichen Ähnlichkeit aller Regimina sanitatis, die auf gemeinsamem Quellengebrauch beruht.

Der Adressat von Knabs Regimen ist nicht bekannt, Gerhard Eis vermutete „eine hochgestellte Persönlichkeit, der Knab als Leibarzt diente".[74] Eine solche Tätigkeit Knabs ist urkundlich nicht belegt und könnte bei Knabs fester Heidelberger Verankerung allein für dortige Hofkreise erwogen werden. Personen mit gelehrter Bildung scheiden als Adressaten ver-

---

[71] Vgl. MICHAEL GIESECKE, ‚Volkssprache' und ‚Verschriftlichung des Lebens' in der frühen Neuzeit. Kulturgeschichte als Informationsgeschichte, in: DERS., Sinnenwandel, S. 73–121, S. 110–113. Weil erst die **druck**schriftliche Kommunikation einen ‚weltgeschichtlichen' Einschnitt markiere, fordert GIESECKE, man solle „besser von der ‚typographischen Erfassung des Lebens' als von seiner ‚Verschriftlichung' sprechen." (Ebd. S. 112).
[72] Im Regimen heißt es über die Arzneien: *Die will ich, wann es not ist, getrulichest lassen machen vnd vnderwysung geben, wie man die nuczen sol*.
[73] Alle Zitate nach der Edition von EIS, Knab (wie Anm. 15) S. 96–100.
[74] EIS, Knab (wie Anm. 15) S. 91.

mutlich aus. Denn Matthias Ramung, Bischof von Speyer und kurpfälzischer Kanzler, ist Empfänger von gleich zwei lateinischen Gichtregimina, die von Knab und Bartholomäus von Etten verfaßt wurden. Auch dem podagraleidenden Hofhistoriker Mathias von Kemnat wäre ein lateinischer Traktat angemessener. So könnte wieder Kurfürst Friedrich jene ranghohe Person sein, die – auf weiterreichende Erläuterung gelehrter Terminologie angewiesen –, Empfänger des Knabschen Gichttraktats war.

Diese Vermutung soll nicht mehr bezwecken, als die große Nähe beider Texte zueinander zu betonen, vor deren Hintergrund die abweichenden Vertextungsstrategien Münsingers und Knabs um so deutlicher hervortreten.

Wie Münsinger organisiert auch Knab das medizinische Wissen in der Ordnung der *sex res non naturales*.[75] Doch auch in seinem Falle ist damit die Kohärenz der 38 *Items*, die nach einem diagnostischen Einleitungssatz prophylaktische und kurative Anweisungen auflisten, nur unzulänglich beschrieben. Eis hat das Problem der „etwas ungeordnet wirkenden Reihenfolge der Weisungen"[76] durch eine Gliederung des Textes in einen allgemeinen (*Item* 1-23) und einen gichtspezifischen (*Item* 24-38) Teil zu lösen versucht, wobei nur der erste Teil nach den *sex res* organisiert wäre. Dieser Vorschlag bleibt unbefriedigend, weil zum einen schon der allgemeine Teil spezifizierend auf die Gicht Bezug nimmt (Vgl. *Item* 2, 10, 12 und vor allem 17) und weil es zum anderen bei der Regellosigkeit des zweiten Teils bliebe. Es scheint vielmehr so, als konkurrierten in diesem Text von vornherein zwei Kohärenzmuster miteinander: das wissenschaftliche der *res non naturales* und das additive der *Items*. Am Ende setzt sich das Additionsmuster vollständig durch und Knab präsentiert regellos Wissens- und Beherzigenswertes, das seinen systematisch richtigen Platz durchaus im vorangehenden Textteil gehabt hätte. Zum Teil wird am Ende auch schon Gesagtes noch einmal wiederholt.[77]

Sind es bei Münsinger die Merkmale mündlich-dialogischer Kommunikation, die das medizinische Wissen aus dem gelehrten Zusammenhang abziehen und für den Gebrauch durch Laien neu konstituieren, so wird dieses bei Knab von einem Additionsmuster vollzogen, das zugleich die Reduktion medizinischer Argumentation kompensiert. Darin folgen beide Texte einer vergleichbaren Tendenz. Die Differenz der Strategien ist indes bedeutsamer. So elementar die bloße additive Kohärenzsicherung eines Textes auch ist, sie garantiert im Vergleich zum Rekurs auf Mündlichkeit ein höheres Maß an Monologizität des Geschriebenen.

---

[75] Zur Zuweisung der ersten 23 von den insgesamt 38 der von Eis numerierten *Items* an die *sex res* vgl. Eis, Knab (wie Anm. 15) S. 93.
[76] Eis, Knab (wie Anm. 15) S. 93.
[77] *Item* 32 nimmt 12 , *Item* 33 nimmt 28, *Item* 35 nimmt 21, *Item* 36 nimmt 15 wieder auf, und Item 37 schließt sich an *Item* 4 an.

Der Adressat des Gichtregimens ist wie gesagt nicht überliefert, und es ist im Gegensatz zu Münsingers Text auch unerheblich, wer er war. Er kann anonym bleiben, seine Interpolationen sind für das vollständige Verstehen des Textes überflüssig. Ebenso wie der Adressat, fällt das Sprecher-Ich in diesem Traktat aus. Jeder Leser kann aber die Anweisungen Knabs befolgen, ohne der Nachfrage bei dem Medizinprofessor zu bedürfen. Auch wenn es Rudimente eines ‚Hier' und ‚Jetzt' gibt,[78] ist das Gichtregimen in erheblich höherem Maße situationsabstrakt als der Text Münsingers.

Diese Differenz darf indes nicht im Sinne eines höheren Grades an Fortschrittlichkeit bei Knab gedeutet werden. Seiner Sprachverwendung gelingt zwar der Verzicht auf jene dialogischen Redeweisen, die Münsingers Text kennzeichnen. Weder schafft es Knab aber deren Informationsgehalt in eine entwickeltere Monologizität zu überführen – er läßt ihn vielmehr ausfallen – noch lassen sich bei Knab jene Einwandantizipationen und Verständnissicherungen beobachten, die Resultat von Münsingers Bemühungen um Monologisierung waren. Knabs Text erinnert in seiner eher kruden additiven *Item*-Konstruktion vielmehr an medizinische Instruktionen des 14. Jahrhunderts. Münsingers Regimen dagegen ist im Prozeß der Entwicklung einer wissenschaftlichen, monologisch verfaßten Fachsprache das Dokument eines Übergangs. Dieses gewiß nicht in dem Sinne, daß Münsingers Traktat den Ort markierte, an welchem jener Prozeß gleichsam im Vollzug zu studieren wäre. Die widersprüchlichen Merkmale des Textes sind aber von einheitlicher Signifikanz für einen Übergang, der sich vollzieht, indem das Schreiben auf dem Wege der Induktion mündlich-dialogischer Sprachmuster Abstand gewinnt von der reduzierten Monologizität der *Item*-Reihen. Dadurch erhöht sich der Komplexitätsgrad und die Erklärungsfähigkeit des Versprachlichten. Es erhält Qualitäten, die für den modernen Wissenschaftsdiskurs unerläßlich sind, von diesem indes nicht mehr durch Dialogsimulation, sondern durch argumentativ-kausale Verkettung gesichert werden.

Als Transformationsphase zwischen den von Georg Elwert bestimmten Stadien einer „Präzisierung komplexer Zusammenhänge in ihrer genauen Abhängigkeit [...] durch den Dialog" einerseits und deren Repräsentation in „Konditional- und Kausalkonstruktionen mit festem Sinn"[79] andererseits hat am Ende nicht nur der von Elwert angeführte Lehrdialog zu gelten. Kennzeichnend für jene Phase sind gerade auch Texte wie Münsingers Regimen, die Spuren des Bemühens hinterlassen, eine Aufhebung der dialogisch-mündlichen Situation in den Monolog zu erreichen, ohne deren noch überlegenen Grad an Bedeutungssicherheit und Informationsumfang preiszugeben.

---

[78] So bezieht sich etwa Item 13 auf *gemein frucht by uns wachsen*.
[79] GEORG ELWERT, Die gesellschaftliche Einbettung von Schriftgebrauch, in: Theorie als Passion. Niklas Luhmann zum 60. Geburtstag, hg. von DIRK BAECKER u.a., Frankfurt a. M. 1987, S. 238–268, S. 253.

Konrad Schellings gedrucktes deutsches Pestregimen (1501/1502) im Kontext ausgewählter Pestliteratur des 15. Jahrhunderts

Mit Konrad Schelling, dem Nachfolger Heinrich Münsingers als kurpfälzischer Leibarzt, überschreitet auch die medizinische Überlieferung am Heidelberger Hof die Schwelle zum Druckzeitalter. Nebenbei sicherte dieser Umstand Schelling als einzigem der gelehrten Mediziner Heidelbergs im 15. Jahrhundert fortdauernde Bekanntheit und einen Platz im ‚Jöcher'. Als Leistung des „Leib-Medicus Churfürstens Philippi zur Pfaltz"[80] wird dort der frühe Syphilistraktat unter dem Titel ‚Consilium ad pustulas malas, morbum quem malum de Francia vulgus appellat' aufgeführt. 1495 oder 1496 von Friedrich Misch in Heidelberg gedruckt, wird er von Sudhoff als unmittelbare Reaktion auf das ‚Gotteslästerer-Edikt' des Wormser Reichstags von 1495 gedeutet.[81] Das Edikt erklärte die Syphilis (*quem vulgo Malum Francicum vocant*)[82] zur Strafe Gottes für Schmähungen seines Namens. Die in einem Kölner Druck verbreitete deutsche Fassung des Edikts beklagte, es verbreiteten sich

> *sunderlich in disen tagen swer kranckheiten vnd plagen der menschen genant die pösen plattern die vormals bey menschen gedechtnuss nye gewesen noch gehört sein aus dem wir die straffe gottes billich gedenncken.*[83]

Dem lateinischen Regimen Schellings steht ein Geleitbrief Jakob Wimpfelings voran,[84] der diese theologische Argumentation des Reichstags aufnimmt. Der Traktat selbst umfaßt eine präservative erste und eine kurative zweite Hälfte, die ihrerseits wiederum nach *De dieta*, *De potione* und *Cirurgia* binnengegliedert ist. Entstanden ist das Regimen *ex ordinatione et iussu*[85] Kurfürst Philipps. Ebenso im Auftrag Philipps entstand auch das in seiner Gliederung verwandte deutsche Pestconsilium, das Schelling nach

---

[80] CHRISTIAN GOTTLIEB JÖCHER, Allgemeines Gelehrten-Lexicon. Darinne die Gelehrten aller Stände sowohl männ- als weiblichen Geschlechts, welche vom Anfange der Welt bis auf ietzige Zeit gelebt, und sich der gelehrten Welt bekannt gemacht, Nach ihrer Geburt, Leben, merckwürdigen Geschichten, Absterben und Schrifften aus den glaubwürdigsten Scribenten in alphabetischer Ordnung beschrieben werden 4, Leipzig 1751, Sp. 245.

[81] Vgl. KARL SUDHOFF, Graphische und typographische Erstlinge der Syphilisliteratur aus den Jahren 1495 und 1496, München 1912, S. 21. Neuedition: KARL SUDHOFF, Zehn Syphilis-Drucke aus den Jahren 1495–1498 (Monumenta medica 3) Florenz 1924. Exemplare befinden sich u.a. in folgenden Bibliotheken: Heidelberg, UB, P 4947 Inc.; Berlin, SPKB, Voullième Nr. 1198; Augsburg, SB/StB, 3 an 4⁰ Ink.446; Wolfenbüttel, HAB, 64.11 Quod. (7); Louvain, UB, 653; Rom, Bibl. Vat. lat. 1270, lat. 1856 bis, London, BL, IA.12953 und 1175. k. 26. Sieben weitere Nachweise verzeichnet der NUC 524, S. 658. Ein Exemplar in München, BSB, 4 Path. 328 ist dort nicht mehr vorhanden.

[82] Aus der lateinischen Fassung des Edikts nach SUDHOFF (wie Anm. 81) S. 2.

[83] Zitiert nach dem Faksimile des Originals in SUDHOFF (wie Anm. 81) Tafel 1.

[84] In einer Synopse mit der abweichenden Überlieferung im Uppsalaer Codex 687 ist der Brief ediert in: Jakob Wimpfeling, Briefwechsel 2, hg. von OTTO HERDING – DIETER MERTENS (Opera selecta 3,2) München 1990, S. 254–257.

[85] Syphilisregimen: Heidelberg, UB, P 4947 Inc., Bl. b$_{iiij}$^{v}.

Heidelberg, UB, P 4947 Inc., Bl. a_1^v: Vorrede Jakob Wimpfelings zum Syphilisregimen Conrad Schellings.

sünderlichem befelhe vnd ernstlicher begere des [...] *Herren Philippen Pfaltzgrauen by Rine*[86] verfaßt hat. Dieser Text wird im folgenden aufgrund seiner gegenüber dem Syphilistraktat komplexeren Anlage – u.a. ist er um ein Rezeptar erweitert – näher untersucht.

Sind es im Falle des Syphilisregimens die zahlreichen erhaltenen Exemplare, die auf eine weite Verbreitung des Texts schließen lassen, so manifestiert sich der Erfolg des Pestregimens in den drei Auflagen, die die Schrift binnen zweier Monate erreichte. Auf den Heidelberger Druck[87] vom 24.12.1501 folgte in neuer Einrichtung der Nachdruck durch Conrad Hist[88] in Speyer am 3.2.1502 und erneut durch Hartmann Biber am 26.2.1502 ebenfalls in Speyer.[89]

Anders als der im Kontext des ersten vehementen Auftretens der Syphilis 1495 hochaktuelle und einem neuen Krankheitstypus sich widmende Traktat, knüpft das Pestregimen an eine breite, bis weit ins 14. Jahrhundert zurückreichende Fachliteratur an.[90] Selbst als Druck steht es in einer langen Tradition auch deutscher Texte, wie ein Blick in A.C. Klebs Bibliogaphie der Pestinkunabeln zeigt.[91]

---

[86] Pestregimen: Gießen, UB, Ink. D-24395-3, Bl. a$_i^v$. Hier und im folgenden wird nach der ersten, am 24.12.1501 von einem unbekannten Drucker in Heidelberg hergestellten Auflage des Regimens zitiert. Als mögliche Drucker wurden Heinrich Seligmann und Jakob Stadelberger erwogen. Vgl. JOSEF BENZING, Zum Heidelberger Buchdruck im ersten Viertel des 16. Jahrhunderts, in: Gutenberg-Jahrbuch 1960, S. 172–179, S. 173.

[87] Außer in Gießen gibt es Exemplare in Berlin, SPKB, Ju 2225 R (Vgl. WILHELM PORT, Der Heidelberger Buchdruck in der ersten Hälfte des 16. Jahrhunderts, in: Neue Heidelberger Jahrbücher NF 1940, S. 100–117, S. 104); Frankfurt a. M., StB, Sammlung Freytag, Nr. 667; Paris, Bibl. Nat., Rés. 4° Te³⁰. 18; London, BL, 7561. de. 4. Ein weiteres Exemplar verzeichnet der NUC 524, S. 658.

[88] Exemplare: München, BSB, Res. 4° Path. 184/2; Heidelberg, UB, P 5249². Ein weiteres Exemplar im NUC 524, S. 658f.

[89] Exemplare: Darmstadt, LB, (Vgl. PORT [wie Anm. 87] S. 105, Anm. 16); München, BSB, 4 Path. 329; Wien, ÖNB, 37. E. 146; London, BL, 1478. dd. 39.

[90] Wichtige volkssprachliche Pestschriften der zweiten Hälfte des 14. Jahrhunderts liegen neu ediert und kommentiert vor. Vgl. ANDREAS RUTZ, Altdeutsche Übersetzungen des Prager „Sendbriefs". „Missum imperatori" (Untersuchungen zur mittelalterlichen Pestliteratur 1) Bonn 1972; HEINZ-JÜRGEN BERGMANN, „Also das ein Mensch Zeichen gewun". Der Pesttraktat Jakob Engelins von Ulm (Untersuchungen zur mittelalterlichen Pestliteratur 2) Bonn 1972; HAGENMEYER (wie Anm. 56) S. 332–342; VOLKER GRÄTER, Der Sinn der höchsten Meister von Paris. Studien zu Überlieferung und Gestaltenwandel (Untersuchungen zur mittelalterlichen Pestliteratur 3,1) Bonn 1974; HANS-PETER FRANKE, Der Pest-‚Brief an die Frau von Plauen'. Studien zu Überlieferung und Gestaltwandel (Würzburger medizinhistorische Forschungen 9) Pattensen/Han. 1977.

[91] Als bedeutende Drucke seien genannt: Heinrich Steinhöwels Pestschrift von 1473 (Vgl. ARNOLD C. KLEBS, Geschichtliche und bibliographische Untersuchungen, in: DERS. – KARL SUDHOFF, Die ersten gedruckten Pestschriften, München 1926, S. 1–167, hier S. 49, Nr. 100. Edition: KARL SUDHOFF, Der Ulmer Stadtarzt und Pestschriftsteller Heinrich Steinhöwel. Mit Abbildungen im Text, 24 Tafeln und Faksimile von Steinhöwel's Büchlein der Pestilenz Ulm 1473, in: ebd. unpaginierter Anhang); Hans Folz' zwei Pestregimina in Versen und in Prosa von 1482 (Vgl. KLEBS, ebd. S. 29, Nr. 45; S. 30, Nr. 47. Edition: Hans Folz, Die Reimpaarsprüche, hg. v. HANNS FISCHER, München 1961, S. 412–437); der Traktat Ulrich Ellenbogs von 1494 (Vgl. KLEBS, ebd. S. 28, Nr. 42. Edition: ANTON BREHER, Der Memminger Stadtarzt Ulrich Ellenbog und seine Pestschriften, Kempten 1942).

Welcher Quellen Schelling sich bediente, kann mit einem Anspruch auf Vollständigkeit nicht festgestellt werden. Der deutsche Pestdruck steht aber in enger Beziehung zu einem handschriftlichen lateinischen Pestconsilium Schellings, das in der Handschrift München, BSB, Clm 7088, Bl. 17ʳ-26ᵛ überliefert ist. Dieser Text hat offenbar als Vorlage für die gedruckte deutsche Übersetzung gedient. Die im Consilium *ex varys medicine auctoribus* (Bl. 26ᵛ) kompilierten Vorschriften zur Pestprophylaxe und -behandlung sind gesammelt *per me Conradum schelling arcium et medicine Doctorem* (Bl. 26ᵛ). Nimmt man diese Beteuerung der Quellenexzerption nicht nur als gelehrten Topos, dann besagt sie, daß Schelling nicht an die in Heidelberg ohnehin nur spärlich überlieferte volkssprachliche Pestliteratur[92] anknüpft, sondern an die gelehrte universitäre Tradition. Bei dem hohen Allgemeinheitsgrad, insbesondere der diätetischen Vorschriften, kommen als Quellen sowohl die arabistischen Standardwerke in Betracht als auch speziellere Pesttraktate, die von italienischen und französischen Ärzten des 14. Jahrhunderts vorlagen und auch in Heidelberg verfügbar waren: Arbeiten von Gentile de Foligno,[93] Petrus de Tussignano,[94] Johannes Jacobi[95] oder Antonius Guainerius.[96] Benutzungsspuren Schellings weist keine der überliefernden Handschriften auf, so daß über ihre Zugänglichkeit Vermutungen sich allein aufgrund von Ludwig Schubas Handschriftenkatalog anstellen lassen. Daß Schelling Handschriften der 1438 durch das Bücherlegat Ludwigs III. entstandenen Bibliothek in der Heiliggeist-Kirche – mithin etwa den Tussignano-Traktat im Cpl 1265 – benutzen konnte, läßt sich aus Schellings Glossierung einer anderen dem Legat entstammenden Handschrift (Cpl 1212) schließen. Die Benutzung der Handschriftensammlung Erhard Knabs, die nach dessen Tod 1480 der Universitätsbibliothek zufiel,[97] kann nur als wahrscheinlich angenommen werden.

Wichtiger als en détail Parallelen zu diesem gelehrten Quellenkorpus nachzuspüren, ist für unser Interesse die Frage nach der Strukturierung und Einrichtung von Schellings Text. Um eine angemessene Antwort formulieren zu können, ist es notwendig, einige vorausliegende Strategien der volks-

---

[92] Von den oben in Anm. 90 genannten Texten sind nur der ‚Prager Sendbrief‘, im Cpg 700, Bl. 108ᵛ-109ʳ, und die ‚Ordnung der Gesundheit‘ in Heidelberger Handschriften überliefert. Vgl. HAGENMEYER (wie Anm. 56).
[93] Sein ‚Consilium contra pestilentiam‘ findet sich in Rom, Bibl. Vat., Cpl 1147, Bl. 124ʳ-136ᵛ, einer Handschrift, die im letzten Drittel des 15. Jahrhunderts in Heidelberg entstand. Vgl. SCHUBA, Handschriften, S. 104.
[94] Sein ‚De Peste‘ ist in Rom, Bibl. Vat., Cpl 1144, Bl. 228ʳ-239ʳ überliefert, einer Handschrift aus dem Besitz Erhard Knabs. Vgl. SCHUBA, Handschriften, S. 99. Außerdem im Cpl 1265, Bl. 147ʳᵃ-153ʳᵇ, einer Handschrift, die durch Legat Ludwigs III. in die Heiliggeist-Bibliothek gelangt war. Vgl. SCHUBA, Handschriften, S. 338-341.
[95] Auch sein ‚De Pestilentia‘ war im Besitz Knabs, überliefert in Rom, Bibl. Vat., Cpl 1316, Bl. 211ᵛ-213ᵛ. Vgl. SCHUBA, Handschriften, S. 410.
[96] Der Traktat findet sich in mehreren Handschriften der Palatina, u.a. in Rom, Bibl. Vat., Cpl 1195, Bl. 194ᵛ-216ʳ, der 1474 von Johannes Frantz von Leipheim in Heidelberg geschrieben wurde. Vgl. SCHUBA, Handschriften, S. 171-173.
[97] Vgl. SCHUBA, Handschriften, S. XXXI.

sprachlichen Vermittlung von Wissen über die Pest kurz vorzustellen. Ältere Texte, die in einer Beziehung zum Heidelberger Hof stehen, bieten sich dazu an.[98] Allein der diachrone Vergleich von Schellings Regimen soll dadurch ermöglicht, nicht etwa eine Typologie der Pestliteratur angestrebt werden.

Noch in lateinischer Sprache geschrieben ist ein kurzes ‚Documentum contra pestilentiam‘, als dessen mutmaßlicher Verfasser Burchard von Walldorf gilt, der seit 1380 den pfälzischen Kurfürsten als Leibarzt diente.[99] Der Text ist laut Keil „landessprachigen Pestschriften des 14. Jh.s verpflichtet".[100] Einen spezifisch höfischen Kontext gibt diese Schrift indes ebensowenig zu erkennen, wie die vergleichbare, jedoch schon volkssprachlich verfaßte ‚Kapitel und Regel von der Pest‘ des Gerhard von Hohenkirchen.[101] Seit 1420 war er zwar als Universitätslehrer und zugleich als Leibarzt Ludwigs III. in Heidelberg tätig. Da er aber in der Überschrift der ‚Regel‘ ohne jeden Titel, nur als *meinster* firmiert, liegt eine Entstehung vor 1420 nahe.[102] Der präservative erste Teil des Texts gibt knappe diätetische Maßregeln und der kurative zweite übernimmt die Aderlaßregeln, wie sie der ‚Brief an die Frau von Plauen‘ verbreitet.[103]

Heinrich Münsingers Pestconsilium

Erheblich umfangreicher und anspruchsvoller hat Heinrich Münsinger das Grundschema seines Heidelberger Kollegen variiert. Sein Consilium ist in der neueren Forschung unberücksichtigt geblieben, seitdem Hermann Mayer es 1901 edierte.[104] Münsingers präservativer Teil gibt sowohl Ader-

---

[98] Die Tradierung Schellings im 16. Jahrhundert bleibt dabei unberücksichtigt. Zu ihr zählen neben einem kurzen von Eis edierten Pesttext (Vgl. Eis, Zur Beurteilung Konrad Schelligs [!], in: Ders., Forschungen [wie Anm. 8] S. 73–77, S. 77), der nicht in Beziehung zu den Drucken von 1501/1502 steht, auch Vorschriften zur Pestbehandlung, die das medizinische Kompendium Kurfürst Ludwigs V. († 1544) unter Schellings Namen überliefert. Vgl. Joachim Telle, Mitteilungen aus dem ‚Zwölfbändigen Buch der Medizin‘ zu Heidelberg, in: Sudhoffs Archiv 52, 1968, S. 310–340, S. 325–327.

[99] Vgl. oben Anm. 2 und Anm. 7.

[100] Keil (wie Anm. 2) Sp. 1121.

[101] Vgl. oben Anm. 6 und Anm. 8.

[102] Vgl. die Edition von Eis, Hohenkirche (wie Anm. 8) S. 79. Wie das Renommee der Leibärzte tradiert wurde, belegt das von Sudhoff edierte Rezept des ‚Meyster Anshelmus des pfalczgrafen arczt Contra pestilentiam‘ (1461), dessen Verfasser in der Heidelberger Medizingeschichte sonst nicht greifbar ist. Vgl. Karl Sudhoff, Pestschriften aus den ersten 150 Jahren nach der Epidemie des ‚schwarzen Todes‘ 1348, VIII: Pestregimina aus dem westlichen Deutschland bis zur Mitte des 15. Jahrhunderts, in: Archiv für Geschichte der Medizin 8, 1915, S. 236–289, S. 254f.; Joachim Telle, Anselmus, in: ²VL 1, Sp. 373.

[103] Vgl. Keil (wie Anm. 6) Sp. 100.

[104] Vgl. Hermann Mayer, Zur Geschichte der Pest im 15. und 16. Jahrhundert, in: Schauinsland. Jahresheft des Breisgau-Geschichtsvereins 28, 1901, S. 13–32, S. 18–20. Da die Suche nach Münsingers Regimen im Archiv der Universität Freiburg, wo es sich nach Mayers

laßregeln nach den Mondphasen, als auch diätetische Hinweise, die sich implizit an den *sex res* orientieren. Der kurative Teil schlägt zunächst eine Aderlaßtherapie vor. Diese weicht indes vom Laßstellen-Katalog des ‚Briefs an die Frau von Plauen' einerseits durch eine andere Lokalisierung der Pestgeschwüre ab. Vor allem bietet Münsingers Text aber andererseits die medizinisch-theoretische Begründung für den im ‚Brief' nur als faktisch präsentierten Zusammenhang von Laßstelle und Geschwürort. Münsinger nämlich schreibt:

> *Item es ist zu wissen, das das leben an dry enden lyt in dem menschen, des ersten in dem hirne, in dem hertzen und in der leber.*[105]

Je nach Auftreten der Pestbeulen ist deren Ursache im Befall eines jener Zentren zu suchen und dessen Vergiftung durch Aderlaß zu bekämpfen.[106] Bereits Jakob Engelin von Ulm hatte das Theorem der drei *membra principalia* aus der scholastischen Medizin erklärend in seinen deutschen Pesttraktat übernommen und das Auftreten der Pestzeichen an die Organe Herz, Hirn und Leber gekoppelt. Diese Besonderheit Engelins macht seinen Traktat, der um 1400 entstand,[107] zu einer möglichen Quelle Münsingers. Das Wissen, welches Münsinger an medizinische Laien und an akademisch nicht gebildete Wundärzte[108] vermittelt, geht über die bloße Instruktion hinaus in Richtung auf eine rudimentäre medizinische Belehrung und Ausbildung. Mehr als das krude Summieren von Wissen bietet auch die latent dialogische Anlage des Regimens an, die dort am deutlichsten hervortritt, wo Münsinger das adressierte ‚Du' direkt anspricht und ihm einschärft:

> *Item nun merck gar eben, an welen enden sich der gebrest erzogt, das du im an derselben sitten lassest, [...] wenn liessest du im an der gesunden sitten, so [...] müßt der mensch groß not liden und mocht an den tod kum von dannen komen.*[109]

Am Ende appelliert Münsinger: *Item dise matery solt dick und vil uber lessen, das man dester baß an gedenck sy und behalten müg.*[110]

Schon Mayer hat auf die enge Beziehung von Münsingers Text zu einem von Hans Schauer in Augsburg aufgelegten Einblattdruck ‚Wie sich der

---

unvollständigen Angaben befinden soll, bisher erfolglos geblieben ist, muß der Text nach MAYERS Edition zitiert werden, auch wenn deren Lesarten schon ohne Vergleich mit dem Original nicht immer plausibel erscheinen. An der Autorschaft können angesichts des klaren Titels ‚Consilium magistri Henrici Münsingen' (MAYER, ebd. S. 18) indes kaum Zweifel bestehen.
[105] Münsinger, zitiert nach MAYER (wie Anm. 104) S. 19.
[106] Vgl. VOLKER ZIMMERMANN, Krankheit und Gesellschaft: Die Pest, in: Sudhoffs Archiv 72, 1988, S. 1–13, S. 11.
[107] Vgl. BERGMANN (wie Anm. 90) S. 18f.
[108] Solche werden von allen oben in Anm. 90 zitierten Forschungsbeiträgen als Adressaten der landessprachlichen Literatur genannt.
[109] Münsinger, zitiert nach MAYER (wie Anm. 104) S. 19.
[110] Münsinger, zitiert nach MAYER (wie Anm. 104) S. 20.

mensch halten sol wider die pestilentz' hingewiesen.[111] In der Tat stimmt dieser Druck, den Klebs auf etwa 1495 datiert,[112] von Umstellungen in der Kapitelfolge abgesehen, mit Münsingers Regimen auf weite Strecken wörtlich überein. Solange keine gemeinsame Vorlage aufgefunden wird, ist also vom Druck des Münsingerschen Texts auszugehen.

Nur en passant kann vermerkt werden, daß mit dem Übergang von der Handschrift zum Druck sich die Tendenz zur Monologisierung des Sprechens verstärkt. Nicht jedes ‚Du' der Vorlage fällt dabei aus. Aber der Wechsel zum ‚man' betrifft z. B. die zitierte eindringliche Mahnung Münsingers, welche nun lautet:

> *Item an welichen enden sich der gebrest ertzeiget an derselben seitten sol man lassen. Dan ließ man ym an der andern seitten, das precht grossen schade.*[113]

Der vollständige Titel des Drucks ‚Wie sich der mensch halten sol wider die pestilentz. Vnd auch wie er sich regiren sol wenn sy ist' ersetzt folgende Einleitung in der Handschrift:

> *Item wiltu sicher sin in der zyt der pestilentz, so hab dich mit tun und lassen als hie noch geschriben stat.*[114]

Die Vermittlung zwischen den *dry enden* des Lebens und den korrespondierenden Laßstellen formulierte die Handschrift durch ein imperativisches *da von merck*:

> *Item es ist zu wissen, das das leben an dry enden lyt in dem menschen, des ersten in dem hirne, in dem hertzen und in der leber, da von merck: wenn einen menschen der gebrest anstosset [. . .].*[115]

Der Druck verkürzt den Übergang zum monologisch-kausalen *Darumb*:

> *Item das leben deß menschen ligt an dreien enden, deß ersten in dem hirn, in dem hertzen, vnd in der lebern. Darumb wenn ein mensch innen wirt deß gebresten, als pald so sol man ym lassen auff der hant zwischen dem daumen vnd dem zeiger.*[116]

Signifikant verändert hat sich auch der Appell der Handschrift zur wiederholten Lektüre. Zwar empfiehlt auch noch der Druck: *Vnd den rat soll man dick [oft] überlesen.*[117] Auf das Argument der von der Handschrift noch

---

[111] Vgl. MAYER (wie Anm. 104) S. 20.

[112] Vgl. KLEBS (wie Anm. 91) S. 45, Nr. 85. Edition des Texts durch KARL SUDHOFF, Pestschriften aus den ersten 150 Jahren nach der Epidemie des ‚schwarzen Todes' 1348, XIV: Pesttraktate aus Süddeutschland in der 2. Hälfte des 15. Jahrhunderts, in: Archiv für Geschichte der Medizin 14, 1923, S. 79–105, S. 101–103. Danach die folgenden Zitate. Ein Faksimile des Drucks bietet HERMANN PETERS, Der Arzt und die Heilkunst in der deutschen Vergangenheit (Monographien zur deutschen Kulturgeschichte 3) Leipzig 1900, Abb. 65.

[113] Zitiert nach SUDHOFF (wie Anm. 112) S. 101.

[114] Münsinger, zitiert nach MAYER (wie Anm. 104) S. 18.

[115] Münsinger, zitiert nach MAYER (wie Anm. 104) S. 19.

[116] Vgl. ‚Wie sich der mensch halten sol. . .', zitiert nach SUDHOFF (wie Anm. 112) S. 101.

[117] Ebd.

begründend angeführten besseren Einprägung in das Gedächtnis hat der Druck – vielleicht schon eingedenk seiner breiteren Verfügbarkeit – verzichtet.[118]

Zwei Beobachtungen lassen die Pestschriften der Heidelberger Autoren zu: Selbst wenn man die divergierende Einrichtung der Texte Burchards von Walldorf, Gerhards von Hohenkirchen und Heinrich Münsingers auch mit dem Einlösen unterschiedlicher Textsorten zu erklären hat, so unterliegen sie doch der Tendenz, komplexere Formen der Wissenspräsentation auszubilden. Diese Tendenz verstärkt sich, wenn man Münsingers Text mit den genannten einschlägigen deutschen Pesttraktaten des 14. Jahrhunderts vergleicht, von denen allein Engelins Traktat das Niveau Münsingers erreicht. Das erhöhte Maß an vermitteltem Wissen und an Erklärungsanspruch geht einher mit der Konstruktion einer Kommunikationssituation, die sich am dialogisch-mündlichen Sprechen orientiert. Sie ermöglicht es über das bloße Summieren von Laßstellen hinaus, Maßregeln einzuschärfen, Zusammenhänge darzustellen und Anwendungssituationen zu simulieren. Bei allem Vorbehalt gegen eine stringente Teleologie im Übergang von der Handschriften- zur Drucküberlieferung ist eine zweite Beobachtung möglich, daß jener Übergang nämlich mit der Rücknahme von Dialogizität korreliert. Entscheidend an diesem Prozeß ist indes, daß er nicht zur prädialogischen, reduzierten Monologizität des 14. Jahrhunderts zurückkehrt, vielmehr das Darstellungsniveau kommunikativ-dialogischer Kohärenz bewahrt, aber durch eine argumentativ-kausale zu ersetzen beginnt. Eine solche Ersetzung ist Konsequenz der medienbedingten Umstellung der Kommunikation auf eine anonyme Leserschaft und deren generalisierenden Anspruch auf Information. Vor dem Hintergrund dieser Entwicklung ist nun der Pesttraktat Konrad Schellings zu untersuchen, der die Vermittlungsleistung auch gegenüber Münsinger noch einmal steigert.

Konrad Schellings Pesttraktat

Die 47 Seiten starke Schrift ist überaus planvoll und stringent angelegt. Sie gliedert sich in traditioneller Orientierung in einen präservativen ersten und einen kurativen zweiten Teil. Die Prophylaxe bietet die gewohnt umfangreiche Diätetik nach den *sex res*. Eine solche, kurativ spezifiziert, eröffnet auch den zweiten Teil des Regimens, der intern sechs Verfahren der Pestbehandlung unterscheidet und auflistet. Neben der Diätetik werden u.a. Aderlaß, Arzneien und Schwitzkuren vorgestellt. Dabei ist offenbar die enzyklopädische Präsentation allen verfügbaren Wissens angestrebt und nicht die Beschränkung auf den Standpunkt Schellings. Das Schwitzen

---

[118] Daß indes auch noch ein Druck als Memorierhilfe deklariert werden konnte, belegt das gereimte Pestregimen des Hans Folz von 1482. Vgl. MÜLLER, Anweisung, S. 165f.

nämlich ist eine Therapie, die zwar dargestellt wird, deren Erfolg – so Schelling – *ich doch nit versteen mag* (Bl. d_i^v).

Auf die additive Reihung der Heilverfahren folgt deren Integration anhand einer exemplarischen und erfolgreichen Pesttherapie am Patienten Johannes von Berhelden. Dieses *exempel Wie man eß mit einem gehalten hat der mit dem feber der pestilentz beladen was* (Bl. d_{iii}^r) dient in seiner dreiseitigen Ausführlichkeit zum einen dazu, das präsentierte Wissen noch einmal in der Chronologie einer Therapie zu ordnen und anwendbar zu machen. Zum anderen sichert es die vertretenen Behauptungen als empirisch verifizierte ab. Der Schritt zur Empirisierung, den Schelling unternimmt, wird dann besonders deutlich, wenn man sein Exempel an vergleichbaren Texten, z. B. an Heinrich Steinhöwels 1472 gedrucktem Pesttraktat, mißt. Steinhöwel führt u.a. *keiser Sigmund* und den Umstand, daß ihm eine Arznei *hilflich*[119] gewesen sei, als Garanten seiner Vorschläge an, oder er führt episodisch die erfolgreiche Prophylaxe durch Sauerampfer am Beispiel eines Bürgers aus Pavia vor.[120] Von solchen eher rhetorischen Funktionen beginnt der „Fallbericht'[121] Schellings sich zu emanzipieren, u.a. indem er durch exakte Zeitangaben den Krankheits- und Therapieverlauf zu simulieren versucht. So leitet Schelling das Exempel mit folgenden Informationen ein:

> *Johannes von Berhelden was xxiiij. jare alt von complexion nahe sanguineus wart kranck mit dem feber der pestilentz am lestenn tag des Augsts des abents vmb vier vre. vnd vmb die mitnacht erzeigt sich an jm oben am rechten beinn ein apostema. solich pestilentz feber wart an jm erkent durch die nachgeschriben zeichen.* (Bl. d_{iii}^r)

Es folgt eine genaue Beschreibung des Krankheitsbildes durch Aufzählung der signifikanten Veränderungen von Atem, Harn, Stuhlgang, Schweiß und Zunge des Patienten. Teilt man Daxelmüllers Annahme, daß im „formalen und inhaltlichen Muster des jeweils benutzten Beispiels [...] die Vorstellungen des Verfassers vom Bildungsstand, Begriffsvermögen und von der Aufnahmebereitschaft seines Hörer- bzw. Leserpublikums sichtbar'[122] werden, so gibt Schelling durch seinen Exempelgebrauch rudimentär mit medizinischen Begriffen und der Symptomatologie vertraute Adressaten zu erkennen. Diesen wird detailliert ein Muster gelungener Praxis in deutlich

---

[119] Steinhöwel wird hier und im folgenden zitiert nach der Faksimile-Edition von SUDHOFF (wie Anm. 91) ‹S. 39›. Der Druck hat keine Seitenzählung.

[120] Vgl. Heinrich Steinhöwel bei SUDHOFF (wie Anm. 91) ‹S. 55›.

[121] DAXELMÜLLER schlägt diesen Terminus zur Abgrenzung der Belegfunktion eines Exempels in akademisch-wissenschaftlicher Literatur gegenüber seiner Funktion in der religiösen Unterweisung vor. Vgl. CHRISTOPH DAXELMÜLLER, Exemplum und Fallbericht. Zur Gewichtung von Erzählstruktur und Kontext religiöser Beispielgeschichten und wissenschaftlicher Diskursmaterien, in: Jahrbuch für Volkskunde NF 5, 1982, S. 149–159, S. 157.

[122] CHRISTOPH DAXELMÜLLER, Auctoritas, subjektive Wahrnehmung und erzählte Wirklichkeit. Das Exemplum als Gattung und Methode, in: Germanistik – Forschungsstand und Perspektiven. Vorträge des Deutschen Germanistentages 1984 2: Ältere Deutsche Literatur, Neuere Deutsche Literatur, hg. v. GEORG STÖTZEL, Berlin – New York 1985, S. 72–87, S. 82.

handlungsorientierender Absicht angeboten. Sind die Ratschläge zur Pestprophylaxe für ein lesefähiges Publikum schlechthin berechnet, so zielen die Methoden der Therapie und der Fallbericht eher auf die Kenntniserweiterung von Laienärzten. Signifikant für die Anwendungsorientierung des ‚Exempels' spricht ferner, daß gerade dieser für eine religiöse Dimensionierung anfälligste Textteil jeden göttlichen oder mirakulösen Akzent vermeidet, während das Regimen als ganzes die Einheit von göttlich geschenktem und medizinisch bewirktem Heil tradiert.[123] Das Schlußgebet (Bl. c_{ii}^v) dokumentiert diesen Zusammenhang ebenso wie der Eingang des Drucks, wo Schelling aufruft,

> *dem almechtigen óbersten artzt zum fürderlichsten vnd demütiglichsten lob / ere vnd danck zů sagen vnd zů bitten vns nottürfftig artzny zů sele vnd lip / auch ewig barmhertzikeit mit zů teilen.* (Bl. a_i^v)

Aufs Ganze gesehen ist indes eine Begrenzung der theologischen Topoi und Akzidentien[124] für den Pesttraktat kennzeichnend. Die spezifisch medizinische Darlegung wird differenziert gegen theologische Durchdringung. Dadurch unterscheidet sich der Traktat von jenen – auch gedruckten – Textgruppen, die durch Anlagerung z. B. von theologischen, seelsorgerischen oder pädagogischen Schriften an den medizinischen Text „Kompendien der Lebenshilfe"[125] bilden. Anders als das auch im Druck vielfältig kontextualisierte ‚Hohenberger Regimen' behauptet Schellings Pestdruck seine medizinische Selbständigkeit. In vergleichbarer Weise läßt sich die Tendenz zur Ausdifferenzierung der Medizin an den Veränderungen ablesen, die an Wimpfelings Vorrede zum Syphilis-Regimen Schellings vermutlich von diesem selbst vorgenommen wurden: „Der vom Theologen Wimpfeling stark betonte Aspekt – die Syphilis als Strafe Gottes – wird in der zweiten Fassung zurückgedrängt und allein in einen konzessiven Nebensatz eingespannt, wobei auch zwei Bibelzitate entfallen. [...] Hier spricht der Krankheiten und Kranke beobachtende Mediziner, nicht der Theologe."[126]

Der Tendenz zum praxisrelevanten, empirisch beglaubigten Wissen entspricht auch die nur einmalige Erwähnung einer medizinischen Autorität bei Schelling (*auicenna*; Bl. b_i^r), der die exzessive Berufung Steinhöwels auf die arabistische Tradition entgegensteht.[127] Häufiger finden sich hingegen

---

[123] Vgl. zum Zusammenhang PETER ASSION, Geistliche und weltliche Heilkunst in Konkurrenz. Zur Interpretation der Heilslehren in der älteren Medizin- und Mirakelliteratur, in: Bayerisches Jahrbuch für Volkskunde 1976/77, S. 7–23.
[124] Dazu zählen auch die Kreuzesdarstellung am Ende des Speyrer Drucks von Conrad Hist und eine Christuskinddarstellung mit Weltkugel auf dem Titel der am Heiligen Abend gedruckten Heidelberger Ausgabe. Beide christlichen Symbole treten jeweils neben das kurpfälzische Wappen.
[125] So WEINMAYER über die Textanlagerungen des ‚Hohenberger Regimens'. Vgl. WEINMAYER, Studien, S. 36–44, S. 43.
[126] Wimpfeling, Briefwechsel (wie Anm. 84) 2, S. 95f.
[127] SUDHOFF (wie Anm. 91) S. 205 zählt 29 Bezüge auf Autoritäten, allein 14 auf Avicenna.

Verweise auf praktische Ratschläge anderer, nicht namentlich genannter Ärzte (z. B. *sint etlich die loben* [Bl. a$_v^r$], *Etlich ertzt sind der meinung* [Bl. a$_v^v$], *Etlich lerer in der artzny syn geben* [Bl. b$_{iii}^v$] u.ö.). Damit ist ein stärker dialogisches Verhältnis zum Wissen anderer angezeigt, vor allem aber vorausgesetzt, daß es um eben jenes Wissen geht und weniger darum, die eigene soziale und professionelle Position durch Autorität und Nennung der ‚richtigen' Namen zu legitimieren.

Nach dem Fallbericht folgen ohne erkennbare Ordnung zunächst Salben und Wässer zur Behandlung der Pestgeschwüre, darauf Hinweise zum Schröpfen, die ihren systematischen Ort im Kapitel zum Aderlaß gehabt hätten, sodann von Schelling offenbar nicht anerkannte chirurgische Methoden der Behandlung und schließlich die Abgrenzung der Pest gegen die symptomatisch verwandten Karbunkeln und Geschwüre (Anthrax). Hilfe gegen diese Krankheiten, so Schelling, finde man

> *ordentlich vnd gnungsam beschriben in den bewerten artzten in den Capitteln da sie schriben von den Carfunckel vnd antrax da mag mans suchen was not ist von artzeny.* (Bl. e$_{ii}^v$. Der Text hat sonst ‚Carbunckel'.)

Zwischen dem *Amen* des Schlußgebets und dem Druckerkolophon folgt gleichsam als Fußnote zum Text eine medizinische Erörterung des Terminus *spiritus*, die die Systematik der *membra principalia* ausbreitet. Schelling erklärt, oft sei der Begriff verwendet worden *vnd doch nit zů versteen geben was spiritus ist* (Bl. e$_{ii}^v$).

Durch die Art der Drucktypen abgesetzt, hängt dem Druck ein Rezeptar mit 22 alphabetisch gekennzeichneten lateinischsprachigen Rezepten an, auf deren Kennbuchstaben das Regimen in seinem Verlauf 23mal – allein 9mal im Fallbericht – verwiesen hatte. Dem Rezeptar folgt als weiterer Ausstattungszuwachs in den beiden Speyrer Drucken eine altersspezifische Zumessungstabelle für die wichtigsten Medikamente, sowie eine Auflösung der im Rezeptar verwendeten Gewichtszeichen.

Vergleicht man diesen Textaufbau und -umfang mit der lateinischen handschriftlichen Vorlage im Clm 7088, so fehlt in ihr neben dem Rezeptar, das für den sinnvollen Gebrauch des Regimens unentbehrlich ist, auch die nachgetragene Erklärung des *spiritus*-Begriffs. Zudem bietet sie die Unterscheidung von Pest und Anthrax nur verkürzt. Auch an anderen Stellen hat der Druck seine Vorlage erweitert, die indes das Hauptcorpus des Regimens inklusive des Fallberichts (*Casus in terminis*; Clm 7088, Bl. 25^r) vom Johannes von Berhelden enthält. Auch benutzt die Handschrift schon die Buchstabenchiffrierung, die freilich unauflösbar bleibt.

Zu fragen ist, ob auch der lateinische Text ehedem ein Rezeptar besaß, er mithin als ein selbständig funktionierender konzipiert wurde, oder ob Schelling ihn als Vorarbeit zu einer späteren Übersetzung anfertigte. Für diese letzte Annahme spricht, daß schon die lateinische Vorlage das rationelle und die Handhabung des Texts erleichternde Verfahren der Buchstabenchiffren benutzt und auf diese Weise Regimen und Rezeptar trennen wollte. Das Verfahren der volkssprachlichen Fassung ermöglicht es zum einen, sämtliche Rezepte auf einen Blick zur Kenntnis zu nehmen. Kurze deutsche Bestimmungen über den Rezepten (z. B. *Ein salb die da senfftigen vnd weichen ist das apostem ist verzeichent mit dem buchstaben N*) machen sie auch ohne nochmaliges Lesen des Regimens und ohne lästiges Nachblättern schnell verfügbar und anwendbar.[128] Zum anderen kann der Text mittels der Chiffren mehrfach auf dasselbe Rezept rekurrieren, ohne es wiederholen oder durch einen ungenauen Verweis nach oben bezeichnen zu müssen. So führt der deutsche Text die Rezepte B, C, E und N je zweimal, der lateinische die Rezepte B und N zweimal sowie E dreimal an.[129]

Diese eng verwandte fortschrittliche Darstellungstechnik[130] macht es unwahrscheinlich, daß es sich bei der lateinischen Vorlage um einen gegenüber dem Druck erheblich älteren Text handelt, auf den Schelling zurückgegriffen hätte. Ein Produktionsanlaß für diesen Text – außer seiner vorbereitenden Funktion für den Druck – ist gerade am Ende des 15. Jahrhunderts, als sich im Falle der Pestliteratur der Wechsel zur Volkssprache und zum Druck vollzieht, schwer vorzustellen. In der Tat spricht auch die einmalige Überlieferung des lateinischen Texts dafür, daß er kaum mehr Interessenten fand, während diese dem deutschen Druck offenbar reichlich zuteil wurden. Auch wenn es offen bleiben muß, ob das Regimen im Clm 7088 allein zum Zwecke seiner Übersetzung und gedruckten Verbreitung angefertigt worden ist, ergeben sich zwei Resultate: Zum einen sind ‚Druck' und ‚Landessprache' ganz offensichtlich jene medialen Bedingungen, die die besondere Anlage des Textes und seine Verbreitung ermöglichten. Zum anderen erhält im Blick auf den Übersetzungsvorgang die frühe Annahme Hartfelders ihre halbe Bestätigung, es handle sich bei dem deutschen Druck um eine Übersetzung.[131] Nur geht der Druck nicht, wie Hartfelder es der Vorrede entnahm, direkt auf die „fürnehmsten Philosophen"[132] zurück, sondern auf das zwischengeschaltete lateinische Consilium. Vorausgesetzt, daß Schelling den handschriftlichen Text nicht ohnehin schon angefertigt hatte, als er den Auftrag zu einem deutschen Regimen erhielt, dokumentiert der

---

[128] Ein Vorteil an Praktikabilität, den ein Vergleich mit den ihre Rezepte in den Text integrierenden Regimina Steinhöwels oder Ulrich Ellenbogs leicht einsehbar macht.

[129] Ein Versehen liegt dort vor, wo der Druck zwar einen Buchstaben ankündigt, ihn aber nicht setzt. (Vgl. Bl. c_{iii}^r) Der Kontext macht das Rezept ‚P' zwingend.

[130] Analog läßt sie sich anhand der Rationalisierung des Darstellungsverfahrens bei den ‚Pestlaßmännchen' studieren. Man vergleiche etwa das von BERGMANN wiedergegebene Laßmännchen aus einer Handschrift der zweiten Hälfte des 15. Jahrhunderts (BERGMANN [wie Anm. 90] S. 125, Abb. 1) mit einem Druck von 1555 (als Abb. Nr. 2 in PETERS [wie Anm. 112]). Die Buchstabenkennzeichnung der Venen und Laßstellen im Druck macht nach Umfang und Präzision Angaben möglich, zu denen die Strichzuweisung der Handschrift nicht in der Lage ist.

[131] KARL HARTFELDER, Deutsche Uebersetzungen klassischer Schriftsteller aus dem Heidelberger Humanistenkreis (Beilage zum Jahresbericht des Heidelberger Gymnasiums für das Schuljahr 1883–84) Heidelberg 1884, S. 1–34, S. 12.

[132] Zitiert nach HARTFELDER (wie Anm. 131) S. 12.

Übertragungsverlauf die Trennung von Exzerptions- und Übersetzungsvorgang in zwei Arbeitsschritte.

Schwer zu bestimmen ist das genaue Verhältnis von Regimen und Rezeptar, da sich das Rezeptar in der Benennung der Rezepte weder an die Reihenfolge des Alphabets hält, noch mit der ebenfalls unalphabetischen Abfolge der Rezepte im Regimen übereinstimmt. Zudem kennt das Rezeptar mit Q, R und X Medikamente, auf die der Traktat nicht eingeht. Umgekehrt lassen sich die als erste im gedruckten Regimen angezeigten Rezepte O und P (Bl. a$_{iii}$^{r}) gegenüber der Handschrift als nachträgliche Einfügungen identifizieren. Sie fehlen dort nämlich. Handschrift wie Druck erläutern bei Gelegenheit von Rezept A die angewandte Zitiertechnik. Es heißt dort:

> *soliche wasser fint man verzeichent mit dem buchstaben A. in der appoteken vnd auch ander stück die her nach gemelt werden vnnd jglichs sunderlich mit eim buchstaben verzeichend* (Bl. a$_{iii}$^{r}).[133]

Weder ist also das Rezeptar anhand des fertigen Regimens entworfen, noch dieses nach einem vorliegenden Rezeptar. Offenbar sind vielmehr beide zugleich, sich gegenseitig modifizierend, entstanden. Die unsystematische Reihenfolge der Buchstabenchiffren, die indes die Eindeutigkeit der Zuweisungen nicht stört, wird auch von den späteren Speyrer Drucken nicht korrigiert.

Lateinischsprachige Einheiten, die bei der Übertragung in die Landessprache stehenblieben, finden sich insbesondere unter den angehängten Rezepten. Sie erhalten zwar die schon erwähnten deutschen Überschriften, die Zumessung und Art der Stoffe aber bleibt unübersetzt. Schelling erklärt begründend:

> *Dis sint artzny vnd recepten die man gemeinlich zu zeit der Pestilentz nach bericht des obgemelten regiments bruchen mag. Vnd vmb das sie nit wol verstentlich zu deutschen sein Noch on apoteken gemacht mogen werden Hab ich mich in disen recepten alter und latinscher gewonheit gehalten.* (Eingang des Rezeptars; ohne Seitenzählung)

Ganz ähnlich hatte schon Heinrich Steinhöwel etwa dreißig Jahre zuvor die Nichtübersetzung der Rezepte begründet:

> *So aber der merteil sôllicher stuck / dar zů dienend / nit intůtsch gebracht werden mûgen / vnd gewonlich allein in den apoteken gefunden / so hab ich sie latin gelassen / in solcher geschrifft / als sie / die doctores gewonlich dar in schriben / dz ein ieder sôlch recept der des bedarff mûge abschriben / vnd in die apoteck senden.*[134]

Wenn Schelling das Vermögen des Laien, sich selbst oder mit Hilfe von Laienärzten mit Medikamenten zu versorgen, nicht ausdrücklich als Konsequenz auch seines Regimens anspricht, so wohl deshalb, weil es mittler-

---

[133] Vgl. die Parallelstelle in München, BSB, Clm 7088, Bl. 17^v.
[134] Heinrich Steinhöwel nach SUDHOFF (wie Anm. 91) ‹S. 50›.

weile selbstverständlich geworden war. Darin liegt im übrigen ein markanter Unterschied gegenüber Münsinger, der in seinem Katarrh-Regimen die Versorgung mit Arzneien gerade nicht aus ärztlicher Zuständigkeit entlassen wollte und jene gar nicht erst aufführte. Schellings Text stattet also nicht nur Laien mit Wissen aus, sondern ermöglicht ihnen den Umgang mit einer Institution, die aus Gründen der Eindeutigkeit ihren lateinischen Sprachgebrauch beibehielt.

Heilpflanzen- und Arzneibezeichnungen sind es des weiteren auch, die der deutsche Druck zum Teil unübersetzt läßt (z. B. *Cassia lignea* [Bl. b$_i^r$], *spicanardi* [Bl. c$_i^r$], *iulep rosarum* [Bl. d$_{iiij}^r$] oder *oleum de vermibus* [Bl. e$_i^r$]) oder in lateinisch-deutschen Synonyma anbietet (z. B. *Holtz genant lignum aloes* [Bl. d$_{ii}^v$], oder *hasen klee den mann nennt alleluia* [Bl. b$_i^v$]). Daneben bleiben einige lateinische Fachtermini stehen, so der am Ende erläuterte *spiritus* und die Bezeichnungen der Venen für den Aderlaß. Deren deutschsprachige Lokalisierungen machen indes die Anweisungen verständlich und die Termini eher zu einer Zusatzinformation.

Dem hohen Grad an Verständlichkeit, der allein die Lesefähigkeit voraussetzt und dabei doch keineswegs durch einen Mangel an spezifischer, auch systematischer Information erkauft ist, entspricht Schellings eigene sehr allgemein gehaltene Bestimmung des Adressatenkreises. Schelling schreibt den Traktat *syner fürstlichen gnaden vnderthanen verwanten vnd gemeinem nutz zů gůt* (Bl. a$_i^v$) und bemerkt weiter, er habe ihn *mit gemeiner / leysscher sprache* verfaßt, *uff das es meniglichen dester verstendiger sy.* (ebd.) Damit ist jeder des Lesens Kundige adressiert und noch jene Spezifizierung zurückgenommen, die Steinhöwel vorgenommen hatte, als er vorab *die jüngern willigen meister der scherer / die noch nit gancz in wund erczny gebet sÿnd*[135] ansprach.

Unter dem Laienpublikum sind die nicht studierten Scherer und Wundärzte sicher auch eine Zielgruppe von Schellings Regimen gewesen. Neben dem dargestellten Exempelgebrauch mag vor allem das *spiritus*-Kapitel, gleichsam als Weiterbildung verstanden, darauf hindeuten. Sogar studierte Kollegen könnte Schelling als Leser einplanen, da seine weiterführende Lektüreempfehlung zum Thema Anthrax allein für quellenkundige und über Quellen verfügende Leser einen Sinn macht. Ganz anders als im Falle von Münsingers Katarrh-Regimen, das in seiner Verständlichkeit konstitutiv von dem einen Leser abhing, sind Spezifizierungen der Adressaten im Falle Schellings immer nur mögliche, nie notwendige. Es präsentiert auf einer darstellungstechnisch fortgeschrittenen Stufe alltäglich praktikables Wissen für einen anonymen Leserkreis. Trotz seiner Tendenz, durch eine komplexere Form verschiedene Typen der Pestliteratur[136] zu integrieren, entgeht das Regimen der Gefahr, in unübersichtlichen Informationsmassen

---

[135] Steinhöwel zitiert nach SUDHOFF (wie Anm. 91) ‹S. 3›.
[136] Solche Typen unterscheidet z. B. FRANKE (wie Anm. 90) S. 58 nach Prophylaxe und Therapie, letztere wiederum nach Aderlaß und medikamentöser Behandlung.

zu ersticken dadurch, daß es sich verschiedener Instrumente zur Wissensordnung bedient: bewährter, wie der *sex res* und – in volkssprachlichen Handschriften – neuerer, wie des beschriebenen Verweissystems.

Ein sozialgeschichtlich geweiteter Blick auf Schellings Regimen hat am Ende zu registrieren, daß die Pest – ähnlich wie die Syphilis – in ihrer epidemischen Ausbreitung massiv in die soziale und wirtschaftliche Struktur eines Territoriums eingriff und in diesem Sinne herrschaftsrelevant gewesen ist.[137] Nimmt man die im Traktat angezeigte Beauftragung durch Kurfürst Philipp ernst, dann intendiert Schellings Regimen außer eine allgemeine Gesundheitsvorsorge auch die Verbesserung der medizinischen Versorgung einerseits durch Fortbildung schon praktizierender und andererseits durch Anleitung unzulänglich ausgebildeter (Laien-)Ärzte. So geht der Text einher mit der Entstehung eines öffentlichen Gesundheitssektors, der zugleich die Aufgaben des Medikus Konrad Schelling vom Leibarzt zum Medizinalbeamten zu verschieben beginnt.

Wissen für den Kurfürsten in jenem manifesten Sinne, den der seinen erkrankten Herrn beratende Heinrich Münsinger repräsentiert, bietet Schelling nicht mehr an. Selbst Wissen für den Hof herzurichten, mag angesichts des offenen Adressatenkreises noch als eine zu enge Funktionsbestimmung des Regimens erscheinen. Und doch stellt es in einer spezifischen Weise gerade Wissen für den Hof bereit: weniger zur Orientierung von Leben und Interaktion der Mitglieder einer Hofgemeinschaft, als vielmehr zur allmählichen Durchsetzung eines landesherrlichen Ordnungs- und Fürsorgeanspruchs, dem Wissen Macht sein wird.

---

[137] So fand z. B. zwischen 1426 und 1597 „neunzehnmal eine förmliche offizielle Auswanderung" der Universität aus dem pestbedrohten Heidelberg statt. August Thorbecke, Die älteste Zeit der Universität Heidelberg 1386–1449, Heidelberg 1886, S. 33*. Daß der Lehrbetrieb im ganzen Jahr 1501 wegen der Pestgefahr verlegt werden mußte (Vgl. Thorbecke, ebd.), mag u.a. ein Anlaß für Schellings im gleichen Jahr in Heidelberg erstgedrucktes Pestregimen gewesen sein.

JAN-DIRK MÜLLER

Hans Lecküchners Messerfechtlehre und die Tradition.

Schriftliche Anweisungen für eine praktische Disziplin.[1]

Liechtenauers Verse – Die *zedel* – Verschlüsselung – Text und Auslegung – Dysfunktionalität der Schrift – Bildlich repräsentierte face-to-face-Kommunikation – Lekküchners Messerfechtlehre: Adressaten und Gebrauch – Zur Anlage – Rede, Schrift und Bild – Stufen der Verschriftlichung

Fechten ist eine Disziplin, die, aufs ganze gesehen, bis heute eher mittels praktischer Übungen als mittels Schrift gelehrt wird, wenn sich auch schriftliche Anleitungen bis in die Gegenwart finden. Doch nimmt auch diese Disziplin am allgemeinen Verschriftlichungsprozeß im Spätmittelalter teil, wie sie seit dem 14. Jahrhundert überlieferten Fechtbücher belegen.[2] An den unterschiedlichen Einrichtungen solcher Fechtbücher lassen sich Stationen des Übergangs von mündlicher zu schriftsprachlicher Kommunikation beschreiben, freilich nicht als ein linearer Prozeß oder auch als plötzliches Umschlagen vom einen ins andere, sondern in vielfältigen, oft dem Anschein nach wenig sachdienlichen Verschränkungen.

Wie man in dieser Situation des Übergangs mit verschiedenen Darstellungsmedien experimentiert, wurde anderwärts an Hans Lecküchners

---

[1] Der Beitrag führt Überlegungen fort, die ich auf dem ersten Kolloquium des SFB 231 vorgetragen habe und die in den Akten des Kolloquiums erschienen sind (vgl. MÜLLER, Bild – Vers – Prosakommentar). Er wurde zunächst in einer knappen Vortragsfassung am Institut für Realienkunde des Mittelalters und der Frühen Neuzeit vorgetragen (publiziert in den Kongreßakten: MÜLLER, Anweisung). Gegenüber dem Vortrag wurden die Einleitung und der Abschnitt über Lecküchner neu eingefügt, die übrigen Abschnitte im Blick auf das hier interessierende Thema, die Ausdifferenzierung von Schriftlichkeit und die Dysfunktionalität einiger Formen schriftsprachlicher Kommunikation, erweitert.

[2] HANS-PETER HILS, Meister Johann Liechtenauers Kunst des langen Schwertes (Europäische Hochschulschriften III/257) Frankfurt a. M. – Bern – New York 1985; HELLMUTH HELWIG, Die deutschen Fechtbücher. Eine bibliographische Übersicht, in: Börsenblatt für den deutschen Buchhandel, Frankfurter Ausgabe, 55, 1966, S. 1407-1416. – Veraltet die Zusammenstellung von EGERTON CASTLE, Schools and Masters of Fence. From the Middle Ages to the End of the Eighteenth Century with a Complete Bibliography, London 1910. – KARL E. LOCHNER, Die Entwicklungsphasen der europäischen Fechtkunst, Wien 1953.

Fechtlehre von 1478/82 dargestellt.[3] Sie hat eine längere Wirkungsgeschichte und setzt eine lange Darstellungstradition voraus. Dieser entlehnt Lecküchner verschiedene Mittel der Instruktion: Bild, Vers und Prosakommentar. Grosso modo sind es zwei Typen von Fechthandschriften, auf die er zurückgreift: reine Texthandschriften, die Versanleitungen zum Fechten, meist auf den Meister Johann Liechtenauer zurückgehend, mit einer Prosaauslegung enthalten – ihm ordnet sich seine Messerfechtlehre in Cpg 430 zu – und Handschriften, die Bild und Text kombinieren, – so in Cgm 582.

Dabei bildet Lecküchner, soweit das Überlieferte ein zuverlässiges Bild vermittelt, die in älteren Fechthandschriften entwickelte ikonische Darstellung durch Schematisierung weiter fort und stellt insbesondere einen engeren Bezug zwischen Bild und erklärendem Text her, als dies z. B. bei Hans Talhofer der Fall war. Bild- und Textlehren setzten in der älteren Überlieferung jeweils recht unterschiedliche Kommunikationssituationen voraus, an denen Sehen, Lesen, Memorieren, Ausführen in unterschiedlicher Weise beteiligt waren. Ein Teil der Handschriften verfuhr dabei wenig funktionsgerecht. Lecküchners Werk dagegen stellt, zumal in der bebilderten Fassung von 1482 (Cgm 582), den Versuch dar, die unterschiedlichen Medien sinnvoll zu kombinieren.

Die Messerfechtlehre wurde in ihrer ersten Fassung (1478) Kurfürst Philipp gewidmet. Auch die zweite scheint ausweislich des Titels für den kurfürstlichen Hof bestimmt gewesen zu sein.[4] Für keines der älteren Fechtbücher aus der Liechtenauer-Tradition läßt sich dagegen ein eindeutiger Bezug auf den Heidelberger Hof nachweisen, wenn sie auch z.T. aus dem südwestdeutschen Raum stammen.[5] Doch muß Lecküchner sie gekannt haben, wie die Organisation seines Materials, aber auch der Wortlaut seiner Anleitungen beweist.

Lecküchner stammte aus Nürnberg,[6] aus der Umgebung also, in der etwa hundert Jahre vorher die früheste deutsche Fechtlehre des Meisters

---

[3] MÜLLER, Bild – Vers – Prosakommentar.

[4] Zur Überlieferung, zum Verhältnis der beiden Hss. und zur Korrektur einiger Angaben im Artikel Lecküchner des ²VL vgl. MÜLLER, Bild – Vers – Prosakommentar, S. 253f.

[5] Eine Verbindung von Liechtenauers Fechtlehre mit Heidelberg wird jedenfalls nicht durch eine in älterer Literatur verbreitete Behauptung gestützt, der Dresdner Codex SLB, C. 487 (zitiert D), der Liechtenauers ‚Kunst des langen Schwertes‘ enthält, stamme aus dem Umkreis Kurfürst Ruprechts III. (König Ruprechts). Diese Vermutung beruht auf einem Lesefehler: Die Dresdner Handschrift nennt als ihren Autor und zugleich Kommentator der Verse Liechtenauers einen Sigmund *der zyt des hochgebornen fürsten vnd herrenn hern aulbrecht pfaltzgrauen bÿ Rin vnd herczog in baÿern schirmaister* (Bl. 11ʳ). Gemeint ist wohl Herzog Albrecht III. von Bayern-München. *Aulbrecht* wurde von JÄHNCKE zu *Rulbrecht* verlesen, dies als Verschreibung für *Ruprecht* interpretiert und auf König Ruprecht (Ruprecht III. von der Pfalz) bezogen. Diese Konjektur gelangte in die erste Auflage des Verfasser-Lexikons (EDUARD A. GESSLER, Lichtenauer, Johannes, Meister, in: VL 3, ¹1943, Sp. 45, ohne weiteren Nachweis) und wird nach dieser bis heute weiterhin zitiert (hierin zu korrigieren: BACKES, Das literarische Leben, S. 101; dagegen korrekt HILS in: ²VL 8, Sp. 1210). Für die briefliche Klärung dieser Filiation danke ich Herrn Hils.

[6] Zu seinen Lebensdaten HILS, in: ²VL 5, Sp. 641-644; vgl. auch BACKES, Das literarische Leben, S. 159.

Johannes Liechtenauer entstand, die zuerst in einer Nürnberger Handschrift des Pfaffen Hanko Döbringer überliefert ist.[7] Möglicherweise stand Lecküchner noch in einer unmittelbar auf Liechtenauer zurückgehenden Lehrtradition. Verbindungen der Heidelberger Kurfürsten nach Franken und Südostdeutschland ergeben sich schon aus ihren oberpfälzischen Besitzungen. Sie sind gerade im Bereich des Militärwesens und der Waffentechnik häufiger belegt.[8] Daß ein im Pfälzer Machtbereich, in Herzogenaurach, bepfründeter Kleriker, der in Heidelberg studiert hatte,[9] sein Werk dem Pfalzgrafen bei Rhein widmete (Cpg 430), ist daher nichts Erstaunliches. Auch die zweite Handschrift (Cgm 582) wurde in Wittelsbachischem Besitz überliefert.[10] Wenn sonst keine älteren Fechtlehren sich am Heidelberger Hof nachweisen lassen, so ist doch ihre Existenz nicht unwahrscheinlich. Aus dem Umkreis anderer Wittelsbacher Höfe sind sie jedenfalls überliefert,[11] und Lecküchners Instruktionen setzen die älteren Versuche voraus. Freilich könnte er seine Kenntnisse auch ohne Vermittlung der Schrift direkt von Vorgängern erworben haben.

An den Fechtbüchern interessiert hier nicht ihre Tauglichkeit für das Erlernen des Fechtens,[12] auch nicht die zunehmende Differenzierung der Disziplin und ihrer Lehrmethoden, sondern die Art und Weise, in der Schrift und Bild für den Unterricht in ursprünglich mündlich-praktisch vermittelten Fertigkeiten eingesetzt werden. Bei der Frage nach der Verflechtung von schriftlich-ikonischer und mündlicher Instruktion stellen sich freilich schwierige methodische Probleme. Man kann nicht ohne weiteres von schriftlicher Überlieferung auf mündliche Kommunikationsprozesse schließen. Wie beim Gebrauch von Bild und Schrift Kommunika-

---

[7] Nürnberg, Germanisches National-Museum. Cod. 3227a (künftig zitiert: N); vgl. LOTTE KURRAS, Die Handschriften des Germanischen Nationalmuseums Nürnberg 1, 2: Die deutschen mittelalterlichen Handschriften, Wiesbaden 1980, S. 15-17.

[8] Vgl. zum militärischen Schrifttum am Heidelberger Hof BERG – FRIEDRICH in diesem Band; zu nennen sind Konrad Kyeser, Martin Merz, Ludwig von Eyb, auch das Landshuter Zeugbuch.

[9] HILS (wie Anm. 6) Sp. 641.

[10] Sie wurde im 16. Jahrhundert dem Pfalzgrafen Philipp Ludwig, Grafen von Veldenz und Sponheim, vom Superintendenten von Burglengenfeld dediziert und gelangte über ihn wohl im Gefolge des Jülich-Clevischen Erbfolgekriegs in die Bibliothek der Düsseldorfer Linie der Wittelsbacher, wie einer Notiz auf dem vorgebundenen Widmungsblatt zu entnehmen ist. Dieses Blatt trägt des weiteren einen Besitzvermerk der *Bibliotheca Palatina* mit Wappen und Initialen Kurfürst C[arl] T[heodors] und dürfte aus dessen Mannheimer Besitz nach München gelangt sein. – Zu den genealogischen Beziehungen der Nebenlinie zur Kurpfalz: MÜLLER, Bild – Vers – Prosakommentar, S. 254.

[11] Nachweislich neben der Dresdner Handschrift für Herzog Albrecht (III.?) von Bayern-München (vgl. Anm. 5) die ca. 1460 für Herzog Ludwig von Bayern-Landshut entstandene Fechtlehre des Paulus Kal in Cgm 1507 (hierzu VOLKER SCHMIDTCHEN, in: ²VL 4, Sp. 964-966).

[12] Sie ist mit Recht immer wieder bezweifelt worden. Trotzdem bleibt der Anspruch: „everyone will be able to teach himself to learn without the necessity of a master to direct him" (SYDNEY ANGLO, How to Kill a Man at your Ease: Fencing Books and the Duelling Ethic, in: Chivalry in the Renaissance, ed. by SYDNEY ANGLO, Woodbridge 1990, S. 1-12, hier S. 5).

tionsvorgänge tatsächlich ablaufen, ist in den Handschriften allenfalls vorstrukturiert: Der Leser erhält bestimmte Anweisungen, denen er folgen kann oder auch nicht; welches Wissen und Können er dabei sonst noch einzusetzen hat, ist ebenso schwer rekonstruierbar wie, welche der Anweisungen er überhaupt benötigt, welche ihrem Zweck dienen und welche ihn verfehlen. Schriftlich überlieferte Texte enthalten stets nur Spuren der Situation, in der sie als Mitteilung fungierten oder fungieren sollten, und Spuren der Verständigung, die sie steuerten, in die sie eingriffen oder eingreifen wollten. Unter diesem Vorbehalt stehen die folgenden Überlegungen. Sie können andererseits zeigen, daß der Übergang von der Mündlichkeit zur Schrift weder von unumkehrbarer Konsequenz ist noch immer als Übergang zu einer Stufe höherer Rationalität verstanden werden darf. Verschriftlichung ist ein wichtiger, doch keineswegs der einzig entscheidende Prozeß beim Übergang zu neuzeitlichen Formen der Sicherung und Vermittlung von Wissen und Fertigkeiten.

Ebenso wichtig ist im vorliegenden Fall die Institutionalisierung dieser Vermittlung, das, was die spätmittelalterlichen Quellen die Herausbildung einer ‚Schule' Liechtenauers nennen (mit allen Konsequenzen einer quasi zünftischen Organisation, der kaiserlichen Privilegierung[13], der Monopolisierung der ‚rechten Kunst'). Die Schrift spielt bei dieser Institutionalisierung nur eine Nebenrolle. Sie kann, wie zu zeigen sein wird, zeitweise sogar dysfunktional sein, ohne daß dies die Zwecke jener Institutionalisierung gefährdet hätte.

Liechtenauers ‚Schule' und seine Verslehre

Im 14. Jahrhundert entsteht, vermutlich im Nürnberger Raum, die älteste auf Deutsch überlieferte, in Versen abgefaßte Fechtlehre, die ‚Kunst des langen Schwerts' des Meisters Johannes Liechtenauer.[14] Auf Liechtenauer gehen auch Verse zu anderen Waffengattungen zurück, doch waren die zum langen Schwert am erfolgreichsten: Uns zuerst in einer Nürnberger Handschrift (N) aus dem späten 14. Jahrhundert greifbar, wurden sie bis zum Ende des 15. von jüngeren Fechtmeistern als Autorität zitiert, abgeschrieben oder umgeformt, kommentiert oder als Gerüst für Bildprogramme benutzt. Noch dem Druck ‚Der Altenn Fechter anfengliche Kunst' durch Christian Egenolff (Frankfurt o.J. [1531]) liegen sie im Kern zugrunde. Liechtenauers Schrift scheint als Katalysator bei der Ausbildung einer relativ geschlossenen Disziplin gewirkt zu haben, der sich die Nachfolger ver-

---

[13] Vgl. KARL WASMANNSDORFF, Kaiser Friedrich's Privilegiumsbrief an die deutschen Meister des Schwerts, in: Turnzeitung 21, 1877, S. 137-139; MARTIN WIERSCHIN, Meister Johannes Liechtenauers Kunst des Fechtens (MTU 13) München 1965, S. 63-66.

[14] Ediert nach Hs. D (Anm. 5) durch WIERSCHIN (WIE ANM. 13); zu dieser Ausgabe MÜLLER, Bild – Vers – Prosakommentar, S. 258f., 267f. Besser ist die Überlieferung in der etwas älteren Nürnberger Handschrift (N); vgl. Anm. 7.

pflichtet fühlen. Paulus Kal, der für Herzog Ludwig den Reichen von Bayern-Landshut arbeitet, hat seinem Fechtbuch die Namen vorausgestellt, die in der zweiten Hälfte des 15. Jahrhunderts sich als eine Art Schule auf Liechtenauer berufen:

Hye hebt sich an die kunst die liechtenawer mit seiner geselschafft gemacht vnd gepraücht hat in aller ritterlicher wer das im got genadig seÿ.

Maister hanns liechtenawer.
Maister peter von tanczk.
Maister lamprecht von prag.
Maister andre liegniczer.
Maister sigmund amring.
Maister martein hunczfeld.
Maister phÿlips perger.

Maister peter wildigans von glacz.
Maister hanns spindler von cznaÿm.
Maister hanns seÿden faden von erfürt.
Maister iacob liegniczer. geprieder.
Maister hartman von nurnnberg.
Maister hanns pägnuczer.
Maister virgily von kracå.

Maister dietherich degen vechter von brawnschweig.
Maister ott iud der der herrnn von österreicher ringer gewessen ist. Der edel vnd fest stettner der am maisten der [ergänzt:] *meister aller schüller gewessen ist vnd ich maister pauls kal pin sein schuler gewessen dat im got genädig sey vor in allen.*[15]

Die Schule erscheint als Personenverband einer Anzahl von Meistern, die ihrer Herkunft nach weit über den deutschen Sprachraum verstreut sind, sich aber, wohl auf Grund von Lehrer-Schüler-Beziehungen, allesamt auf Liechtenauer berufen.[16] Liechtenauer hat die rechte Kunst nicht selbst erfunden, wie schon sein ältester bekannter Adept in Hs. N feststellt, sondern er hat sie von vielen Vorgängern und aus vielerlei Erfahrungen zusammengetragen. Dazu war es nötig, daß er *manche lant durch faren vnd gesucht hat*, doch nicht, um immer Neues und immer mehr seinen eigenen Fertigkeiten hinzuzufügen, sondern mit dem Ergebnis, daß er die eine rechte Kunst (*grund vnd kern aller künsten des fechtens*) vollständig zusammenfassen konnte.[17]

Ausgehend zwar noch von einer einzelnen Person, wird der ungeregelte Prozeß dauernder Kumulation und zugleich damit dauernden Vergessens von Erfahrungswissen sistiert. Was rechte Kunst ist, findet sich alles bei Liechtenauer und leitet sich von ihm her. Paulus Kal stellt dies als Verband der Meister dar, die alle Jünger Liechtenauers sind. Die Bewegung hat sich umgekehrt: Hatte Liechtenauer ‚herumfahren' müssen, um das ‚Verstreute'

---

[15] Cgm 1507, Bl. 2ʳ. Mit *amring* (so auch HILS, in ²VL 8, Sp. 1209), lesbar vielleicht auch als *ainring*, dürfte der Kommentator der Hs. D (*Siegmund ain ringeck*) gemeint sein.

[16] Der größere Teil der Namen verweist auf Mitte und Osten des deutschen Sprachraums. Der in der Liste als letzter genannte ist Kals eigener Lehrer.

[17] N (wie Anm. 7) Bl. 13ᵛ; vgl. MÜLLER, Bild – Vers – Prosakommentar, S. 261. Nach Döbringers Meinung gibt es nichts Wesentliches, was über Liechtenauers Kunst hinausginge; sie ist ein für alle Male abgeschlossen. Dieser Anspruch wird zwar schon von seiner eigenen Auslegung Liechtenauers, erst recht dann von den Differenzierungen und Erweiterungen späterer Fechtbücher korrigiert, er unterstreicht aber den Grad an Institutionalisierung, den man sich von Liechtenauers Werk versprach.

zusammenzuholen, so sind jetzt seine weit über die Länder ‚verstreuten' Schüler auf ihn als einen ruhenden Pol orientiert. Die Form der Institutionalisierung des Wissens ist die *geselschafft*. Aber es handelt sich, wie Kals Formulierung deutlich macht, nicht um einen Verband lebender Personen. Indem seine Liste Verstorbene einschließt, löst sich die ‚Schule' von der Voraussetzung leibhaftiger Präsenz und gewinnt den Charakter einer Institution im modernen Sinne.

Daß der Versuch einer derartigen Institutionalisierung vermutlich nicht allzu weit gedieh, spricht nicht gegen einen dem Anspruch nach veränderten Typus der Tradierung von Wissen und Fertigkeiten. Hier nun kommt die Schrift ins Spiel, und zwar zunächst in ihrer Memorialfunktion, und dies in zweifachem Sinne: Die Schule stellt sich in einer Liste von Namen dar, und der Kernbestand des Wissens, auf den sie sich beruft, ist in einer zu memorierenden, doch auch schriftlich aufgezeichneten ‚Urkunde' zusammengefaßt: in Liechtenauers *zedel*.

Mit Liechtenauer wird demnach erstmals eine neue schriftsprachliche Gattung greifbar. Aus den Jahrzehnten danach kennt man die Namen von Fechtmeistern, die ihr Wissen zusammen mit Liechtenauers Versen schriftlich weitergeben. Auch wo sie behaupten, selbständig zu sein, bleibt Liechtenauers Lehre als Bezugspunkt erkennbar.[18] Auch in den seit Mitte des 15. Jahrhunderts überlieferten Bildcodices (Hans Talhofer, Paulus Kal, Hans Lecküchner, Albrecht Dürer) ist Liechtenauers *zedel* als Traditionshintergrund noch präsent.

Von Liechtenauer stammen Versanleitungen, die zuerst, wie es in der späteren Überlieferung immer wieder heißt, als *zedel* schriftlich fixiert wurden. Solche *zedel* (*schedulae*) waren in unterschiedlichen Zusammenhängen in Gebrauch, in der Schule, bei flüchtigen Notizen, nicht zuletzt bei komplizierteren handwerklichen Herstellungsverfahren.[19] Sie dienten als Stütze für das Gedächtnis, zur skizzenhaften Weitergabe von Erfahrungswissen an andere oder auch zur Vorbereitung einer größeren Schrift. Nach dem Zeugnis eines Codex des Hans Talhofer aus der Mitte des 15. Jahrhunderts war Liechtenauers *zedel* Grundlage des praktischen Unterrichts. Dort heißt es: *Hie lert der talhofer ain gemaine ler in dem langen Schwert von der zetel etc.*[20] Die Bedeutung von *zedel* scheint sich allmählich verschoben zu haben, indem der Terminus sich von der Form der Aufzeichnung auf das Aufgezeichnete, auf Liechtenauers Verslehre insgesamt, ausweitete.

Verschriftlicht werden also nicht die sprachlichen Anteile des Unterrichts, etwa Zurufe oder mündliche Erklärungen, wie sie bis heute in der

---

[18] So heißt es in der Fechtlehre des Martin Siber: *Jtem dỹ hernach geschriebenn nuwe zettel* [!] *hat gemacht vnd gesetz meinster mertin Siber vnd ist ein zuck auß mangerley meinster gefechtenn*: die *nuwe zettel* nimmt indirekt Bezug auf den älteren Vorgänger (Codex Universitatis Salisburgensis M I 29, Bl. 1ʳ-2ᵛ, hier Bl. 1ʳ; künftig zitiert mit S).

[19] Vgl. MÜLLER, Bild – Vers – Prosakommentar, Anm. 26 und 27.

[20] Kopenhagen. Kongelige Bibliotek, Thott 290 2⁰ (künftig zitiert als K), Bl. 2ʳ.

Praxis des Fechtunterrichts oder vergleichbarer Sportarten üblich sind, sondern Verse, die die Namen bestimmter Stellungen oder Paraden mit den dafür typischen Haltungen und Bewegungen knapp benennen. Die Verse ergeben keinen durchlaufenden Text, sondern sind zu kleineren Gruppen zusammengefaßt, mit deren Hilfe die verschiedenen ‚Stücke' memoriert werden können.

Ihnen geht als *vorred* eine Art von Adelslehre voraus, die einige Leitworte ritterlichen Verhaltens in Erinnerung ruft: Gottes- und Frauendienst, Übung in Kampfdisziplinen, Krieg:

Jung Ritter lere /.
got lip haben /. frawen io ere /
So wechst dein ere /.
v̂be ritterschaft. vnd lere /
kunst. dy dich czȳret.
vnd in krigen sere hofiret /[21]

Es ist nicht ganz klar, ob diese Verse schon ursprünglicher Bestandteil der *zedel* sind. Ähnliche Mahnungen könnte man auch in Tischzuchten, Ständespiegeln, Spruchdichtung, selbst in Ritterepen oder Minneliedern erwarten. Hier dienen sie nur zur Einleitung in eine Versunterweisung, deren Gewicht ganz auf einer einzelnen praktischen Fertigkeit liegt. Deren Elemente werden, jedes für sich, in kleinen Versgruppen ohne durchgehenden Zusammenhang aufgereiht. Die einleitende Ständelehre umreißt nur grob den Gebrauchsrahmen, schließt aber andererseits die folgenden Verse an ältere Formen volkssprachlicher Schriftlichkeit an.

Die Ausrichtung auf konkrete Anweisungen unterscheidet Liechtenauers Verse von einer ebenfalls in N überlieferten gereimten Ritterlehre, die nur allgemein Tugenden des guten Fechters nennt und nicht zu einzelnen Bewegungen anleitet.[22] Gegenüber dem fachlich noch wenig spezifischen Texttypus dort hat sich in Liechtenauers Versen ein eng disziplinengebundener Text ausdifferenziert.

Diese eigentliche Lehre nun benennt merkversartig die einzelnen ‚Stükke':

FVnf hewe lere.
von der rechten hant were dẏ were /
Cornhaw. krump. twere.
hat schiler mit scheitelere / [...] (N, Bl. 23ʳ).

oder die dazu gehörigen Bewegungen:

KRump auf behende.
wirf deynen ort auf dẏ hende [...] (N, Bl. 25ᵛ).

---

[21] Zitiert nach N (wie Anm. 7) Bl. 18ʳ.
[22] Ab Bl. 43ʳ (N); über dieser Ritterlehre steht der Name Hanko Döbringer, in dem die Forschung auch den Urheber der ganzen Handschrift, vor allem also den Aufzeichner und Kommentator der Verse Liechtenauers sieht.

Solche Verse sind theoretisch nicht auf Schrift angewiesen, sondern auf das Gedächtnis.[23] Entsprechend sind sie, von einigen Füllseln abgesehen, streng funktional gebunden: Der Vers zwingt zur Verknappung der Information und zur Einbettung in eine rekursive metrische Struktur, die leichteres Memorieren erlaubt. Die Verse könnten der Strukturierung eines mündlich-praktisch verfahrenden Unterrichts dienen, doch erlauben sie vor allem, die Ergebnisse dieses Unterrichts abgelöst von ihm festzuhalten, indem sie allerorts und jederzeit erinnert und in Aktion umgesetzt werden können.

Durch die Konzentration des Fachwissens in Merkversen wird die Person des Fechtmeisters ersetzbar, zunächst wieder personengebunden in Liechtenauers *geselschafft*,[24] in der Konsequenz aber durch einen von Situationen und Personen abstrahierenden Text. In die Schule Liechtenauers geht, wer seine Verse benutzt, nicht wer seine Person oder die seiner Schüler kennt: eine erste Stufe der Ablösung von face-to-face-Situationen, die noch nicht unbedingt auf Schrift angewiesen ist.

Die *zedel*

Wie aber sollten die Verse benutzt werden? Überliefert sind sie natürlich nur geschrieben.[25] Ob eine rein mündliche Verbreitung vorausging, ist ungewiß. In ihr hätten sie möglicherweise eine etwas sachdienlichere Gestalt gehabt. In der überlieferten schriftlichen Form nämlich sind mnemotechnische Hilfsmittel nurmehr schwach ausgebildet. Das metrische Schema ist stark aufgeweicht, so daß es der Erinnerung des Wortlauts wenig sichere Anhaltspunkte gibt. Fester gefügt ist meist nur der erste Vers mit – in der Regel – drei Hebungen. Das ist zu kurz, um die erste Hälfte der Information unterzubringen, mit der Folge, daß der Rest im folgenden Vers nur schwer Platz findet, dieser deshalb überfüllt ist und das metrische Gerüst unkenntlich wird.[26] Dadurch und durch den Verfall der Reimbindung – obendrein

---

[23] Die mnemotechnische Funktion des Verses kann mit anderen Mitteln abgestützt werden. So parallelisiert K (wie Anm. 20) Bl. 2ʳ die fünf Grundformen von Hieben mit den fünf Vokalen (*Der höw sind funff vnd haissent funff focal Die lern recht vnd merck fürwár*).

[24] Vgl. oben zu Paulus Kal.

[25] Zur wechselseitigen Durchdringung von Gedächtnis- und Schriftkultur vgl. die Zusammenfassung von ALEIDA und JAN ASSMANN, Nachwort. Schrift und Gedächtnis, in: Schrift und Gedächtnis. Archäologie der literarischen Kommunikation 1, hg. v. A. u. J. A. – CHRISTOF HARTMEIER, München 1983, S. 266-284 sowie den Sammelband: Zwischen Festtag und Alltag. Zehn Beispiele zum Thema Mündlichkeit und Schriftlichkeit, hg. v. WOLFGANG RAIBLE (Script-Oralia 6) Tübingen 1988, insbes. die Zusammenfassung des Herausgebers sowie ALEIDA u. JAN ASSMANN, Schrift, Tradition und Kultur, ebd. S. 25-49.

[26] Schon N enthält überfüllte Verse wie *Jn allen winden /. hewe. stiche. snete. lere finden / Auch saltu mete / prüfen hewe stiche ader snete* (Bl. 23ʳ) oder *Twere benÿmet. was von dem tage dar kummet* (Bl. 27ʳ) oder *Durchwechsel lere. / von paÿden seyten stich mete sere* (Bl. 34ᵛ) oder *Jn allen geferten /. hewe. stiche. leger. weich ader herte* (Bl. 37ʳ). Diese Tendenz verstärkt sich in den später überlieferten Handschriften.

arbeitet Liechtenauer häufig bloß mit Assonanzen[27] – wird überdies die Segmentierung der Verse unsicher.[28] Umstellungen und vorgebliche Korrekturen der Schreiber zerstören den ursprünglich gemeinten Sinn.[29] Reim- und Füllwörter, auch Füllverse laden, da für die Information unerheblich, zu Varianten ein.

Eine rein schriftlose Tradierung war von Anfang an bei der mnemotechnisch wenig ausgeprägten Art der Verse vermutlich recht störanfällig. Ein Teil der Schwierigkeiten scheint jedoch erst Folge der Verschriftlichung, die auf die akustische Struktur keine Rücksicht nehmen mußte und sie überall dort, wo die Wiedergabe der (schriftlichen oder mündlichen) Vorlage es zu erfordern schien, vernachlässigen konnte. Man wird wohl sehr früh schon mit beiden Verbreitungstypen – durch Memorieren und durch Schrift – zu rechnen haben. Dabei bedeutet Verschriftlichung nicht, daß inhaltlich redundante, doch als Gedächtnisstütze erforderliche Elemente eliminiert würden. Im Gegenteil bleiben z. B. die (klanglich intakten) Füllverse auch in der Schrift erhalten.[30]

Damit das Gedächtnis entlastet oder die Weitergabe von Mund zu Mund durch eine zuverlässigere Form der Tradierung ersetzt wird, scheint schon Liechtenauer für die schriftliche Fixierung gesorgt zu haben, jedenfalls den Behauptungen späterer Aufzeichnungen zufolge: *der hatt die zedel laußen schryben.*[31] Solche *zedel* mit Notizen dürften den überlieferten Fechtbü-

---

[27] Auch hier ist ein zunehmender Reimverfall von N zu den späteren Abschriften zu beobachten. Doch schon N enthält eine Reihe von Assonanzen wie *dar / varn* (Bl. 18ʳ); *leibe / treiben* (Bl. 18ᵛ); *link pist / hinkest* (ebd.); *velest / remest* (Bl. 23ʳ) usw.

[28] Der Schreiber von D hat die Verse durch Interpunktion und vor allem Rubrizierung in der Regel noch richtig segmentiert, was mit dem Verfall der Reimbindung immer schwieriger wurde. Unsicherheit dagegen besteht schon bei WIERSCHIN, dem Herausgeber von D, der sich an der prosa-ähnlichen Artikulation zu orientieren scheint. In einer Gothaer Bildhandschrift, die die Verse nicht absetzt, ist – etwa bei der Aufzählung der fünf Grundhiebe – der Verscharakter überhaupt nicht mehr zu erkennen: *Zoren hawekrump twirg | hat schiler mit scheitler* (Gotha, Ms. Chart. A 558, Bl. 18ᵛ, künftig zitiert mit G); vgl. das Faksimile: Talhoffers Fechtbuch (Gothaer Codex) aus dem Jahre 1443 (...), hg. v. GUSTAV HERGSELL, Prag 1889, S. 21.

[29] Nahezu unverständlich ist z. B. in D die *beschliessung der zedel* dadurch, daß die Reihenfolge der Verse vertauscht und so die mnemotechnische Anlage von N zerstört ist; vgl. D, Bl. 9ᵛ (Wierschin [wie Anm. 13] S. 96f.): [...] *Vnd ir aine / der winde selb drette jch gmaine so sein die zwen züg / vnd fur zelt sie anzig von bayden sytten Acht vnden lern mitt schrytten.* In N, Bl. 39ᵛ war der Sinn noch nachvollziehbar: *VOn beiden seiten / ler acht winden mit schreiten / vnd io ir eyne / der winden mit dreyn stöcken meyne / So synt ir czwenczik / vnd vier czele sy enczik.* Wierschin interpungiert und segmentiert entsprechend willkürlich.

[30] Etwa der auf *treffen* reimende Vers *den maister wilt du / sý effenn* (D, Bl. 5ʳ; 8ᵛ u.ö.) oder *Jch sag dir für war | sich schiczt kain man on far* (D, Bl. 9ʳ; vgl. Bl. 5ᵛ).

[31] D, Bl. 10ᵛ, vgl. 11ʳ, 124ᵛ; ähnlich Rom, Biblioteca della Academia Nazionale dei Lincei e Corsiniana, Cod. 44 A 8 (künftig zitiert: R), Bl. 3ʳ: *So hat er die selbig kunst igleich besunder lassen schreiben.* K, Bl. 11ʳ stellt den Vorgang bildlich dar: In der Mitte steht der Meister mit der *zedel*, rechts (vom Betrachter aus gesehen) sitzt ein Schreiber mit Schriftrolle (*der schribt vß dem mund* [nach Diktat?] *vnd wirt schwartz* [?], links ein anderer Schreiber (*Der schribt an ain knie faden*) [?].

chern vorausgegangen sein. Gelegentlich, so im Salzburger Fechtbuch Martin Sibers, wird zwischen Buch und (darin integriert) *zettel* unterschieden, (*in der ersten zettel des puchs*).[32] Die *zedel* war selbst wohl nicht für schriftsprachliche Kommunikation mit anderen bestimmt, sondern diente eher einem traditionell mündlichen und demonstrierenden Unterricht als Stütze, band die praktische Übung aber an ein verbindliches Vokabular und Bewegungsrepertoire zurück. Trotzdem erweiterte sich mit der *zedel* der Kommunikationsradius gegenüber mündlich verbreiteten Versen beträchtlich. Die Lehre löste sich von der Weitergabe von Person zu Person. Der Besitz einer solchen *zedel* war grundsätzlich nicht auf die Meister oder den begrenzten Personenkreis der Fechter einzuschränken, mag auch ihr Gebrauch am ehesten dort anzunehmen sein, wie die Hinweise auf Lohn, auf Erfolg bei Fürsten und Herren usw. suggerieren.[33] Daß von Anfang an auch andere Adressaten als die berufsmäßigen Fechter angesprochen werden sollten, belegt jedoch schon die *vorred* der Verse Liechtenauers: *Jung ritter lere*.

Verschlüsselung

Durch die *zedel*, d. h. verschriftlicht, wird aber die Lehre noch keineswegs allgemein zugänglich. Die Verse kann nämlich durchaus nicht jeder, der sie memoriert oder liest, auch verstehen. Dagegen spricht ihre Knappheit, ihr Gebrauch von Fachtermini und ihre Verschlüsselung. Sie können deshalb nicht ohne weiteres einen mündlich-enaktiv gesteuerten Lernprozeß ersetzen, sondern nur dessen Ergebnisse dem Gedächtnis verfügbar halten oder auch einen traditionellen (d. h. nicht schriftvermittelten) Fechtunterricht strukturieren. Nur wer Fechten regelrecht gelernt hat oder lehren will, hat in den Versen ein Gerüst seiner *kunst*; er weiß schon, was *schiller* und *scheitler* sind, und wird die kargen und dunklen Anweisungen auf den erlernten Bewegungszusammenhang des Zweikampfes beziehen können. Wo diese Erfahrung fehlt, ist man auf weitere Erläuterungen angewiesen.

Die Verse treten also, ob geschrieben oder memoriert, nur komplementär zur informellen Kommunikation des Unterrichts hinzu. Von ihm bleibt ihr Verständnis abhängig, selbst wenn sie unabhängig davon – z. B. durch Abschreiben – tradiert werden können.

Ausdrücklich soll nach Auskunft der Fechthandschriften die Lehre vor unbeschränkter Weitergabe geschützt werden: die *zedel* wurde geschrieben *mitt verborgen vnd verdeckten worten Darumb das die kunst nitt gemain solt werden* (D, Bl. 10ᵛ) oder *das sỹ nit yderman vernemen noch versteen sol* (R,

---

[32] S (wie Anm. 18) Bl. 1ʳ; dabei ist nicht ganz klar, ob mit der Formulierung *dỹ hernach geschriebenn nuwe zettel* (ebd.) nur die Verse gemeint sind oder deren Auslegung eingeschlossen ist.

[33] Vgl. etwa D, Bl. 4ᵛ (Sigmund ain Ringeck); K, Bl. 2ʳ (Talhofer); S, Bl. 1ʳ (Martin Siber).

Bl. 3ʳ). Der rechte Meister verbirgt sie vor *leichtfertigen schirmaister: Dÿe Jrer kunst gering wegen Das sein kunst von den selbigen maisteren nicht gemain noch geoffenwart sol werden solichen lewten die dye kunst jn wirden nicht behalten als dan der kunst zw gehört* (ebd.). Die (durch Verschriftlichung? durch Ablösung von der Unterrichtssituation?) *gem‹e›yne ler des langen schwertz* enthält *vil gütter verborgenn künst* (S, Bl. 10ʳ).

Die Schrift öffnet den geschlossenen Kommunikationskreis, wie ihn mittelalterliche Zünfte oder auch lockerer gefügte Gruppen von ‚Fachleuten' bilden. Sie steht damit in einem gewissen Spannungsverhältnis zur Absicht Liechtenauers und seiner *geselschafft*, die eine rechte Kunst zu institutionalisieren und von einer diffusen, quasi naturwüchsigen Praxis abzugrenzen. Das Überschreiten der Grenzen des engeren Kreises erfordert besondere Vorkehrungen. Sie schützen die eigentliche ‚Zunft' gegen minder ernsthafte Konkurrenten: *leychmeistere* oder *leichtfertige schirmaister*, wie sie genannt werden (N, Bl. 14ʳ; R, Bl. 3ʳ). Sie schützen aber auch die *wirde* der Kunst, ihr soziales Prestige, gegen Profanierung: *dar vmb dÿ kunst fürsten vnd Herren Ritter vnd knechten zw gehört das sÿ dÿ wissen vnd lernen sullen* (R, Bl. 3ʳ).[34]

Durch die Verschriftlichung werden Wissensschranken keineswegs abgebaut. Die Verse konnten im Zusammenhang von face-to-face-Situationen entschlüsselt werden. Diese Möglichkeit entfällt bei der Schrift. Der Uneingeweihte liest nur Kauderwelsch:

Vorkerer twinget.
durchlawfer auch mete ringet /
den ellenbogen.
gewis nÿm sprink yn den wogen (N, Bl. 27ʳ).[35]

Gegenüber mündlich weitergegebenen Versen werden die Verstehenshemmnisse eher größer, denn es sind keine Rückfragen möglich. Das wirkt sich erst recht bei späteren Abschriften aus. Man muß wissen, welche Bewegung mit *vorkerer*, welche mit *durchlawfer* gemeint ist und welche Position mit der *wage*, um den Sinn der Verse aufzunehmen. Da dies bei einem Schreiber nicht ohne weiteres vorauszusetzen ist, der sich nur bemühen muß, die Graphie der Vorlage, so gut es geht, wiederzugeben, werden die

---

[34] Es gibt daneben noch andere Formen, die Kunst vor allgemeiner Zugänglichkeit zu schützen. So wird bei Talhofer das besondere Vertrauensverhältnis zwischen Meister und Schüler durch einen Eid bekräftigt. Der Meister versichert dabei seine rückhaltlose Bereitschaft, seine Kenntnisse dem Schüler für den Kampf zur Verfügung zu stellen, *sin frumen zwerbent vnd sin schaden zwendent*. Dafür muß der Schüler schwören, *sin kunst nit witter zleren* (K, Bl. 10ʳ). Ähnlich das besondere Vertrauensverhältnis zwischen dem Meister Talhofer und dem Junker von Königsegg (MÜLLER, Bild – Vers – Prosakommentar, S. 274). Hier dominiert noch völlig ein personengebundenes Denken, in dem weder die Schrift als Kommunikationsmedium noch die Institution einer ‚Schule' Platz hat.

[35] Vgl. die kaum mehr verständliche Version in D, Bl. 30ʳ, wo auch die Versform zerstört ist: *Verkerer zwinget | durch lå̄ffer auch mit ringet | den elenbogen | gewisse nÿm spring jm jn die wage.*

Verse in schriftlicher Überlieferung stark verballhornt, manchmal so sehr, daß der Sachverhalt unkenntlich oder verfälscht wird. Trotzdem sind sie weiter tradiert worden. Das bedeutet aber, daß die Schrift andere als kommunikative Funktionen übernimmt: Die (inzwischen z.T. unverständliche) *zedel* ist die ‚Urkunde‘, auf die alle Mitglieder der *geselschafft* sich berufen können, der Leittext, durch den sie sich als *geselschafft* bestätigt und nach außen abgrenzt.

Text und Auslegung

Ob die Verse schon in der Überlieferungsform als *zedel* unverständlich waren, ist unsicher, da die *zedel* nur als Bestandteil größerer Texte bezeugt ist. Jedenfalls ist die uns greifbare Überlieferung mehr oder minder verderbt. Damit aber ist die ursprüngliche Aufgabe der Verse Liechtenauers gefährdet: Basiswissen für den Zweikampf zu kodifizieren. Um ihre Erfüllung zu gewährleisten, sind weitere Zurüstungen nötig.

Kompensiert wird die Unverständlichkeit der Verse durch Erläuterungen, die ihre Basis nicht mehr durchweg in den Verstexten haben. Schon die ältesten Handschriften nämlich überliefern Liechtenauers Verse nicht isoliert, sondern eingebettet in umfangreiche Prosakommentare.[36] Erst durch diesen Kommentar wird der berufs- oder auch geburtsständisch begrenzte Kommunikationsrahmen überschritten, so daß jeder Benutzer der Schrift potentiell zum Adressaten wird: *vnd die selbigen verporgen vnd verdacken [!] wort der zedel die stenn her nach in der glosen Also verklert vnd ausgelegt das sÿ yderman wol vernemen vnd versten mag der do anders fechten kan* (R, Bl. 9ᵛ).

Der Adressat der Schrift ist *yderman*, wenn auch für den Gebrauch weiterhin die sachliche Einschränkung ausreichender Fechtpraxis gilt.[37] Man muß also unterscheiden zwischen der grundsätzlich möglichen Generalisierung von Wissen durch den Gebrauch von Schrift und der weiter bloß komplementären Rolle der Schrift bei der tatsächlichen Weitergabe von Wissen. Während dem Anspruch nach durch die Auslegung ein Verständnis der Verse jederzeit und allerorts möglich ist, scheint die Anwendung noch immer an ein praktisches Vorwissen gebunden.

Indem Praktikerwissen den Regeln der Schriftkultur unterworfen wird, lehnt es sich bezeichnenderweise sogleich an eine etablierte Form schriftsprachlicher Unterweisung an: Die Verse, jetzt der *text* genannt, werden Gegenstand einer *glosa*. Wie im akademischen Unterricht wird Erkenntnis

---

[36] So in N; D; R; S. Solch ein Kommentar scheint die Regel gewesen zu sein, so daß in G, Bl. 18ᵛ ausdrücklich der Verzicht auf die Glosse, die Beschränkung auf den Text *an* [ohne] *dy vßlegung,* angekündigt werden muß.

[37] Auch in D, Bl. 11ʳ wendet sich der Ausleger an die Fachkundigen: *das sÿ ain ÿeder fechter wol vernömen vnd vestan mag der da anderst fechten kan*; ähnliche Äußerungen finden sich mehrfach.

durch Auslegung eines kanonischen Basistextes vermittelt.[38] Das Verfahren ist rein schriftsprachlich, denn es will die Verstehensprobleme eines überlieferten Textes in Situationen lösen, in denen keine mündliche Rückfrage möglich ist.

Kryptisch hatten die Verse gelehrt: *Vor. noch. dy cweÿ dink. syn allen kunsten eyn orsprink / Swach vnde sterke. Jndes. das wort mete merke* (N, Bl. 18ᵛ). Hieran schließt Döbringers *glosa* einen langen Prosatraktat an: *Auch merke vnd wisse / mit deme als her spricht vor noch. dy cweÿ dink. etc. do nent her dy fůenff. wőrter. vor. noch. swach. stark. Jndes. an den selben wőrtern leit alle kunst meister lichtnawers / vnd sind dÿ gruntfeste vnd der kern alles fechtens. czu fusse ader czu rosse blos ader in harnůsche / mit deme worte. vor. / meÿnt her das eyn itzlicher guter fechter sal alle mal den vorslag haben.*[39]

Praktische Anweisung erscheint als Auslegung einer ‚mündlichen' Rede und der in ihr verwendeten Kernbegriffe. Der Ausleger spricht den Hörer direkt an, indem er die Rede eines anderen (*als her spricht*) zitiert und erklärt. Modell ist das Lehrer-Schüler-Gespräch, wobei der abwesende erste Lehrer durch die ‚verschriftlichte' Stimme des zweiten präsent ist und die Fragen eines möglichen Schülers in seinen Erklärungen antizipiert werden. Die tatsächliche Monologisierung schriftsprachlicher Lehrverfahren wird also durch die Inszenierung als Rede verdeckt.

Vermittlung von Wissen erfolgt nicht von der Situation aus, in der es gebraucht wird, sondern als Wort-für-Wort-Erklärung eines kanonischen Textes, denn im Wort liegt der *grunt* der Kunst (*mit deme als her spricht / vor noch* [...] *an den selben wőrtern leit alle kunst meister lichtnawers / vnd sint dÿ gruntfeste* [...]: Bl. 20ʳ). Das ist eine Behauptung aus der Perspektive der Schriftkultur, denn in Wirklichkeit waren es natürlich nicht Liech-

---

[38] Vgl. Bruno Sandkühler, Die frühen Dantekommentare und ihr Verhältnis zur mittelalterlichen Kommentartradition (Münchner romanistische Arbeiten 19) München 1966; Gerhard Powitz, Textus cum commento, in: Codices manuscripti 5, 1979, S. 80-89; Louis Holtz, La typologie des manuscrits grammaticaux latins, in: Revue d'histoire des textes 7, 1977, S. 247-269. Nicolas M. Häring, Commentary and Hermeneutics, in: Renaissance and Renewal in the Twelfth Century, ed. by Robert L. Benson and Giles Constable, Oxford 1982, S. 173-200; Gernot R. Wieland, The glossed manuscript – classbook or library book?, in: Anglo-Saxon England 14, 1985, S. 153-173.

[39] Des weiteren wird der Bewegungsablauf beschrieben, der gewährleisten soll, daß man stets in der Vorhand bleibt: *vnd gewinnen wenne her czu eyme gehet ader lewft als balde als her nur siet / das her in mit eynem schrete / ader mit eynem sprunge dureichen mag wo her denne indert in blos siet do sal her hin varn / mit frewden / czu koppe ader czu leibe / kůnlich an alle vorchte wo her am gewisten gehaben mag / alzo das her ia den vorslag gewinne / is tu ieme wol ader we. vnd sal auch mit dem / in synen schreten gewisse sein / vnd sal dÿ haben recht zam gemessen / das her nicht czu korcz ader czu lank schreite / wen her im den vorslag tuet / trift her. zo volge her dem treffen vaste noch. weret her aber den vorslag* [ergänzt:] *ienes alzo das her nu den vorslag is sy haw. ader stich. mit syme swerte abeweiset vnd leitet / dy weile her denne ieme noch / an syme swerte ist / mit deme als her wirt abegeweist / von der blőßen / der her geremet hat / zo sal her gar eben fůlen vnd merken ab iener in syme abeleiten vnd schützen der hewe ader stiche an syme swerte weich ader herte / swach ader stark seÿ* [...] (N, Bl. 20ʳ/ᵛ).

tenauers Verse, sondern sein Können und seine Lehrerfahrung, die ihn als Meister berühmt machten. Die Wörter können daran bestenfalls erinnern. Einmal verschriftlicht aber, werden sie zur Hauptsache. Praktische Anweisung maskiert sich als Textexegese.

Die Erklärung selbst ist von auffallender Redundanz: Immer wieder muß das Verhältnis der Sprecherinstanzen geklärt werden (wenn x gesagt ist, dann meint y damit, daß z ...), emphatische Akzentuierung mündlicher Rede wird schriftsprachlich paraphrasiert (wenn x gesagt wird, so ist das etwas ganz Wichtiges), vor allem aber muß in die Worterklärung die Sacherklärung eingeschlossen sein (wenn er x sagt, mußt du z tun). Das Merkwort *vor* verbindet z. B. eine Anzahl von Bewegungen, mit denen man dem Gegner ‚zuvorkommen' kann, das Merkwort *nach* die Reaktionen auf seine Schläge und das Merkwort *indes* die Paraden, mit denen man die des anderen begleiten muß: Mittels eines trivialen Dispositionsschemas werden mehr oder weniger unbewußte Bewegungsabläufe in eine Ordnung gebracht.

Die *glosa* leistet also zweierlei: Entschlüsselung der Fachtermini und Beschreibung der Bewegungen, auf die sie zu beziehen sind. Das wiederholt sich bei den einzelnen ‚Stücken'. Schriftsprachlich werden die Informationen nachgeliefert, die zur Umsetzung der Verse unentbehrlich sind, wenn kein Meister etwas vormacht oder nachträglich die Verse erklärt: *Hie merke vnd wisse das der krumphaw / ist eyn oberhaw der do mit eyme guten ausschrete krummes / dar get zam noch eyner seiten / Dorv̂m meynt lichtnawer der den selben haw wol wil furen/ der sal wol beseit aus schreiten czu der rechten hant / danne her den haw brengt / vnd sal wol krumphawen [...]* (N, Bl. 25ᵛ). Der Umfang solcher Erklärungen differiert erheblich, etwa zwischen den streckenweise traktathaften Aufzeichnungen des Pfaffen Döbringer (N) und den knapperen Anweisungen des Fechtmeisters Siegmund (D): *Daß ist wie du krump solt hawen zů den henden vnd daß stuck tryb also wenn er dir von deiner rechten sÿtten mitt ainem obern oder vndern haw zů der blôss hawet So spring [...]* (D, Bl. 24ᵛf.).[40] Aus dem Fechtunterricht wird ein umständlicher Lesetext, der bei seinen Ansprüchen an Konzentration und Vorstellungsgabe wohl weniger der praktischen Übung als der Übersicht und der Korrektur intuitiv angeeigneter Bewegungsabläufe dient.

Durch die Kombination der Verse mit der *glosa* wird ein anwesender Informant entbehrlich und der praktische Unterricht in face-to-face-Interaktion nicht mehr als Situationsrahmen vorausgesetzt. Statt der Initiation in eine ‚Schule' und ihre Terminologie ist nur noch irgendeine Fechtpraxis Vorbedingung. Erst durch diese Organisation von Schriftgebrauch, die sich an der akademischen Schriftkultur orientiert,[41] kann Wissen außerhalb des berufs- bzw. geburtsständisch begrenzten Rahmens tradiert werden.

---

[40] In N ist die anfängliche Ausführlichkeit allerdings nicht durchgehalten. Ein Teil der Verse erscheint unkommentiert (vgl. Bl. 32ᵛ; 33ʳ; 33ᵛ; 34ʳ). Offenbar blieb die umfassend geplante Fechtlehre Fragment.

[41] Besonders in den traktathaften Ausführungen von N finden sich entsprechend viele lateinische Ausdrücke, die auf den Hintergrund akademischen Unterrichts verweisen.

Dysfunktionalität der Schrift

Damit verschiebt sich das Gewicht der Informationsträger von den Merkversen auf die Prosa. Zeichen dafür ist die Fehlerquote in den beiden Textteilen, die in den Versen deutlich höher liegt.

Es gibt viele Gründe für Textvarianten und -verderbnis. Einige Schreiber benutzen offenbar eine schriftliche Vorlage, die sie mechanisch kopieren, wie typische Fehler wahrscheinlich machen. Schriftsprachliche Kompetenz und Fachkompetenz fallen hier auseinander. Aus demselben Grunde können auch bei mündlicher Weitergabe an einen Schreiber Übermittlungsfehler entstehen. Weiter dürfte die Gebrauchsgebundenheit Varianten bedingt haben: Einzelne Regeln konnten umgestellt werden, ausfallen oder hinzukommen, aus praktischer Erfordernis, aber auch weil ein Element nicht mehr verstanden wurde oder unbrauchbar schien.[42] Füllverse und -reime vagieren.[43] Das Reimwort wird sinnentstellend ersetzt, oder aber die Klangbindung wird durch den jeweiligen Schreibusus unkenntlich.[44] Es entsteht eine Art Prosa, die, abgeschrieben, noch anfälliger für Sinnentstellungen ist.[45]

Eigentlich müßte die Verschriftlichung den Informationswert der Verse nicht beeinträchtigen, sie könnte z. B. redundante Elemente mit bloß mnemotechnischer Funktion tilgen. Tatsächlich aber entfernen sich die schriftlich aufgezeichneten Verse nicht nur vom ursprünglichen Wortlaut, sondern auch von der vermeinten Praxis.

So zeichnen sich nebeneinander zwei Tradierungs- und Kommunikationskreise ab, ein nicht-schriftlicher und ein schriftsprachlicher, die unter je eigenen Voraussetzungen stehen. In schriftlicher Tradierung kann der Text untauglich für den Gebrauch werden, für den er ursprünglich bestimmt war. Der Grad der Textverderbnis ist unterschiedlich, am stärksten in den Bildcodices, in denen Liechtenauers Verse als bloße Dreingabe zur ikonischen Information erscheinen. Doch auch in den kommentierten

---

[42] So hat N mehrfach zusätzliche Verse mit sehr unspezifischem Anweisungscharakter, die in D fehlen (Bl. 27ʳ zu *veller* gegen D, Bl. 30ʳ oder Bl. 28ᵛ zum *schilhawe* und Bl. 30ʳ zum *scheitelere*, Bl. 33ᵛ zu *óberlawfen* usw.). Umgekehrt fehlen D, Bl. 34ᵛ die Verse zu den einzelnen Stücken der *vier versetzen* (*alber* etc.: N, Bl. 32ʳ), die stattdessen nur aufgezählt werden. Beides schließt praktischen Gebrauch der Verse noch nicht aus. Das ist erst der Fall, wenn – wie in G – einzelne Verse einer Anweisung fehlen, so daß der Sinn nicht mehr verständlich ist (vgl. G, Bl. 19ᵛ gegen D, Bl. 31ʳ).

[43] Wie z. B. der Vers *den maistern wiltu sÿ schwechen* (oder: *effen*); vgl. D, Bl. 25ᵛ; 22ʳ u. 27ᵛ; N, Bl. 33ᵛ o.ä.

[44] So D, Bl. 30ʳ: *den elenbogen | gewisse nÿm spring jm jn die wage*; oder: *Waß sich wol zwerch | mit springen dem haupt geferet* (Bl. 29ᵛ); oder *Feler zwÿfach | trifft man den schnit mit macht* (Bl. 30ᵛ).

[45] Grundsätzlich konservieren Verse den Wortlaut sicherer, vorausgesetzt daß das metrische Gefüge fest genug strukturiert ist (MICHAEL CURSCHMANN, Eddic Poetry and Continental Heroic Legend: The Case of the Third Lay of Gudrun [Gudrunarqviða]., in: Germania. Comparative Studies in the Old Germanic Languages and Literatures, ed. by D. G. CALDER and T. C. CHRISTY, Wolfeboro 1988, S. 143-160).

Texthandschriften treten Verwerfungen zwischen dem *text* der *zedel* und seiner Erklärung auf. Erst wenn wie bei Lecküchner Vers und Kommentar wieder auf einen einzigen Autor zurückgehen, wird diese Fehlerquelle verstopft.

Die Dresdner Liechtenauer-Handschrift dagegen enthält die Verslehre insgesamt dreimal, einmal isoliert am Anfang, den Prosaerläuterungen vorangestellt; ein zweites Mal als *texte* im Zusammenhang der *glosa*; schließlich noch einmal auszugsweise mit ergänzendem Kommentar.[46] Die drei Versionen unterscheiden sich in Schreibweise und Wortlaut, und zwar nicht nur in der einleitenden Ritterlehre[47] oder bedeutungslosen Füllversen, sondern in den praktischen Anweisungen selbst.

Dabei ist die nicht-glossierte erste Version der Verse deutlich fehlerhafter als die folgenden, im Zusammenhang der *glosa* aufgezeichneten, ohne daß der Schreiber die letzteren zur Korrektur der zuerst aufgezeichneten herangezogen hätte. Meist wohl durch Abschreibfehler entsteht in der ersten Version ein teils unbrauchbarer Text.[48] Der vorausgestellte Verstext dient offenbar nicht der Unterweisung als Basis, sondern ist ‚Urkunde' authentischer Tradition.

Die zweite Niederschrift der Verse erhält einen Teil der Fehler nicht mehr.[49] Einige Fehler aber kommen neu in den *text* herein.[50] Hier nun paßt die *glosa* nicht zum (entstellten) *text*, sondern erläutert den (richtigen) Sachverhalt.[51] Anderwärts erklärt sie einen Begriff, der im *text* fehlt,[52] oder sie korrigiert stillschweigend ein falsches Textverständnis.[53] Die beiden Textteile – Verse und Prosaauslegung – unterscheiden sich also in ihrer sachlichen Basis und ihrer Funktion.

---

[46] D, Bl. 3^r-10^r; Bl. 11^r-124^v [recte: 48^v], unterbrochen von Prosakommentaren und -ergänzungen; Bl. 55^r-59^v, ebenfalls eingebettet in Kommentar.

[47] Dort sind z. B. in der zweiten Aufzeichnung D, Bl. 11^r und 11^v zwei Verse – einer vom Herausgeber unbemerkt – ausgelassen: v̄be ritterschaft vnd lere sowie vnnd jn andern henden verdörben (vgl. Bl. 3^r bzw. 3^v). Dadurch werden zwei Reimpaare zerstört.

[48] So findet sich z. B. ein sinnloses *recke* statt des Fachterminus *czeck*, die falsche Segmentierung *krumpt were* statt *krump twere*, eine Verwechslung des Fachausdrucks *veler* mit dem Relativpronomen *welcher* u.ä.; vgl. Bl. 4^v; 6^r (zweimal); ähnlich die Verschreibung von *on hurt* (ohne Ungestüm) zu *an herte* (an der ‚Härte': Bl. 5^r); oder auch *stuch* statt *stucke* (Bl. 33^v); das jeweils Gemeinte ergibt sich aus N.

[49] So wird etwa der zum Relativpronomen verkommene *veler* als Hieb erkannt und in der *glosa* erläutert (Bl. 29^v gegen Bl. 6^r).

[50] So etwa die Wiedergabe der *wind[en]* durch die Kopula *vnd* (Bl. 5^r gegen Bl. 19^v), von WIERSCHIN (wie Anm. 13) korrigiert; dagegen umgekehrt Bl. 9^v (*vnden*) gegen Bl. 124^v (*winden*).

[51] Wie im Anm. 50 zitierten Beispiel *die winden*.

[52] Bl. 22^r fehlt im *text* das erste *schnitt* (in der ersten Version der *zedel* dagegen erhalten, vgl. Bl. 5^r: *Jn allen winden | hew stich schnitt lern finden*), die *glosa* jedoch erläutert diese Parade wie die übrigen.

[53] Beim Zornhau z. B. erinnern Liechtenauers Verse an die zuvor erörterten Grundregeln, *dy vorgesprochen wörter vor noch jndes: Jndes vnd vor noch. ane hurt deme krige sey nicht goch* (N, Bl. 23^r). Der Verstext in D mißversteht das gleich zweimal: *Jn des vnd far nach / on hurt* [...] (Bl. 20^v; vgl. dagegen Bl. 5^r). Die Glosse aber erläutert nicht die (falsche) Aufforderung,

Die Prosa bleibt an der Praxis orientiert und geht deshalb auch inhaltlich (besonders in N) weit über die Verse hinaus. Die Anweisungen stammen offensichtlich nicht aus der Schrifttradition, sondern werden vom Fachmann den Versen hinzugefügt. Das gilt wohl für alle kommentierten Fechtlehren, tritt aber in D, der Fechtlehre Meister Siegmunds, durch die Diskrepanz zwischen Versen und Prosa am deutlichsten zutage. Siegmund weiß, was zu tun ist, nicht weil er die *zedel* kennt, sondern weil er fechten kann. Die Prosa ist also bloß als Textauslegung maskiert. Die *zedel* dagegen ist sekundäres Hilfsmittel, über das Siegmund hinwegsieht, wenn das die Sache erfordert; zuvörderst sollen die Verse seine Lehre als die einzig richtige, da in der Tradition der *zedel* Liechtenauers stehende ausweisen. Offensichtlich bauen mündlich-praktische und schriftliche Lehre nicht aufeinander auf, sondern Tradierung und Gebrauch sind relativ unabhängig voneinander.

Bildlich repräsentierte face-to-face-Kommunikation

Daß der Versuch, durch umfangreiche Prosaauslegungen die wichtigsten Phasen des Bewegungsablaufs zu lehren, an Grenzen stößt, zeigen im 15. Jahrhundert die bebilderten Fechthandschriften. Der Rede und mehr noch der Schrift fehlt die Anschaulichkeit. Darin sind sie dem Bild unterlegen. Das Bild kann z. B. die Grundhaltung oder Ausgangsposition eines bestimmten ‚Stücks' prägnanter darstellen, und mit einem hohen Aufwand an Bildern läßt sich bildlich auch ein Bewegungsablauf, in einzelne Phasen zerlegt, veranschaulichen. Um beides bemühen sich Bildcodices des Hans Talhofer.[54] Der Preis ist die geringere Genauigkeit bei der Verknüpfung einzelner Bewegungen miteinander und bei der Anweisung für ihren Nachvollzug.

Nach Ausstattung und Benutzerhinweisen waren die Bildcodices eher für vornehme Schüler bestimmt: Anleitungen für schriftsprachlich Ungeübte. Talhofer hat selbst für die Fechtpositionen Modell gestanden, wie die Schlußschrift in K versichert.[55] Der bildlich repräsentierte Vorgang soll den

---

rasch zu parieren, sondern die gemeinte Regel, immer in der Vorhand zu bleiben: *vnd wenn du das enpfunden hast So solt du / jn das / wissen / welches dir am besten sÿ ob du mitt dem vor oder mitt dem nach an in hurten solt Aber du solt dir mitt dem an hurten nicht zů gauch laussen sÿn mitt dem krieg* [...] (Bl. 21ʳ). Oder: die Verse enthalten die falsche Aufforderung: *Schill zů dem ort | vnd nÿden halß on forcht* (D, Bl. 32ʳ; statt: *nym den halß on forcht*, D, Bl. 6ᵛ). Dagegen korrekt der Kommentar (ebd.): *vnd thůn alß dü jm zů dem ort hawen welest vnd haw starck mit der kurtzen schnÿden vff sin schwert vnd schuß jm den ort / darmit lang jn zů dem halß mit ainem zů tritt des rechten fůß.* Es heißt einmal also: ‚schiele auf die Spitze des Schwertes und hinunter (auf den?) Hals'; das andere Mal: ‚ziele unerschrocken auf den Hals'.

[54] Am ausgefeiltesten in der spätesten der auf Talhofer zurückgehenden Handschriften M, München BSB, Cod. icon. 394a; vgl. Müller, Bild – Vers – Prosakommentar, Anm. 86, 87, 90, 97, 103 sowie insgesamt das Kapitel ‚Bilderhandschriften'.

[55] K, Bl. 103ᵛ: *Jtem daz bůch ist maister hannsen talhoferß vnd der ist selber gestanden mit sinem lybe biß daz man daz bůch nach Jm gemalet hat.* Die Handschrift Wien, Kunsthistori-

realen Ablauf ‚nacherzählen'. Deshalb finden sich zwar bei den einzelnen Kampfdisziplinen auch stärker schematisierte Zeichnungen, die die Positionen bei einzelnen Paraden verdeutlichen, doch sind die Bildcodices mindestens in ihren Rahmenpartien narrativ organisiert, und häufig wird die Darstellung einer bestimmten Kampfart (oder auch nur einer Bewegungsfolge) mit einer Szene abgeschlossen, die den ‚Ausgang', etwa den Tod eines der Gegner, zeigt.[56] Im Bild soll der Vorgang selbst simuliert werden. Es vertritt augenscheinlich den abwesenden Meister.

Dabei kann das Bild sprachliche Belehrung einschließen: Der im Bild re-präsentierte Talhofer ‚spricht' nämlich die Verse des älteren Vorgängers Liechtenauer: *Hie lert der talhofer ain gemaine ler* [. . .] *von der zetel* etc. (K, Bl. 2^r). Die Abwesenheit des Sprechers in schriftsprachlicher Kommunikation wird also durch bildliche Repräsentation kompensiert, wobei ein neuer, ‚präsenter' Sprecher an die Stelle des alten treten kann. Immer noch bleibt das Modell die face-to-face-Situation des Unterrichts, doch ist sie jetzt vielerorts und jederzeit wiederholbar. Zeigen und Vormachen tritt wieder an die Stelle sprachlicher Erläuterung. Man braucht nur wenig Text, nur einige hinweisende Gesten (‚das ist dieser Griff'; ‚hier tut er folgendes' usw.). Sie benennen, was überwiegend sprach- und schriftlos demonstriert wird.

Ein Teil der Bildcodices enthält zwar größere Textteile, doch geht die Verderbnis des Wortlauts weit über die in den reinen Texthandschriften hinaus. Die bereits mehrfach angedeutete Funktionsverschiebung der Verslehre Liechtenauers verstärkt sich also. So wird der Text der *zedel* zwar in G, dem ältesten Bildcodex des Hans Talhofer, der eigentlichen ikonischen Unterweisung noch unkommentiert vorangestellt (nur *der text an dy außlegung*, Bl. 18^v); er ist sogar in Schönschrift aufgezeichnet, doch ist der Wortlaut manchmal völlig unverständlich,[57] die Versgestalt ist zerstört,[58] wichtige Glieder sind ausgelassen,[59] manches ist sachlich entstellt.[60] Die Erläuterung des *cwirghaw* (Querschlag) z. B. ist barer Unsinn:

---

sches Museum, Cod. P 5342 B (W) ‚erzählt' den Zweikampf eines Junkers von Königsegg, den der – bildlich dargestellte – Talhofer instruiert: *Hie leÿt hans talhoffer lẇtold von küngsegg an. Hie gat er Jn den schranck vnd treyt Jm der talhofer den zewg vor. Hie vacht Lwtold von kungs egg an ze leren Jn dem tegen von maister hansen talhoffer* (Bl. 9^v, 10^r, 24^r).

[56] Vgl. MÜLLER, Bild – Vers – Prosakommentar, S. 272-274.

[57] *schil czu den oer / wiltu bey dy oren* (Bl. 19^v).

[58] *Twirg benymet | waß von dem tag her chomet* (Bl. 19^r) oder: *wer wechseln drat | schiler da auß jn berawt* usw. (Bl. 19^v). Auf den ersten beiden Seiten finden sich – von dialektal unreinen Reimen abgesehen – z. B. die verderbten Reime bzw. Assonanzen *leib / treÿben, lernen / werden* oder *glawben / lonen* (Bl. 18^{rf}.). Oder es wird ein schwierigeres Reimwort durch ein geläufigeres, das nicht reimt, ersetzt: *dar auff dich czihe | alle chunst leng vnd maß* (Bl. 18^r) statt: *Dor auf dich zoße* [von *sazen*: richte dich ein]. | *alle ding haben lenge vnd moße* (N, Bl. 18^r).

[59] Zu *schil kurcz er dich an* fehlt der Reim (Bl. 19^v; dagegen N, Bl. 28^v: *das durch wechsel das sigt ÿm an*); ähnlich verstümmelt: *hawe dreyn ader laß varen* (Bl. 18^r, statt N, Bl. 18^r: *Haw dreyn vnd hort dar. | rawsche hin trif oder la varn*).

[60] Aus der Anweisung, die *flechen*, d. h. die flache Seite des gegnerischen Schwertes zu

waß sich wol twirgt
mit sprungen dem hawet vast gevar
welcher verfuret
von vndenn nach wunsch er ruret
vor ker twinget
durch lauff var auff mit ringenn (Bl. 19ʳ).[61]

In diesem Galimathias ist die Anweisung nicht mehr zu erkennen. Die kommunikative Funktion der Verse geht gegen Null. Offenbar verleiht trotzdem der Autoritätsgestus der Schrift der arkanen *kunst* allein schon Aura, vielleicht gar umso mehr, je unverständlicher die praktischen Anweisungen sind.[62] Die Verse verselbständigen sich zu einem auf der Oberfläche einigermaßen intakten schriftsprachlichen Text, dem teils nur sein praktischer Wert abhanden gekommen ist.

Diese Tendenz einer rein text- und nicht mehr sachbezogenen Tradierung setzt sich im Druck fort. Hier fallen endgültig die Schranken der Zugänglichkeit des Wissens. Tatsächlich rühmt sich der Frankfurter Verleger Christian Egenolff, er mache erstmals *Der altenn Fechter an fengliche Kunst Mit sampt verborgenen heymlicheyttenn* allgemein verfügbar. Für die Frage nach Ergänzung oder gar Ablösung einer mündlich-praktischen Unterrichtssituation durch die Schrift ist der Druck ohne Belang. Die Verse sind oft mißverstanden, der Prosakommentar definiert eher die einzelnen ‚Stükke' samt zugehörigen Bewegungen, als daß er sie zwecks Nachahmung beschreibt, das Bildrepertoire ist viel zu schmal, um Anschauung zu bieten.[63] Fechten lernen kann man aus Egenolffs Druck nicht, aber man erfährt

---

treffen, wird z. B. die sinnlose Aufforderung: *haw chrump czu jm slahenn | den meistrn wiltu sy swechen.* Bl. 19ʳ (*Das ist vom chrump haw dy außrichtung*); vgl. dagegen D, Bl. 25ᵛ: *Haw krump / zů den flechen,* d. h. zur flachen Seite des Schwerts; N; Bl. 25ʳ. Oder: Die Negation *nicht* wird als Imperativ *ficht* verkannt: Statt *Krum nicht kurcz haw* (D, Bl. 26ʳ) heißt es sinnlos *chrump ficht kurcz haw* (Bl. 19ʳ).

[61] Im ersten Reimpaar sollte *tweret* auf *geferet* reimen: ein gut ausgeführter Querschlag von der Seite wird für das Haupt (statt: *hawet!*) gefährlich. Hinter *welcher* steckt wieder einmal der mehrfach erwähnte *veler,* der von oben nach links geschlagen wird, und *vorker* ist der *verkerer,* bei dem man sein Schwert, ans Schwert des Gegners ‚gebunden', rasch dreht, dann in Richtung auf sein Gesicht sticht, so daß jener den Stich abwehren muß; dabei kann man ihn durch einen Ringergriff zu Fall bringen. Vgl. dagegen den zwar schwer verständlichen, doch nicht unsinnigen Text in D, Bl. 29ᵛf.: *Waß sich wol zwerch | mit springen dem haupt geferet [...] | Feler wer wol furet | von vnden nach wunsch er ruret | [...] verkerer zwinget | durch lǎffer auch mit ringet.*

[62] Vgl. weitere Beispiele in dem Anm. 1 genannten Aufsatz (MÜLLER, Anweisung): Auch im Kopenhagener Bildcodex (K) ist der Sinn der Verse kaum mehr erkennbar. Aber die Textverderbnis ist unter der glatten Oberfläche des Textes, der mit Füllwörtern und -versen ‚vervollständigt' ist, nur durch genauen Vergleich aufzudecken. Anders als in G wird hier Unverständliches oder metrisch Verderbtes zwar korrigiert, aber damit zugleich der vermeinte Sachverhalt entstellt.

[63] *Der alten Fechter an fengliche Kunst. Mit sampt verborgenen heymlicheytten [...] Bißher nie ann tag kommen,* Frankfurt o.J. (1531). Egenolffs Druck ist stark historisch ausgerichtet (Bl. Aⱼᵛ). Das unterscheidet ihn von moderneren Anleitungen zum Degenfechten, wie sie in Drucken des 16. Jahrhunderts große Verbreitung finden (hierzu ANGLO, wie Anm. 12). Bei Egenolff wird außerdem eine Reihe von Holzschnitten mehrfach wiederholt: sie dienen also nicht der Veranschaulichung von Bewegungsabläufen, sondern der bloßen Illustration.

etwas über eine *alte* Kunst, die sich angeblich von den Römern herleitet und in deren Regeln tiefe moralische Wahrheiten stecken sollen:[64] eines der frühesten Bücher über das Fechten, das nicht mehr nur, ja nicht einmal in erster Linie den Fechter angeht, sondern wirklich ‚jedermann'.

Lecküchners Messerfechtlehre: Adressaten und Gebrauch

Zwischen der verwilderten handschriftlichen Tradition und dem Druck steht Hans Lecküchners Messerfechtlehre, die das schrittweise entwickelte Lehrverfahren noch einmal zur Grundlage eines neu konzipierten Textes macht. Cpg 430 steht in der Tradition der reinen Texthandschriften mit memorierbaren Versen und Prosakommentar; hinzu kommt – weiterer Beleg für die Anlehnung an eine etablierte Schriftpraxis – eine lateinische Widmung.[65] Cgm 582 kombiniert den Text mit bildlichen Darstellungen, wie sie in der Talhofertradition entwickelt wurden.[66] Da Cgm 582 durchweg umfangreicher als Cpg 430 ist und außerdem zu Beginn von Lecküchners Todesjahr abgeschlossen wurde, ist anzunehmen, daß er die als gültiger betrachtete letzte Fassung enthält.

Die Bildausstattung ergänzt und verbessert die ursprüngliche Anlage, vielleicht sogar im Auftrag des Widmungsträgers Philipp. Lecküchner nutzt konsequenter die bis dahin entwickelten Möglichkeiten schriftlich-ikonischer Anleitung anstelle von praktischer Instruktion. Doch ist auch der

---

[64] MÜLLER, Bild – Vers – Prosakommentar, S. 279f.

[65] Der in Pergament gebundene Papiercodex mißt ca. 16,5 x 22,5 cm (Einband) bzw. 16 x 22 cm (Schriftspiegel). Dem Text vorgebunden ist ein Papierblatt mit Wappen und Devise Kurfürst Philipps des Aufrichtigen (Bl. 1^v). Der Codex besteht aus neun Senonen (Bl. 2-109) und einem Quaternio (Bl. 110-117), in dem auf Bl. 115^r-116^r die lateinische Widmung steht, die also von vorneherein mit dem Text verbunden war. In ihr spricht Lecküchner selbst, so daß die These von HILS (wie Anm. 5) Sp. 642, die Handschrift sei dem Kurfürsten erst nach Lecküchners Tod übergeben worden, unbegründet scheint. Die im Kolophon von Cgm 582 verzeichnete Datierung des Werks auf 1478 wird in der Regel auf diese Handschrift Cpg 430 bezogen.

[66] Der Band mißt ca. 21 x 30 cm. Sein Abschluß ist auf die Vigil des Sebastiantages 1482 datiert (Bl. 216^v), während das Werk (*materia illa*) der gleichen Schlußschrift zufolge 1478 abgeschlossen worden sei. Der Titel trägt eine Zuschreibung an Kurfürst Philipp. Vorgebunden ist ein Blatt mit einer Dedikation von 1579 an Pfalzgraf Philipp Ludwig, Grafen von Veldenz und Sponheim, von einer Hand des 16. Jahrhunderts. Dieses Vorblatt gehört nicht zum ursprünglichen Bestand. Cgm 582 enthält 217 Bll., überwiegend in Lagen zu 12 Bll. Es sind einige Einzelblätter eingebunden, so das textlose Bl. 49; Bl. 144 ist doppelt gezählt. Es scheint, daß zunächst die Bilder hergestellt und dann am Text überprüft wurden; dies wird an zwei Stellen deutlich: Bl. 97^r (*Jtem das vnten gemalt stett Jst nichts wedeuttig etc*) und Bl. 115^v, wo das ursprüngliche Bild durch ein für die Veranschaulichung des Textes geeigneteres überklebt wurde. Ein Teil der Bilder zeigt den hochadeligen Adepten, kenntlich am langen, modisch gekräuselten Haar und deutlich vom Meister unterscheidbar, doch wird diese Unterscheidung nicht durchgehalten.

Text, aufs Ganze gesehen, umfangreicher. Er enthält mehr ‚Stücke' und Varianten von ‚Stücken' als Cpg 430.

Die Schrift richtet sich, der Vorrede zufolge, wie die meisten älteren Fechtbücher vornehmlich an den Fechtmeister. Mit ihrer Hilfe solle man *pestan mit rechter kunst vor fuersten vnd vor herren ym söll auch pillichen seyner künst pas geluenet werden den anderen meysteren dye dyser dinck nicht wyssen*, denn es gebe viele Nichtskönner (Cpg 430, Bl. 2^v).[67] Den Meistern gilt der Wink, daß ein bestimmtes ‚Stück' gut bezahlt wird (ebd., Bl. 46^v) oder ein anderes sich zur komischen Demonstration *auff der schull* eignet (Cgm 582, Bl. 92^r).[68] Die Unterhaltung durch Schaufechten ist manchmal recht drastisch.[69] In jedem Fall sind die Verwendungsmöglichkeiten vielfältig: Die Lehre soll sich *yn schympff oder yn ernnst* bewähren (Cpg 430, Bl. 94^v).

Die lateinische Widmung an Kurfürst Philipp in Cpg 430, die jeden einschließt, der *tum artem tum praxim* (Bl. 115^r) habe, und die Zuschreibung im Titel von Cgm 582 an den *Hochgepornen fursten vnd herren Hertzogen philippum* weist allerdings noch auf einen anderen, vornehmeren Adressatenkreis. Wie im ‚Feuerwerksbuch' wird zusammen mit den Fachleuten die Gruppe angesprochen, die auf ihre Hilfe besonders angewiesen ist. Möglich ist, daß die Einrichtung der Handschriften beiden Gruppen gerecht werden sollte: Der *text* wird in Cpg 430 und Cgm 582 durch größeren Schriftgrad deutlich von der Auslegung abgehoben.[70] Der Kommentar ist kleiner und enger geschrieben. Gegenüber den verknappten Aussagen der Verse tendiert er zu umständlich-detaillierten Anweisungen, gelegentlich auch zur Redundanz,[71] die für weniger schriftgeübte Rezipienten bestimmt scheint.

Sollte der Adept sich mit den Versen begnügen, während der Fechtmeister die genaue Erklärung brauchte? Rückschlüsse auf eine ständisch differente Adressatengruppen müssen rein hypothetisch bleiben. Am ehesten wird man bei Cgm 582 mit seiner großzügigen Disposition in der Einrichtung des Textes und mit der aufwendigen Bildausstattung, durch die wie in

---

[67] Vgl. ebd. Bl. 3^v: *So magst dw wol eyn gutter meyster des messers seyn vnd magst leren fursten vnd herren das sy mit rechter künst wol bestan yn schympff vnd yn ernnst* (ebenso noch Cgm 582, Bl. 1$^{r/v}$).

[68] An der Parallelstelle zu diesem Passus in Cpg 430, Bl. 47^r fehlt der ausdrückliche Hinweis auf die Fechtschule, doch läßt sich auch dort der Demonstrationscharakter am ganzen Arrangement der Szene erkennen, die zeigt, wie man den Gegner mit der Hilfe zweier anderer, die *hynter dem volck* stehen, ‚in den Sack stecken kann'. Andere Bilder stellen nicht unbedingt Szenen dar, die *auff der schull* vorgeführt wurden, sondern demonstrieren z. B. einen Überlegenheitsgestus wie das Bild vom Brett spielenden Sieger (Abb. 7).

[69] Etwa bei der Anweisung, den Gegner in Bauch oder Geschlechtsteile zu stechen: *vnd alzo stopff yn eynß oder vyermal behentlich yn den pauch oder auff das gemechtt es ist gar lecherlich auff der schül zw treyben vor den lewten* (Cpg 430, Bl. 93^r; vgl. Cgm 582, Bl. 183^v).

[70] Für den Schreiber finden sich noch Hinweise, wie *Sequitur textus*, die ihn zum Schriftwechsel anhalten sollen.

[71] Vgl. die umständlichem Formulierungen des Registers: *Das erst seyn dy vyer leger dy werden peruert so der text sprich dy pasteyn Jtem das ander stück hayset das verseczn das wirtt peruertt so der text sprich versecz Jtem das drit* usw. (Cpg 430, Bl. 5^v).

den Talhofer-Codices der anwesende durch den gemalten Fechtmeister oder -partner ersetzt wird, an einen vornehmen Dilettanten als Adressaten denken können. Andererseits trägt gerade die sorgfältig angelegte reine Texthandschrift eine Widmung an den Kurfürsten.

Mit der Orientierung an zwei Adressatengruppen, die der Text wie die Einrichtung andeuten, verschiebt sich die Bedeutung der Verse. Zwar sind sie ähnlich schwer verständlich wie diejenigen Liechtenauers, doch nicht dank einer ausdrücklichen Verschlüsselungsstrategie, sondern wegen ihrer Knappheit und der Verwendung eines Fachvokabulars. Die *zedel* wird nicht mehr als Arkanwissen präsentiert, das den Uneingeweihten abweist und nachträglich ausgelegt werden muß, sondern die Schrift insgesamt – Verse und Auslegung – enthält Sachverhalte, die nicht alle etwas angehen. Das versteht sich insofern von selbst, als Lecküchner ja von vorneherein dem kryptischen Verstext die Erläuterung beigibt, die Verstehensschranke also selber aufhebt, anstatt wie die älteren Ausleger den ‚geheimen' Text eines Meisters zugänglich zu machen. Wenn es bei ihm heißt: *dy sechs verporgen hew* (Cpg 430, Bl. 5ʳ), dann bezieht sich *verporgen* auf die Gegenstände, von denen gesagt wird, daß nicht jeder sie kennen sollte, meint nicht mehr die Verschlüsselungsstrategien eines auszulegenden Basistextes.

Trotzdem bleibt im Manuskriptzeitalter der Gebrauch auch des schriftlich vermittelten Wissens beschränkt, und auf solche Schranken weist Lecküchner verschiedentlich hin, wenn er fordert, daß Teile seiner Lehre geheimgehalten werden sollen. So heiße, sagt Lecküchner, ein *stuck* bei den Meistern *der verporgen griff auff das das man das stuck nicht gemayn sol machen vnd nymant sol lassen wyssen denn das stuck wer wol peczalt Es ist auch schad das leichtfertig lewt oder meyster das stuck sollen wyssen dy das stuck gemayn machen von rümeß wegen das sy dar durch gelobt wellen werden von den leutten* (Cpg 430, Bl. 46ʳ/ᵛ).[72]

Dennoch, auch dieses Stück wird mitgeteilt. Der Besitzer der Schrift (und nicht mehr der, der sich einen Meister eidlich verpflichtet oder der in eine bestimmte ‚Schule' geht) ist in das Arcanum eingeweiht. Die Grenze zwischen Wissen und Nicht-wissen wird neu gezogen; sie verläuft entlang der Schrift. Damit zieht Lecküchner eine Konsequenz, die in den älteren Fechthandschriften und ihrem supplementären Charakter gegenüber einer mündlich-enaktiven Wissensvermittlung umgangen worden war. In der Schrift ist der Arkancharakter immer schon unterlaufen, und Lecküchner appelliert folgerichtig nicht mehr auf Geheimhaltung der vermeinten Sachverhalte, sondern auf Schutz seiner Schrift vor Profanierung.

---

[72] Cgm 582, Bl. 90ᵛf. hat noch einige Erweiterungen. Dort sind es die *kostnlichen* Meister, die das Stück geheim halten wollen, indem sie ihm den Namen *Der vngenandt* geben. Vor *leychfertigen lewtten oder meystern* ist es geheimzuhalten, und es folgt das Sprichwort von den Perlen und den Säuen. Ähnlich zu einem im Cpg 430 fehlenden Stück Cgm 582, Bl. 54ʳ: *Das stuck soltu haben verporgen vnd nyemant weysen wann dy rosen sol man nicht fur dy Seẅ strewen.*

Zur Anlage

Lecküchner führt sein Werk ein als *kúnst vnd zedel ym messer dy er selbs gemacht vnd getichtt hatt den text vnd dÿ auslegüng dar vber* (Cpg 430, Bl. 2ʳ). Das in älteren Fechtbüchern tradierte Darstellungs- und Lehrverfahren wird übernommen, doch bereits als ein literarischer Typus. Denn der Lehrtext ist nicht die kanonische Schrift eines anderen Meisters, sondern ebenso wie der Kommentar Werk Lecküchners. Dadurch sind die Teile genau aufeinander abgestimmt. Wenn Lecküchner sich in einzelnen Formulierungen und in der Disposition oft eng an Liechtenauer anlehnt, übernimmt er doch nie wie ältere Handschriften erratisch-unverständliche Zitatblöcke, sondern formuliert überlieferte Wendungen seiner eigenen Lehrabsicht gemäß um.

Gegenüber der Liechtenauer-Tradition sind jene Elemente, die in eine allgemeine Standeslehre gehörten, stark zurückgedrängt. Auch im Gebrauch durch den Nicht-Fachmann hat sich die Messerfechtlehre als ein spezifischer Typus von Sachschrifttum ausdifferenziert. Die praktischen Einzelanweisungen haben sich gegenüber der allgemeinen Lehre verselbständigt. Grundsätzlichere Bemerkungen gibt es noch von Fall zu Fall, doch leiten sie weder die spezielle Lehre ein noch bilden sie einen tragfähigen Rahmen für sie: Die Mahnung, stets die rechte Zeit zu beachten und sich nicht von Affekten übermannen zu lassen, erscheint spät und recht beiläufig, verbunden mit der Aufforderung, die einzelnen Stücke im richtigen Zusammenhang zu lernen: *las dich es leren* [Cgm 582, Bl. 170ᵛ: *vntterrichten*] *eynen der das wayß / vnd kan [...] so peleybest wol lang meyster* (Cpg 430, Bl. 87ʳ⁻ᵛ).

Solch eine Mahnung klingt wie ein Fazit, mag ursprünglich auch einmal eines gewesen sein, doch steht es in beiden Handschriften jetzt mitten im Text. Das gleiche gilt für den Schluß desselben Abschnitts in Cpg 430: *Jtem dw hast mangerlay stuck vnd pruch schymphflich vnd ernstlich / gefellt dyr eynes nicht / so nymb eyn anders versteest dw eß recht So wirt eß dir gefallen*), der die Beschreibung von Fecht-,Stücken' keineswegs beendet.[73] Auch das dazugehörige Lehrbild, das Meister und Schüler im Gespräch zeigt (Cgm 582, Bl. 171ʳ), wäre als Schlußbild geeignet gewesen. Es zitiert, für sich betrachtet, durch die Anordnung der Figuren exemplarisch die Situation Lehrgespräch herbei (Abb. 8), doch in der Reihe der übrigen Bildinstruktionen wird diese besondere Bedeutung eingeebnet: zwei Gestalten mit ihren Waffen, die eben nur einmal nicht in einen Kampf engagiert sind. Das Bild eröffnet nicht, wie der Bildtypus nahelegen könnte, den Codex noch beschließt es ihn: Es steht irgendwo eingefügt in eine Fülle praktischer Einzelanweisungen. Der Text präsentiert sich als eine offene Reihe von

---

[73] Bl. 87ᵛ. In Cgm 582, (Bl. 171ʳ) ist diese resümierende Formulierung konsequenterweise abgeändert: *Wer dy ding recht verstett. vnd ytlichs zu seyner zeyt treyben kan dem gefallen dyse ding.*

Anweisungen für eine bestimmte Disziplin, ohne standesethischen oder narrativen Rahmen, zumal gegen Ende auch ohne erkennbare Systematik.

Der Aufbau der Schrift folgt den einzelnen ‚Stücken'. Er ist anfangs noch recht überlegt, obendrein durch registerartige Merkverse erschlossen: sechs *verporgen hew* und siebzehn weitere Hauptstücke werden einleitend angekündigt. Die Reihenfolge ist im Großen und Ganzen gewahrt. Auch gibt es Ansätze zu einer Disposition kürzerer Absätze.[74] Da es sich jedoch um Kombinationen von Angriffs- und Abwehrbewegungen handelt, ist eine Systematik nicht durchzuhalten: Indem gegen ein bestimmtes ‚Stück' die geeignete Gegenmaßnahme beschrieben wird, geraten die Hauptstücke immer wieder durcheinander. Häufiger sind dem jeweiligen ‚Hauptstück' Paraden angehängt, die sie mit anderen ‚Hauptstücken' kombinieren. Auch werden besondere, nicht zu den ‚Hauptstücken' gehörige Termini eingeschoben.[75] Je nach Bedeutung des ‚Stücks', explodieren einzelne Abschnitte; insgesamt fallen sie ihrem Umfang nach sehr unterschiedlich aus.[76] Am umfangreichsten sind Einschübe nach dem 8. und dem 15. ‚Hauptstück'.[77]

Im letzten Drittel tritt dieser Charakter einer offenen Aufzählung, zumal in Cgm 582, noch stärker hervor. Lecküchner scheint hier verschiedene Verse und Erläuterungen aufgenommen zu haben, die er in der Tradition Liechtenauers vorfand. Die letzte Versgruppe in Cpg 430, Bl. 111$^{r/v}$ hat zusammenfassenden Charakter. Wenn es im Anschluß an sie jedoch heißt: *Hye endet der meyster vnd der merer der künst das letzt stuck mit seyner eygenschafft*, dann hindert das nicht, daß sich noch einmal umfängliche Prosaerläuterungen bis Bl. 115^v anschließen,[78] mündend in die aus der Liechtenauer-Tradition bekannten Ausführungen zum *grund* der Kunst (*vor, nach, yndes* usw.), der auch schon Bl. 3^r erklärt worden war.

Die schriftsprachlich entworfene Ordnung steht der praktischen Erfordernis einer *kunst* entgegen, die sich aus vielen einzelnen Fertigkeiten zu-

---

[74] Z.B. zu den vier Schnitten (Cpg 430, Bl. 54^r).

[75] Cpg 430, Bl. 9^v: *czynnen*; Bl. 18^r: *feler*; Bl. 97^r: *storchschnabel*; Bl. 98^v: *scorpion*; Bl. 99^v: *wasiliscus*; Bl. 100^r *klocz* usw.

[76] Relativ ähnlichen Umfang (zwischen einer Seite und vier Blättern) haben in Cpg 430 noch die Abschnitte zu den sechs Hieben und den ersten acht Hauptstücken sowie zu Hauptstück 10–15. In Cpg 430 ist die Reihenfolge im Ganzen noch besser gewahrt.

[77] In Cgm 582 sind nach dem 8. und nach dem 15. Hauptstück (Bl. 72^v bzw. 131^r) längere Passagen zu weiteren ‚Stücken' eingeschoben, die keine Ordnung erkennen lassen und deren Einfügung an dieser Stelle fehlerhaft ist. Es scheint eine Reihe von ‚Stücken', die das Messerfechten mit Ringergriffen verbinden und die insofern mit dem 10. ‚Hauptstück' in Verbindung stehen, schon nach dem 8. vorweggenommen zu sein, dann folgen kurze Ausführungen zum 9. ‚Hauptstück' (Bl. 102^v), dann die angekündigten zum 10. (Bl. 104^v), denen sich ab Bl. 105^v noch einmal Anweisungen zu Griffen gegen das 9. ‚Hauptstück' (*schnytt*) anschließen. Offensichtlich sind diese falsch eingefügt, aber solche Fehler enthüllen nur das Dilemma der Anordnung insgesamt. Die Fortsetzung des 10. ‚Hauptstücks' (Cgm 582, Bl. 104^v) folgt erst auf Bl. 111^r (vgl. Cpg 430, Bl. 55^v, wo die nachträgliche Ergänzung des Cgm fehlt). Das letzte ‚Stück' (*winden*) scheint weder in Cpg 430 noch in Cgm 582 zusammenhängend abgehandelt worden zu sein.

[78] In Cgm 582 sind es Bl. 211^v–216^v.

sammensetzt, die situationsgerecht miteinander kombiniert eingesetzt werden müssen. Was Lecküchner an besonderen Griffen und an detaillierter Kasuistik von Reaktion und Gegenreaktion (*pruch* gegen ein *stuck*, *pruch* des *pruchs* usw.) entwirft, muß notwendig die vorweg statuierte Ordnung immer wieder stören, zumal diese Ordnung ja selbst nur nachträglich einer längst eingespielten Praxis übergestülpt wurde.[79] Je genauer sich Lecküchner auf die Praxis einläßt, desto mehr gefährdet er die Disposition seiner Lehrschrift.

Die Erweiterungen in Cgm 582 gegenüber Cpg 430 tun ein übriges, die Ordnung zu verwirren. Die Bilder entlasten nämlich keineswegs den Text. Dieser wird nur selten etwas gekürzt, ohne daß dies immer zu begründen wäre,[80] grundsätzlich aber bleibt er erhalten oder wird noch erweitert, und zwar beides, Verse wie Prosaanleitungen.[81] Das erklärt sich dadurch, daß noch ausführlicher die einzelnen *stuck* als komplexe Bewegungen[82] oder Teile längerer Bewegungsabläufe vorgestellt werden,[83] d. h. mit ihren Fortsetzungen, den Reaktionen darauf und den Reaktionen auf die Reaktionen, wobei die Grenzen zum anschließenden *stuck* manchmal fließend werden und immer wieder Anknüpfungen an andere, zuvor abgehandelte *stuck* möglich sind.[84] Das einzelne *stuck* wird also zerlegt, im Unterschied zu älteren Bildcodices nicht mehr als narrativ nachzuvollziehender Ablauf präsentiert, sondern als Folge von je nach Situation anders zu kombinierenden Bewegungen. Die Erweiterung um Bilder ändert am Gewicht der einzelnen Teile nichts: Obligatorisch ist in nahezu jedem Fall der Prosatext, zu

---

[79] Schon was Liechtenauer als *grund* der *kunst* behauptete (*vor, nach, yndes* usw.), waren Trivialitäten, gemessen an den komplizierten Ausfällen der Fechtkunst, die man nur durch Übung erlernen kann. Mit der Verschriftlichung wurden sie, etwa bei Hanko Döbringer, Gegenstand umständlicher Erörterung. Lecküchner gibt solch banale ‚Grundsätze' nicht auf, doch wirken sie angesichts der vielen konkreten Anweisungen marginal.

[80] Beispiele Cpg 430, Bl. 9^r, 10^v u.ö.

[81] Ein Beispiel ist der sog. Zornhau, bei dem sich Cpg 430 auf eine Gruppe von vier Versen und sieben Abschnitte mit Prosaanleitungen beschränkt (Bl. 7^r-8^r). In Cgm 582 werden daraus zehn Versgruppen und zwölf Prosaabschnitte (Bl. 4^r-9^r). Zum *nach raysen* bringt Cpg 430 im Anschluß an die Verse und eine Einleitung sechs Prosaanweisungen (Bl. 26^v-28^v). Cgm 582 hat fünf davon (die erste ist mit der Einleitung zusammengezogen, die vierte fehlt), dann aber schließen sich neun ‚Stück', Vers und Prosa, an, die weitere Ausfälle aus dem *nach raysen* entwickeln (Bl. 41^v- 45^v). Ähnlich die zwölf Ringergriffe im Kampf mit dem Messer (Cpg 430, Bl. 30^v-33^r gegenüber den zwanzig Stücken in Cgm 582, Bl. 48^r-58^v); nicht gezählt ist dabei das textlose, doch in denselben Zusammenhang gehörende Bl. 49. Dabei enthalten beide Hss. Stücke, die in der jeweils anderen fehlen (in Cpg 430 das 7., 10. und 12. Stück, in Cgm 582 das 10.-20. Stück). Besonders umfangreich sind die Ergänzungen dort, wo bereits Cpg 430 die eingangs explizierte Ordnung erweitert hat.

[82] So schon Cpg 430, Bl. 18^v-19^v; vgl. Cgm 582 Bl. 27^v zum *feler*.

[83] Der Bestand müßte einmal genau kollationiert werden: Das ist aufwendig, weil Cgm 582 manchmal umstellt, die Zerlegung in Einzelbewegungen den ursprünglichen zusammenfassenden Text manchmal nur schwer wiedererkennbar macht, schließlich auch einiges zumal gegen Ende lückenhaft bleibt.

[84] So greift das zweite Stück (*wecker*) auf das erste zurück (Bl. 15^r).

dem gelegentlich das Bild,[85] weit häufiger jedoch die Verse fehlen können.

Rede, Schrift und Bild

Wie seine Vorgänger spricht Lecküchner weiterhin von *zedel*, einer rudimentären Form der Verschriftlichung, wenn er die Verse meint. Meist jedoch wählt er die angemessenere Bezeichnung *text*. Wie schon in den älteren Liechtenauer-Kommentaren sind alle wichtigen Informationen in der Prosa erhalten. Über längere Strecken fehlen Verse, d. h. einer knappen Benennung des jeweiligen ‚Stücks' und seiner Teile folgen umfangreiche Prosaanleitungen zu alternativen Bewegungssequenzen. Das gilt schon für die Texthandschrift, stärker noch für Cgm 582, auch wenn dieser bei Gelegenheit neue Verse hinzufügt, also die traditionelle Struktur des Typus zu bewahren oder wiederherzustellen sucht.

Obwohl alles, Verse wie Prosa, von Lecküchner stammt, sind auch bei ihm zwei Sprecherrollen präsent, die eine indirekt, gebunden an die dritte Person, die andere direkt performativ in den Anweisungen. Die Verse werden als die Worte des *meysters* dargeboten, denen sich die Erklärungen des Auslegers anschließen: *So nw der meyster geendet hatt dy vor red nw gibt er dir eyn gute ler dy verste alzo* (Cpg 430, Bl. 3[r]) oder *Hye lert der meyster wye man sych halten söl* (Bl. 4[v]). Doch sind *meyster* und Ausleger nicht nur in Wirklichkeit eine Person, sondern sie werden auch im Text nicht durchweg unterschieden, so daß auch der Ausleger schon einmal *meyster* genannt werden kann (Bl. 11[v]f.).

Solche Relikte der Mündlichkeit, in der anwesende und abwesende Sprecher unterschieden werden, werden von der schriftsprachlichen Organisation überlagert. Wohl instruiert Lecküchner den Rezipienten, wie er sich in der Schrift zurechtfinden kann. So gibt er Gliederungssignale in der Form einer Erläuterung mündlicher Kommunikation: *Nw hebt er an zw sagen von dem ersten glid der taylung* (= Disposition, Bl. 7[r]). Die Identifikation des (abwesenden) Sprechers erfordert umständliche Konstruktionen für den offenbar schriftungeübten Benutzer: *Hye hebt der meyster an zw sagen von dem triten stück [...] vnd erlewttert das mit seyner aigenschafft vnd sprich der entrust etc. Nw merck der entrüsthaw pricht [...]* (Cpg 430, Bl. 16[r]). Solche Formulierungen benutzen zwar als Hilfskonstruktion die leibhaftige Präsenz des Meisters, der als Redender und Unterrichtender eingeführt wird und von dessen Rede sich dann die des Auslegers abhebt, aber diese Hilfskonstruktion ist nicht konsequent durchgehalten. So heißt es statt *der meyster* manchmal auch einfach *der text* (*So werden yn dem text Sechs verpor-*

---

[85] So fehlt das Bild Bl. 26[r], und Bl. 7[v] ist der erste *pruch wider dy abnemen* nur in Vers- und Prosatext präsent, der zweite dagegen nur in Prosa und Bild, ähnlich Bl. 11[v] ohne Illustration das *duplieren*, mit Bild das *mutieren*. Eine Illustration fehlt auch Bl. 147[r]. Von dem offenbar nachträglich eingebundenen Bl. 49 abgesehen sind die Bilder auf Bl. 107[v] und 180[r]-181[v] ohne Text.

gen hew gemelltt, Cpg 430, Bl. 4ᵛ). In Cgm 582 werden die vom Meister ‚gesprochenen' Verse und die Prosaabschnitte zu einem einzelnen ‚Stück' schriftsprachlich *capitel* genannt, als deren Verfasser dann der Meister erscheint.⁸⁶

Die Form schriftsprachlicher Kommunikation überlagert also durchweg schon die inszenierte Mündlichkeit: Formulierungen wie *das wirtt peruert so der text spricht* [...] stehen parallel zu: *das wirt peruert so gesprochen wirtt* [...] und: *das peruert vns der meyster So er spricht* [...] (Cpg 430, Bl. 5ᵛ, 6ʳ, 6ᵛ).⁸⁷ Es geht nicht um die Intention eines bestimmten Sprechers, sondern *die mainüng des textz*.⁸⁸ Cgm 582 formuliert einmal: *Sensum dy mainung des texts soltu alzo verstan* (Bl. 71ᵛ).⁸⁹ Merkverse, die die Termini der ‚Hauptstücke' enthalten, werden anschließend als Register ausgeführt, gleichfalls also in Elemente schriftsprachlicher Organisation umfunktioniert.⁹⁰ In der Regel nennen die Prosaanweisungen keine bestimmte Sprecherinstanz mehr, wenn es auch hier Ausnahmen gibt: *Jch sag dir so dw denn* [...] *fertig pist treyben* [...] *so wirt* [...] (Cpg 430, Bl. 9ᵛ). Im ganzen bietet sich die Messerfechtlehre als schriftlich verfaßtes Werk dar, der Adept hat Messerfechten *auff dyse nach geschriben* [!] *art vnd kunst* zu lernen (Cpg 430, Bl.2ᵛ).

Die Glosse verliert wie schon gelegentlich bei Lecküchners Vorgängern den Charakter einer Textauslegung, indem die Prosa nicht den Wortlaut der Verse erklärt, sondern den Bewegungsablauf der in ihnen angesprochenen *stuck* genau beschreibt, listenmäßig geordnet, jeder Punkt mit *Jtem* eingeleitet.⁹¹ Es gibt eine Reihe von Querverweisen, die nur schriftsprachlich funktionieren.⁹² Wo die Unterweisung ergänzungsbedürftig ist, da verweist sie auf spätere schriftliche Belehrung: *das findestu hernach geschriben* (Cpg 430, Bl. 4ʳ; vgl. 83ᵛ u.ö.). Synonym scheinen Wendungen wie: *Als oben geschriben stett* und: *Als du vor gehortt hast*.⁹³ Auch die Hinweise zum Aufbau der *kunst* aus den einzelnen *stuck* gehören hierher.⁹⁴

---

⁸⁶ Hier differieren Cpg 430 und Cgm 582. Aus *So nw der meyster das erst stuck aus gelegt hat* [...] *nw hebt er an das ander stuck* (Cpg 430, Bl. 11ᵛf.) wird *So nw der meyster das erst capitel außgelegt hatt* [...] *Nw hebtt er an das ander capitel* (Cgm 582, Bl. 14ᵛ; vgl. Cpg 430, Bl. 29ʳ gegen Cgm 582, Bl. 46ʳ). Oder Cpg 430, Bl. 16ʳ: *stück* gegen Cgm 582, Bl. 25ʳ: *stuck vnd capitel* (ähnlich Cpg 430, Bl. 19ᵛ, 25ʳ, 26ᵛ gegen Cgm 582, Bl. 29ʳ, 34ᵛ, 39ʳ). Oder Cpg 430, Bl. 23ᵛ: *sechs hew* gegen Cgm 582, Bl. 33ʳ: *Sechs hew oder capitel*. Der Schriftcharakter wird also deutlicher expliziert.
⁸⁷ Vgl. Cpg 430, Bl. 42ʳ: *der text spricht* (Cgm 582, Bl. 78ᵛ).
⁸⁸ Cpg 430, Bl. 106ʳ [zweimal], 107ʳ; Cgm 582, Bl. 201ʳ [zweimal], Bl. 203ʳ.
⁸⁹ Cpg 430 hat noch: *Das solt dw alzo verstan* (Bl. 39ʳ).
⁹⁰ So schon Cpg 430: *Das erst seyn* [...] *Jtem das ander stuck* [...] *Jtem das drit* usw. (Bl. 5ᵛ-6ᵛ).
⁹¹ Etwa: *Jtem wenn er ee kumbt mit der erbat* [...] *das dw ym verseczen müst So arbayt yndes behentlich* [...] (Cpg 430, Bl. 4ʳ).
⁹² So wird z. B. eine Versgruppe vorausgestellt und dann in ihren einzelnen Bestandteilen erläutert: [...] *pruch wyder dy vyr ee gemelten verß* [...] *vnd zum ersten wyder dy ersten zwen verß* (Cpg 430, Bl. 30ᵛ; vgl. Cgm 582, Bl. 48ʳ); *pruch wider dy anderen czwen verß vnd stuck* (Cpg 430, Bl. 31ᵛ; Cgm 582, Bl. 50ᵛ).
⁹³ So das in Cgm 582 eingeschobene Kapitel über einen *pruch* (*wyder nemen*), Bl. 135ᵛ.
⁹⁴ Etwa Cpg 430, Bl. 12ʳ: *wecker – verseczen – leger*; Bl. 25ʳ: *die vier verseczen*.

Die Verse sind nurmehr Stütze einer in Prosa breit ausgeführten Anweisung, die in Umfang und Detaillierung weit über sie hinausgeht und sich direkt an ein Gegenüber richtet: *den durchwechsel treyb alzo* [...] *haw* [...] *las* [...] *stich* usw. (Cpg 430, Bl. 34ʳf.). Die Schrift tritt an die Stelle mündlicher Anleitung. Nur gelegentlich scheint sie sich noch am Gespräch zu orientieren, wenn der Text z. B. dem Adressaten gut zuredet, immer jedoch ohne dabei den schriftsprachlichen Charakter in Frage zu stellen. Wohl gibt es weiterhin Appelle an ein vorgängiges, nicht sprachlich repräsentiertes Wissen, wenn selbst im eindeutig auf schriftsprachliche Kommunikation ausgerichteten Cgm 582 der Adressat gelegentlich aufgefordert wird, zu reagieren *als du woll weist etc* (Bl. 17ʳ)[95], oder ihm die Reaktion sogar freigestellt wird: *thu was du wild* (ebd., Bl. 24ʳ).[96]

Die Bilder in Cgm 582 sollen die Notwendigkeit eines supplementären Vorwissens weiter reduzieren. Sie sind nämlich lehrbuchhaft schematisiert (Abb. 9), mit wenigen Ausnahmen[97] nicht mehr narrativ organisiert oder szenisch ausgeschmückt und lösen damit, anders als etwa die Talhofer-Codices, die Fechtlehre aus dem Kontext ‚historischer' Darstellungen.[98] Die Bilder beziehen sich allein auf das Fechten, nicht auf seine Einbettung in andere Lebenszusammenhänge. Der Rahmen der Fechtlehre bleibt – auch dies anders als bei Talhofer, der in seine Bildfolge die Vorgeschichte von Unterweisung und Kampf einbezieht – allein der Schrift vorbehalten. Die Bilder setzen erst ein, wenn der *meister* seine einleitenden und grundsätzlichen Ausführungen abgeschlossen hat und zum *ersten glid der tailung* (Bl. 3ʳ) übergeht (auf Bl. 3ᵛ). Insofern sind die Aufgaben von Text und Bild konsequenter als zuvor verteilt: Vorrede, allgemeine Verhaltenslehre, *grund* der Kunst und registerartige Disposition der Lehrschrift (alles in Vers und Prosakommentar) sind nicht illustriert.

Die Bilder werden sehr oft explizit durch Formeln *wie vnden gemalt stet* (Bl. 8ʳ u.ö.), gelegentlich auch durch Rückverweise auf vorstehende Bilder (Bl. 91ʳ, 94ʳ) eng an den Text gebunden, dessen Aussage sie veranschaulichen oder ergänzen.[99] Es geht um zusätzliche Information, indem das Bild

---

[95] Ähnlich Bl. 20ʳ, 28ʳ, *32ᵛ, *76ᵛ (*: ohne Entsprechung in Cpg 430).
[96] Vgl. Cpg 430, Bl. 46ᵛf., 60ᵛ.
[97] ‚Landschaftliche' Auffüllungen der Fechtpositionen (Berge, Burgen, Kirchen, Wege, Pflanzen, Tiere) finden sich u.a. auf Bl. 96ᵛ (dort auch ein Galgen; vgl. Abb. 10), 99ᵛ, 112ᵛ, 132ʳ, 161ʳ. Die verhältnismäßig geringe Zahl und knappe Andeutung derartiger Szenen unterscheidet Cgm 582 vom jüngsten Talhofer Codex, München, BSB, Cod. icon. 394 a, der zwar schon Bewegungsabfolgen segmentiert, aber nicht ganz auf narrative Elemente (etwa das *end* eines Zweikampfes) verzichtet; zu diesem Codex: MÜLLER, Bild – Vers – Prosakommentar, S. 274-276.
[98] Fechthandschriften konnten im besonderen Fall sogar Memorialfunktionen übernehmen: Deutlich memorierend-erzählenden Charakter haben der von HILS (wie Anm. 2) S. 70-74 beschriebene Codex Königseggwald, Gräfliches Schloß, Hs. XIX, 17.3 sowie die Abschrift daraus Wien, Kunsthistorisches Museum, P 5342 B (vgl. MÜLLER, Bild – Vers – Prosakommentar, S. 273).
[99] Die enge Zuordnung zeigt auch Bl. 33ᵛ, wo der erste Text zurückverweist: *als oben gemalt stett da du ein handt gemalt sichst*, der zweite dagegen ohne bildliche Veranschaulichung

‚zeigt', was der Text nur andeuten kann. Verse, Prosaauslegung und bildliche Darstellung werden miteinander kombiniert, allerdings von je besonderen Situationen abstrahierend. Dem Anspruch nach tritt hier das Buch an die Stelle der ‚Kommunikation unter Anwesenden', doch ohne daß die konkrete Kommunikationssituation selbst noch Gegenstand schriftsprachlicher Inszenierung wäre.

Stufen der Verschriftlichung

In der Liechtenauertradition kann man vier Stufen der Verschriftlichung unterscheiden: erstens die komprimierte und verschlüsselte Versifizierung von Fechtregeln, vermutlich zum nachträglichen Memorieren des Unterrichts, nicht notwendig auf Schrift angewiesen, doch zur Entlastung des Gedächtnisses schriftlich fixiert, jedenfalls bloß komplementär zu mündlicher Erläuterung und praktischer Anleitung. Zweitens Ablösung von derartigen Hilfen durch einen Prosakommentar, der – angelehnt an ein akademisches Lehrverfahren (*text – glosa*) – die ergänzenden Informationen schriftlich beifügt, mit dem Nachteil geringer Anschaulichkeit. Drittens Ersetzen oder Ergänzen der schriftsprachlichen Anleitung durch ikonische Repräsentation des Vorgangs, zugleich Funktionsverlust der Verslehre, die auf einen autoritativen Gestus zurückgenommen wird. Viertens schließlich Überwindung der Kommunikationsbeschränkungen der Manuskriptkultur durch den virtuell allgemein zugänglichen Buchdruck; gleichzeitig Zurücktreten der praktischen Anweisung hinter die Darstellung einer alten Kunst ‚von außen'.

Lecküchner schließt an die auf Stufe 1-3 entwickelten Darstellungsformen an. Er bietet nichts qualitativ Neues, sondern kombiniert, noch auf der Basis der alten Manuskriptkultur, die längst entwickelte Verfahren. Während aber bei den Vorgängern die beglaubigende Funktion der Schrift eine wesentliche Rolle spielte, wird sie bei ihm, abgestimmt aufs Bild, zum wichtigsten Träger der Information. Allerdings bleiben die beiden Handschriften auf den begrenzten Kreis der Fachleute und derer, die sich ihrer Hilfe bedienen, beschränkt. Was von der ‚Messerfechtlehre' in Egenolffs Druck gelangt, bleibt weit hinter den Darstellungsmöglichkeiten der Vorlage zurück.

Doch steht die ‚Messerfechtlehre' für die weitgehende Emanzipation der Schrift von situativen Kontexten. Lecküchner konzentriert sich auf eine einzige Disziplin, ohne sie in den größeren Zusammenhang höfischer Erziehung einzubetten, ohne nach ihrer Anwendung, z. B. im gerichtlichen Zweikampf, zu fragen und ohne sie um Stücke aus verwandten Lehren zu ergänzen. Nur der Maler nutzt an wenigen Stellen in Cgm 582 Anlässe zu

---

bleibt, während der dritte nach vorn deutet: *wie vnden gemalt stet.* Auch Bl. 97[r] mit dem Vermerk über dem Bild: *Jtem das vntten gemalt stett Jst nichtz wedeuttig* belegt die genaue Abstimmung von Bild und Text.

szenischer Imagination, bezeichnenderweise erst spät (konzentriert um Bl. 90ʳff. und 160ʳff.) und nicht allzu häufig. Gegenüber dem diffusen Wissensangebot des ‚Bellifortis', dem historiographischen Gestus der Talhofer-Codices und dem kompendiösen Charakter der älteren Fechthandschriften verfaßt Lecküchner ein ‚Fachbuch'. Er knüpft damit an eine fachliterarische Tradition an, die noch stark von Situationen mündlicher Belehrung geprägt oder sogar auf Ergänzung durch mündliche Instruktion und praktisches Nachahmen angewiesen war. Lecküchner übernimmt die in dieser Tradition ausgebildeten Formen (*zedel – vszlegung*), er simuliert unterschiedliche, einander ablösende Sprecher und weist den Leser umständlich in schriftsprachliche Kommunikation ein. Doch sind die Elemente einer Situation mündlicher Verständigung letztlich redundant, da Schrift auf Schrift verweist, der als anwesend gedachte *meyster* durch den abstrakten *text* ersetzt werden kann, *meyster* und Ausleger nicht als unterschiedliche Sprecher zu verstehen sind, sondern metonymisch unterschiedliche Textfunktionen (Vers vs. Prosa) bezeichnen. Die Bilder endlich sind zwar noch nicht konsequent didaktisch schematisiert, aber sie stellen auch nicht mehr Handlungsvollzüge dar, aus denen der Betrachter die Information erst noch isolieren muß. Die Instruktionsformen älterer Fechtlehren sind nurmehr Gattungszitat. Trotz allen Mängeln hat hier das Buch sich weitestmöglich der Praxis angenähert.

Bildtafeln

Abb. 1: Göttingen, NSUB, Ms. philos. 63 Cim., Bl. 114ʳ: Badehaus

Abb. 2: Göttingen, NSUB, Ms. philos. 64a Cim., Bl. 120ʳ: Badehaus

Abb. 3: Göttingen, NSUB, Ms. philos. 63 Cim., Bl. 85r: Zelt König Wenzels

Abb. 4: Göttingen, NSUB, Ms. philos. 64a Cim., Bl. 77r

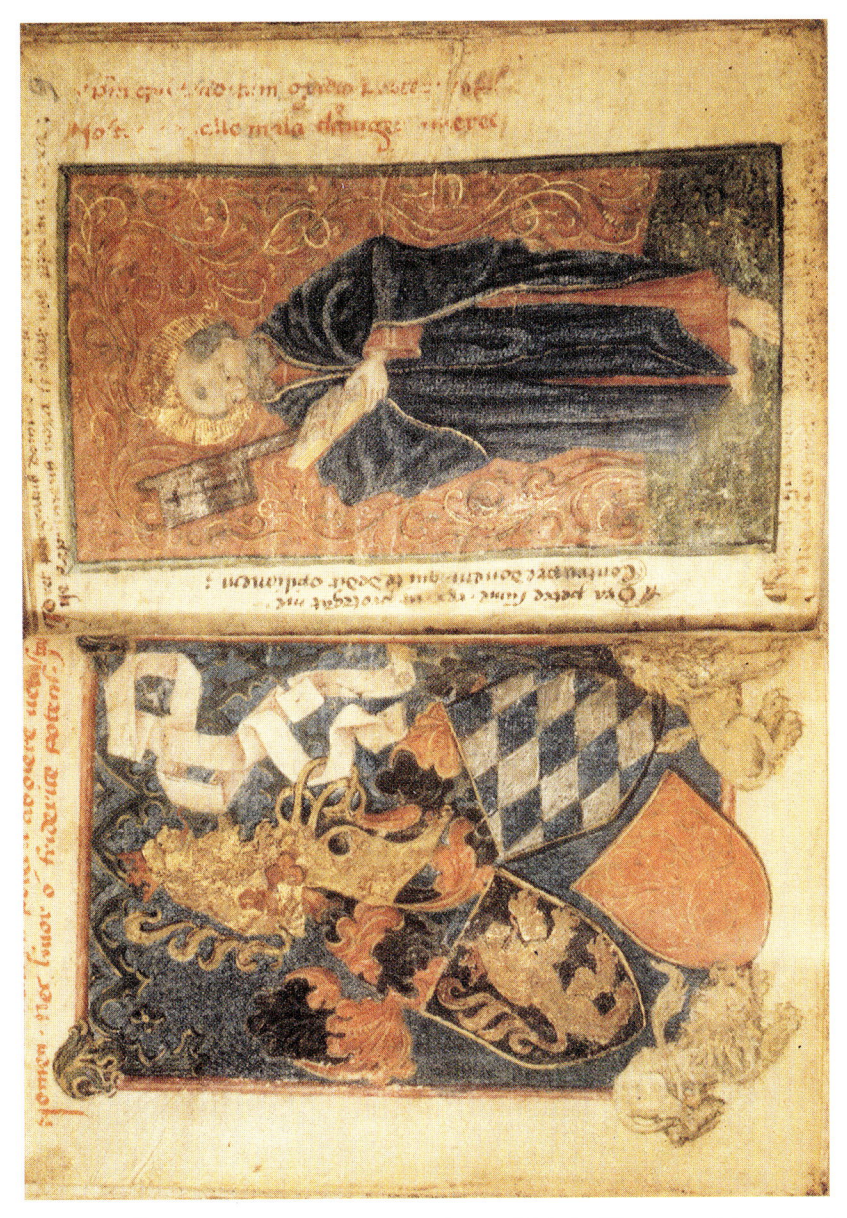

Abb. 5: Wien, ÖNB, Cod. Vind. 13428, Bl. 8ᵛ/9ʳ: Kurpfälzische Wappen und Apostel Petrus

Abb. 6: Wien, ÖNB, Cod. Vind. 13428, Bl. 25ʳ: Blatt aus dem Kalendarium mit Einträgen, die auf die Geburt Friedrichs des Siegreichen und einen seiner Siege hinweisen

Abb. 8: München, BSB, Cgm 582, Bl. 171ʳ: Lehrgespräch

Abb. 7: München, BSB, Cgm 582, Bl. 91ᵛ: Darstellung von Überlegenheit

Abb. 9: München, BSB, Cgm 582, Bl. 4ʳ: Der Zornhau

Abb. 10: München, BSB, Cgm 582, Bl. 96ᵛ: Ringkampf vor Landschaft

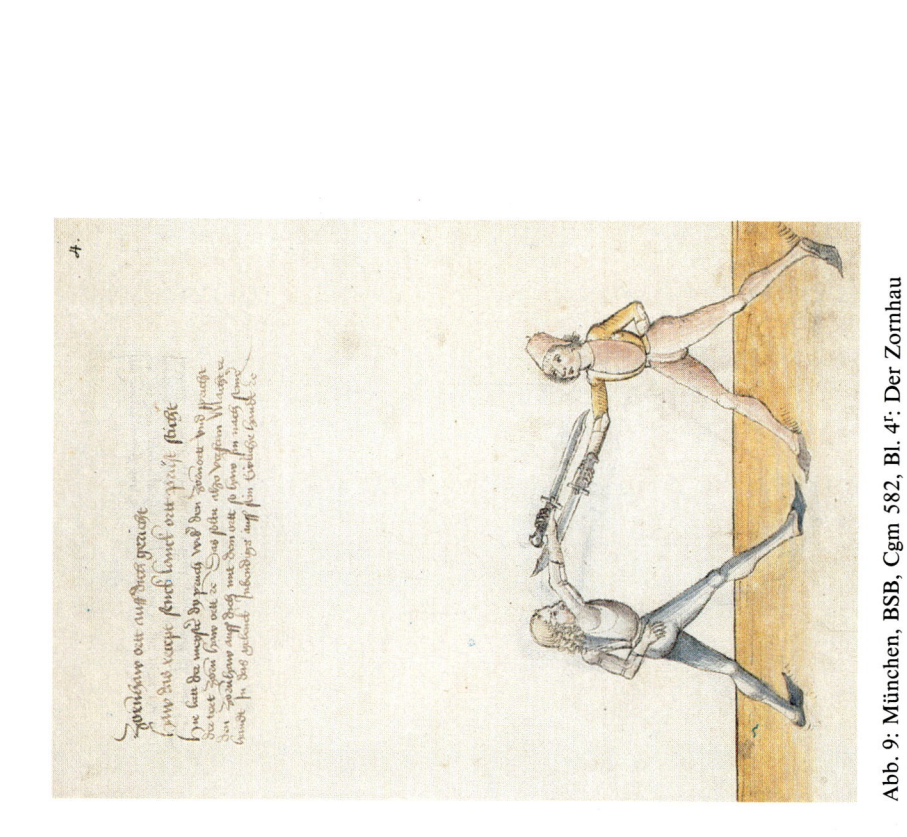

Abkürzungsverzeichnis

AGB	Archiv für Geschichte des Buchwesens
DA	Deutsches Archiv für Erforschung des Mittelalters
DVjs	Deutsche Vierteljahrsschrift für Literaturwissenschaft und Geistesgeschichte
FMST	Frühmittelalterliche Studien
GRM	Germanisch-Romanische Monatsschrift
GRLMA	Grundriß der romanischen Literaturen des Mittelalters
LThK	Lexikon für Theologie und Kirche
MMS	Münstersche Mittelalter-Schriften
MTU	Münchener Texte und Untersuchungen zur deutschen Literatur des Mittelalters
PBB	Beiträge zur Geschichte der deutschen Sprache und Literatur
RAC	Reallexikon für Antike und Christentum
VL	Die deutsche Literatur des Mittelalters. Verfasserlexikon
ZBB	Zentralblatt für Bibliothekswesen
ZfdA	Zeitschrift für deutsches Altertum und deutsche Literatur
ZfdPh	Zeitschrift für deutsche Philologie
ZGO	Zeitschrift für die Geschichte des Oberrheins

Literaturverzeichnis

PETER ASSION, Altdeutsche Fachliteratur (Grundlagen der Germanistik 15) Berlin 1973 = ASSION, Fachliteratur.
MARTINA BACKES, Das literarische Leben am kurpfälzischen Hof zu Heidelberg im 15. Jahrhundert. Ein Beitrag zur Gönnerforschung des Spätmittelalters (Hermaea NF 68) Tübingen 1992 = BACKES, Das literarische Leben.
FRANK A. BARON, The Beginnings of the German Humanism: The Life and Work of the Wandering Humanist Peter Luder, University of California, Berkeley Ph. D. 1966 = BARON, Beginnings.
KARL BARTSCH, Die Altdeutschen Handschriften der Universitätsbibliothek in Heidelberg (Katalog der Handschriften der Universitätsbibliothek in Heidelberg 1) Heidelberg 1887 = BARTSCH, Handschriften.
THERESIA BERG – ULRIKE BODEMANN, *Wie ludwigen von Beyern etlich bucher verschriben sin.* Buchbesitz und Bildungsfunktion am Heidelberger Hof zur Zeit Friedrichs des Siegreichen, Bibliothek und Wissenschaft 24, 1990, S. 1–35 = BERG – BODEMANN, Buchbesitz.
Bibliotheca Palatina. Katalog zur Ausstellung vom 8. Juli bis 2. November 1986. Heiliggeistkirche Heidelberg, Textband, hg. v. ELMAR MITTLER u.a., Heidelberg 1986 = Bibliotheca Palatina.
ESKE BOCKELMANN, Die Metrikvorlesung des Peter Luder (Gratia 14) Bamberg 1984 = BOCKELMANN, Metrikvorlesung.
HERMANN DEGERING, Kurzes Verzeichnis der Germanischen Handschriften der Preussischen Staatsbibliothek 2: Die Handschriften in Quartformat, Leipzig 1926, Neudruck Graz 1970 = DEGERING, Verzeichnis 2.
ULRIKE FROMMBERGER-WEBER, Spätgotische Buchmalerei in den Städten Speyer, Worms und Heidelberg (1440–1510). Ein Beitrag zur Malerei des nördlichen Oberrheingebiets im ausgehenden Mittelalter, in: ZGO 121, NF 82, 1973, S. 35–145 = FROMMBERGER-WEBER, Buchmalerei.
MICHAEL GIESECKE, ‚Volkssprache‘ und ‚Verschriftlichung‘ des Lebens im Spätmittelalter, in: Literatur in der Gesellschaft des Spätmittelalters, hg. v. HANS ULRICH GUMBRECHT (Begleitreihe zu GRLMA 1) Heidelberg 1980, S. 39–67 = GIESECKE, ‚Volkssprache‘.
MICHAEL GIESECKE, Sinnenwandel – Sprachwandel – Kulturwandel. Studien zur Vorgeschichte der Informationsgesellschaft, Frankfurt a. M. 1992 = GIESECKE, Sinnenwandel.
JOHANNES EMIL GUGUMUS, Zur Erforschung der Bibliotheca Palatina in Rom, in: Blätter für pfälzische Kirchengeschichte und religiöse Volkskunde 40, 1973, S. 124–141 = GUGUMUS, Erforschung.
KARL HARTFELDER, Zur Gelehrtengeschichte Heidelbergs am Ende des Mittelalters, in: ZGO NF 6, 1891, S. 141–171 = HARTFELDER, Gelehrtengeschichte.
LUDWIG HÄUSSER, Geschichte der Rheinischen Pfalz nach ihren politischen, kirchlichen und literarischen Verhältnissen 1, Speyer 1978, Nachdruck der 2. Ausgabe 1856 = HÄUSSER, Geschichte.
HERIBERT HILGERS, Die drei Kometen-Strophen Heinrichs von Mügeln in einer Handschrift des Mathias von Kemnat, in: ZfdA 108, 1979, S. 414–429 = HILGERS, Kometen-Strophen.
Historiographie am Oberrhein im späten Mittelalter und in der frühen Neuzeit, hg. v. KURT ANDERMANN (Oberrheinische Studien 7) Sigmaringen 1988 = Historiographie.
CONRAD HOFMANN (Hg.), Quellen zur Geschichte Friedrich I. des Siegreichen Kurfürsten von der Pfalz 1: Matthias von Kemnat und Eickhart Artzt (Quellen und Erörterungen zur

Bayerischen und Deutschen Geschichte 2,1) München 1862, Neudruck Aalen 1969 = HOFMANN, Quellen 1.

CONRAD HOFMANN (Hg.), Quellen zur Geschichte Friedrich I. des Siegreichen Kurfürsten von der Pfalz 2: Michel Beheim und Eickhart Artzt (Quellen und Erörterungen zur Bayerischen und Deutschen Geschichte 3,2) München 1863, Neudruck Aalen 1969 = HOFMANN, Quellen 2.

HUGO HOLSTEIN, Zur Gelehrtengeschichte Heidelbergs beim Ausgang des Mittelalters, in: Elfter Jahres-Bericht über das Königliche Gymnasium zu Wilhelmshaven, 1893, S. 1–26 = HOLSTEIN, Gelehrtengeschichte.

COLETTE JEUDY – LUDWIG SCHUBA, Erhard Knab und die Heidelberger Universität im Spiegel von Handschriften und Akteneinträgen, in: Quellen und Forschungen aus italienischen Archiven und Bibliotheken 61, 1981, S. 60–108 = JEUDY – SCHUBA, Knab.

GUNDOLF KEIL, Prosa und gebundene Rede im medizinischen Kurztraktat des Hoch- und Spätmittelalters, in: Poesie und Gebrauchsliteratur, S. 76–94 = KEIL, Prosa.

HAGEN KELLER, Träger, Felder, Formen pragmatischer Schriftlichkeit im Mittelalter, in: FMST 22, 1988, S. 388–409.

HUGO KUHN, Entwürfe zu einer Literatursystematik des Spätmittelalters, Tübingen 1980 = KUHN, Entwürfe.

Literatur und Laienbildung im Spätmittelalter und in der Reformationszeit. Symposion Wolfenbüttel, hg. v. LUDGER GRENZMANN – KARL STACKMANN, Stuttgart 1984.

KARL MENZEL (Hg.), Regesten zur Geschichte Friedrich I., in: Quellen zur Geschichte Friedrichs I. des Siegreichen Kurfürsten von der Pfalz 1, hg. v. CONRAD HOFMANN (Quellen und Erörterungen zur Bayerischen und Deutschen Geschichte 2, 1) München 1862, Neudruck Aalen 1969 = MENZEL, Regesten.

ELMAR MITTLER – WILFRIED WERNER, Mit der Zeit. Die Kurfürsten von der Pfalz und die Heidelberger Handschriften der Bibliotheca Palatina, Wiesbaden 1986 = MITTLER – WERNER, Mit der Zeit.

PETER MORAW, Beamtentum und Rat König Rupprechts, in: ZGO 116, 1968, S. 59–126 = MORAW, Beamtentum.

PETER MORAW, Heidelberg: Universität, Hof und Stadt im ausgehenden Mittelalter, in: Studien zum städtischen Bildungswesen des späten Mittelalters und der frühen Neuzeit, hg. v. BERND MOELLER – HANS PATZE – KARL STACKMANN, Göttingen 1983, S. 524–552 = MORAW, Universität.

PETER MORAW, Kanzlei und Kanzleipersonal König Rupprechts, in: Archiv für Diplomatik 15, 1969, S. 428–531 = MORAW, Kanzlei.

JAN-DIRK MÜLLER, Bild – Vers – Prosakommentar am Beispiel von Fechtbüchern. Probleme der Verschriftlichung einer schriftlosen Praxis, in: Pragmatische Schriftlichkeit im Mittelalter. Erscheinungsformen und Entwicklungsstufen (Akten des Internationalen Kolloquiums, 17.–19. Mai 1989), hg. von HAGEN KELLER – KLAUS GRUBMÜLLER – NIKOLAUS STAUBACH (Münstersche Mittelalter-Schriften 65) München 1992, S. 251–282 = MÜLLER, Bild – Vers – Prosakommentar.

JAN-DIRK MÜLLER, Gedechtnus. Literatur und Hofgesellschaft um Maximilian I. (Forschungen zur Geschichte der älteren deutschen Literatur 2) München 1982.

JAN-DIRK MÜLLER, *Jch vngenant vnd die leüt*. Literarische Kommunikation zwischen mündlicher Verständigung und anonymer Öffentlichkeit in Frühdrucken, in: Der Ursprung von Literatur, Medien, Rollen, Kommunikationssituationen, hg. v. GISELA SMOLKA-KOERDT u.a., München 1988, S. 149–174 = MÜLLER, Kommunikation.

JAN-DIRK MÜLLER, Der siegreiche Fürst im Entwurf der Gelehrten. Zu den Anfängen eines höfischen Humanismus in Heidelberg, in: Höfischer Humanismus, hg. v. AUGUST BUCK (Kommission für Humanismusforschung, Mitteilung 16) Weinheim 1989, S. 17–50 = MÜLLER, Fürst.

JAN-DIRK MÜLLER, Zwischen mündlicher Anweisung und schriftlicher Sicherung von Tradition. Zur Kommunikationsstruktur spätmittelalterlicher Fechtbücher, in: Alltag und Kommunikation, hg. v. HARRY KÜHNEL (Österreichische Akademie der Wissenschaften, Philosophisch-Historische Klasse, Sitzungsberichte, 596. Band), Graz 1992, S. 379–400 = MÜLLER, Anweisung.

ELISABETH PELLEGRIN u.a., Les Manuscrits classiques latins de la Bibliothèque Vaticane 2,2, Paris 1982 = PELLEGRIN, Manuscrits.
Poesie und Gebrauchsliteratur im deutschen Mittelalter. Würzburger Colloqium 1978, hg. v. VOLKER HONEMANN u.a., Tübingen 1979 = Poesie und Gebrauchsliteratur.
VEIT PROBST, Petrus Antonius de Clapis (ca. 1440-1512). Ein italienischer Humanist im Dienste Friedrich des Siegreichen von der Pfalz (Veröffentlichungen des Historischen Instituts Mannheim 10) Paderborn u.a. 1989 = PROBST, Petrus Antonius.
GERHARD RITTER, Die Heidelberger Universität im Mittelalter (1386-1508). Ein Stück deutscher Geschichte, Heidelberg 1936, Nachdruck Heidelberg 1986 = RITTER, Universität.
BERNHARD ROLF, Kurpfalz, Südwestdeutschland und das Reich 1449-1476. Die Politik des Pfalzgrafen und Kurfürsten Friedrich des Siegreichen, Diss. Heidelberg 1978 = ROLF, Kurpfalz.
FRITZ SAXL, Verzeichnis astrologischer und mythologischer illustrierter Handschriften des lateinischen Mittelalters in römischen Bibliotheken (Sitzungsberichte der Heidelberger Akademie der Wissenschaften, Phil-Hist.-Klass. 6, 7) Heidelberg 1915 = SAXL, Verzeichnis.
MEINRAD SCHAAB, Geschichte der Kurpfalz 1: Mittelalter, Stuttgart u.a. 1988 = SCHAAB, Geschichte.
KARIN SCHNEIDER, Die deutschen Handschriften der Bayerischen Staatsbibliothek München, Cgm 691-867, Wiesbaden 1984 = SCHNEIDER, Handschriften.
MANFRED GÜNTER SCHOLZ, Zum Verhältnis von Mäzen, Autor und Publikum im 14. und 15. Jahrhundert. „Wilhelm von Österreich" - „Rappoltsteiner Parzival" - Michel Beheim, Darmstadt 1987 = SCHOLZ, Verhältnis.
Pragmatische Schriftlichkeit im Mittelalter. Erscheinungsformen und Entwicklungsstufen (Akten des Internationalen Kolloquiums, 17.-19. Mai 1989), hg. von HAGEN KELLER - KLAUS GRUBMÜLLER - NIKOLAUS STAUBACH (Münstersche Mittelalter-Schriften 65) München 1992 = Pragmatische Schriftlichkeit.
LUDWIG SCHUBA, Die medizinischen Handschriften der Codices Palatini in der Vatikanischen Bibliothek (Katalog der Universitätsbibliothek Heidelberg 1) Wiesbaden 1981 = SCHUBA, Handschriften.
LUDWIG SCHUBA, Die medizinische Fakultät im 15. Jahrhundert, in: Semper apertus 1, S. 162-187 = SCHUBA, Fakultät.
Semper apertus. Sechshundert Jahre Ruprecht-Karls-Universität Heidelberg 1386-1986. Festschrift in sechs Bänden, hg. v. WILHELM DOERR, 1: Mittelalter und Frühe Neuzeit 1386-1803, Berlin u.a. 1985 = Semper apertus 1.
KARL STACKMANN, Die Fürstenlehre in der Chronik des Mathias von Kemnat. Ein Beitrag zur Wirkungsgeschichte der spätmittelalterlichen Spruchdichtung, in: Mediaevalia Litteria. Festschrift Helmut de Boor zum 80. Geburtstag, hg. v. URSULA HENNIG - HERBERT KOLB, München 1971, S. 565-581 = STACKMANN, Fürstenlehre.
GEORG STEER, Zum Begriff ‚Laie' in deutscher Dichtung und Prosa des Mittelalters, in: Literatur und Laienbildung, S. 764-768 = STEER, ‚Laie'.
GEORG STEER, Die Stellung des ‚Laien' im Schrifttum des Straßburger Gottesfreundes Rulman Merswin und der deutschen Dominikanermystiker des 14. Jahrhunderts, in: Literatur und Laienbildung, S. 643-658 = STEER, Stellung.
HENRICUS STEVENSON, Codices Palatini Latini Bibliothecae Vaticanae, Tomus I, Rom 1886 = STEVENSON, Codices.
BIRGIT STUDT, Fürstenhof und Geschichte. Legitimation durch Überlieferung (Norm und Struktur 2) Köln - Weimar - Wien 1992 = STUDT, Fürstenhof.
BIRGIT STUDT, Überlieferung und Interesse. Späte Handschriften der Chronik des Mathias von Kemnat und die Geschichtsforschung der Neuzeit, in: Historiographie am Oberrhein, S. 275-308 = STUDT, Überlieferung.
Tabulae codicum manu scriptorum in Bibliotheca Palatina Vindobonensi asservatorum, 10 Bde., Wien 1864-1868, Nachdruck Graz 1965 = Tabulae 1-10.
AUGUSTIN THEINER, Schenkung der Heidelberger Bibliothek durch Maximilian I., Herzog und Churfürsten von Bayern an Papst Gregor XV. und ihre Versendung nach Rom, München 1844 = THEINER, Schenkung.

Lynn Thorndike, A History of Magic and Experimental Science during the first thirteen Centuries of our Era, 4 Bde., New York 1923– 1934 = Thorndike, History 1–4.
Matrikel der Universität Heidelberg von 1386 bis 1662, hg. v. Gustav Toepke, Theil 1–3, Heidelberg 1884, 1886, 1893, Nachdruck Nendeln-Liechtenstein 1976 = Toepke, Matrikel 1–3.
Das Verhältnis der Humanisten zum Buch, hg. von Fritz Krafft – Dieter Wuttke (Kommission für Humanismusforschung, Mitteilung 4) Boppard 1977.
Die Deutsche Literatur des Mittelalters. Verfasserlexikon, 2. Auflage, hg. v. Kurt Ruh u.a., bisher 1–8, Berlin – New York 1978–1991 = ^{2}VL 1–8.
Hans Walther, Initia carmina ac versuum medii aevi posterioris latinorum. Alphabetisches Verzeichnis der Versanfänge mittellateinischer Dichtungen (Carmina medii aevi posterioris latina I) Heidelberg 1915 = Walther, Initia.
Wilhelm Wattenbach, Peter Luder der erste humanistische Lehrer in Heidelberg, in: ZGO 22, 1869, S. 33–127 = Wattenbach, Luder.
Wilhelm Wattenbach, Peter Luder's Lobrede auf Pfalzgraf Friedrich den Siegreichen, in: ZGO 23, 1871, S. 21–28 = Wattenbach, Lobrede.
Hans Wegener, Beschreibendes Verzeichnis der deutschen Bilderhandschiften des späten Mittelalters in der Heidelberger Universitätsbibliothek, Leipzig 1927 = Wegener, Verzeichnis.
Barbara Weinmayer, Studien zur Gebrauchssituation früher deutscher Druckprosa. Literarische Öffentlichkeit in Vorreden zu Augsburger Frühdrucken (MTU 77) München – Zürich 1982 = Weinmayer, Studien.
Friedrich Wilken, Geschichte der Bildung, Beraubung und Vernichtung der alten Heidelbergischen Büchersammlungen. Ein Beitrag zur Literärgeschichte vornehmlich des funfzehnten und sechszehnten Jahrhunderts, Heidelberg 1817 = Wilken, Geschichte.
Eduard Winkelmann, Urkundenbuch der Universität Heidelberg 1, Heidelberg 1886 = Winkelmann, Urkundenbuch.
Franz Josef Worstbrock, Deutsche Antikerezeption 1450–1550, Teil 1, Verzeichnis der deutschen Übersetzungen antiker Autoren. Mit einer Bibliographie der Übersetzer, Boppard am Rhein 1976.
Franz Josef Worstbrock, Zur Einbürgerung der Übersetzung antiker Autoren im deutschen Humanismus, in: ZfdA 99, 1970, S. 45–81.

Abbildungsverzeichnis

Schwarz-Weiß-Abbildungen

S. 38: Rom, Bibl. Vaticana, Cpl 1381, Bl. 1^r: Inhaltsverzeichnis mit Monogramm und Besitzvermerk des Mathias von Kemnat

S. 96: Rom, Bibl. Vaticana, Cpl 1438, Bl. 1^r: Inhaltsverzeichnis und Monogramm des Mathias von Kemnat

S. 127: Heidelberg, UB, Cpg 206, Bl. 55^r: Explicit der Albertus Magnus-Übersetzung des Wernher Ernesti, mit Zuschreibung an Ludwig III.

S. 277: Wien, ÖNB, Cod. Vind. 13428, Bl. 293^v–294^r: Nativität für Friedrich den Siegreichen (links Berechnung, rechts Auswertung)

S. 287: Heidelberg, UB, Cpg 335, Bl. 34^r: Nativität für Friedrich den Siegreichen (dt.), Planeten und Tierkreiszeichen

S. 341: Heidelberg, UB, P 4947 Inc., Bl. a$_1$^{v}: Vorrede Jacob Wimpfelings zum Syphilisregimen Conrad Schellings

Farbtafeln

Abb. 1: Göttingen, NSUB, Ms. philos. 63 Cim., Bl. 114^r: Badehaus

Abb. 2: Göttingen, NSUB, Ms. philos. 64a Cim., Bl. 120^r: Badehaus

Abb. 3: Göttingen, NSUB, Ms. philos. 63 Cim., Bl. 85^r: Zelt König Wenzels

Abb. 4: Göttingen, NSUB, Ms. philos. 64a Cim., Bl. 77^r

Abb. 5: Wien, ÖNB, Cod. Vind. 13428, Bl. 8^v/9^r: Kurpfälzische Wappen und Apostel Petrus

Abb. 6: Wien, ÖNB, Cod. Vind. 13428, Bl. 25^r: Blatt aus dem Kalendarium mit Einträgen, die auf die Geburt Friedrichs des Siegreichen und einen seiner Siege hinweisen

Abb. 7: München, BSB, Cgm 582, Bl. 91^v: Überlegenheitsgestus

Abb. 8: München, BSB, Cgm 582, Bl. 171^r: Lehrgespräch

Abb. 9: München, BSB, Cgm 582, Bl. 4^r: Der Zornhau

Abb. 10: München, BSB, Cgm 582, Bl. 96^v: Ringkampf vor Landschaft

Namenregister

Das Register umfaßt Namen historischer Personen und Autorennamen. Der Zusatz A verweist auf die Anmerkungen. Wenn mehrere Seiten zusammengefaßt werden, wird nicht nach Text und Anmerkungen differenziert.

Adhelmus 52
Adolf II. von Nassau, Erzbischof von Mainz 64, 328
Adolf, Vater Ruprechts II., Kurfürst von der Pfalz 267A
Aegidius, Hl. 255f.
Aegidius Romanus 173, 182, 204A
Aeneas Silvius s. Piccolomini, Enea Silvio
Afra, Hl. 255A
Aglaophemos 83A
Agricola, Rudolf 85, 109A
Albert, Graf von Bogen 260A
Albertus Magnus 16, 24, 47, 121-125, 127A, 128A, 130+A, 133-138, 142A, 143, 146, 150-167, 205, 215A, 229, 295A
Ps.-Albertus Magnus 47
Albrant 125A, 177, 217
Albrecht III., Herzog von Bayern-München 356A, 357A
Albrecht III., Herzog von Österreich 193
Albrecht IV., Herzog von Österreich 193
Albrecht VI., Erzherzog von Österreich 259A
Albrecht Achilles, Markgraf von Brandenburg 249
Albrecht von Eyb 120A, 305
Albumazar 50, 76, 90, 91A, 116
Alexander der Große 78, 169, 192A, 197-204, 206, 214, 294+A, 297, 298+A, 313A, 314
Alexander von Villa Dei 252A
Alkabicius 88
Alkindius 284
Allacci, Leo 7, 47A
Alonso von Cartagena 83A
Andreae, Johannes 48, 65f., 111, 116
Anna von Burgund, Herzogin von Bedford 258A
Anselm 344A
Antonius Guainerius 343
Antonius Romanus 204
Aomar 88

Apelles 294
Aquila 134, 155A
Aretinus, Franciscus 52+A
Aristoteles 51, 59, 83, 90, 114A, 121-124, 166A, 185, 203, 205f.
Ps.-Aristoteles 51, 59f., 77, 83, 113
Arnaldus von Villanova 47, 247
Arnulfus Aurelianensis 52
Arriginus 30, 31+A, 37
Augustinus 56, 72, 75, 88, 95
Augustus, römischer Kaiser 314A
Aulus Gellius 73, 115
Avicenna 335A, 349

Bacon, Roger 172A, 215A, 229, 252A
Badius Ascensius, Jodocus 76A
Barbara, Hl. 255
Barbianus 109A
Bartholomäus von Etten 323, 326-330, 332, 338
Bartholomäus von Montagnana 326
Beda Venerabilis 73, 77
Beheim, Michel 86+A, 91-93, 180A, 233, 250A, 263A, 265A, 266, 278+A, 279, 289, 292f., 305A, 306A, 309-321
Berenheiner, Paul 50, 92, 103+A
Berger, Philipp 359
Bernhard, Markgraf von Baden 271
Bernhard von Clairvaux 235, 237, 240, 260A
Bessarion, Johannes 85A
Beßnitzer, Ulrich 178
Bettendorfer, Christopher 92+A
Bettendorfer, Johannes 92+A
Biber, Hartmann 342
Birgitta, Hl. 258+A
Blanka, Frau Kurfürst Ludwigs III. von der Pfalz 256, 265, 267
Blumenau, Lorenz 330
Boccaccio, Giovanni 48, 69A, 73A
Boethius 41, 44, 46, 59, 77A, 83-85
Bonatti, Guido 92+A

Boser, Johannes 31, 118f.
Bradwardine, Thomas 57+A
Brunfels, Otto 146A
Bruni Aretino, Leonardo 51, 55, 59f., 71, 77+A, 78+A, 82, 83+A, 97A, 114A, 117
Burchard von Walldorf 324+A, 344, 347

Caesar 314A
Calinus, Mutius 82A
Campanus, Johannes 45
Cato d. Ä. 72, 173A
Celsus, Cornelius 173A
Celtis, Conrad 85
Cicero 44, 52, 54, 69, 72+A, 79, 80A, 94+A, 95A, 107A, 114, 289, 294+A, 314A, 315A
Curione, Caelius Secundus 82A
Cyprianus 44
Czimburga, Hl. 259A

Dalberg, Johann von 9, 36+A
Dante Alighieri 76A
Dieter I., Schenk zu Erbach, Erzbischof von Mainz 328+A
Dieter von Isenburg, Erzbischof von Mainz 40A, 249
Dieter von Venningen 259A
Dietrich von Braunschweig 359
Döbringer, Hanko 357, 359A, 361A, 367f., 379A
Donatus 36A
Dubinger, Hans 330
Dürer, Albrecht 360

Egenhofer, Leonhard 34A, 271A
Egenolff, Christian 358, 373+A, 383
Elisabeth, Frau König Ruprechts 128
Elisabeth, Frau Kurfürst Ruprechts I. 27
Elisabeth, Hl. 258+A, 259A
Ellenbog, Ulrich 342A, 351A
Engelin von Ulm, Jacob 342A, 345
Engelsüß, Kaspar 49, 50+A, 53, 95, 102, 106
Ennius 294A, 314A
Eppendorf, Heinrich von 124
Erasmus von Rotterdam 81
Ernesti, Johannes 52+A
Ernesti, Werner 16, 23f., 106, 121, 124-146, 148-150, 152, 158-160, 166-168, 295A

Fabius Maximus, Quintus, römischer Diktator 314A
Febri von Rüdesheim, Rudolf 50+A
Facius, Bartholomaeus 12A
Fensteiner, Johann, Abt von Reichenbach 30-32
Felix V., Papst 265, 267

Ficino, Marsiglio 83A
Finariensis, Petrus Antonius 11, 31f., 37, 48, 64A, 68-73, 78A, 80A, 97A, 147, 149A
Flacius Illyricus, Mathias 42A
Florus 43, 296A
Folz, Hans 347A
Fontana, Giovanni 172A
Formschneider, Hans 217A
Franz II., Herzog von Carrara 193
Frechulf von Lisieux 173
Freidank 221
Friedrich II., deutscher Kaiser 130A, 131, 134A, 153, 154A, 167
Friedrich III., deutscher Kaiser 50, 66A, 92, 260A, 271, 311A
Friedrich I., der Siegreiche, Kurfürst von der Pfalz 8-13, 23, 25f., 29-34, 40A, 41, 47f., 50-52, 58A, 64-72, 81A, 82+A, 91-93, 103A, 106A, 107A, 117, 147-149, 168, 171A, 175+A, 177, 179f., 216, 233, 235, 237-240, 242-244, 246, 248-250, 252, 253A, 257-260, 262-274, 276-279, 281, 286, 289-294, 296, 298-301, 303-307, 309-311, 315-318, 325-327, 330, 334, 338
Friedrich III., Kurfürst von der Pfalz 9
Friedrich V., Kurfürst von der Pfalz 175A
Friedrich, Domherr in Speyer, Sohn Friedrichs d. S. 51A
Frontinus 173A
Fulgentius, Fabius Claudius 46f., 84+A

Galen 206, 245A, 332, 335A
Gaza, Theodor 166A
Gentile von Foligno 343
Geoffrey le Bel, Graf von Anjou 173A
Georg, Bischof von Metz 263A, 271
Gerhard von Cremona 56f.
Gerhard von Hohenkirchen 323-325, 344, 347
Goethe, Johann Wolfgang von 18
Gordianus I., Marcus Antonius, römischer Kaiser 204A
Gorgias 72
Gossembrot, Sigmund 82A
Gottfried, Johann 123
Gottfried von Franken 21
Götz, Nikolaus 173A
Gregor I., Papst 47
Gregor XV., Papst 7
Gregor von Rapolswiler 69
Grosseteste, Robert 90A
Guarinus Veronensis 51

Hadrian, römischer Kaiser 296A
Hali Abbas 332

Hali Abenragel 48, 95, 282
Hali Imrani 50, 75f., 88, 90
Hartlieb, Johannes 294
Hartmann, Nikolaus 112A
Hartmann von Nürnberg 359
Hedwig, Hl. 258-260
Heimburg, Gregor 330
Heinrich III., Landgraf von Hessen 329
Heinrich von Mügeln 104, 116A, 305
Heinrich von Speyer 50, 92, 103+A
Helena, Hl. 259A
Helperich Antissiodorensis 94
Helperich von Auxerre 44, 85
Hermann von Sachsenheim 8+A, 13, 273A
Hermann von Zoest 48, 97, 113, 115
Hermannus Contractus 115
Hermes Trismegistos 35, 83+A, 203+A
Herr, Michael 124+A
Herrad von Landsberg 198A
Hertenstein, Hans 226A
Heverlingh, Tileman 109A
Hieronymus Aleph (von Erfurt) 50
Hieronymus 50, 72
Hippokrates 88, 335A
Ps.-Hippokrates 50, 152A, 154+A
Hist, Conrad 342, 349A
Hoest, Stephan 10A, 41, 54A, 59A, 68-70, 73+A, 79+A
Hohenwang, Ludwig von 173A
Homer 173A, 294, 297, 314f.
Horaz 52, 69A, 70+A, 80
Hrabanus Maurus 119A
Hugh von Noyers, Bischof von Auxerre 173A
Hunain Ibn Ishaq (Johannitius) 205A, 332
Hundsfeld, Martin 359

Isidor von Sevilla 44, 89, 205+A
Iuvencus 36A

Jacob, Hl. 258
Jacob von Lichtenberg 80, 81+A, 117
Jacobi, Johannes 343
Jacobus Alpoleius 51, 71A, 117
Jean, Comte d'Eu 173A
Jeremias 118A
Johann I., Herzog von Cleve 48, 72, 97A, 149A
Johann II., Graf von Wiesbaden-Idstein 328, 329+A
Johann III., Graf von Wiesbaden-Idstein 330
Johann III., Graf von Nassau-Saarbrücken 270A
Johann, Herzog von Lausitz 193
Johann, Herzog von Oppeln 193
Johann Alchimista, Markgraf von Brandenburg-Kulmbach 31

Johann von Baden, Erzbischof von Trier 64
Johann von Berhelden 348, 350
Johann von Eberstein 91+A, 278A
Johann von Gmunden 237A
Johann von Mosbach, Domprobst von Augsburg 9, 177+A, 216f.
Johann von Soest 10, 178A, 295A
Johannes XXIII., Papst 298A
Johannes de Sacrobosco 45, 49, 56f., 107
Johannes Frantz von Leipheim 343
Johannes Lollardus 104
Justinian 118
Juvenal 41, 44, 55, 70, 79f., 84, 94, 109A

Kal, Paulus 357A, 359f., 362A
(Ps.-)Kallisthenes 294, 297f., 314
Karl, Markgraf von Baden 243A, 263A, 269
Karl der Kahle, König von Frankreich 173
Karl der Kühne, Herzog von Burgund 70, 149A
Karl Theodor, Kurfürst von der Pfalz, Herzog von Bayern 357A
Katharina, Hl. 69, 258+A
Ketzel, Martin 217A
Knab, Erhard 10, 60, 125+A, 247A, 274A, 323, 325-327, 332f., 337-339, 343+A
Konrad von Eichstätt 192A
Konrad von Halberstadt 75A
Konrad von Megenberg 107, 217A
Kyeser, Konrad 16f., 24f., 87A, 169, 171, 176f., 181, 184-195, 202-208, 210, 212f., 357A

Ladislaus Postumus, König von Böhmen 50, 92
Lamprecht von Prag 359
Lauber, Diebolt 49
Laurentius, Hl. 258
Laurentius, Rusius 125A
Lecküchner, Hans 16, 26, 295A, 355-357, 360, 370, 374+A, 376-384
Leonardo da Vinci 225
Leonardo von Cartagena 83A
Leopold von Österreich 91A
Liechtenauer, Johannes 355-372, 376-380, 383
Liegnitzer, Andreas 359
Liegnitzer, Jakob 359
Livius 37, 43, 210
Locher, Jakob 290
Lucan 51f., 76, 91
Lucas von Penna 118+A
Luder, Peter 10A, 16, 31f., 34, 37, 48, 51, 52A, 59A, 64+A, 68-73, 82+A, 97+A, 106A, 111A, 118A, 265A, 271A, 274+A, 275A, 289-297, 299-309, 314+A, 315A, 317-320

Ludwig I., Graf von Württemberg 147f.
Ludwig III., Kurfürst von der Pfalz 10+A, 12f., 24, 35A, 71A, 121f., 125+A, 127A, 135, 145-148, 256, 264+A, 266-268, 270, 293A, 324-326, 330, 343+A, 344
Ludwig IV., Kurfürst von der Pfalz 11, 65, 92, 103, 148+A, 265, 267, 292, 298A, 318, 325
Ludwig V., Kurfürst von der Pfalz 240, 242, 344A
Ludwig IX., der Reiche, Herzog von Bayern-Landshut 50, 91, 178A, 266, 357A, 359
Ludwig, Pfalzgraf, Graf von Veldenz, Herzog von Zweibrücken 242, 249+A
Ludwig von Eyb 357A
Ludwig von Löwenstein-Wertheim, Sohn Friedrichs d. S. 13, 257A
Lukas, Hl. 267
Lukian 36A, 52+A, 115
Lysipp 294

Macrob 44-46, 84, 94+A, 201A
Mair, Martin 330
Manutius, Paulus 82A
Marco Polo 36A
Marcus Graecus 196, 205, 215A, 229
Margarethe von Bayern, Frau Kurfürst Philipps d. A. von der Pfalz 178A, 266
Margarethe von Savoyen, Frau Kurfürst Ludwigs IV. von der Pfalz 148A
Marius 294A, 314A
Martianus Capella 45
Mathias von Kemnat 16f., 23, 25, 29-120, 149A, 233-237, 239f., 243-250, 252, 254A, 261, 265-268, 270+A, 272, 274-276, 278, 289, 291-293, 295-298, 304-312, 314-320, 338
Maximilian I., deutscher Kaiser 22+A, 149
Maximilian I., Herzog von Bayern 7
Mechthild von Rottenburg, Schwester Kurfürst Friedrichs d. S. von der Pfalz 8+A, 9+A, 148+A
Mechthild (Mathilde) von Savoyen, Frau Kurfürst Ludwigs III. von der Pfalz 264, 292, 293A
Menckler, Konrad 58+A, 275
Mendel, Johann 33
Merz, Martin 25, 175, 179-181, 226A, 231f., 357A
Misch, Friedrich 340
Mönch, Philipp 175, 178, 179+A, 231
Moyses, Rabi 335A
Münsinger, Albert (eigtl. Krauel von Münsingen) 39A
Münsinger, Heinrich (eigtl. Krauel von Münsingen) 10f., 16, 23f., 121f., 124-126, 132A, 133-135, 137, 141+A, 146-168, 323, 325, 332-340, 344-347, 353f.

Narcissus, Hl. 255+A
Nemorarius, Jordanus 95A
Niger s. Schwarz, Berthold
Niklas von Wyle 14, 123, 299+A
Nikolaus, Hl. 258
Nikolaus V., Papst 265
Nikolaus von Kues 70

Occo, Adolf 330
Ott der Jude 359
Ottheinrich, Kurfürst von der Pfalz 9, 36A, 131
Otto, Pfalzgraf von Pfalz-Mosbach 217A
Ovid 37, 59+A, 69A, 74-76

Paracelsus 14A, 109A
Paternus 173A
Paulus, Hl. 234f., 242, 260, 262f., 269
Pegnitzer, Hans 359
Persius 41, 44, 55
Peter von Brega 235, 324+A
Peter von Danzig 359
Peter von Ulm 324f.
Petrarca, Francesco 36A, 51, 54, 71, 73A, 75A, 78-82, 93A, 117, 147
Petrus, Hl. 234f., 238, 239+A, 242, 251, 260, 262, 263+A, 272+A, 280
Petrus de Riga 235
Petrus von Tussignano 343
Peuerbach, Georg 85A
Pfeffer von Weydenberg, Johannes 51
Philipp der Aufrichtige, Kurfürst von der Pfalz 9, 10+A, 12f., 26, 34f., 48, 65+A, 67+A, 91, 92+A, 103, 108, 175A, 178f., 240, 242, 256, 264A, 266-268, 290, 295A, 323, 326, 329f., 340-342, 354, 357, 374A, 375f.
Philipp, Graf von Hanau 214
Philipp, Graf von Katzenelnbogen 329
Philipp Ludwig, Pfalzgraf, Graf von Veldenz und Sponheim 357A, 374+A
Philipp, Hl. 258
Philolaos 83A
Philon von Byzanz 206
Philon von Tarsos 206
Piccolomini, Enea Silvio (Aeneas Silvius) 52, 82A, 85, 271
Pius II., Papst s. Piccolomini, Enea Silvio
Platon 72, 77+A, 78A, 83+A, 113
Plautus 37+A, 51, 56, 70, 73+A, 76, 78A, 80, 84, 116
Plinius d. Ä. 46, 85, 119A, 124, 166A
Plotius 294A, 314A

Poggio Bracciolini, Gian Francesco 79, 80A, 82A
Poll, Hermann 324
Pompeius 294A, 314A
Probus 36A
Prudentius 51+A, 76, 91
Prüß, Johannes 86, 88, 89A, 249A
Ptolemaeus, Claudius 45, 53, 57, 85A, 88, 90, 114+A, 154A, 200A, 203+A, 281
Ptolemaeus Phylometor, sagenhafter König von Ägypten 134A
Püterich von Reichertshausen, Jacob 8, 9A
Pyrgoteles 294
Pythagoras 83A

Raban, Bischof von Speyer 126, 324A
Ramung, Mathias, Bischof von Speyer 48, 50, 91+A, 92, 242, 278+A, 325f., 338
Ranck, Sebastian 22, 149
Regiomontanus, Johannes (eigtl. Müller von Königsberg) 85A
Reinhard von Sickingen, Bischof von Worms 253
Remigius von Auxerre 41, 59A
Rentz, Martin 47+A, 125A
Reuchlin, Johannes 83A, 85, 93A, 123
Richard Löwenherz, König von England 173+A
Richard von Wallingford 35A, 172A
Roger II., König von Sizilien 134A, 153
Roger von Herford 50
Rudolf von Hohenberg 331
Ruffus, Jordanus 125A
Ruprecht I., Kurfürst von der Pfalz 27, 35A, 64, 267, 324
Ruprecht II., Kurfürst von der Pfalz 126A, 265, 267+A
Ruprecht III., deutscher König, Kurfürst von der Pfalz 12, 24f., 126+A, 128+A, 181, 184f., 189+A, 193, 213, 264f., 267+A, 324, 356A
Ruprecht, Sohn König Ruprechts 256, 267A
Ruprecht, Erzbischof von Köln 48, 265
Ryff, Walther H. 124

Sallust 44, 173A
Salutati, Coluccio 69A, 79, 80A
Schauer, Hans 345
Schedel, Hartmann 29, 34A, 82A, 264A, 334
Schelling, Konrad 323, 325-327, 332f., 340f., 343, 344+A, 347-354
Schermer, Hans 177
Schöffer, Peter 254
Schwarz, Berthold 169, 217, 227+A, 228
Scipio d. Ä. 270A, 294A, 314A

Sedulius 36A
Seidenfaden, Hans 359
Seligmann, Heinrich 342A
Seneca 45, 69, 84, 194A
Seuse, Heinrich 261A
Siber, Martin 360A, 364+A
Siegfried von Venningen 259A
Siegmund, Erzherzog von Tirol 18
Siegmund ain Ringeck 356A, 359+A, 364A, 368, 371
Sigismund, König von Ungarn, deutscher Kaiser 52, 186-189, 193, 212, 265, 267, 306A, 348
Simon von Trient 305
Sixtus IV., Papst 311A
Sokrates 72
Solon 72+A
Sophia-Euphemia, Frau König Wenzels IV. 212
Sorg, Anton 19
Spartian 84
Spechtshart, Hugo 269A
Spechtshart, Konrad 269A
Spindler, Hans 359
Stadelberger, Jakob 342A
Stark, Peter 330
Statius 51, 76, 91
Steinhöwel, Heinrich 342A, 348+A, 351-353
Stephan II. der Ältere, Herzog von Bayern-Ingolstadt 193
Stublinger, Johannes 31
Symmachus 134, 155A

Taccola, Mariano 179
Talhofer, Hans 103A, 165A, 356, 360, 364A, 371+A, 372+A, 374, 376, 382+A, 384
Terenz 37
Theophilus Presbyter 174
Theodosius, römischer Kaiser 172
Theodotion 134+A, 155A
Theophanes von Mytilene 294A, 314A
Theotroch, Diakon 44
Thomas von Cantimpré 122
Tiburtius, Hl. 271
Tilly, Johann 7

Ulrich V., Graf von Württemberg 148f., 242, 243A, 249+A, 263A, 269, 271

Valerius Maximus 36A, 37, 69A
Valla, Lorenzo 36A, 68
Valturio, Roberto 179
Vegetius 21, 172-176, 182, 184f., 195, 204+A, 206-208, 210, 231

Vener, Bernhard 177
Vergil 37, 51, 74, 76f., 91, 173A
Vergerio, Pier Paolo 118
Villard von Honnecourt 222A
Virdung, Johannes 34, 35+A, 108
Virgil von Krakau 359
Vitruv 222A
Vulcacius, Sedigitus 115A

Walter von Châtillon 46+A, 56, 60, 78, 83, 115
Wenck, Johannes 48, 71+A, 72, 97+A, 111A
Wenzel II., König von Böhmen 202A

Wenzel IV., König von Böhmen, deutscher Kaiser 184-186, 188+A, 189+A, 192A, 193, 200, 202A, 212f.
Wernher von Themar, Adam 256
Widerstein, Hans 171A
Wiener, Johannes 173A
Wildgans, Peter 359
Wilhelm I., Herzog von Österreich 193
Wilhelm, Falkner Friedrichs II. 134A, 153, 154A
Wimpfeling, Jakob 10A, 73, 307A, 340f., 349
Windecke, Eberhard 270A
Wolfgang, Herzog von Zweibrücken-Neuburg 311A
Wonnecke von Kaub, Johannes 330

Handschriftenregister

Bamberg, Staatsbibliothek
  L. III. 37: 326A
Basel, Universitätsbibliothek
  Cod. F III 2: 71A
  Cod. F V 44: 71A
  Cod. F VI 16: 71A
Berlin, Staatsbibliothek zu Berlin - Preußischer Kulturbesitz
  Mgf 1108: 237A
  Mgq 621: 215A
  Mgq 1018: 217A
Budapest, Bibliothek der Ungarischen Akademie der Wissenschaften
  K 415 Fol.: 201A

Darmstadt, Hessische Landes- und Hochschulbibliothek
  Hs 266: 114A
  Hs 448: 150A
  Hs 2668: 269A
Donaueschingen, Fürstlich Fürstenbergische Hofbibliothek
  Ms. 860: 214A
Dresden, Sächsische Landesbibliothek
  C. 487: 356-359, 363-366, 368-371, 373A

Erlangen, Universitätsbibliothek
  Ms. 659: 32A, 34+A, 78A

Frankfurt a. M., Stadt- und Universitätsbibliothek
  Ms. germ. qu. 15: 214A
Freiburg, Universitätsbibliothek
  Hs. 56: 253A

Göttingen, Niedersächsische Staats- und Universitätsbibliothek
  Ms. philos. 63 Cim.: 169, 170A, 175A, 181+A, 183, 184+A, 186-214
  Ms. philos. 64 Cim.: 182+A, 214A
  Ms. philos. 64a Cim.: 169, 181+A, 183-192, 200A, 203A, 205+A, 209+A, 210A, 212A
Gotha, Forschungs- und Landesbibliothek
  Ms. Chart. A 558: 363A, 366A, 369A, 372+A, 373+A

Heidelberg, Universitätsbibliothek
  Cpg 83: 217A
  Cpg 122: 177
  Cpg 126: 178+A, 179A
  Cpg 130: 178
  Cpg 169: 125A
  Cpg 202: 125A
  Cpg 206: 121+A, 127-146
  Cpg 211: 125A
  Cpg 226: 325f., 329, 332, 337-339
  Cpg 247: 122A, 131A, 147-167
  Cpg 255: 125A
  Cpg 281: 125A, 148A
  Cpg 297: 125A
  Cpg 335: 266A, 277-287, 292A, 309-319
  Cpg 369: 217A
  Cpg 406: 125A, 148A
  Cpg 408: 125A, 148A
  Cpg 430: 178A, 295A, 356f., 374-382
  Cpg 502: 125A, 170A, 177, 215-232
  Cpg 540: 125A
  Cpg 551: 125A
  Cpg 552: 92A
  Cpg 562: 177
  Cpg 585: 178, 228A
  Cpg 700: 343A
  Cpg 787: 176, 178, 182A, 215A
  Cpg 809: 175A
  Cpg 832: 92A
  Cpg 845: 326A
  Hs. 47a: 35, 42
  Hs. 3599: 70A

Innsbruck, Tiroler Landesmuseum Ferdinandeum
  Hs. FB 32009: 181, 182+A, 214A

Karlsruhe, Generallandesarchiv
  Hs. 67/812: 263A, 327f.
  Hs. 67/814: 263A, 330A
  Hs. 67/817: 30, 33
  Hs. 67/873: 175A
  Hs. 67/907: 175A
  Hs. 67/920: 175A
  Hs. 67/922: 175A
  Hs. 67/923: 175A
  Hs. 67/1057: 278A

Königseggwald, Gräfliches Schloß
  Hs. XIX, 17.3: 382A
Kopenhagen, Kongelige Bibliotek
  Ms. Thott 290 2°: 360A, 362A, 363A,
  365A, 371-373

Leipzig, Universitätsbibliothek
  Cod. 1597: 216
London, British Library
  Ms. Add. 18850: 258A

Malibu, J.P. Getty Museum
  Ms. Ludwig XIII 9 (83 M. P. 52): 307A,
  319A
Montpellier, Bibliothèque Universitaire
  Cod. Méd. 125: 37A, 39A, 41, 43f.,
  52A, 53, 55, 70, 79, 84, 94, 98
München, Bayerische Staatsbibliothek
  Cgm 356: 225A
  Cgm 582: 356f., 374-383
  Cgm 599: 179, 180A
  Cgm 600: 225A
  Cgm 734: 217A
  Cgm 1507: 357A, 359A
  Cgm 1642: 70A, 267, 291A, 298A,
  302A, 307A
  Cgm 4902: 217A
  Clm 224: 325, 334-337
  Clm 456: 326A
  Clm 533: 264A
  Clm 959: 34+A
  Clm 1817: 34, 87, 90, 249A
  Clm 4350: 216A
  Clm 7080: 271A
  Clm 7088: 343, 352A
  Clm 7781: 261A
  Clm 10454: 70A
  Cod. icon. 242: 172A
  Cod. icon. 394a: 371A, 382A

New York, Pierpont Morgan Library
  M. 722: 107
New York, Public Library
  Ms. Spencer 58: 214A
  Ms. Spencer 104: 214A
Nürnberg, Germanisches Nationalmuseum
  Hs 3227a: 357-359, 361-363, 365-371,
  373A
  Hs 24347: 216A

Paris, Bibliothèque Nationale
  ms. all. 85: 307A, 319A

Rom, Biblioteca Apostolica Vaticana
  Cpl 149: 71A
  Cpl 198: 39A
  Cpl 246: 39A
  Cpl 519: 247A, 253-255
  Cpl 520: 253-255, 264, 267A
  Cpl 521: 253A
  Cpl 522: 253A
  Cpl 535: 257A
  Cpl 536: 257A
  Cpl 539: 257A
  Cpl 541: 257A
  Cpl 542: 257A
  Cpl 543: 257A
  Cpl 544: 257A
  Cpl 546: 257A
  Cpl 547: 257A
  Cpl 548: 257A
  Cpl 857: 260+A
  Cpl 870: 29, 30A, 32-37, 39, 47, 52A,
  53, 56f., 61, 63-68, 71-73, 79A, 97+A,
  98, 100+A, 101+A, 103, 104+A, 107A,
  111+A, 113, 116, 149A, 291+A, 299,
  302-307
  Cpl 834: 39A
  Cpl 884: 33A
  Cpl 886: 41, 44, 46, 52A, 56, 84, 94A,
  243A, 244A
  Cpl 887: 35A, 40+A, 41, 44, 52A, 56,
  94A
  Cpl 894: 43+A
  Cpl 909: 175
  Cpl 930: 37A
  Cpl 961: 13
  Cpl 1010: 37, 39, 51, 52A, 55f., 58, 71,
  77+A, 78, 82, 95A, 113, 114A, 117
  Cpl 1067: 125A
  Cpl 1116: 247A
  Cpl 1143: 39A
  Cpl 1144: 125A, 247A, 343A
  Cpl 1147: 343A
  Cpl 1153: 125A
  Cpl 1169: 125A
  Cpl 1175: 326A
  Cpl 1195: 343A
  Cpl 1212: 343
  Cpl 1216: 125A
  Cpl 1253: 123A
  Cpl 1259: 247A
  Cpl 1262: 326A
  Cpl 1265: 343+A
  Cpl 1302: 125A
  Cpl 1316: 343A
  Cpl 1319: 325, 326+A, 332
  Cpl 1323: 247A
  Cpl 1326: 124, 125A, 128+A, 129A,
  132A
  Cpl 1327: 125A, 325, 332
  Cpl 1341: 41f., 44, 52A, 55, 84f., 94
  Cpl 1354: 108

Cpl 1368: 37, 42A, 92A
Cpl 1369: 108
Cpl 1370: 32+A, 34-37, 39, 48, 50A, 52A, 53-58, 61-63, 73A, 83, 86, 95, 97f., 100- 102, 105+A, 106A, 108A, 109, 112-116, 243A, 244A, 248A, 275
Cpl 1381: 31, 32+A, 35-39, 49, 52-57, 60, 62f., 71, 73A, 74, 77, 86f., 89, 91f., 95, 99, 101f., 104-106, 108A, 112, 114-118, 243A, 246, 247A, 248A, 260A, 268A, 274-276
Cpl 1382: 37, 42, 47, 52A, 56, 73A, 113A
Cpl 1389: 36A, 37+A, 42, 45, 53, 55-57, 75, 89, 94, 98, 113, 116
Cpl 1391: 108
Cpl 1399: 108
Cpl 1400: 36A, 37, 39, 45, 49, 53A, 55-57
Cpl 1401: 36A, 37+A, 42, 49, 55, 73A, 75, 89, 91A, 93+A, 95A, 98A, 101A, 113-115, 117, 119, 278A
Cpl 1438: 34f., 37, 39, 50, 52-54, 56, 63, 73A, 76, 83, 86, 89-92, 95-97, 98+A, 100A, 102, 104A, 108A, 111-114, 116f., 120A, 243A, 244A, 268A, 275f., 278
Cpl 1451: 108
Cpl 1452: 108
Cpl 1547: 40f., 45, 53A, 56, 69, 84, 94A
Cpl 1571: 175
Cpl 1572: 176
Cpl 1573: 176
Cpl 1577: 40, 45, 53+A, 55, 85, 94A
Cpl 1579: 42, 44, 47, 53A, 56, 84A, 94A
Cpl 1581: 36A, 40f., 46, 53A, 56, 58+A, 60, 83f., 94A
Cpl 1680: 36A, 39, 51, 53+A, 56, 94A
Cpl 1720: 36A, 37, 39, 46, 53A, 56, 60, 78, 83, 115
Cpl 1769: 36A, 37A, 39, 51, 53A, 56, 58f., 70f., 73+A, 74, 77-80, 83, 97-99, 116f.
Cpl 1814: 36A, 37, 39, 52-54, 56, 69, 70, 80A, 83, 95A, 107A, 114f.
Cpl 1878: 60

Cpl 1888: 176
Cpl 1889: 176
Cpl 1986: 177, 182A, 197A
Cpl 1994: 175A, 177, 182A
Cpl 1895: 326A

Rom, Biblioteca della Academia Nazionale dei Lincei e Corsiniana
Cod. 44 A 8: 363A, 365, 366+A

Salzburg, Universitätsbibliothek
M I 29: 360A, 364-366
M II 180: 49A, 114A
M III 3: 325A

Straßburg, Bibliothèque Nationale et Universitaire
Cod. 20: 325A

Stuttgart, Württembergische Landesbibliothek
Cod. Cam 4° 52: 148
Cod. HB I 38: 269A
Cod. HB I 125: 243A, 269A
Cod. HB I 172: 262A
Cod. HB XII 4: 72A

Uppsala, University of Uppsala Library
Codex 687: 340A

Vaduz, Liechtensteinische Fürstenbibliothek
Ms. 5-3-46: 178A, 179A

Weimar, Zentralbibliothek
Cod. 2° 328: 176A

Wien, Österreichische Nationalbibliothek
Cod. Vind. 962: 41, 44, 52, 53A, 56
Cod. Vind. 3244: 30, 33A, 34+A, 37, 52A , 54A, 70A, 80A, 274+A, 289A, 290A
Cod. Vind. 4323: 52A
Cod. Vind. 5213: 149+A, 150A
Cod. Vind. 5320: 269A
Cod. Vind. 5518: 212A
Cod. Vind. 13428: 33+A, 41A, 50A, 54, 58A, 62, 78, 87A, 92A, 93, 113+A, 233-278

Wien, Kunsthistorisches Museum
Cod. P 5342 B: 372A, 382A